Mayrhofer/Furtmüller/Kasper

Personalmanagement – Führung – Organisation

Personalmanagement – Führung – Organisation

herausgegeben von

o. Univ.-Prof. Dr. Wolfgang Mayrhofer

Dr. Gerhard Furtmüller

Univ.-Prof. Dr. Helmut Kasper

5. Auflage

Bibliografische Information der Deutschen Nationalbibliothek

Die Deutsche Nationalbibliothek verzeichnet diese Publikation in der Deutschen Nationalbibliografie; detaillierte bibliografische Daten sind im Internet über http://dnb.d-nb.de abrufbar.

Das Werk ist urheberrechtlich geschützt. Alle Rechte, insbesondere die Rechte der Verbreitung, der Vervielfältigung, der Übersetzung, des Nachdrucks und der Wiedergabe auf fotomechanischem oder ähnlichem Wege, durch Fotokopie, Mikrofilm oder andere elektronische Verfahren sowie der Speicherung in Datenverarbeitungsanlagen, bleiben, auch bei nur auszugsweiser Verwertung, dem Verlag vorbehalten.

Es wird darauf verwiesen, dass alle Angaben in diesem Fachbuch trotz sorgfältiger Bearbeitung ohne Gewähr erfolgen und eine Haftung der Autoren oder des Verlages ausgeschlossen ist.

ISBN 978-3-7143-0283-7 (Print)
ISBN 978-3-7094-0718-9 (E-Book-PDF)
ISBN 978-3-7094-0719-6 (E-Book-ePub)

© Linde Verlag Ges.m.b.H., Wien 2015
1210 Wien, Scheydgasse 24, Tel.: 01/24 630
www.lindeverlag.at

Druck und Bindung: PBtisk a.s.
Dělostřelecká 344, 261 01 Příbram, Tschechien – www.pbtisk.eu

Vorwort der 5. Auflage

Das Standard-Lehrbuch „Personalmanagement – Führung – Organisation" liegt in einer fast gänzlich neuen Fassung vor. Verändert haben sich das thematische Spektrum, die beteiligten Autorinnen und Autoren aus dem Department für Management an der Wirtschaftsuniversität Wien, das Layout und das Herausgeberteam. Geblieben ist das Anliegen: Interessierten – egal ob Studierenden, Praktikerinnen und Praktikern oder anderen „Forscherinnen und Forschern des Alltags" – zentrale Sachverhalte aus der Welt der Arbeit und Organisationen in leicht verständlicher und trotzdem fundierter Form zugänglich zu machen und so Nachdenken, Reflexion und das Aufwerfen von Fragen zu fördern.

Wie immer haben wir uns zu bedanken: zuallererst bei den Autorinnen und Autoren für ihre Beiträge und die Termintreue; beim Linde Verlag, insbesondere bei Dr. Oskar Mennel für seine mehr als zwei Jahrzehnte währende Unterstützung dieses Lehrbuches und bei Mag. Roman Kriszt für die reibungslose Abwicklung. Sabine Lichtenegger, MA, für ihr organisatorisches Geschick sowie Angelika Brait, BSc und Johanna Heisler, BSc für ihre kontrollierenden Blicke bei der Erstellung des Buches.

Einem Buch die Verbreitung zu wünschen, die es verdient, ist gleichermaßen sibyllinisch wie mutig. Wir wünschen es uns.

Wien, im September 2015   Gerhard Furtmüller, Helmut Kasper und Wolfgang Mayrhofer

Inhaltsübersicht

Vorwort der 5. Auflage 5

Helmut Kasper und Wolfgang Mayrhofer
Prolog: Zur Herstellung von Wirklichkeiten in Wirtschaft und ihren Organisationen 9

Führung

Johannes Steyrer
Theorie der Führung 17

Wolfgang Mayrhofer und Katharina Pernkopf
Motivation und Arbeitsverhalten 71

Petra Eggenhofer-Rehart, Monika Heinrich, Markus Latzke und Angelika Schmidt
Gruppen in Organisationen: im Spannungsfeld von Stabilität und Dynamik .. 111

Organisation

Michael Meyer
Organisation: Strukturen und klassische Formen 149

Giuseppe Delmestri und Jürgen Mühlbacher
Organisationsführung und Strategie 207

Helmut Kasper und Angelika Schmidt
Organisationskultur – Ansätze zwischen Gestaltung und Selbstorganisation 245

Personal

Gerhard Furtmüller und Diana Zdravkovic
Personalauswahl 285

Nina Fölhs-Königslehner und Michael Müller-Camen
Personalentwicklung 321

Wolfgang Elšik
Performance Management 357

Kontextueller Rahmen

Regine Bendl und Edeltraud Hanappi-Egger
Über die Bedeutung von Diversitätsmanagement in Organisationen 413

Markus A. Höllerer, Renate E. Meyer und Dennis C. Jancsary
Der institutionelle Rahmen der Organisation 445

Inhaltsübersicht	
Autorinnen und Autoren	479
Literatur	483
Abbildungs-/Tabellenverzeichnis	529
Stichwortverzeichnis	535

Prolog: Zur Herstellung von Wirklichkeiten in Wirtschaft und ihren Organisationen

Helmut Kasper und Wolfgang Mayrhofer

Inhaltsverzeichnis

1.	„Alles" ist eindeutig berechenbar!?	10
2.	Wirklichkeiten: Materielle, „objektive" Realität wird immer subjektiv interpretiert	11
3.	Soziale Strukturen und Prozesse – beobachterabhängig und reflektiert konstruiert	11
4.	Gestaltete Welt	12
5.	Coda: Wirklichkeitskonstruktion im Hörsaal – oder wie wir uns gegenseitig Wirklichkeit schenken	13

1. „Alles" ist eindeutig berechenbar!?

Was zählt in Wirtschaft – und wir nehmen implizit andere gesellschaftliche Subsysteme wie Kunst, Wissenschaft oder Politik da mit hinein – und Organisationen? Sind es Zahlen und Fakten, nach dem Motto „accounting is the language of the business" oder – noch schärfer – „if you can't measure it, you can't manage it"[1]? Auf den ersten Blick gilt die Betriebswirtschaftslehre als Paradefeld für „zählen, messen, wägen". Buchhaltung und Kostenrechnung kategorisieren das organisationale Universum auf unterschiedlichste Art: Gewinne und Verluste, Erträge und Überschüsse, EBITs und EGTs, ROIs und DCFs, EVAs und ROCEs. Zahlen um Zahlen, die, wenn schon nicht Einfachheit und Klarheit, so doch wenigstens Berechenbarkeit und Eindeutigkeit suggerieren. Dieses glasklare „Zahlen"-Bild dominiert weite Bereiche der Unternehmenswelt wie Finanzierung und Investition, Kostenrechnung und Controlling, Besteuerung und Unternehmensbewertung, Performance-Messung und Behavioral Accounting. Es herrscht die Verhaltenssteuerung durch Zahlen. Allerdings ist spätestens seit der Wirtschaftskrise 2008 die Frage berechtigt: Wo bleiben denn diese Berechenbarkeit und Eindeutigkeit in der Finanzwelt und in der Unternehmensführung, wenn es darauf ankommt? Wurde nicht in den undurchschaubaren Finanzprodukten, in den abenteuerlichen Bewertungen von Unternehmen und durch die in astronomische Höhe getriebenen Einsparungspotenziale und Gewinnerwartungen durch Fusionen mehr als deutlich, dass auch die Welt der Wirtschaft und Organisationen nicht nur aus Zahlen und „objektiven" Fakten besteht, sondern dass es genau umgekehrt sein könnte: Die Zahlen und Fakten richten sich danach, wie sie gedreht, gewendet und interpretiert werden, an welchen Interessen, Überlegungen und Plänen sie sich ausrichten und wie sie am besten in das passen, was sich Entscheiderinnen und Entscheider wünschen. Daher gibt es keine objektiven Zahlen und Fakten; Daten, Information und Wissen sind nicht nur voneinander verschieden, sondern auch stark interessengeleitet! Es kommt also darauf an, wessen Zahlen und Fakten es sind, für wen sie gerechnet, wie sie subjektiv konstruiert und interpretiert und dann in Verhalten umgesetzt werden.

Selbst in Unternehmen werden „In-formationen" „in-formiert", d.h. intern erst dadurch gewonnen, dass Daten „in" das Unternehmen geholt werden. „In-formation" ist „gestaltete Umwelt", denn aus vielen Daten der Umwelt werden jene „ausgewählt", die in das Schema des Unternehmens passen. Vor allem durch die Entscheidungen des Managements wird diese subjektive „Aus-Wahl" aus der Umwelt als „Wahrheit", als „Realität" ausgewiesen. Tatsächlich ist das aber unmöglich. Wir können die „Wirklichkeit" – schon wegen unserer Begrenztheit – nicht umfassend wahrnehmen. Es kann stets immer nur ein Ausschnitt sein.

Anschaulich lässt sich die Perspektivenselektivität am Beispiel von Tageszeitungen erklären: Die Redaktion einer Zeitung wählt „Nachrichten" je nach Blattlinie, Besonderheit, Geschmack der Redakteure oder imaginierter Leserschaft aus. Daher stehen – bei

---

[1] Kaplan, Robert S./Norton, David P. 1997, S. 20 (*The Balanced Scorecard – Strategien erfolgreich umsetzen.* Stuttgart. Schäffer Poeschel Verlag).

gleichem Anbot – in jeder Tageszeitung wenigstens teilweise andere „Nachrichten", die Leserinnen und Lesern unterschiedliche „Bilder der Welt" vermitteln. Das „Spiel" ist vielen Leserinnen und Lesern zwar bekannt, aber es funktioniert: Die Leserinnen einer bürgerlich-konservativen Zeitung fühlen sich ebenso in ihrem Weltbild, in ihrer Wirklichkeit bestätigt, wie die Leser einer Boulevardzeitung, die dieselben Nachrichten anders bringt oder einfach andere Schwerpunkte setzt.

2. Wirklichkeiten: Materielle, „objektive" Realität wird immer subjektiv interpretiert

In der Natur und deshalb auch in den Naturwissenschaften ist der harte Prüfstein in der Regel die „Realität". Aber auch bei der Beobachtung dieser Realität kommt es immer darauf an, aus welcher Perspektive und mit welchem Interesse man diese wahrnimmt. Ein Beispiel: Wenn es regnet, heißt es im Allgemeinen, das Wetter ist „schlecht". In der Perspektive des auf Wasserkraft setzenden Teils der Energiewirtschaft und damit in der Interpretation ihrer Führungskräfte und Mitarbeiterinnen und Mitarbeiter ist Regen aber nicht „schlecht", sondern „gut". Denn wenn es regnet, ist dies für Speicher- und Flusskraftwerke von Vorteil. Kommt aber ein langes Wochenende und alle – auch die Mitarbeiterinnen und Mitarbeiter aus der Energiewirtschaft – wollen ins Grüne fahren, ist das für das Unternehmen „gute" Wetter plötzlich „schlecht". Das heißt, es gibt keine von der Beobachtung unabhängige Wirklichkeit. Die objektive Realität ist nicht erfahrbar, Realität wird subjektiv interpretiert. Menschen, die nicht nur instinktiv handeln, können gar nicht anders, als die Welt, in der sie leben, zu „reflektieren", im Denken zu spiegeln, zu interpretieren und daraus „ihre" Wirklichkeiten zu formen.

3. Soziale Strukturen und Prozesse – beobachterabhängig und reflektiert konstruiert

In sozialen Strukturen und Prozessen und – wie im vorliegenden Buch dargelegt – bei Führung, Motivation, Organisation, Konflikten, Kommunikationen, Teamarbeit, bei der Gestaltung von Organisationen und Strategieentwicklung gibt es zwar auch „harte Fakten", allerdings werden diese unweigerlich perspektivenabhängig interpretiert: Arbeitsverträge differenzieren zwischen Führungskräften und Mitarbeitern; Unternehmen machen aus Organisationsmitgliedern Auslandsentsandte oder durch Kündigung Arbeitssuchende etc.

Was ein soziales System als wahr oder falsch, also „so" oder „anders" sieht, was Gültigkeit hat oder nicht, steht nicht von vornherein – also nicht: „objektiv" – fest. Es ist immer etwas Ausgehandeltes, etwas Vereinbartes, etwas Konstruiertes. Diese Aushandlungsprozesse hängen von der Bewertung und Interpretation einer Situation ab. Sie sind durch die Perspektive derjenigen, die das beobachten, massiv beeinflusst. Solche Prozesse sind geprägt durch Widersprüche, durch Macht, durch Über- und Unterordnung wie etwa bei Professorinnen und Professoren zu Studierenden oder Vorgesetzten zu unterstellten Mitarbeiterinnen und Mitarbeitern, Eltern zu Kindern etc. Diese Liste ist lange fortsetzbar. Sie soll zeigen, dass Annahmen, wenn sie mit Herrschaftsverhältnissen gestützt werden, wirklichkeitsmächtig werden. Gegen-„Fakten" werden ausgeblendet, stützende Beobachtungen wahrgenommen und kommuniziert, bis sie „wirklich" wichtig, d.h. wirklichkeitsmächtig geworden sind.

In sozialen Systemen gibt es aber auch Bereiche, wo „harte Fakten" lediglich nachrangig und Wirklichkeitskonstruktionen in erster Linie die Prozesse und Strukturen sowie auch Kultur und Strategie/Ziele bedingen. Mit diesen Wirklichkeitskonstruktionen sind Phänomene wie Motive, hierarchische Beziehungsmuster auf Basis von Autoritäten, informelle Führung oder gelebte Verhaltensnormen etc. gemeint. Phänomene wie diese können nicht direkt über Beobachtung erschlossen werden, sondern sie werden vielmehr – subjektiv und intersubjektiv – von Individuen und von Gruppen konstruiert.

Wenn Macht nicht durch äußere Zeichen sichtbar wird – etwa mittels Symbolen wie Gesslers Hut in Schillers Wilhelm Tell oder durch Uniformen beim Militär –, wird Autorität individuell und/oder gemeinsam mit anderen konstruiert, validiert, verworfen oder angenommen. Ein weiteres Beispiel sind Führungskräfte, die durch Zuschreibungen von Aufsichtsrätinnen und Aufsichtsräten, Kolleginnen und Kollegen, Netzwerken und Medien zu Helden hochgejubelt werden, obwohl diese Zuschreibungen durch keinerlei „objektive" Fakten gedeckt sind. Es eilt ihnen vielleicht der Ruf (= die Zuschreibung! die Konstruktion!) von Sanierern voraus. Weil es sich dabei aber um subjektive Konstruktionen handelt, können solche Zuschreibungen widerrufen werden: Das tritt dann ein, wenn jahrelang hochgejubelte Topmanagerinnen und -manager mit ihren Strategien scheitern, es kann aber auch dann passieren, wenn bisherige Freundinnen und Freunde und Kolleginnen und Kollegen, Seilschaften und Netzwerke sowie Medien ihnen ihre Zustimmung plötzlich versagen. Das Beispiel des bislang hochgejubelten und für den Erfolg des Teams allein verantwortlich gemachten Fußballtrainers, der nach etlichen Niederlagen dann fallen gelassen wird wie eine heiße Kartoffel, ist aus den Medien hinlänglich bekannt. Statt des harten Prüfsteins entscheidet bei sozialen Phänomenen die persönliche Sichtweise der Beobachterinnen und Beobachter und – bestenfalls – in der intersubjektiven Vereinbarung mit anderen Beobachterinnen und Beobachtern, was Sinn macht oder was Blödsinn ist oder was für die Situation nützlich oder schädlich ist.

4. Gestaltete Welt

Management heißt Gestaltung – ja, aber nicht oder allenfalls nur zu einem kleinen Teil im klassischen Sinne des Machertums, sondern vielmehr im Sinne der Gestaltung und Rahmung von Wirklichkeit durch Herbeireden, Handeln, Entscheiden. In diesem Sinne erzeugt Management die Wirklichkeit, die es nachher als die ihre behandelt. Zur Sicherheit: Nicht nur Management generell, sondern auch die als „hart", „eindeutig", „quantitativ" bezeichneten Spielarten der Betriebswirtschaftslehre, wie die eingangs genannten, tun das – über ihre Vorannahmen, ihre Quantifizierungen etc.

Mit einem solchen Schwenk von „objektiver Wirklichkeit" zu „konstruierter Wirklichkeit" tritt die Gestaltung der Welt im Sinne der Konstruktion von Wirklichkeit in den Vordergrund. Wirklich wird, was einflussreiche Akteurinnen und Akteure – individuelle wie einzelne Personen aus z.B. Wirtschaft, Politik, Religion, Wissenschaft oder Kunst, oder Kollektive wie z.B. Vorstand oder Aufsichtsrat – (als) wirklich sehen. Die Chance, diese Wirklichkeiten mitzugestalten, zu korrigieren und zu ändern, besteht in der Einsicht, dass es keine von uns unabhängige Realität auch in Bezug auf harte Daten, Zahlen und Fakten gibt. Es bedarf „kritischer Beobachterinnen und Beobachter", die nicht alles im Sinne der objektiven Wirklichkeit zu beschreiben und zu interpretieren versuchen, sondern zur Kenntnis nehmen, dass es nicht eine Wirklichkeit gibt, sondern viele. Diese Wirklichkeiten werden von Einzelnen oder Gruppen definiert und sind dann für diese handlungsleitend. Oft geschieht es, dass sogar andere Wirklichkeiten wie z.B. „die Märkte" nicht wahrgenommen werden können oder bewusst ausgeblendet bleiben. Der Ausweg: Kritisch beobachten und beschreiben, kritisch reflektieren und interpretieren und mit anderen einen interaktiven Austausch von Dissens zu pflegen und dabei die unvermeidlichen Konstruktionen von Wirklichkeiten akzeptieren.

5. Coda: Wirklichkeitskonstruktion im Hörsaal – oder wie wir uns gegenseitig Wirklichkeit schenken

Weil die Professorinnen und Professoren glauben, dass die interessiert schauenden Studierenden an dem interessiert sind, was sie unterrichten, unterrichten sie das, was die Studierenden hören; weil die Studierenden glauben, dass die Professorinnen und Professoren das unterrichten, was diese für das Wichtige halten, was allerdings dadurch entstanden ist, dass die Studierenden interessiert geschaut haben, schauen sie interessiert; und weil die Studierenden das interessant finden, was die Professorinnen und Professoren unterrichten, und gerne beobachtet werden, wenn die Professorinnen und Professoren ihre interessierten Gesichter wohlgefällig anschauen, schauen sie vermehrt interessiert, wodurch die Professorinnen und Professoren glauben, dass die Studierenden das hören, was sie interessiert, und vermehrt das bringen, was zu den beschriebenen Gesichtern der Studierenden führt.[2]

---

2   Inspiriert von P. J. Scheer: „Festrede zur Graduierungsfeier des 1. EMBA PGM", 2004.

Führung

Theorie der Führung

Johannes Steyrer

Inhaltsverzeichnis

1. **Der Begriff der Führung und seine ideologische Verklärung** 19
2. **Aktivitäten von Führungskräften** 21
3. **Machtgrundlagen von Führung** 24
   - 3.1. Machtbasen 24
   - 3.2. Gehorsam gegenüber Autoritäten 27
4. **Erfolgsmodelle der Führung** 30
5. **Universelle Eigenschaftstheorien der Führung** 32
   - 5.1. Wer wird eine Führungskraft und wann ist sie erfolgreich? 34
     - 5.1.1. Das Big-Five-Modell 35
     - 5.1.2. Intelligenz und Führung 38
     - 5.1.3. Geschlecht und Führungserfolg 38
   - 5.2. Idealerwartungen gegenüber Führung in unterschiedlichen Kulturen 39
   - 5.3. Bewertung der universellen Eigenschaftstheorien 40
6. **Universelle Verhaltenstheorien der Führung** 40
   - 6.1. Die Iowa-Studien 41
   - 6.2. Die Ohio-State-Studien 42
   - 6.3. Transaktionale und transformationale Führung 46
   - 6.4. Charismatisches Führungsverhalten 49
   - 6.5. Bewertung der universellen Verhaltenstheorien 53
7. **Situative Verhaltenstheorien der Führung** 55
   - 7.1. Die Situative Reifegrad-Theorie 55
   - 7.2. Die Weg-Ziel-Theorie der Führung 58
   - 7.3. Die Leader-Member-Exchange-Theorie 60
   - 7.4. Partizipation, „Empowerment" und Führungserfolg 62
8. **Situative Eigenschaftstheorien** 63
9. **Führung in offenen und geschlossenen Organisationen** 64

„Unterwürfig, zögernd, zaghaft: Der Begriff der Demut ist in der Wirtschaft verloren gegangen, weil er negativ besetzt ist. Dabei ist die Demut gerade eine der Tugenden, die Führungskräfte am meisten brauchen. Denn führen heißt: dienen."

(Anselm Grün)[1]

> **Ziel dieses Beitrags ist es,**
>
> - aufzuzeigen, was unter Führung verstanden wird, auf welchen Machtgrundlagen sie basiert und was Führungskräfte tun bzw. wie sich Führung von Management unterscheidet;
> - darzustellen, welche Erklärungsmodelle es gibt, die theoretisch und empirisch die Frage beantworten, was Führung (z.B. welche Eigenschaften oder Führungsstile) erfolgreich macht;
> - zu beschreiben, welche Gefahrenpotenziale einem unkritischen Verständnis von Führung inhärent sind.

---

[1] Grün 2013, S. 16

1. Der Begriff der Führung und seine ideologische Verklärung

Eine Suchabfrage bei Google zu „Leadership" ergibt zurzeit rund 485 Millionen Einträge. Das deutsche Begriffspendant „Führung" kommt immerhin auf 52 Millionen. Diese beeindruckende Zahl ist nicht verwunderlich, da allein in Deutschland rund vier Millionen Führungskräfte in der Privatwirtschaft tätig sind.[2] Führung ist somit ein Thema mit großer Relevanz. Aber was bezeichnet der Begriff?

> **Definition**
>
> Unter Führung wird im Allgemeinen ein *sozialer Beeinflussungsprozess* verstanden, bei dem eine Person (der Führende) versucht, andere Personen (die Geführten) zur **Erfüllung gemeinsamer Aufgaben und Erreichung gemeinsamer Ziele** zu veranlassen. Dementsprechend lautet eine klassische Definition: „Führung ist ein Prozess der Beeinflussung anderer, um Verständnis und Akzeptanz dahingehend zu erzeugen, was und wie es getan werden muss, sowie ein Prozess, der individuelle und kollektive Anstrengungen zur Erreichung gemeinsamer Ziele erleichtert."[3]

Jedes Führungskonzept unterstellt somit implizit, dass es in Organisationen Führende und Geführte gibt, die in einer Über- und Unterordnung zueinander stehen, wobei die Geführten sozial beeinflusst werden müssen/sollen, damit es insgesamt zu einer Zielerreichung kommt. Mit dieser Sichtweise ist ein bestimmtes Alltagsverständnis verknüpft, wie Vorgesetzte, Kollegen und Mitarbeiter am Arbeitsplatz zusammenzuarbeiten haben. Die Unterscheidung in Führende und Geführte erscheint dabei ganz normal und wird nicht weiter hinterfragt. Und doch liegt diesem Alltagsverständnis eine kaum hinterfragte „ideologische Begründung" von Führung zugrunde, die auf einem oder mehreren der folgenden Argumentationsansätze basiert:[4]

- „Führung gibt es, weil Menschen geführt werden wollen." Mit dieser Sichtweise ist die Vorstellung verbunden, dass die meisten Menschen unmündig sind und als Kompensation nach einer starken Hand in Form eines Führenden suchen.
- „Führung gibt es, weil Menschen geführt werden müssen." Der Einzelne, so die implizite Idee, habe nur einen beschränkten Einblick in die Zusammenhänge und könne ohne Führung nicht wirksam mit anderen kooperieren.
- „Hierarchie ist ein universelles soziales Prinzip." Entsprechend dieser Annahme sind soziale Rangordnungen eine gesetzesartige Konstante des sozialen Lebens.

---

2   Holst/Busch/Kröger 2012, S. 4
3   Yukl 2010, S. 26
4   Neuberger 2002, S. 58ff.

- „Entwicklung wird von Eliten vorangetrieben; sie sollen das Sagen haben." Es wird eine prinzipielle Ungleichheit in den Leistungsmöglichkeiten und Fähigkeiten von Menschen postuliert und solcherart der Führungsanspruch der „Begabteren" legitimiert.
- Schließlich lautet eine fünfte Sichtweise: „Führung ist funktional." Hier wird im Gegensatz zur vorherigen elitär-personalistischen Argumentation das Effizienzargument vorgebracht. Führung erscheint als notwendige Steuerungsvariable zur Handhabung von Arbeitsbeziehungen.

Der Ideologieverdacht bei all diesen Argumenten stützt sich darauf, dass sie Führung nicht erklären, sondern sie als quasi naturgesetzliches Faktum bzw. eine soziale Notwendigkeit darstellen, womit „eine umfassende Rechtfertigung einer bestehenden oder angestrebten/künftigen Wirklichkeit angeboten wird."[5] Ideologien beschreiben also nicht, was ist, sondern rechtfertigen, warum es so ist.

Diese axiomatische Sichtweise von Führung ist nicht neu. Schon Platon schreibt in seinem Werk Politeia:

> Niemand, weder Mann noch Weib, soll jemals ohne Führer sein. Auch soll niemandes Seele sich daran gewöhnen, etwas ernsthaft oder auch nur im Scherz auf eigene Hand allein zu tun. Vielmehr soll jeder, im Kriege und auch mitten im Frieden, auf seinen Führer blicken und ihm gläubig folgen. Und auch in den geringsten Dingen soll er unter der Leitung des Führers stehen. ... Kurz, er soll seine Seele durch lange Gewöhnung so in Zucht nehmen, dass sie nicht einmal auf den Gedanken kommt, unabhängiger zu handeln, und dass sie dazu völlig unfähig wird.[6]

Auch bei Freud, dem Begründer der Psychoanalyse, findet sich diese ideologische Verklärung der Führung:

> Es ist ein Stück der angeborenen und nicht zu beseitigenden Ungleichheit der Menschen, dass sie in Führer und in Abhängige zerfallen. Die letzteren sind die übergroße Mehrheit, sie bedürfen einer Autorität, welche für sie Entscheidungen fällt, denen sie sich meist bedingungslos unterwerfen. Hier wäre anzuknüpfen, man müsste mehr Sorge als bisher aufwenden, um eine Oberschicht selbstständig denkender, der Einschüchterung unzugänglicher, nach Wahrheit ringender Menschen zu erziehen, denen die Lenkung der unselbstständigen Massen zufallen würde.[7]

Vor diesem Hintergrund verwundert es nicht, dass im Berufsleben und in der einschlägigen Praxisliteratur „die prinzipielle Angemessenheit, Richtigkeit oder nor-

---

5 Neuberger 2002, S. 58
6 Platon 1963, S. 74; zit. n. Gebert/Boerner 1995, S. 275
7 Freud 1974, S. 284

mative Wünschbarkeit derjenigen Wirklichkeitskonstruktion, die ‚Personalführung' produziert",[8] unhinterfragt akzeptiert wird.

> **Forschungsbefund**
>
> Eine solche Verklärung von Führung bzw. den damit einhergehenden Statusunterschieden existiert aber nicht nur auf der gesellschaftlichen, sondern auch auf der individuellen Ebene. Dies wird beispielsweise in folgender Studie illustriert: Probanden hatten sich Situationen zu vergegenwärtigen, in denen sie gegenüber anderen einen vergleichsweise hohen bzw. niedrigen sozialen Status innehatten (Prestige, Respekt, Bewunderung). Dann mussten sie einen Text verfassen. Im Anschluss daran hörten bzw. sahen sie ein Publikum, das durch Applaus auf ihre Texte reagierte. Es war immer derselbe Applaus zu hören bzw. dasselbe Publikum zu sehen. Personen im Bewusstsein eines hohen eigenen Status nahmen den (identen) Applaus als deutlich stärker wahr als Personen mit geringem Status (Mittelwert von 6,7 versus 5,3 auf einer Skala von 1 [kein Applaus] bis 9 [starker Applaus]). Ein gleich starker Effekt zeigte sich bei der Einschätzung des Anteils der lächelnden Personen im Auditorium, der realiter 50 % betrug. Auch hier überschätzten diejenigen mit hohem Status das positive Feedback deutlich (mittlere Schätzung: 63 % versus 53 % bei denen mit niedrigem Status).[9] Diese Ergebnisse suggerieren einen selbstverstärkenden Kreislauf bei der Wahrnehmung des eigenen Status: Wer sich (etwa durch das Innehaben einer Führungsposition) als in der sozialen Rangordnung höherstehend empfindet, fühlt sich alleine deshalb von der sozialen Umwelt subjektiv geschätzter und anerkannter, auch wenn es objektiv dafür keinen Beleg gibt.[10]

2. Aktivitäten von Führungskräften

Worin bestehen die Aktivitäten einer Führungskraft bzw. eines Managers eigentlich? Ein früher Studienautor kam im Rahmen teilnehmender Beobachtung diesbezüglich zu folgendem Schluss:

> Frage einen Manager, was er tut, so wird er dir mit großer Wahrscheinlichkeit sagen, dass er plant, organisiert, koordiniert und kontrolliert. Dann beobachte, was er wirklich tut. Sei nicht überrascht, wenn du das, was du siehst, in keinen Bezug zu diesen vier Wörtern bringen kannst.[11]

Im Folgenden ein paar Kernmerkmale der Tätigkeit von Führungskräften/Managern: Es gibt kein definiertes Tagespensum und kaum längere fokussierte Aktivitä-

---

8   Türk 1990, S. 55
9   Kim/Nathan 2015
10 Pettit/Sivanathan 2012
11 Mintzberg 1973, S. 49

ten. Stattdessen sind unentwegt Anfragen zu beantworten, Informationen zu geben, Aufträge zu erteilen, Probleme zu lösen und Entscheidungen zu treffen. Die Arbeitszeit ist stark zerstückelt. Einzelaktivitäten sind kurz und werden immer wieder unterbrochen. Beispielsweise wurde festgestellt, dass Vorstände 85 % ihrer Arbeitszeit mit anderen Menschen verbringen. Besprechungen füllen 60 % der Zeit aus. Der verbleibende Rest besteht aus Telefongesprächen, Videokonferenzen bzw. öffentlichen Auftritten. Nur 15 % der Arbeitszeit wird alleine verbracht.[12] Daraus ist nicht nur ersichtlich, dass Führung/Management eine sehr kommunikationsintensive Tätigkeit ist, sondern auch, dass der Schwerpunkt auf mündlicher Kommunikation liegt. Warum ist das so? Wichtige Hintergrundinformationen werden nach wie vor in direkten, persönlichen Beziehungen weitergegeben, in denen das nötige Vertrauen aufgebaut wird. Im Durchschnitt verbringen beispielsweise CEOs 42 % ihrer Zeit mit internen Mitarbeitern, 25 % mit internen und externen Personen und 16 % mit externen. Es zeigt sich, dass der finanzielle Unternehmenserfolg stärker davon abhängt, wie viel Zeit der CEO mit Internen verbringt. Die externe Netzwerkpflege scheint eher der Karriere des CEOs zu dienen als der Firma.[13]

Was unterscheidet aber Führende von Managern? In der Literatur betont der Begriff Führung zumeist den personalen und interaktionalen Akzent („Menschenführung"), während der Begriff Management den strukturellen und institutionellen Aspekt in den Vordergrund rückt („Unternehmensführung"). Manager steuern über Regeln, Institutionen und Systeme; sie gestalten Prozesse bzw. organisationale Strukturen. Konkrete Tätigkeitsbeispiele von Managern wären das Aufstellen von Plänen, die Durchführung von Projekten inklusive Budgetierung, die Verteilung und der optimale Einsatz von Ressourcen, die Zerlegung von langfristigen Zielen in operative kurzfristige Ziele, die Entwicklung von Standards und Prozeduren, die Kostenschätzung von Produkten und Dienstleistungen etc. Im Unterschied dazu konzentriert sich Führung gemäß der eingangs genannten Definition darauf, Menschen und Gruppen im Rahmen eines sozialen Prozesses zu beeinflussen, sie zur Zielerreichung zu motivieren oder z.B. Konflikte zu handhaben.[14]

Eine besonders deutliche Unterscheidung zwischen Führung und Management klingt in folgendem klassischen Zitat von Bennis und Nanus durch: **„Managers are people who do things right and leaders are people who do the right thing."**[15] Hier spiegelt sich aber auch eine idealisierende Sicht von *Leadership* wider. Management wird auf das korrekte Ausführen von Prozeduren zur effizienten Outputschaffung reduziert. Führung gibt hingegen auf strategischer und grundlegender Ebene den richtigen Weg vor. Hinter dieser Unterscheidung steckt letztlich eine tiefer liegende Dualität zwischen Rationalität und Emotion, Verwaltung und Innovation, Kontrolle und Vision. Das betriebswirtschaftlich bzw. verwaltungstechnisch orientierte Tagesgeschäft einer Organisation („harte" Elemente: Planung, Finanzierung, Kontrolle

---

12 Bandiera/Guiso 2011, S. 9
13 Bandiera/Guiso 2011, S. 10ff.
14 Neuberger 2002, S. 48
15 Bennis/Nanus 2005, S. 20

etc.) wird dem Management als Hauptaufgabe zugeordnet, während die interpersonale, emotional-sinnstiftende Einflussnahme („weiche" Elemente) dem *Leader* einer Organisation zuerkannt wird. Durch die Vermittlung von Visionen sollen den Geführten Sinngehalte vermittelt werden, die integrierende, motivierende und identifikatorische Funktionen erfüllen. Auf diese Weise werden *Leader* auch zu „managers of meaning"[16] und zu personifizierten Repräsentanten des Wertesystems einer Organisation hochstilisiert.

Tabelle 1 listet die in der einschlägigen Literatur genannten Unterschiede zwischen *Leadern* und *Managern* auf.[17]

	Manager	Leader
Fokus der Arbeit	Auf Strukturen, Techniken, Prozesse, Systeme gerichtet	Auf Menschen, Gruppen, soziale Gebilde gerichtet
	Machen Dinge richtig	Machen die richtigen Dinge
Verhältnis zu Zielen	Ziele entstehen aus objektiven Notwendigkeiten (unpersönliche Bindung)	Ziele entstehen aus subjektiven Bedürfnissen (persönliche Bindung)
	Ziele sind eingebunden in die Tradition der Organisation	Ziele verändern die Sicht- und Denkweisen der Organisation
	Verwalten, erhalten, imitieren	Innovieren, entwickeln, kreieren
	Kurzfristige Perspektive	Langfristige Perspektive
	Frage nach dem Wie und Wann	Frage nach dem Was und Warum
Beziehung zu Mitarbeitern	Rational, kontrolliert	Begeistert und begeistern
	Motivieren über Belohnung/Bestrafung	Motivieren über Ideen, Visionen
	Verlassen sich auf Kontrolle	Setzen auf Vertrauen
Selbstbild	Primär auf Pflichterfüllung und Aufgabenvollzug fokussiert	Primär auf Gestaltung und Veränderung fokussiert

Tabelle 1: Die Manager-/Leaderdivergenz

In der Praxis wird diese Trennlinie weniger scharf gezogen. In der Regel nehmen Vorgesetzte sowohl Management- als auch Führungsfunktionen wahr. Nur in seltenen Fällen findet sich insbesondere auf Topebene eine personenbezogene Arbeitsteilung hinsichtlich einer Fokussierung auf „hard issues" (Management) versus „soft issues" (Leadership). Dieser Beitrag konzentriert sich auf Letzteres. Eher härtere (Management-)Faktoren werden z.B. im Beitrag „Organisation: Strukturen und klassische Formen" analysiert.

---

16 Bryman 1996, S. 280
17 vgl. Kotter 1989; Steyrer 1991; Tichy/Devanna 1995; Kouzes/Posner 2003

3. Machtgrundlagen von Führung

Aus der Praxis

Aus einer Tageszeitung: „In den USA versuchte ein Unbekannter, einen Kranken per Telefon zu ermorden. Er verordnete eine Todespillendosis. Ein Mann rief in einem Krankenhaus in Santa Monica (Kalifornien) an, stellte sich bei der Stationsschwester als behandelnder Arzt vor und gab ihr nach kurzer Erörterung des Krankheitsbildes den Auftrag, einem an AIDS leidenden Patienten eine hohe Dosis von Medikamenten zu verabreichen. Das Befinden des 49-jährigen Patienten verschlechterte sich rapide, er fiel in tiefe Bewusstlosigkeit, wurde aber gerettet. Die Polizei ermittelt nun wegen Mordversuches gegen Unbekannte. In Kalifornien war es bisher üblich, dass Ärzte manchmal per Telefon medikamentöse Behandlungen änderten. Das ist ab sofort verboten."

Dass es sich dabei nicht nur um einen vernachlässigbaren Einzelfall handelte, zeigt ein bereits Jahre zuvor durchgeführtes Experiment. Krankenschwestern erhielten per Telefon durch einen Arzt die Anweisung, einem Patienten eine bestimmte Medikamentendosis zu verabreichen. Die Aufforderung des Arztes widersprach dabei mehreren Krankenhausregeln: Die verschriebene Menge betrug das Doppelte der täglich zulässigen Höchstmenge (das wurde der Schwester bewusst, als sie das Medikament holte); es war verboten, medizinische Anordnungen per Telefon zu geben; das Medikament stand nicht auf der Medikamentenliste des Krankenhauses und wurde von jemandem verschrieben, den die Schwestern nicht kannten. Trotzdem kamen 95 % der Schwestern der Aufforderung nach.[18]

Wie kommt es zu dieser hohen Gehorsamsbereitschaft? Im Folgenden wird genauer darauf eingegangen, doch letztlich beruhen alle Erklärungen auf dem Begriff der Macht. Unter Macht wird die Möglichkeit einer Person verstanden, **„den eigenen Willen dem Verhalten anderer aufzuzwingen"**[19]. Macht ist die „potentielle Fähigkeit, Verhalten zu beeinflussen, den Gang der Dinge zu verändern, Widerstände zu überwinden und Menschen dazu zu bringen, etwas zu tun, was sie sonst nicht tun würden."[20]

3.1. Machtbasen

Eine wichtige Grundlage für Machtasymmetrien besteht darin, dass – im Kontext der Führung – der Führende für den Geführten relevante Ressourcen kontrolliert.

---

18 Hofling et al. 1966; zit. n. Schurz 1990, S. 42
19 Weber 1972, S. 542
20 Pfeffer 1992, S. 36

Die Kontrolle und der richtige Einsatz dieser Ressourcen versetzen den Führenden in die Lage, Macht auszuüben. Ein klassisches Konzept unterscheidet sechs Ressourcen:[21]

1. *„Macht durch Belohnung"* (reward power): Der Führende (F) kann den Geführten (G) in Situationen versetzen, die G als positiv empfindet. F kann beispielsweise eine Gehaltserhöhung gewähren, eine Beförderung aussprechen oder er kann durch soziale Zuwendung G gegenüber sein Wohlwollen ausdrücken. Ebenso kann F Situationen aufheben, die von G als unangenehm empfunden werden. Er kann z.B. eine Versetzung veranlassen, sodass G eine kürzere Anfahrtszeit zum Arbeitsplatz hat etc.

2. *„Macht durch Bestrafung"* (coercive power): Umgekehrt kann F den Geführten G in Situationen versetzen, die von diesem als negativ empfunden werden. Er kann z.B. Entlassungen aussprechen, Degradierungen veranlassen, Versetzungen durchführen oder G unangenehme Aufgaben zuweisen. Schließlich kann sich F gegenüber G emotional zurückweisend verhalten.

Die Stärke dieser ersten beiden Machtgrundlagen hängt von zwei Faktoren ab: 1) dem durch G empfundenen Ausmaß der Belohnung bzw. Bestrafung; 2) der durch G angenommenen Wahrscheinlichkeit, dass diese tatsächlich eintreten wird.

3. *„Macht durch Vorbildwirkung"* (referent power): Die Macht von F beruht hier auf dessen Rolle als Bezugsperson für G. Sie basiert auf der Identifikation mit einer Person, die über begehrte Ressourcen verfügt oder bestimmte, als sympathisch und erstrebenswert erlebte Persönlichkeitszüge aufweist. Daraus entwickelt sich in weiterer Folge das Bedürfnis, dieser Person im Hinblick auf Einstellungen, Werte und Verhaltensweisen nachzueifern und durch sie akzeptiert zu werden.

4. *„Macht durch Sachkenntnis"* (expert power): Grundlagen der Macht durch Sachkenntnis sind das Wissen oder die Fähigkeiten von F im Vergleich zu G. Vergleichsmaßstäbe für G können z.B. der Wissensstand von G selbst sein oder von G herangezogene externe Standards. Entscheidend für die Wirkung dieser Machtgrundlage ist dabei das durch G angenommene Expertentum von F, unabhängig von Fs tatsächlichen Kenntnissen.

5. *„Macht durch Information"* (informational power): Informationsmacht beruht auf von F kontrollierten Informationen, die G benötigt, um seine Aufgaben erledigen zu können, sozial eingebunden zu sein oder bestimmte Entwicklungen antizipieren zu können. Oft geht diese Machtbasis mit hierarchischer Höherstellung einher (übergeordnete Positionen bedeuten meist einen besseren Zugang zu Informationen). Das muss allerdings nicht immer in dieser Klarheit der Fall sein; so wird beispielsweise Chefsekretärinnen nachgesagt, dass sie oft als „Gatekeeper" für Informationen fungieren.

---

[21] French/Raven 1959

„Macht durch Legitimation" (legitimate power): Macht durch Legitimation stützt sich darauf, dass es F aufgrund sozialer Normen in Organisationen zusteht, von G Gehorsam einzufordern. F darf kraft dieser Normen erwarten, dass G seinen Anweisungen nachkommt, bzw. empfindet G es von sich aus als Pflicht, diesen Erwartungen zu entsprechen. Hierarchische Über- und Unterordnungsverhältnisse in einer Organisation werden als legitime Struktur anerkannt, demnach als selbstverständlich empfunden und bedürfen weder für F noch für G einer gesonderten Rechtfertigung.

Welche dieser Machtbasen sind die wirksamsten (und unter welchen Bedingungen)? Empirische Untersuchungen hinsichtlich der Leistungs- und Zufriedenheitswirkung der genannten Machtbasen haben u. a. folgende Befunde erbracht:[22]

- Macht durch Bestrafung erzeugt bestenfalls kurzfristig Gehorsam; sie basiert auf Angst, Frustration und Entfremdung. Sobald die Grundlagen dieser Machtbasis verloren gehen, bricht die Folgebereitschaft zusammen.
- Macht durch Belohnung basiert auf einem klassischen Tauschgeschäft nach dem Schema: Leistung gegen Belohnung (*„Kalkulation"*). Auf Dauer kann dies dazu führen, dass die Leistung nur noch der Belohnung wegen erbracht wird. Eine innere Verpflichtung gegenüber dem Ziel wird hingegen nicht aufgebaut.[23]
- Legitime Macht in Verbindung mit Expertenmacht gilt als jene Machtbasis, die am ehesten langfristig hohe Zufriedenheit und Leistung garantiert, weil eine Übereinstimmung hinsichtlich der Werte zwischen dem Führenden und den Geführten erzeugt wird (*„Internalisierung"*).
- Macht durch Vorbildwirkung ist am stärksten emotional wirksam und kann Vertrauen und Loyalität bis hin zur Verehrung nach sich ziehen (*„Identifikation"*). Damit sind die Konsequenzen dieser Machtgrundlage schlecht prognostizierbar.

Aus Tabelle 2 gehen die Machtgrundlagen und ihre unterschiedlichen Wirkungen auf die Folgebereitschaft von Geführten hervor.[24]

Machtgrundlage	Prozess	Ursachen der Folgebereitschaft
Bestrafung	Angst, Zwang	Vermeiden von unangenehmen Konsequenzen
Belohnung	Kalkulation	Streben nach angenehmen Konsequenzen
Vorbildwirkung/ Sachkenntnis	Identifikation	Nachahmung und Beziehungspflege mit dem Beeinflussenden
Legitimität	Internalisierung	Übereinstimmung mit den Werten des Beeinflussenden

Tabelle 2: Machtgrundlagen und Folgebereitschaft

---
22   Luthans 1985, S. 456f.
23   Frey/Osterloh 2002, S. 71ff.
24   Informationsmacht kann hier als eine Sonderform der Expertenmacht gesehen werden.

Insbesondere im Kontext moderner bürokratischer Organisationen besonders wirksam und gleichzeitig unhinterfragt sind dabei Legitimations- und Expertenmacht. Wie stark die durch Legitimation und Expertentum erzeugte Folgebereitschaft ist, hat unter anderem Milgram eindrucksvoll in einem Experiment aufgezeigt.[25] Dabei ging es nicht um Führungskräfte, sondern um Autoritäten (Wissenschaftler), denen voraussetzungslos ein bestimmtes Ausmaß an Macht aufgrund von Expertentum und Legitimation zugesprochen wurde.

3.2. Gehorsam gegenüber Autoritäten

Milgram suchte freiwillige Teilnehmer für eine Untersuchung über Lernen und Gedächtnis. Rekrutierten Versuchspersonen wurde scheinbar zufällig die Rolle des „Lehrers" zugewiesen. Ein Mitarbeiter des Versuchsleiters übernahm die Rolle des „Schülers". Der Schüler hatte Wortpaare auswendig zu lernen. Die Aufgabe des Lehrers bestand darin, zu überprüfen, ob der Schüler sich richtig erinnerte, und wenn ihm dies nicht gelang, ihn mit Stromstößen mit ansteigender Spannung zu bestrafen.

Verschiedene Bezeichnungen vermittelten den Versuchsteilnehmern eine Vorstellung von der Spannungshöhe („leichter Schock" bis „Gefahr, höchster Schock"). Die beiden letzten Schockebenen waren mit „XXX" (450 Volt) bezeichnet. Ein weiteres Anliegen war es, die Auswirkungen räumlicher Distanz zu überprüfen:[26]

- In der ersten Versuchsanordnung befanden sich Lehrer und Schüler in getrennten Räumen, der Lehrer konnte die Reaktion des Schülers auf die Stromstöße nur durch sein Klopfen hören.
- In einer zweiten Versuchsanordnung konnte der Lehrer den Schüler laut schreien hören, aber nicht sehen.
- In der dritten Versuchsanordnung konnte er die Reaktionen des Schülers sowohl hören als auch sehen.
- In der vierten Versuchsanordnung musste der Lehrer die Hand des Schülers auf eine Metallplatte drücken, um den Stromstoß zu erteilen.

Bei den Versuchsanordnungen zwei bis vier hörten die Teilnehmer, denen die Rolle des Lehrers zugewiesen worden war, zunächst nur leichtes Stöhnen (von 25–105 Volt), bei 120 Volt begann der Schüler zu rufen, dass die Stromstöße sehr schmerzhaft seien. Bei weiterer Steigerung fing der Schüler an zu schreien und bat darum, herausgelassen zu werden, er könne die Schmerzen nicht mehr ertragen. Von einem bestimmten Punkt an weigerte er sich, weitere Antworten zu geben. Die „Lehrer"-Versuchsperson musste jedoch auf Anordnung der Autorität (Versuchsleiter) weitermachen, weil „keine Antwort eine falsche Antwort ist".

---

25   Milgram 1974
26   Milgram 1974, S. 48ff.

Das Milgram-Experiment
Hier finden Sie die Originalaufnahmen zum Experiment.

Das Milgram-Experiment

Zu seiner eigenen Überraschung stellte Milgram fest, dass in der ersten Versuchsanordnung 65 % seiner Versuchsteilnehmer bis zu Stromstößen der höchsten Stärke gingen. In den Versuchsanordnungen zwei bis vier waren es weniger: 62,5 %, 40 %, 30 % (siehe Abbildung 1). Je nach Setting gingen also knapp ein Drittel bis knapp zwei Drittel der Versuchsteilnehmer bis zum maximalen Gehorsam. Die Expertenmacht und legitime Macht der Versuchsleiter genügten also oftmals, um sowohl das eigene Gewissen als auch die Eindrücke der leidenden Opfer in den Hintergrund treten zu lassen.

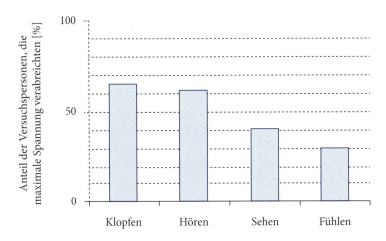

Abbildung 1: Gehorsam in Abhängigkeit von Wahrnehmungsintensität

Dieses erschreckende Resultat wirft zunächst die Frage auf, ob die Versuchsteilnehmer von Natur aus böse waren und im Rahmen ihrer Teilnahme sadistische Strebungen auslebten. Vieles spricht allerdings gegen diese Erklärung. Zum einen zeigte das Verhalten der Teilnehmer beim Experiment, dass sie von starken Konflikten geplagt wurden: Sie waren extrem angespannt und nervös, sie schwitzten, bissen sich auf die Lippen und ballten die Fäuste. Zudem zeigte eine Kontrollbedingung, in der die Teilnehmer das verabreichte Schockniveau selbst wählen konnten, dass hier nur zwei von 40 Personen über schwache 50 Volt hinausgingen.

Das Milgram-Experiment wurde in verschiedenen Variationen mehr als ein dutzend Mal repliziert. 40 % der Folgestudien erbrachten eine geringere Gehorsamsbereitschaft, 39 % eine vergleichbar hohe und 11 % sogar eine noch höhere.[27] In der bis

---
27 Blass 2000, S. 50ff.

dato jüngsten Replikationsstudie war der Gehorsam noch immer hoch, aber auch hier etwas geringer als in der klassischen Studie.[28] Eine generelle und bedeutsame Abnahme der Gehorsamsbereitschaft im Laufe der Zeit kann jedoch nicht festgestellt werden. Ebenso wenig sind Unterschiede zwischen Frauen und Männern nachweisbar.[29]

Milgram selbst nennt unter anderem folgende Gründe für dieses Gehorsamsverhalten:[30]

- Menschen machen die Erfahrung, dass sie von Autoritäten für ihren Gehorsam belohnt werden und dass Autoritäten vertrauenswürdig sind und legitim agieren.
- Die Versuchsteilnehmer steigerten sich sukzessive in immer destruktiveres Handeln hinein (zu Beginn wurden als „Strafe" für Fehler des Schülers nur leichte Elektroschocks verabreicht), sodass es zu einer Art Eskalation kam: Je weiter die Versuchsteilnehmer in ihrem Handeln fortschritten, desto schwieriger wurde es für sie abzubrechen.
- Die Verantwortung für das eigene Handeln wird auf die legitimierten Experten abgeschoben, während man sich selber nur als unmündigen Befehlsempfänger sieht. Nicht umsonst rechtfertigen z.B. angeklagte Kriegsverbrecher ihre Taten oftmals mit der Aussage „Ich habe nur meine Anweisungen befolgt".

Trotz aller soeben aufgezeigten Gefahren von Gehorsam und Autoritätsgläubigkeit darf nicht vergessen werden, dass der Erfolg jedes hierarchischen Systems an die widerspruchslose Ausführung der jeweiligen Funktionen geknüpft ist. Andernfalls könnte arbeitsteiliges Handeln, wie es aus unserer modernen Gesellschaft nicht mehr wegzudenken ist, kaum realisiert werden. Der Soziologe Talcott Parsons bringt dies folgendermaßen zum Ausdruck:

> Macht ist das Medium, mit dessen Hilfe allgemeine Autorität in wirksames kollektives Handeln umgesetzt wird. Machtausübung zwingt die betreffenden Gruppenmitglieder dazu, den für die Erfüllung der Gruppenziele notwendigen Rollenverpflichtungen nachzukommen.[31]

Macht und Gehorsam sind also notwendig, um in arbeitsteilig organisierten Gesellschaften bestimmte zielgerichtete Prozesse überhaupt erst gestalten zu können. Ob dabei „gute" oder „üble" Ziele angestrebt werden, bleibt für das Funktionieren dieses Gehorsamsprozesses unerheblich und hängt vereinfacht gesagt von der „Vorgabe von oben" ab.

---

28   Burger 2009
29   Blass 2000, S. 50ff.
30   Milgram 1974, S. 158ff.
31   Parsons 1964, S. 39

> **Destruktiver Gehorsam im Fernsehen**
>
> Im Fernsehsender „France 2" wurde 2010 ein Folterexperiment nachgestellt. In einer imaginären Fernsehshow bekamen 80 Teilnehmer die Aufforderung, einem Kandidaten in einem Fragespiel bei falschen Antworten Stromstöße zuzufügen. Sie konnten ihr Opfer nicht sehen, hörten aber dessen Schmerzensschreie. Die Stromstöße waren nicht echt, die Schreie kamen vom Band. Etwa 80 % der Probanden erhöhten gehorsam die Voltzahl, bis das Opfer kein Lebenszeichen mehr von sich gab. Etwa drei Millionen Zuschauer sahen das Spektakel. „France 2" erzielte mit „Todesspiel" einen Marktanteil von knapp 14 %.[32]

Wie das Beispiel am Beginn dieses Kapitels zeigt, können sowohl eigenes Wissen als auch festgelegte Vorschriften durch entsprechend überzeugendes Auftreten eines (schein-)legitimierten Machtinhabers außer Kraft gesetzt werden. Gerade bei Anweisungen, die aus ethischer Sicht fragwürdig sind, empfiehlt es sich, diesen quasi automatisierten Gehorsam bewusst zu reflektieren.

Hinzu kommt, dass das Machtbasen-Modell einseitig davon ausgeht, dass die alleinige Verfügung über Ressourcen Macht zur Folge hat. Neuere sogenannte „relationale" Ansätze sehen das differenzierter. Demnach lässt sich Macht nur dann realisieren, wenn die Unterordnung durch den Untergebenen auch akzeptiert wird. Das heißt, dass Macht beim Fehlen physischen Zwangs auf einem Mindestmaß an Konsens beruht. Ob der Machtanspruch eines Führenden akzeptiert, verhandelt oder abgelehnt wird, hängt also auch von der Situationsdefinition des Untergebenen ab.[33]

4. Erfolgsmodelle der Führung

Zur Frage, wie der Beeinflussungsprozess durch Führung erfolgreich gestaltet wird, wurden zahlreiche *Führungserfolgsmodelle* entwickelt.[34] Die Vielfalt dieser Modelle hat zu einem „babylonischen Gewirr" an Konzepten, Trainings ect. geführt, die einander teilweise widersprechen. Hinzu kommt eine forcierte Verwissenschaftlichung des Themas; alleine zwischen 2000 und 2012 sind in renommierten wissenschaftlichen Fachzeitschriften 752 Publikationen über Führung erschienen.[35]

Wie kann man die vielen verschiedenen Konzepte über wirksame Führung systematisieren? Es lassen sich *universelle* und *situative* Theorien unterscheiden. Universelle Theorien gehen davon aus, dass es unabhängig von der Situation einen stets gültigen „besten Weg" zu führen gibt. Im Gegensatz dazu unterstellen situative Führungs-

---

32 Oberle/Beauvois/Courbet 2011
33 Sandner/Meyer 2004, S. 1137ff.
34 Jago 1995, S. 621
35 Dinh et al. 2014

theorien, dass effektive Führung davon abhängt, wie gut die Person des Führenden, sein Verhalten und die jeweilige Situation aufeinander abgestimmt sind und zueinander passen. Demnach ist es beispielsweise nicht gleichgültig, ob die Aufgabe gut oder schlecht strukturiert ist, ob es also z.B. um die Entwicklung eines neuen Produkts oder um die Ausführung repetitiver, bereits eingeübter Arbeiten geht.

Neben dieser Zweiteilung kann noch zwischen *Eigenschafts-* und *Verhaltenstheorien* unterschieden werden. Eigenschaftstheorien gehen davon aus, dass es stabile Persönlichkeitsmuster gibt, die den Führungserfolg beeinflussen. Im Zentrum stehen die Fragen: Wer wird aufgrund welcher Eigenschaften eine Führungskraft? Und wie wirken sich Eigenschaften auf den Führungserfolg aus? Hingegen geht es bei Verhaltenstheorien nicht darum, wer eine Führungskraft *ist*, sondern was eine Führungskraft *tut* und welche Verhaltensweisen welche Konsequenzen auf den Führungserfolg haben.

Eine Kombination dieser zwei Dimensionen ergeben die in Tabelle 3 gezeigten Modellvarianten.

	Eigenschaftstheorien	**Verhaltenstheorien**
Universelle Theorien	Universelle Eigenschaftstheorien (Kap. 5)	Universelle Verhaltenstheorien (Kap. 6)
Situative Theorien	Situative Eigenschaftstheorien (Kap. 8)	Situative Verhaltenstheorien (Kap. 7)

Tabelle 3: Erfolgsmodelle der Führung

Einen Überblick über die Struktur des weiteren Beitrages gibt Abbildung 2.

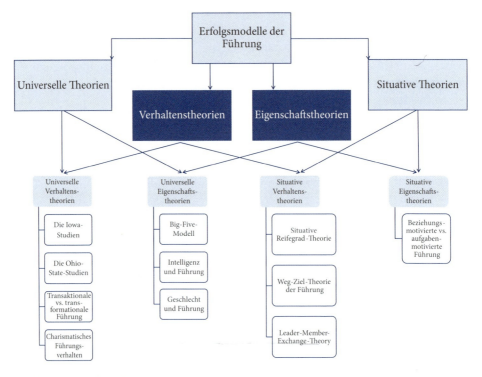

Abbildung 2: Struktur des Beitrags

5. Universelle Eigenschaftstheorien der Führung

Forschungsbefund

Angenommen, Sie bekommen Fotos von Vorständen von Unternehmen aus den Fortune 500 vorgelegt und schätzen anhand dieser Fotos deren Eigenschaften wie Führungsqualitäten, Machtorientierung oder Beliebtheit ein. Würde Ihr Urteil mit dem tatsächlichen Unternehmenserfolg zusammenhängen? Einer Studie zufolge: Ja. Je mehr Machtorientierung und Führungsqualität den Vorständen auf den Fotos durch die Betrachter zugeschrieben wurde, umso erfolgreicher waren deren Unternehmen (Korrelation mit Machtorientierung 0,36, mit Führungsqualität 0,30). Die Ergebnisse sind umso bemerkenswerter, als das Erscheinungsbild der Vorsitzenden auf den Fotos ziemlich uniform war. Ungeachtet der möglichen Kausalitätsrichtungen (Beeinflussung des Gesichtsausdrucks auf den Erfolg bzw. umgekehrt?) deutet dies darauf hin, dass bestimmte (wenn hier auch nur auf Basis des optischen Eindrucks zugeschriebene) Eigenschaften maßgeblich über den Erfolg einer Führungskraft bestimmen.[36]

---

36   Rule/Ambady 2008

Gibt es tatsächlich Eigenschaften, die jemanden zu einer Führungsperson machen? Betrachten wir zunächst einmal die schlichte Frage, ob die Körpergröße eine Rolle spielt, und zwar anhand einer Metaanalyse von 45 Studien.

Exkurs Metaanalysen

Empirische Forschung besteht aus vielen Einzelbefunden, mit verschiedenen Stichproben und verschiedenen Variablen. Bei der Frage, wie stark bestimmte Kriterien (z.B. die Körpergröße) den Führungserfolg beeinflussen, kommen diese einzelnen Studien oft zu abweichenden Ergebnissen. Metaanalysen vereinigen mit statistischen Verfahren diese unterschiedlichen Ergebnisse bezüglich der Stärke des Zusammenhangs („Effektgröße") zwischen Variablen. Ihr Ziel besteht darin, zu einer verlässlicheren Einschätzung der Effektgröße zu kommen.[37] Die gängige Effektgröße für den Zusammenhang zwischen zwei Variablen – und für die in diesem Beitrag genannten Studien – ist der Korrelationskoeffizient r. Einer gängigen groben Klassifikation zufolge repräsentiert ein r von ± 0,1 einen kleinen, ± 0,3 einen mittleren und ± 0,5 und darüber einen großen Effekt.[38]

Die soziale Wertschätzung, die Menschen durch andere erfahren, hängt dieser Metaanalyse zufolge erheblich von der Körpergröße ab (r = 0,42). Wer überhaupt Führender wird, ist ebenfalls von der Körpergröße beeinflusst (r = 0,29), genauso wie das Einkommen (r = 0,26). Personen, die 183 cm groß sind, verdienten pro Jahr im Betrachtungszeitraum beispielsweise um $ 5.525,- mehr als Personen, die 165 cm groß waren. Da hier auch ältere Studien berücksichtigt sind, ist anzunehmen, dass dieser Wert heute höher ist. Andere Einflussfaktoren wie Geschlecht, Gewicht und Alter wurden bei diesen Analysen kontrolliert[39], wobei in puncto Geschlecht die Körpergröße bei Männern wichtiger zu sein scheint als bei Frauen.

Die *universellen Eigenschaftstheorien* stellen das älteste, einfachste und wohl auch am leichtesten nachvollziehbare Führungskonzept dar, weil es der Alltagsvorstellung entspricht: „Es gibt geborene Führungspersönlichkeiten, die in allen Situationen erfolgreich führen." In der Führungsforschung wird dieser Ansatz nach dem Zitat eines Historikers des viktorianischen Zeitalters namens Thomas Carlyle: „(…) the history of the world was the biography of great men"[40] auch mit dem Schlagwort „*Great-Man-Theory*" belegt. Dahinter steckt die Vorstellung, dass großartige Persönlichkeiten durch ihre Führungsfähigkeiten das Geschick der (geführten) Welt maßgeblich beeinflussen.

Mehrere Forschungsrichtungen lassen sich unterscheiden: 1. Inhaber von Führungspositionen wurden daraufhin untersucht, ob sie sich von anderen Menschen (den Geführten) unterscheiden („*Emergent Leaders*") wie z.B. im Falle der Körpergröße bzw. ob sich

---

37 Glass 1976
38 Cohen/Jacob 1988
39 Judge/Cable 2004
40 Carlyle 1907, S. 18

2. bestimmte Persönlichkeitsmerkmale finden lassen, die ausschlaggebend für den Führungserfolg sind (*„Effective Leaders"*). Schließlich geht ein Forschungsansatz den umgekehrten Weg, indem er bei den Geführten ansetzt und 3. die Frage klärt, ob es bestimmte Merkmale gibt, die Geführte mit einer „idealen" Führungskraft verbinden.

5.1. Wer wird eine Führungskraft und wann ist sie erfolgreich?

Lange Zeit wurde die Führungsforschung von zwei groß angelegten älteren Sammelreferaten beeinflusst, die den bis in die Mitte des vorigen Jahrhunderts ermittelten umfassenden Erkenntnisstand aufarbeiten. Bezüglich einer eindeutigen Identifikation von Eigenschaften, die mit herausragender Führung einhergehen, kamen die Studien allerdings zu einer eher skeptischen Einschätzung: „Die Ergebnisse legen nahe, dass Führung keine Angelegenheit eines passiven Status oder bloß der Besitz einer Kombination einiger Eigenschaften ist."[41] Diese Einschätzung brachte es mit sich, dass in der Scientific Community lange Zeit hindurch **„Eigenschaftserklärungen der Führung eine geringe Wertschätzung bei Führungstheoretikern erfuhren"**.[42]

In einem dieser frühen Sammelreferate wurde anhand von 163 Studien der Zusammenhang zwischen Eigenschaften und Führungserfolg untersucht. Als die am häufigsten bestätigten Erfolgseigenschaften wurden angeführt:

> … ein starkes Verantwortungsbewusstsein sowie ein ausgeprägtes Bedürfnis nach Aufgabenerfüllung; Energie und Ausdauer im Hinblick auf die Zielerreichung; Kreativität und Originalität bei der Problemlösung; Selbstvertrauen und ein Gefühl persönlicher Identität; die Bereitschaft, Konsequenzen von Entscheidungen zu akzeptieren; die Bereitschaft, interpersonalen Stress zu ertragen; Frustrationstoleranz; die Fähigkeit, das Verhalten anderer zu beeinflussen und soziale Interaktion handzuhaben.[43]

Als Einzelmerkmale betrachtet käme diesen Faktoren zwar ein geringer Erklärungswert für den Führungserfolg zu, so die Conclusio, ginge man jedoch von der Annahme eines Eigenschaftsbündels aus, so sei man insgesamt doch in der Lage, zwischen effektiven und ineffektiven Führungskräften zu unterscheiden.

Im Anschluss an diese klassischen Studien erschienen mehrere weitere zusammenfassende Artikel, die teilweise zu inkonsistenten Ergebnissen führten. In Tabelle 4 werden diese Überblicksarbeiten zusammengefasst und die genannten Eigenschaften nach der Häufigkeit ihrer Nennung sortiert.[44] Eigenschaften, die nur einmal ge-

---

41 Stogdill 1948, S. 66
42 Zaccaro/Foti/Kenny 1991, S. 308
43 Bass 1990, S. 87
44 Mann 1959; Bass 1990; Kirkpatrick/Locke 1991; Yukl/Van Fleet 1992; House/Aditya 1997; Daft 1999; Northouse 2004; Yukl 2010

nannt wurden, sind nicht berücksichtigt (z.B. Originalität/Kreativität, Aggressivität, Konservativismus, Maskulinität, Entschlossenheit, pro-soziale Beeinflussungsmotivation, Kontrollüberzeugung etc.).

	Sammelreferate	Metaanalyse		
	Anzahl Nennungen	Anzahl Studien	Anzahl Probanden	Korrelation mit Führung
Selbstvertrauen	7	15	7451	0,19
Integrität/Verlässlichkeit	7	16	5020	0,30
Soziale Anpassungsfähigkeit (Soziabilität)	6	19	5827	0,37
Energieniveau, Leistungsbereitschaft und Ambitioniertheit	6	16	4625	0,35
Dominanz/Beeinflussungsmotivation	4	31	7692	0,37
Emotionale Reife	3	Siehe emotionale Stabilität in Kapitel 5.1.1.		
Stresstoleranz	2	Keine Angaben		

Tabelle 4: Zusammenhang zwischen Eigenschaften und Führung (emergent/effective)

Diese Zusammenstellung macht deutlich, dass Führung aus einer Kombination aus sozialer Anpassungsfähigkeit, Dominanz, Ambitioniertheit, Integrität und Selbstvertrauen hervorgeht bzw. damit auch Erfolgsvoraussetzungen verknüpft sind. Allerdings könnte man diesen Befund als trivial bzw. nahezu tautologisch diskreditieren. Schließlich sind Ambitioniertheit, Durchschlagskraft bzw. Anpassungsfähigkeit genuine Merkmale von Führung überhaupt; wie sonst sollte man andere Menschen zur Zielerreichung animieren. Zieht man zudem die in der Tabelle nicht angeführten Persönlichkeitsfaktoren hinzu, so gelangt man zu einem eher inkonsistenten Gesamtbild. Dies hängt allerdings damit zusammen, dass ein Großteil dieser Forschung auf keinem theoretisch gesicherten Persönlichkeitsmodell basiert.

5.1.1. Das Big-Five-Modell

Seit den 1990er-Jahren hat sich in der Eigenschaftsforschung das sogenannte „Big-Five-Modell" durchgesetzt.[45] Es wird davon ausgegangen, dass anhand von fünf Faktoren empirisch gut abgesichert zwischen verschiedenen Persönlichkeitstypen unterschieden werden kann:[46]

---
45 McCrae/Costa 1985; Goldberg 1990
46 Friedman/Schustack 2004, S. 346ff.; Borkenau/Ostendorf 1993, S. 27f.

Steyrer

[handschriftlich: Universelle Eigenschaftstheorie – Big Five]

1. *Emotionale Stabilität (Neurotizismus):* Diese Dimension bezieht sich hauptsächlich auf den Umgang mit unangenehmen Ereignissen und negativen Emotionen. Emotional stabile Menschen beschreiben sich als ruhig, ausgeglichen, sorgenfrei und gelassen. Emotional labile Menschen sind hingegen leicht aus dem seelischen Gleichgewicht zu bringen. Sie geben an, auf unangenehme Situationen häufig erschüttert, betroffen, verlegen, unsicher, ängstlich oder traurig zu reagieren.

2. *Extraversion:* Extrovertierte Menschen sind tendenziell gesellig, aktiv, energisch, heiter und optimistisch. Sie fühlen sich unter Menschen wohl und mögen ein stimulierendes und ereignisreiches Umfeld. Introvertierte Menschen sind hingegen eher zurückhaltend und einzelgängerisch, ohne deshalb verschüchterte Außenseiter oder unglücklich bzw. pessimistisch zu sein; sie sind schlicht gern alleine und haben gerne ihre Ruhe.

3. *Offenheit für Erfahrungen:* Diese Dimension erfasst das Interesse an und das Erleben von neuen Erfahrungen, Erlebnissen und Eindrücken. Personen mit ausgeprägter Offenheit beschreiben sich als wissbegierig, fantasievoll, experimentierfreudig und unkonventionell. Sie mögen Abwechslung und Neues. Personen mit geringer Ausprägung dieser Dimension sind hingegen weniger aufgeschlossen und enthusiastisch, sondern ziehen Bekanntes und Bewährtes vor.

4. *Verträglichkeit:* Zentrale Merkmale von verträglichen Menschen sind Altruismus, Harmoniebedürfnis, Hilfsbereitschaft und Vertrauen. Ihr Umgang mit anderen ist von Verständnis, Wohlwollen und Einfühlungsvermögen gekennzeichnet. Personen mit geringen Verträglichkeitswerten beschreiben sich hingegen als konfrontationsfreudiger, egozentrischer und misstrauischer. Sie verhalten sich eher kompetitiv als kooperativ.

5. *Gewissenhaftigkeit:* Diese Dimension bezieht sich auf die Planung und Selbstdisziplin bei der Organisation und Durchführung von Aufgaben. Gewissenhafte Menschen beschreiben sich als fleißig, diszipliniert, ehrgeizig, zuverlässig, pünktlich, ordentlich und penibel. Wenig gewissenhafte Menschen hingegen verfolgen ihre Ziele mit geringerem Engagement und weniger Ausdauer; sie beschreiben sich als eher nachlässig, gleichgültig und unbeständig.

Tabelle 5 fasst die Ergebnisse einer Metaanalyse zum Zusammenhang zwischen den *Big Five* und Führung zusammen.[47]

[handschriftliche Notizen:]
- Extraversion, Offenheit, emotionale Stabilität → günstig zur Erreichung der F-Position + für F-Erfolg
- Verträglichkeit → für die Positionserlangung unwichtig, für F-Erfolg sehr wohl
- Gewissenhaftigkeit → Positionserlangung ↑, Erfolg ↑

---

[47] Judge/Bono/Ilies/Gerhardt 2002

	Anzahl der Studien	Stichprobengröße	Korrelation Emergent Leader	Korrelation Effektive Leader
Emotionale Stabilität	48	8025	0,24	0,22
Extraversion	60	11705	0,33	0,24
Offenheit	42	9801	0,24	0,24
Soziale Verträglichkeit	42	9801	0,05	0,21
Gewissenhaftigkeit	35	7510	0,33	0,16
Multiple Korrelation aller fünf Persönlichkeitsdimensionen			0,53	0,39

Tabelle 5: Zusammenhang zwischen Big Five und Führung

Durch die Verwendung einer schlüssigen Persönlichkeitstheorie zeigen sich im Zusammenhang mit Führung deutliche Ergebnisse. Für die meisten Dimensionen sind die Korrelationen mittelstark. Die „Gesamtkorrelation" aller fünf Persönlichkeitsfacetten ist insbesondere für das Erlangen einer Führungsposition hoch.

Extraversion, Offenheit und emotionale Stabilität (der Gegenpol zu Neurotizismus) begünstigen demnach sowohl das Erreichen einer Führungsposition (Emergent Leader) als auch den Führungserfolg (Effective Leader). Verträglichkeit spielt zwar für den Führungserfolg eine Rolle, hingegen kaum für das Erlangen einer Führungsposition. Dass einfühlsame, hilfsbereite und kooperative Menschen im Rennen um eine Führungsposition gegenüber kompetitiven „Ellbogentechnikern" keinen Vorteil haben, überrascht nicht sonderlich. Im Umgang mit den Mitarbeitern zahlen sich diese Attribute hingegen aus. Umgekehrt verhält es sich bei Gewissenhaftigkeit. Dieses Persönlichkeitsmerkmal trägt deutlicher zur Erlangung einer Führungsposition bei als zum Erfolg in dieser Position. Erfolgreiche Führung hängt anscheinend nicht so sehr davon ab, Aufgaben möglichst genau und sorgfältig bis zur Perfektion zu erledigen. Allerdings korreliert Gewissenhaftigkeit (gemeinsam mit sozialer Verträglichkeit) am stärksten positiv mit ethischem Führungsverhalten.[48]

Eine andere Metaanalyse differenziert zwischen „trait-like" (z.B. Persönlichkeit) und „state-like" (z.B. Fähigkeiten) Persönlichkeitsdimensionen. Die ermittelten Effektunterschiede sind bestenfalls mittelstark (0,27 und 0,26), sodass die Autoren resümieren, dass es eine „systematische dispositionale Basis zu geben scheint, die effektive Führung" ausmacht.[49] Allerdings beeinflusse die spezifische Führungssituation den Erfolg, da die Korrelationsbefunde zwischen den Studien stark divergieren. Damit wird die Relativierung der Bedeutung von Eigenschaften für den Erfolg erneut bestätigt.

---

48 Kalshoven/Den Hartog/De Hoogh 2011
49 Hoffman et al. 2011, S. 370; siehe auch Chen/Zaccaro 2011

5.1.2. Intelligenz und Führung

Es stellt sich die Frage, ob Intelligenz mit „effective"/„emergent" Leadership korreliert. Auch dazu gibt es eine Metaanalyse (151 Studien).[50] Die durchschnittliche Korrelation beträgt 0,21 (oder 0,27, je nachdem, ob berücksichtigt wird, dass Führungskräfte im Vergleich zur Durchschnittsbevölkerung intelligenter sind). Im Vergleich mit den Big Five, die insgesamt eine Korrelation von 0,48 erreichen, wird ersichtlich, dass die Persönlichkeit von höherer Relevanz zu sein scheint als die Intelligenz. Zudem sei daran erinnert, dass die Körpergröße für Führung im gleichen Ausmaß wie Intelligenz von Relevanz zu sein scheint. Schließlich ist noch ein anderer Befund von Interesse: Die von Mitarbeitern subjektiv wahrgenommene Effektivität korreliert weniger stark mit Intelligenz (0,15) als mit objektiven Erfolgsindikatoren (0,25; z.B. Zielerreichung). Hier liegt der Verdacht nahe, dass dem tendenziöse Entwertungsprozesse seitens der Mitarbeiter zugrunde liegen, weil normalerweise objektive Indikatoren weniger stark mit Führung korrelieren als subjektive (z.B. Zufriedenheit).

5.1.3. Geschlecht und Führungserfolg

Auch die Frage, ob männliche oder weibliche Führungskräfte erfolgreicher sind, kann auf eine jahrzehntelange Forschungstradition verweisen. Gemäß einer aktuellen Metaanalyse auf Basis von 95 Studien[51] zeigt sich nach Berücksichtigung aller Kontextvariablen kein Unterschied in der Effektivität. Allerdings gibt es signifikante Divergenzen in Abhängigkeit davon, ob es sich um Selbst- oder Fremdeinschätzungen (durch Mitarbeiter oder Peers) handelt. Bei Selbstbeurteilungen beurteilen sich Männer besser als Frauen, und zwar umso mehr, je älter die Studien sind. Frauen werden von anderen besser beurteilt als Männer (z.B. im 360-Grad-Feedback), und zwar umso eher, je jünger die Studien sind. Zudem werden Frauen von anderen insbesondere im mittleren und im Topmanagement besser beurteilt als Männer. Auch der Organisationskontext beeinflusst die Effektivitätsurteile. In eher männlich dominierten Kontexten (z.B. Behörden) schneiden Männer und in eher weiblich dominierten Kontexten (z.B. Bildung) Frauen besser ab.

Worauf können diese Ergebnisse zurückgeführt werden? Zwei mögliche Erklärungsansätze sollen hier genannt werden. Zum einen könnte das Fehlen von bei Männern häufiger anzutreffenden Attributen wie Selbstüberschätzung und Imponiergehabe sowohl die Fokussierung auf die gemeinsame Aufgabe als auch einen gerade in arbeitsteiligen Prozessen oft wichtigen offenen Kommunikationsfluss fördern. Zum anderen könnte der Umstand, dass Frauen nach wie vor mit geringerer Wahrscheinlichkeit in Führungspositionen gelangen, gleichsam zu einer strengeren Auslese führen. Vereinfacht gesagt: Aufgrund ihres diesbezüglichen „Geschlechterbonus" erreichen auch viele nur mäßig geeignete und führungsmotivierte Männer eine Führungsposition. Bei den Frauen kommen hingegen nur die besonders geeig-

---

50 Judge/Colbert/Ilies 2004
51 Paustian-Underdahl/Walker/Woehr 2014

neten und motivierten in eine solche Position und füllen ihre Rolle dann dementsprechend im Schnitt besser aus.

5.2. Idealerwartungen gegenüber Führung in unterschiedlichen Kulturen

Der dritte Forschungsansatz universeller Eigenschaftstheorien geht davon aus, dass es sich bei Führung um ein Wahrnehmungsphänomen handelt und dass letztlich die Geführten definieren, ob und in welchem Ausmaß „gute" Führung vorliegt bzw. ob eine bestimmte Person als erfolgreiche Führungskraft eingeschätzt wird.[52] Geführte haben demnach sogenannte prototypische (im Sinne von gestalthafte) Vorstellungen darüber, welche Attribute zu einer Führungspersönlichkeit gehören bzw. nicht gehören. Führungsideale beschreiben jene Führungsattribute, die mit herausragender Führung assoziiert werden.

Das „Global Leadership and Organizational Effectiveness Program" (GLOBE) stellte sich diesem Thema. An dieser Studie nahmen über 60 Länder teil. Ziel war es, den Zusammenhang zwischen Landeskultur und Führung aufzuzeigen. Es zeigte sich, dass weltweit ein integrer, inspirierender, leistungsorientierter und kommunikativer Persönlichkeitstypus, der imstande ist, Teams zusammenzuhalten, zu organisieren sowie entschlossen und diplomatisch im Sinne von konfliktlösend aufzutreten, mit „herausragender" Führung assoziiert wird. Als besonders bemerkenswert erscheint dabei der Umstand, dass das Merkmal „Integrität" weltweit an vorderster Stelle steht. Als Gegenpol zu den Führungsidealen wurden folgende Attribute weltweit negativ mit Führung assoziiert: Einzelgänger, asozial, nicht-kooperativ, leicht erregbar, unklar, egozentrisch, diktatorisch, unnachgiebig.[53]

Ebenfalls untersucht wurde, inwieweit die Erwünschtheit bestimmter Merkmale von der Kultur abhängt. Die größten Bewertungsunterschiede zwischen den Kulturen waren bei folgenden Merkmalen festzustellen: autonom, unabhängig, individualistisch, dominierend, elitär, klassenbewusst, sensibel, zurückhaltend und förmlich. Dieses Ergebnis geht mit Erkenntnissen der kulturvergleichenden Managementforschung konform.[54] Kulturen, die eher *individualistisch* geprägt sind (z.B. die USA), schätzen autonomes, individualistisches Handeln mehr als Kulturen, die eher *kollektivistisch* orientiert sind (z.B. Japan), wo auch ein zurückhaltendes, förmliches Verhalten im Sinne des Einhaltens von Etiketten besonders positiv bewertet wird. Weiters sind Kulturen mit einer hohen *Power Distance* (Akzeptanz von Machtunterschieden) wie beispielsweise die Länder Südamerikas toleranter gegenüber dominanten, elitären Verhaltensweisen als Kulturen, wo das Gegenteil der Fall ist (z.B. Österreich).

Schließlich wurde die Erfolgsrelevanz der GLOBE-Dimensionen auf der Gruppen- und Organisationsebene weltweit untersucht, wie sich z.B. die als ideal erachtete Füh-

---
52 Lord/Maher 1991
53 Dorfman/Hanges/Brodbeck 2004, S. 678
54 Hofstede/Hofstede 2006

rung auf die „Einsatzbereitschaft des Management Teams" und die „Wettbewerbsfähigkeit" des Unternehmens auswirkt. Inspiration, Vision, Integrität, Leistungsorientierung und administrative Kompetenz korrelierten am stärksten mit diesen Erfolgsvariablen.[55]

5.3. Bewertung der universellen Eigenschaftstheorien

Die in der Literatur vorgebrachte Kritik gegenüber universellen Eigenschaftstheorien kreist im Allgemeinen um folgende Inhalte:[56]

- Das komplexe Beziehungsgefüge zwischen Situation, Geführten und Führungskraft wird auf eine Variable reduziert.
- Manche Führungseigenschaften bilden sich im Verlauf der Führungspraxis erst heraus. Werden daher Führende mit Nicht-Führenden verglichen, kommt es teilweise zur Ermittlung von Eigenschaften, die sich eben erst aus der Vorgesetztenrolle ergeben.
- Bedeutende Führungskräfte weisen gänzlich unterschiedliche Persönlichkeitsprofile auf. Generelle Eigenschaften eines „erfolgreichen Führenden" sind daher nicht ableitbar.

Die Eigenschaftstheorie der Führung stand lange Zeit in Misskredit. Das hat sich in den letzten Jahren stark verändert, sodass man von einer Re-Personalisierung der Forschung sprechen kann. Inkonsistente Ergebnisse und ausfernde Befundlagen in der Vergangenheit sind teilweise darauf zurückzuführen, dass von keinem theoretisch fundierten Persönlichkeitsmodell ausgegangen wurde. Neuere Forschungsergebnisse weisen jedoch darauf hin, dass es sowohl persönlichkeitsbezogene Unterschiede zwischen (potenziell und tatsächlich) Führenden und Nicht-Führenden als auch Unterschiede in den Erfolgsresultaten von Führung gibt. Die GLOBE-Studien zeigen wiederum, dass es einen Kern von Persönlichkeitsmerkmalen zu geben scheint, die weltweit mit herausragender Führung verbunden werden.

6. Universelle Verhaltenstheorien der Führung

Die zentrale Frage dieser Erfolgsmodelle von Führung lautet: „Gibt es einen optimalen Führungsstil, der immer und überall zum Erfolg führt?" Unter Führungsstil wird dabei ein „zeitlich überdauerndes und in Bezug auf bestimmte Situationen konsistentes Führungsverhalten von Vorgesetzten gegenüber Mitarbeitern"[57] verstanden.

---

[55] House et al. 2014, S. 327
[56] Northouse 2004, S. 22ff.; Neuberger 2002, S. 237ff.
[57] Wunderer/Grunwald 1980, S. 221

6.1. Die Iowa-Studien

Die Diskussion über Führungsstile hat ihre Wurzeln in Laborexperimenten, die in den späten 1930er-Jahren von Kurt Lewin an der Universität von Iowa mit verschiedenen Arbeitsgruppen durchgeführt wurden.[58] Die Forscher wollten dabei die Auswirkungen unterschiedlicher Führungsverhaltensweisen auf aggressives und feindseliges Verhalten von Jugendlichen in Projekten untersuchen. Die Jugendlichen wurden unterschiedlich agierenden Gruppenleitern zugeteilt:[59]

- *Demokratische* Führungskräfte versuchten Aufgaben und Ziele in der Gruppe zu diskutieren, Mitentscheidungen zu ermöglichen und ihre Führungsentscheidungen zu begründen und offenzulegen.
- *Autoritäre* Führungskräfte bestimmten und steuerten die Aufgaben und Ziele der Individuen und der Gruppe im Alleingang. Sie verteilten die Tätigkeiten nach eigenen Vorstellungen, wobei die Beurteilungskriterien nicht offengelegt wurden.
- *Laissez-faire*-Führungskräfte gaben Gruppenmitgliedern volle Freiheit bei der Ausführung der Tätigkeiten, vermieden Beurteilungen und brachten von sich aus keine Vorschläge ein.

Der Führungsstil hatte einen deutlichen Einfluss auf die Leistung und Zufriedenheit der Gruppe. In *autoritär* geführten Gruppen zeigten die Mitglieder gegenüber dem Gruppenleiter ein unterwürfiges, gehorsames Verhalten, doch innerhalb der Gruppe kam es zu hohen Spannungen und zum Ausbruch von Feindseligkeiten. Die Arbeitsintensität war zwar relativ hoch, bei Abwesenheit des Leiters wurde die Arbeit allerdings unterbrochen. In *demokratisch* geführten Gruppen bildete sich hingegen eine entspannte, freundschaftliche Atmosphäre. Das Team war kohäsiver und die Mitglieder entwickelten stärkeres Interesse an der Arbeit; es wurde auch gearbeitet, wenn der Leiter nicht anwesend war. Die Produkte der Gruppe waren origineller. Die mit dem *Laissez-faire*-Leiter arbeitende Gruppe zeigte sowohl im Hinblick auf Aufgabeninteresse als auch bezüglich Gruppenkohäsion und Zufriedenheit die schlechtesten Resultate.

Die entscheidende Neuerung bei dieser frühen Forschungsarbeit war, dass erstmals eine klare Trennung zwischen der Persönlichkeit des Führenden und seinem Verhalten vorgenommen wurde. Die abgeleitete Folgerung lautete: Sowohl demokratische als auch aufgabenorientierte (aber nicht unbedingt autoritäre) Führung beeinflussen Produktivität, Zufriedenheit und Gruppenkohäsion tendenziell positiv. Irgendeine Führungsaktivität ist in der Regel besser als gar keine (Laissez-faire-Führungsstil).

Betrachten wir die Wirkung autoritärer Führung im Sinnes eines Verhaltens, **„das gegenüber den Geführten absolute Autorität und Kontrolle ausübt und unstrittigen Gehorsam einfordert"**[60], anhand neuerer Studien, so zeigt sich die stark

---

58 Lewin/Lippitt/White 1939
59 White/Lippit 1960; zit. n. Staehle 1999, S. 339f.
60 Cheng et al. 2004, S. 91

negative Auswirkung auf das Verhalten der Mitarbeiter (z.B. in Bezug auf direkt „beobachtbares Leistungsverhalten" oder das „Einbringen von Innovationsvorschlägen").[61] Ein erweiterter Begriff von autoritärer Führung, der auch abwertendes Verhalten durch die Führungskraft einschließt, zeigt zudem, dass die negativen Effekte dieser Führung umso stärker sind, je sinnvoller die Arbeitsinhalte vom Mitarbeiter erlebt werden.[62] Mitarbeiter, die besonders engagiert und motiviert sind, würden demnach auch am meisten durch abwertendes Verhalten verletzt werden.

6.2. Die Ohio-State-Studien

Aufbauend auf den Iowa-Studien versuchte in weiterer Folge ein interdisziplinäres Forscherteam an der Ohio State University, ein Instrument zur Kategorisierung von Führungsverhalten zu entwickeln.[63] Dieses Instrument bestand aus einem Fragebogen, der in weiterer Folge LBDQ (= „Leader Behavior Description Questionnaire") genannt wurde.[64] Der Fragebogen beinhaltete u. a. folgende Items:[65] „Er/Sie kritisiert seine/ihre unterstellten Mitarbeiter auch in Gegenwart anderer."; „Er/Sie zeigt Anerkennung, wenn jemand von uns gute Arbeit leistet."; „Er/Sie ändert Arbeitsgebiete und Aufgaben seiner/ihrer unterstellten Mitarbeiter, ohne es mit ihnen vorher besprochen zu haben."; „Hat man persönliche Probleme, so hilft er/sie einem."

Ziel der Studie war es, unabhängige Dimensionen des Führungsverhaltens zu identifizieren. Über 1.000 Verhaltensbeschreibungen wurden schrittweise auf immer weniger Dimensionen zusammengefasst. Schließlich identifizierten die Forscher zwei voneinander unabhängige Faktoren, mit denen der Großteil der von Mitarbeitern beschriebenen Führungsverhaltensweisen erfasst werden konnten: 1. *Initiating Structure* (Aufgabenorientierung) und 2. *Consideration* (Mitarbeiterorientierung).

Aufgabenorientierung umfasst u. a. folgende Verhaltensweisen: Die Führungskraft tadelt mangelhafte Arbeit; regt langsam arbeitende Mitarbeiter an, sich mehr anzustrengen; legt besonderen Wert auf die Arbeitsmenge; achtet darauf, dass die Mitarbeiter ihre Arbeitskraft voll einsetzen; verlangt von leistungsschwachen Mitarbeitern, dass sie mehr aus sich herausholen.[66] Im Gegensatz zur autoritären Führung ist hier also der Kontrollaspekt weniger stark ausgeprägt und es wird nicht unstrittiger Gehorsam eingefordert.

Mitarbeiterorientierung umfasst unter anderem folgende Verhaltensweisen: Die Führungskraft achtet auf das Wohlergehen ihrer Mitarbeiter; sie bemüht sich um ein

---

61 Schuh/Zhang 2013
62 Harris/Kacmar/Zivnuska 2007
63 Stogdill/Coons 1951
64 Fleishman 1972
65 Fittkau/Fittkau-Garthe 1971
66 Wunderer 2003, S. 206

gutes Verhältnis zu ihren Unterstellten; sie behandelt alle ihre Unterstellten als Gleichberechtigte; sie unterstützt ihre Mitarbeiter bei dem, was sie tun oder tun müssen; sie macht es ihren Mitarbeitern leicht, unbefangen und frei mit ihr zu reden; sie setzt sich für ihre Leute ein.[67]

Ein zentrales Ergebnis der Ohio-Studien lautet: Aufgaben- und Mitarbeiterorientierung schließen einander nicht aus, sondern sind voneinander unabhängig. Eine Führungskraft kann demnach sowohl eine hohe mitarbeiterorientierte Rücksichtnahme als auch eine hohe aufgabenorientierte Planungsinitiative an den Tag legen. Eine Zweiteilung der beiden Dimensionen in hohe und niedrige Ausprägung resultierte im sogenannten „Ohio-State Leadership-Quadranten" (Tabelle 6).

Mitarbeiter-orientierung		
hoch	Hohe Mitarbeiterorientierung und niedrige Aufgabenorientierung	Hohe Mitarbeiter- und hohe Aufgabenorientierung
	Niedrige Mitarbeiter- und niedrige Aufgabenorientierung	Hohe Aufgaben- und niedrige Mitarbeiterorientierung
niedrig	niedrig **Aufgabenorientierung**	hoch

Tabelle 6: Ohio-State-Leadership-Quadrant

Die beiden Führungsdimensionen und ihre Auswirkung auf den Führungserfolg wurden in hunderten Studien einer Analyse unterzogen. Die bis dato umfassendste Metaanalyse kommt zu einem Befund, wie er in Tabelle 7 zusammengefasst ist.[68]

---

[67] Wunderer 2003, S. 206
[68] Judge/Piccolo/Ilies 2004

	Anzahl Studien	Stichprobengröße	Korrelation	Anzahl Studien	Stichprobengröße	Korrelation
	Mitarbeiterorientierung			Aufgabenorientierung		
Arbeitszufriedenheit der MA	76	11374	0,40	72	10317	0,19
Zufriedenheit der MA mit Führungskraft	49	7871	0,68	49	8070	0,27
Mitarbeitermotivation	11	1067	0,36	12	1041	0,26
Job Performance der Führungskraft	25	2330	0,18	22	2085	0,19
Gruppenleistung	27	2009	0,23	27	2079	0,23
Führungseffektivität	20	1605	0,39	20	1060	0,28

Tabelle 7: Aufgaben- bzw. Mitarbeiterorientierung und Führungserfolgsindikatoren

Sowohl Mitarbeiter- als auch Aufgabenorientierung hängen demzufolge deutlich mit Indikatoren des Führungserfolgs zusammen; Mitarbeiterorientierung meist noch mehr als Aufgabenorientierung. Letzteres ist insofern bemerkenswert, als lange Zeit die Annahme vorherrschte, Mitarbeiterorientierung steigere eher Zufriedenheit und Motivation, während Aufgabenorientierung die Arbeitsleistung fördere.[69] Die Ergebnisse der Metaanalyse widersprechen dieser Annahme teilweise: Mitarbeiterorientierung korreliert ebenso mit Arbeitsleistungsvariablen wie Aufgabenorientierung. Was sich allerdings erkennen lässt: Mitarbeiterorientierung korreliert deutlich stärker mit Zufriedenheit und Motivation der Mitarbeiter als mit leistungsbezogenem Output. Kurz zusammengefasst besagt die Metaanalyse somit, dass beide in den Ohio-State-Studien identifizierten Führungsdimensionen, Mitarbeiter- und Aufgabenorientierung, sowohl mit Zufriedenheits- und Motivations- als auch mit Leistungsindikatoren positiv korrelieren, wobei der Zusammenhang für Mitarbeiterorientierung und Zufriedenheits- und Motivationsindikatoren besonders deutlich ist.

Eine neuere Studie analysiert die unterschiedlichen Auswirkungen von erfahrener und gewünschter Mitarbeiter- und Aufgabenorientierung aus Sicht der Mitarbeiter. „Erfahren" bezieht sich dabei auf die wahrgenommene Ist-Situation im Vergleich zu einer erwünschten Soll-Situation.[70] Untersucht wurden unter anderem die Auswirkung auf das „Affektive Commitment" (d.h. die emotionale Bindung an die Organisation) und die Arbeitszufriedenheit.

---

69   Bass 1990, S. 473ff.; Schriesheim/Cogliser/Neider 1995
70   Lambert et al. 2012

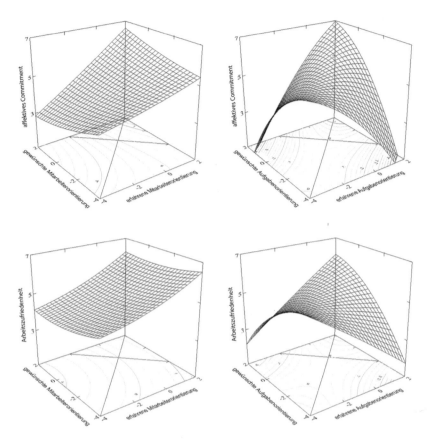

Abbildung 3: Gewünschte/erfahrene Führung, Zufriedenheit und Commitment[71]

Wie aus Abbildung 3 ersichtlich ergeben sich bei hoher Übereinstimmung zwischen Soll (gewünscht) und Ist (erfahren) die höchste Zufriedenheit und das stärkste Commitment. Das gilt sowohl für die Mitarbeiter- als auch die Aufgabenorientierung. Bei der Mitarbeiterorientierung ist zudem die Krümmung der Fläche relativ gering, d.h., selbst wenn davon wenig gewünscht wird, führt diese Art der Führung zu sehr hoher Zufriedenheit und hohem Commitment. Anders bei der Aufgabenorientierung: Hier geht eine höhere Aufgabenorientierung seitens der Führungskraft aus Mitarbeitersicht nur dann mit mehr Zufriedenheit und Commitment einher, wenn dieses Maß an Aufgabeorientierung durch den Mitarbeiter auch erwünscht ist. Abseits dieser „Fit-line", also bei Diskrepanzen zwischen dem gewünschten und empfundenen Ausmaß an Aufgabenorientierung, sinken die Werte stark ab, und dies sowohl bei einem Zuviel als auch einem Zuwenig. Diese Ergebnisse suggerieren, dass man als Führungskraft mit Mitarbeiterorientierung gleichsam „nichts falsch machen kann": Höhere Mitarbeiterorientierung wird demnach (zumindest für die zwei genannten Variablen) immer zu besseren Outcomes führen. Im Gegensatz dazu kann

---

71　Abbildung nach Lambert et al. 2012, S. 921

sich hohe Aufgabenorientierung bei einer Führungskraft schädlich auf derartige Outcomes auswirken, wenn der Mitarbeiter nur ein geringes Maß an Aufgabenorientierung bevorzugt – aber ebenso schädlich ist zu wenig Aufgabenorientierung, wenn vom Mitarbeiter diesbezüglich ein hohes Ausmaß gewünscht wird.

Die Ohio-State-Studien waren mehr oder weniger der Ausgangspunkt der modernen, verhaltenswissenschaftlich fundierten Auseinandersetzung mit dem Thema Führung. Die zwei extrahierten Führungsdimensionen wurden richtungsweisend für zahlreiche Konzepte, die in diesem Beitrag noch vorgestellt werden.

6.3. Transaktionale und transformationale Führung

Ein weiteres Begriffspaar einer universellen Verhaltenstheorie differenziert zwischen der *transaktionalen* und der *transformationalen* Führung.[72] Transaktionale Führung liegt vor, „… wenn eine Person mit einer anderen Person in Kontakt zum Zwecke des Austausches wertvoller Güter tritt. Dieser Austausch kann ökonomischer, politischer oder psychologischer Natur sein ….".[73] Sie motiviert somit durch ein Tauschgeschäft: Belohnung für Leistungserbringung. Dem liegt die Annahme zugrunde, dass Mitarbeiter ihr Handeln nach rational kalkulierenden Überlegungen ausrichten: Mit welcher Wahrscheinlichkeit tragen ihre Handlungen zur Erreichung der eigenen Ziele bei und in welchem Ausmaß wird diese Zielerreichung belohnt?

Im Gegensatz dazu bedeutet transformationale Führung, dass „eine oder mehrere Personen einander derart verpflichtet sind, sodass Führende und Geführte sich gegenseitig zu höheren Ebenen der Motivation und Moralität heben."[74] Ihre spezifische Wirkung setzt also jenseits von Belohnung und Bestrafung an, nämlich bei der Veränderung des Bedürfnis- und Anspruchsniveaus der Geführten. Geführte werden dazu motiviert, sich für höhere Ziele einzusetzen, die über ihre Eigeninteressen hinausgehen; im Dienste einer Idee, einer Gruppe, einer Organisation, einer Nation oder Ähnliches.

Ähnlich wie bei den Ohio-State-Forschern wurde ein Fragebogen entwickelt („Multifactor Leadership Questionnaire", MLQ), der zwischen insgesamt sieben Führungsdimensionen unterscheidet. Transformationale Führung wird dabei durch die folgenden vier Faktoren repräsentiert: *Charisma, Inspirierende Motivation, Intellektuelle Stimulierung* und *Individuelle Wertschätzung*. Transaktionale Führung umfasst die zwei Faktoren *Bedingte Verstärkung* und *Management by Exception*.[75] Der siebente und letzte Faktor steht für eine eigene Kategorie der Nicht-Führung bzw. *Laissez-faire-Führung*. Die vier Dimensionen transformationaler Führung lassen sich folgendermaßen charakterisieren (in Klammer angeführt Beispiel-Items aus dem MLQ):

---

72 Bass 1985; Bass 1998
73 Burns 1978, S. 19
74 Burns 1978, S. 20
75 Bass 1998

Theorie der Führung

Transformationale Führung

- *Charisma* (auch „idealisierte Einflussnahme" genannt) steht für den Grad an Vertrauen und Respekt, den der Führende genießt, sowie das Ausmaß, in dem er einer Berufung zu folgen scheint („handelt in einer Weise, die bei mir Respekt erzeugt"; „macht klar, wie wichtig es ist, sich 100%ig für eine Sache einzusetzen").
- *Inspirierende Motivation* bezieht sich auf das Kommunizieren anspornender Zukunftsvisionen sowie auf die Emotionalisierung und Aktivierung der Mitarbeiter („spricht mit Begeisterung über das, was erreicht werden soll").
- *Intellektuelle Stimulierung* repräsentiert ein Führungsverhalten, das zum Aufbrechen eingefahrener Denkmuster anregt und innovatives Verhalten fördert („bringt mich dazu, Probleme aus verschiedenen Blickwinkeln zu betrachten").
- *Individuelle Wertschätzung* bezeichnet das persönliche Eingehen auf die Geführten als Individuen und das Bereitstellen von Hilfestellungen und Anleitungen im Arbeitsprozess („berücksichtigt meine Individualität und behandelt mich nicht nur als einen Mitarbeiter unter vielen").

Transaktionale Führung lässt sich anhand des MLQ wie folgt beschreiben:

- *Bedingte Verstärkung* thematisiert die Vorgabe von Kriterien für Belohnung und Bestrafung sowie das „Aushandeln" der gegenseitigen Leistungen („spricht klar aus, was man erwarten kann, wenn die gesteckten Ziele erreicht worden sind").
- *Management by Exception* (MBE) gibt an, inwieweit der Führende nur bei außerplanmäßigen Abweichungen in Erscheinung tritt (*MBE-aktiv*: „kümmert sich in erster Linie um Fehler und Beschwerden") bzw. ob ausschließlich die Aufrechterhaltung des Status quo im Auge behalten wird (*MBE-passiv*: „ist fest davon überzeugt, dass man ohne Not nichts ändern sollte").

Der siebente Faktor des MLQ repräsentiert ein *Laissez-faire-Verhalten*. Hier geht es darum, inwieweit sich der Vorgesetzte nicht um Resultate kümmert, keine Anweisungen erteilt oder von sich aus keinen Kontakt zu seinen Mitarbeitern sucht („klärt wichtige Fragen nicht").

Dem Konzept zufolge bilden diese sieben Dimensionen ein „Effektivitäts-Kontinuum" der Führung mit Charisma als effektivster und Laissez-faire als ineffektivster Führungsform. Des Weiteren wird die Prämisse formuliert, dass transformationale Führung gegenüber der transaktionalen Führung überlegen ist.

Tabelle 8 fasst die Ergebnisse einer Metaanalyse mit identen Erfolgsindikatoren zusammen wie zuvor zur Mitarbeiter-/Aufgabenorientierung (Vergleichszahlen in Klammer).[76]

---
[76] Judge/Piccolo 2004

	Anzahl Studien	Stichprobengröße	Korrelation	Anzahl Studien	Stichprobengröße	Korrelation
	Transformationale Führung (MAO)			Transaktionale Führung (AUO)		
Arbeitszufriedenheit der MA	18	5279	(0,40) 0,58	6	1933	(0,19) 0,64
Zufriedenheit der MA mit Führungskraft	23	4349	(0,68) 0,71	14	4076	(0,27) 0,55
Mitarbeitermotivation	16	4773	(0,36) 0,53	13	3615	(0,26) 0,59
Job-Performance der Führungskraft	13	2126	(0,18) 0,27	6	684	(0,19) 0,45
Gruppenleistung	41	6197	(0,23) 0,26	16	3227	(0,23) 0,16
Führungseffektivität	27	5415	(0,39) 0,64	18	3886	(0,28) 0,55

Tabelle 8: Zusammenhang zwischen transformationaler/transaktionaler Führung und Erfolgsindikatoren (MAO = Mitarbeiterorientierung, AUO = Aufgabenorientierung)

Transformationale Führung ist – so der Befund – gegenüber mitarbeiter- und aufgabenorientierter Führung überlegen. Transaktionale Führung übertrifft aufgabenorientierte Führung in puncto Wirksamkeit. Eine Differenzierung zwischen Befindlichkeitsfaktoren (Zufriedenheit und Motivation) und Leistungsfaktoren (Performance und Effektivität) zeigt, dass die transaktionale die transformationale Führung bei der Mitarbeitermotivation und bei der Job-Performance der Führungskraft übertrifft. Die wichtigste Dimension transformationaler Führung, nämlich Charisma, wird im nächsten Kapitel erörtert.

6.4. Charismatisches Führungsverhalten

Aus der Praxis

Steve Jobs, der Gründer von Apple, hatte nach seinem frühen Rausschmiss 1997 die Firma erneut übernommen. Der Aktienkurs betrug damals $ 3,30; kurz nach seinem Tod 2012 war die Aktie $ 497 wert (das 150-Fache). Im Vergleich mit 2000 anderen CEOs ist er damit der erfolgreichste Manager aller Zeiten.[77] In der von ihm autorisierten Biografie wird er von Mitarbeitern „so unheimlich charismatisch" beschrieben, „dass man beinahe entprogrammiert werden musste, nachdem man mit ihm gesprochen hatte."[78] Dem stand allerdings eine gewisse Realitätsverweigerung von Jobs gegenüber, die bei Apple mit dem Begriff „Reality Distortion Field" umschrieben wurde und aus „einer verwirrenden Mischung aus charismatischer Rhetorik, unbeugsamen Willen und der Bereitschaft, die Fakten jederzeit so hinzubiegen, wie er sie brauchte" bestand.[79]

Charismatische Führung wird als die wirksamste Dimension transformationaler Führung eingestuft. Aber was macht „Charisma" aus? Das Konzept geht auf den deutschen Soziologen Max Weber zurück. Dieser definiert Charisma als eine

> außeralltäglich (....) geltende Qualität einer Persönlichkeit, um derentwillen sie als mit übernatürlichen oder übermenschlichen oder mindestens spezifisch außeralltäglichen, nicht jedem andern zugänglichen Kräften oder Eigenschaften (begabt) oder als gottgesandt oder als vorbildlich und deshalb als *„Führer"* gewertet wird.[80]

Konstitutives Element dieser Begriffsbestimmung ist demnach das *Exzeptionelle* (Außergewöhnliche) und das *Exemplarische* (Vorbildliche) im Erscheinungsbild einer Führungskraft.[81]

Charisma ist nach allgemeinem Verständnis ein Persönlichkeitsattribut. Dennoch stehen im Rahmen der Führungsforschung die damit einhergehenden Verhaltensweisen im Zentrum der Betrachtung, weshalb charismatische Führung bei den Verhaltenstheorien behandelt wird. Welche Verhaltensweisen machen sie aus?[82]

---

77 Isaacson 2011, S. 146
78 Hausen/Ibarra/Peyer 2010
79 Isaacson 2011, S. 287
80 Weber 1972, S. 140
81 Steyrer 1995, S. 29
82 Conger/Kanungo 1987; Shamir/House/Arthur 1993; House/Shamir 1995

1. *Verhaltensweisen zur Krisen- bzw. Zukunftsbewältigung:*
   - Die Führungskraft vertritt enthusiastisch eine Vision, die den Status quo fundamental infrage stellt. Die Vision wird dabei nicht nur in Worten ausgedrückt, sondern demonstrativ vorgelebt.
   - Sie zeigt die Bereitschaft, für die Realisierung dieser Vision persönlichen Status, Geld oder ihre Organisationsmitgliedschaft zu riskieren.
   - Sie weist bisher erfolglose oder nur mäßig erfolgreiche Lösungswege dezidiert zurück und legt unkonventionelle, gegen die herrschenden Wertvorstellungen verstoßende Lösungsstrategien bzw. Verhaltensweisen an den Tag.
2. *Kommunikationsverhalten:*
   - Die Führungskraft fungiert als Sprachrohr der Gemeinschaft und übermittelt Botschaften auf einfallsreiche und emotional ansprechende Weise.
   - Sie kann sich gut darstellen und ein positives Eigenimage schaffen (z.B. in Bezug auf ihre Kompetenz, Glaubwürdigkeit, Vertrauenswürdigkeit).
   - Sie setzt zur Durchsetzung ihrer Ziele und Übermittlung von Botschaften symbolische, dramatisierende Aktionen ein (z.B. Demonstration der eigenen Opferbereitschaft).
3. *Umgang mit Mitarbeitern:*
   - Die Führungskraft kommuniziert hohe Erwartungen an die Geführten (z.B. in Bezug auf Entschlossenheit, Einsatzbereitschaft, Selbstaufopferung, Leistung), gleichzeitig aber auch ein hohes Maß an Vertrauen in die Geführten.
   - Sie bemüht sich sichtbar um die Entwicklung der Mitarbeiter (z.B. Entwicklung von Kompetenzen, Formulierung von Erwartungs-Ermutigungen) und hat Vertrauen in diese, selbst wenn das Risiko groß ist.
   - Sie zeigt ein hohes Ausmaß an sozialer Sensibilität, Verständnis und Einfühlungsvermögen gegenüber den Geführten und ihren Bedürfnissen und Werten.
4. *Eigenschaftsbezogene Merkmale:*
   - Die Führungskraft strahlt Selbstvertrauen und Kompetenz aus, zeigt einen ausgeprägten Führungsanspruch und tritt als Reformer bzw. Revolutionär auf.
   - Sie kann Situationen gut einschätzen und hat ein Gespür für Gelegenheiten bzw. potenzielle Hindernisse bei der Umsetzung ihrer Strategien.
   - Sie zeichnet sich durch moralische Integrität (z.B. Fairness, Redlichkeit, Verantwortlichkeit, Übereinstimmung von Worten und Taten) aus.

Worauf basiert der Einfluss einer charismatischen Führungskraft? Mit einer rein auf Austausch fokussierten Theorie (Arbeitsleistung gegen Bezahlung, Loyalität gegen Sicherheit, vorbildliches Verhalten gegen Vergünstigungen etc.) lässt sich die Wirkung charismatischer Führung nicht erklären. Dementsprechend basiert das Konzept charismatischer Führung auf der Annahme, dass Individuen nicht nur materiell orientiert sind, sondern vielmehr einen Sinn in ihrer Tätigkeit suchen.[83] Menschen

---
[83] Shamir/House/Arthur 1993

denken nicht nur pragmatisch und zielorientiert, sondern streben auch danach, sich in ihrer Arbeit selbst auszudrücken und zu verwirklichen. Sie möchten ihre Selbstachtung erhalten bzw. erhöhen. Sie suchen die Sicherheit, Ziele und Aufgaben tatsächlich bewältigen zu können, und wollen zuversichtlich in die Zukunft blicken. All diese Elemente tragen gemäß der Grundannahme charismatischer Führung zumindest ebenso zu Einstellungen, Motivation und Verhalten der Geführten bei wie eine rationale Kalkulation von Aufwand und Ertrag.

Genau hier setzt die Beeinflussung durch charismatische Führung an. Die Formulierung einer mitreißenden Vision suggeriert eine bessere Zukunft für die Organisation und weckt so die Zuversicht der Geführten. Das Artikulieren hoher Leistungserwartungen bei gleichzeitig signalisiertem Vertrauen und Unterstützung fördert Selbstwert und Entwicklung der Geführten. Der Führende vermittelt in Worten und Taten neue Werte und zeigt so einen Weg der Selbstverwirklichung im Dienst einer „höheren Sache" vor. Dabei erbringt der Führende auch persönliche Opfer und stellt durch unkonventionelles Verhalten seine Entschlossenheit und seine Bereitschaft zur Durchsetzung der Vision unter Beweis.

Dieser Prozess zieht bei den Geführten folgende motivationale Effekte nach sich:

- Die Identifikation mit den Zielen der Führungsperson und den gemeinsamen Interessen wird stärker. Das führt dazu, dass (auch) die Geführten bereit sind, die Ziele der Organisation über ihre individuellen Bedürfnisse zu stellen und persönliche Opfer zu erbringen.
- Es kommt zu einer Internalisierung von Visionen und Werten im Rahmen des Einflussprozesses. Diese kann so weit gehen, dass die Geführten bereit sind, gänzlich neue Werte anzunehmen.
- Der Arbeit wird mehr Bedeutung zugesprochen, sodass der Wert der Anstrengung und des Zieles zunehmen und die Geführten ihre Arbeitsrolle verstärkt zu einem integralen Bestandteil ihres Selbstkonzepts machen.

Eine zusammenfassende Darstellung der wichtigsten Merkmale und Prozesse in charismatischen Führungsbeziehungen zeigt die folgende Abbildung:

Führungsverhalten
Führungsperson
- entwickelt Plan und Vision
- entwickelt hohe Leistungserwartungen
- zeigt starkes Selbstvertrauen
- zeigt Vertrauen in die Fähigkeiten der Geführten
- modelliert die notwendigen Werte, Einstellungen und Verhaltensweisen

↓

Wirkung auf das Selbstkonzept der Geführten
- Identifikation mit den Zielen der Führungsperson und den gemeinsamen Interessen
- Steigerung des Selbstwertes

↓

Motivationale Wirkung
- Erhöhte Erwartung, dass Bemühungen zu hoher Leistung führen werden
- Wert der Anstrengung und des Zieles nimmt für die Personen zu

↓

Mitarbeiterverhalten
- Erhöhung der Leistung
- Zunehmendes Commitment gegenüber Organisation, Führungsperson und Arbeitsziel (Vision)

Abbildung 4: Zusammenfassendes Modell charismatischer Führung[84]

Mittlerweile liegen zahlreiche empirische Labor- und Feldstudien zur Erfolgswirksamkeit charismatischer Führung vor (gemessen an z.B. Innovation, Zufriedenheit, Produktivität, Zielerreichung). Diese belegen recht deutlich die Überlegenheit charismatischer Führung gegenüber nicht-charismatischer Führung.[85]

Die Wirkung charismatischer Führung hängt jedoch auch von der Situation ab. Es zeigt sich, dass charismatisches Führungsverhalten dann am wahrscheinlichsten in Erscheinung tritt respektive die größten Erfolge erzielt, wenn eine Krise auftritt oder größere Veränderungen erforderlich sind bzw. die Geführten mit dem Status quo unzufrieden sind.[86] Allerdings werden diese Befunde durch andere Studien relati-

---

84 Weinert 2004, S. 509
85 Hunt/Conger 1999; De Groot/Kiker/Cross 2000; Wilderom/Berg/Wiersma 2012
86 Waldman et al. 2001

viert. So zeigt eine Längsschnittstudie von US-Vorständen, dass mit dem Unternehmenserfolg die Zuschreibung von Charisma steigt, dass aber der Unternehmenserfolg vom Charisma nicht beeinfluss wird (selbst dann nicht, wenn die Unsicherheit des Marktumfeldes kontrolliert wird).[87]

6.5. Bewertung der universellen Verhaltenstheorien

Der Führungsstilforschung liegt implizit die Annahme zugrunde, dass sich Führungsverhalten empirisch gut ermitteln lässt:[88] 1. Die Mitarbeiter beschreiben das reale, objektiv existierende Verhalten ihrer Führungskraft. 2. Jede Führungskraft hat ein typisches, sie charakterisierendes Verhaltensmuster. 3. Die verwendeten Führungsfragebögen sind in der Lage, die spezifische Eigenart des Führungsverhaltens abzubilden.

Die Grundannahmen halten einer kritischen Betrachtung nicht uneingeschränkt stand. So wird beispielsweise in der Regel ein und dieselbe Führungskraft von verschiedenen Mitarbeitern unterschiedlich bewertet. Aus diesen divergenten Bewertungen wird dann ein statistisches Mittelmaß errechnet, das den „tatsächlichen" Führungsstil der betreffenden Person charakterisieren soll. Insbesondere bei großen Bewertungsunterschieden ist die Zuverlässigkeit dieses Mittelwerts als Maß für den „wirklichen" Führungsstil anzuzweifeln.

Welche Faktoren spielen für diese unterschiedliche Bewertung einer Führungskraft eine Rolle? Zum einen gibt es relativ deutliche Belege dafür, dass sich Führungskräfte gegenüber verschiedenen Mitarbeitern unterschiedlich verhalten.[89] Weiters ist davon auszugehen, dass ein und dasselbe Verhalten eines Vorgesetzten von mehreren Mitarbeitern unterschiedlich beurteilt wird. Schließlich sind die Einschätzungen des Vorgesetztenverhaltens seitens der Mitarbeiter wie alle menschlichen Urteile nicht objektiv, sondern subjektiv gefärbt und von kognitiven Prozessen in der sozialen Wahrnehmung beeinflusst.[90]

In der Forschung hat das Konzept der transformationalen/transaktionalen Führung mehr oder weniger die Führungsdimensionen Mitarbeiter- und Aufgabenorientierung abgelöst. Im Lichte neuerer Erkenntnisse ist dieser Entwicklung mit Skepsis zu begegnen. Beide Führungsdualitäten sind weder widersprüchlich noch inkompatibel, sondern ergänzen einander. Aufgaben- (Sachebene) und Mitarbeiterorientierung (Beziehungsebene) sind grundlegende Aspekte jeder zielgerichteten zwischenmenschlichen Interaktion. Transformationale und transaktionale Führung thematisieren hingegen unterschiedliche Formen der Bindung an die Ziele der Organisation zwischen Identifikation (man fühlt sich als stolzer Teil eines größeren Ganzen) und Kalkulation (Zielerreichung wird materiell honoriert).

---

87 Agle et al. 2006
88 Neuberger 2002, S. 420f.
89 siehe dazu die Ausführungen zur Leader-Member-Exchange-Theory in Kapitel 7.3. in diesem Beitrag.
90 Martinko/Harvey/Douglas 2007

Bewertung des Charisma-Konzeptes

Das Konzept der charismatischen Führung hebt ähnlich wie die transformationale Führung den emotionalisierenden/sinnstiftenden Aspekt von Führung hervor, der über die „klassische" Mitarbeiterorientierung hinausgeht. Die empirische Befundlage deutet ihrerseits darauf hin, dass dieser Aspekt keineswegs rein esoterisch ist, sondern sich auch auf quantifizierbare Leistungsindikatoren auswirkt.[91] Gleichzeitig wohnen diesem Konzept gewisse Idealisierungstendenzen inne; im Zusammenhang mit charismatischer Führung wird meist nur das Aufbauende, Gute, Konstruktive, Innovative präsentiert. Charismatische Führung muss aber keineswegs immer nur positive Auswirkungen haben, sondern kann durchaus fehl am Platze sein. Insgesamt geht die Kritik in fünf Stoßrichtungen:

1. Es kommt im Rahmen dieser Konzepte zu einer „Romantisierung" von Führung, d.h., die Einflussmöglichkeiten von Führung auf den Erfolg bzw. Misserfolg von Organisationen werden überbewertet.[92]
2. Mit charismatischer Führung können enorme dysfunktionale soziale Konsequenzen verbunden sein. Bei den Geführten etwa Identitätsverlust, geringe Selbstständigkeit sowie Projektionen eigener Ängste und Aggressionen auf andere. Seitens des Führenden können Narzissmus, übersteigertes Dominanzstreben, starker Egoismus, Ausnutzung anderer, autoritäres Verhalten und die Verbreitung höchst fragwürdiger Ideologien auftreten.[93]
3. Die Hinwendung zur charismatischen Führung ist in einem gewissen Sinne vergangenheitsorientiert und widerspricht teilweise aktuellen Trends der Organisationsführung wie etwa Verflachung von Hierarchien, internes Unternehmertum, Förderung von Kreativität und Eigenständigkeit der Mitarbeiter, Zunahme von Selbstmanagement und Selbstmotivation etc.[94]
4. Charismatische Führung kann sich negativ auf die Organisationskultur und Vielfalt auswirken. Die starke Anziehungskraft des Führenden kann zu einer „Gleichschaltung" und Einheitskultur führen, sodass Sub- und Nischenkulturen verdrängt werden und solcherart Innovationspotenziale verloren gehen.
5. Es besteht die Gefahr, dass es zu unrealistischen Visionen seitens des Führenden kommt, die mehr seine eigenen Vorstellungen und Bedürfnisse reflektieren als die realen Verhältnisse auf den Märkten.[95]

Abschließend kann festgestellt werden, dass das Charisma-Konzept wesentliche Dimensionen rund um die emotionalisierende/sinnstiftende Wirkung von Führung anspricht, die während radikaler Veränderungsphasen in Organisationen von Bedeutung zu sein scheinen. Damit sind allerdings auch potenzielle Gefahren für die Organisation und Mitarbeiter verbunden, die mitbedacht werden müssen, wenn die Sehnsucht nach „starker Führung" aufkommen sollte.

---

91 DeGroot/Kiker/Cross 2000; Steyrer/Schiffinger/Lang 2008
92 Bligh/Kohles/Pillai 2011
93 Quimet 2010; Steyrer 2011
94 Padilla/Hogan/Kaiser 2007
95 Sistenich 1993

7. Situative Verhaltenstheorien der Führung

Im Unterschied zu den universellen Verhaltenstheorien unterstellen die *situativen Verhaltenstheorien*, dass sich angemessenes Führungsverhalten nach der Situation richtet und es daher kein allgemein ideales Führungsverhalten gibt. Dementsprechend beschäftigen sie sich mit der Frage, unter welchen situativen Voraussetzungen welches Führungsverhalten gezeigt wird bzw. angebracht ist und zum Erfolg führt. Im Folgenden sollen vier derartige Modelle exemplarisch dargestellt werden: die *Situative Reifegrad-Theorie*, die *Weg-Ziel-Theorie* und die *Leader-Member-Exchange-Theorie*.

7.1. Die Situative Reifegrad-Theorie

Die *Situative Reifegrad-Theorie* macht die Wahl des richtigen Führungsstils vom Entwicklungsniveau des Mitarbeiters abhängig.[96] Der Führungsstil wird dabei entlang der bereits bekannten Dimensionen Aufgaben- und Mitarbeiterorientierung variiert. Aufgabenorientiertes Führungsverhalten umfasst hier die Vorgabe von Zielen, Strukturen, Regeln und Zeitrahmen sowie die anschließende Kontrolle der Arbeitsergebnisse. Mitarbeiterorientiertes Führungsverhalten bezieht sich auf das Ausmaß der sozio-emotionalen Unterstützung, auf die Förderung der Mitarbeiter, Berücksichtigung der Mitarbeitermotivation und Anerkennung der Leistung.

Als Kriterium für das richtige Ausmaß an Aufgaben- und Mitarbeiterorientierung beinhaltet das Konzept eine dritte Dimension: den Reifegrad des Mitarbeiters. Dieser Reifegrad besteht aus der *Fähigkeit* (ability oder „Arbeitsreife") und der *Bereitschaft* (willingness oder „psychologische Reife") des Mitarbeiters zur Aufgabenerfüllung. Die Fähigkeit bzw. Arbeitsreife hängt ab vom Ausbildungsstand, Wissen und von den Arbeitserfahrungen des Mitarbeiters. Die Bereitschaft bzw. psychologische Reife wird als intrinsischer Leistungswille konzipiert.[97] Ebenso wie die Führungsdimensionen Aufgaben- und Mitarbeiterorientierung sind auch diese beiden Faktoren, die den Gesamtreifegrad eines Mitarbeiters bestimmen, grundsätzlich voneinander unabhängig.

Wenn man diese beiden Reifedimensionen jeweils in Form einer dichotomen Ausprägung (stark versus schwach ausgeprägt) zueinander in Beziehung setzt, lassen sich folgende Reifegrade unterscheiden:

- R1: Mitarbeiter, die eine Aufgabe weder übernehmen wollen noch können (geringe psychologische Reife und niedrige Arbeitsreife).
- R2: Mitarbeiter, die eine Aufgabe gerne übernehmen würden, aber (noch) nicht können (hohe psychologische Reife und niedrige Arbeitsreife).

---

96 Hersey/Blanchard 1977; Hersey/Blanchard 1993
97 Hersey/Blanchard 1993, S. 184

- R3: Mitarbeiter, die ihre Aufgabe bewältigen können, aber nicht wollen (hohe Arbeitsreife und niedrige psychologische Reife).
- R4: Mitarbeiter, die ihre Aufgabe übernehmen wollen und können (hohe psychologische Reife und hohe Arbeitsreife).

Die Theorie unterscheidet nun in Abhängigkeit von diesen vier Reifegraden vier jeweils angemessene Führungsstile.

Telling bei niedrigem Reifegrad (R 1): Die mangelnde Bereitschaft wird als Folge der Unsicherheit des Mitarbeiters gesehen, ob er der Aufgabe gewachsen ist. Somit geht es in diesem Stadium darum, den Mitarbeiter inhaltsorientiert an die Aufgabe heranzuführen. Dementsprechend sollte der Vorgesetzte sich darauf konzentrieren, genaue Anweisungen und Erläuterungen zu geben, die Leistung zu kontrollieren und gegebenenfalls korrigierend einzugreifen (hohe Aufgabenorientierung und niedrige Mitarbeiterorientierung).

Selling bei niedrigem bis mittlerem Reifegrad (R 2): Die Fähigkeiten des Mitarbeiters erreichen in diesem Stadium noch nicht das gewünschte Niveau, weshalb der Vorgesetzte weiterhin in hohem Ausmaß direktiv und aufgabenorientiert führen sollte. Gleichzeitig sollte der Vorgesetzte darauf achten, die Bereitschaft und Motivation des Mitarbeiters zu steigern, um etwa Frustration und Ablehnung der Aufgabe zu vermeiden. Dies wird durch gesteigerte Mitarbeiterorientierung erreicht: Gewährung sozio-emotionaler Unterstützung, genauere Erläuterungen über die Hintergründe von Entscheidungen, positives Feedback bei erfolgreicher Aufgabenbewältigung etc. (weiterhin hohe Aufgabenorientierung bei steigender Mitarbeiterorientierung).

Participating bei mittlerem bis hohem Reifegrad (R 3): Ein Mangel an Bereitschaft trotz vorhandener Fähigkeiten kann hier beispielsweise auftreten, weil ein Mitarbeiter aus verschiedenen Gründen (Arbeitsumfang, mangelnder Entscheidungsspielraum oder Ähnliches) Motivationsdefizite aufweist. Der Vorgesetzte sollte in dieser Situation daher den Beziehungsaspekt in den Vordergrund rücken und so versuchen, z.B. durch persönliche Anerkennung und Wertschäzung wieder mehr Freude an der Tätigkeit zu wecken.

Delegating bei hohem Reifegrad (R 4): In diesem Stadium kann der Vorgesetzte die Aufgaben an den Mitarbeiter delegieren und ihn die Aufgaben weitgehend autonom ausführen lassen, ohne dass ein intensives Feedback und häufige Interaktionen notwendig wären (sowohl Mitarbeiter- als auch Aufgabenorientierung können reduziert werden).

Mit steigendem Reifegrad soll somit der Theorie zufolge die Aufgabenorientierung kontinuierlich reduziert werden, während die Mitarbeiterorientierung anfangs gesteigert werden soll und erst bei gesicherter psychologischer Reife und hoher Arbeitsreife wieder zurückgenommen werden kann. Führungsstil und Reifegrad stehen dabei in einem dynamischen Wechselverhältnis. Die korrekte Wahl des Führungsstils bewirkt eine allmähliche Steigerung des Reifegrades, die ihrerseits im Zeitverlauf jeweils einen anderen Führungsstil nahelegt. Dieser kontinuierliche Anpassungsprozess kann anhand einer Kurve veranschaulicht werden, wie sie aus Abbildung 5 hervorgeht. Das Modell proklamiert also Stilflexibilität als zentralen Erfolgsfaktor für Führungsverhalten.

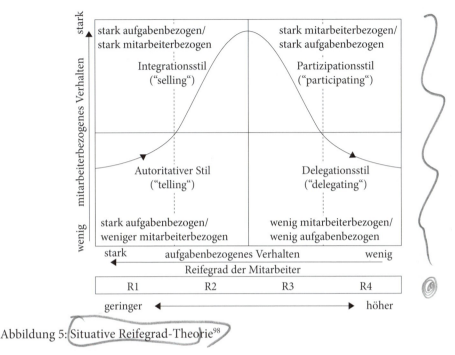

Abbildung 5: Situative Reifegrad-Theorie[98]

Bewertung: Das Situative Reifegrad-Modell mit seinen leicht nachvollziehbaren Annahmen deckt sich weitestgehend mit den Alltagserfahrungen und hat insbesondere in der Praxis der Führungskräfteentwicklung hohe Relevanz erlangt. Das Modell wurde in einer Reihe von bedeutenden Unternehmen als Trainingskonzept eingesetzt. Um das situationsadäquate Verhalten richtig einsetzen zu können, trainieren Führungskräfte ihre Fähigkeiten zur Diagnose der Situation und ihre Flexibilität im Verhalten. Als positiv ist weiters der Aspekt der Mitarbeiterentwicklung hin zu inhaltlicher Kompetenz und Eigenmotivation hervorzuheben. Im Vergleich zur praktischen Verwendung wurde die Gültigkeit des Konzeptes empirisch nur selten überprüft. Die bisherige Befundlage bestätigt das Modell nur in einem sehr geringen Ausmaß.[99]

Mit der proklamierten Stilflexibilität bietet das Konzept aber auch die ideale Legitimationsbasis für jedes Führungsverhalten eines Vorgesetzten. So kann grundsätzlich jeder Führungsstil vom „Befehl-Gehorsam-Management" bis hin zum „Laissez-faire" mit einer (angeblichen) Anpassung an das Entwicklungsniveau der Mitarbeiter gerechtfertigt werden. Hinzu kommt, dass der gewünschte Reifeprozess vom Mitarbeiter eine uneingeschränkte Anpassung an die Ziele der Organisation

---

98 Hersey/Blanchard 1993, S. 186
99 Thompson/Vecchio 2009

verlangt. Etwaige Konflikte zwischen Organisationszielen und Mitarbeiterzielen werden völlig ausgeblendet. Ungeachtet seiner hohen Plausibilität und Popularität sollten die Aussagen dieses Konzepts somit keineswegs ohne Vorbehalte angenommen werden.

7.2. Die Weg-Ziel-Theorie der Führung

Der *Weg-Ziel-Ansatz* verknüpft die Führungsdimensionen der Ohio-Studien (Aufgaben- und Mitarbeiterorientierung) mit der „Erwartungs-Valenz-Theorie" der Motivation.[100] Die Grundannahme der Erwartungs-Valenz-Theorie besteht ja darin, dass Mitarbeiter ihr Verhalten danach ausrichten, mit welcher subjektiven Wahrscheinlichkeit sie ein bestimmtes Ziel erreichen können (Erwartung) und welchen Wert sie diesem Ziel beimessen (Valenz).

Die Hauptaufgabe der Führungskraft wird darin gesehen, die Ziele der Geführten mit den Organisationszielen in Einklang zu bringen (Steigerung der Valenz) und sie bei der Realisierung dieser Ziele zu unterstützen (Steigerung der Erwartung). Der Begriff Weg-Ziel-Ansatz wird damit begründet, dass effektive Führungskräfte hier als Wegbereiter fungieren, die es durch den Abbau von Hindernissen den Geführten im Führungsprozess ermöglichen, die Distanz zwischen dem gegenwärtigen Ist-Zustand und dem künftigen Ziel-Zustand abzubauen.[101]

Die Theorie unterscheidet dabei vier Führungsstile, die je nach Situation diesem Anspruch am besten gerecht werden:

1. *Unterstützende Führung*: Die Führungskraft schafft eine angenehme Arbeitsatmosphäre und nimmt Rücksicht auf die Bedürfnisse der Mitarbeiter.
2. *Direktive Führung*: Die Führungskraft gibt genaue Arbeitsanweisungen, koordiniert die Arbeitsverteilung, formuliert Erwartungen und überwacht die Einhaltung von Regeln.
3. *Partizipative Führung*: Die Führungskraft sucht nach gemeinsamen Formen der Beratung und Entscheidungsfindung.
4. *Leistungsorientierte Führung*: Die Führungskraft setzt anspruchsvolle Ziele, legt Wert auf ein hohes Leistungsniveau und versucht, Standards ständig zu verbessern.

Welcher dieser Führungsstile die besten Ergebnisse zeigt, hängt dabei von zwei Gruppen von Situationsvariablen ab (Abbildung 6). Einerseits spielt der *Organisationskontext* eine Rolle. Zum anderen müssen die *Mitarbeitercharakteristika* berücksichtigt werden, wie Wachstumsbedürfnisse, Autonomiestreben, Kompetenzniveau, „Locus of Control" (Überzeugung, dass der Gang des eigenen Lebens hauptsächlich von einem selbst [interne Kontrollüberzeugung] oder aber von äußeren Einflüssen abhängt [externe Kontrollüberzeugung]).

---

100 siehe auch den Beitrag „Motivation und Arbeitsverhalten" in diesem Buch
101 House 1971; House 1996

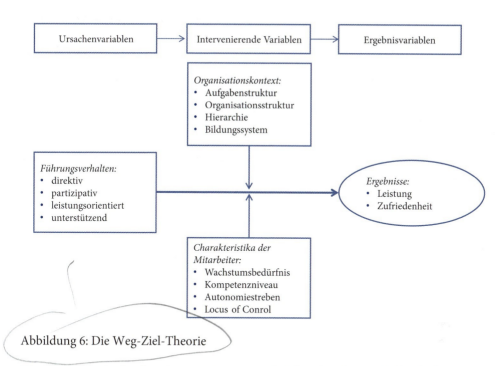

Abbildung 6: Die Weg-Ziel-Theorie

Die Charakteristika der Organisation entscheiden darüber, welches Führungsverhalten adäquat ist, um die Leistung der Geführten zu maximieren. Die persönlichen Eigenschaften der Mitarbeiter haben wiederum einen Einfluss darauf, wie das Führungsverhalten des Vorgesetzten durch die Mitarbeiter interpretiert wird. Empirische Untersuchungen haben z.B. gezeigt, dass die Vorgabe klarer Weg-Ziel-Bedingungen nicht in jeder Situation sinnvoll ist. Bei Routinetätigkeiten (einfache Aufgabenstruktur) etwa, wo bereits klare Weg-Ziel-Verhältnisse vorliegen, wird eine weitere Weg-Klärung durch den Vorgesetzten als unnötiger Eingriff empfunden, der zu sinkender Arbeitszufriedenheit führt. Mitarbeitermerkmale wie etwa hohes Kompetenzniveau oder starkes Autonomiestreben verstärken diesen Effekt noch. Das Führungsverhalten ist somit dann ineffektiv, wenn es die Charakteristika des Organisationskontextes nur dupliziert bzw. nicht zu den Eigenschaften der Mitarbeiter passt.

Inwieweit ist die Weg-Ziel-Theorie daher empirisch untermauert? Folgende Aussagen lassen sich aus der Literatur ableiten:[102]

- Direktive Führung ist am besten geeignet bei autoritätsorientierten Mitarbeitern (wenig Autonomiestreben, externe Kontrollüberzeugung) und unklaren Arbeitsaufgaben bzw. Regeln und Verfahren innerhalb der Organisation. Klare Vorgaben und Anweisungen durch den Vorgesetzten reduzieren hier die Unsicherheit.
- Bei klar vorgegebenen und bekannten Routineaufgaben mit wenig Entscheidungsspielraum sind direktive Arbeitsvorgaben hingegen kontraproduktiv. Hier

---

[102] Schriesheim et al. 2006; Robbins 2001, S. 381

bringt unterstützende Führung mit Verständnis für die belastende Arbeitssituation vorteilhafte Ergebnisse.
- Partizipatives Führungsverhalten ist dort angebracht, wo unklare, eventuell sogar widersprüchliche Arbeitsaufgaben und Anforderungen vorliegen, umso mehr wenn die Mitarbeiter ein hohes Autonomiestreben und eine starke interne Kontrollüberzeugung aufweisen.
- Bei wenig strukturierten und unklaren Arbeitsaufgaben ist auch leistungsorientierte Führung gut geeignet. Durch die Fokussierung auf Leistungsziele zeigt die Führungskraft den Mitarbeitern, dass sie ihnen die Zielerreichung zutraut, und erhöht damit die Erwartung der Mitarbeiter, das Ziel durch ihre Anstrengungen zu erreichen.

Bewertung: Die Weg-Ziel-Theorie bietet Führungsstilempfehlungen in Abhängigkeit von Organisations- und Mitarbeitercharakteristika. Im Mittelpunkt der Theorie steht das Verhalten der Führungskraft. Der wechselseitige interaktive Beeinflussungsprozess zwischen Vorgesetztem und Mitarbeiter bleibt unberücksichtigt. Schließlich kann die Führungskraft als Diagnostiker mit der Beurteilung oft „verborgener" oder schwer messbarer Merkmale überfordert sein. Ebenso kann sie damit überfordert sein, ihr Verhalten flexibel an unterschiedliche Kontexte anzupassen.[103]

7.3. Die Leader-Member-Exchange-Theorie

Universelle Führungstheorien implizieren, dass sich ein Vorgesetzter gegenüber verschiedenen Mitarbeitern immer gleich verhält. Die *Leader-Member-Exchange-Theorie* (kurz LMX-Theorie genannt) postuliert hingegen, dass eine Führungskraft keineswegs gegenüber allen Mitarbeitern einen stabilen „Durchschnitts-Führungsstil" praktiziert.[104] Vielmehr baut jede Führungskraft der LMX-Theorie zufolge eine individuelle Beziehung zu jedem Mitarbeiter auf bzw. jeder Mitarbeiter zu seinem Vorgesetzten („vertikale Dyade").[105] Konkret geht die LMX-Theorie davon aus, dass Führungskräfte dazu neigen, zu einer kleinen Gruppe von Geführten besonders enge und intensive Beziehungen – sogenannte *„high-quality leader-member relations"* – aufzubauen (diese Mitarbeiter bilden die *In-Group*). Die Beziehungen sind hier charakterisiert durch hohes wechselseitiges Vertrauen, häufige Interaktion/Unterstützung und durch formale sowie informale Belohnungen. Des Weiteren inkludieren sie den Austausch von materiellen und immateriellen Gütern, der über das hinausgeht, was in formalen Arbeitsverträgen festgelegt ist.[106] Die davon ausgeschlossenen Mitarbeiter gehören hingegen zur *Out-Group*. Hier liegt eine *„low-quality leader-member relation"* vor. Der Vorgesetzte verbringt kaum Zeit mit diesen Mitarbeitern und sie erhalten nur wenig soziale Wertschätzung. Die Interaktionsbe-

---

103 Northouse 2004, S. 132
104 Liden/Graen 1980
105 Duchon/Green/Taber 1986
106 Dienesch/Liden 1986; Liden et al. 1997

ziehung beschränkt sich auf formale Aspekte und ist sachlich und distanziert. Items, die die Beziehungsqualität messen, lauten z.B.: „Wie sehr versteht Ihr Vorgesetzter Ihre Arbeitsprobleme und Anforderungen"? oder „Wie groß ist die Wahrscheinlichkeit, dass Ihr Vorgesetzter Ihnen aus der Patsche hilft?"[107]

Bezugnehmend auf soziale Austauschtheorien[108] wird angenommen, dass Führende/Geführte Beziehungsnutzen und -kosten in Rechnung stellen. High-Quality-Beziehungen ziehen demzufolge sozial-reziproke Verpflichtungen seitens der Mitarbeiter nach sich. Sie zeigen dann ein freiwilliges Engagement, das über die arbeitsvertraglich geregelten Pflichten hinausgeht. Dieses wünschenswerte Verhalten wird in der Forschung *Organizational Citizenship Behavior* genannt.[109] Eine Metaanalyse über 50 Studien zeigt, dass eine positive LMX-Beziehung mit diesem OCB in der Höhe von 0,37 korreliert.[110]

Eine andere Metaanalyse dokumentiert einen positiven Effekt auf die Fluktuationsneigung von Mitarbeitern (–0,34) im Sinne von Gedanken, das Unternehmen zu verlassen. Allerdings wird der tatsächlich realisierte Arbeitgeberwechsel von der LMX-Beziehung kaum beeinflusst (–0,15). Dieser hängt stärker beispielsweise von der Arbeitsmarktsituation ab. Hingegen hängen die Arbeitsleistung (0,30) und die emotionale Identifikation mit der Organisation (0,36) sowie die Arbeitszufriedenheit (0,42) relativ deutlich mit der Beziehungsqualität zusammen.[111]

Schließlich stellt sich die Frage, welche Antezedenzien diese Beziehung beeinflussen. Welcher Mitarbeiter kommt also in die In-Group? Am wichtigsten sind seine wahrgenommenen Kompetenzen (0,32). Die *Big Five* scheinen hingegen eine untergeordnete Rolle zu spielen. Zudem zeigt die Forschung, dass für die LMX-Beziehungsqualität stärker die Führungskraft als der Mitarbeiter verantwortlich zu sein scheint. So korrelieren die „Erfolgserwartung" seitens der Führungskraft gegenüber dem Mitarbeiter sowie ein hohes Ausmaß an transformationaler/transaktionaler Führung am stärksten mit der LMX-Beziehung (0,61).

Weitere Einflussfaktoren für eine gute LMX-Beziehung sind: Mitglieder der In-Group zeichnen sich insbesondere durch ein ähnliches Einstellungs- und Persönlichkeitsprofil wie der Vorgesetzte aus (0,45). Das steigert in weiterer Folge auch die wechselseitige Sympathie. Schließlich dürften aber auch die „Self-Promotion" (0,38) seitens der Mitarbeiter im Sinne von „Eigenwerbung" und „Selbstdarstellung" sowie das sprichwörtliche „Sich-Einschleimen" beim Vorgesetzten von Bedeutung sein (0,22).[112]

Bewertung: Studien zur LMX-Theorie dokumentieren recht einhellig, dass Vorgesetzte relativ rasch eine simplifizierende Kategorisierung von Mitarbeitern vornehmen und keinen einheitlichen Führungsstil gegenüber allen zeigen, sondern je nach

---

[107] Graen/Uhl-Bien 1995
[108] Blau 1964
[109] Smith/Organ/Near 1983
[110] Ilies/Nahrgang/Morgeson 2007
[111] Dulebohn 2012
[112] Dulebohn 2012

deren Zugehörigkeit zur In- oder Out-Group unterschiedliches Führungsverhalten an den Tag legen. Die LMX-Theorie und die dazugehörigen empirischen Studien erschüttern eine der Basisannahmen der Führungsstilforschung, wonach die Ermittlung eines „durchschnittlichen" Wertes zur Messung des Führungsstils einer Person zielführend sei. Stattdessen seien gerade die Abweichungen von diesem Mittelwert (im Sinne zweier unterschiedlicher Mittelwerte für In-Group und Out-Group) relevant für die Analyse des Führungsverhaltens. Die LMX-Theorie gibt damit wertvolle Impulse und Anregungen, generalisierende Aussagen über Führungsverhalten zu überwinden und sich mit der internen Dynamik der Führer-Mitarbeiter-Beziehung differenzierter auseinanderzusetzen.

7.4. Partizipation, „Empowerment" und Führungserfolg

Als Partizipation bezeichnet man die „Teilnahme bzw. Teilhabe an Entscheidungen" seitens der Mitarbeiter.[113] Rund um diesen Partizipationsbegriff gibt es in der Führungspraxis verschiedene Methoden der Einbindung von Mitarbeitern.

Eines dieser Konzepte ist die *konsultative Führung*. Hier werden die Mitarbeiter im Rahmen der Entscheidungsfindung zurate gezogen. Typisch ist diese Führungsform vor allem bei der Entscheidungsvorbereitung sowie bei Problemen in der Umsetzungsphase. Schließlich ist konsultative Führung typisch für die Führung durch den nächsthöheren Vorgesetzten sowie für die Zusammenarbeit zwischen Linie und Stab.[114]

Ein weiteres Konzept dieser Art ist *kooperative Führung*. Sie verknüpft die starke Einbeziehung der Geführten in Entscheidungsprozesse mit einer ausgeprägten Beziehungsgestaltung im Sinne von Mitarbeiterorientierung bzw. individueller Wertschätzung. Diese Führungspraxis trägt sowohl geänderten Werthaltungen Rechnung (Mitbestimmung, Eigenverantwortung der Mitarbeiter) als auch dem Umstand, dass das Bewältigen komplexer Aufgaben im Team ständiges Lernen und Weiterentwickeln erforderlich macht und durch ein kooperatives Miteinander besser zu bewerkstelligen ist.

Schließlich haben sich in den letzten Jahren verstärkt *delegative Führungsmodelle* durchgesetzt (z.B. Profit-Center- oder Cost-Center-Konzepte). Dabei geht es um die Übertragung von Aufgaben, Kompetenzen und Verantwortung vom Vorgesetzten auf die Mitarbeiter, die somit bei Entscheidungen und Arbeitsausführung weitgehend autonom und auf sich gestellt sind. Im Gegensatz zu der für den kooperativen Führungsstil charakteristischen Gemeinsamkeit der Entscheidungsfindung zwischen Vorgesetztem und Mitarbeitern und teilweise auch der Zusammenarbeit bei der Umsetzung im Team sind diese hier weniger deutlich ausgeprägt. Auch die Beziehungsebene ist hier weniger wichtig als bei der kooperativen Führung. Für einen erfolgreichen Einsatz delegativer Führung müssen seitens der Geführten ausreichende Selbstkontrolle und Sachkompetenz vorliegen.

---

113 Wagner 2004, S. 117
114 Wunderer 2003, S. 214ff.

Konsultative, kooperative und delegative Führung unterscheiden sich also inhaltlich teilweise von partizipativer Führung, die sich nur auf das erhöhte Ausmaß der Einbeziehung der Mitarbeiter in die Entscheidungsprozesse bezieht. Auch aus diesem Grund firmiert die diesbezüglich neuere Forschung nicht mehr unter dem Label „Partizipation". Stattdessen wird u.a. von „*Empowering Leadership*" gesprochen, und zwar im Sinne einer Weitergabe von Macht und Einfluss an die Geführten.[115] Dieser faktische Aspekt wird vom Begriff des „*Psychological Empowerment*" abgegrenzt, der sich darauf bezieht, ob die Arbeit als sinn- und zweckhaft erlebt wird, ob Mitarbeiter intrinsisch motiviert sind und sich als „selbstwirksam" erleben („Bin ich in der Lage, meine Arbeit erfolgreich zu erledigen?"), ob sie Wahlmöglichkeiten vorfinden (Autonomie und Selbstbestimmung) und einen Einfluss auf strategische, administrative und operative Angelegenheiten haben.[116]

Bewertung: Empirisch gibt es klare Hinweise auf einen stark positiven Zusammenhang zwischen der Machtteilung seitens des Führenden und dem daraus resultierenden psychologischen Empowerment bei den Geführten. Gut belegt sind positive Effekte auf die intrinsische Motivation, die Kreativität, Leistungsorientierung und den Selbstwert. Mitarbeiter mit einem niedrigen Produkt- und Branchenwissen profitieren hierbei – durch die Förderung von Lernchancen – anscheinend mehr von Empowerment als Mitarbeiter mit hohem Wissen.[117]

8. Situative Eigenschaftstheorien

Abschließend soll kurz auf die vierte Konzeptfamilie eingegangen werden, die davon ausgeht, dass weder Personen noch Führungsverhalten in nennenswertem Maße veränderbar sind. Somit geht es vornehmlich um die Frage, welche Situation zur individuellen Führung passt. Es wird zwischen *beziehungsmotivierter Führung* (Wertschätzung durch andere ist wichtig, Betonung auf Rücksichtnahme und Toleranz) und *aufgabenmotivierter Führung* (Zielerreichung steht im Vordergrund, Selbstachtung und Bedürfnisbefriedigung zählen) unterschieden.[118] Zur Beschreibung der Führungssituation werden drei Aspekte differenziert, die sich darauf beziehen, ob der Führende genügend Macht und Einfluss gegenüber der Gruppe besitzt: 1. „*Positionsmacht*", 2. „*Strukturierung der Aufgabe*", 3. „*Führer-Mitarbeiter-Beziehung*".

Die Forschungsbefunde zeigen, dass aufgabenorientierte Führungskräfte die besten Leistungen dann erbringen, wenn die Situation besonders günstig ist, also eine gute Führer-Mitarbeiter-Beziehung, eine hohe Strukturierung der Aufgabe und eine große Machtfülle der Führungsposition gegeben ist. Dem liegt die Annahme zugrunde, dass in günstigen Situationen die Gruppenmitglieder bereit sind, vom Vor-

---

115 Ahearne/Mathieu/Rapp 2005
116 Spreitzer 1995
117 Amundsen/Martinsen 2014
118 Fiedler/Chemers/Mahar 1979, S. 17

gesetzten detaillierte Arbeitsanweisungen entgegenzunehmen. In sehr ungünstigen Situationen (all das Genannte trifft nicht zu) bleibt dem Vorgesetzten wiederum keine andere Wahl, als aufgabenorientiert zu führen.

Beziehungsorientierte Führungskräfte sind hingegen in Situationen mit mittlerem Günstigkeitsgrad erfolgreich. Mittelgünstige Situationen sind dadurch geprägt, dass zwar die Aufgabe strukturiert, der Führende jedoch unbeliebt ist oder, umgekehrt, die beliebte Führungskraft eine unstrukturierte Aufgabe zu bewältigen hat. Kurz gesagt ist also dem Modell zufolge in besonders ungünstigen oder aber in besonders günstigen Situationen eine aufgabenorientierte Führungskraft wünschenswert, in Situationen mittlerer Günstigkeit können dagegen mitarbeiterorientierte Führungskräfte ihre Stärken ausspielen.[119]

9. Führung in offenen und geschlossenen Organisationen

Ein Fünftel der Österreicher (21 %) kann sich sehr (5 %) oder ziemlich gut (16 %) vorstellen, „einen starken Führer zu haben, der sich nicht um ein Parlament und um Wahlen kümmern muss."[120] Darin artikuliert sich eine Sehnsucht nach starker und autoritärer Führung, nach einer Person, die mit „eiserner Hand" regiert und so bestimmte Probleme, Konflikte und Ungerechtigkeiten aus der Welt schafft. Wie lässt sich das erklären?

Der Abschluss dieses Beitrags nähert sich dieser Frage unter Bezug auf Karl Poppers „Die offene Gesellschaft und ihre Feinde"[121]. Die *offene Gesellschaft* steht in der Tradition des Liberalismus und soll die größtmögliche Freiheit für jedes Individuum ermöglichen. Der offenen Gesellschaft steht insbesondere die totalitäre, am kollektivistischen Denken ausgerichtete *geschlossene Gesellschaft* gegenüber, die Popper auch ironisch den **„Himmel auf Erden"** nennt, weil sie immer wieder als solcher propagiert wird. In Anlehnung an dieses Gesellschaftskonzept kann auch zwischen einer offenen und einer geschlossenen Organisation unterschieden werden, die anhand von drei Dimensionen differenzierbar sind.[122]

1. Im Rahmen der *anthropologischen* Dimension geht es um die Frage, welchen Grad an Freiheit und Selbstbestimmtheit der Mensch hat: Steht er seiner Welt als Objekt im Sinne eines passiven Opfers gegenüber oder als aktives Subjekt, das durch sein Handeln gestalten und weitestgehend frei agieren kann? Im geschlossenen Modell fühlt sich der Mensch als bloßes Vollzugsorgan unveränderlicher Gesetzmäßigkeiten (*„Determinismus"*). Im offenen Modell wird hingegen der Freiheitsgedanke be-

---

119 Peters/Hartke/Pohlmann 1985; Schriesheim/Tepper/Tetrault 1994; Ayman/Chemers/Fiedler 1995
120 Friesl/Hofer/Wieser 2009
121 Popper 1989
122 Gebert/Boerner 1995, S. 21ff.

tont („*Voluntarismus*") und davon ausgegangen, dass die Realität im Prinzip veränderbar ist. Die deterministische Position schränkt die individuelle Freiheit ein, bietet aber Stabilität, Sicherheit und Vorhersagbarkeit. Die voluntaristische Position betont hingegen die Möglichkeiten zur Initiative und Gestaltung, was wiederum mit Unsicherheit und unvorhersehbarem Wandel erkauft wird.
2. Bei der *sozialen* Dimension geht es um die Frage, ob das Individuum oder das Kollektiv im Vordergrund stehen soll. Wird Meinungsvielfalt zugelassen *(„Pluralität")* oder zugunsten von „*Harmonie*" und „*Homogenität*" zurückgestellt? Ein weiterer zentraler Aspekt betrifft den Umgang mit Unterschieden: Soll es für alle Mitglieder möglichst gleiche Chancen und Perspektiven geben oder werden – legitimiert durch die Annahme der Ungleichheit und Ungleichwertigkeit zwischen den Menschen – Hierarchien und Eliten gefördert? Schließlich geht es um die Bedeutung von Individuum versus Kollektiv. In der geschlossenen Organisation ist das Individuum nicht Zweck per se, sondern letztlich bloß Mittel zur Aufrechterhaltung des Kollektivs. In der offenen Organisation stehen die Interessen des Individuums im Vordergrund. Der einzelne Mensch ist der eigentliche Letztzweck aller Bemühungen.
3. Die *erkenntnistheoretische* Dimension bezieht sich auf die Zuverlässigkeit menschlicher Erkenntnis. Hier geht es um die Frage, ob unser Wissen, Denken und Handeln potenziell irrtumsbehaftet ist und nur von vorläufiger Natur sein kann, was zur Toleranz gegenüber abweichenden Meinungen beiträgt, oder aber als irrtumsfrei und endgültig anzusehen ist, was Stabilität, Orientierung und Sinn vermittelt. Abbildung 7 gibt diese drei Grundannahmen und Wertemuster der geschlossenen und der offenen Organisation wieder.

geschlossene Organisation			offene Organisation
Werte	Grundannahmen		Werte
	A. Die anthropologische Dimension		
	I. Der Mensch ist		
Stabilität, Vorausschaubarkeit	Objekt ⇔	Subjekt	Hoffnung, Initiative
	B. Die soziale Dimension		
	II. Vorherrschend ist		
Harmonie	Interessen-homogenität ⇔	Interessen-heterogenität	Pluralität
	III. Die Menschen sind		
Elite, Hierarchie	ungleichwertig ⇔	gleichwertig	Chancengleichheit
	IV. Schutzbedürftig ist		
Sicherheit	das Kollektiv ⇔	der Einzelne	Individualität
	C. Die erkenntnistheoretische Dimension		
	V. Erkenntnis ist		
Orientierung, Sinn	irrtumsfrei ⇔	irrtumsbehaftet	Toleranz, Lernen

Abbildung 7: Grundannahmen und Werte der geschlossenen bzw. offenen Organisation[123]

---
123 Gebert/Boerner/Lahnwehr 2001, S. 206

Die in den vorangegangenen Kapiteln behandelten Erfolgsmodelle bzw. Führungsdimensionen lassen sich bezüglich ihrer Werte und Grundannahmen in dieser Dualität verorten. Der *geschlossenen* Organisation sind folgende Führungsmodelle und -dimensionen zuzuordnen:

- *Universelle Eigenschaftstheorien* bejahen ihrem Grundverständnis nach die Existenz von Eliten. Implizit wird die Ansicht vertreten, dass Menschen ungleichwertig sind und sich im Hinblick auf wünschenswerte Eigenschaften unterscheiden. Durch geeignete Auswahlverfahren sind die Besten zu bestimmen, denen die Führungsrollen zukommen. Eliten legitimieren damit auch gleichzeitig die Existenz von Hierarchien.
- *Autoritäre, direktive* Führung und *Aufgabenorientierung* im Sinne von „Befehls-Gehorsam-Management" stehen für Stabilität und Vorhersehbarkeit. Einer gibt den Ton an, sagt, was wo wie und wann zu tun ist, die anderen führen aus. Dialogische Formen der Auseinandersetzung über Ziele und Inhalte finden kaum statt. Menschen sind somit eher Objekte als Subjekte, die (für das Gemeinwohl?) den Willen weniger zu realisieren haben.
- *Charisma, inspirierende Motivation* vermitteln Sinn und Orientierung, womit gleichzeitig Irrtumsfreiheit suggeriert wird. Der Führende fungiert als Wegweiser, er wird zum „Guru", der mittels seiner Visionen einen eindeutigen Brennpunkt schafft. Geführte werden mehr oder weniger zu akklamierenden „Jüngern" oder „Schülern" degradiert. Vorteile sind Stabilität, Vorhersehbarkeit und das Aufgehen in einer Bewegung, die Harmonie, Sicherheit und Zuverlässigkeit sowie Sinn vermittelt. Nachteile sind Rigidität, Erstarrung und Gleichschaltung, Dogmatik und Ideologiehörigkeit.

Der *offenen* Organisation sind folgende Führungsmodelle und -dimensionen zuzuordnen:

- *Mitarbeiterorientierung, individuelle Wertschätzung* und *unterstützende* Führung sind ihrem Grundverständnis nach der Toleranz und dem Lernen sowie der Chancengleichheit verpflichtet. Die Förderung der Entwicklungspotenziale aller Mitarbeiter steht dabei im Vordergrund und es wird unterstellt, dass Menschen prinzipiell gleichwertig sind. Leistungsunterschiede werden toleriert bzw. im Kontext ihres Entstehens gesehen (etwa durch unterschiedlich günstige Lernerfahrungen).
- *Partizipative, kooperative* und *delegative* Formen der Führung sowie *Empowerment* fußen ihrem Grundverständnis nach auf der Pluralitätsannahme. Interessenheterogenität wird weitgehend anerkannt und die Einbeziehung möglichst vieler im Entscheidungs- und Willensbildungsprozess gefördert. Sowohl Vorgesetzte als auch Mitarbeiter werden als kompetente Wissensquellen respektiert, mit dem Ziel, eine Vielfalt an unterschiedlichen Denk- und Handlungsmustern zu garantieren.
- *Bedingte Verstärkung* und *leistungsorientierte* Führung betonen vor allem Eigenverantwortung und Initiative. Der Mensch als autonomes Subjekt wird für seine

Leistungsbeiträge entsprechend belohnt und gefördert. Die Führungskraft versteht sich als Partner und Mentor. Die Geführten sollen ein hohes Maß an Situationskontrolle und Gestaltungsfreiheit empfinden und die Chance haben, ihren Weg bei der Aufgabenbewältigung eigenständig zu wählen.

Die Verknüpfung der Dualität der offenen und geschlossenen Organisation mit den jeweils zuzurechnenden Führungsstilen macht somit deutlich, dass es die ideale Führung nicht gibt, sondern mit jeder Organisations- und Führungsform gewisse Vor- und Nachteile verbunden sind, die in der folgenden Tabelle noch einmal kurz zusammengefasst werden.

Geschlossene Organisation		Offene Organisation	
Führung: autoritär, charismatisch, elitär, direktiv-aufgabenorientiert		Führung: partizipativ, leistungsorientiert, entwicklungsfördernd-mitarbeiterorientiert	
+	-	+	-
Stabilität, Vorhersehbarkeit, Aufgehen in einer Bewegung	Rigidität, Erstarrung, Gleichschaltung	Hoffnung, Initiative, Flexibilität, Aufklärung, Bildung	Instabilität, Chaos, Konturenlosigkeit, Anspruchsinflation
Harmonie, Bestätigung, Vertrauen	Stillstand, Infantilisierung, Manipulierbarkeit	Pluralität, Entwicklungspotenzial, schöpferische Spannung	Streit/abnehmendes Konsenspotenzial, Transaktionskosten, Misstrauen
Differenzierung, Anerkennung von Eliten	Diskriminierung	Chancengleichheit, Gleichbehandlung	Nivellierung
Äußere Sicherheit, Zuverlässigkeit	Zwang, Einengung	Individualität, Autonomie	Egoismus, Unkoordiniertheit, Einsamkeit, Anarchie
Eindeutigkeit, Gewissheit, Sinn	Dogmatik, Ideologie	Kritische Rationalität, Toleranz, Lernfähigkeit	Beliebigkeit, Orientierungslosigkeit

Tabelle 9: Vorteile und Nachteile der geschlossenen bzw. offenen Organisation[124]

Je spürbarer die Nachteile einer der beiden Formen werden, umso verlockender erscheint die andere Form. So ist im Sinne von Karl Popper **der größte Feind der offenen Gesellschaft die Attraktivität der geschlossenen Gesellschaft, weil sie nicht zu Unrecht mehr Sinn, Harmonie, Orientierung, Stabilität und Zuverlässigkeit verspricht.** Ein besonders drastisches Beispiel hierfür ist die Anziehungskraft fundamentalistischer Terrororganisationen wie etwa des „Islamischen Staats", die mit der Aussicht locken, durch eine rigide Religion das eigene Leben in den Griff zu bekommen und destruktive Energien kollektiv legitimiert ausleben zu dürfen. Aber auch in weniger drastischen Ausprägungen stehen etwaigen Vorteilen der geschlossenen Gesellschaft nicht minder bedeutsame Gefahren gegenüber: Dogmatik, Ideologiehörigkeit, Stillstand und Infantilisierung. Schließlich birgt das Aufgehen in einem Kol-

---

124 Gebert/Boerner/Lanwehr 2001, S. 208

lektiv ein bedenkliches Potenzial der Entpersönlichung. Diese negativen Folgeerscheinungen werden gerne ausgeblendet, wenn die Sehnsucht nach starker Führung aufkommt, um sich all der Nachteile offener Organisationen und Führungsformen zu entledigen: Instabilität, Egoismus, Nivellierung, Beliebigkeit, lähmende Interessenkonflikte etc.

Das spricht abschließend einen bisher kaum erörterten und auch in den einschlägigen Definitionen ausgeblendeten Aspekt von Führung an: Führung ist nicht nur ein Mittel zur Zielerreichung, sondern drückt auch Werte des sozialen Miteinanders und Werteverhältnisse zwischen Führenden und Geführten aus. In gewissem Sinn ist Führung ein Nullsummenspiel: **Je mehr Freiheiten dem/den Führenden bei der Ausübung ihrer Führungsfunktion zugestanden werden, umso weniger Rücksicht wird auf etwaige abweichende Interessen der Geführten genommen.** Somit geht es nicht nur um die Frage, welche Führungsform effizienter oder effektiver ist. Selbst wenn mit direktiv-autoritärer Aufgabenorientierung oder monologisch-verschleierndem Charisma manche Ziele besser erreicht werden können, geht damit die **Beschneidung der Freiheit der überwiegenden Mehrheit zugunsten einer noch weiter reichenden Freiheit einer kleinen Führungselite** einher.

Reflexionsfragen

1. Für wie bedeutsam schätzen Sie alles in allem den Faktor „Führung" für den Unternehmenserfolg ein?
2. Was beeinflusst Ihrer Meinung nach den Führungserfolg mehr: persönliche Eigenschaften oder der Führungsstil?
3. Wenn Sie eine Führungsrolle zu übernehmen hätten, worauf würden Sie besonders achten?
4. Welche Antwort würden Sie auf die Frage geben, in welchem Ausmaß das Geschlecht, die Körpergröße und die Intelligenz für den Führungserfolg bedeutsam sind?
5. Gibt es Ihrer Meinung nach große Unterschiede zwischen den Kulturen, was als ideale Führung gesehen wird?
6. Welche Gemeinsamkeiten/Unterschiede lassen sich herausarbeiten zwischen den Führungsdualitäten Mitarbeiter-/Aufgabenorientierung und transformationale/transaktionale Führung?
7. Wie würden Sie sich davor schützen, ethisch fragwürdige Ziele, die Ihnen eine Führungskraft vorgibt, in die Tat umzusetzen?
8. Wie würden Sie sich persönlich verhalten, um in einem Team von einer Führungskraft als Mitglied der „In-Group" gesehen zu werden?
9. Warum ist in der Gesellschaft die Sehnsucht nach „autoritärer Führung" relativ hoch? Führen Sie aktuelle soziale und wirtschaftliche Entwicklungen an, die dieses Phänomen erklären.

Weiterführende Literatur

WEIBLER, J. (2012): Personalführung.

YUKL, G.A. (2010): Leadership in Organizations.

HUGHES, R.L./GINNETT, R.C./CURPHY, G.J., (2011): Leadership. Enhancing the Lessons of Experience.

Motivation und Arbeitsverhalten

Wolfgang Mayrhofer und Katharina Pernkopf

Inhaltsverzeichnis

1.	**Einführung und Grundbegriffe**	73
	1.1. Motivation, Motive, Motivieren	73
	1.2. Intrinsische und extrinsische Motivation	75
	1.3. Bedeutung von Motivation in der Arbeitswelt	76
2.	**Grundmodell der Motivation und Arbeitsleistung**	77
3.	**Motivationstheorien**	78
	3.1. Rückblick: Theorie der Bedürfnishierarchie	79
	3.2. Motivator-Hygiene-Theorie (Zwei-Faktoren-Theorie)	80
	3.3. Equity-Theorie	85
	3.4. Erwartungs-Valenz-Theorien	90
	3.5. Zielsetzungstheorie	96
	3.6. Die Job Characteristics Theory	102
4.	**Integrativer Rahmen**	107

„Erst wenn man gehandelt hat, kann man sagen warum. […] Ein Motiv ist danach nicht eine Ursache, sondern ein vorzeigbarer Grund des Handelns."

Niklas Luhmann[1]

> **Ziel dieses Beitrags ist es,**
>
> - relevante Basiskonzepte – Motivation, Motiv und motivieren – zu verdeutlichen;
> - ein Grundmodell der Motivation vorzustellen;
> - zentrale Motivationstheorien zu erläutern und im Hinblick auf ihren Beitrag zu einem ausgebauten Kreislaufmodell der Motivation und ihre praktische Bedeutung zu charakterisieren.

---

[1] Luhmann 2002, Seite 37

1. Einführung und Grundbegriffe

> **Aus der Praxis**
>
> Die Wiener Studentin Barbara (19) arbeitet seit kurzem als Praktikantin bei UNIQ, einem hippen Dortmunder Unternehmen, das 2012 als Zweimannbetrieb startete, 2013 mit dem Urlaubsschnäppchen „Budapest inkl. Hotel und Flüge für 6 Euro" für Medienrummel sorgte und heute mehr als 90 Angestellte zählt. Ein friktionsfreies Gemeinschaftsgefüge liegt Daniel Krahn und Daniel Marx, den beiden Gründern, sehr am Herzen. Als Barbara Schwierigkeiten mit ihrem Vermieter bekommt und kurzfristig eine neue Wohnung benötigt, ist Christian sofort zur Stelle. Er ist Feel-Good-Manager bei UNIQ und ständig um das Wohlergehen aller Mitarbeiterinnen und Mitarbeiter besorgt. Barbara ist froh, dass es ihn gibt und er ihr innerhalb weniger Tage eine leistbare und für die Arbeit gut gelegene Bleibe findet. Sie kann sich in der Zwischenzeit mit vollem Elan auf ihren interessanten, aber herausfordernden Job konzentrieren. Gut zu wissen, dass ihr Christian nicht nur einen Platz in der „Praktikanten-WG" organisiert hat, sondern bei Bedarf auch Behördenwege oder Bankgeschäfte erledigt.[2]

Wer ist hier motiviert: Barbara? Christian? Beide? Und: Wer will hier wen wozu motivieren? Kann man überhaupt andere Menschen motivieren? Und schließlich: Welche Rolle spielt Motivation in der Welt der Arbeit?

Ausgehend von diesen Fragen nehmen wir in einem ersten Schritt zunächst einige begriffliche Klärungen vor, beleuchten die Begriffe Motivation, Motiv und Motivieren näher und zeigen die Bedeutsamkeit der Auseinandersetzung mit dem Thema Motivation für die tägliche Arbeitspraxis auf (Kapitel 1.). Anschließend stellen wir ein allgemeines Modell der Motivation vor und zeigen die wichtigsten Dimensionen auf, die im Rahmen motivationaler Überlegungen von Bedeutung sind (Kapitel 2.). In einem dritten Schritt stellen wir unter Bezugnahme auf das Grundmodell von Motivation und Arbeitsleistung verschiedene Überlegungen zur Erklärung menschlichen Verhaltens („Motivationstheorien") vor und bewerten diese (Kapitel 3.). In einem abschließenden Schritt fassen wir die einzelnen Faktoren zu einem integrierten Modell zusammen (Kapitel 4.).

1.1. Motivation, Motive, Motivieren

Motivationale Überlegungen liefern eine Antwort auf das „Warum" menschlichen Verhaltens. Dabei stehen meist zwei Bereiche im Vordergrund: erstens die Beibehal-

---
[2] angelehnt an den Handelsblatt-Artikel „Ein bisschen Google in deutschen Firmen" vom 16.12.2014

tung bestehender oder der Wechsel zu neuen Verhaltensmustern und zweitens deren Intensivierung.

> **Definitionen**
>
> - Motivation: bezieht sich auf Form, Richtung, Intensität und Dauer des Verhaltens.
> - Motive: sind angenommene Ursachen zur Erklärung individuellen Verhaltens.
> - Motivieren: Verhalten im Hinblick auf ein bestimmtes Ziel durch die Gestaltung von Rahmenbedingungen zu fordern und/oder zu fördern, aber nicht „Einpflanzen" von Motivation oder „punktegenaues Steuern von Verhalten".

Das Erleben und die Aktivität von Menschen setzt sich aus vielen Komponenten zusammen: Gefühlen, Handlungen, Gedanken, unbewussten Impulsen, automatisierten Reaktionen usw. Motivation ist der Teil aus diesem Bündel von Erlebens- und Aktivitätselementen, der sich auf Form, Richtung, Intensität und Dauer des Verhaltens bezieht.[3] Ein Beispiel: Fragt man Martin, einen Mitarbeiter bei McDonald's Österreich, was ihn dazu veranlasst, eine Lehre zu absolvieren statt sich anlernen zu lassen (Form), sich für Systemgastronomie mit „McMatura" zu bewerben anstatt auf eine inhaltliche Weisung zu warten (Richtung), sich aktiv zu engagieren und die Berufsschule nicht einfach vorbeirauschen zu lassen (Intensität) und das alles drei Jahre lang auf sich zu nehmen (Dauer), dann fragt man im Kern nach seiner Motivation.

Motive sind angenommene Ursachen zur Erklärung individuellen Verhaltens. Sie lassen sich nicht direkt beobachten oder erfassen und sind Abstraktionen aus dem Bündel von Erlebens- und Aktivitätskomponenten von Menschen. Ähnlich wie Eigenschaften werden Motive als relativ überdauernd angesehen und zur Erklärung von wiederkehrendem, über eine konkrete Situation hinausgreifendem Verhalten herangezogen. Während Triebe und Bedürfnisse auf die Beseitigung elementarer Mangelzustände wie z.B. Hunger oder Schlaf zielen, thematisieren Motive als umfassendere Begriffe das Anstreben bestimmter Ziele.[4] Dieses Streben nach solchen Zielen ist nicht allein eine hochindividuelle Entscheidung, sondern basiert ganz wesentlich auf Sozialisierungsprozessen wie etwa Erziehung im Elternhaus, Schulbesuch oder Mitgliedschaften in Interessengemeinschaften, durch die gesellschaftlich konstruierte Werte, Normen und Erwartungen internalisiert werden.

Menschen kann man nicht von außen motivieren im Sinne eines „auf den Knopf drücken, damit bestimmtes Verhalten gezeigt wird". Allerdings: Sie sind grundsätzlich motiviert, d.h. aufgrund ihrer inneren Verfassung bereit, Verhaltensweisen zu zeigen, die sie im Bezug darauf für sinnvoll halten. Im trivialisierten Sinn verwenden wir den Begriff „Motivieren" in der Regel, um die Illusion der Steuer-

---

[3] Thomae 1965, zit. n. Neuberger 1977, S. 203
[4] Neuberger 1977, S. 206

barkeit von Menschen aufrechtzuerhalten und/oder „hässliche" Dinge wie Überreden, Zwang, Verführung oder Manipulation schönzureden. Nicht, dass das nicht auch zum Führungsalltag gehörte, nur: Mit Motivation im eigentlichen Sinn hat es nichts zu tun. Menschen zu motivieren erhält dann eine besondere Qualität, wenn sie – wie in der Arbeitswelt die Regel – Verhalten im Hinblick auf ein vorgegebenes Ziel zeigen sollen, das sie so nicht gezeigt hätten: um 7.00 Uhr früh mit der Arbeit zu beginnen, diese stets sorgfältig zu verrichten usw. Geforderte Verhaltensweisen passen also nicht immer mit der inneren Situation und der vorhandenen Motivation der Betroffenen zusammen. Am eingangs erwähnten Beispiel verdeutlicht: Durch entsprechende Gestaltung der Rahmenbedingungen, durch Anreize wie die Suche einer neuen Wohnung, durch das Aufzeigen von Möglichkeiten, sich voll und ganz der Arbeit widmen zu können, usw. kann versucht werden, die bestehende innere Struktur der einzelnen Person zu nutzen und die Entstehung entsprechenden Verhaltens zu begünstigen. Motivieren heißt daher, durch die Gestaltung von Rahmenbedingungen Verhalten im Hinblick auf ein Ziel zu fordern und/oder zu fördern. Dazu gehört es z.B., im wechselseitigen Einverständnis mit allen Beteiligten und in Reaktion auf die Umwelt der Organisation Zielsetzungen und Verhaltensweisen anzupassen.

1.2. Intrinsische und extrinsische Motivation

Menschen können ihr Verhalten auf innere oder äußere Gründe zurückführen.[5] Bei Ersterem spricht man von intrinsischer Motivation. Diese umfasst z.B. Spaß an der Tätigkeit, Freude an der Leistung, starke persönliche Werthaltungen oder klare eigene Ziele. Die Kraft für das Verhalten kommt aus dem Tun selbst, aus dessen Beitrag zur Herstellung eines persönlich als „befriedigend" gesehenen Zustands. Bei extrinsischer Motivation kommen die angenommenen Verhaltensursachen primär aus der Umwelt. Hier ist es nicht das Verhalten selbst, das motiviert, sondern ein äußerer Umstand: Pünktlichkeit durch Stechuhren, Leistung durch Geldprämien.

Beides fließt auch ineinander. Immer mehr Unternehmen setzen beispielsweise auf Vertrauensarbeitszeit-Arrangements, wo die Erledigung von Aufgaben im Gegensatz zur tatsächlichen Präsenzzeit im Vordergrund steht, bei denen der äußere Umstand einer Stechuhr wegfällt und das Leisten von Mehrarbeit Teil der inneren Haltung wird.

---

[5] vgl. dazu etwa Rheinberg 2008, S. 149ff.

> **Aus der Praxis**
>
> Electronic Arts, einer der weltweit führenden Hersteller und Publisher von PC- und Videospielen mit einem Umsatz von rund 3,5 Milliarden US-Dollar im Jahr 2014 und in unseren Breiten besonders bekannt durch Spielserien wie „FIFA" oder „Die Sims", gehört zu den gefragtesten Arbeitgebern der Branche, insbesondere am Firmenhauptsitz in Kalifornien. Adam, ein ehemaliger Mitarbeiter, war es gewohnt, gegen Ende so manchen Projekts bis zu 100 Stunden die Woche zu arbeiten. Das stand in keinem Arbeitsvertrag und dafür gab's auch keine Kompensation durch Zeit oder Geld. Dennoch ist er heute stolz auf diese Lebensphase – darauf, gelungene Spiele auf den Markt gebracht zu haben, die die Fans lieben – und er konnte sich danach jeden anderen Job in Silicon Valley aussuchen. (Angelehnt an den Blog-Posting-Skandal im Jahr 2004, der mittlerweile zwei Sammelklagen gegen Electronic Arts zur Folge hatte.)

Intrinsische und extrinsische Motivation stehen in Wechselwirkung. Besonders bekannt ist der sogenannte Verdrängungs- oder Crowding-out-Effekt. Die Einführung äußerlicher Anreize kann ursprünglich freiwillige und auf Basis intrinsischer Motivation gezeigte Verhaltensweisen zurückdrängen oder gänzlich zerstören. Dazu kommen weitere unbeabsichtigte Effekte („nicht-intendierte Nebenfolgen"). So kommt es etwa bei der Einführung leistungsorientierter Entlohnung regelmäßig zu einer übermäßigen Ausrichtung an materiell belohnten Aktivitäten oder zu der Reduzierung von Verhalten wie etwa informeller Hilfeleistung, das zwar für das Funktionieren einer Organisation unerlässlich ist, aber nicht unmittelbar belohnt wird.

1.3. Bedeutung von Motivation in der Arbeitswelt

Ein besseres Verständnis von Arbeitsmotivation ist aus drei Gründen besonders wichtig. Erstens ist es für das Überleben von Organisationen notwendig, dass Menschen in die Organisation eintreten, ihre Mitgliedschaft zumindest über einen gewissen Zeitraum aufrechterhalten, die ihnen übertragenen Aufgaben in einer ungefähr vorhersagbaren Weise ausführen und darüber hinaus auch kreativ, spontan und innovativ handeln. Zweitens klaffen individuelle Interessenlagen und organisationale Zielsetzungen in der Regel auseinander. Die wenigsten Menschen haben von sich aus Interesse, zu einer bestimmten Zeit auf eine stark vorstrukturierte Weise mit Personen und Rahmenbedingungen, die sie sich nicht selbst aussuchen konnten, Ziele zu verfolgen, die allerhöchstens teilweise die ihren sind. Drittens wird Führungskräften „Motivieren" in der Regel als eine Kernkompetenz zugeschrieben. Allerdings fehlt es oft an Einsicht, was mittels „Motivieren" erreicht – und vor allem: nicht erreicht – werden kann.

Ein besseres Verständnis motivationaler Prozesse fördert daher die Wirksamkeit von darauf abzielenden Gestaltungsmaßnahmen. Entsprechend skizziert das nächste

Kapitel ein allgemeines Modell der Motivation und ein Rahmengerüst relevanter Faktoren.

2. Grundmodell der Motivation und Arbeitsleistung

Motivationale Überlegungen beschäftigen sich damit, was menschliches Verhalten auslöst, ausrichtet und aufrechterhält. In der Arbeitswelt kommt ein wesentliches Moment hinzu: eine in der Regel relativ straff geregelte Umgebung, in der Leistung zu (fremd-)bestimmten Zeitpunkten, in (fremd-)bestimmter Qualität und über (fremd-)bestimmte Zeiträume hinweg zu erbringen ist. Dabei ist ein Kreislauf mit fünf zentralen Variablen von besonderer Bedeutung.[6] **Anreize** und **Belohnungen** formen Einstellungen und werden von diesen beeinflusst. **Einstellungen** drücken die Summe der positiven und/oder negativen Wertungen gegenüber einer Person oder einem Objekt – z.B. einer Arbeitskollegin oder dem Neoliberalismus – aus. Sie haben drei Komponenten („ABC der Einstellung"): eine affektive, d.h. mit Gefühlen verbunden, eine verhaltensorientierte („behaviour") und eine kognitive („cognitive"), d.h. auf Gedanken beruhend.

> **Definitionen**
>
> - Anreize beeinflussen Einstellungen und diese führen zu einer bestimmten Bewertung von Situationen und korrespondieren mit entsprechenden Zielen.
> - Ziele motivieren, eine bestimmte Anstrengung zu deren Erreichung an den Tag zu legen.
> - Einstellungen haben eine affektive, eine verhaltensorientierte und eine kognitive Komponente.

Einstellungen sind in diesem Zusammenhang kein Selbstzweck, sondern sie wirken auf die persönlichen **Ziele**. Diese wiederum beeinflussen die in der Arbeit gezeigte **Anstrengung**. Zielbezogene Anstrengungen führen letztlich zu arbeitsbezogener **Leistung**. Abbildung 1 zeigt die bisher genannten Faktoren.

---

6   vgl. dazu Katzell/Thompson 1990a; Martin 2001

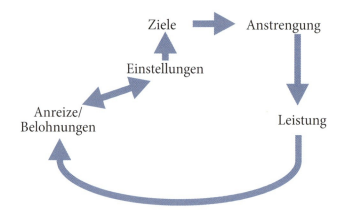

Abbildung 1: Grundmodell: Kernkreislauf der Motivation

Jede der genannten Kernvariablen wirkt auf weitere motivational relevante Faktoren bzw. wird von diesen beeinflusst. Zudem existieren „Filter" zwischen den Variablen. Dazu gehören etwa Faktoren wie Arbeitsinhalte, Persönlichkeit, Erwartungen oder Ähnliches, die – intuitiv einsichtig – für das Motivationsgeschehen eine Rolle spielen. Verschiedene theoretische Ansätze erweitern dementsprechend das Grundmodell. Wir stellen diese Ansätze und ihre Erweiterungen ebenso wie ein integratives Modell von Motivation und Leistung im Folgenden näher dar.

3. Motivationstheorien

Motivationstheoretische Ansätze leisten einen Beitrag zur Klärung der Frage nach dem „Warum" menschlichen Verhaltens. Dazu setzen sie in der Regel an einzelnen der im Kernkreislauf der Motivation vorgestellten Größen („Variablen") an und schlagen eine verfeinerte Betrachtung vor. Die Auswahl der im Folgenden vorgestellten Ansätze folgt zwei Überlegungen: Was ist typisch und bedeutend für einen bestimmten Zugang oder eine bestimmte historische Phase der Organisations- bzw. Motivationsforschung? Was ist gerade im Arbeitskontext wichtig? Jeder Ansatz wird inhaltlich vorgestellt, auf seine Bedeutung für die betriebliche Situation hin untersucht und kritisch beurteilt sowie anhand von Praxisbeispielen illustriert. Vor diese Ausführungen setzen wir einen kurzen Rückblick auf das Konzept der Bedürfnishierarchie, das vor allem im Rückblick Bedeutung wegen seiner noch immer vorhandenen Popularität in der organisationalen Praxis hat – und dies trotz schwacher empirischer und theoretischer Befunde.

3.1. Rückblick: Theorie der Bedürfnishierarchie

Die Theorie der Bedürfnishierarchie[7] von Abraham H. Maslow war die erste populäre Motivationstheorie des vorigen Jahrhunderts. Sie ist einerseits einem bedürfnisbezogenen Gleichgewichtsgedanken verpflichtet. Werden Bedürfnisse (z.B. Schlaf) nicht befriedigt, wollen Menschen diese durch zielgerichtetes Verhalten befriedigen und so einen Gleichgewichtszustand wiederherstellen (Homöostaseprinzip). Andererseits ist Maslow in der Tradition der humanistischen Psychologie[8] verankert, die wesentlich auf Selbstverwirklichung und Entfaltung des Menschen in der Arbeitswelt fokussiert. Seine Theorie erweitert das vorgestellte Grundmodell der Motivation um den Faktor der **Persönlichkeit**. Diese beeinflusst Einstellungen, Ziele und die Bewertung eines Sachverhalts aus der Arbeitsumwelt als Anreiz oder Belohnung.

Das Konzept von Maslow postuliert biologisch bedingte, in einem hierarchischen Stufenbau angeordnete Basisbedürfnisse, die allen Menschen eigen sind. Defizitbedürfnisse sind vor allem dadurch gekennzeichnet, dass ihre Nichterfüllung Krankheit hervorruft, vermeidet bzw. heilt.[9] Maslow unterscheidet vier Kategorien von Defizitbedürfnissen:

- Physiologische Bedürfnisse: fundamentale körperliche Bedürfnisse wie z.B. Hunger, Schlafen oder Durst;
- Sicherheitsbedürfnisse kreisen um Schutz vor Gefahr und Streben nach Sicherheit, z.B. Krankheiten, Gefährdung des Arbeitsplatzes;
- soziale Bedürfnisse sind auf menschliche Beziehungen gerichtet, z.B. der Wunsch nach Kontakt, Liebe, Zugehörigkeit;
- Ich-Bedürfnisse teilen sich in zwei Komponenten. Eine erste, eher von innen her kommende Komponente umfasst das Streben nach Selbstvertrauen, eigener Stärke, Freiheit, Unabhängigkeit etc.; die zweite Komponente bezieht sich stärker auf außerhalb des Einzelnen liegende Quellen wie Anerkennung, Status, Prestige, Achtung usw.

Wachstumsbedürfnisse sind grundsätzlich nicht zu befriedigen und auf Entfaltung angelegt. Selbstverwirklichung als das vorrangige Wachstumsbedürfnis ist definiert als „fortschreitende Verwirklichung der Möglichkeiten, Fähigkeiten und Talente, als Erfüllung einer Mission oder einer Berufung, eines Geschicks, eines Schicksals, eines Auftrags, als bessere Kenntnis und Aufnahme der eigenen inneren Natur, als eine ständige Tendenz zu Einheit, Integration oder Synergie innerhalb der Persönlichkeit".[10]

Erst nach der Befriedigung von Bedürfnissen einer Hierarchiestufe werden die Bedürfnisse der nächsthöheren Ebene relevant. Defizit- und Wachstumsbedürfnisse sind hierarchisch nach ihrer Bedeutung in der sogenannten „Maslow'schen Bedürf-

---

7   Maslow 1954; Maslow 1973
8   Andere Vertreter dieser Richtung sind etwa Carl Rogers, Erich Fromm oder Gordon Allport.
9   Maslow 1973, S. 37f.
10 Maslow 1973, S. 41

nispyramide" geordnet. Die grundlegendsten Bedürfnisse sind die physiologischen Bedürfnisse. Sind diese zumindest zu einem großen Teil befriedigt, werden die Sicherheitsbedürfnisse aktiviert, wenn diese zu einem großen Teil befriedigt sind, werden die sozialen Bedürfnisse relevant, dann die Ich-Bedürfnisse und schließlich die Wachstumsbedürfnisse. Denkt man an die dramatischen Schiffbrüche von Schlepperbooten im Mittelmeer, die in Einzelfällen bis zu 1000 Todesopfer zur Folge hatten, wird schnell klar, worauf dieses sich wiederholende riskante Fluchtverhalten zurückzuführen ist. Die Grundbedürfnisse werden nicht erfüllt, die Behebung dieses Defizits (Hoffnung auf ein besseres Leben) motiviert Menschen zu hochriskantem Verhalten trotz teuer bezahlter Schlepperbanden.

3.2. Motivator-Hygiene-Theorie (Zwei-Faktoren-Theorie)

Der in der Tradition der humanistischen Psychologie stehende Ansatz von Frederick H. Herzberg ist sowohl eine Theorie der Arbeitszufriedenheit als auch der Arbeitsmotivation.[11] Er geht von einer grundsätzlichen Dualität aus: Einerseits streben Menschen nach Wachstum und Selbstverwirklichung; andererseits sind sie bestrebt, Schmerzen und Unlust zu vermeiden. Der Ansatz fügt dem Grundmodell der Motivation eine wesentliche Variable hinzu: die interne bzw. externe **Arbeitsumwelt** (siehe Abbildung 2).

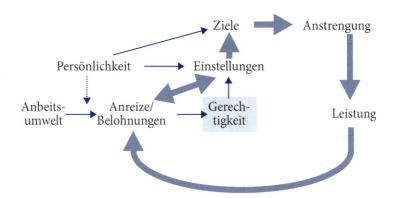

Abbildung 2: Erweiterung des Grundmodells der Motivation – Arbeitsumwelt

Die Theorie benennt Faktoren, welche die Entstehung von Arbeitszufriedenheit beeinflussen. Arbeitszufriedenheit ist dabei nicht eine eindimensionale Größe zwischen „Unzufriedenheit" und „Zufriedenheit". Vielmehr postuliert der Ansatz zwei unabhängige Dimensionen der Arbeitszufriedenheit (vgl. Abbildung 3): „Unzufriedenheit versus Nicht-Unzufriedenheit" und „Zufriedenheit versus Nicht-Zufriedenheit". Auf jede dieser beiden unabhängigen Dimensionen wirken verschiedene

---

11 Herzberg/Mausner/Snyerman 1959; Herzberg 1966; Herzberg 1976

Gruppen von Faktoren. Hygienefaktoren beeinflussen das Entstehen von Unzufriedenheit bzw. Nicht-Unzufriedenheit. Motivatoren sind für Zufriedenheit bzw. Nicht-Zufriedenheit verantwortlich.

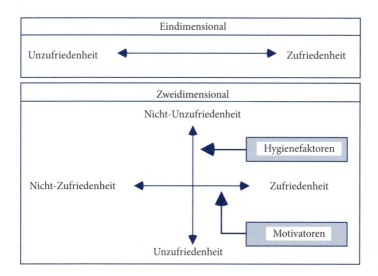

Abbildung 3: Dimensionen der Arbeitszufriedenheit und Einflussfaktoren

Die Überlegungen der Zwei-Faktoren-Theorie basieren wesentlich auf einer von Herzberg und seinen Kollegen durchgeführten Untersuchung bei 203 IngenieurInnen und BuchhalterInnen in neun Betrieben im Raum Pittsburgh, USA.[12] Die Befragten wurden mithilfe der „Methode der kritischen Ereignisse" (Critical Incident Technique) interviewt. Diese halbstrukturierte Befragungsmethode geht davon aus, dass bei „Spitzenerlebnissen" positiver oder negativer Art die Einflussfaktoren besonders deutlich hervortreten. Die Befragten sollten daher konkrete Situationen beschreiben, in denen sie sich entweder außerordentlich gut oder außerordentlich schlecht im Hinblick auf ihre Arbeitstätigkeit fühlten: „Denken Sie an eine Zeit, zu der Sie bei Ihrer jetzigen Arbeit oder einer anderen Arbeit, die Sie je hatten, außergewöhnlich zufrieden (oder außergewöhnlich unzufrieden) waren. Erzählen Sie mir, was sich ereignet hat!"[13]

Die erhaltenen Antworten wurden danach analysiert, wie häufig bestimmte Arbeitsfaktoren bei der Nennung von positiven oder negativen Erlebnissen auftauchten. Nach den theoretischen Überlegungen müssten ja bei der Beschreibung von befriedigenden Situationen (Dimension Zufriedenheit versus Nicht-Zufriedenheit) überwiegend Motivatoren und in den unbefriedigenden Situationen (Dimension Unzufriedenheit versus Nicht-Unzufriedenheit) die Hygienefaktoren genannt werden. Tatsächlich arbeitet die Pittsburgh-Studie diese beiden Gruppen heraus.

---
12 Herzberg et al. 1959
13 Neuberger 1974, S. 119

Tabelle 1 zeigt die wichtigsten genannten Motivatoren und Hygienefaktoren.

Motivatoren	Hygienefaktoren
• Leistungserfolg	• Gehalt
• Anerkennung	• Beziehungen zu Untergebenen, Vorgesetzten und Kollegen
• Aufstieg	• Status
• Arbeit selbst	• „technische" Aspekte der Führung
• Verantwortung	• Firmenpolitik und -leistung
• Entfaltungsmöglichkeiten	• Arbeitsbedingungen

Tabelle 1: Motivatoren und Hygienefaktoren

Motivatoren sind im Wesentlichen sogenannte Content-Variablen, mit der Arbeit unmittelbar verbundene Größen, die sich in erster Linie auf die Tätigkeit selbst, auf Erfüllung und Selbstverwirklichung in der Arbeit beziehen. Sie führen zu Zufriedenheit und positiver Arbeitseinstellung, weil sie dem Bedürfnis des Einzelnen nach Selbstverwirklichung entgegenkommen. Die Abwesenheit von Motivatoren bewirkt Nicht-Zufriedenheit.

Hygienefaktoren sind mit unbefriedigenden Situationen verbunden. Diese sogenannten Context-Variablen betreffen nicht die Arbeit selbst, sondern die Bedingungen der Arbeit. Ihr Vorhandensein beugt Unzufriedenheit vor, kann aber noch keine Zufriedenheit und damit eine positive Einstellung zur Arbeit erzeugen. Ähnlich wie in der Medizin bewirkt Hygiene keine Gesundheit, sie kann aber Krankheiten vorbeugen.

Aus der Praxis

Deloitte investiert nicht nur in sein Image als geeigneter Arbeitergeber für Betriebswirtinnen und -wirte (Kariereevents an Unis etc.), das Unternehmen zählt mit einem Umsatz von etwa 35 Milliarden US-Dollar im Jahr 2013/14 auch zu den „Big Four", zu den vier bedeutendsten Wirtschaftsprüfungsgesellschaften der Welt. Rund um den Globus sind etwa 200.000 Menschen für Deloitte tätig. Petra ist eine von ihnen und geht jeden Tag gerne in die Arbeit. Sie genießt das natürliche Licht in ihrem Büro, die moderne Ausstattung in Kombination mit eleganter Architektur, alle Abteilungen wirken soweit offen und heißen jede und jeden willkommen. Bei Deloitte ist man um flexible Arbeitsarrangements bemüht, Mitarbeiterinnen und Mitarbeiter sind mit technischen High-End-Geräten ausgestattet, die Kaffeeküche bietet köstlichen Kapsel-Espresso usw. Allerdings ist es um die inhaltliche Unterstützung nicht zum Besten bestellt. Petra ist als Einsteigerin quasi auf sich allein gestellt, der Kontakt zu den Vorgesetzten ist schwierig, das Arbeitspensum kaum zu bewältigen. Die Chancen auf Aufstieg

Motivation und Arbeitsverhalten

> nach Beendigung des Traineeships sind aufgrund des rigorosen „Up or Out"-Prinzips schlecht. Wird diese Mitarbeiterin nach ihrer Arbeitszufriedenheit gefragt, könnte eine typische Antwort etwa lauten: „Na ja, einerseits kann ich nicht klagen, denn das Rundherum ist wirklich gut und angenehm. [Hygienefaktoren sind vorhanden => Nicht-Unzufriedenheit] Aber ich bin nicht zufrieden mit meiner beruflichen Situation selbst, weil ich eigentlich nicht sehr viel an Perspektive und Unterstützung bekomme. [Motivatoren fehlen => Nicht-Zufriedenheit]" Die zwei Dimensionen der Arbeitszufriedenheit in der Motivator-Hygiene-Theorie erlauben so statt einer schlecht geeigneten Durchschnittsbildung differenziertere Aussagen über die verschiedenen Aspekte der Arbeitszufriedenheit.[14]

Mit Blick auf die Praxis fordert die Zwei-Faktoren-Theorie im Sinne einer Kombination von „Job Enlargement" und „Job Enrichment", d.h. der Anreicherung der Arbeit um verschiedene Elemente auf der gleichen Tätigkeitsstufe und auch im Hinblick auf Entscheidungsgewalt über die eigene Tätigkeit, vor allem eine stärkere Berücksichtigung von Motivatoren durch die Gestaltung von Arbeit nach folgenden Grundsätzen:

- Ermöglichung direkter Rückmeldungen/Feedback hinsichtlich der eigenen Leistung, ohne persönlichen Angriff oder „Abqualifizierung" und normalerweise nicht durch einen Vorgesetzten;
- Verbindung jedes Arbeitsplatzes mit einer „Kundin/Klientin" bzw. mit einem „Kunden/Klienten" innerhalb oder außerhalb der Organisation, für den die Arbeit ausgeführt wird; für Verkäuferinnen und Verkäufer können das externe Kundinnen und Kunden, für die Arbeitsvorbereitung die Maschinenbediener/-innen, für die Lagerbuchhaltung die Produktionsplaner/innen etc. sein;
- Ermöglichen von Lernprozessen, die psychisches Wachstum wie Wissenszuwachs, verstärkte Kreativität oder Selbstständigkeit und Entfaltung hervorbringen;
- selbstständige Zeit- und Arbeitsplanung des Einzelnen, z.B. Möglichkeit zur individuellen Pausengestaltung;
- Existenz von „Minibudgets", die den Einzelnen stärker kostenverantwortlich machen;
- direkte Kommunikation zwischen den verschiedenen für eine Aufgabe zuständigen Menschen unabhängig von der Hierarchieebene oder der funktionalen Stellung, z.B. direkter Kontakt eines Vorarbeiters in der Produktion mit einem Abteilungsleiter des Einkaufs;
- individuelle Verantwortlichkeit für die Resultate, z.B. keine Qualitätskontrolle durch spezielle Abteilung, sondern durch die Maschinenbediener selbst.

Die Motivator-Hygiene-Theorie hat aus mehreren Gründen in der betrieblichen Praxis weite Verbreitung gefunden. Zum Ersten ist sie sehr einfach und unmittel-

---

14 angelehnt an Erfahrungsberichte auf kununu.com

bar einleuchtend. Zum Zweiten kommt die Zurückstellung von Gehalt, Zulagen, Arbeitsbedingungen etc. zugunsten stärker inhaltlich ausgerichteter Aspekte der Arbeitstätigkeit der Kostenorientierung von Managerinnen und Managern entgegen. Schließlich liefern die mit dem Konzept verbundenen ethischen, moralischen und religiösen Anklänge eine Grundlage zur Legitimation des eigenen Handelns und Umgestaltens von Arbeitsplätzen.

Aus wissenschaftlicher Sicht ist der Befund durchaus zwiespältig. Zum einen hat diese Theorie eine Fülle von weiteren Forschungsaktivitäten ausgelöst und damit einen wichtigen Beitrag zur Verfeinerung der Überlegungen im Bereich der Arbeitszufriedenheit geleistet. Zum anderen gibt es jedoch profunde Kritik an diesem Ansatz. Sie bezieht sich sowohl auf die verwendete Methode als auch auf die inhaltlichen Aussagen.

Die Ergebnisse von Herzberg konnten nur bestätigt werden, wenn die Methode der kritischen Ereignisse verwendet wurde. Andere Methoden führten zu unterschiedlichen, von der Theorie abweichenden Resultaten.

Inhaltlich geht die Theorie davon aus, dass Motivatoren und Hygienefaktoren jeweils alle möglichen Ausprägungen auf den beiden Arbeitszufriedenheitsdimensionen bestimmen. Allerdings zeigen die Daten etwas anderes. Sie belegen nur, dass Motivatoren mit *extremer* Zufriedenheit und Hygienefaktoren mit *extremer* Unzufriedenheit verbunden sind. Die Zwischenbereiche bzw. Übergänge, der neutrale Bereich der beiden Dimensionen wird dadurch nicht erfasst. Weiters wird die inhaltliche Unschärfe der formulierten Aussagen kritisiert und darauf hingewiesen, dass wenigstens fünf verschiedene Deutungen der Theorie möglich sind:[15]

1. Alle Motivatoren zusammen tragen mehr zum Grad der Zufriedenheit bei als zum Grad der Unzufriedenheit und alle Hygienefaktoren zusammen mehr zum Grad der Unzufriedenheit als zum Grad der Zufriedenheit.
2. Alle Motivatoren zusammen tragen mehr zum Grad der Zufriedenheit bei als alle Hygienefaktoren zusammen, alle Hygienefaktoren zusammen tragen mehr zum Grad der Unzufriedenheit bei als alle Motivatoren zusammen.
3. Jeder einzelne Motivator trägt mehr zum Grad der Zufriedenheit als zum Grad der Unzufriedenheit und jeder Hygienefaktor mehr zum Grad der Unzufriedenheit als zum Grad der Zufriedenheit bei.
4. Wie 3. und weiters: Jeder hauptsächliche Motivator trägt mehr zum Grad der Zufriedenheit bei als irgendein Hygienefaktor, jeder hauptsächliche Hygienefaktor trägt mehr zum Grad der Unzufriedenheit als irgendein Motivator.
5. Nur Motivatoren bestimmen den Grad der Zufriedenheit, nur Hygienefaktoren den Grad der Unzufriedenheit.

Die verschiedenen empirischen Untersuchungen bestätigen die „strengeren" Versionen 4 und 5 nicht.

---

15 King 1981

Schließlich wird kritisiert, dass Herzberg mit aggregierten Daten, d.h. Daten der befragten Gruppen, aber nicht mit den von den einzelnen Befragten angegebenen Befunden arbeitet. Diese wurden ja gebeten, jeweils extrem gute und extrem schlechte Situationen zu beschreiben. Grundsätzlich bestehen daher vier Antwortmöglichkeiten: Im guten Fall werden Motivatoren, im schlechten Fall Hygienefaktoren genannt (M-H; das nach der Theorie zu erwartende Ergebnis); beide Male werden Motivatoren erwähnt (M-M); beide Male werden Hygienefaktoren erwähnt (H-H); in der guten Situation werden Hygienefaktoren, in der schlechten Motivatoren aufgezählt (H-M; das genaue Gegenteil der theoretisch postulierten Zusammenhänge). Eine Auswertung der Untersuchungsprotokolle auf der Ebene der einzelnen Befragten zeigt in mehr als der Hälfte der Fälle Kombinationen, die nicht mit der Theorie übereinstimmen (Tabelle 2).

M – H	M – M	H – M	H – H
(passt zur Theorie)	(passt nicht zur Theorie)	(passt nicht zur Theorie)	(passt nicht zur Theorie)
43,5 %	41,2 %	4,7 %	10,6 %

Tabelle 2: Kombinationen von Motivatoren und Hygienefaktoren

3.3. Equity-Theorie

Die bisher vorgestellten Konzepte erklären als Inhaltstheorien Motivation und entsprechendes Verhalten über die inhaltliche Festlegung von Bedürfnissen oder Motiven. Prozesstheorien hingegen verzichten ganz oder weitgehend auf eine inhaltliche Festlegung. Sie arbeiten mit sehr offenen Kategorien mit „Variablencharakter". Ihr Schwerpunkt liegt auf der Frage, wie Motivation entsteht, wie die relevanten Variablen miteinander verbunden sind, kurz: Wie der (Entstehungs-)Prozess der Motivation verläuft.

Die Equity-Theorie – auch: Gleichheits-, Fairnesstheorie – ist eine solche Prozesstheorie. Ihr einfacher Grundgedanke: Personen trachten in sozialen Beziehungen nach fairen Gegenleistungen für ihren Einsatz; ist das nicht der Fall, entsteht ein Ungleichgewicht, das von den Betroffenen mittels unterschiedlicher Handlungen reduziert wird und damit verhaltensauslösend wirkt. Dieses theoretische Konzept erweitert das Grundmodell der Motivation um die Variable der Gerechtigkeit (siehe Abbildung 4).

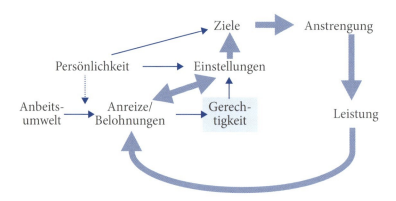

Abbildung 4: Erweiterung des Grundmodells der Motivation – Gerechtigkeit

Gerechtigkeitsvorstellungen, d.h. ein subjektiv als „ausgewogen" empfundenes Verhältnis von jeweils in einem sehr umfassenden Sinn verstandenen „Kosten" und „Nutzen", sind insofern bedeutsam, als sie die Wirksamkeit von Anreizen und Belohnungen prägen und die Einstellungen beeinflussen.

J. Stacy Adams[16] stützt sich in seiner Theorie – aufbauend auf Überlegungen zu wirtschaftlichen Tauschbeziehungen und zur Theorie der kognitiven Dissonanz[17] – auf vier Variablen bzw. Prozesse: Inputs, Outputs, Output-Input-Relation und Bezugsgröße.

- In sozialen Beziehungen wie z.B. Freundschaft oder Vorgesetzten-Mitarbeiter-Beziehungen können die Inputs von Personen ganz unterschiedliche Dinge umfassen, z.B. aufgewendete Zeit, Bildung, Intelligenz, Erfahrung, Alter usw.
- Gleiches gilt für die andere Seite der Austauschbeziehung, die Outputs, die Personen in der Beziehung erhalten, wie z.B. Sympathie, Entlohnung, Statussymbole oder Arbeitsbedingungen. Zu Input oder Output wird nur, was die Einzelnen als solchen bewerten.
- Personen setzen Outputs und Inputs – genauer, da Beziehungen regelmäßig vielfache Inputs/Outputs haben: die Summe aller Outputs und die Summe aller Inputs – zueinander in Relation. Die Bewertung von Input und Output erfolgt nach den Maßstäben der Person und nicht etwa nach „objektiven" Kriterien oder dem Bezugssystem einer anderen Person oder Gruppe.
- Die Relation von Output/Input ist für sich genommen noch nicht aussagekräftig, sie braucht eine als „Benchmark" dienende Bezugsgröße. Letztere können eine konkrete Vergleichsperson (z.B. Kollege), eine Vergleichsgruppe, eigene innere Standards, soziale Normen usw. sein.

---

16 Adams 1979
17 Festinger 1978. Die Dissonanztheorie erklärt menschliches Verhalten aus dem Streben nach einem „stimmigen" kognitiven System. Menschen versuchen so zu denken und zu handeln, dass sich ihre Kognitionen wie individuelle Überzeugungen, Einstellungen, Werte, Wissenselemente etc. nicht widersprechen. Solche Widersprüche – auch: Dissonanzen – treten auf, wenn aus einer Kognition psycho-logisch, nicht logisch-kausal das Gegenteil einer anderen, d.h. ein negatives oder widersprüchliches Ergebnis, folgt. Beispiel: „Ich rauche." – „Raucher sind öfter krank." Zur Reduktion von Dissonanzen dienen in erster Linie Veränderungen der Kognitionen – z.B.: „Eigentlich rauche ich nur hin und wieder" – und erst in zweiter Linie Verhaltensänderungen wie etwa Aufhören mit dem Rauchen.

Ergibt der Vergleich des eigenen Output-Input-Verhältnisses mit dem gewählten Maßstab – z.B. dem Output-Input-Verhältnis einer Kollegin, eingestuft nach den eigenen Wahrnehmungen und nicht nach denen der Kollegin – eine faire Beziehung, entsteht Gleichheit und keine motivationale Wirkung. Stellt die Person jedoch Ungleichheit fest, kommt es zu Ungleichheit und einer Spannung im Individuum. Dabei gibt es unterschiedliche „Schwellen" für Ungleichheit aufgrund von Über- bzw. Unterbelohnung. „Günstige" Ungleichheiten wie z.B. Überbelohnung werden erst später als solche wahrgenommen, da sie etwa als „Glücksfall" ohne weiters legitimiert werden können. Ungleichheit durch Unterbelohnung hingegen führt viel früher zu Spannungszuständen.

Aus der Praxis[18]

Walter ist seit drei Jahren bei Amazon Deutschland am Standort Bad Hersfeld beschäftigt und verdient 11,71 Euro pro Stunde am Fließband. Seine Kollegin Sabine, 19 Jahre alt und seit Kurzem dabei, erhält für die gleiche Arbeit in ihrem ersten Jahr 10,01 Euro in der Stunde. Zieht man den in diesem Bundesland 2013 geltenden Versandhandelstarif (in etwa: der kollektivvertragliche Mindestlohn) von 11,77 Euro heran, verdienen beide untertariflich. Der im Vergleich erfahrene Walter sieht, Unterbezahlung hin oder her, in der Beziehung zur Firma noch zusätzliche Ungleichheit: Für seine Inputs (Erfahrung, Arbeitsleistung) erhält er einen Output (11,71 Euro/Stunde), den er im Vergleich zu seiner Kollegin, die trotz fehlender Berufserfahrung nur 1,70 Euro weniger bekommt, für zu gering einschätzt. Seine Rechnung sieht so aus:

$$\frac{\text{Mein Output: 11,71 Euro}}{\text{Mein Input: Erfahrung, Arbeitsleistung}} < \frac{\text{Output der Kollegin: 10,01 Euro}}{\text{Input der Kollegin: Arbeitsleistung}}$$

Auch die Kollegin empfindet Ungleichheit. Aufgrund der Beschaffenheit des Arbeitsplatzes ist sie der Meinung, dass Erfahrung bei diesem Job ungeachtet eines Tarifvertrages (in Österreich: Kollektivvertrag) keine Rolle spielt und daher auch nicht extra honoriert gehört. Sie ist vielmehr überzeugt, dass sie als Frau benachteiligt wird. Ihre Rechnung:

$$\frac{\text{Mein Output: 10,01 Euro}}{\text{Mein Input: Arbeitsleistung, Frau}} < \frac{\text{Output des Kollegen: 11,71 Euro}}{\text{Input des Kollegen: Arbeitsleistung, Mann}}$$

An diesem Beispiel zeigen sich zentrale Punkte der Equity-Theorie. Die Bewertung des eigenen und des fremden Austauschverhältnisses wird jeweils von der gleichen

---

18 angelehnt an die kritische Medienberichterstattung rund um Amazon Deutschland der vergangenen Jahre; reale Zahlen

Person und nach den eigenen Maßstäben vorgenommen. Die in die Berechnung eingehenden Bezugsgrößen sind nicht fest vorgegeben, sondern unterliegen subjektiven Bewertungsprozessen.

Ungleichheit kann sowohl in subjektiv empfundener Unterbelohnung als auch Überbelohnung bestehen. Würde in obigem Beispiel etwa die angesprochene Kollegin die Dimension „Geschlecht" als nicht relevant und so wie ihr männlicher Kollege Erfahrung in ihre Rechnung mit einbeziehen, so käme es bei gleichem Maßstab zu einer Situation der Ungleichheit aufgrund von Überbelohnung. Das folgende tatsächlich durchgeführte Experiment[19] verdeutlicht das. Studierende wurden für das Korrekturlesen eines Textes gesucht. Mit einer Gruppe wurden 15 Cent, mit der zweiten 30 Cent und mit der dritten 60 Cent pro korrigierten Seite vereinbart. Am Beginn ihrer Aufgabe hatten sie Kontakt mit einem anderen Studierenden (einem Mitarbeiter des Projektleiters), der offensichtlich sein Korrekturlesen gerade beendet hatte und im Vorbeigehen sagte: „Viel Glück. Eine Stunde ist für das zwar nicht viel Zeit, aber für 30 Cent pro Seite musste ich das ja nehmen." Nachfolgende Kontrollmessungen ergaben, dass die Studierenden auf den Kontakt mit einer relevanten Bezugsperson tatsächlich mit Ungleichheitsempfindungen (Überbezahlung: 60-Cent-Gruppe; Unterbezahlung: 15-Cent-Gruppe) bzw. Gleichheitsempfinden (30-Cent-Gruppe) reagierten.

Unter motivationalen Gesichtspunkten lautet die zentrale Frage nun, wie Personen mit dem Zustand der Ungleichheit umgehen. Grundsätzlich stehen fünf verschiedene Alternativen zur Verfügung.[20]

- *Änderung der Inputs:* Inputs können nach oben oder nach unten verschoben werden, bis ein als passend empfundenes Input-Output-Verhältnis erreicht wird. In der Arbeitswelt können Input-Veränderungen z.B. durch Veränderung der Quantität oder der Qualität der geleisteten Arbeit durchgeführt werden.
- *Änderung des Outputs:* Auch die Outputs lassen sich verändern, es können etwa neue Outputs definiert und so ausgewogene Input-Output-Verhältnisse erzielt werden. Ein von seinen Resultaten her international erfolgloser Sportler kann etwa die Möglichkeiten zum Herumreisen in der Welt als Teil des Outputs definieren und so sein internes Gleichgewicht wiederherstellen.
- *Kognitive Verzerrung von Inputs und Outputs:* Inputs und Outputs lassen sich auch durch kognitive Verzerrung verändern. So können etwa der Stellenwert bestimmter Variablen verändert, das Ausmaß an geleisteten Inputs heruntergespielt, die entstehenden Outputs aufgewertet werden etc.
- *Beeinflussung der Bezugsgröße:* Verändert eine Person die wahrgenommene Bewertung der Output-Input-Relation einer Vergleichsperson („Eigentlich lernt sie viel mehr, als sie sagt – daher sind auch ihre guten Noten kein Wunder!"), ergeben sich auch Veränderungen der eigenen Ungleichgewichtszustände („Ich lerne weniger als sie, da ist eine schlechtere Note okay."). Eine weitere Möglichkeit ist

---

19 Garland 1973, zit. n. Miner 1980, S. 118f.
20 Adams 1979, S. 114ff.

die direkte Beeinflussung der Vergleichsquelle. So können etwa Arbeitsgruppen einzelne Mitglieder durch massiven Gruppendruck bis hin zur physischen Bedrohung zu einem akzeptierten Leistungsniveau bewegen, wenn diese die Gruppennormen und damit die einzelnen Input-Output-Gleichgewichte durch zu geringe oder zu hohe Arbeitsleistung gefährden.
- *Wechsel der Bezugsgröße:* Personen können die Bezugsgröße auch gänzlich wechseln und damit einen neuen Bezugsrahmen für die Bewertung des eigenen Input-Output-Verhältnisses schaffen. So kann der bereits angesprochene international erfolglose Sportler nicht mehr die internationalen Spitzenleute, sondern nationale Konkurrenten als Vergleich heranziehen.

Ein Beispiel für die Veränderung von Inputs und Outputs aufgrund von Ungleichheit liefert das bereits erwähnte Experiment mit den hinsichtlich Korrekturlesen angesprochenen Studierenden. Beim Vergleich der qualitativen und quantitativen Ergebnisse ihrer Arbeit ergab sich folgendes Bild (vgl. Tabelle 3):

Leistung bei…	Stücklohn	Zeitlohn
Überbezahlung	Quantität: gering Qualitativ: hoch	Quantität: hoch Qualität: mittel
Angemessener Bezahlung	Quantität: mittel Qualitativ: mittel	Quantität: mittel Qualität: mittel
Unterbezahlung	Quantität: hoch Qualitativ: gering	Quantität: gering Qualität: mittel

Tabelle 3: Veränderung von Inputs unter verschiedenen Bedingungen von (Un-)Gleichheit[21]

Die beiden Ungleichheit empfindenden Gruppen wählen bei Stücklohn jeweils unterschiedliche Strategien zur Herstellung eines Gleichgewichts. Die Gruppe der Überbelohnten hat ja durch die stückbezogene Zahlungsweise (der vereinbarte Betrag wird pro Seite bezahlt) nicht die Möglichkeit, durch höhere quantitative Leistung ihr Ungleichgewicht zu verringern. Ein Mehr an Seiten hätte auch ein Mehr an Verdienst und damit ein größeres und nicht ein geringeres Ungleichgewicht zur Folge. Daher verändern sie die Quantität nach unten und die Qualität nach oben, d.h., sie verringern ihre eigenen Outputs (erhaltene Summe) und vergrößern die Inputs (Sorgfalt). Sinngemäß umgekehrt agiert die Gruppe der sich unterbelohnt fühlenden Studierenden. Durch verringerte Sorgfalt und eine erhöhte Zahl von korrekturgelesenen Seiten bringen sie ihren Gesamtverdienst auf eine als akzeptabel angesehene Höhe.

Während bei stückbezogener Entlohnung qualitäts- und mengenbezogene Abweichungen gegenüber einer als angemessen empfundenen Bezahlung festzustellen sind, führt Ungleichgewicht bei Zeitlohn nur zu quantitativen Veränderungen der Leistung: Subjektiv wahrgenommene Überbezahlung wird durch eine gesteigerte, Unterbezahlung durch verringerte mengenbezogene Leistung „kompensiert".

---
21   von Rosenstiel 1975, S. 254

Adams[22] nennt folgende Leitlinien, welche die Wahl zwischen den unterschiedlichen Mechanismen zur Herstellung von Gleichheit beeinflussen: Personen ...

- versuchen positiv bewertete Ergebnisse (= Outputs) zu maximieren,
- steigern anstrengende und schwierig zu verändernde Inputs nur in geringem Maß,
- setzen realen oder kognitiven Veränderungen von Inputs und Outputs, die für Selbstbild und Selbstachtung einer Person zentral sind, Widerstände entgegen,
- verändern eigene Inputs und Outputs schwerer als die einer „Vergleichsperson",
- erwägen das Verlassen des Feldes nur dann, wenn die Ungleichheiten beträchtlich und andere Methoden der Reduzierung ungünstig, unmöglich oder erfolglos sind, und
- haben einen großen Widerstand gegen einen Wechsel, wenn sich eine „Vergleichsgröße" über einen gewissen Zeitraum als dauerhafte Bezugsgröße entwickelt.

In der Praxis hat das Konzept vor allem Bedeutung beim Umgang mit „Gerechtigkeit" als einem zentralen Thema der materiellen und immateriellen Anreizgestaltung in Verbindung mit der Motivation von Beschäftigten. Die Equity-Theorie weist einerseits auf die Bedeutung von subjektiv empfundener Gerechtigkeit und andererseits auf die individuellen Unterschiede bei der Berechnung eines ausgeglichenen Verhältnisses zwischen Inputs und Outputs hin. So legt sie etwa nahe, für unterschiedliche Gruppen von Organisationsmitgliedern zu überprüfen, inwieweit die Betroffenen organisationsseitig angebotene Outputs tatsächlich als solche bewerten. Das trägt zu einer zwischen verschiedenen Mitarbeitergruppen differenzierenden Personalarbeit bei.

Die Equity-Theorie spielt in der Praxis zumindest implizit eine wesentliche Rolle, etwa bei der Konzeption von Entgeltsystemen. Aufgrund der relativ abstrakten verwendeten Variablen und des relativ großen Sprungs hin zum konkreten Ausfüllen von In- und Outputs mit „handfesten" Sachverhalten gibt es allerdings kaum eine explizite Bezugnahme auf dieses Konzept.

Aus wissenschaftlicher Sicht ist die Gleichheitstheorie relativ gut abgesichert. Eine Vielzahl von Experimenten bestätigt die von der Equity-Theorie vorhergesagten Verhaltensreaktionen. Allerdings bleiben verschiedene Punkte unklar. Die Bedeutung individueller Unterschiede etwa bei der Wahl der bevorzugten Methode zur Beseitigung von Ungleichheit, die Verarbeitung „objektiver" Gegebenheiten zu subjektiven Einschätzungen, die Gesetzmäßigkeiten bei der Wahl der Bezugsgröße oder die Art und Weise, wie Personen Faktoren als In- oder als Output klassifizieren, sind nur einige Beispiele dafür.

3.4. Erwartungs-Valenz-Theorien

Ebenso wie die Equity-Theorie zählen auch die Erwartungs-Valenz-Theorien zu den Prozesstheorien. Sie versuchen den Teil menschlichen Verhaltens zu erklären, der durch echte Entscheidung gekennzeichnet ist. Habituelles, d.h. über lange Zeit ein-

---
22 Adams 1979, S. 121

geschliffenes und nicht mehr bewusst reflektiertes Verhalten wie z.B. Grußgesten und impulsives, reflexartiges Verhalten sind nicht Gegenstand ihrer Überlegungen. Erwartungs-Valenz-Theorien stehen in der Tradition von älteren Nutzenansätzen, die den Menschen als rational handelndes Wesen sehen, das verschiedene Annahmen über zukünftige Ereignisse hat und sein Wahlverhalten danach ausrichtet (Homo-oeconomicus-Bild). Sie bauen auf dem Bernoulli-Prinzip auf: Der erwartete Nutzen einer Entscheidung ist gleich der Summe der Produkte aus dem Nutzen und der Wahrscheinlichkeit des Eintreffens von Ereignissen. Aus verschiedenen Alternativen wird diejenige ausgewählt, deren erwarteter Nutzen am höchsten ist.

> Erwarteter Nutzen = Wahrscheinlichkeit × Nutzen

Im Grundmodell der Motivation betont dieses Konzept die Variablen Einstellungen und Ziele und fügt die Vorstellung der **Erwartungen** und der **Instrumentalität** hinzu (vgl. Abbildung 5).

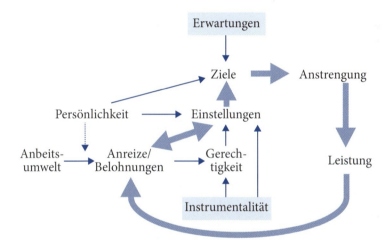

Abbildung 5: Erweiterung des Grundmodells der Motivation – Erwartungen und Instrumentalität

Sowohl Erwartung als auch Instrumentalität sind Wahrscheinlichkeitseinschätzungen. Erstere bezieht sich auf die Folgen des eigenen Verhaltens und beeinflusst vor allem die Zielsetzungen. Instrumentalität verbindet zwei Ergebnisse, d.h. mit welcher Wahrscheinlichkeit ein Ergebnis, z.B. ein Auslandsaufenthalt, zu einem weiteren Ergebnis, z.B. zu einer Beförderung, führt. Sie wirkt nicht nur auf die Gerechtigkeit, sondern auch auf die Einstellung einer Person.

Ausgehend von dieser Grundposition haben sich neben Ansätzen wie etwa der Theorie der Leistungsmotivation[23] vor allem unterschiedliche Formen der VIE-Theorie

---
23 Atkinson 1981

(V = Valenz, I = Instrumentalität, E = Erwartung) entwickelt. Letztere erklären zweierlei: (1) die Wahl zwischen verschiedenen Handlungsalternativen und (2) die Wahl des Anstrengungsniveaus bei der Ausführung der gewählten Handlungsalternative. Im Folgenden wird der VIE-Ansatz von Victor H. Vroom[24] als das Basismodell dargestellt. Vroom arbeitet mit fünf Größen:

- Valenz 1 bezeichnet die gefühlsmäßige Bewertung eines Ergebnisses, eine positive oder negative Haltung gegenüber diesem Ergebnis. Als eine Art vorweggenommener Befriedigung über ein Ergebnis handelt es sich um eine subjektive gefühlsmäßige Orientierung. Sie wird mit Werten zwischen -1 und +1 operationalisiert.
- Valenz 2 ist die subjektive gefühlsmäßige Bewertung von sogenannten „letzten Zielen", die sich aus der individuellen Persönlichkeit, aus den Normen der eigenen Kultur etc. ergeben.
- Erwartung ist eine subjektive Wahrscheinlichkeitseinschätzung des Zusammenhangs zwischen eigenem Verhalten und Ergebnis. Eine Erwartung von 1 bedeutet die subjektive Gewissheit, dass auf eine Handlung ein entsprechendes Ergebnis folgen wird. Eine Erwartung von 0 entspricht der Gewissheit, dass das Ergebnis nach der Handlung nicht eintreten wird.
- Instrumentalität bezeichnet den subjektiv geschätzten Zusammenhang zwischen zwei Ergebnissen (und nicht wie bei der Erwartung zwischen einer Handlung und einem Ergebnis). Sie liegt zwischen -1, d.h., das Eintreten eines Ergebnisses verhindert den Eintritt des nächsten, und +1, d.h., das eine Ergebnis garantiert den Eintritt des anderen Ergebnisses.
- Anstrengung/Kraft/Einsatz bezeichnet die Stärke des resultierenden Antriebs für das Individuum, eine Handlung auszuführen, also etwas mit sehr viel oder nur mit wenig Kraft auszuführen.

Aus der Praxis

Das Straßenmagazin „Megaphon" erscheint monatlich und „bringt den Lifestyle der Zivilgesellschaft auf den Punkt: sozial engagiert, umweltbewusst, politisch gebildet, respektvoll gegenüber dem Fremden – mit einem klaren Blick für die Ausgegrenzten und Schwachen." Das Ergebnis „Arbeitsvertragsunterzeichnung" zwischen Sonja als Leiterin des Projekts und Nina als Redakteurin hat für die direkt Betroffenen eine hohe positive Valenz 1, da sich beide persönlich und fachlich auf die Zusammenarbeit freuen und viel von ihrer Kooperation erwarten. Für Ninas Freund Tom wiederum hat das eine negative Valenz 1, da er befürchtet, dass seine Freundin Nina aufgrund ihrer Begeisterung für die Aufgabe viel zu viel arbeiten wird. Nina hat als eines ihrer „letzten", höherrangigen Ziele die Hilfe für Benachteiligte und die Reduzierung von Ungleichheit. Dieses Ziel ist für sie sehr positiv besetzt (positive Valenz 2).

---

24 Vroom 1964

Motivation und Arbeitsverhalten

> Nina ist nach den Gesprächen mit der Leiterin ziemlich sicher, dass sie mit ihrem eigenen Verhalten in der Redaktion die Qualität der Straßenzeitung weiter steigern kann (hohe Erwartung bezüglich des Zusammenhangs zwischen Verhalten und Ergebnis). Allerdings hat sie trotz der positiven Grundüberzeugung immer wieder Zweifel, ob und inwieweit eine qualitativ hochwertige Straßenzeitung den Benachteiligten tatsächlich hilft und zur Verringerung von Armut und Ungleichheit beiträgt (Instrumentalität für den Zusammenhang zwischen guter Straßenzeitung und Erreichung der letzten Ziele schwach positiv).[25]

Das Straßenmagazin „Megaphon"

Hier sehen Sie die Website des Straßenmagazins „Megaphon", das sich mit dem Lifestyle der Zivilgesellschaft beschäftigt.

Megaphon

Die fünf genannten Größen bündelt Vroom in einem „Valenzteil" und in einem „Kraftteil". Diese erklären die Wahl zwischen Handlungsalternativen und die Stärke der gezeigten Verhaltensweisen beim Verfolgen der gewählten Handlungsalternative.

Der „Valenzteil" seines Ansatzes bezieht sich auf die Wahl zwischen Handlungsalternativen. Er postuliert, dass die Valenz 1 eines „Mittels" von zwei Faktoren abhängt:

1. Wie eng ist das betrachtete „Mittel" mit einem bestimmten „Ziel" verbunden, d.h., welche Instrumentalität I_{jk} hat das Mittel j für die Erreichung des Ziels k?
2. Welche Valenz 2 hat das angestrebte Ziel k für den Einzelnen?

Valenz und Instrumentalität werden dabei multiplikativ verbunden, d.h., jeder der beiden Faktoren muss größer als null sein, damit Valenz entstehen kann. Da in der Regel ein „Mittel" nicht nur auf ein „Ziel" wirkt, sondern mehrere Ziele beeinflusst, muss die Summe aller Valenz-Instrumentalitäts-Verbindungen herangezogen werden. Das Herstellen einer Qualitätsstraßenzeitung trägt ja nicht nur zur Unterstützung von benachteiligten Personen bei, sondern schärft auch das gesellschaftliche Bewusstsein für Fragen der Verteilungsgerechtigkeit, wirkt auf die persönliche Reputation, löst Gegenreaktionen aus etc. Aus verschiedenen Handlungsalternativen wird diejenige mit der höchsten Valenz 1 ausgewählt. Formal lässt sich das wie folgt ausdrücken:

---

25 angelehnt an die soziale Initiative Megaphon der Caritas Steiermark für Menschen in Not

$$V_j = \sum_{k=1}^{n} V_k \times l_{jk}$$

V_j Valenz 1, d.h. Valenz eines „Mittels"
V_k Valenz 2, d.h. Valenz eines „letzten Zieles"
l_{jk} Instrumentalität des Mittels j für das Ziel k
k=1-n Zahl der „letzten Ziele"

Über die Intensität, mit der die ausgewählte Handlungsalternative (das „Mittel") mittels einer Handlung zu erreichen versucht wird, gibt der „Kraftteil" des Modells von Vroom Auskunft. Der Grad der Anstrengung ist von zwei Faktoren abhängig:

1. Wie wahrscheinlich ist es, dass meine Handlung zum erwarteten Ergebnis führen wird, d.h., wie hoch ist die Erwartung (Handlungs-Ergebnis-Wahrscheinlichkeit)?
2. Wie positiv oder negativ beurteile ich das Ergebnis, d.h., welche Valenz 1 besitzt das Ergebnis (siehe oben „Valenzteil")?

Erwartung und Valenz sind – aus den bereits beschriebenen Gründen – multiplikativ miteinander verknüpft. Da ein und dieselbe Handlung zu unterschiedlichen Ergebnissen führen kann, muss wiederum eine Summenbetrachtung über verschiedene Ergebnisse angestellt werden. Je höher die Summe der verschiedenen Produkte aus Erwartung und Valenz 1 ist, desto intensiver betreibt der Einzelne bestimmte Handlungen. Damit ergibt sich formal folgender Zusammenhang:

$$K_i = \sum_{j=1}^{n} E_{ij} \times V_j$$

K_i Kraft zur Ausführung einer Handlung i
E_{ij} Höhe der Erwartung (Wahrscheinlichkeitseinschätzung), dass eine Handlung i zum Ergebnis j führt
V_j Valenz 1 des Ergebnisses j
J=1-n Zahl der Ergebnisse

Aus den Erwartungs-Valenz-Theorien lassen sich verschiedene Empfehlungen im Hinblick auf die Motivation von Beschäftigten entwickeln. Im Speziellen gelten drei Überlegungen als Eckpfeiler einer theoretisch fundierten Gestaltung.[26] Organisationen sollten ...

---

26 Porter/Lawler 1968, zit. n. Miner 1980, S. 158ff.

- die Wahrscheinlichkeitseinschätzungen (Erwartungen) der Beschäftigten hinsichtlich des Erreichens erwünschter Ergebnisse im Verhältnis zur eingesetzten Anstrengung und die Bewertung dieser Ergebnisse (Valenzen) kennen.
- den Zusammenhang zwischen verschiedenen Ergebnissen (Instrumentalität) für ihre Beschäftigten möglichst deutlich machen (z.B. Konsequenzen eines Auslandsaufenthalts für hierarchischen Aufstieg, Folgen des Nichterreichens von Leistungszielen).
- einen engen Zusammenhang zwischen der individuellen Leistung und den verschiedenen Formen von Entgelt – monetär wie etwa Gehalt, nicht-monetär wie z.B. Statuszuwachs – herstellen; dabei sind gleichlaufende Gehaltsanpassungen, etwa aufgrund gestiegener Lebenskosten, wenig zielführend, vielmehr soll das Entgeltsystem „maßgeschneidert" für die Einzelnen sein, extrinsische und intrinsische Belohnungen für bessere Leistungen vorsehen und den Zusammenhang zwischen Leistung und Entlohnung auch öffentlich machen.

Aus der Praxis

Bei Semco S/A, einem brasilianischen Maschinenbauunternehmen, das in den Jahren 1992 bis 2002 seine Umsätze verfünfzigfacht hat, wird seit etwa drei Jahrzehnten ohne Managerinnen und Manager gearbeitet. Wichtige Aspekte dieser Demokratisierung des Arbeitsprozesses sind unter anderem zwei Transparenzmaßnahmen: (1) Die Gehälter einzelner Mitarbeiterinnen und Mitarbeiter werden offengelegt. (2) Teams evaluieren regelmäßig Vorgesetzte bzw. Projektleitende; wiederholte schlechte Bewertungen führen zum Tausch in der Teamleitung. Produktionsprozesse sollen so dynamisch-situativ angepasst werden, in dem Sinne, dass alle Beteiligten sich auf ein gemeinsames Ziel verständigen und dieses anstreben. Dieser situative Ansatz fördert die Transparenz des Zusammenhangs zwischen Anstrengung/Leistung und Belohnungen sowie eine maßgeschneiderte Anreizgestaltung. Nico, der noch vor einem Jahr ein zentrales Produktionsteam geleitet hat, reduziert seine Arbeitswoche auf vier Tage bei fortlaufendem Gehalt, um sich stärker der Familie zu widmen. In Zukunft soll er dann im Ruhestand einmal die Woche für Wissenstransfer und Erfahrungsaustausch sorgen.[27]

Die daraus resultierenden zentralen praktischen Forderungen – möglichst große Transparenz des Zusammenhangs zwischen Anstrengung/Leistung und Ergebnissen/Belohnungen sowie eine maßgeschneiderte Anreizgestaltung – haben in der Praxis unterschiedliche Verbreitung gefunden. Auch wenn geheim gehaltene Gehaltsschemata und Ähnliches im Sinne der Theorie nicht zweckmäßig sind:[28] Die

---

[27] angelehnt an den Dokumentarfilm Kick Out Your Boss von Elisabeth Scharang
[28] Implizite Annahme dahinter ist wohl, dass ein nachvollziehbarer Zusammenhang zwischen Leistung und Höhe des Gehalts besteht. Ob das in der Praxis stets der Fall ist oder ob es nicht häufig bei Bekanntwerden der genauen Höhe der Gehälter und des dann offensichtlichen schwachen Zusammenhangs zwischen Leistung und Bezügen kontraproduktive Effekte geben kann, soll hier zumindest als bedenkenswert angeführt werden.

möglichst umfassende Offenlegung der Anreizstrukturen fand und findet in der Praxis – Ausnahmen wie Semco (siehe oben) bestätigen die Regel – wenig Gegenliebe. Kulturelle Besonderheiten, Ungereimtheiten oder Inkonsistenzen in der Gehaltsstruktur oder die Angst, durch ein vollkommen transparentes System Entgeltdiskussionen und Unzufriedenheit zu produzieren, sind einige Gründe dafür. Im Hinblick auf eine starke Individualisierung der Anreizgestaltung gibt es trotz des damit verbundenen Aufwands einige erfolgreiche Beispiele aus der Praxis. Im Rahmen sogenannter Cafeteria-Systeme haben die Mitarbeiterinnen und Mitarbeiter die Möglichkeit, aus einem gegebenen Angebot von Entgeltleistungen nach einem bestimmten Schlüssel diejenigen auszuwählen, die im Sinne ihrer individuellen Zielsetzungen für sie am passendsten scheinen. So können sie aus unterschiedlichen Bausteinen wie Sozialleistungen, Versicherungen, zusätzlichen Pensionsansprüchen, mehr Freizeit usw. ein individuelles Entgeltpaket schnüren.

Die Erwartungs-Valenz-Theorien haben trotz der erwähnten Ausnahmen zwar in ihren Grundannahmen, nicht aber „im Detail" in die Praxis Eingang gefunden. Gründe sind die offenkundige Komplexität der praktischen Situation und die Schwierigkeiten, diese sauber in der Theorie abzubilden.

Aus theoretischer Sicht handelt es sich bei diesen Ansätzen um relativ hochentwickelte Konzepte. Sie werden gegenüber einfacher strukturierten Zugängen wie etwa den Modellen von Maslow und Herzberg der Komplexität sozialen Verhaltens eher gerecht. Nichtsdestotrotz bleiben einige Probleme. Die Basisannahme eines rational kalkulierenden, nach maximaler Lust strebenden Individuums bleibt zweifelhaft. Zumindest schränkt diese Annahme den Anwendungs- und Geltungsbereich der Theorien ein, da bestimmte Formen des Verhaltens nicht oder kaum unter Bezug auf rationale Entscheidungen erklärt werden können. Gleichzeitig tragen die Konzepte selbstimmunisierende Züge: Wenn das tatsächlich gezeigte mit dem erwarteten Verhalten nicht übereinstimmt, dann bleibt immer der theoretisch argumentierte Rückzug auf eine mittlerweile geänderte Ziel- und Bedürfnisstruktur. Auch gibt es eine Reihe von Schwierigkeiten bei der Messung der verwendeten Variablen.

3.5. Zielsetzungstheorie

Die Zielsetzungstheorie, wesentlich formuliert von Edwin A. Locke und Gary P. Latham[29], gehört wie die vorangegangenen zwei Ansätze zu den Prozesstheorien der Motivationsforschung. Sie befasst sich mit der Rolle von Zielen für Leistungshandeln.

Im Kern lautet die Argumentation wie folgt.[30] Spezifische und anspruchsvolle Ziele haben über bestimmte Mechanismen – Wahl/Richtung, Anstrengung, Ausdauer, Strategien – einen positiven Einfluss auf das Leistungshandeln. Mehrere Moderatoren beeinflussen diesen Zusammenhang: Commitment gegenüber dem Ziel, Wichtigkeit des Ziels, Selbstwirksamkeitsüberzeugung, Feedback und Komplexität der

---

29   siehe insbesondere Latham/Locke 1991
30   Latham 2004

Aufgabe. Abbildung 6 zeigt die wichtigsten Elemente der Zielsetzungstheorie und ihren Zusammenhang.

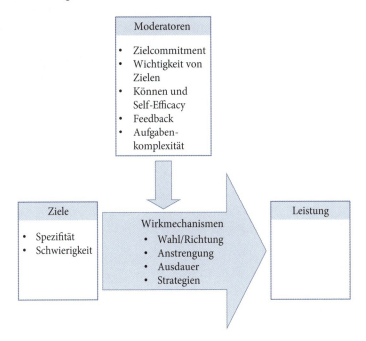

Abbildung 6: Zielsetzungstheorie[31]

Die Zielsetzungstheorie postuliert, dass spezifische und anspruchsvoll-schwierige – und nicht: vage und leicht erreichbare – Ziele eine motivierende Wirkung haben. Die Formulierung solcher Zielsetzungen ist nicht einfach. Sogenannte „Do your best"-Anweisungen wie „Verbessern Sie die Zahlen" sind wenig hilfreich. Die Spezifikation von Zielinhalt („Umsatzzahlen"), Zielausmaß („um 10 Prozent") und zeitlichem Bezug („bis zum zweiten Quartal") reduziert den Interpretationsspielraum und bietet so eine klare Orientierungshilfe.[32] Im Erstschritt ist es nicht entscheidend, ob Ziele begründet vorgegeben werden oder ob man sich gemeinsam darauf verständigt. Allerdings spricht für eine partizipative Zielvereinbarung, dass sich der Mitarbeiter bzw. die Mitarbeiterin stärker mit dem Ziel identifiziert und somit der Wille sowie das Commitment in Hinblick auf die Leistungserbringung steigen (siehe unten).

Spezifische und anspruchsvolle Ziele beeinflussen Leistungshandeln über vier Wirkmechanismen positiv. Sie (1) lenken die Wahl der Leistungshandelnden auf zielerreichungsrelevante Aktivitäten, (2) erzeugen und bündeln bei Menschen Energie und erhöhen die Anstrengung, (3) steigern Ausdauer und (4) fördern das Entstehen von aufgabenspezifischen Strategien zur Zielerreichung auf Basis von vorhandenem oder neu zu erwerbendem Wissen.

---
31 Locke/Latham 2002, S. 714
32 Gebert 1995

Fünf Bedingungen moderieren den Zusammenhang zwischen Zielen und Leistung, d.h., sie verstärken je nach ihrer Ausprägung den positiven Zusammenhang zwischen spezifischen und schwierigen Zielen und Leistung oder schwächen diesen ab („Moderator-Effekt"). Erstens braucht es Commitment gegenüber dem gesetzten Ziel. Anspruchsvolle, schwierige Ziele erfordern ein hohes Maß an Anstrengung und Überwindung. Wenn Menschen das Ziel für erreichbar halten, dann steigt ihr Commitment gegenüber diesem Ziel. Gleiches gilt für den Fall, dass seitens der Organisation gesetzte Ziele mit den persönlichen Zielen ganz oder weitgehend übereinstimmen.

Zweitens erhöht die Wichtigkeit des Ziels den positiven Effekt von spezifischen und anspruchsvollen Zielen auf Leistungshandeln. Verschiedene Faktoren unterstützen die Wichtigkeit von Zielen. Dazu zählen etwa ein Öffentlichmachen der angestrebten Ziele (Verkäuferin im Außendienst: „Ich wette mit jeder, die will: Ich werde mein Auftragsvolumen um 15 % steigern!") oder die Beauftragung zur Erreichung bestimmter Ziele durch eine als unterstützend erlebte Führungsperson, die damit Vertrauen in die Mitarbeiterin ausdrückt.

Drittens brauchen Personen das erforderliche Können, um die gesetzten Ziele zu erreichen. Das beinhaltet zunächst die notwendigen Qualifikationen und Kompetenzen für die zur Zielerreichung erforderlichen Tätigkeiten. Ebenfalls von hoher Bedeutung ist die Selbstwirksamkeitsüberzeugung („self-efficacy"). Wenn Menschen davon überzeugt sind, dass sie eine Aufgabe schaffen können, dann erhöht das sowohl die Bereitschaft als auch die Fähigkeit, diese erfolgreich zu bewältigen.

Viertens benötigen Menschen Feedback hinsichtlich ihres Fortschritts in Richtung Zielerreichung. Das Monitoring der Zielerreichung hilft bei der Steuerung von Anstrengung, etwa wenn klar wird, dass das gegenwärtige Maß an Anstrengung nicht ausreicht. Ob Feedback zum Grad der Zielerreichung unerbeten vom unmittelbaren Vorgesetzten kommt oder von den Betroffenen selbst eingefordert wird, macht einen Unterschied. Eigenständig eingeholte Rückmeldungen führen eher zu höheren Leistungen. Entscheidend ist, dass Leistungshandelnde die Diskrepanz zwischen Ist und Soll nachvollziehen können. Positives oder negatives Feedback wirkt sich motivational unterschiedlich aus. Je nachdem ob eine Person mehr Fokus auf Ziel oder Fehlervermeidung legt, kann sie aus positiver bzw. negativer Rückmeldung mehr Informationsgehalt gewinnen.

Fünftens beeinflusst die Aufgabenkomplexität den Zusammenhang zwischen Zielsetzung und Leistungshandeln. Aufgaben sind für Menschen dann komplex, wenn sie diese nicht oder nur zu einem geringem Maß mit den vorhandenen Routinen bewältigen können. Zu hohe Aufgabenkomplexität wirkt sich negativ auf den erwünschten Motivationseffekt von spezifischen und anspruchsvollen Zielen aus. Es existieren mehrere typische Wege zur Reduzierung der Aufgabenkomplexität. Aufgabenbezogene Trainingsmaßnahmen erhöhen die Qualifikation von Menschen für die Aufgabenbewältigung. Wenn Ergebnisziele die Aufgabenkomplexität zu sehr erhöhen, dann gibt es auch die Möglichkeit von Entwicklungszielen. Ziel wäre dann in

Fortsetzung des obigen Beispiels der Verkäuferin im Außendienst nicht die Erhöhung des Auftragsvolumens, sondern zunächst die Erarbeitung verschiedener Strategien zur Kontaktaufnahme. Ebenso können Ziele in verschiedene Sub-Ziele gegliedert werden. Diese haben eine geringere Komplexität, sind leichter zu erreichen und ihr Verfolgen erlaubt eine strukturierte Rückmeldung hinsichtlich der Erreichung des Gesamtziels.

Die Zielsetzungstheorie fügt dem Grundmodell der Motivation und den bisher vorgenommenen Erweiterungen keine neuen Variablen hinzu. Sie fokussiert auf Ziele und erlaubt einen theoretisch und empirisch fundierten Tiefenblick auf die Rolle von Zielen für die Leistungserbringung.

Aufbauend auf dem erläuterten Grundzusammenhang entwickeln Locke und Latham einen High-Performance Cycle, der die positiven Wirkungen von Zielerreichung berücksichtigt (Abbildung 7).

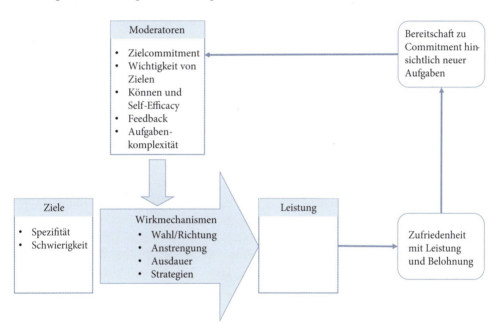

Abbildung 7: High-Performance Cycle[33]

Die Zielerreichung durch entsprechendes Leistungsverhalten führt zu Zufriedenheit aufgrund der Leistungserbringung und der damit verbundenen Belohnungen materieller und/oder immaterieller Art, also z.B. Geldprämien, gestiegenes Ansehen oder Stolz. Das wiederum führt zu einer gesteigerten Bereitschaft, sich für neue Aufgaben („challenges") zu verpflichten. Kommt es zu einem Betrautwerden mit solchen Aufgaben, steigt das Commitment und es schließt sich der Kreislauf zum „normalen" Modell der Zielsetzung.

---

33 Locke/Latham 2002, S. 714

In der betrieblichen Praxis findet sich die Zielsetzungstheorie implizit und explizit in vielfacher Weise. Mit Bezug auf die in der Zielsetzungstheorie formulierten wesentlichen Kennzeichen motivierender Ziele ist das SMART-Schema der Zielformulierung sehr populär. Dieses Akronym steht für fünf wichtige Merkmale motivierender Ziele:

- S ... Spezifisch („specific"): Gut formulierte Ziele sind nicht vage, sondern geben jedenfalls in der inhaltlichen Dimension genau an, was erreicht werden soll.
- M ... Messbar („measurable"): Der Grad der Zielerreichung ist messbar, d.h., es ist klar, was in welchem Grad erreicht wurde. Die in der systemischen Beratung und Therapie häufig gestellte „Wunderfrage" – Woran werden Sie merken, dass sich etwas verändert hat? – ist ein gutes Beispiel für eine im Voraus angestellte Überlegung zu Dimensionen der Zielsetzung und deren Messbarkeit.
- A ... Erreichbar („attainable"): Auch anspruchsvolle, schwierige Ziele müssen erreichbar sein, um motivatorische Wirkung zu entfalten. Wenn von vorneherein klar ist, dass ein Ziel unerreichbar ist, dann geht davon auch nur geringe oder gar keine Kraft aus.
- R ... Relevant („relevant"): Ziele müssen für die Betroffenen relevant, d.h. wichtig sein. Personen stellen für Ziele, die nichts mit der eigenen Person zu tun haben, vergleichsweise weniger Energie bereit.
- T ... Zeitbezogen („time-based"): Ziele sind mit spezifischen Zeitvorgaben versehen.

Zwei in der Praxis sehr populäre Führungsinstrumente haben ebenfalls wesentliche Wurzeln in der Zielsetzungstheorie: Management by Objectives (MbO) und Mitarbeitergespräche. Im Zuge von Management by Objectives sollen klare und konkrete Ziele definiert werden, aus denen sich Abteilungsziele und Sub-Ziele für Einzelne ableiten lassen. Üblicherweise werden Mitarbeiterinnen und Mitarbeiter auf unterschiedlichsten Ebenen miteinbezogen. Dadurch kommt es zu Prozessen über verschiedene Unternehmensebenen hinweg, sowohl *Top-down*, d.h. mit Vorgaben von hierarchisch höheren Stellen, als auch *Bottom-up*, wo Anliegen von Betroffenen an höhere Ebenen kommuniziert werden. Die verschiedenen Interessen und Anliegen müssen dann im Hinblick auf eine relativ konsistente Zielhierarchie koordiniert werden. Bei Mitarbeitergesprächen spielt die Vereinbarung von Zielsetzungen – entweder im Rahmen oder auch außerhalb eines MbO-Systems – in der Regel eine wesentliche Rolle. Solche regelmäßigen, zumindest jährlich durchzuführenden Gespräche mit Mitarbeiterinnen und Mitarbeitern dienen dazu, über Vergangenes zu reflektieren und sinnvolle Schritte für die Zukunft zu vereinbaren. Um Probleme in der Gesprächsführung zu vermeiden, sollten diese nach klaren Regeln ablaufen, am besten basierend auf einem Leitfaden, der Vorgesetzten die Vorbereitung, die Durchführung und die Nachbereitung erleichtert. Nachfolgend ein Beispiel für ein Mitarbeitergespräch mit zehn spezifischen Schritten im Rahmen eines MBO-Systems:

Motivation und Arbeitsverhalten

Abbildung 8: Mitarbeitergespräch im Rahmen von MBO[34]

Aus der Praxis

In Österreich ist laut aktuellen Umfragen in etwa jede/r Fünfte arbeitssuchtgefährdet, was zum Burnout-Syndrom führen kann. Ein Indikator dafür sind die steigenden Krankenstände, die Österreichs Sozialversicherungen melden. Um in Zukunft die Ursache des Problems im Keim zu ersticken, sollen Unternehmen verstärkt dazu angehalten werden, Burnout hervorrufenden Zuständen – wie Arbeitssucht unter den Mitarbeitenden –, entgegensteuern. Dazu gehören unter anderem regelmäßige Mitarbeitergespräche, die die Bewältigbarkeit der selbst gesetzten bzw. auferlegten Aufgabenstellungen sicherstellen. Außerdem eignet sich diese Maßnahme dazu, das Einverständnis und die Zufriedenheit aller Beteiligten sicherzustellen. Konsequenz eines solchen Gesprächs können verschiedene Maßnahmen sein: Überstunden-Stopp, Zeitausgleich, Entlastungsangebote (Kur, Sabbatical) oder Coaching. (Angelehnt an Hinweise der Wirtschaftskammer Österreich für Unternehmen zur Burnout-Prävention.)

Kurz gefasst lassen sich die praktischen Handlungsempfehlungen aus dieser Theorie wie folgt formulieren:

- Setze spezifische Ziele.
- Setze anspruchsvolle Ziele.

---

34   in Anlehnung an Kirchler 2005, S. 375ff.

- Baue Zielakzeptanz und -commitment auf.
- Kläre Zielprioritäten.
- Stelle Feedback hinsichtlich Zielerreichung bereit.
- Belohne Zielerreichung.

Sowohl aus theoretischer als auch aus empirischer Sicht handelt es sich bei der Zielsetzungstheorie um eine mit vielen Befunden sehr gut abgesicherte und vielfach untersuchte Theorie. Die bisherigen empirischen Befunde lassen den Schluss zu, dass herausfordernde und konkret formulierte Ziele, die im Bereich des Möglichen liegen und tatsächlich erreicht werden können, zu besseren Leistungen führen. Beschränkungen und Schwierigkeiten gibt es insbesondere mit Blick auf die Rolle des Unterbewussten, da die Zielsetzungstheorie ja auf bewusst gesetzte Ziele fokussiert und auf das Zusammenspiel von Zielsetzung mit verschiedenen Persönlichkeitsfaktoren.

3.6. Die Job Characteristics Theory

Die Job Characteristics Theory (JCT) von John R. Hackman und Gary R. Oldham[35] baut sowohl auf dem Modell der Bedürfnishierarchie als auch den Erwartungs-Valenz-Theorien auf. Ihre Basisannahmen sind folgende:

- Wenn Menschen glauben, dass sie durch ein Verhalten ein von ihnen positiv bewertetes Ergebnis erreichen können, dann steigt die Wahrscheinlichkeit, dass sie dieses Verhalten zeigen.
- Ergebnisse werden von Menschen dann positiv bewertet, wenn sie der Befriedigung von physiologischen oder psychologischen Bedürfnissen dienen oder zu anderen Ergebnissen führen, die das tun.
- Wenn Arbeitsbedingungen so gestaltet werden können, dass Menschen ihre eigenen Ziele am besten dann erreichen, wenn sie im Sinne organisationaler Zielsetzungen arbeiten, dann werden Menschen hart arbeiten, um diese Ziele zu erreichen.
- Die meisten der hierarchisch niedrigen Bedürfnisse (z.B. physisches Wohlbefinden, Sicherheit) sind in der Arbeitswelt mit wenigen Ausnahmen befriedigt. Für höherrangige Bedürfnisse (z.B. persönliches Wachstum) gilt das nicht.
- Menschen, die die Befriedigung hierarchisch höherer Bedürfnisse anstreben, werden eine solche Befriedigung dann erreichen, wenn sie durch eigene Anstrengungen etwas erreicht haben, was sie als wichtig oder sinnvoll erachten.
  Die Job Characteristics Theory fügt dem Grundmodell der Motivation und den bisher vorgenommenen Erweiterungen keine neuen Variablen hinzu, sondern kombiniert die vorhandenen auf eine spezifische Weise.

Die JCT zeigt Wege der Arbeitsgestaltung auf, um diese gleichzeitig effektiv auszuführen und als persönlich belohnend zu erleben. Sie arbeitet mit drei Hauptvariablen: positiv bewertete Ergebnisse, die durch das Vorhandensein kritischer psychischer Zustände entstehen, welche wiederum auf zentralen Tätigkeitsmerkmalen des Arbeitsplatzes basieren. Die Verbindungen zwischen den Hauptvariablen werden

---

35   Hackman/Oldham 1980

durch Moderatorenvariablen beeinflusst: Vorhandenes Wissen und Fertigkeiten, die Zufriedenheit mit dem Arbeitskontext (z.B. Entlohnung) und das individuelle Bedürfnis nach Wachstum verändern die Stärke des Zusammenhangs zwischen zentralen Tätigkeitsmerkmalen, kritischen psychischen Zuständen und Ergebnissen. Die folgende Abbildung zeigt das Modell der JCT (vgl. Abbildung 9).

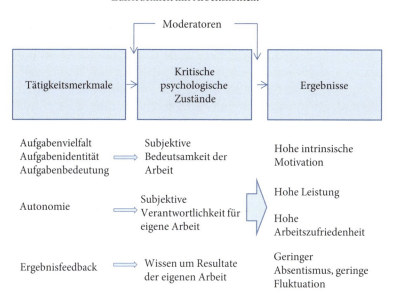

Abbildung 9: Die Job Characteristics Theory

- *Kritische psychische Zustände*: Erwünschte Ergebnisse entstehen dann, wenn Personen drei Arten von psychischen Zuständen in ihrer Arbeit erfahren. Erstens müssen Personen ihre Arbeit als innerhalb ihres persönlichen Wertesystems sinnvoll erleben. Zweitens müssen Personen eigene Verantwortung für die Arbeitsergebnisse verspüren. Sehen sie das Arbeitsergebnis stärker in externen Faktoren wie der Maschinenausstattung, dem Vorgesetzten etc. als in ihren eigenen Anstrengungen und Fähigkeiten begründet, dann gibt es keinen Grund, auf gute Resultate stolz oder bei schlechten Resultaten niedergeschlagen zu sein. Drittens müssen Personen die Ergebnisse ihrer Arbeit kennen bzw. erleben. Fehlt leistungs- und ergebnisbezogenes Feedback, dann fehlt auch die Basis für Befriedigung über gute oder Unzufriedenheit mit schlechten Leistungen.
- *Tätigkeitsmerkmale*: Fünf Tätigkeitsmerkmale beeinflussen die kritischen psychischen Zustände. Die ersten drei beziehen sich auf die erfahrene Sinnhaftigkeit der Arbeit: Aufgabenvarietät beschreibt das Ausmaß, in dem Personen unterschiedliche Aktivitäten an einem Arbeitsplatz unter Einbeziehung verschiedenartiger Fähigkeiten und Fertigkeiten ausführen; Aufgabenidentität gibt an, inwie-

weit an einem Arbeitsplatz ein „identifizierbares Ganzes" erzeugt wird, d.h., die Arbeitsplatzinhaber vom Beginn bis zum Ende am Arbeitsprozess beteiligt sind; Aufgabenbedeutung bezeichnet das Maß, in dem der Arbeitsplatz eine wesentliche Auswirkung auf das Leben anderer Menschen innerhalb oder außerhalb der Organisation hat. Das vierte Tätigkeitsmerkmal, Autonomie, gibt an, inwieweit der Einzelne am Arbeitsplatz Freiheit, Unabhängigkeit und Entscheidungsmacht über die Ausführung der Arbeit und die Arbeitsabläufe besitzt. Feedback aus der Arbeit, das fünfte Merkmal, bezeichnet das Ausmaß, in dem die arbeitsplatzbezogenen Tätigkeiten zu unmittelbaren und klaren Informationen über das eigene Leistungsverhalten führen.

- *Erwünschte Ergebnisse:* Zentrales Ergebnis der durch die fünf Tätigkeitsmerkmale ausgelösten kritischen psychischen Zustände ist intrinsische Motivation. Positive und negative Gefühle am Arbeitsplatz sind daher eng mit der gezeigten Leistung verbunden. Gute Leistungen am Arbeitsplatz werden von den Einzelnen als belohnend empfunden, was wiederum zu weiteren Leistungen anspornt. Um negative Gefühle zu vermeiden, bemühen sich Menschen an sinnvoll gestalteten Arbeitsplätzen um positive Ergebnisse. Hackman/Oldham drücken das so aus:

> Wenn Menschen und Arbeitsplätze gut zueinander passen, ist es kaum notwendig, sie durch Gewalt, Zwang oder Tricks zu harter Arbeit und guter Leistung zu bewegen. Stattdessen werden sie das von sich aus anstreben, da ein solches Verhalten belohnend und zufriedenstellend wirkt.[36]

- *Moderatoren:* Die Wirkungskette „zentrale Tätigkeitsmerkmale → kritische psychische Zustände → Ergebnisse" ist nicht für alle Menschen gleich. Manche reagieren auf herausfordernde, mit einem hohen Maß an Gestaltungsmöglichkeiten und Verantwortung versehene Arbeitsplätze positiv. Andere sehen einen derart gestalteten Arbeitsplatz als unzumutbare Mehrbelastung an. Die JCT sieht drei Faktoren („Moderatoren") als besonders bedeutsam für diese Unterschiede. Erstens ist ein ausreichendes Maß an Wissen, Fähigkeiten und Fertigkeiten notwendig, um motivierend gestaltete Arbeitsplätze auch ausfüllen zu können. Sind Menschen nicht in der Lage, einen „an sich" als herausfordernd und positiv erkannten Arbeitsplatz auszufüllen, vereinfacht: sie wollen zwar, aber können nicht, so entsteht Frustration und innerer oder faktischer Rückzug vom Arbeitsplatz. Zweitens ist das persönliche Bedürfnis nach persönlichem Wachstum von Bedeutung. Menschen mit hohen Wachstumsbedürfnissen werden eher danach streben, anspruchsvolle Arbeitsplätze auszunutzen als Menschen mit geringeren Wachstumsbedürfnissen. Schließlich spielt drittens die Zufriedenheit mit dem Arbeitskontext, also Faktoren wie Entlohnung, Vorgesetzter oder Arbeitsplatzsicherheit, eine Rolle. Mit diesen Aspekten zufriedene Menschen werden stärker auf herausfordernde Arbeitsplätze reagieren als damit unzufriedene Personen.

---

36 Hackman/Oldham 1980, S. 71

Die JCT gibt auch an, wie das Motivationspotenzial eines Arbeitsplatzes – nicht: einer konkreten Person – zu bestimmen ist. Es ergibt sich aus dem Zusammenwirken der zentralen Tätigkeitsmerkmale, der Motivationspotentialwert MPW lässt sich wie folgt berechnen:

$$MPW = \frac{\text{Varietät} + \text{Identität} + \text{Bedeutsamkeit}}{3} \times \text{Autonomie} \times \text{Feedback}$$

Es ist ersichtlich, dass alle auf die kritischen psychischen Zustände wirkenden Tätigkeitsmerkmale jeweils größer als null sein müssen, damit einem Arbeitsplatz überhaupt eine motivierende Kraft im Sinne der JCT zukommt.

Die Messung der wesentlichen in der JCT enthaltenen Variablen erfolgt mithilfe des Job Diagnostic Survey (JDS). Er erfasst die Tätigkeitsmerkmale, die kritischen psychischen Zustände, die Ergebnisse, die individuelle Stärke des Wachstumsbedürfnisses und ermöglicht so unter anderem die konkrete Berechnung des Motivationspotenzialwerts eines Arbeitsplatzes. Beim JDS handelt es sich um einen schriftlichen Fragebogen, der von den Stelleninhabern ausgefüllt wird. Die zentralen Variablen der JCT werden mithilfe von Fragen erfasst, die von den Befragten auf einer sieben- bzw. fünfteiligen Ratingskala beantwortet werden sollen.

Aus der JCT ergeben sich vor allem drei konkrete Ansatzpunkte für die Schaffung von Arbeitsplätzen mit einem höheren Motivationswert. „Natürliche" Arbeitseinheiten erhöhen die Aufgabenidentität und Sinnhaftigkeit der Aufgabe, die Zusammenfassung von Aufgaben steigert die Aufgabenvarietät und -identität. Die Anreicherung von Arbeitsplätzen mit zusätzlicher Verantwortung erhöht die Autonomie. Schließlich ermöglicht die Einrichtung von Feedbackkanälen eine Rückmeldung über die Ergebnisse der Arbeit, idealerweise möglichst in direktem Bezug zu ihrer Arbeit.

In der Praxis wurden in verschiedenen Betrieben Arbeitsgestaltungsmaßnahmen in Anlehnung an die JCT durchgeführt. Auf der Basis einer Untersuchung mithilfe des JDS hat sich eine Schritt-für-Schritt-Vorgehensweise herausgebildet, die als Leitlinie für konkrete Veränderungsmaßnahmen dient.[37]

- Schritt 1: Überprüfen, ob in den Bereichen Motivation und Zufriedenheit problematische Werte existieren. Wenn gleichzeitig die Arbeitsergebnisse unbefriedigend sind, können Maßnahmen der Arbeitsanreicherung entlang der JCT von Nutzen sein.
- Schritt 2: Überprüfen, ob das Motivationspotenzial der einzelnen Arbeitsplätze niedrig ist. Wenn das nicht der Fall ist, werden Maßnahmen der Arbeitsanreicherung (Job Enrichment) wenig bewirken.

---

37 Hackman 1975, zit. n. Miner 1980, S. 257f.

- Schritt 3: Überprüfen der Werte für die fünf zentralen Tätigkeitsmerkmale, um Stärken und Schwächen des gegenwärtigen Aufgabenprofils zu erkennen. Auf diese Weise können Ansatzpunkte für Veränderungen diagnostiziert werden.
- Schritt 4: Überprüfen, ob die gegenwärtigen Arbeitsplatzinhaber hohe Werte bei den individuellen Wachstumsbedürfnissen haben. Ist das der Fall, dann haben Maßnahmen der Arbeitsanreicherung eher Aussicht auf Erfolg als bei Stelleninhabern mit geringen Wachstumsbedürfnissen.
- Schritt 5: Überprüfen, ob die vorhandenen Daten spezielle Hinweise auf Hindernisse oder Ansatzpunkte bei geplanten Veränderungen liefern.

Aus der Sicht der betrieblichen Praxis handelt es sich um ein Konzept, das unmittelbare Relevanz für alltägliches (Management-)Handeln besitzt und zentrale betriebliche Probleme aufgreift. Die klare Formulierung des Konzepts, der Entwurf von Konzepten zur Diagnose der Ist-Situation und die Entwicklung von grundsätzlichen Richtlinien zur Handlungsanleitung bilden die großen Stärken dieses Ansatzes und erleichtern den praktischen Einsatz. Darüber hinaus enthält die JCT Hinweise auf ein nach verschiedenen Mitarbeiterinnen und Mitarbeitern bzw. Mitarbeitergruppen sowie Arbeitsplätzen differenziertes Vorgehen. Durch die Einbeziehung der Moderatorvariablen gestattet es die JCT, auf die jeweilige Situation abzustellen und zu differenzieren.

Aus wissenschaftlicher Sicht handelt es sich um ein konzeptionell sehr klares und gut operationalisiertes Konzept. Zur JCT gibt es eine Reihe von empirischen Untersuchungen, welche die postulierten Zusammenhänge überprüfen. Die Ergebnisse unterstützen überwiegend die Kernaussagen des Konzepts. Einige Schwierigkeiten bzw. Unklarheiten bleiben jedoch. Die Berechnung des Motivationspotenzials eines Arbeitsplatzes in der vorgestellten Form ist einer einfachen Addition der Kerndimensionen der Tätigkeit unterlegen. Aufgabenidentität als eine wesentliche Tätigkeitsdimension zeigt in den durchgeführten empirischen Studien oft nur einen geringen Zusammenhang mit den erwünschten Ergebnissen. In ähnlicher Weise ist auch Feedback kaum mit den Ergebnissen verbunden. Die Einbeziehung der Moderatorvariablen macht die Theorie deutlich komplizierter, wobei jedoch der genaue Einfluss dieser Größen nicht gänzlich geklärt ist. Zusätzliche relevante Moderatorvariablen auf der Makroebene wie etwa Schichtzugehörigkeit, die für die Reaktion auf herausfordernde Arbeitsplätze von Bedeutung sind[38], sind bisher nicht im Modell enthalten.

---

38 Turner/Lawrence 1965, zit. n. Miner 1980, S. 242

4. Integrativer Rahmen

Katzell/Thompson[39] fügen dem Grundmodell der Motivation neben den bereits oben erwähnten noch drei weitere Variablen hinzu, um zu einem integrierten Modell von Motivation und Leistung zu gelangen: Normen, Commitment und Ressourcen (vgl. Abbildung 10).

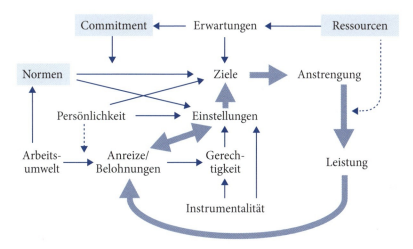

Abbildung 10: Integriertes Modell von Motivation und Leistung

Gesellschaftliche, organisationale und gruppenbezogene **Normen** werden unter anderem durch die Arbeitsumwelt beeinflusst. Sie formen Einstellungen und Ziele. Wenn beispielsweise in einer Arbeitsgruppe das Erzielen guter Leistungen als „uncool" gilt, dann beeinflusst das die Einstellung gegenüber Lernen und Personalentwicklung. Das vorhandene **Commitment**, d.h. die „Bindung" an die Arbeit, an die Organisation oder Ähnliches, wirkt dabei als „Filter", als sogenannte moderierende Variable. Zielbezogene Anstrengungen führen letztlich zur arbeitsbezogenen Leistung. Allerdings lediglich in dem Ausmaß, in dem die vorhandenen persönlichen bzw. sachlichen **Ressourcen** – also etwa: Qualifikationen, Fertigkeiten, Arbeitsmaterial, Werkzeuge – vorhanden sind. Verfügbare Ressourcen beeinflussen darüber hinaus die individuellen Erwartungen. Wer etwa ein mathematisches „Naturtalent" ist, wird andere Erwartungen hinsichtlich der eigenen Leistung bei einer Statistikaufgabe haben als ein „ausgewiesener Nicht-Könner" bzw. eine „ausgewiesene Nicht-Könnerin".

Der integrative Rahmen erlaubt die Identifikation von Einflussfaktoren, die für die praktische Gestaltung einer motivierenden betrieblichen Situation besonders wichtig sind. Zusammenfassend lässt sich dies in sieben Imperativen der Gestaltung eines die Arbeitsmotivation fördernden Umfelds ausdrücken:[40]

---
39 Katzell/Thompson 1990a
40 Katzell/Thompson 1990b, S. 146ff.

1. Stellen Sie sicher, dass die Motive und Werte der Beschäftigten zu den Aufgaben passen, in denen sie eingesetzt sind!
2. Schaffen Sie Arbeitsaufgaben, die aus Sicht der Beschäftigten attraktiv, interessant und zufriedenstellend sind!
3. Vereinbaren Sie arbeitsbezogene Ziele, die klar, herausfordernd, attraktiv und erreichbar sind!
4. Sorgen Sie für die persönlichen und sachlichen Ressourcen, welche die Beschäftigten zur effektiven Aufgabenerfüllung benötigen!
5. Schaffen Sie ein unterstützendes soziales Netzwerk!
6. Verstärken Sie positive Leistungserfüllung!
7. Bauen Sie all diese Elemente abgestimmt in ein harmonisches soziotechnisches System ein!

Hinter jedem dieser Imperative stehen motivationale Schlüsselvariablen, denen wiederum praktische betriebliche Maßnahmen zugeordnet werden können.

Tabelle 4 gibt dazu einen Überblick:

Motivationaler Imperativ		Variable	Praktische Maßnahmen (Beispiele)
1.	„Fit" zwischen Motiven/Werten und Aufgabe	Persönliche Motive und Werte	Personalauswahl; Probezeit; Sozialisation
2.	Attraktive, interessante und zufriedenstellende Aufgaben	Anreize und Belohnungen	Entlohnung; Beförderung; Karriereplanung; Job Enrichment
3.	Existenz klarer, herausfordernder, erreichbarer und attraktiver Ziele	Ziele	Management by Objektives; Qualitätszirkel; Leistungsbeurteilung; Mitarbeitergespräch
4.	Bereitstellung notwendiger Ressourcen und Minimierung von Ressourcenbeschränkungen	Persönliche und sachliche Ressourcen	Aus- und Weiterbildung; Coaching/Mentoring; Problemlösungsgruppen; Bereitstellung von Technologie
5.	Schaffung unterstützender interpersoneller und gruppenbezogener Prozesse	Soziale und gruppenbezogene Faktoren	Teamentwicklung; Gruppenzusammensetzung; Sensitivity Training	
6.	Verstärkung von guter Leistung	Verstärkung	Leistungsorientierte Entlohnung; Leistungsfeedback
7.	Harmonische Abstimmung personaler, sozialer und technischer Faktoren	Soziotechnische Systeme	Programme zur Humanisierung der Arbeit; Organisationsentwicklung

Tabelle 4: Motivationale Imperative und beispielhafte praktische Maßnahmen

Zusammenfassung

- Menschen kann man nicht von außen „auf Knopfdruck" motivieren – sie sind motiviert; allerdings nicht immer zu organisational Erwünschtem. Die Verständigung auf gemeinsame Prinzipien und Ziele erfordert einen wechselseitigen Aushandlungsprozess.
- Motivieren im engeren Sinn heißt Rahmenbedingungen schaffen, unter denen Menschen auf Basis ihrer vorhandenen Motivation erwünschtes Verhalten zeigen.
- Motivation als Führungsaufgabe ist erlernbares Handwerk. Sie hat nichts mit „Zauber" oder Herumpfuschen im Inneren von Menschen zu tun.
- Verschiedene theoretische Konzepte unterstützen dieses Handwerk. Inhaltstheorien benennen konkret relevante Faktoren; Prozesstheorien fokussieren auf das Zusammenwirken „allgemein gehaltener" Faktoren.
- Das integrierte Modell von Motivation und Leistung gibt einen Überblick über das komplexe Zusammenspiel relevanter Faktoren. Die theoretischen Konzepte erlauben einen Tiefenblick.

Reflexionsfragen

1. Welche Bedeutung hat das Thema Motivation für Sie persönlich? Was motiviert Sie? Was demotiviert Sie?
2. Wie werden Sie durch Ihr Studium für die Erwerbstätigkeit motiviert?
3. Häufig beschwört der gesellschaftliche Diskurs die erforderliche Liebe zur Tätigkeit und eine Entwicklung weg von High Performance hin zu High Commitment. Überspitzt ausgedrückt: Man soll, ja man muss heutzutage leisten („performen") und dabei noch Freude bzw. Engagement zeigen („committed sein"). Inwieweit sehen Sie diese Entwicklung? Diskutieren Sie die Vor- und Nachteile hochmotivierender Arbeitssituationen.
4. Wie lauten zwei gängige praktische Maßnahmen, die auf der Zielsetzungstheorie basieren? Wie würden Sie diese als Führungskraft einsetzen?
5. Suchen Sie im Internet Maßnahmen von drei unterschiedlichen Organisationen (einem Traditionsunternehmen, einem Start-up, einer NPO), die auf die Motivation von Beschäftigten abzielen: Welche Maßnahmen setzen diese Organisationen ein, inwieweit unterscheiden sich diese?
6. Finden Sie ein praktisches Beispiel für die Equity-Theorie. Begründen Sie Ihre Auswahl.
7. Diskutieren Sie den Zusammenhang zwischen Anreizen und Arbeitsleistung. Formulieren Sie dazu Hypothesen und belegen Sie deren Plausibilität mit Beispielen.

Weiterführende Literatur

KIESER, A./EBERS, M. (Hrsg.) (2014): Organisationstheorien.

KIESER, A./WALGENBACH, P. (2010): Organisation.

Gruppen in Organisationen: im Spannungsfeld von Stabilität und Dynamik

Petra Eggenhofer-Rehart, Monika Heinrich, Markus Latzke und Angelika Schmidt

Inhaltsverzeichnis

1. **Einleitung** 113
    1.1. Gruppen in Organisationen 113
    1.2. Ein Basismodell zur Arbeit in Gruppen 116
2. **Aufgabe, Individuum und Gruppe** 117
    2.1. Ziele und Aufgaben von Gruppen 117
        2.1.1. Ziele von und in Gruppen 117
        2.1.2. Gruppenaufgaben 118
        2.1.3. Prozessverluste und Prozessgewinne 120
    2.2. Das Individuum in der Gruppe 122
        2.2.1. Rollen in Gruppen 122
        2.2.2. Funktionen in Gruppen 124
    2.3. Das System Gruppe 125
        2.3.1. Kohäsion 125
        2.3.2. Gruppennormen 129
        2.3.3. Sozialer Einfluss in Gruppen 131
    2.4. Gruppen im Zeitverlauf 134
3. **Konflikte in Gruppen** 136
    3.1. Definition und Arten von Konflikten 136
        3.1.1. Konfliktarten nach Beteiligten 137
        3.1.2. Konfliktarten nach Konfliktgegenstand 138
        3.1.3. Konfliktarten nach Erscheinungsform 138
    3.2. Entwicklung und Eskalation von Konflikten 139
    3.3. Bewältigung von Konflikten 139
        3.3.1. Konfliktstrategien 140
        3.3.2. Konkrete Maßnahmen zur Konfliktgestaltung ... 140
    3.4. Konflikt als Element der Entwicklung von Teams 143

Wenn mehrere Menschen zusammen sind, haben wir nicht einfach eine Ansammlung von Einzelwesen: Es entsteht etwas Neues, anderes, das ganz eigenen Gesetzen gehorcht.

(Elmar Teutsch)[1]

Ziel dieses Beitrags ist es,

- wesentliche Einflussfaktoren auf die Funktionsfähigkeit einer Gruppe zu beschreiben;
- die Bedeutung von Konflikten für Gruppenprozesse und -ergebnisse zu erläutern;
- Möglichkeiten der konstruktiven Konflikthandhabung im Team aufzuzeigen.

---

[1] „Erfolgreich im Team!", TELOS – Institut für Psychologie und Wirtschaft 2015

1. Einleitung

Aus der Praxis

Einige ehemalige Studienkolleginnen und -kollegen tauschen sich bei regelmäßigen Treffen auch über ihren Arbeitsalltag aus. Christina erzählt von einem Projekt, für das sie als Projektleiterin verantwortlich ist. Die Arbeit macht ihr Spaß und sie ist stolz auf die Ergebnisse. Vor allem die Zusammenarbeit mit den Kolleginnen und Kollegen in der Gruppe klappt gut, sie kann sich auf sie verlassen, alle sind gut eingespielt und wissen, was sie voneinander erwarten können. In Jakobs Arbeitsgruppe hingegen ist gerade ein neuer Kollege dazugekommen, den er nicht leiden kann. Dies äußert sich in Form von „giftigen" Kommentaren und strahlt auch auf die Zusammenarbeit aus. Die Leiterin der Arbeitsgruppe würde zwar die konfliktbeladene Situation mitbekommen, aber nach Jakobs Einschätzung ist sie damit überfordert. Jakob denkt sogar schon daran, sich nach einem anderen Job umzusehen. Andrea ärgert sich sehr über zwei Kollegen in ihrer Projektgruppe, die sich „zurücklehnen", während sie und die anderen Gruppenmitglieder deren „Faulheit kompensieren" müssen. Dadurch verzögert sich der Projektfortschritt; Andrea würde diese beiden Kollegen gern auf ihr Verhalten ansprechen, scheut aber die direkte Konfrontation.

Das Beispiel illustriert, wie Zusammenarbeit und Konflikte in der Gruppe die Zufriedenheit und die Arbeitsleistungen beeinflussen können. Welche Prozesse in Gruppen ablaufen und welche Ansatzpunkte es für die konstruktive Gestaltung von Gruppenarbeit gibt, zeigt dieser Beitrag auf.

1.1. Gruppen in Organisationen

Menschen agieren häufig als Mitglieder verschiedenster Gruppen, seien diese informell wie eine Studierendengruppe, die gemeinsam für eine Prüfung lernt, oder formell wie eine durch die Organisationsstruktur definierte Arbeitsgruppe im Unternehmen,[2] seien sie direkt interagierend oder virtuell, wie etwa in sozialen Netzwerken.[3] In Organisationen werden Gruppen besonders bei Aufgaben, die so umfangreich und/oder komplex sind, dass sie von Einzelnen nicht bewältigt werden können, eingesetzt. Somit sind die involvierten Personen gefordert, zusammenzuarbeiten, einander zu informieren und ihr Wissen und ihre Kreativität in die Aufgabenerledigung einzubringen.[4]

---

2   Dieser Beitrag konzentriert sich auf Arbeitsgruppen in Organisationen.
3   siehe auch den Beitrag „Organisation: Strukturen und klassische Formen" in diesem Buch.
4   von Rosenstiel 2009, S. 318

Einige wesentliche Merkmale haben alle Gruppen gemeinsam:[5]

- **Ziele:** Gruppen haben gemeinsame Ziele, wenngleich ihre Mitglieder auch individuelle Ziele verfolgen können.
- Möglichkeit zur **direkten Interaktion:** Obwohl Gruppen auch ohne gleichzeitige physische Anwesenheit aller Mitglieder existieren können, ist die Möglichkeit zur direkten Interaktion ein Kriterium für die Obergrenze der Gruppengröße.
- **Anzahl der Mitglieder**: Während zwei Personen eine *Dyade* bilden, bestehen Gruppen aus mindestens drei Mitgliedern. Die Obergrenze, bis zu der man noch von einer *Gruppe* sprechen kann, wird meist mit etwa 20 Mitgliedern angegeben.
- **Interdependenz** zwischen den Mitgliedern: Die Mitglieder einer Gruppe interagieren und beeinflussen einander und sind somit in ihrem gruppenbezogenen Handeln voneinander abhängig.
- **Zusammenhalt (Kohäsion):** Im Verlauf der Zusammenarbeit steigt die Kohäsion, und so entstehen ein „Wir-Gefühl" und eine Gruppenidentität, mittels derer sich die Gruppenmitglieder von Nicht-Mitgliedern abgrenzen.
- **Strukturen**: Jedes Mitglied ist mit den anderen durch ein Netz von Beziehungen, Rollen und Normen verbunden.

Fasst man diese Merkmale zusammen, lässt sich eine Gruppe folgendermaßen definieren:[6]

> **Definition**
>
> Gruppe: Soziales Gefüge von *drei bis etwa 20 Personen*, die zur Verfolgung eines *gemeinsamen Ziels* in *wechselseitiger Abhängigkeit* miteinander *interagieren* und so einander beeinflussen. Zwischen den Gruppenmitgliedern entwickeln sich ein Zusammenhalt (*Kohäsion*) und ein identitätsstiftendes Wir-Gefühl, *Normen* sowie *Rollen,* die aufeinander bezogen und auf das Gruppenziel ausgerichtet sind.

Während die Begriffe Team und Gruppe in der Fachliteratur teilweise gleichbedeutend verwendet werden, sehen einige Autorinnen und Autoren Teams als eine Spezialform von Gruppen an, in denen sich die Mitglieder einem gemeinsamen Ergebnis verpflichtet fühlen, die Ziele in einem hohen Ausmaß teilen und die Mitglieder besonders involviert sind.[7]

Gruppen in Organisationen können nach dem Standardisierungsgrad der Aufgabe und der Lebensdauer einer Gruppe unterschieden werden. Bei standardisierten Aufgaben ist eine möglichst genaue und regelkonforme Ausführung gefordert. Bei offenen Aufgaben werden hingegen das Ziel und der Weg dorthin von der Gruppe selbst bestimmt. Eine Aufgabe kann entweder befristet sein und somit die Lebensdauer einer Gruppe zeitlich begrenzen oder unbefristet sein, womit die Gruppe langfristig

---

5   Forsyth 2014, S. 11; König/Schattenhofer 2007
6   Basierend auf Aronson/Wilson/Akert 2002, S. 301; König/Schattenhofer 2007
7   z.B. Katzenbach/Smith 1993

bestehen bleibt.[8] Neben klassischen **Fließbandgruppen**, die mit standardisierten und unbefristeten Aufgaben konfrontiert sind, finden sich drei Arten von Gruppen in Organisationen:[9]

	Zeitlich befristet	Zeitlich unbefristet
Standardisierte Aufgabe	Crews	Fließbandgruppen
Offene, unstandardisierte Aufgabe	Projektgruppen (Taskforces)	Workteams

Tabelle 1: Arten von Gruppen nach Charakteristika der Aufgabe[10]

In **Crews** führen Menschen mit unterschiedlichen Funktionen spezialisierte, vorab definierte Tätigkeiten aus. Die Mitglieder sind für bestimmte Rollen und Funktionen trainiert und wissen Bescheid, wofür sie und andere zuständig sind. So können sie grundsätzlich in jeder beliebigen Crew arbeiten. Beispiele für solche Gruppen mit zeitlich befristeten und standardisierten Aufgaben sind Cockpitcrews in Flugzeugen, Ärzteteams in Operationssälen, Küchenteams in Restaurants sowie Orchester.

In Taskforces oder **Projektgruppen** arbeiten Personen häufig abteilungsübergreifend zusammen, um eine bestimmte, offene Aufgabe zu erledigen; danach lösen sich diese Gruppen wieder auf. Soll beispielsweise der Umzug in ein neues Gebäude koordiniert werden oder sollen neue Mitglieder für den Aufsichtsrat gefunden werden, werden Projektgruppen eingesetzt. Eine besondere Herausforderung besteht für die Mitglieder darin, zu einer Gruppe mit einem gemeinsamen Ziel zu werden, da sich die Beteiligten häufig als Vertreter verschiedener Bereiche sehen, die für diese Aufgabe „ausgeborgt" werden, und da sie daher wenig Zugehörigkeit zu der Projektgruppe entwickeln. Hinzu kommt, dass die einzelnen Beteiligten auch Mitglieder verschiedener Projektgruppen sein können.

Workteams sind Arbeitsgruppen, deren Lebensdauer über mehrere Projekte hinweg andauert und die an nichtstandardisierten Aufgaben arbeiten. Management-, Forschungs-, Beratungsteams und auch Sportmannschaften zeichnen sich dadurch aus, dass sie oft neuartige Wege gehen und neue Ideen kreieren. Um ihre Ziele zu erreichen, sind die Gruppenmitglieder aufeinander angewiesen und gestalten selbst die Regeln für ihre Zusammenarbeit. Interpersonelle Beziehungen sind hier sehr relevant, und die Mitglieder definieren häufig ihre berufliche Identität über die Zugehörigkeit zu einer solchen Gruppe.

Als Ergänzung zu den in der Tabelle genannten Arten von Gruppen sind auch die durch Weiterentwicklungen in der IT entstandenen **virtuellen Teams** zu nennen. Mindestens ein Teammitglied arbeitet dabei von einem anderen Ort, einer anderen Organisation oder einer anderen Zeitzone aus, und die Kommunikation und Koor-

---

8   Edding/Schattenhofer 2012
9   Arrow et al. 2004, S. 82f.
10 in Anlehnung an Edding/Schattenhofer 2012, S. 23

dination erfolgen vornehmlich über elektronische Medien. Diese Form der Zusammenarbeit bringt neue Möglichkeiten mit sich, aber auch Herausforderungen. Die Arbeitsweisen müssen den besonderen Gegebenheiten angepasst werden, und die verwendeten Tools und Technologien sowie die Kommunikationsmuster gelten als große Herausforderungen.[11]

Gleich, um welche Art von Gruppe es sich handelt: Jede muss sich mit bestimmten Aspekten auseinandersetzen, die für ihre Überlebensfähigkeit wesentlich sind. Diese erläutert das nächste Kapitel.

1.2. Ein Basismodell zur Arbeit in Gruppen

Das in Abbildung 1 dargestellte Konzept der Themenzentrierten Interaktion (TZI)[12] beschreibt die zentralen Aspekte, mit denen sich eine Gruppe auseinandersetzen muss: ICH (die einzelnen Personen), WIR (das sich entwickelnde Beziehungsgefüge der Gruppe) und ES (der Inhalt bzw. die Aufgabe). Jede Gruppe muss also eine bestimmte Aufgabe bewältigen, die Interessen und Bedürfnisse der einzelnen Mitglieder berücksichtigen und sich selbst als System erhalten, indem Strukturen, Regeln, Normen und Rollen etabliert werden. Außerdem ist jede Gruppe in einen Kontext eingebettet, der das Geschehen beeinflusst (GLOBE).

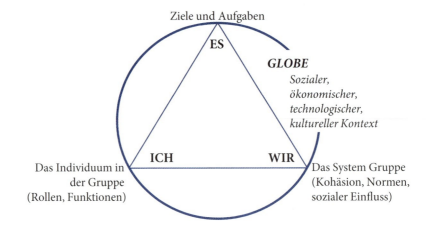

Abbildung 1: Basismodell zur Gruppenarbeit[13]

Die Pole des Dreiecks stehen in Wechselbeziehung zueinander, die zugleich erweiternd und begrenzend wirken. Eine Gruppe steht permanent vor der Herausforderung, die Pole in dynamischer Balance zu halten, die immer wieder reflektiert und gegebenenfalls neu hergestellt werden muss.[14]

---

11   Bell/Kozlowski 2002; Hoch/Kozlowski 2014
12   Cohn 2009
13   nach Edding/Schattenhofer 2012, S. 14; Langmaak/Braune-Krickau 2000, S. 91
14   Langmaak/Braune-Krickau 2000, S. 93

Das Modell bildet die Basis für das zweite Kapitel dieses Beitrags. Ausgehend von der Komponente ES (Aufgabenbewältigung) werden unterschiedliche Arten von Gruppenaufgaben vorgestellt und Gruppenprozesse besprochen, die sich auf die Gruppenleistung auswirken. Im Hinblick auf die ICH-Komponente werden verschiedene Funktionen und Rollen, die sich in Gruppen entwickeln und von den Mitgliedern ausgefüllt werden, beschrieben. Auf die WIR-Komponente und den Systemerhalt beziehen sich die Kapitel über Kohäsion, Normen und den sozialen Einfluss in Gruppen.

Ausgehend von den vielfältigen Spannungen, in denen die Gruppenaspekte zueinander stehen, wenn etwa die Interessen Einzelner (ICH) dem Gruppenziel (WIR) entgegenstehen, fokussiert das dritte Kapitel auf Konflikte in Gruppen und darauf, wie das Konfliktpotenzial, das sich aus diesen Dynamiken ergibt, gehandhabt werden kann, um die Funktionsfähigkeit der Gruppe und damit ein Mindestmaß an Stabilität, das die Gruppe zur effektiven Zusammenarbeit benötigt, zu erhalten.

2. Aufgabe, Individuum und Gruppe

Aus dem Basismodell zur Gruppenarbeit ergeben sich einige zentrale Bereiche, die für das Verständnis von Gruppenprozessen relevant sind: Gruppenziele und -aufgaben, Funktionen und Rollen in Gruppen, Gruppenkohäsion und Gruppennormen.

2.1. Ziele und Aufgaben von Gruppen

Eine zentrale Existenzberechtigung für eine Gruppe im Organisationskontext ist die Aufgabe, die die Gruppenmitglieder gemeinsam erfüllen. Der Begriff „Aufgabe" bezeichnet ein Bündel von Spezifikationen, die das Ziel und das Vorgehen, das zur Zielerreichung eingesetzt werden kann, beschreiben.[15] Untrennbar mit der Aufgabe verbunden ist also das gemeinsame Ziel, das die Gruppenmitglieder mit der Aufgabenbearbeitung verfolgen.

2.1.1. Ziele von und in Gruppen

Ein Ziel ist ein in der Zukunft liegender angestrebter Zustand. Ziele geben Orientierung und sind eine wichtige Motivationsquelle, da sie die Aufmerksamkeit und die Anstrengung auf den für die Zukunft angestrebten Zustand richten. Damit sich Ziele günstig auf die Leistung auswirken, müssen sie einige Voraussetzungen erfüllen. Hier zeigt die Zielsetzungstheorie,[16] dass die Leistung von Menschen mit dem Schwierigkeitsgrad des Ziels steigt, solange die für die Zielerreichung erforderlichen

---
15 Steiner 1972, S. 15
16 siehe auch den Beitrag „Motivation und Arbeitsverhalten" in diesem Buch

Fähigkeiten vorhanden sind. Ziele sollten außerdem spezifisch formuliert sein und nicht in Konflikt mit anderen Zielen stehen.[17]

Diese Merkmale leistungsfördernder Ziele gelten auch für Gruppen. Wesentlich ist dort außerdem, dass das Ziel von den Mitgliedern akzeptiert wird und dass sie sich ihm verpflichtet fühlen (Zielcommitment). Auf der Gruppenebene steigert die aufgabenbezogene Kohäsion[18] das gemeinsame Zielcommitment, und kohäsive Gruppen setzen sich selbst herausfordernde Ziele, was zu einer höheren Gruppenleistung führt. Eine Kombination aus Zielen und adäquater Leistungsrückmeldung ist für eine gute Leistung wirksamer als Ziele allein. Gruppen bringen besonders dann bessere Leistungen, wenn sie Leistungsrückmeldungen erhalten, die sich auf die Gruppe als Ganzes statt auf Einzelleistungen beziehen.[19]

Eine besondere Herausforderung für Gruppen besteht darin, dass die Mitglieder neben dem gemeinsamen Ziel auch individuelle Ziele haben, die miteinander in Konflikt stehen können. Gruppen, deren Ziele mit den Zielen der einzelnen Mitglieder kompatibel sind, erbringen bessere Leistungen als Gruppen, bei denen die Einzel- und Gruppenziele nicht vereinbar sind. Daher üben individuelle Ziele, die auf die Maximierung von individuellen Leistungen ausgerichtet sind (z.B. individuelles Umsatzziel für eine Vertriebsmitarbeiterin), einen negativen Einfluss auf die Gruppenleistung aus, während individuelle Ziele, die auf die Maximierung der individuellen Beiträge zur Gruppenleistung ausgerichtet sind (z.B. Ziel, die Umsätze des gesamten Vertriebsteams zu steigern, indem die Vertriebsmitarbeiterin das Cross-Selling von Produkten, die ihr Kollege vertreibt, unterstützt), einen positiven Effekt haben. Schwierig für die Gruppe ist es auch, wenn Einzelne verdeckte Ziele verfolgen, die sie nicht offen aussprechen, da sie fürchten, dass diese von der Gruppe nicht akzeptiert werden. Solche verdeckten Ziele erschweren die Arbeit der Gruppe und führen oft zu Entscheidungen, die zumindest einigen Mitgliedern inakzeptabel erscheinen.[20]

2.1.2. Gruppenaufgaben

Gruppen können eine Vielzahl unterschiedlicher Aufgaben haben. Nach dem Task Circumplex Model von McGrath[21] können Gruppen vier grundlegende Tätigkeiten erfüllen: *Generieren*, *Wählen* und *Verhandeln* gehören zu den Haupttätigkeiten von Gruppen mit unstandardisierten Aufgaben (Projektgruppen, Workteams), während sich die Tätigkeit des *Ausführens* vor allem in Gruppen mit standardisierten Aufgaben (Crews, Fließbandgruppen) findet.

Die Aufgabenklassifikation von Ivan Steiner basiert hingegen auf der Frage: „In welchem Verhältnis stehen Einzelleistungen zur Gruppenleistung?" Danach werden vier Aufgabentypen unterschieden:[22]

---

17 Locke/Latham 2006, S. 265
18 siehe auch Kapitel 2.3.1. Kohäsion, in diesem Beitrag.
19 DeShon et al. 2004
20 Kleingeld et al. 2011
21 McGrath 1984
22 Steiner 1972, S. 14ff.

- **Additive** Aufgaben: Die Einzelleistungen der Gruppenmitglieder werden zu einer Gruppenleistung addiert. Somit ist die Gruppenleistung in jedem Fall besser als selbst die beste Einzelleistung, da jeder zusätzliche Beitrag eines Mitglieds die Gruppenleistung erhöht. Beispiele für additive Aufgaben sind die parallele Produktion von Gütern, die parallele Endkontrolle der Produktqualität oder das Generieren von Ideen beim Brainstorming.
- **Kompensatorische** Aufgaben: Das Gruppenergebnis stellt den Durchschnitt der Einzelergebnisse dar. Ein Beispiel ist die Bewertung von Kandidatinnen und Kandidaten im Assessment-Center durch mehrere Beurteilende.[23] Dort sind beispielsweise manche Beurteiler und Beurteilerinnen sehr milde und andere sehr streng, insgesamt aber mitteln sich ihre Beurteilungstendenzen durch die Bildung eines Durchschnittswertes aus. Dasselbe gilt für Schätzaufgaben (z.B. im Rahmen von Finanzprognosen), wo die Abweichungen der einzelnen Gruppenmitglieder um den richtigen Wert „streuen". Insgesamt aber kann die Gruppe als Ganzes mit dem Mittelwert der Einzelschätzungen ein recht gutes Ergebnis erreichen, und die Gruppenleistung ist besser als die meisten Einzelleistungen.
- **Konjunktive** Aufgaben: Charakteristisch für diesen Aufgabentyp ist, dass jedes einzelne Mitglied die Aufgabe erfolgreich abschließen muss, damit die Gruppe als Ganzes die Aufgabe erfolgreich absolvieren kann. Die Gruppenleistung entspricht somit der schlechtesten Einzelleistung („Die Kette ist nur so stark wie ihr schwächstes Glied"). Beispiele sind das Geheimhalten von Geschäftsgeheimnissen[24] und die sequentielle Produktion von Gütern, etwa der schrittweise Zusammenbau eines Produkts an einem Fließband.
- **Disjunktive** Aufgaben: Hier kann die Gruppe die Leistung eines einzelnen Gruppenmitglieds als Gruppenleistung bestimmen, die Gruppenmitglieder können aber bei der Erstellung der Leistung auch zusammenwirken. Vom konkreten Vorgehen hängt ab, ob die Gruppenleistung dann der besten Einzelleistung entspricht (z.B. wenn die Mitglieder den Beitrag des besten Mitglieds akzeptieren und allein dessen Leistung zur Gruppenleistung wird), schlechter ausfällt als die beste Leistung (z.B. wenn sich das beste Mitglied nicht durchsetzen kann), oder diese sogar übersteigt (z.B. wenn primär die beste Leistung in das Gruppenergebnis einfließt, durch eine gemeinsame Diskussion aber noch weiter verbessert werden kann). Ein Beispiel für eine disjunktive Aufgabe ist das Treffen einer gemeinsamen Entscheidung (z.B. bei der Entwicklung eines neuen Produkts oder einer Unternehmensstrategie).

Das Verhältnis der Gruppenleistung zu den Einzelleistungen richtet sich also nach der Art der Gruppenaufgabe. Dass Gruppen mehr leisten als einzeln arbeitende Menschen in Summe, wird in der Praxis gerne angenommen, ist aber nicht immer der Fall.[25] Wie es dazu kommen kann, wird im nächsten Kapitel erläutert.

---

23 siehe auch den Beitrag „Performance Management" in diesem Buch.
24 Drewes/Schultze/Schulz-Hardt 2011, S. 225
25 Allen/Hecht 2004, S. 440

2.1.3. Prozessverluste und Prozessgewinne

Basis für die Gruppenleistung ist das Gruppenpotenzial, also jene Leistung, die aufgetreten wäre, wenn die Gruppenmitglieder unabhängig voneinander gearbeitet hätten.[26] In Gruppen kommt es neben den Prozessgewinnen, die für ein „Plus" erforderlich wären, oft zu Prozessverlusten. Die Gesamtleistung einer Gruppe ergibt sich somit folgendermaßen:[27]

> Gruppenleistung = Gruppenpotenzial − Prozessverluste + Prozessgewinne

2.1.3.1. Prozessverluste

Prozessverluste sind Gruppenprozesse, die verhindern, dass eine Gruppe ihr volles Leistungspotenzial erreicht.[28] Sie basieren auf einer Kombination aus Koordinations- und Motivationsverlusten.

Ein **Koordinationsverlust** ist gegeben, wenn die Gruppenmitglieder einander interaktionsbedingt behindern und somit jedes einzelne Mitglied seine Ressourcen nicht optimal einsetzen kann. Der Koordinationsverlust steigt mit zunehmender Gruppengröße. Wenn eine Produktentwicklungsgruppe beispielsweise ein Brainstorming zur Ideensammlung durchführt, können die Mitglieder einander blockieren, da zu jedem Zeitpunkt immer nur genau ein Mitglied sprechen kann, alle anderen aber mit der Äußerung ihrer Ideen warten müssen und einige dieser Ideen dann eventuell in der Zwischenzeit vergessen.

Ein **Motivationsverlust** entsteht, wenn die Gruppenmitglieder – bewusst oder unbewusst – ihre Beiträge zur Gruppenleistung reduzieren. Ein klassisches Beispiel für Prozessverluste wurde von dem Agraringenieur Ringelmann[29] im Rahmen einer additiven Aufgabe beschrieben: Personen, die gemeinsam an einem Seil zogen, zogen mit umso weniger Kraft, je größer die Gruppe war. Der Ringelmann-Effekt besagt demnach, dass die durchschnittliche Leistung eines Gruppenmitglieds mit zunehmender Gruppengröße abnimmt.[30] Motivationsverluste können in jeder Art von Arbeitsgruppe, wie z.B. der oben beschriebenen Produktentwicklungsgruppe, auftreten. Sie können verschiedene Gründe haben:[31]

- **Soziales Faulenzen** *(social loafing)*: Einzelne Gruppenmitglieder strengen sich weniger an, da ihr Beitrag zur Gruppenleistung nicht identifizierbar ist. Diese Reduktion der Anstrengung ist den Betroffenen in der Regel selbst nicht bewusst.

---

26 Schulz-Hardt/Brodbeck 2007, S. 446
27 Hackman/Morris 1975, S. 72
28 Forsyth 2014, S. 323
29 Ringelmann 1913
30 Ingham et al. 1974, Kravitz/Martin 1986
31 Forsyth 2014, S. 337, Kerr/Bruun 1983, Lount/Wilk 2014

Soziales Faulenzen

Ziehen beim Tauziehen alle mit voller Kraft für ihr Team? Oder lässt der Einsatz im Team nach? Ein Tauzieh-Experiment soll es zeigen: Ist es messbar, dass der Einzelne zusammen mit den anderen nicht mehr alles gibt?

Mythos Team – das Tauzieh-Experiment

- **Trittbrettfahren** *(free riding)*: Einzelne Gruppenmitglieder reduzieren bewusst ihren Beitrag, da sie meinen, ihr Beitrag hätte aufgrund der Gruppengröße ohnehin keinen Einfluss auf die Gruppenleistung und ihre Anstrengungsreduktion würde durch andere Gruppenmitglieder kompensiert werden. Schwächer ausgeprägt ist Trittbrettfahren in kleineren Gruppen, in denen die Beiträge jedes Einzelnen ein stärkeres Gewicht haben.
- **Trotteleffekt** *(sucker effect)*: Einzelne Gruppenmitglieder reduzieren bewusst ihren Beitrag, da sie vermuten, dass andere das auch tun werden, und sie nicht ausgenutzt werden möchten.

2.1.3.2. Prozessgewinne

Motivationsbedingte Prozessgewinne können die Gesamtleistung einer Gruppe erhöhen:[32]

- **Sozialer Wettbewerb** *(social competition)*: Sofern die individuellen Beiträge identifizierbar sind, steigert Wettbewerb zwischen den Gruppenmitgliedern deren Leistungen, besonders wenn die Fähigkeiten der Gruppenmitglieder relativ ausgeglichen sind.[33] Der Motivationsgewinn ist bei sozialem Wettbewerb zwischen Gruppen höher als bei sozialem Wettbewerb innerhalb von Gruppen.
- **Soziale Kompensation** *(social compensation)*: Dazu kommt es, wenn leistungsstarke Mitglieder in einer Gruppe härter arbeiten, als sie es allein tun würden, um Defizite schwächerer Mitglieder auszugleichen.
- **Köhler-Effekt** *(indispensability effect)*: Dieser tritt auf, wenn sich leistungsschwächere Mitglieder in der Gruppe mehr anstrengen, als sie es alleine tun würden, um nicht die schlechtesten Mitglieder der Gruppe zu sein. Dies geschieht vor allem dann, wenn sie sich mit fähigeren Mitgliedern vergleichen und dabei schlechter abschneiden, wenn sie ihren Beitrag zur Gruppenleistung als besonders unverzichtbar wahrnehmen oder wenn die Zusammenarbeit direkt *(face-to-face)* erfolgt.

Motivationsgewinne, aber auch die Kombination der unterschiedlichen Fähigkeiten der Gruppenmitglieder, können zu Synergien führen. Das bedeutet, dass die

---

[32] Kerr et al. 2007, Liden et al. 2004, Lount/Wilk 2014, S. 1104, Schulz-Hardt/Brodbeck 2007, Todd et al. 2006, Wittchen et al. 2011
[33] Andererseits kann Wettbewerb die Gruppenkohäsion senken; zur Kohäsion: siehe Kapitel 2.3.1. Kohäsion, in diesem Beitrag.

Gruppe eine Leistung erzielen kann, die weder durch eines der Gruppenmitglieder in Einzelarbeit noch durch eine Kombination individueller Beiträge erzielt werden könnte.[34] Häufig wird zwischen schwacher Synergie (die Gruppenleistung ist besser als die durchschnittliche Einzelleistung) und starker Synergie (die Gruppenleistung ist besser als die beste Einzelleistung) unterschieden.

Während Kapitel 2.1. mit Gruppenaufgaben die „ES"-Komponente des Basismodells behandelt hat, widmet sich Kapitel 2.2. der „ICH"-Komponente.

2.2. Das Individuum in der Gruppe

Das Sichtbarmachen und Honorieren individueller Leistungsbeiträge auch bei Gruppenarbeiten soll Einzelne motivieren, dabei allerdings gleichzeitig das kollektive, gemeinschaftliche Tun nicht gefährden – eine Balance, die im Management von Teams eine große Herausforderung darstellt. Generell ist das Verhalten von Individuen in Organisationen von unterschiedlichen Mustern geprägt. Eine Möglichkeit, diese zu erkennen, sind die Rollen, die Teammitglieder im Lauf der Zusammenarbeit einnehmen.

2.2.1. Rollen in Gruppen

Eine soziale Rolle ist ein Bündel von Erwartungen, die von einer oder mehreren Bezugsgruppen an das Verhalten Einzelner herangetragen werden.[35] Rollen machen innerhalb gewisser Grenzen Verhalten vorhersehbar und reduzieren dadurch Unsicherheit und die Komplexität des Gruppengeschehens. Durch das gemeinsam ausgehandelte oder stillschweigende Übernehmen einer Rolle geben Gruppenmitglieder quasi eine Beständigkeitserklärung ab, dass sie sich in einer bestimmten Weise verhalten werden.

Waren Rollen traditionell mit einem starken Fokus auf die Führungsrolle Gegenstand der Forschung,[36] so entwickelte Belbin in den1980er-Jahren eine Typologie mit neun verschiedenen Rollen, die in Teams eingenommen werden sollen und in drei Gruppen zusammengefasst werden können[37] (siehe Tabelle 2).

Zum Konzept der Teamrollen ist kritisch anzumerken, dass die Teamleistung nicht nur von der perfekten Teamzusammensetzung im Bezug auf Rollen bestimmt wird, sondern auch von anderen wesentlichen Faktoren wie Strategien oder Ressourcen. Dennoch zeigt die Typologie die Bandbreite von aufgaben- und sozialorientierten Aktivitäten und Qualitäten auf, die in Teams benötigt werden und durch die Übernahme von spezifischen Rollen eingebracht werden können. Welche Rollen dabei eingenommen und wie sie konkret ausgefüllt werden, hängt neben situativen Aspekten (z.B.: Welche konkrete Aufgabe ist zu erfüllen? Wer möchte die Rolle ebenfalls übernehmen?) auch von individuellen Persönlichkeitsmerkmalen ab. Trotz individueller Präferenzen kön-

---

34 Collins/Guetzkow 1964, S. 58, Larson 2010
35 Bahrdt 1994, S. 67
36 z.B. Mintzberg 1973
37 Belbin 1993

nen Mitglieder in Teams (die ja keineswegs immer aus neun Personen bestehen) flexibel und situationsangepasst auch mehrere Rollen übernehmen.[38] So können beispielsweise Teamarbeiterinnen und Teamarbeiter ausgleichend und kooperativ agieren und dadurch positiv auf die Beziehungen im Team wirken und auch als Umsetzer verlässlich dazu beitragen, dass Pläne in die Tat umgesetzt werden. Oder Spezialistinnen und Spezialisten liefern wertvolles Fachwissen und tragen zu einem späteren Zeitpunkt als kritische Beobachterinnen und Beobachter dazu bei, dass die Gruppe keine vorschnellen Entscheidungen trifft oder dem „Groupthink"-Phänomen[39] erliegt.

	Teamrolle	Merkmale	Zentraler Beitrag	Mögliche Schwächen
Handlungsorientierte Rollen	MacherIn	dynamisch, arbeitet gut unter Druck, fordert heraus	Mut, überwindet Hindernisse	ungeduldig, provokativ, verletzt Gefühle anderer
	UmsetzerIn	diszipliniert, verlässlich, effektiv, konservativ	setzt Pläne in die Tat um	unflexibel, langsame Reaktion auf neue Situationen
	PerfektionistIn	gewissenhaft, findet Fehler, pünktlich	stellt optimale Ergebnisse sicher	überängstlich, delegiert ungern, bremsend
Kommunikationsorientierte Rollen	WegbereiterIn	kommunikativ, begeisterungsfähig, extrovertiert	entwickelt nützliche Kontakte (im und fürs Team)	zu optimistisch, verliert Interesse nach Anfangseuphorie
	KoordinatorIn	klärt Ziele, selbstsicher, organisiert, delegiert	fördert Entscheidungsprozesse	manipulativ, delegiert auch persönliche Arbeit
	TeamarbeiterIn	kooperativ, diplomatisch, gleicht aus, hört gut zu	verbessert Kommunikation und Beziehungen im Team	unentschlossen in kritischen Situationen, beeinflussbar
Wissensorientierte Rollen	ErfinderIn	unorthodoxes Denken, fördert Kreativität, Fantasie	bringt neue Ideen ein, sucht nach Lösungen	gedankenverloren, ignoriert Details, eigene Ideenwelt
	BeobachterIn	nüchtern, kritisch, berücksichtigt viele Optionen	untersucht Machbarkeit v. Vorschlägen und Ideen	überkritisch, mangelnde Fähigkeit, andere zu inspirieren
	SpezialistIn	selbstbezogen, engagiert, kennt sich aus	liefert spezielles Fachwissen und Informationen	verliert sich in Details, Einzelkämpfertum

Tabelle 2: Teamrollen nach Belbin[40]

---
38 Belbin 1981/2008, S. 151
39 siehe auch Kapitel 2.3.1. Kohäsion, in diesem Beitrag.
40 nach: Nöbauer/Kriz 2008, S. 58

Was in Gruppen für eine erfolgreiche Kooperation erforderlich ist, wechselt also mitunter stark mit der konkreten Situation: Sind z.B. in frühen Phasen der Zusammenarbeit kommunikationsorientierte Rollen sehr wichtig, da sie sich stark auf die soziale Ebene beziehen, rückt deren Bedeutung in späteren Phasen des Gruppengeschehens, wo die Energie zur Gänze auf die Aufgabenerfüllung gerichtet ist, zugunsten des Beitrags der wissens- und handlungsorientierten Rollen eher in den Hintergrund.[41] Aber auch dann kann, etwa beim Auftreten eines Konflikts,[42] der Beitrag kommunikationsorientierter Rollen wieder sehr wichtig werden.

2.2.2. Funktionen in Gruppen

Während in der Perspektive der Rollen in Gruppen der Hauptfokus auf das Individuum selbst gerichtet ist, nimmt die Perspektive der Funktionen in Gruppen das „soziale System Gruppe" in den Hauptfokus: Unabhängig von den handelnden Personen oder von Rollendefinitionen müssen bestimmte Funktionen wahrgenommen werden, die sich in Anlehnung an das Basismodell in Kapitel 1.2. wie folgt skizzieren lassen:[43]

- Leistungsbeiträge, wie Ziele definieren oder Methoden festlegen, beziehen sich als **zielorientierte** Funktionen auf die Aufgabe („Es").
- Leistungsfern erscheinende Beiträge wie Vermitteln, Zuhören und Verstehen sind als **gruppenerhaltende** Funktionen wichtig für die Gruppe als Gesamtsystem („Wir").
- Aktivitäten wie Selbstdarstellung oder prinzipielles Opponieren stehen als **individuelle** Funktionen („Ich") im Dienst der Reduktion von Unsicherheit hinsichtlich der in der spezifischen Gruppe akzeptierten Verhaltensweisen.
- Die **analytischen** Funktionen (Metaebene) sind unabdingbar für die Führung und beziehen sich auf die Diagnose, Wahrnehmung und Anregung fehlender anderer Funktionen: „Wer etwa merkt, dass in einer Diskussion eigentlich das Ziel unklar ist, und nun die Klärung vornimmt oder anregt, übernimmt eine sehr wichtige Funktion für die Gruppe."[44]

Nicht alle Funktionen können von einer Person allein wahrgenommen werden, sodass in erfolgreichen Teams notwendige Funktionen flexibel von unterschiedlichen Teammitgliedern übernommen werden.[45]

Für erfolgreiche Gruppenarbeiten ist es günstig, wenn die Gruppenmitglieder in Summe durch ihre individuellen Beiträge alle relevanten Funktionen abdecken. Idealerweise kann dabei jede/r jene Funktionen abdecken und Rollen einnehmen, die gut zu seinen/ihren Fähigkeiten passen.[46]

---

41 siehe auch Kapitel 2.4. Gruppen im Zeitverlauf, in diesem Beitrag.
42 siehe auch Kapitel 3. Konflikte in Gruppen, in diesem Beitrag.
43 in Anlehnung an Schwarz 1974, S. 118
44 Schwarz 1974, S. 121
45 Titscher/Stamm 2006, S. 7
46 Belbin 1981/2008, S. 86

2.3. Das System Gruppe

In Gruppen entwickeln sich also über die Zeit hinweg in der Erfüllung gruppenrelevanter Funktionen in gemeinsamer Interaktion Rollen und weitere stabilisierende Faktoren, die den Bestand der Gruppe sichern. Darunter fallen die Ausbildung eines Wir-Gefühls und Zusammenhalts (Kohäsion), die Ausbildung gemeinsamer Normen und Werte sowie Regelwerke für den Umgang mit sozialer Einflussnahme.

2.3.1. Kohäsion

Wie eingangs angeführt, stellt das Zusammengehörigkeitsgefühl ein wesentliches Merkmal von Gruppen dar. Doch wie entsteht Kohäsion, welche Arten gibt es und wie wirkt sie?

Bei Gruppen wird unter Kohäsion das Ergebnis all jener Kräfte verstanden, die Mitglieder dazu veranlassen, in der Gruppe zu bleiben.[47] Kohäsion entwickelt sich besonders in kleineren und in bereits länger bestehenden Gruppen, da die Mitglieder dort öfter interagieren und mehr Gelegenheit haben, einander kennenzulernen.[48] Außerdem fühlen sie sich mehr mit ihrer Gruppe verbunden, wenn der Zugang zu dieser begrenzt ist und Eintrittshürden bestehen. Die Annahme, dass homogene Gruppen, in denen sich Mitglieder hinsichtlich z.B. Alter, Geschlecht oder Funktion ähneln, eine höhere Kohäsion aufweisen als heterogene, konnte bisher empirisch nicht unterstützt werden.[49]

Je nachdem, worauf sie beruht, kann zwischen sozialer bzw. aufgabenbezogener Kohäsion unterschieden werden.[50] **Soziale Kohäsion** entsteht einerseits, wenn es eine Anziehungskraft der einzelnen Gruppenmitglieder untereinander gibt, sie sich nahestehen und intensive Beziehungen zueinander haben. Andererseits kann sie auch auf der Attraktivität der Gruppe an sich beruhen. **Aufgabenbezogene Kohäsion** entsteht hingegen dann, wenn die Einzelziele der Gruppenmitglieder mit dem Gruppenziel weitgehend übereinstimmen und sie sich einig sind, ein gemeinsames Ziel erreichen zu wollen.

Unter bestimmten Umständen hängt starke Kohäsion mit erhöhter Gruppenleistung zusammen. Durch verbesserte Kommunikation und erhöhte Partizipation in kohäsiven Gruppen akzeptieren die Mitglieder Ziele, Aufgaben und Rollen in einem höheren Ausmaß[51] und teilen somit das gleiche „mentale Modell" über Anforderungen und Aufgaben. Die Gruppenleistung steigt sowohl bei aufgabenbezogener als auch bei sozialer Kohäsion[52] insbesondere dann, wenn bei einer Aufgabe verstärkte Koordination erforderlich ist.[53] Ebenso scheint die Art des Teams wesentlich zu sein. So ist

---

47 Festinger, 1950, S. 274
48 Huczynski/Buchanan 2013, S. 706
49 Webber/Donahue 2001
50 Dion/Evans 1992
51 Friedkin 2004
52 Beal et al. 2003
53 Gully et al. 1995

der Zusammenhang zwischen Kohäsion und Gruppenleistung bei projektorientierten Teams, die für einen limitierten Zeitraum an neuartigen Aufgaben arbeiten, höher als bei Produktions- oder Serviceteams, die Routinearbeiten ausführen.[54] Umgekehrt kann sich auch die Gruppenleistung auf die Kohäsion auswirken, sodass der Erfolg einer Gruppe das Zusammengehörigkeitsgefühl der Mitglieder steigert. Kohäsion fördert das Commitment der Mitglieder zu geltenden Normen, und somit spielt der Inhalt der Gruppennormen eine wichtige Rolle. In einer Studie mit 40 Arbeitsgruppen war der Zusammenhang zwischen Gruppenkohäsion und Gruppenleistung nur dann hoch, wenn die Gruppe die Leistungsziele der Organisation akzeptierte.[55] Eine ähnliche Feldstudie mit 228 Gruppen[56] zeigte, dass die Produktivität zwischen den Mitgliedern in kohäsiven Gruppen geringer streute als in nicht kohäsiven. Je nach generellem Leistungsstandard in der Gruppe war die Produktivität in kohäsiven Gruppen entweder einheitlich niedrig oder einheitlich hoch. Ein starker Gruppenzusammenhalt ist damit eine notwendige, aber nicht hinreichende Voraussetzung für gute Gruppenleistungen (vgl. Abbildung 2).

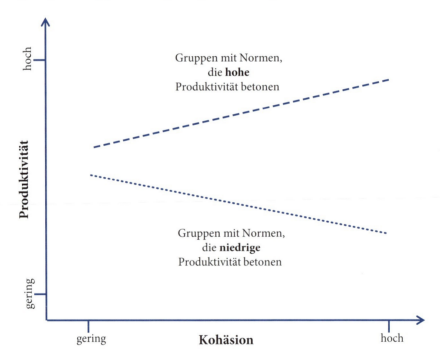

Abbildung 2: Kohäsion – Leistungsnorm – Produktivität[57]

---

54 Chiocchio/Essiembre 2009
55 Podsakoff et al. 1997
56 Langfred 1998
57 nach Langfred 1998: zit. in Forsyth 2014, S. 157

Außerdem sind Menschen in kohäsiven Gruppen zufriedener und erleben weniger Spannungen und negative Gefühle wie Angst.[58] Allerdings können hochkohäsive Gruppen auch emotional anspruchsvoll werden. So wird z.B. ein Austausch von Mitgliedern nur schwer verkraftet, ein Austritt ist mit schlechtem Gewissen verbunden, und Kontakte mit Nicht-Mitgliedern werden eingeschränkt. Insofern sind kohäsive Gruppen vor allem für jene, die sich am Rand einer solchen befinden, keine angenehme Erfahrung. Bei hoher Kohäsion steigt die Intensität der internen Dynamik und der Druck zur Konformität wird größer. Meinungsverschiedenheiten werden dann oft bis zu dem Ausmaß vermieden, dass einmal getroffene Entscheidungen nicht mehr infrage gestellt werden.

So wird hohe Kohäsion auch als eine der Hauptursachen für **Groupthink** gesehen. Janis[59] entwickelte das Modell auf Basis einer Analyse von fehlerhaften Entscheidungen in der US-Außenpolitik, wie etwa die Invasion in Kubas Schweinebucht 1961. Auch weitere folgenreiche Entscheidungen, wie der Eintritt der USA in den Irakkrieg 2003 oder die Challenger-Katastrophe 1986 werden mithilfe des Modells erklärt.[60] Ebenso lassen sich Entscheidungen in Wirtschaftsorganisationen mithilfe des Modells erklären, z.B. das Festhalten an einem aussichtslosen Produkt durch den ehemaligen Weltmarktführer Kodak, der die Entwicklung des digitalen Fotomarkts verschlafen hat. Im Rahmen von Groupthink auftretende Entscheidungsfehler, wie etwa die unvollständige Suche nach Lösungen, das fehlende Hinterfragen der bevorzugten Lösung oder die selektive Verwendung von Information im Sinne der getroffenen Entscheidung, basieren auf einer Reihe von Symptomen: Die Gruppe fühlt sich unverwundbar und nimmt Außenstehende stereotyp wahr; es herrscht ein hoher Gruppenzwang bis hin zur Selbstzensur; Gruppenmitglieder werden zu Gesinnungswächtern, die darauf achten, dass keine abweichenden Meinungen geäußert werden. Neben diesen beobachtbaren Konsequenzen arbeitete Janis auch die Rahmenbedingungen für Groupthink heraus. Besonders wenn eine kohäsive Gruppe nicht unvoreingenommen geführt wird, es kaum Entscheidungsregeln gibt, die Gruppe homogen zusammengesetzt und von der Umwelt weitgehend isoliert ist, tritt ein erhöhtes Streben nach Einheitlichkeit auf. Ein angespannter situativer Kontext, wie vergangene Misserfolge, hoher Stress und ein geringes Selbstwertgefühl tragen ebenso dazu bei. Das Groupthink-Modell basiert zum Großteil auf der Analyse von vergangenen Fällen mit fatalen Konsequenzen. Studien, die die Entstehung von Groupthink unter Laborbedingungen untersucht haben, haben gezeigt, dass insbesondere hohe Kohäsion und ein direktiver Führungsstil für dessen Entstehung eine Rolle spielen.[61] Welch tragische Auswirkungen Groupthink haben kann, zeigt das folgende Praxisbeispiel.[62]

---

58 Forsyth 2014
59 Janis 1982
60 Kuntz 2007; Esser/Lindoerfer 1989
61 Park 2000
62 Darstellung in Anlehnung an Pirker 2011

Aus der Praxis

Am 24. Juli 2010 starben bei der von über 250.000 Menschen besuchten Love Parade in Duisburg durch eine Massenpanik 21 Menschen, über 500 wurden verletzt. Zur Zeit des Unglücks diente eine einzige Stelle gleichzeitig als Eingang zum und Ausgang vom überfüllten Veranstaltungsgelände. So kam es beim Zusammenströmen der Menschenmassen aus beiden Richtungen zu tödlichen Verletzungen.

Analysen der Planungs- und Entscheidungsprozesse vor der Veranstaltung lassen Bedingungen für und Symptome von Groupthink unter den Verantwortlichen (v.a. Oberbürgermeister, Ordnungsdezernent, Veranstalter, Polizei) erkennen, die zu der Tragödie beigetragen haben dürften. Es herrschte eine hohe aufgabenbezogene *Kohäsion* aufgrund der gemeinsamen Zielsetzung, die Veranstaltung durchzuführen – wenngleich aufgrund unterschiedlicher Motive. Da bereits im Vorjahr die Stadt Bochum wegen mangelnder Infrastruktur die Ausrichtung der Veranstaltung abgesagt hatte (*vergangene Misserfolge*), waren öffentliches Interesse und medialer Druck enorm, was den *Stress* für die Verantwortlichen erhöhte (*angespannter situativer Kontext*). Sie standen vor dem Dilemma, erneut abzusagen und damit einen Imageschaden in Kauf zu nehmen oder das Risiko einzugehen, die Veranstaltung auf einem kaum geeigneten Gelände durchzuführen. Diskussionen der Entscheidungsträger in der Planungsphase wurden tendenziös geführt: So ließ der Oberbürgermeister mehrmals ausrichten, dass er die Veranstaltung wünsche (*voreingenommener Führungsstil*). Bei der Beurteilung der Fakten zur Frage, ob das vorgesehene Gelände inklusive Fluchtwege für die Veranstaltung ausreichen würde, *isolierte sich die Gruppe von Informationen*, die eine Absage nahegelegt hätten: Skeptiker aus Polizei und Stadtverwaltung wurden zu Gesprächsrunden nicht eingeladen und über Sachverhalte nicht informiert, und ein Gutachten, das die Eignung der Fluchtwege prüfen sollte, wurde bei einem lokalen Unternehmen in Auftrag gegeben, das für „veranstalterfreundliche Gutachten" bekannt gewesen sein soll.

Unter den Entscheidungsträgern kam es zu einem *Gruppenzwang*, sich der bevorzugten Meinung anzuschließen. Der Polizeipräsident, der den Mangel an geeigneten Flächen, Zu- und Abwegen kritisierte, wurde als Miesmacher bezeichnet und in den Ruhestand befördert. Auf eine Bedienstete des Ordnungsamtes, die ordnungsgemäß vom Veranstalter verlangte, die BesucherInnen zu zählen, wurde Druck ausgeübt, davon Abstand zu nehmen. In der Folge beugte sie sich dem Druck (*Selbstzensur*). Dasselbe gilt für die Polizei, die zunächst das Sicherheitskonzept des Veranstalters kritisierte, später aber resignierte.

Insgesamt führten diese Phänomene dazu, dass man vorhandene Informationen *selektiv* bewertete, die bevorzugte *Entscheidung nicht hinterfragte*, deren *Risiken* nur unzureichend prüfte und mögliche *Alternativen* hinsichtlich Veranstaltungsort oder Fluchtwegkonzept gar nicht in Betracht zog – mit den bereits geschilderten Folgen.

Dieses tragische Beispiel zeigt anschaulich die Dynamik und Folgen von Groupthink. Ein Aspekt davon ist die fehlende kritische Auseinandersetzung mit unterschiedlichen Meinungen. Das Beispiel zeigt, wie relevant eine konstruktive Konfliktkultur für die Qualität von Gruppenentscheidungen ist. Kapitel 3. wird darauf näher eingehen, zuvor werden aber weitere wichtige Aspekte der Gruppenarbeit diskutiert.

2.3.2. Gruppennormen

Gruppen entwickeln ihre eigenen Ziele und Normen, die mehr oder weniger von denen abweichen können, die im Unternehmen, in das sie eingebettet sind, gelten. Die Produktivität einer (Arbeits-)Gruppe hängt jedoch zumeist primär von der Übereinstimmung oder zumindest der Kompatibilität der jeweiligen Vorstellungen und Ausprägungen von Normen der Organisation und der Gruppen ab. Deshalb ist der Blick darauf, was Normen sind, welche Bedeutung sie haben, wie sie sich herausbilden und wie sie durchgesetzt werden, essentiell, um das Funktionieren von Gruppen besser verstehen zu können.

2.3.2.1. Definition und Bedeutung von Gruppennormen

Angesichts des grundlegenden menschlichen Bedürfnisses nach sozialen Kontakten überrascht es nicht, dass sich Menschen oft konform verhalten, um akzeptiert zu werden. Diesem Verhalten liegen anerkannte Regeln zugrunde, die mögliche Handlungsformen in sozialen Situationen definieren. Normen[63] sind somit unterschiedlich verbindliche Spielregeln für das Verhalten von Individuen, wobei jede Gruppe ein je spezifisches System von Normen entwickelt.

In diesem Aspekt der Abgrenzung liegt eine wichtige Bedeutung von Gruppennormen. So spielen sie eine zentrale Rolle dabei, was die Einheit einer Gruppe ausmacht, ob eine Gruppe weiterbesteht,[64] aber auch ob die Aufgaben in einer Gruppe produktiv erledigt werden oder nicht.[65] Gruppen haben jedoch nicht nur die erfolgreiche Erfüllung ihrer Aufgaben im Blick, sondern sollen auch die Zufriedenheit der Gruppenmitglieder gewährleisten.

2.3.2.2. Entstehung von Gruppennormen

Gruppennormen entstehen aus Tradition, Präzedenzfällen, Bräuchen, Regeln, Ritualen, Instruktionen, Gewohnheiten und Tabus, die als Richtschnur des Handelns dienen. Sie können explizit festgelegt werden (**formale** Normen) oder stillschweigend (**informelle** Normen) gelten. Formale Normen, die erfasst sind, lassen sich relativ einfach vermitteln, denn zumeist gibt es eine Art von Dokumentation („Code of Conduct"), die neuen Gruppenmitgliedern übermittelt werden kann.

---

[63] siehe auch den Beitrag „Organisationskultur – Ansätze zwischen Gestaltung und Selbstorganisation" in diesem Buch.
[64] Parks 2004
[65] Feldman 1984

Code of Conduct

Gruppennormen können formal und informell sein. Formale Normen lassen sich beispielsweise mit einem Code of Conduct an neue Gruppenmitglieder übermitteln.

Code of Conduct

Implizite, informale Normen sind nicht so leicht zu entdecken. In manchen sozialen Gruppen unterliegen sie gewissen Außeneinflüssen – z.B. werden bestimmte richtungsweisende Regeln für das Outfit der Gruppenmitglieder an neue Modetrends angepasst. Solche Normen werden überwiegend verbal übermittelt oder durch Beobachtung von neuen Gruppenmitgliedern und deren Verhalten sichtbar. In diesem Fall hängt die Weitergabe an neue Gruppenmitglieder von der Fähigkeit und Motivation der bisherigen Gruppenmitglieder ab, die Normen akkurat zu vermitteln.[66] Die Kenntnis von informalen Gruppennormen ist typischerweise begrenzt auf die Mitglieder der Gruppe.

Gruppennormen regeln, was angemessenes Verhalten ist und was nicht. Diese Regeln entwickeln sich zumeist nach und nach und informell. Es gibt jedoch auch einige sehr kurze Wege für die Entstehung von Gruppennormen.[67] Dazu zählt z.B. ein explizites Statement einer Autoritätsperson in der Gruppe. Sehr oft geht es dabei um Regeln, die sich auf die Gestaltung des Arbeitstages (z.B. Zeiträume und Orte für Kaffee- und Mittagspausen), die Form, wie miteinander gesprochen wird (z.B. Du-Wort versus formale Ansprache), oder auf den erwarteten Bekleidungsstil beziehen. Ein anderer kurzer Weg für das Entstehen von Gruppennormen sind gemeinsame kritische Ereignisse in der Gruppengeschichte, denen entweder eine sehr angenehme (z.B. motivierendes Startmeeting) oder auch eine weniger angenehme gemeinsame Erfahrung zugrunde liegt. Insbesondere in den ersten Meetings einer Gruppe werden viele Regeln schon geprägt, zum Beispiel, dass Personen in wiederkehrenden Meetings sehr oft denselben Sitzplatz einnehmen. Auch diese Formen der Regeln fördern die Vorhersagbarkeit von Verhalten.

Dieses ganze Bündel an Regeln wird in Sozialisationsprozessen[68] vermittelt. Diese Prozesse werden insbesondere dann sehr wichtig, wenn es zu personellen Veränderungen in Gruppen kommt – wenn also Gruppenmitglieder ausscheiden oder neue hinzukommen. So können z.B. beim Neuzugang von Personen zu einer Gruppe die Einstellungen und das Verhalten der Neulinge auch die Einstellungen und das Verhalten in der Gruppe mit beeinflussen.[69] Das Ergebnis von solchen Sozialisationsprozessen ist vornehmlich das Vertrautwerden mit den Gruppennormen.

---

66 Parks 2004
67 Feldman 1984
68 siehe auch den Beitrag „Personalentwicklung" in diesem Buch.
69 Feldman 1994

2.3.2.3. Durchsetzung von Gruppennormen

Ob ein Gruppenmitglied Normkonformität zeigt, hängt von einer Vielzahl von Faktoren ab. So ist es auf alle Fälle zentral, was die erwartbaren Sanktionen bei Normerfüllung bzw. Normverletzung sind. Des Weiteren ist der Grad der Gruppenkohäsion ein wichtiger Faktor, denn Mitglieder kohäsiver Gruppen neigen zu einem ausgeprägteren konformen Verhalten. Ein weiterer Einflussfaktor ist die Legitimität von Normen und auch die Tatsache, inwieweit das Normensystem als konsistent und widerspruchsfrei erachtet wird. Schlussendlich ist auch der Stellenwert von eigenen Zielen und eigenem Nutzen wichtig. Ein hoher Stellenwert von eigenen Zielen verleitet dazu, dass Gruppenmitglieder Gruppennormen verletzen. Solch abweichendes Verhalten kann dazu führen, dass die Gruppe Schaden nimmt, und entsprechend gibt es in vielen Gruppen eine Art Sanktionssystem, das nicht-normentsprechendes Verhalten bestraft. Dabei kann es sich um materielle oder immaterielle Sanktionen handeln.[70]

Sind Gruppennormen einmal etabliert, behalten sie ihren Einfluss für eine gewisse Periode. Aber auch wenn Normen historisch funktional waren, können sie sich überholen. Insbesondere aus diesem Grund ist es für eine effektive und produktive Gruppe wichtig, die vorherrschenden Gruppennormen laufend zu überprüfen.

2.3.3. Sozialer Einfluss in Gruppen

Nicht nur Normen induzieren konformes Verhalten; das oben dargestellte Groupthink-Modell zeigt, dass in Gruppen eine Mehrheit auf eine Minderheit Druck zur Konformität ausüben kann. Dieses und das umgekehrte Phänomen des Minderheitseinflusses erläutern die nachstehenden Ausführungen.

2.3.3.1. Einfluss der Mehrheit

Das berühmteste Experiment zum Einfluss von Mehrheiten auf Minderheiten in Gruppen wurde in den 1950er-Jahren von Solomon Asch[71] durchgeführt. Dabei mussten Probanden für jede der an eine Wand projizierten Linien entscheiden, welche von drei angebotenen Vergleichslinien gleich lang war. In jeder Gruppe befand sich nur eine echte Versuchsperson, alle anderen waren Mitarbeiter des Experimentleiters und gaben vereinbarungsgemäß dieselbe, ganz offensichtlich falsche Antwort. In der Kontrollbedingung arbeiteten Probanden jeweils allein an den Aufgaben. Asch stellte fest, dass diese so gut wie keine Fehler machten, dass aber jene, die mit seinen Mitarbeitern in einer Gruppe waren, sich rasch konform zeigten und in einem Drittel aller Fälle der falschen Antwort der Mehrheit folgten. Immerhin drei Viertel aller Probanden gaben zumindest einmal eine mit der Mehrheit konforme Antwort. Dies zeigt eindrucksvoll, wie rasch eine Mehrheit eine Minderheit dazu bringen kann, sich anzupassen.

---

70   Parks 2004
71   Asch 1956

Einfluss der Mehrheit

Salomon Asch erprobte in den 1950er Jahren den Einfluss von Mehrheiten auf Minderheiten in einem Experiment.

Das Salomon Asch-Experiment

Seit Aschs Studie wurden zahlreiche weitere Konformitätsstudien durchgeführt. Die wichtigsten Erkenntnisse über Einflussfaktoren auf die Konformität fasst eine auf 133 Studien in 17 Ländern beruhende Metaanalyse zusammen:[72]

- **Größe der Mehrheit:** Wenn deren Mitglieder unabhängig voneinander zu urteilen scheinen, nimmt die Konformität mit der Anzahl der Mehrheitsmitglieder linear zu.
- **Konsistenz der Mehrheit:** Sobald nur ein Mitglied der Mehrheit fallweise nicht der Mehrheitsmeinung folgt, sinkt die Konformität der Minderheit drastisch.
- **Face-to-face-Kontakt:** Sitzen einander die Gruppenmitglieder direkt gegenüber, ist die Konformität deutlich höher.
- **Kultur:** In kollektivistischen Kulturen scheint Konformität häufiger aufzutreten als in individualistischen Kulturen.[73] Dies dürfte darin begründet sein, dass in kollektivistischen Kulturen Konformität als Zeichen von Harmonie gewertet wird und damit weniger negativ beurteilt wird als in individualistischen Kulturen.[74]

2.3.3.2. Einfluss der Minderheit

Manchmal übt auch eine Minderheit in der Gruppe einen Einfluss auf die Mehrheit aus. Ein bekanntes Experiment dazu wurde von Moscovici und Kollegen[75] durchgeführt. Ihre Probanden sollten in Gruppen zu je sechs Personen die Farben von 36 jeweils blaufarbigen Dias benennen. In den Versuchsbedingungen befanden sich je Gruppe zwei Mitarbeiter des Versuchsleiters. In der „konsistenten" Bedingung antworteten diese beiden Mitarbeiter in allen Durchgängen mit „Grün", also offensichtlich falsch. In der „inkonsistenten" Bedingung antworteten sie zwölf Mal mit „Blau" und 24 Mal mit „Grün". In der Kontrollbedingung bestand jede Gruppe aus sechs echten Versuchspersonen. Dort lauteten am Ende weniger als 1 % aller Antworten „Grün", sonst wurde stets die korrekte Antwort gegeben. In der inkonsistenten Bedingung lag die Rate der „Grün"-Antworten nur wenig höher. In der konsistenten Bedingung hingegen gaben die Versuchspersonen in 8 % der Fälle dieselbe falsche Antwort wie die Minderheit.

Auf diesen Ergebnissen basiert die Konversionstheorie,[76] die besagt, dass eine Minderheit einen Einfluss ausüben kann, wenn sie bei der Mehrheit einen Konflikt aus-

---

72 Bond/Smith 1996
73 Als kollektivistisch gelten vor allem asiatische Kulturen (z.B. China, Japan), während westliche Kulturen (z.B. USA, Deutschland, Österreich) als individualistisch angesehen werden.
74 Kim/Markus 1999
75 Moscovici et al. 1969
76 Moscovici 1980

löst. Dies geschieht, wenn die Minderheit konsistent ist, also auf der von der Mehrheit abweichenden Meinung beharrt und damit der Mehrheit den Eindruck vermittelt, von ihrem Standpunkt völlig überzeugt zu sein.

2.3.3.3. Ursachen für den Einfluss von Minderheiten und Mehrheiten

Die Mechanismen des Mehrheits- bzw. Minderheitseinflusses sind unterschiedlich.[77] Anderer Meinung zu sein als die Mehrheit löst bei Menschen einen sozialen Vergleichsprozess aus. Sie beugen sich dem Druck der Mehrheit dann entweder, weil sie richtig urteilen oder auf andere einen kompetenten Eindruck machen möchten (**informativer Einfluss**) oder weil sie von den anderen akzeptiert und gemocht werden wollen (**normativer Einfluss**). Der informative Einfluss ist besonders hoch in Krisensituationen, wenn die Situation mehrdeutig ist oder wenn Mitglieder der Mehrheit als Expertinnen und Experten wahrgenommen werden. Der normative Einfluss ist hoch, wenn die Gruppe die Größe von drei Personen übersteigt, die Gruppe als Bezugspunkt wichtig ist, in kollektivistischen Gruppenkulturen und bei Personen mit geringem Selbstwertgefühl.[78] Auf jeden Fall erzeugt die Mehrheit bei der Minderheit **Compliance**, also eine nur öffentlich bekundete Konformität, bei der aber die Meinung der Mehrheit persönlich nicht akzeptiert wird. Der Einfluss der Mehrheit ist somit auch nur von kurzer Dauer.

Anders ist dies beim Einfluss einer Minderheit auf die Mehrheit. Sie setzt einen Validierungsprozess in Gang, d.h., die Mehrheit interessiert sich für die Gründe der Minderheit, eine abweichende Meinung zu vertreten. So entwickelt die Mehrheit die Motivation, bisher von ihr nicht beachtete Informationen und solche, die zu ihrer bisherigen Meinung im Widerspruch stehen, zu berücksichtigen und ihren bisherigen Standpunkt zu überdenken. Lässt sich die Mehrheit von der Minderheit überzeugen, wird diese neue Meinung nicht nur öffentlich bekundet, sondern auch persönlich akzeptiert – man spricht dann von **Konversion**. Dieser Einfluss ist meist sehr nachhaltig.

In der Abweichung der Minderheit von der mehrheitlich geteilten Meinung liegt die Chance, einen vorschnellen Konsens und damit Groupthink zu verhindern und unkonventionellen Ideen und Problemlösungen zum Erfolg zu verhelfen. Vor allem in Unternehmen ist dies eine wichtige Grundlage für Innovationen.[79]

Die Stärke der Beeinflussbarkeit wie generell das Geschehen in einer Gruppe wird immer auch von ihrer bisherigen Geschichte beeinflusst.[80] Im Folgenden wird daher ein Modell vorgestellt, das die Entwicklung von Gruppen über einen bestimmten Zeitraum hinweg beschreibt.

---

77   Martin/Hewstone 2008
78   Aronson et al. 2002, S. 278f., 292ff.
79   De Dreu/West 2001, S. 1200
80   Edding/Schattenhofer 2012

2.4. Gruppen im Zeitverlauf

Lebenszyklusmodelle gehen davon aus, dass sich Gruppen in bestimmten Entwicklungsphasen befinden, und nehmen dabei insbesondere Bezug auf interpersonelle Aspekte wie Kohäsion, Rollenentwicklung und soziale Struktur der Gruppe.[81] Wandel und Veränderung benötigen dabei keine äußeren Bedingungen, und Interventionen von außen stören eher die natürliche Entwicklung der Gruppe. In jeder Phase gibt es demnach bestimmte Herausforderungen und typische Aufgaben, die die Gruppe bearbeiten muss, um in die nächste Phase zu gelangen.[82]

Tuckman[83] geht in seinem Lebenszyklusmodell davon aus, dass eine Gruppe typischerweise vier Phasen durchläuft. Diese folgen nicht zwingend chronologisch aufeinander und auch die Dauer, für die sich eine Gruppe in einer Phase befindet, ist unterschiedlich. Ein häufiges Zusammentreffen der Gruppenmitglieder kann die Entwicklung beschleunigen.

Beim ersten Zusammentreffen einer Gruppe wissen die Mitglieder noch wenig über die Aufgabe, andere Personen, den passenden Umgangston und Tabuthemen. Aufgrund von Unsicherheit wird auf allgemein geltende Konventionen zurückgegriffen, um sich eine erste Orientierung zu verschaffen. Die Mitglieder beobachten einander, suchen erste Kontakte und geben noch wenig von sich preis. Die Gruppe ist sehr stark von der Gruppenleitung abhängig, die für die Bereitstellung der Informationen, Arbeitsanweisungen und die Rahmenbedingungen sorgt. Am Ende des **Formings** steht eine erste (noch nicht sehr ausdifferenzierte) Struktur zu den Zielen und Konventionen. Die Gruppe grenzt sich dadurch auch nach außen ab und stellt primär auf Gemeinsamkeiten ab.

In diesem relativ sicheren Rahmen treten nun die individuellen Bedürfnisse und Ziele in den Vordergrund, wodurch auch Trennendes sichtbar wird. In einer eher gereizten Atmosphäre kommt es zu einem Kräftemessen, wobei um Ziele, Positionen und Vorgehensweisen gerungen wird. Werden die Unterschiede nicht unterdrückt, sondern von der Gruppe selbst bearbeitet, kann sie gestärkt aus diesem **Storming** hervorgehen und eine Ordnung sowie Regeln für den Umgang miteinander erarbeiten.

In der Phase des **Norming** sind die Rollen weitgehend bezogen, und es wird deutlich, welche individuellen Ziele sich mit der Gruppe verwirklichen lassen können und welche nicht. Die Gruppe wird kohäsiver, das Vertrauen in die Fähigkeit, zukünftige Aufgaben bewältigen zu können, steigt und die Mitglieder kommunizieren offener. Eine wesentliche Herausforderung besteht darin, sich über die Vorgangsweise bei Entscheidungsfindungen zu einigen, Metaregeln zu finden und Prozesse zu klären.

Ist ein Modus der Zusammenarbeit gefunden, kann sich die Gruppe der eigentlichen Aufgabe widmen (**Performing**). Die Gruppe ist in dieser Phase am produktivsten und jede/r Einzelne kann sich entsprechend einbringen. Die Gruppe verfügt bereits über eine gemeinsame Geschichte und stabilisiert die entstandenen Strukturen

---

81 Humphrey/Aime 2014
82 Stahl 2007
83 Tuckman 1965

durch die konkrete Arbeit. Allerdings erreichen nicht alle Gruppen diese Phase, manche bleiben mehr mit sich selbst als mit der Aufgabe beschäftigt.

Bei neuartigen Situationen steht die Gruppe immer wieder vor der Frage, ob Änderungen in die bisher bestehende Struktur eingebaut werden sollen und können oder ob die Struktur selbst verändert werden muss. Durch Änderungen in der inneren (Mitglieder werden ausgetauscht oder verändern ihre Ziele) oder äußeren (Änderung der Rahmenbedingungen wie etwa neue/andere Aufgabe oder mehr/weniger Zeit/Geld) Umwelt muss die Gruppe immer wieder auf die aktuelle Situation reagieren.

In einer späteren Fassung des Modells ergänzten Tuckman und Jensen[84] eine weitere Phase. Im **Adjourning** löst sich die Gruppe auf, entweder weil die Ziele erreicht wurden, die Zeit abgelaufen ist oder die Mitglieder eine weitere Zusammenarbeit als nicht zielführend erachten. Die Gruppe reflektiert noch einmal das Geschehen, und je nachdem wie sie dieses bewertet, wird der Abschied als schmerzhaft oder als Erleichterung angesehen.

Tabelle 3 fasst die einzelnen Phasen, deren Übergänge eher fließend als stufenweise erfolgen,[85] und ihre Charakteristika zusammen.

Phase	Gruppenklima	Vorherrschende Aktivität	Entwicklung des Miteinanders durch
Forming	Unsicherheit, Unklarheit bezüglich Normen und Gruppenziel	Beobachten anderer, Suche nach Gemeinsamkeiten, wenig Offenheit	Abgrenzung nach außen und Ausbildung von Konventionen
Storming	Spannungen, Kräftemessen	Individuelle Ziele und Interessen, Trennendes wird sichtbar, Konfliktbearbeitung	Zuspitzung und Konflikte
Norming	Steigende Kohäsion, erhöhtes Vertrauen	Ordnung finden und Regeln aufstellen, Rollenakzeptanz, offene Kommunikation	Entscheidungen und Vereinbarungen
Performing	Hohe Produktivität, stabile Strukturen	Zusammenarbeiten, sich der Aufgabe widmen	Bewährung und Kooperation
Adjourning	Erleichterung bis Abschiedsschmerz	Reflexion, Erfahrungsaustausch, Auflösung der Gruppe	Bilanz der Zusammenarbeit

Tabelle 3: Phasen der Gruppenentwicklung[86]

---

84 Tuckman/Jensen 1977
85 Forsyth 2014, S. 150
86 in Anlehnung an Stahl 2007, S. 50

Zeit spielt jedoch auch noch in anderer Hinsicht eine wesentliche Rolle für Gruppen.[87] So kann auf der einen Seite der Umgang mit Zeit innerhalb von Gruppen betrachtet werden. Es bilden sich beispielsweise Normen hinsichtlich Deadlines heraus, wobei die eine Gruppe diese Zeitvorgaben als grobe Orientierung und die andere Gruppe diese als absolut einzuhaltenden Termin betrachtet. Auf der anderen Seite kann auch die Zeitspanne, die eine Gruppe zur Erledigung einer gewissen Aufgabe hat, betrachtet werden. So kann es z.B. nach Ablauf der halben Lebensdauer einer Gruppe zu starken Veränderungen kommen, weil die Mitglieder realisieren, dass die verfügbare Zeit schwindet.[88] Außerdem kann erhöhter Zeitdruck dazu führen, dass Spannungen und Konflikte zunehmen und die Kohäsion sinkt.[89]

Konflikte stellen also ein wichtiges Element für die Entwicklung einer Gruppe dar. Dass sie in der Storming-Phase besonders wahrscheinlich sind, ist offensichtlich – sie können aber auch in allen anderen Phasen vorkommen. Ihnen ist daher das nächste Kapitel gewidmet.

3. Konflikte in Gruppen

Gruppen als fixer Bestandteil unserer Lebenswelt befinden sich stets im konfliktären Spannungsfeld zwischen Stabilität und Dynamik, manchmal sogar Erstarrung und Chaos: Ziele der Gruppe müssen erreicht, Bedürfnisse der Individuen sollen erfüllt werden; es soll konsensual an einem Strang gezogen, Groupthink jedoch verhindert werden. Individuelle Ziele können den Gruppenzielen oder Gruppenziele können auch einander widersprechen und auch der Kampf um Ressourcen kann zu Konflikten führen. Was also sind Konflikte? Welche Ausprägungen sind für Gruppen besonders relevant? Wie entstehen und entwickeln sich Konflikte? Wie können Konflikte behandelt und genutzt werden?

3.1. Definition und Arten von Konflikten

Konflikte sind Spannungszustände, die aus Unvereinbarkeiten resultieren. Im Allgemeinen werden Konflikte *in* einer Person (z.B. Rollenkonflikte) von Konflikten *zwischen* Personen oder sozialen Systemen (soziale Konflikte) unterschieden. Wir fokussieren hier auf soziale Konflikte:[90]

---

87 Arrow et al. 2004
88 Arrow 1997
89 Mohammed et al. 2009
90 nach Glasl 2004, S. 17

> **Definition**
>
> Sozialer Konflikt: *Interaktion* zwischen Aktorinnen und Aktoren (Individuen, Gruppen, Organisationen, Staaten oder Kulturen), wobei wenigstens ein/e Aktor/in eine *Differenz im Wahrnehmen, Denken, Fühlen und/oder* in Bezug auf eigene *Vorhaben* mit wenigstens einer/einem anderen AktorIn erlebt und sich dadurch *beeinträchtigt* fühlt.

Konflikte setzen eine wechselseitige Verbundenheit voraus, in der ein Interessengegensatz auftritt. Sie berühren die Gedanken, Gefühle und das Handeln der Konfliktparteien.[91] Ein Konflikt ist also stets mehr als bloß eine Meinungsverschiedenheit, bei der Sachthemen ausdiskutiert werden.

Für die Orientierung in und die Analyse von Konflikten sind drei Aspekte besonders relevant: Wer ist beteiligt? Worum geht es? Welche Form und welchen Verlauf weist der Konflikt auf?

3.1.1. Konfliktarten nach Beteiligten

Die Frage, wer an einem sozialen Konflikt beteiligt ist, ist nicht immer leicht zu beantworten und reicht von mindestens zwei Einzelpersonen bis hin zu Staaten oder Kulturen. Konfliktparteien können also Individuen sein (interpersoneller Konflikt), z.B. die Mitglieder einer Gruppe, oder auch Gruppen selbst (Intergruppen-Konflikt). Auf Gruppenebene sind im Hinblick auf die Beteiligten folgende Konflikte typisch.[92]

- **Untergruppenkonflikte**: Diese beruhen auf Subgruppen, die sich in der Gruppe gebildet haben, z.B. weil die Gruppe sehr groß ist und die Überschaubarkeit des Beziehungsgeflechts sinkt. Innerhalb einer Subgruppe funktioniert die Kommunikation, zwischen den Subgruppen ist sie oft dysfunktional (Absprachen innerhalb der Subgruppe, Informationszurückhaltung gegenüber der Gesamtgruppe). Subgruppen tragen das Potenzial für den Zerfall der Gesamtgruppe in sich und werden von dieser daher als Bedrohung erlebt. In Organisationen stellen auch Abteilungen gewissermaßen Subgruppen dar, die aufgrund unterschiedlicher Zielsetzungen und Aufgaben oft in einem strukturellen Spannungsverhältnis zueinander stehen, wie z.B. Entwicklungs- und Marketingabteilung. Aber auch wenn Abteilungen aus ähnlichen Funktionsbereichen zusammengelegt werden, ist die Gefahr der Subgruppenbildung groß.
- **Zugehörigkeitskonflikte**: Das Hinzukommen eines neuen Mitglieds führt die Gruppe in eine neue Phase des Forming,[93] zum bestehenden Beziehungsgefüge der Gruppe kommen neue Beziehungen hinzu. Häufig wird diesem Integrationsprozess nicht genügend Zeit und Aufmerksamkeit geschenkt – Konflikte zwi-

---

[91] Galtung 2007, S. 17ff.
[92] Schwarz 2001, S. 149ff.
[93] siehe auch Kapitel 2.4. Gruppen im Zeitverlauf, in diesem Beitrag

schen den Mitgliedern können die Folge sein. Zugehörigkeitskonflikte treten in Organisationen häufig bei Versetzungen oder auch in Zusammenhang mit Mergers und Acquisitions auf.

3.1.2. Konfliktarten nach Konfliktgegenstand

Hinsichtlich der Frage, worum es in einem Konflikt geht, sind für Gruppen Sachkonflikte, Prozesskonflikte und Beziehungskonflikte[94] besonders relevant.

- **Sachkonflikte** beziehen sich auf Gruppenziele und -aufgaben sowie konkrete inhaltliche Aspekte der Aufgaben.
- **Prozesskonflikte** beziehen sich auf die Weise der Zielerreichung, Mittel und Kompetenzen oder auch auf Entscheidungskriterien zur Verteilung von knappen Ressourcen.
- Bei **Beziehungskonflikten** stehen die Konfliktparteien selbst und ihre Beziehung zueinander im Vordergrund, Gefühle spielen eine große Rolle.

Die Unterscheidung zwischen Sach- und Beziehungskonflikten spiegelt die in der Organisationsforschung etablierte Dualität der Aufgabenorientierung und Personenorientierung wider. Bereits Watzlawick hielt fest, dass jede Kommunikation einen Inhalts- und Beziehungsaspekt hat und die Beziehung den Inhalt determiniert.[95] Häufig liegen scheinbaren Sachkonflikten eigentlich Beziehungskonflikte zugrunde, die aber – gerade im Arbeitskontext – selten offen angesprochen oder direkt ausgetragen werden. Durch verletzende Kommunikation zwischen den Konfliktparteien eskalieren Sachkonflikte, weiten sich auf die Beziehungsebene aus und beschädigen diese, was eine konstruktive Sachlösung erschwert.

3.1.3. Konfliktarten nach Erscheinungsform

Das Vorliegen eines Konflikts ist nicht immer offensichtlich:[96]

- Bei **heißen Konflikten** vertreten die Parteien ihre Interessen engagiert bis übermotiviert, halten sich selbst für überlegen und suchen die direkte Konfrontation.
- Bei **kalten Konflikten** hingegen wird mit subtilen Mitteln gekämpft. Das Vertrauen in eine konstruktive Konfliktlösung ist – oft als Folge unbewältigter heißer Konflikte – nicht mehr vorhanden. Man behindert sich gegenseitig, äußert sich zynisch über die anderen, die Stimmung ist vergiftet, ohne dass konkrete Streitpunkte offensichtlich sind. Da kalte Konflikte schwer durchschaut werden können, sind sie mit der erhöhten Gefahr einer unbemerkten Eskalation verbunden.

Besonders in hierarchischen Organisationen ist in komplementären Konstellationen[97] mit Über- und Unterordnung der Beteiligten die Gefahr der kalten Konflikt-

---

94 Jehn 1995
95 Watzlawick et al. 1969/1990, S. 50ff.
96 Glasl 2004, S. 77ff.
97 z.B. Schulz von Thun 2008, S. 77ff.

eskalation groß. Wenden hierarchisch Untergeordnete stillen Boykott oder Dienst nach Vorschrift als Mittel der Konfliktaustragung an, beeinträchtigt dies die Kommunikation und die Innovations- und Problemlösefähigkeit der Organisation.

3.2. Entwicklung und Eskalation von Konflikten

Ein Konflikt eskaliert, wenn er nicht rechtzeitig und/oder adäquat behandelt wird. Drei übergeordnete Phasen der Konflikteskalation können unterschieden werden: Während zunächst noch eine Lösung gesucht wird, die für beide Seiten einen Vorteil bietet („Win-Win"), schwindet im Verlauf der Eskalation die Berücksichtigung der anderen Partei, ausschließlich eigene Ziele sind im Blick („Win-Lose"). Schließlich geht es nur noch darum, der anderen Partei zu schaden, wobei auch eigene Nachteile in Kauf genommen werden („Lose-Lose"). Auch wenn es anfangs ausschließlich um Sachthemen gegangen ist, kann sich der Konflikt auf die Beziehungsebene ausweiten.[98] Wie weit ein Konflikt eskaliert, zeigt sich auch bei der Betrachtung von Klima und Kommunikation (siehe Tabelle 4).

	Verstimmung Win-Win Zone	**Schlagabtausch Win-Lose Zone**	**Vernichtung Lose-Lose Zone**
Klima	vernünftig Gefühle im Hintergrund	Beziehungsthemen vor Sachthemen Gefühlsäußerungen	Rationalität als Angriffsmittel und nicht als Lösungsmittel
Kommunikation	Face-to-face-Interaktionen Verhandlungen Testen v. Lösungen	Aufrechnungen verdeckte Drohungen	hasserfüllte Drohungen Abbruch der Kommunikation blinder Kampf

Tabelle 4: Eskalationsniveaus, Klima und Kommunikation[99]

Wenn in der Phase der Verstimmung Polemik Einzug hält, wird dem Gegenüber damit Geringschätzung signalisiert. Spätestens mit Überschreiten der Schwelle zum Schlagabtausch geht es weniger um die Sache als um die Beziehung: Wertschätzung und Toleranz weichen Feindseligkeiten und Antipathie, mit der Folge, dass konstruktive Lösungen von Sachproblemen in weite Ferne rücken. In der Dynamik einer wechselseitigen Kausalitätsumkehr wird schließlich in der Phase der Vernichtung jeweils das Gegenüber als „schuldig" und konfliktverursachend betrachtet. Schon längst ist nicht mehr die strittige Sache das Problem, sondern das Gegenüber selbst.

3.3. Bewältigung von Konflikten

Die unterschiedlichen Arten, Erscheinungsformen und Eskalationsstufen von Konflikten legen unterschiedliche Ansatzpunkte zur Konfliktlösung nahe. Die Auswirkungen von sowie der Umgang mit Konflikten hängen dabei sehr von den Fähigkei-

---
98 Höher/Höher 2002, S. 75f.; siehe auch Kolodej 2008, S. 26ff.
99 Höher/Höher 2002, S. 75f.

ten der Gruppenmitglieder und Normen der Gruppe ab, mit Unterschieden umzugehen:[100] Werden unterschiedliche Meinungen als Zumutung und Störung oder als Bereicherung aufgefasst? Lösen sie Abwertung oder Neugier aus?

3.3.1. Konfliktstrategien

Einen idealen Weg des Konfliktmanagements gibt es nicht. Die Beteiligten werden, abhängig von ihren Wertvorstellungen und der konkreten Situation (insbesondere der Bedeutung der Ziele, die mit dem Konflikt verbunden sind, und der Bedeutung der anderen Konfliktpartei), jeweils eine bestimmte Konfliktstrategie verfolgen. Sie werden:[101]

- die aktive Konfliktaustragung **vermeiden**, wenn ihnen weder das Thema noch die Beziehung zur anderen Partei wichtig ist.
- um die Durchsetzung der eigenen Interessen **kämpfen**, wenn das Thema wichtig ist (z.B. ruinöse Preisverhandlungen, wenn viele Lieferantinnen und Lieferanten zur Auswahl stehen).
- in der Sache **nachgeben**, wenn ihnen die Beziehung zur anderen Konfliktpartei wichtig ist (wie z.B. Abhängigkeit von einer/einem zentralen Lieferantin/en).
- kooperativ den **Konsens suchen**, also danach trachten, gemeinsame Interessen hinter rivalisierenden Positionen aufzudecken, um eine Lösung zu entwickeln, die für alle ein Gewinn ist (z.B. strategische Repositionierung).
- zusammen einen **Kompromiss anstreben**, indem ein wenig von den eigenen Idealzielen abgerückt wird, weil ein Konsens aus zeitlichen Gründen oder wegen zu stark divergierender Interessen nicht möglich ist (z.B. Verhandlungen zwischen Arbeitgeber- und Arbeitnehmerverbänden).

Die Wahl der übergeordneten Konfliktstrategien wie auch der konkreten Mittel und Maßnahmen ist situationsabhängig.

3.3.2. Konkrete Maßnahmen zur Konfliktgestaltung

Dass sich auch Organisationen um eine konstruktive Konfliktgestaltung bemühen sollten, ergibt sich aus Berechnungen und Schätzungen zu den durch Konflikte verursachten Kosten, wonach Unternehmen – je nach Größe – Kosten in der Höhe von bis zu mehreren hunderttausend Euro pro Jahr direkt oder indirekt durch Konflikte entstehen, weil beispielsweise auf individueller Ebene Krankheit und Fehlzeiten vermehrt auftreten, auf Teamebene Projektarbeit unproduktiv verläuft und auf Ebene der Gesamtorganisation arbeitsrechtliche Maßnahmen viel Geld kosten.[102]

Zum Umgang mit Konflikten werden unterschiedliche Ansatzpunkte nachstehend exemplarisch aus dem Konfliktgegenstand sowie der Erscheinungsform und dem Zeitpunkt der Maßnahmen abgeleitet.

---
100 DeChurch et al. 2013
101 siehe z.B. Regnet 2001, S. 78
102 Exenberger et al. 2006; KPMG 2009; Insam 2012

3.3.2.1. Maßnahmen in Anlehnung an den Konfliktgegenstand

In der betrieblichen Praxis stellt sich meist auch die Frage, ob die rasche Beseitigung eines Konflikts angestrebt werden soll oder ob der Konflikt genutzt werden kann, um das Team und seine Konfliktkompetenzen weiterzuentwickeln, was kurzfristig zwar zeit- und ressourcenaufwändig ist, aber einen langfristigen Nutzen schaffen kann. Hier wird zwischen kurzfristig wirksamen konfliktumgehenden Maßnahmen und komplementären Maßnahmen unterschieden:[103]

Konfliktumgehende Maßnahmen	Komplementäre Maßnahmen
Trennend: Kündigung, Versetzung, Aufgabenänderung	**Integrierend:** Mediation, Teamentwicklung, Supervision
Sachbezogen: Fehlersuche/-analyse, Regeln und Richtlinien	**Personenbezogen:** Persönliches Gespräch, Coaching

Tabelle 5: Grundformen des Konfliktmanagements[104]

Bei konfliktumgehenden Maßnahmen muss der Konflikt nicht mit den Parteien direkt bearbeitet werden; vielmehr versucht man durch trennende (z.B. Versetzung einer Person in eine andere Abteilung) oder strikt sachbezogene Lösungen (z.B. Vorgabe genauer Abläufe, an die sich alle zu halten haben) die Rahmenbedingungen so zu verändern, dass sich der Konflikt quasi von selbst auflöst. Komplementäre Maßnahmen hingegen konfrontieren die Beteiligten direkt miteinander und mit dem Konflikt selbst und haben zum Ziel, zusätzlich zur Konfliktlösung die Entwicklung langfristig wirksamer Konfliktlösungskompetenz zu ermöglichen. Dies kann (personenbezogen) auf individueller Ebene geschehen (z.B. Coaching zur Entwicklung von individuellen Strategien zum Umgang mit einer bestimmten Konfliktsituation) oder (integrierend) auf interpersoneller bzw. Teamebene (z.B. Teamentwicklung zur Förderung der Kompetenzen der Mitglieder, ihren Konflikt gemeinsam zu lösen).

3.3.2.2. Maßnahmen in Anlehnung an die Konfliktform und den Zeitpunkt der Maßnahmen

Im Vorfeld können präventive Maßnahmen dafür sorgen, dass ein Konflikt gar nicht erst auftritt. Ist das bereits geschehen, helfen kurative Maßnahmen bei der konstruktiven Lösung. Abgesehen von deeskalierenden Interventionen können – vor allem bei einem kalten Konflikt – eskalierende, konfrontierende Maßnahmen sinnvoll sein (siehe Tabelle 6), um den Konflikt sichtbar und damit bearbeitbar zu machen:

---
103 Proksch 2014, S. 26ff.
104 nach Proksch 2014, S. 26ff.

	Bei heißen Konflikten: deeskalierende Interventionen	**Bei kalten Konflikten: eskalierende Interventionen**
Präventiv	Spielregeln vereinbaren Training in Kommunikationsmethoden	Sorgen, Ängste gezielt ansprechen Konfrontationssitzung
Kurativ	Rekonstruktion des Konfliktverlaufs Wahrnehmungen klären	Dramatisierung von Konflikten z.B. in Rollenspielen Standpunkte betonen

Tabelle 6: Konfliktmaßnahmen bei heißen und kalten Konflikten[105]

Prävention bedeutet nicht, Konflikte zu verhindern, sondern Kompetenzen zu entwickeln, die einen konstruktiven Umgang mit Spannungen ermöglichen. Eine Grundlage für den produktiven Umgang eines Teams mit Konfliktpotenzial wird geschaffen durch:[106]

- regelmäßige formelle Kommunikation (z.B. Meetings) und damit die Sicherstellung eines guten Informationsflusses,
- die Möglichkeit auch für informellen Austausch,
- die Besprechung gegenseitiger Erwartungen und individueller Bedürfnisse,
- eine kompetenzbasierte Zuteilung von Verantwortlichkeiten im Team,
- die Klarheit von Rollen und Verantwortlichkeiten im Team sowie
- die Sicherstellung der Nachvollziehbarkeit von Entscheidungen für alle Beteiligten.

Ist ein Konflikt bereits aufgetreten, entscheidet weniger die Art des Konflikts über seine Auswirkung, sondern der Umgang damit. Zu den besonders effektiven Verhaltensweisen für Teams gehören:[107]

- eine offene und unvoreingenommene Diskussion von Meinungsverschiedenheiten und Interessen,
- das Anstreben von integrativen Lösungen (Win-Win) statt Dominieren oder Konfliktvermeidung,
- das Commitment zu gemeinsamen Zielen stärken.

In der Praxis wird Konflikten meist erst dann Beachtung geschenkt, wenn sie destruktives Potenzial entwickeln.[108] Dann – im Akutfall – wird oft mithilfe externer Unterstützung gearbeitet: Diese kann dabei in der Unterstützung der Kommunikation bestehen, wie etwa in der Moderation,[109] oder bei weiter fortgeschrittenen Konflikten in der Mediation.[110] Über die Konfliktlösung entscheiden in beiden Fällen die Konfliktparteien selbst. Ist der Konflikt bereits so weit eskaliert, dass die Beteiligten nicht mehr bereit sind, gemeinsam eine Lösung zu finden, ist ein Machtentscheid

---

105 nach Glasl, 2004, S. 316
106 Behfar et al. 2008; Proksch 2014
107 DeChurch et al. 2013; O'Neill et al. 2013; Pazos 2012; Tjosvold 2008; Zhang et al. 2011, S. 1590
108 Pühl 2010
109 Klebert et al. 1987
110 Altmann et al. 1999

(z.B. durch die Führungskraft) oder (richterlicher) Schiedsspruch (z.B. bei arbeitsrechtlichen Konflikten zwischen ArbeitgeberIn und ArbeitnehmerIn) erforderlich, dem sich die Konfliktparteien inhaltlich unterwerfen.

Konflikte können aber nicht nur Schaden anrichten, sie können sich auch sehr positiv auf die Gruppe und ihre Leistungen auswirken. Der Schlüssel dazu liegt in fortlaufenden Reflexionsprozessen, wie das nächste Kapitel erklärt.

3.4. Konflikt als Element der Entwicklung von Teams

Die bisherigen Ausführungen haben gezeigt, dass es bei Konflikten im Wesentlichen um Prozesse, die Verteilung von Ressourcen, aufgabenbezogene Sachaspekte oder Beziehungen zwischen den Mitgliedern geht. Die Art des Konflikts hat auch Auswirkungen auf die Gruppenleistung.

Beziehungskonflikte beeinträchtigen das Gruppenklima, die Bereitschaft der Mitglieder, Informationen offen auszutauschen, und somit die Qualität der Kommunikation und Koordination. Dadurch lähmen sie die Gruppe, führen zu schlechten Entscheidungen und können den Fortbestand der Gruppe gefährden. Je stärker ein Beziehungskonflikt ist, umso drastischer sind diese negativen Auswirkungen[111] – deshalb ist es wichtig, ihn proaktiv zu behandeln oder bereits präventiv zu verhindern, etwa durch die Etablierung der Norm gegenseitiger Wertschätzung im Team.

Sachkonflikte hingegen beinhalten große Chancen für die Gruppe: Die Mitglieder sind gefordert, sich mit divergierenden Ansichten und Meinungen auseinanderzusetzen, und wenn sie dies auf eine konstruktive Weise tun, also Interesse für die Standpunkte der anderen und für unkonventionellere Ideen zeigen und zur kritischen Selbstreflexion bereit sind, profitieren Kommunikation und Koordination in der Gruppe, die Entscheidungsqualität wird verbessert und das Kreativitätspotenzial der Gruppe kann durch Einbeziehung der verschiedenen Beiträge der Mitglieder ausgeschöpft werden und so zu innovativen Problemlösungen führen.[112] Diese positiven Effekte eines Sachkonflikts lassen sich am besten realisieren, wenn er mittelmäßig stark ausgeprägt ist. Wird er zu stark, überwiegen auch hier die negativen Auswirkungen auf die Kommunikation und Koordination zwischen den Gruppenmitgliedern, da diese nicht mehr bereit sind, von ihren Standpunkten abzuweichen und andere Meinungen anzuerkennen. Gibt es hingegen gar keine Sachkonflikte, so kann dies darauf hindeuten, dass sich die Gruppe in einem Zustand der Stabilität, damit aber auch der Rigidität und Erstarrung, befindet, in dem abweichende Meinungen gar nicht erst erwünscht sind. Die möglichen negativen Auswirkungen einer solchen Einmütigkeit hat das Groupthink-Modell aufgezeigt.[113]

---

111 DeWit et al. 2012; DeWit et al. 2013; Shaw et al. 2011
112 Robbins/Judge 2009
113 Auch wenn also häufig empfohlen wird, Sachkonflikte zu unterstützen, weil sie die Gruppenleistung begünstigen, und Beziehungskonflikte zu minimieren, weil sie unproduktiv sind (vgl. z.B. O'Neill et al. 2013), sollte beachtet werden, dass Konflikte nicht unbegrenzt steuerbar sind, unter anderem im Hinblick auf das „richtige" Ausmaß eines Sachkonflikts.

Konflikte lösen diese Stabilität auf, stellen bestehende Standpunkte und Vorgehensweisen infrage und bringen so Dynamik in das Gruppengeschehen. Damit beinhalten sie für die Gruppenmitglieder auch immer die Chance, ihr eigenes Verhalten und das Vorgehen der Gruppe insgesamt kritisch zu reflektieren und Möglichkeiten zur Verbesserung der Zusammenarbeit zu finden. In diesem Lernpotenzial liegt der Schlüssel zur Teamentwicklung.

 Teamwork

Psychologen versuchen, Ärzte und Pflegepersonal zu Teamplayern zu schulen. Kein leichtes Unterfangen, doch es kann Leben retten.

Teamwork kann Leben retten

Das „Rad des Lernens" (siehe Abbildung 3) stellt dar, wie sich Phasen der gemeinsamen Planung und der laufenden Aktivitäten (koordinierte Aktion) mit Phasen des gemeinsamen Reflektierens und der Entwicklung von „Lessons learned" (gemeinsame Deutung) zu einem kontinuierlichen Prozess der Weiterentwicklung ergänzen.

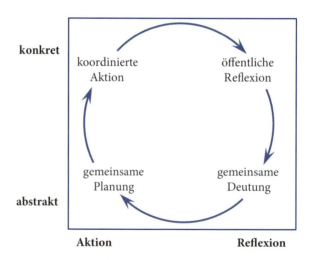

Abbildung 3: Das Rad des Lernens[114]

Konflikte ermöglichen diese Weiterentwicklung, indem sie die Gruppe dazu anregen, regelmäßig ihr Tun zu reflektieren, daraus Schlüsse für die weitere Zusammenarbeit abzuleiten und damit in der Gruppe so viel Dynamik zuzulassen, wie für eine erfolgreiche Zusammenarbeit nötig ist. Andererseits kann eine Gruppe keine Ergebnisse liefern, wenn sie sich in einem permanenten Zustand des Konflikts befindet,

---
114 nach Ross/Smith/ Roberts 1995, S. 70; Kayes 2003

und auch für den Erhalt des Systems Gruppe an sich braucht es als Gegenpol zur Dynamik eine gewisse Stabilität, die den Mitgliedern Sicherheit und Orientierung gibt. Deshalb gilt es, mit Konflikten proaktiv und reflektiert umzugehen und sie letztlich einer konstruktiven Lösung zuzuführen.

Aus der Praxis

Bei einem Treffen einige Monate später haben die Studienkolleginnen und -kollegen einander einiges zu berichten: Nicht Jakob hat gekündigt, sondern der neue Kollege hat das Unternehmen verlassen – er wurde hinausgemobbt. Jakob ist von dieser Art der Konfliktlösung sehr enttäuscht. In Andreas Projektgruppe hat es sich besser entwickelt: Sie hat vorsichtig angeregt, wöchentlich gemeinsam zu besprechen, was im Projekt weitergegangen ist, was offen ist, und auch sonstige Anliegen zu thematisieren. Nach einem etwas holprigen Beginn sind diese Besprechungen nun fast schon zur Norm geworden. Das Klima ist offener, Unangenehmes kann konstruktiv angesprochen werden. Auch die Arbeit ist nun gut verteilt, sodass der Projektendtermin wohl eingehalten werden kann. Und Christinas Projekt ist in der Endphase angelangt: Die Deadline wird eingehalten werden und ein wenig mischt sich schon der Abschiedsschmerz in die gemeinsamen Abschlussarbeiten der Projektgruppe.

Zusammenfassung

In diesem Beitrag wurde gezeigt, dass es für die erfolgreiche Zusammenarbeit in der Gruppe wichtig ist, gemeinsame Ziele zu definieren und die Beiträge der einzelnen Mitglieder, die unterschiedliche Funktionen und Rollen erfüllen, möglichst ohne Prozessverluste zu integrieren. Während die Gruppe verschiedene Entwicklungsstadien durchläuft, entwickeln und festigen sich die soziale und aufgabenbezogene Kohäsion sowie gemeinsame Normen, die den Mitgliedern Orientierung und eine Gruppenidentität verleihen. So erst kann aus den Einzelpersonen mit ihren individuellen Bedürfnissen eine leistungsfähige Gruppe werden.
Im Verlauf der Zusammenarbeit sieht sich eine Gruppe aber auch immer wieder mit Konfliktpotenzial konfrontiert, wenn Meinungen oder Interessen der Mitglieder einander widersprechen. Hier besteht die Herausforderung für die Gruppe darin, einerseits Beziehungskonflikte frühzeitig zu erkennen, offen anzusprechen und konstruktiv zu lösen und andererseits Sachkonflikte zuzulassen, um Gruppendenken und vorschnelle Entscheidungen zu verhindern und die Meinungsvielfalt der Gruppenmitglieder für die Entwicklung von kreativen Ideen und Problemlösungen zu nutzen. Egal, ob es sich um ein Topmanagementteam, ein Vertriebs-, Produktentwicklungs- oder Beratungsteam handelt, davon profitieren sowohl die Gruppe und ihre Mitglieder selbst als auch das Unternehmen, das der Gruppe ihren kontextuellen Rahmen und ihre Ressourcen, ihren Auftrag und damit ihre Daseinsberechtigung gegeben hat.

Reflexionsfragen

1. Welche Möglichkeiten gibt es, Prozessverluste in Gruppen zu verringern?
2. Welche Vor- und Nachteile haben in Gruppen das Denken in Funktionen und das Denken in Rollen jeweils?
3. Bringen kohäsive Gruppen bessere Leistungen? Geben Sie eine differenzierte Begründung für Ihre Antwort.
4. Welche Funktionen übernehmen Gruppennormen?
5. Welchen Nutzen kann es für eine Gruppe haben, sich mit der Meinung einer Minderheit auseinanderzusetzen?
6. Sind Konflikte für eine Gruppe gut oder schlecht? Geben Sie eine differenzierte Begründung für Ihre Antwort.

Weiterführende Literatur

EDDING, C./SCHATTENHOFER, K. (Hrsg.) (2009): Handbuch Alles über Gruppen.

FORSYTH, D.R. (2014): Group dynamics.

GLASL, F. (2004): Konfliktmanagement. Ein Handbuch für Führungskräfte, Beraterinnen und Berater.

PROKSCH, S. (2014): Mediation und andere Methoden für Konflikt- und Kooperationsmanagement am Arbeitsplatz.

ROBBINS, S.P./JUDGE, T.A. (2009): Essentials of organizational behavior.

SCHWARZ, G. (2001): Konfliktmanagement. Konflikte erkennen, analysieren, lösen.

Organisation

Organisation: Strukturen und klassische Formen

Michael Meyer

Inhaltsverzeichnis

1. **Bedeutung von Organisation** 151
2. **Begriffe und Bilder von Organisation** 152
   2.1. Funktionaler Organisationsbegriff: Organisation haben 152
   2.2. Institutioneller Organisationsbegriff: Organisation sein 153
   2.3. Bilder von Organisationen 154
3. **Einige Konzepte der Organisationstheorie** 156
   3.1. Mitgliedschaft und Strukturen 156
   3.2. Organisation und Umwelt 157
   3.3. Ziele und Aufgaben 159
   3.4. Stelle und Person 161
4. **Instrumente der Aufbau- und Ablauforganisation** 162
   4.1. Spezialisierung und Arbeitsteilung 163
   4.2. Koordination und Koppelung 164
   4.3. Konfiguration und Leitungssystem 166
   4.4. Entscheidungsdelegation und Kompetenzverteilung 167
   4.5. Formalisierung 168
5. **Klassische Formen der Aufbauorganisation** 169
   5.1. Funktionale Organisation 169
   5.2. Divisionale Organisation 170
   5.3. Matrixorganisation 173
   5.4. Sekundärorganisation – Projektorganisation 176
   5.5. Entwicklungstendenzen jenseits der klassischen Organisationsformen ... 182
6. **Organisationstypen** 185
   6.1. Mintzberg's „Fives" 186
   6.2. Entwicklungsphasen von Organisationen 191
7. **Ursachen und Folgen von Strukturen** 194
   7.1. Organisationsinternes Zusammenspiel 195
   7.2. Situation, Umwelt und Struktur 197
   7.3. Klassische Einflussfaktoren auf die Struktur 198
   7.4. Einfluss von Kulturen auf die Struktur 199
   7.5. Weitere Einflussfaktoren auf die Struktur 200
   7.6. Struktur und Erfolg 202
8. **Zum Abschluss und Ausblick** 203

Zweck und Ziel der Organisation ist es, die Stärken der Menschen produktiv zu machen und ihre Schwächen unwesentlich.

(Peter F. Drucker)

Organisieren ist, wenn einer aufschreibt, was andere arbeiten.

(Kurt Tucholsky)

> **Ziel dieses Beitrags ist es,**
>
> - die Bedeutung von Organisationen für Individuum und Gesellschaft aufzuzeigen;
> - die Grundbegriffe der Organisationstheorie zu erläutern;
> - darzustellen, was bei der Aufbau- und Ablauforganisation alles entschieden wird;
> - die klassischen Organisationsformen und ihre Vor- und Nachteile zu umreißen;
> - ein Verständnis für die komplexen Zusammenhänge zwischen Organisationsumwelt, Organisationsstruktur und Erfolg zu vermitteln.

1. Bedeutung von Organisation

Organisationen begleiten uns von der Wiege bis zur Bahre. Auf die Welt kommen wir (meist) in Krankenhäusern. Kinderkrippen und Kindergärten, Schulen und Universitäten begleiten uns bis zu dem Zeitpunkt, wo wir in Organisationen unser Geld verdienen. Am Ende stehen Pflegeheim und Beerdigungsunternehmen.

Trotz aller Entwicklungen in Richtung Flexibilisierung der Beschäftigungsverhältnisse und neue Selbstständigkeit ist noch immer ein überwiegender Anteil der Europäer und Europäerinnen[1] in Organisationen beschäftigt, und zwar knapp über 90 % in Deutschland und noch immer zwischen 80 % und 90 % in Österreich und in der gesamten Europäischen Union. Insgesamt steht in der EU noch immer ein Großteil der Beschäftigten in traditionellen Anstellungsverhältnissen, der Anteil von Selbstständigen sank in den EU-15 (Euro-Zone) von 2003 bis 2013 sogar leicht von 14,2 % auf 14,0 %. Gleichzeitig stieg aber der Teilzeitanteil kontinuierlich von 18,6 % auf 23,6 %.[2] Auch Selbstständigkeit läuft nicht ohne Organisationen und auch für die Nicht-Erwerbstätigen aller Altersgruppen – in den EU-28 sind es mehr als 275 Millionen Menschen – wäre ein Leben ohne Organisationen unvorstellbar.

	Österreich	Deutschland	EU-28
Erwerbstätige insgesamt in Mio.	4,2	42	223
Davon unselbstständig in Organisationen absolut in Mio.	3,7	38	189
In Prozent	86,9	89,3	84,9

Tabelle 1: Anteil der unselbstständig Erwerbstätigen 2013[3]

Das war nicht immer so. Vorindustrielle Produktionsformen setzten auf Hauswirtschaft. In traditionellen Handwerksbetrieben wurde zwischen Produktions- und Privatsphäre kaum unterschieden. Erst die industrielle Produktion begründet die Trennung zwischen Privathaushalt (Familie) und einer Organisation, der nur die Arbeitsleistung geschuldet wird. Die industrielle Revolution beruht nicht nur auf technischen Errungenschaften, sondern auch auf erhöhter Flexibilität und Mobilität der Individuen. Selbst wenn sie sich hervorragend als Disziplinierungs- und Herrschaftsinstrumente eignen[4], haben Organisationen den Menschen auch mehr Freiheit gebracht – ein Aspekt, den man angesichts des Elends der Fabrikarbeit im 19. Jahrhunderts leicht vergisst. Organisationen treten ab der Neuzeit zunehmend als

---

1 Wo immer im Text nur die männliche oder nur die weibliche Form aufscheint, ist auch das jeweils andere Geschlecht mit gemeint. Wo es die Lesbarkeit nicht allzu sehr beeinträchtigt, werden beide Formen verwendet.
2 European Commission 2014, S. 259
3 European Commission 2014, S. 257, 266, 281
4 Foucault 1975; Foucault 1976

„korporative Akteure"[5] auf: Als juristische Personen und der damit verbundenen eingeschränkten Haftung der Eigentümer entwickelten sich Organisationen zum Motor der Industrialisierung – und erhielten damit eine ungeheure Machtfülle.

Vorläufer moderner Organisationen gab es freilich weit früher. Bereits die allerersten Territorialstaaten bildeten Organisationen, um zu erobern und zu verteidigen, Gebäude zu errichten und Wirtschaftstätigkeit zu entfalten. Die Kirche schuf mit ihren Orden und Klöstern bereits im frühen Mittelalter Organisationen. Private Wirtschaftstätigkeit im großen Stil wurde aber erst durch Finanzinnovationen und die Entwicklung von Kapitalgesellschaften, die unabhängig vom Vermögen der Teilhaber große Projekte in Angriff nehmen konnten, möglich.

2. Begriffe und Bilder von Organisation

Organisationen begegnen uns nicht auf der Straße. Wir brauchen Theorien, um sie zu begreifen. „Was ist eine Organisation?" wäre demnach eine ungeeignete Frage. Begriffe sind aber niemals richtig oder falsch, sondern bestenfalls brauchbar oder unbrauchbar für eine bestimmte Fragestellung. Dennoch würde man annehmen, dass über einen in Wissenschaft, Wirtschaft und Gesellschaft weitverbreiteten Begriff wie Organisation Klarheit herrscht. Dem ist aber nicht so.

2.1. Funktionaler Organisationsbegriff: Organisation haben

Definition

Unter Organisation im funktionalen Sinn verstehen wir die dauerhafte Strukturierung von Arbeitsabläufen (Ablauforganisation) und die Anordnung von Stellen in Unternehmen, die Weisungsbeziehungen und die Zusammenarbeit zwischen diesen Stellen (Aufbauorganisation).

Beides steht in der praktisch-normativen Tradition der Betriebswirtschaftslehre, die sich in der sogenannten *Instrumentalthese* zeigt:[6] So wird das gesamte Unternehmen als Instrument zur Realisierung der Ziele der Eigentümer verstanden, und Organisation ist eine der Funktionen, die dazu innerhalb des Unternehmens geleistet werden muss (neben Investition, Finanzierung, Marketing etc.). Sowohl die optimal zieldienliche Anordnung der Stellen zu Strukturen wie auch jene der Aufgaben zu Prozessen sind damit Instrumente im Zuge der Verfolgung der Unternehmensziele.

---

5   Coleman 1979; Coleman 1986
6   Schmidt 1969; Thiemeyer 1975; Thiemeyer 1990

Aufbauorganisation und Ablauforganisation sind also zwei Aspekte des sogenannten **funktionalen** Organisationsbegriffes: Aufbauorganisation als Instrument (instrumenteller Organisationsbegriff), Ablauforganisation als Prozess oder aber auch der Prozess des Organisierens (prozessorientierter Organisationsbegriff).[7]

2.2. Institutioneller Organisationsbegriff: Organisation sein

Der **institutionelle** Organisationsbegriff, der aus der *Soziologie* kommt, bezeichnet einen bestimmten Typ sozialer Systeme, die zwischen Interaktionen, Familien, Gruppen und gesellschaftlichen Teilsystemen (Wirtschaft, Politik, Wissenschaft etc.) sowie der Gesellschaft als Ganzes liegen. Multinationale Konzerne und Kirchen, Patentämter und die Pfadfinder, all das sind Organisationen.

Definition

Eine Organisation im institutionellen Sinn ist ein soziales System, bei dem die Mitgliedschaft formal geregelt ist (z.B. über Dienstverträge), das über sonstige formal festgelegte Regeln verfügt (z.B. in Form von Statuten oder Gesellschaftsverträgen) und das sich durch ein konsolidiertes Auftreten nach außen (kollektive Akteurschaft) auf Basis der Regelung der Vertretungsbefugnis auszeichnet.

In der *Betriebswirtschaftslehre* versteht man unter Organisation traditionell die dauerhafte Strukturierung von Arbeitsabläufen **(Ablauforganisation)**, aber auch die Anordnung von Stellen in Unternehmen, die Weisungsbeziehungen und die Zusammenarbeit zwischen diesen Stellen **(Aufbauorganisation)**.

Formale Mitgliedschaft ist für Personen damit verbunden, ganz bestimmte Rollen übernehmen und sich an **formal festgelegte Regeln** halten zu müssen. Soziale Rollen in Organisationen bezeichnen ein Bündel an Verhaltensnormen und Erwartungen, die von Organisationsmitgliedern beachtet werden müssen. Organisationen verlangen von ihren Mitgliedern bestimmte Handlungen, zuerst einmal Arbeitsleistung, aber meist noch mehr: räumliche Anwesenheit, Pünktlichkeit und Gehorsam, Sprache und Kleidung und vieles andere.[8] Normen werden als Verhaltensweisen sichtbar, die von Organisationsmitgliedern in einer bestimmten Konstellation regelmäßig wiederholt und im Fall der Abweichung durch eine negative Sanktion bekräftigt werden. Solche Rollen sind in der Organisation an bestimmte Stellen geknüpft. Für den Portier gelten andere Normen als für die Marketingleiterin. Auf diese Art wird auch die **kollektive Akteurschaft** über Vertretungsbefugnisse formal geregelt.

Organisation als Sammelbegriff für Unternehmen, Vereine, Behörden etc. setzt sich zunehmend durch. Unternehmensberater nennen sich immer häufiger Organisati-

---

7   Bea/Göbel 2010, S. 2ff.
8   siehe auch den Beitrag „Organisationskultur – Ansätze zwischen Gestaltung und Selbstorganisation" in diesem Buch.

onsberater, um auch jene öffentlichen Verwaltungs- und Non-Profit-Organisationen anzusprechen, die sich nicht als **„Unternehmen"** verstehen. Der Begriff hat nämlich zumindest drei Vorteile:

1. Im Unterschied zu „Unternehmen" beschränkt er sich nicht auf erwerbswirtschaftliche Einheiten, sondern ist ein Sammelbegriff für Produktions- und Dienstleistungseinrichtungen im privatwirtschaftlichen, öffentlichen und Non-Profit-Sektor.
2. Während „Unternehmen" die wirtschaftliche Dimension, „Betrieb" den Standort und „Firma" die Rechtsform und korrekte Bezeichnung in den Vordergrund rücken, betont „Organisation" das soziale System, also die einzelnen Akteure, ihre Beziehungen und Handlungen.
3. Unternehmen als wirtschaftliche Einheiten mit juristisch geprägter Grenzziehung umfassen im Unterschied zu Organisationen auch externe Organe, wie beispielsweise Aufsichts- und Verwaltungsräte, ja sogar die Eigentümer in der Hauptversammlung, auch wenn sie nicht oder nur selten in Entscheidungen Einfluss nehmen, wie dies beispielsweise Kleinaktionäre tun.

Freilich legen unterschiedliche Theorien ganz unterschiedliche Schwerpunkte, was diese Organisationen ausmacht.[9] Weitgehende Einigkeit besteht aber darüber, „dass Organisationen dauerhaft ein Ziel verfolgen und eine formale Struktur aufweisen, mit deren Hilfe die Aktivitäten der Mitglieder auf das verfolgte Ziel ausgerichtet werden."[10]

2.3. Bilder von Organisationen

Unser alltägliches Denken und Reden über Organisationen wird viel mehr von Alltagstheorien, von Bildern und Metaphern bestimmt als von der Organisationswissenschaft:[11] Organisationen werden als Maschinen oder Organismen, als Bienenstöcke oder Ameisenhaufen, als Biotope oder Gehirne, als Irrenhäuser oder Gefängnisse betrachtet. All diese Metaphern helfen uns, bestimmte Eigenschaften von Organisationen hervorzuheben, sie blenden aber gleichzeitig andere aus.

Das Bild einer **Maschine** etablierte sich in der frühen Organisationstheorie, also bei Taylor, Fayol und Weber: **Frederik Winslow Taylor** (1856–1915) war der Begründer des Scientific Management (Taylorismus), welches auf folgenden Prinzipien beruht:

- Trennung von Hand- und Kopfarbeit (Planung und Ausführung),
- präzise Anleitung der Arbeitenden,
- extreme Arbeitsteilung,
- monetäre Motivation (Prämien-, Akkord- und Leistungslöhne).

---

9   In einem von Alfred Kieser herausgegebenen Sammelband findet sich ein umfassender Überblick über unterschiedliche Organisationstheorien (Kieser 2006; etwas komprimierter auch bei Kieser und Walgenbach 2010).
10 Kieser/Walgenbach 2010, S. 6
11 Morgan 1989; Morgan 1997

Henri Fayol (1841–1925) war der Begründer der französischen Verwaltungslehre und formulierte erstmals die Funktionen des Managements, diese sind

- Planung,
- Organisation,
- Leitung,
- Koordination und
- Kontrolle.

Fayol entwickelte auch 14 Managementprinzipien, darunter die Einheit der Auftragserteilung, Disziplin, die Einheit der Leitung, Gemeinschaftsgeist und Arbeitsteilung.

Auch das Bild der bürokratischen Organisation, wie sie der deutsche Soziologe **Max Weber** (1864–1920) als idealtypische Umsetzung zweckrationaler, legaler Herrschaft konzipiert hat, birgt Elemente der Maschinenmetapher:

- Amtshierarchie,
- rationale Kompetenz der Vorgesetzten,
- Auswahl der Stelleninhaber nach Fachqualifikation,
- klare Regeln und Gesetze,
- bezahltes Berufsbeamtentum,
- Amtsdisziplin und Kontrolle,
- Aktenmäßigkeit aller Entscheidungen.

Im Maschinenbild sind einzelne Stellen Zahnräder, die gut geschmiert ineinandergreifen, um die vorgegebenen Aufgaben zu erfüllen. Sie sind so anzuordnen, dass sie mit möglichst wenig Reibungsverlust zusammenspielen und ihr Wirkungsgrad optimal ist: Struktur ist gestaltbar, die Eigentümer und die Führungskräfte haben diese Aufgabe bestmöglich zu erfüllen. Diese Metapher prägt das Alltagsdenken nach wie vor zentral: „Es läuft alles wie geschmiert, ein Projekt ist auf Schiene gebracht, ein Rad greift ins andere." Unsere Sprache birgt viele dieser mechanistischen Bilder.[12]

In der zweiten Hälfte des 20. Jahrhunderts gewann ein anderes Bild an Bedeutung: die Organisation als **Organismus**. Demzufolge leben auch Organisationen, sie werden geboren, durchlaufen bestimmte Phasen und müssen irgendwann sterben. Organisationen müssen in einer dynamischen und manchmal feindseligen Umwelt überleben und sich anpassen.[13] Sie sind gleichzeitig offene und geschlossene Systeme: Sie brauchen Menschen, finanzielle Mittel und vieles mehr. Sie sind also von ihrer Umwelt abhängig, andererseits funktionieren sie nach eigenen Regeln und halten Grenzen gegenüber der Umwelt aufrecht. Die Evolutionstheorie und die Ökologie reichern diese Metapher mit ihren Annahmen an, und der Sozialdarwinismus – nur die Bestangepassten überleben – ist nicht fern.

Die Organisation als **Biotop** ist ein sehr ähnliches Bild. Selbstorganisation und das labile Fließgleichgewicht in Organisationen stehen hier im Mittelpunkt. Diese Meta-

---

12 Weber 1972, S. 125ff., 825ff.
13 siehe auch Kapitel 6.2. Entwicklungsphasen von Organisationen, in diesem Beitrag.

pher wurde durch das Vordringen ökologischen Denkens in alle Lebens- und Wissenschaftsbereiche gefördert. Biotope sind einerseits geschlossene Systeme, da sie autonom und selbstgenügsam sind. Andererseits sind sie offen gegenüber ihren Umwelten und dabei besonders störungsanfällig: Gezielte Steuerungseingriffe sind wenig erfolgversprechend, die Schädigung oder gar die Zerstörung des Systems ist allerdings leicht möglich.

Es gibt noch weitere Bilder: die Organisation als **Gehirn**,[14] bei dem es nicht auf die einzelnen Elemente und deren Qualität, sondern auf die Verbindungen zwischen ihnen ankommt. Ähnlich wie beim menschlichen Gehirn sollten auch bei Organisationen die Teile multifunktional agieren, d.h., bei Ausfall einer Abteilung sollte deren Arbeit durch andere übernommen werden können. Ähnlich wie bei unserem zentralen Nervensystem können die einzelnen Zellen schnell durch neue ersetzt werden. Dadurch können Organisationen höhere Ebenen der Stabilität erreichen.

Ein weiteres Bild ist die Organisation als **politische Arena**, in der die Akteure ihre Interessen durchsetzen wollen, in permanenten Konflikten stehen und gegeneinander um Positionen und Einfluss kämpfen. Macht und Herrschaft sind in diesem Bild zentral sowie die Frage, wie diese entstehen und worauf sie beruhen.[15]

> **Zusammenfassung**
> Der Begriff „Organisation" bezeichnet zwei unterschiedliche Phänomene: (1) eine betriebswirtschaftliche Funktion, das in einem Prozess „des Organisierens" mehr oder weniger zielorientiert eingesetzt wird; (2) eine bestimmte Form eines sozialen Systems, das sich besonders durch formale Regeln und auch formal geregelte Mitgliedschaft von Personen auszeichnet.
> In unserem Alltagsdenken über Organisation sind eine ganze Reihe von Bildern und Metaphern verbreitet, die allesamt bestimmte Aspekte des Phänomens Organisation hervorheben: Maschine, Organismus, Biotop, politische Arena etc.

3. Einige Konzepte der Organisationstheorie

Wenn wir über Organisationen reden, schreiben oder denken, greifen wir immer auf einige zentrale Begriffe zurück, die hier kurz vorgestellt werden sollen.

3.1. Mitgliedschaft und Strukturen

Formale Strukturen sind ein Kennzeichen von Organisationen. Sie schlagen sich in Stellenbeschreibungen und Anordnungen nieder, es gibt formale Rollen mit Verhal-

---
14 Beer 1972
15 Küpper/Ortmann 1988; Neuberger 1995; Pfeffer/Salancik 1978; Pfeffer 1995

tenserwartungen für jedes einzelne Mitglied. Diese werden sich zwischen einer Armee und einer Werbeagentur, zwischen der Freiwilligen Feuerwehr und einem internationaler IT-Konzern unterscheiden. Gemeinsam ist unterschiedlichen Organisationen, dass sie formale **Mitgliedschaftsregeln** haben. Bei Armee, Werbeagentur, Feuerwehr und IT-Konzern kann man nicht einfach nur „mitmachen", man muss beitreten. Die Mitgliedschaft kann auf unterschiedlichen juristischen Normen (Arbeitsvertragsrecht, Vereinsrecht, Militärgesetze, Kirchenrecht) aufbauen.

Die Frage, ob eine Organisationsmitgliedschaft bloß auf außerrechtlichen, also nicht kodifizierten Normen beruhen kann, die unserer Rechtsordnung vielleicht sogar widersprechen (z.B. Mafia), ist gar nicht so einfach zu beantworten, da wir uns hier im Grenzbereich zwischen formalen Organisationen und sozialen Netzwerken befinden.[16] Wichtige Unterschiede zwischen Netzwerk und Organisation sind die explizite Zielorientierung und die Formalisierung der Mitgliedschaftsregeln.

In den meisten Fällen werden **Verträge** zwischen Organisationen und Individuen abgeschlossen, in denen Letztere als Organisationsmitglieder verpflichtet werden, Handlungen zu setzen, die dazu beitragen, dass die Organisationsziele erreicht werden. Manchmal – wie z.B. beim Militär – passiert das auf öffentlich-rechtlicher Basis. Freilich sind die vertraglich festgelegten Erwartungen nur ein Teil all jener Erwartungen, die das Individuum als Organisationsmitglied auf sich nimmt. Eine Vielzahl von Normen wird nicht vertraglich fixiert, sie sind verhaltenswirksam und werden von Organisationsmitgliedern als Teil der Mitgliedschaftsbedingungen in Kauf genommen, z.B. ein Großteil der unter dem Begriff „Organisationskultur" laufenden Normen.[17] Das wird in der Organisationsforschung unter verschiedenen Schlagwörtern diskutiert: der über den formalrechtlichen Vertrag hinausgehende psychologische Vertrag[18], das über den Dienst nach Vorschrift hinausgehende Extrarollenverhalten[19], das an bürgerschaftliches Verhalten angelehnte „Organizational Citizenship Behaviour".[20]

3.2. Organisation und Umwelt

Organisationen befinden sich immer in einem bestimmten Kontext, einer bestimmten Umwelt. Bei Unternehmen unterscheidet man gerne allgemeine „Umwelten" und solche, mit denen das Unternehmen in wirtschaftlichen Austauschbeziehungen steht: **Märkte** (vgl. Abbildung 1). Aus einer betriebswirtschaftlichen Sicht leistet jede Organisation intern bestimmte Funktionen: Sie muss Rohstoffe, Hilfs- und Betriebsmittel (Beschaffung), Personal, Investitionsgüter (z.B. Maschinen, Betriebs- und Geschäfts-

---

16 vgl. zu sozialen Netzwerken z.B. Jansen 2006; auf Netzwerke und Kooperationen zwischen Organisationen wird im Beitrag „Organisationskultur – Ansätze zwischen Gestaltung und Selbstorganisation" in diesem Buch eingegangen.
17 siehe auch den Beitrag „Organisationskultur – Ansätze zwischen Gestaltung und Selbstorganisation" in diesem Buch.
18 Dieser umfasst alle Erwartungen, die das Mitglied an die Organisation und die Organisation an ihre Mitglieder haben (Rousseau 1990; Rousseau 1995).
19 Matiaske/Weller 2003
20 Smith et al. 1983; Organ 1988; Morrison 1994

ausstattung) und finanzielle Ressourcen (Kapital) beschaffen und ist diesbezüglich auf die jeweiligen Märkte angewiesen: Beschaffungsmärkte, Personalmärkte, Investitionsgütermärkte, Kapitalmärkte. Die Leistungen und Produkte, die über Querschnittsfunktionen wie Führung, Organisation im funktionalen Sinn[21], Controlling und Rechnungswesen koordiniert werden, werden dann auf Absatzmärkten verkauft.

Organisationen haben es in ihrer Umwelt aber nicht nur mit Märkten zu tun: Da sind einmal einzelne Personen, die als Mitglieder und Mitarbeiterinnen, als Eigentümerinnen oder als Kunden eine Rolle spielen. Organisationen nehmen auch an der **Gesellschaft** und ihren Subsystemen teil, jedenfalls sind sie regelmäßig von Entwicklungen in diesen gesellschaftlichen Teilbereichen wie Recht, Politik, Erziehung, Wissenschaft und Technik betroffen.

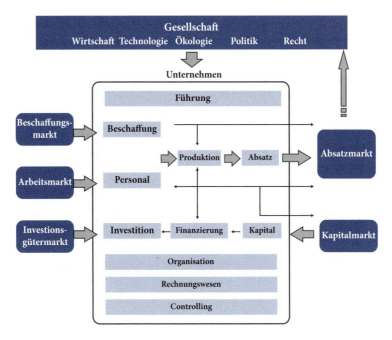

Abbildung 1: Organisation, betriebliche Funktionen in Organisationen, Märkte und weitere Umwelt

Kein klares Bild vermittelt die Organisationforschung darüber, auf welche Weise und wie stark Organisationen durch Umwelt beeinflusst werden. Gehen die einen Theorien von einer hohen Wirksamkeit und einem direkten Durchschlagen der Umwelt auf die Organisationsstruktur aus,[22] wird von anderen Ansätzen die Autonomie, Geschlossenheit und Eigendynamik von Organisationen betont.[23]

---

21 vgl. auch Kapitel 2.1. Funktionaler Organisationsbegriff, in diesem Beitrag.
22 z.B. aus ganz unterschiedlichen Blickwinkeln Lawrence/Lorsch 1967; DiMaggio/Powell 1991; Drori et al. 2006; Pfeffer/Salancik 1978
23 siehe auch Kapitel 2. Begriffe und Bilder von Organisationen, in diesem Beitrag sowie z.B. Weick 1985; Weick 1995; Luhmann 2000.

3.3. Ziele und Aufgaben

Zielorientierung von Organisationen bedeutet, dass sie Ziele haben, die ihre Existenz rechtfertigen und andere motivieren, sie zu unterstützen, für sie zu arbeiten und ihre Produkte zu kaufen.[24] Das heißt nicht, dass jede einzelne Entscheidung in Organisationen diesen Zielen folgt – ganz im Gegenteil: Sehr oft geht es ziemlich irrational zu.[25] Die Zielbildung in Organisationen ist ein Aushandlungsprozess zwischen mehreren Organisationsmitgliedern bzw. Interessengruppen mit ungleich verteilten Chancen zur Einflussnahme. Richard Cyert und James March beschreiben in ihrer „Behavioral Theory of the Firm" Organisationen als Koalitionen mehrerer unterschiedlich mächtiger und einflussreicher Partner.[26] Die Dauerhaftigkeit ihrer Ziele unterscheidet Organisationen beispielsweise von Gruppen.

Oberziele jeder Organisation, egal, ob gewinnorientiertes Unternehmen, öffentliche Behörde oder Non-Profit-Organisation, sind **Bestandserhaltung**, **Effektivität** und **Effizienz**. Unter Effektivität versteht man das Ausmaß der Zielerreichung, unter Effizienz die Wirtschaftlichkeit, also das Verhältnis von Input zu Output. Diese Ziele zeigen sich nun auf verschiedenen Ebenen (vgl. Abbildung 2). Effektivität misst auf jeder Ebene die Soll-/Ist-Abweichungen:

- Auf der **strategischen Ebene** stellt sich in Bezug auf Effektivität die Frage, ob die konkret formulierten Organisationsziele (Ist) den eigentlichen Problemen, die eine Organisation lösen will, angemessen sind.[27]
- Auf der **operativen Ebene** werden die Programme, also die Maßnahmenpläne, mit den konkret umgesetzten Maßnahmen verglichen.
- Schließlich geht es auf der **finanziellen Ebene** um Finanzpläne: Entsprechen die tatsächlich verbrauchten Ressourcen den Budgets, lautet hier die Frage.

Effizienz stellt immer Ressourceneinsatz und Ergebnis zueinander in Relation. Auch hier zeigt Abbildung 2 unterschiedliche Varianten:

- Zwischen der operativen und strategischen Ebene zeigt sich Effizienz als **Wirksamkeit**. Welche Wirkung (Impact) erzielen die Maßnahmen und Programme? Verbessert die PR-Kampagne z.B. das Image des Unternehmens?
- Im Vergleich zwischen der finanziellen und der operativen Ebene zeigt sich Effizienz als Wirtschaftlichkeit. Idealerweise werden hier Ressourceninput (z.B. Kosten einer Werbekampagne) und das Ergebnis der Bemühungen, also z.B. die Werbekampagne selbst, zueinander in Relation gesetzt. Problematisch ist hier freilich, dass sich viele Maßnahmen bzw. Leistungen nicht so leicht monetär bewerten lassen. Dies geht nur dann, wenn diese Leistungen selbst auf Märkten angeboten und bepreist werden.

---

24 vgl. z.B. Meyer/Rowan 1977
25 vgl. z.B. March/Olsen 1976
26 Cyert/March 1963
27 siehe auch den Beitrag „Organisationsführung und Strategie" in diesem Buch.

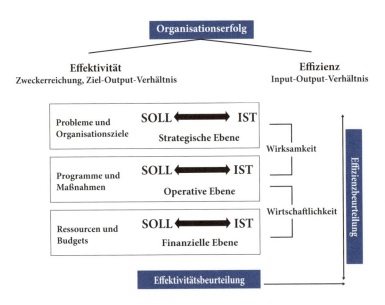

Abbildung 2: Effektivität und Effizienz in Organisationen

Effektivität bedeutet, die richtigen Dinge zu tun. Effizienz, die Dinge richtig zu tun.[28] Effektivität und Effizienz stehen nicht selten in Konflikt und beeinflussen einander. Ein Beispiel: Wenn Sie mit einem besonders energiesparenden modernen Kleinwagen mit verbrauchsoptimaler Drehzahl auf der Autobahn von Salzburg nach München fahren, sind sie höchst effizient unterwegs. Ist Ihr Reiseziel aber eigentlich Venedig, mangelt es Ihrem Vorhaben an Effektivität. Wenn Sie am Chiemsee wenden und in die andere Richtung zurückfahren, macht dies zudem alle bisherigen Effizienzgewinne zunichte.

Organisation im **instrumentellen** Sinn und als **Prozess** hat generell die **Aufgabe**, die Effektivität der Organisation zu sichern. Dies wird wiederum durch eine Reihe von Teilaufgaben erfüllt:[29]

- Etablierung einer Struktur durch die Bildung, Verteilung und Koordination der einzelnen Sachaufgaben,
- die Sicherung der Entwicklungsfähigkeit der Organisation,
- die Motivation, Steuerung und Disziplinierung der Mitarbeiter und Mitarbeiterinnen,
- die Verteilung, Legitimation und Sicherung der Macht,
- die Bestimmung und Regulierung der Grenzen der Unternehmung und
- die Ermöglichung von Selbstorganisation.

Organisation und Struktur leisten damit eine ganz wesentliche Funktion für die Unternehmens- und Personalführung, sie bilden die Rahmenbedingungen für Strategie

---
28 vgl. Drucker 1967, S. 1ff.
29 Bea/Göbel 2010, S. 5

und Führung, was nicht heißt, dass nicht auch behäbige Strukturen durch Strategien und Führung beeinflussbar sind.

3.4. Stelle und Person

Stellen bezeichnen die kleinsten Einheiten der Aufbauorganisation. Sie werden in Organigrammen abgebildet und sind durch folgende Merkmale gekennzeichnet:

1. **Aufgaben** umfassen Entscheidungen und Routinetätigkeiten, die für eine Stelle unabhängig von Personen für längere Zeit festgelegt sind (z.B. das Ausfertigen von Arbeitsverträgen durch die Personalabteilung).
2. **Kompetenzen** sind jene Rechte, die dem Stelleninhaber zukommen (dieser juristisch geprägte Kompetenzbegriff ist nicht zu verwechseln mit Kompetenz im Sinn von Fähigkeiten und Fertigkeiten).
3. **Verantwortung** ist die Verpflichtung, für die getroffenen Entscheidungen anderen Stellen gegenüber Rechenschaft abzulegen.
4. Stellen werden mit **Personen** besetzt; die Aufgaben, Kompetenzen und die Verantwortung einer Stelle sind aber unabhängig von den konkreten Stelleninhaberinnen.
5. Stellen stehen in Organisationen in einem *sozialen* Beziehungsrahmen, sie sind mit anderen Stellen in **Über- oder Unterordnung** und über Berichtspflichten verbunden.
6. Über **Budgets**, also einzelnen Stellen zur Erfüllung ihrer Aufgaben mit *zeitlicher* Befristung zugewiesene finanzielle Ressourcen, werden Stellen entscheidungsfähig und zu Entscheidungen verpflichtet: Budgets dürfen und müssen verbraucht und gerechtfertigt werden.

Stellen können ganz unterschiedlich in die Leitungshierarchie eingebettet sein:[30]

1. **Instanzen** sind Stellen mit fachlichen Leitungsbefugnissen, also mit Entscheidungs- und Weisungsbefugnissen. Sie befinden sich auf unterschiedlichen Ebenen: Topmanagement (z.B. Unternehmensleitung), Mittelmanagement, untere Leitungsebene.
2. **Ausführungsstellen** sind mit der Wahrnehmung von Aufgaben betraut, die Stelleninhaber handeln in der Regel auf Anweisung, haben freilich auch Entscheidungsspielräume. Instanzen und Ausführungsstellen werden als **Linienstellen** bezeichnet.
3. **Stabsstellen** unterstützen Instanzen, sie unterscheiden sich von Linienstellen dadurch, dass sie nur indirekt der Erfüllung der Hauptaufgabe dienen (z.B. Öffentlichkeitsarbeit).
4. **Dienstleistungsstellen** sind wie Stabsstellen nicht direkt an der Erfüllung der Haupt- bzw. Kernaufgaben der Organisation beteiligt, im Unterschied zu diesen leisten sie aber für mehrere Instanzen (z.B. IT, Facility Management).

---

30 Bea/Göbel 2010, S. 264ff.

> **Zusammenfassung**
> Organisationen im institutionellen Sinn haben Organisation im funktionalen Sinn, sie verfügen über Struktur. Sie entscheiden und arbeiten inmitten einer Umwelt, deren wesentlicher Teil aus Märkten besteht. Im Unterschied zu anderen Sozialsystemen sind Organisationen zielgerichtet, ihre ganz abstrakten Ziele sind in der Regel das Überleben und dem untergeordnet Effektivität und Effizienz. Kennzeichnend für Organisation sind die Einrichtung von Stellen und die Zuordnung von Personen und Budgets zu diesen Stellen.

4. Instrumente der Aufbau- und Ablauforganisation

Die Formalstruktur ist der offizielle Bauplan einer Organisation und besteht in der Anordnung der Stellen zueinander. Sie wird in **Organigrammen** grafisch veranschaulicht und gibt Antwort auf folgende Fragen:

- Wer ist wem über- oder untergeordnet?
- Wer ist wofür zuständig und verantwortlich?
- Wer darf worüber mit wem entscheiden?
- Wer ist wem gegenüber wofür verantwortlich und berichtspflichtig?

Organigramme sind das Skelett einer Organisation, sie geben Auskunft über die Formalstruktur und sollten auch veröffentlicht werden, insbesondere bei publizitätspflichtigen Kapitalgesellschaften.

Sowohl die formale, in Organigrammen festgelegte als auch die informale Struktur reduziert Komplexität und gibt Orientierung. In einem ganz umfassenden Verständnis regelt Struktur drei Dimensionen und beantwortet die dazugehörigen Fragen, sodass die Organisationsmitglieder, aber auch die Umwelt Orientierung erhalten:[31]

- **Sachdimension:** Was ist in einer Organisation Thema? Worüber wird in Organisationen entschieden? Was sind die Kriterien für Entscheidungen? Was ist gut oder schlecht, was ein Erfolg oder Misserfolg? Welche Methoden werden verwendet, um Entscheidungen zu unterstützen und ihr Ergebnis zu beurteilen? Hier geht es beispielsweise um Produkte und Geschäftsfelder, in denen eine Organisation tätig ist. Es geht um jene Indikatoren, die oft als Key-Performance-Indicators (KPIs) bezeichnet werden und die helfen sollen, Erfolge zu messen (z.B. Marktanteile, Umsatzrenditen), und um jene Methoden, die zur Entscheidungsfindung und -beurteilung eingesetzt werden (z.B. im Controlling).[32]

---

31 Luhmann 1988; Luhmann 1984, S. 114ff.
32 Wie auch in Kapitel 3.3 beschrieben, machen „Ziele und Aufgaben" einen wesentlichen Teil der Entscheidungen in der Sachdimension aus.

- **Sozialdimension:** Wer darf worüber entscheiden? Wer muss/darf mit wem entscheiden, wer ist wem rechenschaftspflichtig und verantwortlich? Hier geht es meist um die Einteilung von Abteilungen der Primärorganisation, aber auch um die Definition von Projekten (Sekundärorganisation) sowie um alle Über- und Unterordnungen von Stellen im Organigramm.[33]
- **Zeitdimension:** Wann wird entschieden? Welche Entscheidungen haben Vorrang, welche Nachrang? Was war früher, was wird später sein? Wie werden also die Vergangenheit und Geschichte der Organisation gesehen und wie die Zukunft?

Um die Komplexität in diesen drei Dimensionen zu reduzieren, gibt es des Weiteren fünf Bereiche, in denen jede Organisation Festlegungen treffen muss. Auf diese wird in der Folge kurz eingegangen.[34]

4.1. Spezialisierung und Arbeitsteilung

Organisation bringt immer (mehr oder weniger) Arbeitsteilung und Spezialisierung. Für die **Aufbauorganisation** wird die Unternehmensaufgabe als Datum angenommen, sie wird dann im Rahmen der Aufgabenanalyse in Teilaufgaben zerlegt, welche sich wiederum durch fünf Merkmale kennzeichnen lassen, die die Fragen nach dem Wie, Was, Womit, Wann und Wo beantworten.[35]

Fragen	Merkmale
1. Wie?	Verrichtung, Tätigkeiten
2. Was?	Objekte, Gegenstände
3. Womit?	Hilfsmittel, Werkzeuge
4. Wann?	Zeitpunkt, Termin, Zeitraum
5. Wo?	Ort, Standort

Tabelle 2: Fünf Merkmale von Aufgaben

Jede Aufgabe unterscheidet sich von anderen hinsichtlich ihrer Bedeutung, Häufigkeit, Kompetenz, Kompliziertheit, Klarheit, Neuartigkeit und ihres Zusammenhanges mit anderen Teilaufgaben. **Organizational Design**, als die Festlegung der Aufbauorganisation, erfolgt dann in drei Schritten:[36]

1. **Aufgabenanalyse:** In einem ersten Schritt sind die einzelnen Teilaufgaben zunächst entlang der erwähnten Kriterien zu zerlegen, also zu analysieren.
2. **Aufgabensynthese:** Sodann sind die Teilaufgaben wiederum nach bestimmten Kriterien zusammenzusetzen, um Spezialisierungsvorteile zu lukrieren. Diese An-

---

33 siehe auch Kapitel 3.4. Stelle und Person, in diesem Beitrag. In der Sozialdimension geht es vor allem um die Anordnung von Stellen zueinander und um die Besetzung dieser Stellen mit Personen.
34 vgl. Hickson et al. 1969; Pugh/Hickson 1969
35 Kosiol 1972, S. 72
36 z.B. Bea/Göbel 2010, S. 360

ordnung und damit die Spezialisierung kann nach unterschiedlichen Prinzipien erfolgen:

- a. **Verrichtungsspezialisierung:** Man geht davon aus, dass Personen, die nur ein enges Spektrum an Tätigkeiten zu verrichten haben, durch Übung zunehmend besser in diesen Aufgaben werden. Dieses Prinzip kennzeichnet bereits den Taylorismus.[37] Beispiele gibt es zahlreiche: Im Management spezialisieren sich die einen auf Controlling, die anderen auf Marketing. In der Autowerkstätte gibt es Spengler, Elektrikerinnen und Mechaniker.
- b. **Objektspezialisierung** hingegen bedeutet eine Zusammenfassung von Teilaufgaben, die sich auf ein bestimmtes Produkt, eine bestimmte Dienstleistung oder bestimmte Kunden beziehen, einzelne Stelleninhaber werden dann Spezialisten für bestimmte Produkte (z.B. Produktmanager) oder Kundengruppen (z.B. Key-Account-Manager).
- c. **Rangspezialisierung** meint eine Zusammenfassung von Aufgaben auf Hierarchieebenen entlang der Unterscheidung zwischen Anordnung und Ausführung. Diese Spezialisierung bringt klare Leitungsverhältnisse. Inhaber von Stabsstellen leisten beispielsweise keine Führungsaufgaben, und Spitzenführungskräfte in Großunternehmen treffen meist nur mehr Entscheidungen.

3. **Aufgabenverteilung:** Die solcherart analysierten und wiederum zusammengefügten Aufgaben werden dann auf die Stellen verteilt, oder die Stellen werden überhaupt erst entsprechend den Ergebnissen der vorherigen Schritte gebildet. Stellenbeschreibungen umfassen dann die organisatorische Einordnung der Stelle, die Ziele und Hauptaufgaben sowie die Anforderungen an die Stelleninhaber.

Die Form der Spezialisierung ist auch das Unterscheidungsmerkmal zwischen **funktionaler** und **divisionaler** Gliederung.[38]

Ablauforganisation kann als Arbeits- oder Prozessorganisation verstanden werden:

- **Arbeitsorganisation** ist die traditionelle Sichtweise und akzeptiert die Priorität der Aufbauorganisation. Nach der Verteilung der Aufgaben werden die Arbeitsprozesse analysiert, wieder zusammengefügt und auf die eingerichteten Stellen verteilt.
- Bei der **Prozessorganisation** geht die Analyse der Abläufe der Stellenbildung voran, und die Stellen werden erst dann gebildet, wenn die Prozesse definiert, zerlegt und wieder verbunden sind.[39]

4.2. Koordination und Koppelung

Wenn Arbeit aufgeteilt wird, muss sie auch wieder koordiniert werden. Stellen in Organisationen können auf ganz unterschiedliche Weise zu größeren Einheiten gruppiert werden: Abteilungen, Hauptabteilungen, Ausschüsse (Gremien, Kolle-

---

37 siehe Kapitel 2.3. Bilder von Organisationen, in diesem Beitrag.
38 siehe Kapitel 5.1. Funktionale Organisation, und 5.2. Diverse Organisation, in diesem Beitrag.
39 siehe Kapitel 5.5. Entwicklingstendenzen, in diesem Beitrag.

gien, Kommissionen), Gruppen. Für die Zusammenfassung von Stellen zu Organisationseinheiten können unterschiedliche Kriterien den Ausschlag geben: die Beschaffenheit der Aufgabe, Eigenschaften der produzierten Produkte und Dienstleistungen oder von Kunden. Darin unterscheiden sich die traditionellen Modelle der Aufbauorganisation.[40]

Nicht nur **strukturelle Elemente** wie Stellen, sondern auch **prozessuale Elemente**, also einzelne Entscheidungen, Aufgaben oder Teilaufgaben (z.B. in der Abwicklung einer Kundenbeschwerde), sind unterschiedlich eng miteinander verknüpft. **Koppelung** ist der Begriff dafür, wie **eng** oder **lose** die Beziehungen zwischen Einheiten, also beispielsweise zwischen zwei Stellen der Organisation oder zwei Prozessschritten, sind.[41] Hat eine Ausführungsstelle wenig Spielraum, wie eine Aufgabe konkret zu erledigen ist, so ist ihre Koppelung an die übergeordnete Instanz eng. Muss im Prozess der Abwicklung einer Kundenbeschwerde zuallererst einmal abgewartet werden, ob die Rechtsabteilung diese Beschwerde für rechtmäßig erachtet, bevor weitere Schritte eingeleitet werden, so handelt es sich ebenfalls um eine enge Koppelung.

Enge Koppelung erleichtert auf den ersten Blick die Steuerbarkeit von Organisationen, macht aber insgesamt fehleranfälliger, weil sich Fehler schnell fortpflanzen, also z.B. der gesamte Prozess der Beschwerdebearbeitung warten muss, wenn die Juristin in Krankenstand ist. Lose Koppelung trägt zu Stabilität der Organisation bei, weil autonome Einheiten auch Fehlentscheidungen treffen können, ohne dass gleich das große Ganze davon betroffen ist – insgesamt also die Fehlertoleranz zunimmt.

Die **Koordination** zwischen den Einheiten der Aufbau- und Ablauforganisation kann sich verschiedener Instrumente bedienen:[42]

1. **Persönliche Weisung**, mit dem Vorteil der flexiblen und leichten Gestaltbarkeit und dem Nachteil der Überlastung der Instanzen.
2. **Selbstabstimmung**, d.h. direkte Abstimmung zwischen den gekoppelten Einheiten, mit dem Vorteil der Entlastung der hierarchischen Koordination, der Motivationssicherung und der höheren Flexibilität, allerdings mit dem Nachteil eines erhöhten Zeitbedarfes.
3. **Programme**, d.h. unterschiedliche Verfahrens- und Prozessnormen (z.B. die Normenreihe ISO 9000ff.), mit der Gefahr der Bürokratisierung, der Anwendung der Programme auf die falschen Situationen, einer Überreglementierung und damit verbundenen Demotivation.
4. **Pläne**, also bestimmte Zielvorgaben, die zwar flexibler sind als auf dem Wenn-dann-Mechanismus basierende Programme[43], aber wie diese als Instrumente der Vorauskoordination hinsichtlich ihrer Eignung stark davon abhängen, ob künftige Entwicklungen passend erfasst werden – was bei abrupten und krisenhaften Entwicklungen nicht der Fall sein wird.

---

40 siehe Kapitel 5. Klassische Formen der Aufbauorganisation, in diesem Beitrag.
41 Weick 1976; Orton/Weick 1990; Staehle 1991
42 Kieser/Walgenbach 2010, S. 93ff.
43 Luhmann 1973

5. **Organisationsinterne Märkte**, also z.B. über Profitcenter oder Verrechnungspreise. Profitcenter sind Teile einer Organisation, für die ein eigener Periodenerfolg ermittelt wird. So kann z.B. die Finanzdienstleistungssparte eines EDV-Produzenten gewinnorientiert wie ein eigenes Unternehmen geführt werden. Die Buchhaltungsabteilung desselben Unternehmens verrechnet den einzelnen Sparten Preise, als ob es sich um eine selbstständige Accounting-Agentur handelte. Märkte in Organisationen bringen die Gefahr des Abteilungsegoismus, des opportunistischen Verhaltens und der Verdrängung nicht direkt belohnten und bepreisten Verhaltens. Das wird in der Motivationstheorie unter dem Thema Crowding-out bzw. Korrumpierungseffekt diskutiert: Es wird nur mehr das geleistet, was direkt belohnt wird.[44]
6. **Organisationskultur**[45] koordiniert vor allem durch geteilte Grundannahmen, Werte und Normen. Sie lässt sich schwer von anderen Koordinationsinstrumenten trennen und ist, wenn überhaupt, nur bedingt gestaltbar.
7. **Rollenstandardisierung** schließlich wirkt über die einzelne Organisation hinaus und wird z.B. vom Bildungssystem oder über die von Professionen vermittelten Standards gewährleistet.[46] So wissen Notfallsanitäter bei der Rettung ohne direkte Weisung, was sie bei einem Verkehrsunfall mit Verletzten zu tun haben.

Damit wurde entschieden, aufgrund welcher Prinzipien Stellen gebildet und mit welchen Methoden sie koordiniert werden. Wie aber werden diese Stellen in der Organisation angeordnet, in welche Beziehung werden sie zueinander gebracht, welche Prinzipien dominieren hier?

4.3. Konfiguration und Leitungssystem

Entscheidungen über die Konfiguration und das Leitungssystem führen zum Bauplan des Organigramms. Folgende Alternativen gibt es bei der Gestaltung der Stellenkonfiguration:

- **Liniensysteme** oder **Stabliniensysteme (vgl. Abbildung 3)**: Gibt es in der Organisation nur Instanzen und ausführende Stellen oder auch Stabsstellen?
- **Einliniensysteme** oder **Mehrliniensysteme** (z.B. Matrixorganisation): Ist eine Stelle nur jeweils einer Instanz unterstellt oder gibt es Mehrfachunterstellungen von Stellen?
- **Sekundärorganisation** (z.B. Projektorganisation): Gibt es organisatorische Einheiten, die neben der stabilen Primärorganisation auf Zeit für besondere Aufgaben eingerichtet werden?
- **Gliederungstiefe** und **Leitungsspanne:** Bei identer Stellenanzahl hat eine geringere Gliederungstiefe, also eine flachere Hierarchie, eine größere Leitungsspanne

---

44 siehe auch den Beitrag „Motivation und Arbeitsverhalten" in diesem Buch, weiters Frey/Osterloh 2002; Deci et al. 1999.
45 siehe auch den Beitrag „Organisationskultur – Ansätze zwischen Gestaltung und Selbstorganisation" in diesem Buch.
46 Evetts 2003; Abbott 2007; Freidson 2001

(Span of Control) zur Folge, sprich: Der Verantwortungsbereich der einzelnen Instanz wird größer, eine einzelne Instanz hat mehr unterstellte Stellen und damit mehr Führungsaufgaben.

Abbildung 3 zeigt zwei klassische Konfigurationen: Eine Stablinienkonfiguration mit einer Stabsstelle „Strategische Planung", die keine ausführenden Stellen unterstellt hat, und ein reines Liniensystem ohne beigeordnete Stabsstellen.

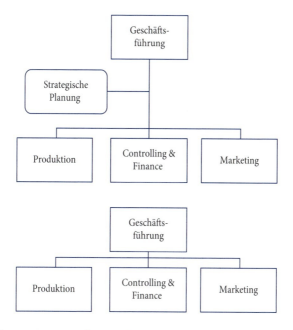

Abbildung 3: Stabliniensystem und reines Liniensystem

4.4. Entscheidungsdelegation und Kompetenzverteilung

Hier geht es um die Verteilung der Entscheidungsbefugnisse und Kompetenzen auf die einzelnen Stellen in der Hierarchie:

- Welche Stelle hat welche Verantwortung, Kompetenzen, Entscheidungs- und Weisungsbefugnisse?
- Welche Stelle ist welcher anderen gegenüber verantwortlich?
- Sind die Entscheidungsbefugnisse eher zentralisiert oder dezentralisiert?
- Wo gibt es partizipative, gemeinschaftliche Befugnisse, wo wird delegiert?

Damit wird eines klar: Ein Organigramm, das die Prinzipien der Arbeitsteilung und Spezialisierung sowie die Konfiguration der Stellen und das Leitungssystem darstellt, sagt uns noch wenig über den hierarchischen oder zentralistischen Charakter einer Organisation. Erst durch die Entscheidungsdelegation und Kompetenzverteilung wird entschieden, welche Stelle welche Befugnisse erhält.

4.5. Formalisierung

Schließlich geht es auch um die Frage, wie weit Regeln schriftlich fixiert werden. Formalisierung kann sich in drei Bereichen niederschlagen:

- **Strukturformalisierung**, d.h. in der Verschriftlichung der Aufbauorganisation in Stellenplänen und Stellenbeschreibungen,
- **Prozessformalisierung**, d.h. in der Aufzeichnung der Informations- und Entscheidungsflüsse, was auch als Aktenmäßigkeit bezeichnet wird,
- **Ergebnisformalisierung**, insbesondere Leistungsdokumentation.

Formalisierung ist das, was wir oft als „Bürokratie" beklagen. Sie macht Organisationen langsam, unflexibel und träge. Sie trägt aber auch dazu bei, Wissen zu speichern und aus Fehlern zu lernen, und sorgt auch für Nachvollziehbarkeit, Transparenz und Gerechtigkeit.

> **Zusammenfassung**
>
> Organisation im funktionalen Sinn hat die Aufgabe, einzelne Stellen zu Strukturen (Aufbau) und Aufgaben zu Prozessen (Ablauf) anzuordnen. Dazu werden zuerst Aufgaben analysiert und definiert, dann gebündelt und bestimmten Stellen zugeordnet. In einem zweiten Schritt werden diese Stellen und Aufgaben auf unterschiedliche Weise koordiniert. Entscheidungen über die Konfiguration und das Leitungssystem ergeben den Bauplan des Organigramms, der grafischen Darstellung der Aufbauorganisation. In der Folge wird dann die Zentralisierung/Delegation von Kompetenzen festgelegt sowie das Ausmaß an Formalisierung.

> **Aus der Praxis**
>
> Beim Organisieren gibt es immer eine ganze Reihe von Alternativen, ohne dass es allgemeine „beste Lösungen" gibt. So wird eine Verwaltungsbehörde, gegen deren Bescheide Berufung bei der nächsthöheren Instanz eingelegt werden kann, hohen Wert auf Formalisierung und damit Nachvollziehbarkeit ihres Urteils legen müssen. Für die Feuerwehr hingegen wäre es wenig sinnvoll, vor jedem Einsatzschritt Aufzeichnungen anzulegen – nach dem Einsatz ist das aber sinnvoll. Für die Schulverwaltung wird mehr Zentralisierung verlangt, weil man damit Kosten einsparen und Gerechtigkeit erhöhen kann, während gleichzeitig die einzelnen Schulen mehr Budget- und Personalautonomie bekommen sollen. Einerseits haben wir es in Spitälern mit hochspezialisierten Ärztinnen zu tun und wissen dies zu schätzen, andererseits beklagen wir zu Recht, dass die Allgemeinmedizin ausstirbt. Jede Variante – geringe oder starke Spezialisierung, totale Zentralisierung oder Dezentralisierung der Entscheidungsbefugnisse – hat Vor- und Nachteile, sodass die Organisationsforschung – wenn sie nach Ratschlägen für die Praxis gefragt wird – meist beim sogenannten „situativen Ansatz" bleiben muss: „Es kommt darauf an." Die Kunst des Organisierens liegt darin, im Einzelfall die passende Mischung zu finden.

5. Klassische Formen der Aufbauorganisation

Organisationsstrukturen werden selten am Reißbrett entworfen, sondern sind meist Ergebnis einer Entwicklungsgeschichte und einer Vielzahl von Entscheidungen. So hat jede Organisation eine individuelle Aufbauorganisation, und jene Formen, die wir in der Folge darstellen, finden sich in der Praxis selten in Reinform.

5.1. Funktionale Organisation

Die funktionale Organisation steht am Anfang der Entwicklung von Organisationsmodellen, leitendes Prinzip ist die tayloristische Verrichtungsspezialisierung, auf der zweiten Managementebene werden gleichartige Verrichtungen, in der Regel die klassischen betriebswirtschaftlichen Funktionen (vgl. Abbildung 1), zusammengefasst.

> **Definition**
>
> Merkmale der funktionalen Organisation sind das Verrichtungsprinzip, also die Ähnlichkeit von Aufgaben und Tätigkeiten als Gliederungskriterium, das Einliniensystem, d.h., jede ausführende Stelle ist genau einer Instanz unterstellt (Einheit von Weisung und Verantwortlichkeit), und eine ausgeprägte Zentralisierung, weil nur die übergeordneten Instanzen den Gesamtüberblick haben.

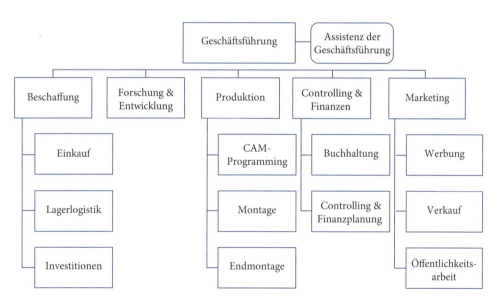

Abbildung 4: Funktionale Organisationsform eines Landesverbandes des Roten Kreuzes

Die funktionale Organisationsform bestimmte die Organisationswelt bis in die 1960er-Jahre, solange also Angebotsorientierung und geringe Diversifizierung vorherrschten. Die **Vorteile** der funktionalen Form liegen auf der Hand:

- **Spezialisierungsvorteile** durch bestmögliche Nutzung fachlicher Fähigkeiten, leichtere Personalbeschaffung, kürzere Einarbeitungszeiten, potenziell hohe Effizienz bei der Aufgabenerfüllung durch Arbeitsteilung;
- **eindeutige Zuständigkeiten** durch die Orientierung der Organisationsform am Leistungserstellungsprozess;
- **leichtere Steuerbarkeit** durch „teile und herrsche" aufgrund der Tatsache, dass der Gesamtüberblick exklusiv bei der Unternehmensleitung konzentriert ist und die jeweiligen Abteilungen nur für bestimmte fachliche Aufgaben zuständig sind.

Mit diesen Vorteilen sind auch **Nachteile** verbunden:

- **Überlastung der Leitungsinstanzen** aus den schon erwähnten Gründen der ausgeprägten Zentralisierung, d.h. der Kompetenz- und Verantwortungskonzentration,
- **Ressortegoismus**, mangelnde Gesamtsicht und Abteilungsblindheit,
- enge Koppelung zwischen den Stellen verbunden mit Ressortegoismus führt zu **Fehleranfälligkeit**, **Kooperations- und Kommunikationsbarrieren** und **Inflexibilität**.

Der Überlastung der Leitungsinstanzen wird oft durch die Einführung von **Stabsstellen** begegnet. Stabliniensysteme können auch bei der divisionalen Organisationsform und bei Mehrliniensystemen eingerichtet werden. Meist sollen diese Stäbe die Linieninstanzen entlasten, sie übernehmen klar abgegrenzte Aufgaben: Öffentlichkeitsarbeit, Rechtsberatung und strategische Planung. Stabsabteilungen und -stellen haben keine Weisungsbefugnis auf Linienstellen, können aber aufgrund ihrer Zentralität (z.B. „Assistenz der Geschäftsführung") oder aufgrund ihrer Expertise (z.B. „volkswirtschaftliche Abteilung" einer Bank) durchaus beträchtliche Macht erlangen.

5.2. Divisionale Organisation

Geschäftsbereichsorganisation, Spartenorganisation oder Objektorganisation sind andere Bezeichnungen für die divisionale Form. Diese Organisationsform gewann mit zunehmender Größe und Diversifizierung von Unternehmen an Bedeutung.

Typisch wurde sie für die großen, multinationalen Mehrspartenkonzerne, wie sie in den USA der 1960er-Jahre entstanden sind.

> **Definition**
>
> Merkmale der divisionalen Organisation sind das Objektprinzip (Gliederung nach Produkten, Kunden, Märkten, Regionen etc.), eine starke Dezentralisierung durch Center-Konzepte und ein Mehrliniensystem durch Zentralabteilungen.

Aus der Praxis

Bei der divisionalen Organisation handelt es sich um jene Form, die als ideale Struktur für diversifizierte Großunternehmen gilt. US-amerikanische Konzerne wie der Automobilhersteller General Motors und der Chemiekonzern Du Pont waren Pioniere der Geschäftsbereichsorganisation und entsprachen somit dem Ideal der Harvard-Schule: Der Diversifizierungsstrategie soll eine divisionale Struktur folgen („Structure follows Strategy"). Auch in Europa hat sich diese Organisationsform in vielen Bereichen durchgesetzt. Große europäische Konzerne wie Unilever, ABB und Rhône-Poulenc haben sich in den letzten Jahren als „Network-Multidivisional" – einer Kombination aus divisionaler Form und Netzwerkorganisation – mit vielen kleinen, weitgehend selbstständigen operativen Einheiten weiterentwickelt.

Das Center-Konzept kann sich in Profit-Center, Investment-Center, Cost-Center oder Revenue-Center niederschlagen. Es bedeutet immer, dass die Abteilungen bzw. Divisionen über die entsprechenden ökonomischen Größen (z.B. Gewinne, Kosten, Umsätze) gesteuert werden und damit Marktelemente in die Koordination einbezogen werden. Eine Einrichtung von (starken) Zentralabteilungen ist notwendig, um den Egoismus der Sparten in Grenzen zu halten und einheitliche Standards, z.B. hinsichtlich Controlling und Investitionsentscheidungen, zu schaffen. Damit rückt die divisionale Organisationsform oft in die Nähe einer Matrixorganisation, weil diese Zentralabteilungen eine zweite Gliederungsdimension ins Spiel bringen, faktisch dann eine Doppelunterstellung gegenüber Spartenleitung und Zentralabteilung herrscht und damit eine verdeckte Matrixorganisation entsteht.[47]

Abbildung 5 zeigt eine typische Geschäftsbereichsorganisation in einem Unternehmen der Automobilindustrie. Dem Konzernvorstand angegliedert sind Zentralabteilungen für Forschung und Entwicklung, Finanzen und Controlling sowie Personal und Organisation. Unterhalb der Vorstandsebene ist das Unternehmen nach Produkt- und Dienstleistungen, d.h. objektorientiert gegliedert. Darunter wiederum finden wir in drei Geschäftsbereichen eine funktionale, im Bereich Financial Services wiederum eine objekt-, und zwar eine marktorientierte Gliederung.

---

[47] Bea/Göbel 2010, S. 378

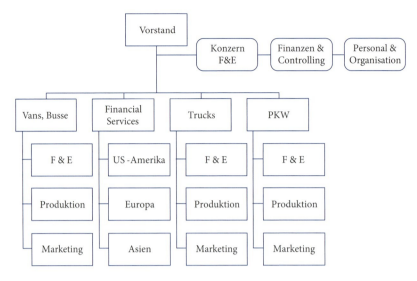

Abbildung 5: Divisionale Organisationsform

Die **Vorteile** der divisionalen Organisationsform sind:

- **Marktnähe** entsteht vor allem dann, wenn die Kunden bzw. Kundinnengruppen als Gliederungskriterium dienen.
- **Flexibilität** entsteht durch die Autonomie der Geschäftsbereiche. Durch die lose Koppelung der Geschäftsbereiche wird das Gesamtunternehmen auch fehlertoleranter. Darüber hinaus wird dadurch die **Reorganisation** einzelner Bereiche erleichtert.
- Die **Unternehmensführung** wird durch die Delegation von Verantwortung auf die jeweiligen Geschäftsbereiche deutlich **entlastet**, wodurch sich die oberste Leitungsebene auf gesamtunternehmerische, insbesondere strategische Aufgaben konzentrieren kann.
- **Kosten- und Ergebnisverbesserungen** können sich vor allem aufgrund der Center-orientierten Dezentralisierung ergeben, weil dadurch die Kosten- und Renditeorientierung der Bereiche gesteigert wird.

Dem stehen folgende **Nachteile** gegenüber:

- Der schon erwähnte **Spartenegoismus** ist die dunkle Seite des Autonomiegewinnes und der Center-induzierten Ergebnisverantwortung. Dies wird besonders dann kritisch, wenn einzelne Sparten auf internen oder externen Märkten um bestimmte Ressourcen konkurrieren.
- **Doppelgleisigkeiten** und parallele Funktionen entstehen nicht nur bei den einzelnen Sparten und Geschäftsbereichen, sondern auch zwischen der Zentrale und den Geschäftsbereichen.
- Die Dezentralisierung kann auch einen erhöhten **Koordinationsaufwand** mit sich bringen, um beispielsweise Marketingaktivitäten unterschiedlicher Sparten aufeinander abzustimmen. Insgesamt erfordert die divisionale Organisationsform eine hohe Kooperationsbereitschaft aller Beteiligten.

Divisionale Organisationsformen sind sehr oft mit Holding-Strukturen verbunden: Unter einer **Holding** versteht man ein Unternehmen, welches Beteiligungen an mehreren rechtlich selbstständigen Unternehmen hält, selbst keine operative Tätigkeit entwickelt und keinen eigenen Marktauftritt hat. Prinzipiell unterscheidet man zwischen einer **Finanz-Holding-Struktur** und einer **Management-Holding-Struktur**. Bei der Finanz-Holding-Struktur werden keine strategischen Führungsaufgaben für die Tochterunternehmen wahrgenommen, diese sind diesbezüglich autonom. Bei der Management-Holding-Struktur nimmt die Holding strategische Führungsaufgaben wahr und erbringt auch weitere Managementleistungen für die Tochterunternehmen. Dies setzt entsprechende Mehrheitsverhältnisse am Gesellschaftskapital der Töchter voraus.[48]

5.3. Matrixorganisation

> **Definition**
>
> Ein Matrixorganisation ist durch Mehrdimensionalität (nicht nur ein Gliederungsprinzip), Mehrliniensystem (eine Stelle ist zwei Instanzen unterstellt) und Dezentralisierung gekennzeichnet.

Wenn in der divisionalen Organisationsform Zentralabteilungen angelegt sind (vgl. Abbildung 5), finden wir dort schon „verdeckte" Mehrfachunterstellungen. Die Matrixorganisation nimmt dann dieses Mehrliniensystem ernst und institutionalisiert Mehrfachunterstellungen, d.h., sie bricht mit der Einheit der Auftragserteilung und der Leitung.

Die Matrixorganisation hat folgende Merkmale:

- **Mehrdimensionalität**, d.h., es ist nicht nur ein Gliederungsprinzip, also die Verrichtungsorientierung oder irgendeine Form von Objektorientierung, welches die Organisation strukturiert, sondern eine Kombination aus in der Regel zwei Kriterien. Wenn gar drei Kriterien für die Gliederung herangezogen werden (z.B. Funktion, Produkt, Region), spricht man von einer Tensororganisation.[49]
- **Mehrliniensystem**, d.h., ein Stelleninhaber in der Matrix erhält Weisungen von zwei sich kreuzenden Instanzen.
- **Dezentralisierung**, mit einer weitreichenden Autonomie der Gruppen, die an den Matrix-Schnittstellen arbeiten.

In Matrixorganisationen können unterschiedliche **Gliederungsprinzipien** miteinander kombiniert werden, wie die folgenden Abbildungen (vgl. Abbildung 6, 7 und 8) beispielhaft zeigen.

---

48 Bea/Göbel 2010, S. 372ff.
49 Bea/Göbel 2010, S. 380

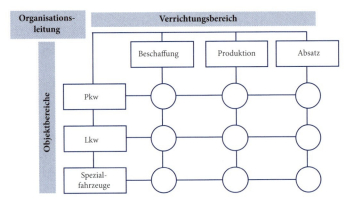

Abbildung 6: Verrichtungs-Objektmatrix

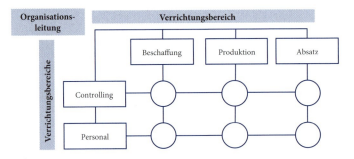

Abbildung 7: Verrichtungs-Verrichtungsmatrix

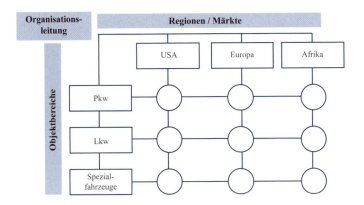

Abbildung 8: Objekt-Regionalmatrix

Im Mehrliniensystem der Matrix erhalten die Stellen oder Abteilungen an den Schnittstellen Weisungen von mindestens zwei Instanzen. Augenscheinlich verlagert sich in dieser Organisationsform die Aufmerksamkeit vom Streben nach Stabilität und Eindeutigkeit der Weisungsbeziehungen hin zu Dynamik und Widerspruch: In den Stellen der Matrix sind Konflikte vorprogrammiert, insbesondere dann, wenn die beiden Dimensionen der Matrix gleichberechtigt sind und es keine präzise Kompetenzabgrenzung (im Sinne von Zuständigkeiten) gibt – wobei Befürworter der Matrixorganisation gerade eine solche Abgrenzung ablehnen, weil sie dem Grundgedanken dieser Form zuwiderläuft.[50]

Die Matrixorganisation konnte die in sie gesetzten Erwartungen nur teilweise erfüllen.[51] Dennoch hat sie sich im Zusammenhang mit der Projektorganisation, anderen Formen von Sekundärorganisation oder mit „verdeckten" Matrixstrukturen in divisionalen Organisationen weit verbreitet. Dass sich in der Praxis eher „verschmutzte" Formen der Matrixorganisation finden, hat mit den hohen Ansprüchen zu tun, die diese Organisationsform an ihre Mitglieder im Hinblick auf Ambiguitätstoleranz und Konfliktfähigkeit stellt.[52] So steht den großen Stärken der Matrixorganisation eine lange Liste von Schwächen gegenüber, die nichts anderes als die direkten Kehrseiten dieser Stärken sind. Die **Vorteile** lassen sich nämlich nur dann lukrieren, wenn die Stelleninhaber, die Teams und die Abteilung an den Schnittstellen gewissen Anforderungen entsprechen:

- Durch die Mehrdimensionalität und das Mehrliniensystem werden bewusst Konfliktzonen geschaffen, die zur Entwicklung eines **hohen Problemlösungspotenzials** beitragen.
- Dadurch entstehen auch **Innovationsfähigkeit** und **Kreativität**.
- An den Schnittstellen entwickeln sich starke **Teamkulturen**. Die Aufweichung traditioneller Hierarchien kann der Sachkompetenz zum Durchbruch gegenüber der formalen Autorität verhelfen.

Glückt das Experiment allerdings nicht, drohen folgende Nachteile:

- Die bewusst offene Kompetenzabgrenzung zwischen den Dimensionen führt zu **Konflikten und Machtkämpfen**, die oft auf dem Rücken der Schnittstellenabteilungen ausgetragen werden.
- Die Betonung von Teams an Schnittstellen kann allerdings auch die bekannten **Gefahren von Teamarbeit** mit sich bringen: Gruppenkonformität und Gruppendenken, soziales Faulenzen und eine sich gegen die Unternehmensziele entwickelnde Gruppendynamik.[53]
- Eine Matrixorganisation ist **kompliziert** und – wenn die Autonomie der Schnittstellen nicht funktioniert – **kostspielig**. Dies wird durch Reibungsverluste verstärkt.
- **Erfolgs- und Misserfolgszurechnung** sind in einer Matrix schwer möglich, was weiteren Konfliktstoff birgt.

---

50 Leumann 1979
51 vgl. z.B. Kolodny 1979
52 z.B. Sy/Cote 2004
53 vgl. auch den Beitrag „Gruppen in Organisationen: im Spannungsfeld von Stabilität und Dynamik" in diesem Buch; weiters z.B. Janis 1982; Hare 2003

5.4. Sekundärorganisation – Projektorganisation

Organisationen müssen neben Routinen immer wieder für sie völlig neuartige Herausforderungen bewältigen. Oft machen sie die Erfahrung, dass dies mit ihrer etablierten Struktur, der Primärorganisation, schwer zu bewältigen ist. Diese ist für das „business as usual" zuständig, für das Neuartige braucht es andere Strukturen.

Der Begriff „Sekundärorganisation" bleibt aber unscharf und bedeutet jedenfalls nicht, dass solche Organisationseinheiten sekundär im Sinne von weniger wichtig sind.[54] In jedem Fall ist aber mit Abstimmungsproblemen zu rechnen.

> **Definition**
>
> Als sekundär werden Organisationseinheiten bezeichnet, die im Unterschied zur Primärorganisation nicht ständig zusammenarbeiten, sondern sich zu bestimmten Terminen treffen: Gremien, Komitees, Arbeitsgruppen und Ausschüsse, deren Mitglieder jeweils auch Stellen der Primärorganisation innehaben. Die Primärorganisation ist für die Routineaufgaben zuständig, während die Einheiten der Sekundärorganisation Sonderaufgaben übernehmen.

Die Grenze zwischen Sekundärorganisation und Matrixorganisation ist fließend: Produkt-, Key-Account-, Projekt- und SGE- (strategische Geschäftseinheiten) Management[55] sind Formen der Sekundärorganisation, die – sollten sie sich von Sonderaufgaben zu Routine entwickeln – in eine Matrixorganisation übergeleitet werden können. Somit sind die Kennzeichen der Sekundärorganisation sehr ähnlich wie die der Matrixorganisation:

- **Mehrdimensionalität**,
- **Mehrliniensystem** mit **klarer Kompetenzabgrenzung**,
- **Dezentralisierung**.

Die wesentlichen Unterschiede zur Matrix sind jedoch:

- Sekundärorganisationen übernehmen **zeitlich befristete Sonderaufgaben**.
- Die **Kompetenzabgrenzung** beim **Mehrliniensystem** ist klarer als bei der Matrixorganisation.

Am Beispiel des **Projektmanagements** sollen die Optionen bei sekundärorganisatorischen Formen dargestellt werden.[56]

Für die Realisierung von Projekten haben sich drei Grundtypen herauskristallisiert: reine Projektorganisation, Stabs- und Matrixprojektorganisation.

---

54 Bea/Göbel 2010, S. 383ff.
55 siehe auch den Beitrag „Organisationsführung und Strategie" in diesem Buch.
56 Projektmanagement ist eines von vielen Beispielen für die Nahebeziehung zwischen Management und Militär: Diese Methoden und Techniken wurden in den 1950ern und 1960ern im Rahmen der großen Rüstungs- und Raumfahrtprojekte der USA, v.a. in der NASA und der RAND Corp. entwickelt. Zur Definition von Projekt siehe auch Marr/Steiner 2004; Bea et al. 2008, S. 30ff.

Reine Projektorganisation (Linienprojektorganisation): Für die Realisierung eines Projektes wird eine eigenständige, zeitlich befristete organisatorische Einheit geschaffen (sogenannte Taskforces). Eine Projektleiterin bzw. ein Projektleiter werden formal festgelegt und wie eine Lineninstanz mit entsprechenden Entscheidungsbefugnissen und mit sachlichen (finanziellen, räumlichen etc.) sowie personellen Ressourcen ausgestattet. Die Projektmitglieder werden aus ihren bisherigen Aufgabenbereichen abgezogen und zur Umsetzung des Projektes im Projektteam zusammengefasst. Dabei unterstehen sie der Projektleitung sowohl fachlich als auch disziplinarisch. Die eigenständige Verfügbarkeit finanzieller und personeller Ressourcen (hohe Ressourcenautonomie) impliziert ebenfalls ein hohes Ausmaß an Verselbstständigung gegenüber der Primärorganisation in der Aufgabenerfüllung.

> **Definition**
>
> Projekte sind (1) außergewöhnliche, komplexe, für die Organisation neu- und einzigartige, aber möglichst genau abgrenzbare Aufgabenstellungen, die (2) mit hoher Unsicherheit und hohem Risiko behaftet und (3) zeitlich begrenzt sind sowie ein definiertes bzw. zu definierendes Ziel (Aufgabe, Ergebnis) haben sollten und (4) meist unter Beteiligung mehrerer Stellen erledigt werden.

Die Vorteile dieser Organisationsform liegen darin, dass Projektziele aufgrund der Verfügbarkeit der benötigten Ressourcen, der vollen Konzentration auf die Projektziele und der Stabilität im Ablauf mit größerer Wahrscheinlichkeit erreicht werden können. Damit verbunden sind kurze Entscheidungs- und Kommunikationswege und meist eine hohe Identifikation der Mitglieder.

Besonders kritisch sind hier der Projektstart und Abschluss: Beim Start müssen ein Projektauftrag sowie Mitarbeiterinnen und Ressourcen aus der Primärorganisation bereitgestellt werden, beim Projektabschluss müssen die Ergebnisse übernommen und die Mitarbeiter reintegriert werden.

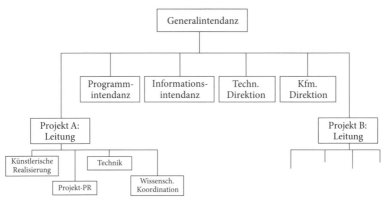

Abbildung 9: Reine Projektorganisation[57]

---

[57] Mayerhofer/Meyer 2007, S. 413

Stabsprojektorganisation: Dabei werden einzelne Mitarbeiter mit der Koordination eines Projektes meist auf nebenamtlicher Basis beauftragt.[58] Die Projektkoordination hat in dieser Organisationsform keine eigenständigen Entscheidungsbefugnisse zur Projektumsetzung, auch ist die Ressourcenhoheit begrenzt. Abweichungen der geplanten Projektrealisierung können nicht durch die Projektkoordination sanktioniert werden, denn diese Entscheidungen sind übergeordneten Instanzen vorbehalten.

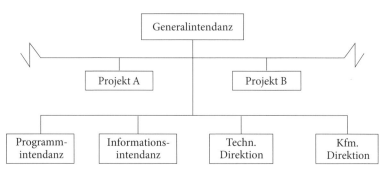

Abbildung 10: Stabsprojektorganisation[59]

Die Bereitschaft zum Informationsaustausch sowie zur Mitarbeit von Projektmitgliedern neben ihrer angestammten Tätigkeit stellt eine Grundvoraussetzung zur Bewältigung der Projektaufgabe dar. Die Gefahr der Arbeitsüberlastung und die Bewertung der Projektmitarbeit durch die unmittelbare Führungskraft spielen diesbezüglich eine wesentliche Rolle. Zu einer internen Strukturierung des Projektes kommt es aufgrund des eingeschränkten Bearbeitungsrahmens in der Regel nicht. Dafür besteht hier der Vorteil, dass die Mitarbeiterinnen für das Projekt nicht vollkommen freigestellt werden müssen und in der Primärorganisation eingebettet bleiben.

Matrixprojektorganisation: Die Kompetenzen der funktionalen Instanzen der Primärorganisation werden durch die gleichberechtigten Kompetenzen der Projektleiterinnen durchbrochen. Die Etablierung dieser Schnittstellen zielt auf eine bessere Abstimmung von funktionalen und projektmäßigen Entscheidungen, um Flexibilität und Innovation auch durch die Organisationsstruktur zu unterstützen.

---

58 Grün 1992, Sp. 2107
59 Mayerhofer/Meyer 2007, S. 414

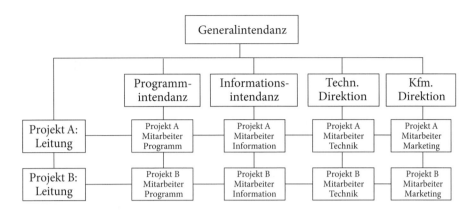

Abbildung 11: Matrixprojektorganisation[60]

Mit der Projektgestaltung in Matrixform können Projektaufgaben in den Abteilungen integriert werden, denn ohne die Mitarbeiterinnen aus der funktionalen Gliederung auszuklammern, stehen sie dem Projekt zur Verfügung. Kompetenzen müssen dann zwischen Projektleitung und „Linie" abgegrenzt werden. Vorteile der Matrixprojektorganisation sind:

- die Stärkung von Kooperationsbemühungen,
- der flexible Personaleinsatz,
- der Verbleib von Spezialistinnen in ihren Abteilungen (keine Auslastungs- und Rückgliederungsprobleme),
- Gesamtverantwortung und Entscheidungsbefugnis durch die Projektleitung.

Dem stehen folgende Nachteile gegenüber:

- großer Koordinationsbedarf,
- dadurch bedingte erhöhte Kosten (zweite Leitungsebene),
- Bürokratisierungstendenzen (Berichtspflicht an zwei Vorgesetzte, Abstimmungssitzungen).

Projektgesellschaft: Für manche Aufgabenstellungen ist die Kooperation von mehreren verschiedenen Organisationen notwendig, eine solcherart entstehende **multi-institutionelle** Projektform ist die Projektgesellschaft, meist zur Realisierung von sehr umfangreichen Vorhaben (z.B. Großereignisse wie Olympische Spiele[61]). Die Gründung einer Projektgesellschaft auf Zeit bedeutet eine rechtliche und organisatorische Ausgliederung von Stellen und/oder Mitarbeitern aus den Primärorganisationen. Diese Form hat als Arbeitsgemeinschaft in der Bauwirtschaft bzw. im Anlagenbau eine lange Tradition.

Die Wahl der besten Form für die Projektorganisation hängt nun wiederum von Projekt- und Umwelteigenschaften ab:

---

60 Mayerhofer/Meyer 2007, S. 415
61 Grün 1992, S. 2109

1. Die Stabsprojektorganisation eignet sich eher für kleinere Projekte, von denen nicht die ganze Organisation, sondern nur einige wenige Abteilungen betroffen sind. Auch für Projekte, bei denen operativer Arbeitsanfall und Ressourcenbedarf gering sind, wo es aber darum geht, von allen Organisationseinheiten zu tragende Kompromisse zu erarbeiten, eignet sich die Stabsprojektorganisation gut.
2. Die Matrixprojektorganisation ist jene Form für stark projektorientierte Organisationen, also für Unternehmen, in denen gleichzeitig mehrere Projekte laufen, die allesamt abteilungsübergreifend sind.
3. Reine Projektorganisation bietet sich an, wenn Projekte besonders neuartig, komplex, risikobehaftet und strategisch bedeutsam sind.[62]

Neben Projekten kann Sekundärorganisation auch auf andere Gliederungsprinzipien zurückgreifen:

- Beim **Produktmanagement**, welches insbesondere in der marketingorientierten Konsumgüterindustrie weit verbreitet ist (z.B. in Konzernen wie Procter & Gamble, Unilever, Johnson & Johnson, Nestlé), wird bei einer grundsätzlich funktionalen Organisationsform eine produktorientierte Koordination aller Aktivitäten sichergestellt. Die Einflussmöglichkeiten des Produktmanagements sind bei reinem Stabsproduktmanagement am geringsten, bei Matrixproduktmanagement (vgl. Abbildungen 6 und 8) am größten.
- Beim **Key-Account-Management** (Kundenmanagement) erfolgt diese Koordination kundengruppenbezogen (z.B. nach Groß- und Einzelhandel).
- Auch **strategische Geschäftseinheiten (SGE)** können Ausgangspunkt einer Sekundärorganisation sein. SGE versuchen, Produkt- und Marktmerkmale simultan zu berücksichtigen.[63]

Bei all diesen Formen ist der Übergang zur Matrixorganisation fließend und immer dann vollzogen, wenn die Sekundärorganisation zur Dauereinrichtung und die Kompetenzabgrenzung zwischen Primär- und Sekundärlinie bewusst unscharf gehalten wird.

Aus der Praxis: Die Struktur der ÖBB-Holding

Am Beispiel der Österreichischen Bundesbahnen sollen hier Organigramme illustriert und die dahinterliegenden Organisationsprinzipien dargestellt werden. Die gesamte ÖBB zeigt sich als **Holding-Struktur**, mit der ÖBB-Holding AG als strategischer Leitgesellschaft, die die Anteile einer Reihe von operativ tätigen Subgesellschaften besitzt und diesen auch zentrale Dienstleistungen zur Verfügung stellt.

---

62 Bea et al. 2008, S. 68f.
63 siehe auch den Beitrag „Organisationsführung und Strategie" in diesem Buch.

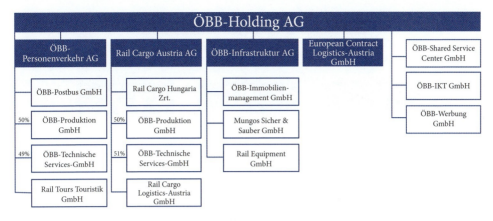

Abbildung 12: Organigramm der ÖBB-Holding[64]

Die **Holding** ist produktorientiert (der mittlere Ast des Organigramms) organisiert und bietet zwei zentrale Services: das ÖBB-Business-Competence-Center (z.B. Human Resources, Accounting Services, IT, Procurement und Security & Facilities) und die ÖBB-Werbung GmbH. Die anderen Tochtergesellschaften sind produkt- und kundenorientiert eingerichtet: Da gibt es die Personenverkehrs AG, die Rail Cargo Austria AG, die Infrastruktur AG und die European Contract Logistics Austria GmbH (die sich als Full-Service-Logistik-Partner versteht und nicht nur mit den ÖBB kontrahiert). Die drei wichtigsten Tochtergesellschaften sind als Aktiengesellschaften organisiert, was den direkten Durchgriff der ÖBB-Holding erschwert.

In den einzelnen Tochtergesellschaften finden sich wiederum ganz unterschiedliche Gliederungsprinzipien, als Beispiel zeigt Abbildung 13 die Infrastruktur AG: Dieses Organigramm zeigt eine Stablinienorganisation, wobei die Linien dominant nach funktionalen Prinzipien eingerichtet sind. Stabsabteilungen sind als Stabsprojektorganisation für große Bahnhofsprojekte eingerichtet (Wien), aber auch für Corporate Services (Unternehmensstäbe), die z.B. Personal, Recht, Strategie, PR und IT umfassen.

---

[64] ÖBB Blog (22.06.2015)

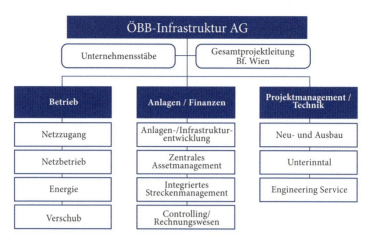

Abbildung 13: Organigramm der ÖBB-Infrastruktur AG[65]

Dieses Beispiel soll zeigen, dass sich innerhalb einer Organisation unterschiedliche Gliederungsprinzipien finden können, dass Strukturen nicht am Reißbrett entstehen, sondern wachsen und sich auch strategischen Anforderungen anpassen. Formale Strukturen sind damit permanenten Veränderungen ausgesetzt, und wenn sich ein Unternehmen für eine Reorganisation entscheidet, ist es in der Regel die Formalstruktur, die davon betroffen ist. Allein in den letzten fünf Jahren hat sich die Aufbauorganisation der ÖBB mehrfach geändert. Es gibt nur ganz wenige Gegenbeispiele mit mehr Stabilität: Die katholische Kirche hat seit hunderten Jahren eine fast unveränderte Formalstruktur und fährt damit nicht schlechter als die meisten jüngeren Organisationen.

5.5. Entwicklungstendenzen jenseits der klassischen Organisationsformen

Die Landschaft der Organisationsformen ist seit den 1990ern unübersichtlicher geworden. Es gibt einige Trends, die seit dieser Zeit an Bedeutung gewonnen haben, obwohl sie vielfach als bloße Moden eingeschätzt wurden:[66]

- Es waren zuerst einmal Kostenargumente, die dem Konzept des **Lean Management** zum Siegeszug verhalfen. In Verbindung mit der Konzentration auf Kernkompetenzen[67] führte das zu einer Verschlankung der Hierarchien. Dadurch wurden im Verwaltungsbereich ähnliche Rationalisierungsgewinne eingefahren, wie dies zuvor mit Lean Production in den Fabrikhallen gelungen war. Damit verbunden gewann der Gedanke der **Prozessorientierung** an Momentum, in den 1990ern ganz besonders im Konzept des Business-Process-Re-Engineering,

---
65 ÖBB (23.06.2015)
66 Kieser 1996
67 Hamel/Prahalad 1994

welches allerdings seine radikale Forderung, Organisationen entlang ihrer Kernprozesse vollkommen neu zu strukturieren, so nicht einlösen konnte.[68]
- Die Unzulänglichkeit der Koordinationsinstrumente Weisung, Planung und Programmierung in einer dynamischeren Umwelt führte dazu, dass Autonomie und Selbstorganisation aufgewertet wurden. Das sollte die Organisationen lernfähiger (**lernende Organisation**) und flexibler machen. Eine neue **Dezentralisierung** wurde ausgerufen, verbunden mit einer Verbreitung von Center-Konzepten und Empowerment, also der Verschiebung von Kompetenzen und Verantwortung auf die unteren Hierarchieebenen.[69]
- Schließlich zeigten die Entwicklungen in vielen Industrien auf, dass Organisationen einen neuen Umgang mit ihren Grenzen finden müssen: **Netzwerke** zwischen Unternehmen, **strategische Allianzen**, neue Formen der Beschäftigung machten deutlich, dass die traditionellen Grenzen von Unternehmen durchlässiger wurden.[70]

Abbildung 14: Trends und neue Formen des Organisierens[71]

Diese Trends hatten Konsequenzen für die Gestaltung von Organisationsformen, wenngleich keineswegs alle Organisationen „auf der grünen Wiese" neu aufgesetzt wurden.

Prozessorganisation meint keineswegs die Überwindung der Arbeitsteilung, sie bringt lediglich ein neues Gliederungs- und Spezialisierungsprinzip ins Spiel: Kundenorientierte Prozesse sollen Basis der Strukturierung von Unternehmen sein. Damit sollen vor allem Ineffizienzen an den Schnittstellen von Prozessen minimiert werden, dies durch eine sogenannten 90-Grad-Wendung der Organisation: Während sich in traditionellen Organisationsformen die Prozesse mühsam ihren Weg durch die Struktur bahnen und dabei viele Schnittstellen überwinden müssen, soll die prozessorientierte Organisation quasi begradigt, bereinigt und durchflussoptimiert sein. Prozessbeschleunigung, Kostensenkung, Qualitätsverbesserung, mehr Kundenorientierung und sogar Motivationssteigerung bei den Mitarbeitern durch die Übernahme von Prozessverantwortung sind Vorteile dieser Organisationsform.[72]

---

68 Hammer/Champy 1993
69 Drumm 1996
70 Sydow 1992; Sydow/Windeler 2000
71 Bea/Göbel 2010, S. 413
72 Osterloh/Frost 1996

Teamorientierung schlägt sich in veränderter Koordination und größerer Autonomie von organisatorischen Einheiten nieder. Teilautonome Arbeitsgruppen, Projektgruppen und am radikalsten Team-Work-Management versuchen, Teams in Organisationen größere Macht und Verantwortung zu geben. Team-Work-Management geht davon aus, dass jede Mitarbeiterin Mitglied eines Teams ist. Dies findet sich schon im Likert-Modell überlappender Gruppen, in dem einzelne Personen gleichzeitig in verschiedenen Gruppen Mitglieder sind und so als Linking-Pins für die Koordination von Gruppen auf unterschiedlichen hierarchischen Ebenen sorgen (vgl. Abbildung 15).[73]

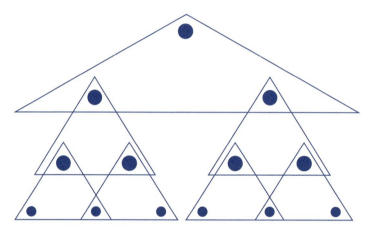

Abbildung 15: System überlappender Gruppen von Likert

Selbstorganisation wiederum ist ein schillernder Begriff, der in den 1980ern von der systemtheoretischen Managementlehre geprägt wurde[74] und den Gedanken verdichtet, dass sich in Organisationen Prozesse von selbst zu ordnungshaften Mustern fügen. Demzufolge sollten mehr Kompetenzen auf Mitarbeiter übertragen und die positiven Effekte der Selbstverantwortung genutzt werden.[75]

Organisationales Lernen und die **lernende Organisation** sind auch eine Antwort auf neue Umweltdynamik und die Bedeutung von Wissen für wirtschaftlichen Erfolg.[76] Erstens müssen Organisationen das individuelle Wissen ihrer Mitglieder besser verfügbar machen und nutzen, weil sie sich nicht mehr darauf verlassen können, Schlüsselkräfte über lange Zeit halten zu können. Dies führt zu verstärkten Anstrengungen im Wissensmanagement.[77] Zweitens müssen sich Organisationen immer schneller wandeln, wozu es eben nicht reicht, dass bloß die Mitarbeiter individuell lernen – auch die Organisation mit ihren Strukturen, Regeln und Normen, Zielen und Programmen muss sich ständig weiterentwickeln. Fallbeispiele zum organisati-

---

73 Likert 1961
74 Probst 1987; Kasper et al. 1998
75 Bea/Göbel 2010, S. 415
76 vgl. Senge 1990
77 symptomatisch dazu z.B. Heitger 1996

onalen Lernen zeigen immer wieder typische Organisationskulturen mit offener Architektur, Bereitschaft zum Austausch von Informationen und kooperativem Klima, hierarchiefreien Räumen, Kommunikationsmöglichkeiten abseits des Formalen, Kundenbeteiligung etc.[78] Kritisch lässt sich anmerken, dass sich Organisationen damit vor allem unabhängiger von der Expertise Einzelner machen, wodurch nunmehr auch Expertinnen und Wissensarbeiter austauschbar werden.

Lean Management, Prozessorientierung und Konzentration auf die Kernprozesse führten in vielen Organisationen, ja in ganzen Industrien, zu Auslagerungen großen Ausmaßes (Outsourcing) der Supportprozesse (z.B. Facility Management), aber auch zur Neudefinition von Kernprozessen innerhalb der Wertschöpfungskette (z.B. der Rolle von Zulieferern in der Automobilindustrie). Die Neudefinition von Organisationsgrenzen und die Bedeutung von **Kooperationen** führten zu regionalen Netzwerken, Unternehmensclustern, Franchise-Modellen, Kooperationsmodellen, z.B.

- vertikal in der Automobilindustrie entlang der Wertschöpfungskette (Lieferanten-Produzenten-Händler) oder
- horizontal durch strategische Allianzen in der Airline-Industrie,

bis hin zu **virtuellen Organisationen**: der Vernetzung von Modulen aus unterschiedlichen Unternehmen zu einer kundenorientierten Gesamtleistung auf der Basis einer geeigneten IT-Infrastruktur unter Verzicht auf konventionelle Grenzen, Mitgliedschaften und Organisationsformen. Viele dieser neuen Organisationsformen wurden erst durch die rasante Entwicklung der **Informationstechnologie** möglich:[79] Prozessorientierung, Wissensmanagement und Kooperationsmodelle sind undenkbar ohne die IT-Errungenschaften der letzten zwei Dekaden.

> **Zusammenfassung**
> Die klassischen Organisationsformen, die sich noch immer in den Organigrammen vieler Unternehmen und sonstiger Organisationen wiederfinden, sind die funktionale, die divisionale und die Matrixorganisation. Auf zeitlich befristete, aber besonders herausfordernde Aufgaben wird oft mit Sekundärorganisation reagiert, z.B. in Form von Projektmanagement.

6. Organisationstypen

Die Organisationstypologien dieses Kapitels gehen über die formale Struktur hinaus und versuchen, Typen von Organisationen auf Grundlage eines erweiterten Strukturverständnisses zu beschreiben: Der eine Ansatz, Mintzbergs „Fives", geht davon aus,

---
[78] vgl. z.B. die vielen Beispiele bei Senge 2004.
[79] so auch Kieser/Walgenbach 2010, S. 371ff.

dass jede Organisation aus bestimmten Komponenten besteht und sich die Typen je nach Bedeutung dieser Komponenten unterscheiden.[80] Der zweite Ansatz geht von der Annahme aus, dass Organisationen einen Entwicklungsprozess durchlaufen und dass sie je nach Phase, in der sie sich befinden, unterschiedliche Merkmale aufweisen.[81]

6.1. Mintzberg's „Fives"

Henry Mintzberg geht in seiner sogenannten Konsistenztheorie davon aus, dass jede Organisation im Wesentlichen aus fünf Komponenten besteht (vgl. Abbildung 16):

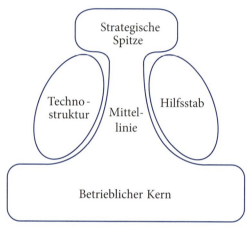

Abbildung 16: Das Grundmodell von Mintzberg's „Fives"[82]

(1) Die **strategische Spitze** hat die Verantwortung für die Erfüllung des Auftrages der Organisation und die Gestaltung der Beziehungen zu externen Stakeholdern. Sie umfasst also die obersten Instanzen einer Organisation, die Spitzenführungskräfte mit strategischen Aufgaben (Vorstand, Geschäftsführung) sowie deren unmittelbare Umgebung.
(2) Über die **Mittellinie** erfolgt die Koordination und Information durch eine formale Autoritätskette von Führungskräften, sie umfasst das Mittelmanagement, also jene Instanzen, die die Weisungen an den betrieblichen Kern weiterleiten.
(3) Im **betrieblichen Kern** findet die Fertigung der Produkte und Dienstleistungen statt, er umfasst also jene Mitarbeiterinnen und Mitarbeiter, die direkt an den Kernprozessen der Organisation (Produktion, Dienstleistungserstellung) arbeiten.
(4) Die **Technostruktur** beinhaltet meist Stäbe, die Standards und Normen schaffen, also z.B. Abteilungen oder Stellen für Controlling, Qualitätsmanagement, strategische Planung und Personalmanagement. Hier befindet sich jenes Know-how für die betriebliche Leistungserstellung, welches durch die Trennung von Hand- und Kopfarbeit vom betrieblichen Kern abgespalten wurde.

---
80 Mintzberg 1979; Mintzberg 1983
81 Glasl/Lievegoed 1993
82 Mintzberg 1979, S. 297

(5) Der **Hilfsstab** übernimmt unterstützende Dienste außerhalb des eigentlichen betrieblichen Ablaufes: Rechtsabteilung, Personalverrechnung, Poststelle, Gebäudemanagement etc.

Jede dieser fünf Komponenten übt in Organisationen einen bestimmten Druck aus:[83]

(1) Die strategische Spitze in Richtung **Zentralisierung** und Koordination über direkte Weisung und Kontrolle,
(2) die Mittellinie in Richtung **Differenzierung**[84], um marktnahe Einheiten zu schaffen und diese bloß über standardisierte Outputs zu kontrollieren und koordinieren,
(3) der betriebliche Kern in Richtung **Professionalisierung**, um weitgehend autonom von Weisungen und Aufsicht zu bleiben,
(4) die Technostruktur in Richtung **Standardisierung**, um ihre Expertenmacht und Bedeutung in der Organisation zu stärken,
(5) der Hilfsstab in Richtung **Kooperation**, weil er dann den größten Einfluss auf die Gesamtorganisation hat, wenn die Komponenten möglichst autonom sind und in wechselnden Konstellationen miteinander kooperieren.

Konsistenzansatz nennt Mintzberg sein Modell, weil er besonderes Augenmerk auf die Konsistenz der jeweiligen Konstellationen legt, und zwar organisationsintern und im Zusammenspiel mit der Umwelt. Folgende Faktoren spielen dabei eine Rolle:[85] Organisationsalter und -größe, Entwicklungsphase, Technologie, Stabilität und Komplexität der Umwelt, Diversität des Marktes und Bedrohung durch den Wettbewerb.

In Abhängigkeit von der relativen Bedeutung dieser Komponenten unterscheiden sich wiederum fünf Typen von Organisationen:

(1) die **Einfachstruktur**, in der die strategische Spitze dominiert,
(2) die **Maschinenbürokratie**, in der die Technostruktur die entscheidende Rolle spielt,
(3) die **Profiorganisation**, in der der betriebliche Kern den meisten Einfluss hat,
(4) die **Spartenorganisation** mit einer dominanten Mittellinie und
(5) die **Adhokratie**, die durch einen starken betrieblichen Kern und einen ebenso starken Hilfsstab geprägt ist.

---

83 Mintzberg 1983, S. 153f.
84 im Original politisch wenig korrekt „balkanization".
85 Mintzberg 1983, S. 121ff.

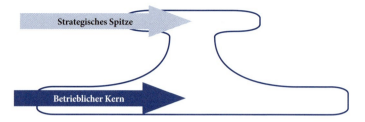

Abbildung 17: Einfachstruktur

Bei der **Einfachstruktur** dominiert die strategische Spitze (oberer Pfeil in Abbildung 17), also die Unternehmensleitung.[86] Oft ist es der pionierhafte Unternehmer oder die Unternehmerin, die einsam an der Spitze nicht nur die strategischen, sondern auch die operativen Entscheidungen trifft. Auch der betriebliche Kern ist von Bedeutung (unterer Pfeil). Mittellinie, Technostruktur und Hilfsstab sind hingegen kaum vorhanden (vgl. Abbildung 17), die Hierarchie ist flach, die Karrieremöglichkeiten sind beschränkt. Die Einfachstruktur kann flexibel auf Kundenbedürfnisse reagieren, sie findet sich z.B. bei überschaubaren Klein- und Mittelbetrieben mit starken Eigentümerinnen, auch in Krisen kann die Einfachstruktur vorteilhaft sein.

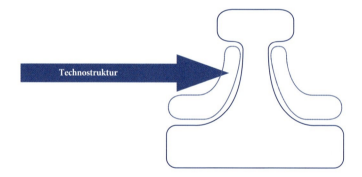

Abbildung 18: Maschinenbürokratie

Bei der **Maschinenbürokratie** dominiert die Technostruktur[87] – dort werden die für das reibungslose Funktionieren der Maschine erforderlichen Pläne erstellt. Die Koordination in der Maschinenbürokratie erfolgt über Programmierung, d.h. Standardisierung der Prozesse, die organisatorischen Einheiten sind stark ausdifferenziert. Die fachliche Ausbildung ist nicht nur in der Technostruktur erforderlich, Berechenbarkeit auch der Organisationsmitglieder ist in allen Komponenten wichtig und wird durch Formalisierung sichergestellt. Planung und Kontrolle spielen eine wichtige Rolle – auch dies fördert die Macht der Technostruktur. Wie in der funktionalen Organisationsform ist die strategische Spitze oft überfordert. Nicht diversifizierte Groß-

---

86 Mintzberg 1983, S. 157ff.
87 Mintzberg 1983, S. 163ff.

unternehmen sind die Spielwiese der Maschinenbürokratie, also z.B. Banken und Versicherungen, Hotel- und Restaurantketten und die öffentliche Verwaltung. Zwar stößt die Maschinenbürokratie bei dynamischer Umwelt rasch an die Grenzen ihrer Leistungsfähigkeit – sie ist gewohnt, auch die Umwelt zu bestimmen und zu formalisieren –, auf der anderen Seite gibt es viele aktuelle Trends, die mehr Technostruktur, also Planungs- und Controllingstäbe erfordern: Standardisierung und eine Inflation von Audits forcieren als Nebeneffekt die Maschinenbürokratie (z.B. in Universitäten).[88]

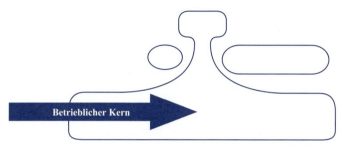

Abbildung 19: Profiorganisation

Der betriebliche Kern ist jene Komponente, die die **Profiorganisation („Professional Bureaucracy")** dominiert. Die Koordination in Profiorganisationen erfolgt über die Standardisierung von Arbeitsprozessen, vor allem aber über extern erworbene Berufsqualifikationen. Profiorganisationen finden sich überall dort, wo organisationsexterne Institutionen, nämlich Professionen, nicht nur den Zugang zu bestimmten Berufen regeln (z.B. Ärztinnen, Rechtsanwälte, Wirtschaftstreuhänder und die anderen klassischen freien Berufe), sondern auch Qualitätsstandards für Prozesse und Ergebnisse festlegen: Was die geeignete Therapie für eine bestimmte Krankheit ist, bestimmt (noch) nicht der Geschäftsführer des Spitals. In Spitälern und Universitäten, in Anwaltssozietäten und Architekturbüros liegt die Macht beim betrieblichen Kern. Solche Organisationen sind dezentralisiert und durch geringe Planung und Kontrolle geprägt. Die Gliederung ist oft objektorientiert (Abteilungen in Krankenhäusern und Institute an Universitäten) und subtile Prozeduren der Mitbestimmung sorgen dafür, dass die strategische Spitze wenig ohne die Profis entscheiden kann.

---

88 Brunsson/Jacobsson 2002; Power 1994; Power 1997

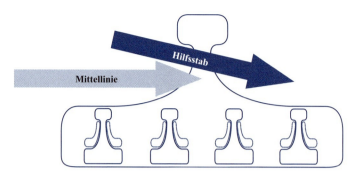

Abbildung 20: Spartenstruktur

In der **Spartenstruktur** dominieren die Mittellinie, insbesondere die Leiter und Leiterinnen der einzelnen Sparten und Geschäftsbereiche, aber auch der Hilfsstab (z.B. zentrale Dienstleistungen) tragen zum Zusammenhalt der Organisation bei.[89] Der strategischen Spitze obliegt die Einteilung der Sparten nach Produktgruppen oder Märkten – dann aber wandert viel Macht zu den Leitungsinstanzen der Sparten, die über eine Standardisierung ihres Outputs koordiniert werden: Wie dies z.B. bei Center-Konzepten üblich ist, müssen die Sparten bestimmte Kennzahlen liefern. Die vertikale Dezentralisierung ist limitiert, weil die Spartenstruktur innerhalb der Sparten auf Zentralisierung setzt. Ein sensibler Faktor ist die Kompetenzverteilung zwischen der Unternehmensleitung und den einzelnen Spartenleitungen. Die Koordination und Leistungskontrolle ist primär auf monetäre Größen ausgerichtet, weswegen sich dieser Typ vor allem für den gewinnorientierten Sektor eignet. Im Unterschied zur Maschinenbürokratie passt dieser Typus besser zu dynamischen Märkten, die aber auf etablierten Produkten und Dienstleistungen beruhen.

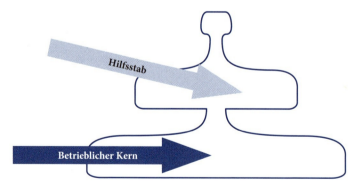

Abbildung 21: Adhokratie

Der Fünfte der Mintzberg-Typen ist der bekannteste und gleichzeitig der unschärfste: die **Adhokratie**. Dieser Typus ist es nach Mintzberg, der als Einziger hochentwickelte Innovationen zustande bringt.[90] Mintzberg hatte dabei Hightech-

---
89 Mintzberg 1983, S. 215ff.
90 Mintzberg 1983, S. 253ff.

Start-ups, Creative-Industry-Betriebe wie z.B. Filmstudios oder Bio-Tech-Firmen vor Augen. Heute fallen einem dazu auch viele IT-Unternehmen mit Internetgeschäftsfeldern ein. Der dominante Koordinationsmechanismus ist die gegenseitige Abstimmung der weitgehend autonomen Einheiten des betrieblichen Kerns. Die Mittellinie ist aufgrund der Organisationsgröße unterentwickelt, jedenfalls nicht tonangebend. Die Strukturen sind hochorganisch mit geringem Formalisierungsgrad. Es besteht ausgeprägte horizontale Verrichtungsspezialisierung, die auf hohem formalem Ausbildungsniveau der Mitarbeiter beruht. Von allen Konfigurationen zeigt die Adhokratie die geringste Nähe zu klassischen Organisationsformen: Mehrlinien- und Matrixkonfigurationen sind häufig. Der betriebliche Kern, aber vor allem der Hilfsstab, von dessen Leistungen die lose gekoppelten Expertenteams abhängen, sind in einer machtvollen Position. Mintzberg unterscheidet dann zwischen einer operativen und einer administrativen Adhokratie:

- Bei der **operativen** agieren Projektteams quasi als Selbstzweck, der Schwerpunkt liegt auf dem betrieblichen Kern.
- Bei den **administrativen** werden die Projektteams für die Gesamtorganisation instrumentalisiert. Hier spielt dann eben der Hilfsstab eine zentrale Rolle als Ressourcenpool und Koordinator.

Mintzberg's „Fives" ist – wie jede Typologie – eine Vereinfachung. Sie kann an dieser Stelle nur nochmals vereinfacht und verkürzt dargestellt werden. Zugutezuhalten ist ihr jedoch, dass sie nicht nur Elemente der Formalstruktur, sondern auch kulturelle und machtbezogene Aspekte berücksichtigt. Das Schema, das sie vorgibt, ist auch mehr als zwei Dekaden nach ihrer Publikation erstaunlich leistungsfähig und nützlich bei der Analyse aktueller organisationaler Entwicklungen, z.B. der Verbetriebswirtschaftlichung vieler Organisationen des dritten Sektors[91] oder der Reorganisation von Universitäten und Krankenhäusern, die sich derzeit von Profiorganisationen zu Maschinenbürokratien entwickeln. Mit dem Stellenwert der fünf Organisationskomponenten und den dominanten Koordinationsprinzipien, die für jede Konfiguration typisch sind, liefert das Mintzberg-Modell viele Anregungen für empirische Organisationsforschung.

6.2. Entwicklungsphasen von Organisationen

Obwohl die Dynamik von Organisationsformen auch bei Mintzberg's „Fives" eine Rolle spielt,[92] ist sie nicht entscheidend für die Typenbildung. Das ist sie aber im folgenden **Modell organisationaler Entwicklungsphasen**.[93] Dieses Modell geht – allerdings ohne jede empirische Überprüfung – davon aus, dass Organisationen wie Menschen bestimmte Lebensphasen und Lebenskrisen durchlaufen, und formuliert folgende Stufen: **Pionier-, Differenzierungs-, Integrations- und Assoziationsphase**. Die Phasenübergänge sind eine Zeit der Neuorientierung der Organisation,

---

[91] Meyer 2007; Leitner et al. 2008
[92] Mintzberg 1983, S. 285ff.: Organisationen werden nicht als Maschinenbürokratien oder Spartenorganisationen geboren, am Anfang der Entwicklung stehen eher Einfachstrukturen oder Adhokratien.
[93] Lievegoed 1974; Glasl/Lievegoed 1993; ein sehr ähnliches Erklärungsmodell für die Entwicklung von Organisationsformen lieferte schon Greiner 1972.

die regelmäßig mit spezifischen krisenhaften Erscheinungen und Brüchen in der Identität des Systems verbunden ist. Lediglich am Übergang von der Integrations- in die Assoziationsphase formuliert dieses Modell keine existenzielle Krise.

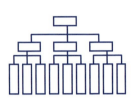

1. Pionierphase
Improvisation, direkte Kommunikation, patriarchalische Führung

2. Organisationsphase
formalisierte Strukturen, Hierarchie, Standardisierung

3. Integrationsphase
Teambildung, Orientierung nach außen, Flexibilisierung

4. Assoziationsphase
Vertrauen und Kooperation, Selbststeuerung, Prozessverantwortung und Management über die Unternehmensgrenzen hinaus

Gefahren:
Chaos, Willkür, Unselbstständigkeit der Mitarbeiter

Gefahren:
Erstarrung, Abteilungsdenken, sinkende Motivation

Gefahren:
Koordinationsaufwand, Verselbstständigungstendenzen

Gefahren:
Machtblöcke durch strategische Allianzen, Staat im Staat

Abbildung 22: Entwicklungsphasen in Organisationen[94]

Die erste Phase jeder Organisation ist die **Pionierphase**. Zentraler Bezugspunkt des organisationalen Handelns in pionierhaften, jungen Organisationen ist die Idee des Gründers oder des Gründungsteams. In dieser Phase herrschen direkte, personenbezogene Kommunikationsstrukturen vor. Weitere Kennzeichen sind eine familienartige Kultur, Improvisation und eine enge Bindung an die eigentliche Aufgabe, den flexiblen Dienst am Kunden oder der Kundin. Bei Wachstum oder einer veränderten Organisationsumwelt, auf die die Pionieridee keine Antwort mehr weiß, gerät die Organisation in ihre erste Existenzkrise: Unterorganisation, geringe Verbindlichkeit der Mitglieder gegenüber der Organisation, Machtkämpfe, Überlastung, sinkende Motivation sowie zunehmende Klagen der Kunden treten als typische Symptome auf.

Wird die am Ende der Pionierphase auftretende Krise erfolgreich überwunden, tritt die Organisation meist in die **Differenzierungsphase** (Organisationsphase). Jetzt bemüht sich die Organisation um Transparenz, Systematik, Logik und Steuerbarkeit. Die Organisation soll nach den Prinzipien Mechanisierung, Standardisierung, Spezialisierung und Koordinierung durchkonstruiert werden und wird als steuerbare, beherrschbare und kontrollierbare Maschine gesehen. In der Struktur der Organisation findet funktionelle Abteilungsbildung statt (Verwaltung, Produktion,

---

[94] Kasper et al. 2002, S. 49

Verkauf usw.). Abläufe werden weitgehend standardisiert, was durch eine einigermaßen stabile Umwelt und einfache Aufgabenstrukturen begünstigt wird. Das Grundproblem der nunmehr differenzierten Organisation sind die Integration und die Ausrichtung auf Kundenbedürfnisse. Überorganisation, Erstarrung, Abteilungsdenken, langwierige Entscheidungsprozesse über mehrere Instanzen sowie Stablinienprobleme sind für die zweite existenzielle Krise charakteristisch.

Wird diese **Bürokratiekrise** überwunden, tritt die Organisation in die **Integrationsphase**. Um aus der Erstarrung zu kommen, die sich in der überreifen Organisationsphase verbreitet hat, müssen die Beziehungen zwischen Stellen, Gruppen (Abteilungen) und größeren Einheiten neu gestaltet werden. Einige Kennzeichen dieser Entwicklungsphase sind Teamstrukturen, Dezentralisierung und strategisch überlegte Marktorientierung. Oft löst eine Spartenorganisation die funktionale Organisation ab.

Die **Assoziationsphase** schließlich ist im Gegensatz zur vorangegangenen nicht von Abgrenzung der Organisation gegenüber der Umwelt gekennzeichnet, sondern vom Aufbau vielfältiger Verbindungen zwischen Umwelten und Organisation.[95] Dauerhafte Kunden- bzw. Lieferantenbeziehungen entlang der gesamten Kette der Leistungserbringungsprozesse sind damit ebenso gemeint wie gemeinsame Forschung und Entwicklung sowie Formen des gemeinsamen Lernens (z.B. im Qualitätsmanagement). Weitere Kennzeichen dieser Phase sind ein grundsätzlich sorgfältiger Umgang mit Ressourcen und ständige Entwicklung.

Die Integrations- und Assoziationsphase sind wie zwei Seiten einer Medaille: In der Integrationsphase geht es um die interne Optimierung der Prozesse, um die Stärkung der Identität durch die Pflege und den Ausbau der Marktposition. Dabei werden die Abteilungen autonomer, die Organisation dezentralisiert. In der Assoziationsphase wird die Kooperation mit der Umwelt forciert, Netzwerke und Allianzen werden aufgebaut. Interne Dezentralisierung und externe Vernetzung haben etwas gemeinsam: Hierarchische Koordination wird zugunsten anderer Koordinationsinstrumente (z.B. Selbstabstimmung, interne Märkte) zurückgenommen.

Verlockend aus der Sicht von Pionierorganisationen ist es, die Organisationsphase zu überspringen und direkt in die Integrationsphase einzutreten. Aus der Perspektive dieses Phasenmodells ist das aber nicht möglich, weil Phasen wie Krisen für die Entwicklung zur integrierten Organisation nötig sind.

Auch dieses Modell und seine Organisationstypen sind einleuchtend und weit verbreitet. Das ist darauf zurückzuführen, dass es so stark „menschelt". Gleichzeitig ist das ein zentraler Kritikpunkt: Die Idee von Geburt, krisenbegleitetem Wachstum und Reife ist uns so vertraut, dass wir ihre Anwendbarkeit auf andere Phänomene selten hinterfragen. Es ist aber empirisch weder belegt, dass genau diese Phasen in dieser Reihenfolge durchlaufen werden, noch, dass die Phasenübergänge jeweils von krisenhaften Erscheinungen begleitet sein müssen. Vollständigkeitshalber müsste

---
95   Glasl/Lievegoed 1993, S. 116f.

das Modell auch noch um eine Sterbephase erweitert werden.[96] Insgesamt überwiegt aber der Nutzen für die Diagnose und Analyse konkreter Organisationen.

> **Zusammenfassung**
>
> Jenseits der klassischen Organisationformen gibt es eine ganze Reihe von Möglichkeiten, Organisationstypen zu beschreiben. Zwei sehr gängige Typologien wurden hier dargestellt: Die Typologie von Henry Mintzberg (Mintzberg's „Fives") unterscheidet fünf typische Konfigurationen in Abhängigkeit von der Aufbauorganisation und dem Einfluss, den die fünf Komponenten der Organisation haben: (1) die Einfachstruktur mit einer Dominanz der strategischen Spitze, (2) die Maschinenbürokratie mit einem starken Einfluss der Technostruktur, (3) die Profiorganisation mit einer Dominanz des betrieblichen Kerns, (4) die Spartenstruktur, in der die Mittellinie die Organisation zusammenhält, und (5) die Adhokratie, in der die Hilfsstäbe die Organisationskomponenten verbinden und auch der betriebliche Kern großen Einfluss hat.
>
> Organisationen können auch entlang ihrer (idealtypischen) Entwicklungsphasen typisiert werden. Dann unterscheidet man (1) Pionierunternehmen (mit wenig formaler Struktur und mächtiger strategischer Spitze), (2) meist funktional ausdifferenzierte Organisationen, die zur Standardisierung und Bürokratisierung neigen, (3) integrierte Organisationen, die versuchen, durch unterschiedliche Instrumente (Center-Konzepte, Sekundärstrukturen, Teams) die Nachteile der Organisationsphase zu kompensieren, und (4) assoziierte Organisationen, die ihre Umweltbeziehungen explizit in die Struktur einbauen (z.B. über Netzwerke).

7. Ursachen und Folgen von Strukturen

Was bestimmt die Struktur von Organisationen? Welche Auswirkungen hat die Struktur auf den Erfolg von Organisationen? Diese Fragestellungen prägen weite Bereiche der empirischen Organisationsforschung, die in den 1960er-Jahren unter der Bezeichnung Kontingenzansatz oder situativer Ansatz gestartet wurde. Abbildung 23 skizziert die vermuteten Wirkzusammenhänge dieses Forschungsansatzes.

---

96 Der Tod von Organisationen ist ein in der Organisationsforschung selten behandeltes Thema (Ausnahmen sind z.B. Sutton 1987; Milligan 2003; Hamilton 2007).

Organisation: Strukturen und klassische Formen

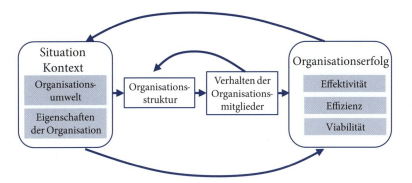

Abbildung 23: Zusammenhang Situation–Struktur–Erfolg

Dazu müssen aber eine Reihe von Vorfragen gelöst werden:[97]

(1) Wie lässt sich die Umweltsituation messen?
(2) Wie lassen sich formale Organisationsstrukturen messen?
(3) Wie lässt sich Organisationserfolg, wie lassen sich Effektivität und Effizienz messen?
(4) Wie lässt sich der Einfluss bestimmter Strukturelemente auf den Erfolg isoliert bestimmen?
(5) Und wie das Zusammenspiel zwischen unterschiedlichen Strukturelementen?

7.1. Organisationsinternes Zusammenspiel

Befunde zum **Zusammenhang zwischen den Strukturkomponenten** und **Gestaltungselementen** von Organisation sind in Abbildung 24 zusammengefasst. Die Zusammenhänge sind wie folgt zu verstehen: Ein Plus kennzeichnet eine positive (je mehr desto mehr), ein Minus eine negative (je mehr desto weniger) Beziehung. So bedeutet mehr Spezialisierung prinzipiell mehr Koordinationserfordernis, das hängt aber auch von der Art der Spezialisierung ab. Organisationskultur und interne Märkte reduzieren wiederum den Koordinationsbedarf. Innerhalb der Koordinationsinstrumente hängen persönliche Weisungen negativ mit dem Ausmaß von Delegation zusammen, alle anderen Instrumente erhöhen das Delegationsausmaß. Eine Konzentration auf persönliche Weisungen erhöht die Anzahl der Linieninstanzen sowie die Zahl der Hierarchieebenen und reduziert die Leitungsspanne, was nachvollziehbar ist, weil ja sonst die einzelnen Instanzen rasch überfordert wären. Mehr Programmierung und Planung erhöht zwar die Zahl jener (Stabs-)Stellen, die zur Unterstützung erforderlich sind, diese Koordinationsinstrumente erhöhen aber auch die möglichen Leitungsspannen und tragen zur Formalisierung bei.

---

97 Kieser/Walgenbach 2010, S. 191ff.

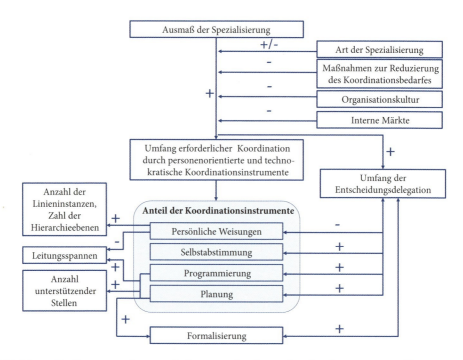

Abbildung 24: Zusammenhang zwischen verschiedenen Strukturkomponenten[98]

Es geht nicht darum, alle Zusammenhänge zwischen diesen Komponenten im Detail zu kennen. Abbildung 24 gibt aber einen Eindruck, was sich an einzelnen Strukturkomponenten ändern sollte, wenn das Management eine bestimmte Intervention setzt oder sich Strukturen auch selbstorganisierend verändern.

---

98 Kieser/Walgenbach 2010, S. 185

Aus der Praxis

Das Ausmaß der Spezialisierung ist in modernen Krankenhäusern besonders hoch. Dabei handelt es sich vor allem um Verrichtungsspezialisierung: ärztliche, pflegerische und administrative Stellen sowie unterschiedliche medizinische Abteilungen (Interne, Chirurgie, Unfall, Gynäkologie etc.). Verrichtungsspezialisierung erhöht den Koordinationsbedarf aufgrund hoher wechselseitiger Abhängigkeiten ganz besonders. Interne Märkte sind in Spitälern (noch) undenkbar, die Organisationskultur trägt selten zur Koordination bei. Das Koordinationsproblem wird meist über eine starke Entscheidungsdelegation an die einzelnen medizinischen Abteilungen gelöst. Von großer Bedeutung sind in Krankenhäusern Selbstabstimmung und Programmierung – mit bestimmten Diagnosen sind klar definierte Behandlungen verbunden. Planung und Formalisierung nehmen zu. Je größer die Leitungsspannen in den medizinischen Abteilungen, desto weniger wird die Primarärztin mit persönlichen Weisungen koordinieren können; für Programmierung und Planung wiederum braucht es mehr unterstützende Stellen. Die Programmierung wiederum (Diagnose/Behandlung) erfordert ein hohes Maß an Formalisierung: Detaillierte Patientenberichte müssen geschrieben werden. Wie in allen Organisationen zeigt sich auch im Krankenhaus ein spezifischer Zusammenhang zwischen den einzelnen Strukturkomponenten und dies führt zu einem „typischen" Muster.

Abbildung 24 gibt auch ein Bild davon, was in der Organisationsforschung als **Konfigurations- oder Konsistenzansatz** behandelt wird: Auch wenn die Anzahl der Gestaltungselemente des Organisierens überschaubar ist, ist nicht jede der kombinatorischen Möglichkeiten gleich sinnvoll, um eine interne Passung dieser Elemente zu gewährleisten. Damit ist aber noch nichts über die Passung der jeweiligen Konfiguration mit der Umwelt gesagt.

7.2. Situation, Umwelt und Struktur

Im Brennpunkt der empirischen Organisationsforschung steht noch immer die Frage, wie die Umwelt die Organisationsstruktur beeinflusst. Bestimmte Umweltmerkmale schlagen sich somit direkt auf die Organisationsstruktur nieder.[99] So unterscheiden sich verschiedene Umweltsektoren in Hinblick auf den Unsicherheitsgrad: Wie gut sind bestimmte Märkte prognostizierbar? Wie schnell reagieren sie auf Entscheidungen der Organisation? Hier gibt es große Unterschiede z.B. zwischen Hedgefonds und Investmentbanken auf der einen Seite und Beerdigungsunternehmen auf der anderen Seite der Skala. Je höher die Unsicherheit, desto geringer ist der Formalisierungsgrad von Organisationen. Je unterschiedlicher die Umwelten der Organisation sind, wie das z.B. bei den großen österreichischen Banken mit star-

---
99 Burns/Stalker 1961; Lawrence/Lorsch 1967; Blau/Schoenherr 1971

kem Engagement in Mittel- und Osteuropa der Fall ist, desto differenzierter werden diese Unternehmen sein müssen, womit dann wiederum Integration der unterschiedlichen Teile zur wichtigsten Anforderung wird.

Andererseits wird Differenzierung immer auch von der Organisationsgröße abhängen, die Größe aber wiederum von der Umwelt. Die Analogie zur Entstehung der Arten wird dabei oft überstrapaziert. So wird seit Jahrzehnten das Ende der großen Dinosaurier-Organisationen, das Sinken der alten Schlachtschiffe mit suggestiven Bildern beschworen, es gibt sie aber noch immer. Große Organisationen kompensieren ihre Langsamkeit und Unbeweglichkeit mit einer Reihe von Stärken, insbesondere ihrer Gestaltungsmacht und Finanzkraft.[100] Außerdem verschafft ihnen die Größe Puffer, um durch innovative Anpassungsprozesse, z.B. durch Dezentralisierungen, zu überleben.[101] Große Unternehmen sind heute ganz anders organisiert als vor 20 Jahren, nämlich viel dezentraler und flexibler. Es ist hier unmöglich, alle Befunde zum Zusammenhang zwischen Situation und Organisationsstruktur wiederzugeben, es folgt also nur ein kurzer und beispielhafter Auszug.[102]

7.3. Klassische Einflussfaktoren auf die Struktur

Zu den Einflussfaktoren, die schon in der frühen empirischen Forschung Berücksichtigung fanden,[103] zählen vor allem folgende:

Größe: Je größer eine Organisation ist, desto „bürokratischer" wird sie, sie braucht mehr Hierarchieebenen, um allzu große Leitungsspannen zu vermeiden, was wiederum zu größerer Spezialisierung der einzelnen Stellen und zu mehr Delegation von Entscheidungsbefugnissen führt. Die Koordination erfolgt eher über Programmierung denn über Selbstabstimmung. Das wiederum führt zu mehr Formalisierung. Größere Organisationen weisen auch einen höheren Spezialisierungsgrad auf.[104] Dieser Tendenz wirken aber große Organisationen durch Dezentralisierungsstrategien (z.B. Spartenbildung, Center-Bildung) in Verbindung mit Holdingstrukturen entgegen. Festzuhalten bleibt, dass Bürokratie weniger eine Funktion des Eigentums (öffentlich/privat) als vielmehr eine Folge von Größe ist.

Technologie: Je höher der Anteil der routinemäßigen Tätigkeiten und je standardisierter die eingesetzten Verfahren sind, desto eher ist Spezialisierung sinnvoll. Stabile Aufgaben, die Massenfertigungstechnologien ermöglichen, erlauben auch technokratischere Koordinations- und Kontrollinstrumente. Formalisierung ist hier im Unterschied zur Einzelfertigung sinnvoll.

Dynamik der Umwelt: Sind die Häufigkeit und das Ausmaß der Veränderungen in relevanten Umwelten hoch, wird es für Organisationen wichtig, eine anpassungsfä-

---

100 Lawler 1997
101 Bourgeois 1981; Staehle 1991; Nohria/Gulati 1996; Nohria/Gulati 1997
102 Kieser/Walgenbach 2010, S. 191ff., vermitteln einen sehr guten Überblick.
103 Hickson et al. 1969; Pugh/Hickson 1969; Pugh 1985
104 z.B. Pugh/Hickson 1969; Blau/Schoenherr 1971; Child 1972

hige Struktur zu besitzen. Starke Spezialisierung, hierarchische Tiefe, Programmierung, Konzentration von Entscheidungsbefugnissen und Formalisierung führen dagegen eher zu starren Strukturen, die sich nur in stabilen, kontrollierbaren Umwelten bewähren: Solche Organisationen wurden als **mechanistisch** bezeichnet, ihr Gegenteil als **organisch**.[105] In jüngerer Zeit hat sich die Forschung auf die Frage konzentriert, wie es manchen Unternehmen gelingt, in höchst dynamischen und innovativen Umwelten nicht nur zu überleben, sondern langfristig ihre Wettbewerbsvorteile zu erhalten und an der Spitze zu bleiben. Dabei kamen sogenannte „Dynamic Capabilities" in den Brennpunkt: Organisationen müssen gleichzeitig innovativ bleiben und Routineoperationen effizient abwickeln.[106]

Bedürfnisse der Organisationsmitglieder: Organisationsmitglieder werden nicht nur durch Geld und Statussymbole, sondern auch durch entsprechende Arbeitsbedingungen motiviert. Organisationen, die kreative Mitarbeiter brauchen, können sich bürokratische Strukturen schlecht leisten.

Angebotsprogramm: Je vielfältiger und unterschiedlicher die Produkte und Leistungen einer Organisation sind, desto eher wird diese Organisation divisionalisieren.[107] Diversifikationsstrategie heißt, dass sich Unternehmen in ganz unterschiedlichen Produkt- und Dienstleistungsbereichen engagieren (Zulieferer kaufen Autohersteller, Autohersteller gründen Banken etc.). Diese Strategie führt sehr oft zu divisionalen Strukturen.

7.4. Einfluss von Kulturen auf die Struktur

Der Einfluss der Internationalisierung und verschiedener Landeskulturen auf die Organisationsstrukturen wird aus unterschiedlichen Perspektiven diskutiert:[108]

(1) **Culture-free thesis**, d.h., Organisationsstrukturen sind das Ergebnis rationaler Planung und kulturunabhängig,[109] was nicht einer gewissen Plausibilität entbehrt, da Stahlwerke z.B. eine bestimmte Art der Aufbau- und Ablauforganisation nahelegen, egal, ob sie in Südafrika oder in Schweden errichtet werden. Auf den zweiten Blick erscheint diese These aber doch zu undifferenziert.

(2) **Culture-bound thesis**, d.h., Strukturen müssen sich an die jeweiligen kulturellen Rahmenbedingungen anpassen. Für diese These sprechen eine Vielzahl von empirischen Studien, die deutliche Strukturunterschiede zwischen Unternehmen in unterschiedlichen Kulturen mit ansonsten weitgehend identen Kontexten identifizierten (z.B. Vergleiche zwischen deutschen, französischen und englischen Unternehmen[110]).

---

[105] Burns/Stalker 1961
[106] vgl. Tushman/Anderson 1997; Zollo/Winter 2002; Güttel/Konlechner 2009
[107] z.B. Amburgey/Dacin 1994; Dyas/Thanheiser 1976; Whittington/Mayer 2000, S. 156ff.
[108] siehe auch den Beitrag „Organisationskultur – Ansätze zwischen Gestaltung und Selbstorganisation" in diesem Buch.
[109] Hauptvertreter dieses Ansatzes sind Harbison/Myers 1959.

(3) **Standardization thesis**, was bedeutet, dass die Globalisierung langfristig über Legitimitätsaspekte zu einer Angleichung von Organisationsstrukturen und -formen führt.[111]

Welche dieser drei Thesen den Einfluss von Makrokulturen auf die Unternehmensstruktur am besten erklärt, ist schwer zu entscheiden. Viel spricht aber für eine Kombination von (2) und (3): Weltweit können es sich heute Unternehmen, NGOs und Regierungsorganisationen nicht mehr leisten, bestimmte Strukturelemente nicht einzurichten – das spricht für die Standardisierung –, wie sie diese allerdings ganz konkret ausformen, wird stark durch den jeweiligen makrokulturellen Kontext beeinflusst.

7.5. Weitere Einflussfaktoren auf die Struktur

Darüber hinaus gibt es eine ganze Reihe von Faktoren, die Strukturen beeinflussen. Vielfach handelt es sich um spezifische Kombinationen der Basisfaktoren – manchmal kommen aber auch gänzlich andere Einflussfaktoren ins Spiel, die bei Organisationsanalysen jedenfalls Beachtung finden sollten, wie zum Beispiel:

Eigentum: Zweifelsohne macht es beispielsweise einen Unterschied, ob Organisationen Einzelpersonen gehören, einigen wenigen „wichtigen" Anteilseignern (Shareholdern), ob sie sich im Streubesitz befinden oder ob sie überhaupt keine Eigentümer haben (z.B. Vereine, öffentliche Organisationen). Dies hat Einfluss auf die Macht der angestellten Manager und auf die Koordinations- und Kontrollmechanismen (z.B. Aufsichtsräte, Corporate Governance). Die Tendenzen des „Managerial Capitalism" – des Manager-Kapitalismus – werden in Eigentümer-dominierten Organisationen schwerer Eingang finden als in solchen ohne Eigentümer, mit schwachen oder lediglich Rendite-interessierten Anteilseignern. So zeigen verschiedene Studien, dass Unternehmen mit stark konzentriertem Eigentum im Vergleich zu Unternehmen im Streubesitz höhere Profitabilität aufweisen.[112]

Alter: Es wird einen Unterschied auf die Struktur einer Organisation haben, ob es sich um ein über 100 Jahre altes Traditionsunternehmen oder um ein junges Start-up handelt – und das ohne Rücksicht auf die Korrelation zwischen Alter und Größe. Viele Organisationstheorien sehen typische Zusammenhänge zwischen Entwicklungsphasen und Strukturen: Pionierhafte Unternehmen sind meist durch starke Persönlichkeiten und Gründerteams geprägt, es folgen Formalisierungsphasen mit Erstarrungstendenzen, denen wiederum mit dezentralen Teamstrukturen und Vertrauen auf Selbstabstimmung statt Programmierung begegnet wird, ohne dass diese Phasen zwangsläufig durchlaufen werden müssen.[113]

---

110 Lutz 1976; Walgenbach/Kieser 1995; Whittington et al. 1998; Ruigrok et al. 1999; Whittington et al. 1999; Whittington/Mayer 2000
111 Drori et al. 2006; Meyer 2006
112 Thomsen/Pedersen 2000; Sánchez-Ballesta/García-Meca 2007
113 Glasl/Lievegoed 1993, Greiner 1972

Branche: Branchen und Branchenusancen spielen ebenso eine Rolle. Sowohl ein Eisenbahnschienenerzeuger als auch eine Finanzbehörde bearbeiten vor allem Routineaufgaben, Massenproduktionstechnologien kommen zum Einsatz, es kommt zu hoher Standardisierung. Vielleicht sind sogar die Formalstrukturen sehr ähnlich, aber sicher nicht die übrigen Regeln und Abläufe, die Normen und Werthaltungen. Branchen spielen für Strukturen also eine große Rolle. Unter dem Schlagwort „Institutional Fields" werden diese in den letzten Jahren verstärkt untersucht.[114]

Sektor: Organisationen finden sich in allen gesellschaftlichen Bereichen. Einen wesentlichen Unterschied wird es machen, ob die zu untersuchenden Organisationen dominant im marktwirtschaftlichen Bereich, im öffentlichen oder im dritten Sektor tätig sind. Hier haben wir es mit je spezifischen Eigentumsstrukturen, Produkt- und Dienstleistungscharakteristika, Umweltdynamiken und wohl auch Bedürfnissen der Organisationsmitglieder zu tun.

Ressourcenabhängigkeit: Wo sich die besonders kritischen Abhängigkeiten einer Organisation befinden, kann ebenfalls einen Unterschied in der Organisationsstruktur machen. Sind diese eher von Finanzmärkten, von Rohstoffmärkten, von Absatzmärkten oder vom Arbeitsmarkt abhängig? Für Unternehmen, die auf internationale Kapitalmärkte angewiesen sind, werden der Shareholder Value – also der Wert für die Anteilseigner – und der Börsenkurs eine Rolle spielen. Ihr Reporting und Controlling wird sich an den Standard internationaler Finanzmärkte orientieren müssen. Unternehmen, die von öffentlichen Auftraggebern oder von privaten Endverbrauchern abhängig sind, werden andere Koordinationsmechanismen einführen. Hier werden beispielsweise Qualitätszertifizierungen eine Rolle spielen. Kritische Abhängigkeiten von qualifizierten Arbeitskräften resultieren in anderen Strategien als Abhängigkeiten von Rohstoffen.

Wettbewerbsstrategie: Die Intensität und Prognostizierbarkeit des Wettbewerbes wurde zwar schon unter der Rubrik „Umweltdynamik" erfasst. Dennoch können Organisationen ganz unterschiedliche Strategien im Umgang mit Wettbewerb wählen. Setzen Organisationen beispielsweise eher auf Preis- oder Qualitätswettbewerb? Auf Kostenführerschaft, Qualitätsführerschaft, Nischenstrategien oder auf Diversifizierung? Der Umweltdeterminierung lässt sich hier die „Strategic Choice" gegenüberstellen.[115]

Welchen Einfluss haben nun die Umwelt und die Situation auf die Organisationsstruktur? Die **Extrempositionen** zum Organisations-Umwelt-Zusammenhang lauten auf der einen Seite, dass sich Organisationen quasi beliebig in ihrer Umwelt bewegen können, weil zwischen Umweltveränderungen und Struktur immer autonome Entscheidungen stehen.[116] Auf der anderen Seite heißt es, dass die Umwelt den Spielraum von Organisationen stark beeinflusst.[117] Die Wahrheit wird wohl ir-

---

[114] Greenwood et al. 2002; Lounsbury 2007; Lounsbury 2008
[115] siehe auch den Beitrag „Organisationsführung und Strategie" in diesem Buch, weiters Child 1972; Porter 1980.
[116] z.B. Child 1972
[117] z.B. Aldrich 1979

gendwo dazwischen liegen und wurde schon in Abbildung 23 angedeutet: Organisationen beeinflussen auch ihre Umwelt, und die Eigenheiten der Umwelt wirken sich auf die Struktur und die Entscheidungen der Organisation aus.

7.6. Struktur und Erfolg

Aber welche Struktur ist am erfolgreichsten? Ist es nicht das, worum es letztlich geht? Viele Fragen zum Zusammenhang zwischen Erfolg und Struktur werden durch die im vorigen Kapitel präsentierten Forschungsbefunde beantwortet, lautet doch die implizite Grundannahme dabei, dass Situationen und der Kontext jene Strukturen fördern, die zum Überleben in dieser Umwelt beitragen. Viabilität, also Überlebensfähigkeit, tritt dann an die Seite der beiden anderen Metaziele Effizienz und Effektivität[118] und gilt möglicherweise für die meisten Organisationen als letztgültige Messlatte (nur wenige Organisationen wollen nicht langfristig überleben, sondern sich nach Zielerreichung auflösen, z.B. ein Fonds zur Entschädigung von NS-Opfern).[119]

Die situative Organisationsforschung geht davon aus, dass die optimale Struktur einer Organisation vom Kontext und der Situation abhängt. Welche Struktur erfolgreich ist, hängt somit von der Situation ab: „Es kommt drauf an." Dennoch, Studien versuchen immer wieder, direkte Zusammenhänge zwischen Struktur und Erfolg zu analysieren – hier einige dieser Ergebnisse mit all der gebotenen Vorsicht in Bezug auf den Geltungsbereich der Ergebnisse:

(1) Bei einem Vergleich **europäischer Großunternehmen** zeigt sich, dass in Frankreich die **multi-divisionalen** Unternehmen die finanziell erfolgreichsten sind, während das in Deutschland und Großbritannien für **Holdings** jeglicher Spielart gilt.[120]
(2) Für **Klein- und Mittelbetriebe** (KMU) zeigt eine niederländische Studie, dass **dezentralisierte** Organisationsformen in Bezug auf Umsatz, Gewinn und Innovationsrate ihren zentralisierten Pendants in den meisten Branchen überlegen sind. KMU mit starker Zentralisierung und starker vertikaler Spezialisierung sind nur in sehr einfachen Umwelten erfolgreich.[121]
(3) Empirische Befunde zeigen auch, dass die in unterschiedlichen Ansätzen vorgeschlagene **Passung** zwischen **Situation und Organisationsstruktur** eine Rolle spielt: Organisationen mit Misfits, also Fehlpassungen, sei es innerhalb ihrer strukturellen Konfigurationen oder zwischen Struktur und Umwelt, sind finanziell weniger erfolgreich.[122]
(4) Schließlich wurde die seit den 1960ern verbreitete Annahme[123] widerlegt, dass in **dynamischen Umwelten** die **organischen**, sprich: informalen, dezentralen, netz-

---
118 vgl. das Kapitel 3.3. Ziele und Aufgaben, in diesem Beitrag.
119 Kasper et al. 1999
120 Whittington/Mayer 2000, S. 183ff.
121 Meijaard et al. 2005
122 Burton et al. 2002
123 Burns/Stalker 1961

werkorientierten und horizontal koordinierten Organisationen erfolgreicher als die **mechanistischen** Organisationen sind. Eine Studie von Internetunternehmen zeigt, dass jene Start-ups mit stärkerer Formalisierung, Spezialisierung und mit mehr Administration bessere Ergebnisse erzielen als ihre Pendants mit organischen Strukturen.[124]

Insgesamt zeigen diese Befunde zum einen, dass die Antwort auf die Frage nach den erfolgreichsten Organisationsstrukturen weiterhin offenbleiben muss. Zum zweiten, dass empirische Befunde allein wenig erhellend sind, wenn sie nicht in einen größeren theoretischen Argumentationsrahmen eingebettet sind. Und zum dritten, dass die Anzahl der empirischen Arbeiten, die Organisationsstruktur und Organisationserfolg direkt in Beziehung setzen, nicht ohne Grund selten sind. Zu viele andere organisationsinterne und -externe Einflussfaktoren sind es nämlich, die erfolgsrelevant sein können und den Einfluss der Struktur moderieren.

> **Zusammenfassung**
> Die zentralen Fragen der Organisationsforschung sind jene, die sich mit den Ursachen für bestimmte Organisationsstrukturen und ihren Konsequenzen beschäftigen. Warum haben bestimmte Organisationen bestimmte Strukturen? Welche Strukturen haben welche Folgen, insbesondere für das Überleben und den Erfolg von Organisationen? Antworten auf diese Fragen müssen in einer Theorie über den Zusammenhang zwischen Organisation und Umwelt eingebettet sein. Die bisherige Forschung deutet darauf hin, dass sich – über die Nationalkulturen hinweg – bestimmte organisationale Felder bilden (in der Regel Branchen), in denen ein bestimmter Druck zur Anpassung herrscht. Organisationen werden sich daher innerhalb dieser Felder tendenziell ähnlicher. Das garantiert ihnen Legitimität und andere Ressourcen.

8. Zum Abschluss und Ausblick

Thema in diesem Beitrag sind die klassischen Gestaltungsmöglichkeiten des Organisierens. Die Grundbegriffe und -konzepte zu Organisation, Struktur, Organisationsformen und -typen sowie die Zusammenhänge zwischen Umwelt und Struktur, die in diesem Beitrag vorgestellt wurden, sollen den Lesern und Leserinnen Muster bereitstellen, in die sie konkrete Organisationen einordnen können.

Dieses Wissen soll ausreichen, um neue Formen in Bezug auf ihren Innovationsgrad beurteilen zu können. Zumindest die Frage, ob neue Organisationsformen nicht doch nur „des Kaisers neue Kleider" sind, muss immer wieder gestellt werden. Viele

---

124 Sine et al. 2006

Unternehmen reagieren mit permanenten Restrukturierungen auf jede neue Mode des Organisierens. Die Gestaltungselemente freilich – Spezialisierung, Koordination, Leitungssystem, Delegation und Kompetenzverteilung, Formalisierung – bleiben immer die gleichen. Jede neu ausgerufene Revolution muss sich mit ihnen begnügen. Somit sollte es in der Organisationspraxis nicht verwundern, wenn man nach einem groß angekündigten Change-Projekt feststellen muss, dass der Berg kreißte und eine Maus gebar.

Hier kann auch Theorie nicht helfen. Die Organisationspraxis darf sich nicht erwarten, dass Theorien oder aus diesen abgeleitete Hypothesen konkrete Gestaltungsempfehlungen für Organisationen geben können.[125] Empirische Befunde sind immer bloße statistische Zusammenhänge, die etwas über Mehrheit und Mittelwert aussagen, aber selbst dann, wenn sie Erfolgsfaktoren isolieren wollen, nur geringe Beiträge für den Einzelfall liefern. Sie können freilich dazu dienen, im Sinne eines Evidence-Based Management[126] grobe Fehler zu vermeiden: Das Organisieren sollte sich ähnlich wie die Medizin auf empirische Grundlagen stützen und vor wichtigen Entscheidungen zuerst einmal die Befundlage sondieren. Wobei die Möglichkeiten und Grenzen der Gestaltbarkeit von Organisationen aus unterschiedlichen theoretischen Perspektiven ganz anders beurteilt werden: von der totalen Gestaltbarkeit bis hin zur reinen Selbstorganisation.

Theorien über Organisationen können den Blick für bestimmte Phänomene schärfen und Alternativen für die Gestaltung von Organisationen liefern. Das sollten wir nicht gering schätzen. Freilich haben auch Theorien blinde Flecken und unterliegen modischen Schwankungen. Ein Konsens über *eine* Theorie des Organisierens ist auch nach über 100 Jahren der wissenschaftlichen Auseinandersetzung mit Organisationen nicht in Sicht. Das mag für die einen ernüchternd sein, für die anderen ist es beruhigend.

---

125 Kieser/Walgenbach 2010, S. 434ff.
126 Pfeffer/Sutton 2006

> **Reflexionsfragen**
>
> 1. Welche Bedeutung haben Organisationen für moderne Gesellschaften insgesamt, aber auch für Teilbereiche wie Wissenschaft, Kunst, Politik, Wirtschaft etc.?
> 2. Suchen Sie sich Unternehmens- oder Organisationsdarstellungen auf Homepages im Internet. Anhand welcher Informationen werden hier diese Organisationen dargestellt? Welche Bilder von Organisation werden in diesen Darstellungen vermittelt?
> 3. Organisationen haben formale Mitglieder, Ziele und Aufgaben sowie Stellen. Vergleichen Sie diese Kriterien mit anderen Sozialsystemen, z.B. mit Gruppen und Familien.
> 4. Suchen Sie Organigramme von drei unterschiedlichen Organisationen im Internet (ein Unternehmen, eine Non-Profit-Organisation, ein Ministerium): Welche Instrumente und Formen der Aufbauorganisation lassen sich hier erkennen?
> 5. Versuchen Sie, für die fünf Typen von Mintzberg's „Fives" und für die Entwicklungsphasen von Organisationen jeweils ein Beispiel zu finden. Begründen Sie Ihre Auswahl.
> 6. Diskutieren Sie den Zusammenhang zwischen Organisationsgröße, Technologie, Umweltdynamik, Eigentum auf der einen Seite und Merkmalen der Organisationsstruktur auf der anderen Seite. Formulieren Sie dazu Hypothesen und belegen Sie deren Plausibilität mit Beispielen.

Weiterführende Literatur

BEA, F./GÖBEL, E. (2006): Organisation. Theorie und Gestaltung.

KIESER, A. (Hrsg.) (2006): Organisationstheorien.

KIESER, A./WALGENBACH, P. (2007): Organisation.

Organisationsführung und Strategie

Giuseppe Delmestri und Jürgen Mühlbacher

Inhaltsverzeichnis

1.	**Problemaufriss**	209
2.	**Einführung**	211
3.	**Wettbewerbsstrategien**	214
	3.1. Porters „Five Forces" – Outside-in	215
	3.2. Markt- versus Ressourcenorientierung	219
	3.3. Organisationale Kernkompetenzen – Inside-out	220
	3.4. Spanning Capabilities – ein integrativer Ansatz	222
4.	**Soziale Strategien**	224
	4.1. Stakeholderanalyse	225
	4.1.1. Stakeholdertypologie nach Mitchell/Agle/Wood	225
	4.1.2. Stakeholder-Relevanz-Matrix nach Müller-Stewens/Lechner	228
	4.2. Stakeholdermanagement	230
	4.3. Steuerbarkeit – die Balanced Scorecard	232
5.	**Institutionelle Strategien und institutionelle Unternehmer**	234
6.	**Fazit**	241

Wir können den Wind nicht ändern, aber die Segel anders setzen.

(Aristoteles)

Ziel dieses Beitrags ist es,

- aufzuzeigen, wie neue Marktkategorien – wie z.B. Tablets – generiert werden;
- zu hinterfragen, ob Wettbewerb oder Kooperation die bessere strategische Grundlage darstellt;
- zu reflektieren, warum das Management viel zu wenig mit anderen internen und externen Interessengruppen interagiert.

1. Problemaufriss

So all of us use laptops and smartphones now. … And a question has arisen, lately: Is there room for a third category of device in the middle? Something that's in between a laptop and a smartphone. … And of course we pondered this question for years as well. The bar is pretty high. In order to really create a new category of devices, these devices have to be far better in doing some key tasks. They have to be far better in doing some really important things. Better than the laptop, better than the smartphone. All kinds of tasks. Well, things like browsing the web. Better at browsing the web than laptop? Doing emails. Enjoying and sharing photographs. Video, watching videos. Enjoying your music collection. Playing games. Reading eBooks. If there's going to be a third category of device it's going to be better at these kinds of tasks. Better than smartphone or a notebook … we think that we've got something that is. And we'd like to show it to you for the first time. And we call it the iPad.[1]

Einführung des iPad
Steve Jobs präsentiert der Öffentlichkeit zum ersten Mal das Apple iPad.

Die Keynote von Steve Jobs zur Einführung des iPads

Die Einführung des iPad ist eine Erfolgsgeschichte. Das iPad hat den Weg für Imitatoren vorgezeichnet und eine neue Marktkategorie namens Tablet ist entstanden. Dank dieser neuen Kategorie können jetzt Konsumenten in Computerfachzeitschriften Angebote und Testberichte vergleichen. Ohne diese Kategorie gäbe es nur das iPad und die Konsumenten müssten nach Angeboten in den Kategorien Computer oder Smartphone suchen. Klingt abwegig, aber als in den USA die Minivans (auf Deutsch: Großraumlimousinen) eingeführt wurden, klassifizierten sie die Autofachzeitschriften entweder als Lkw oder als Pkw.[2] Die Etablierung des iPad und der Tablet-Kategorie erfolgte schnell und konfliktlos. Wie kann die Situation jedoch für Apple bewertet werden, wenn eine Kategorie erst durch den Markteintritt von Imitatoren entstanden ist? Basiert die Entstehung einer Marktkategorie auf kooperativen oder kompetitiven Strategien?

Und, darüber hinaus, ist die Etablierung von Markt- und Organisationskategorien immer so einfach wie im Fall des Tablets? Dass dem nicht so ist, kann man aus dem Fall der Organisationskategorie Multiplexkino erschließen. Wenn man heutzutage an Kino denkt, fällt den meisten ein Großkino mit mehreren Sälen ein, in denen parallel überwiegend Blockbuster-Filme laufen; ein Ort des Entertainments, der nicht

---

[1] Steve Jobs, Einführung des iPad, 27. Jänner 2010
[2] Rosa et al. 1999

selten an Einkaufszentren gekoppelt ist. Die Multiplexkino-Kategorie, eine US-amerikanische Erfindung, existiert aber erst seit circa zwei Jahrzenten in Europa, und ihre Verbreitung wurde zunächst mit Misstrauen oder sogar als große Gefahr gesehen. Nicht nur die Betreiber existierender Kinos, die eine Gefährdung für ihre strategische Positionierung sahen,[3] sondern auch die intellektuellen Eliten sprachen sich dagegen aus. Der französische Soziologe Pierre Bourdieu etwa bezeichnete Multiplexkinos als Flugzeugträger für die Verbreitung neoliberaler amerikanischer Werte.[4] Kinos waren nämlich davor in Frankreich als Kulturstätten konzipiert, als Orte des kulturellen Austausches und nicht des Konsums (obwohl auch damals reine Entertainment-Filme existierten). Der Widerstand – am stärksten in Ländern, die institutionell und kulturell auf Distanz zu den USA standen – konnte nicht verhindern, dass sich diese Kategorie in wenigen Jahren etablierte.[5] Wie haben die Multiplex-Kategorie und ihre Befürworter es aber letztendlich geschafft, den Widerstand zu überwinden? Welche Rolle haben die Strategien einzelner Organisationen gespielt? Die Fragen sind wichtig, weil nicht alle Innovationen den gesellschaftlichen Durchbruch schaffen und somit zu einem Erfolg am Markt werden.

Im nächsten Kapitel stellen wir daher einen theoretischen Bezugsrahmen vor, der die Relevanz der oben gestellten Fragen für das Management und die Unternehmens- bzw. Organisationsführung verdeutlichen soll. In den folgenden Kapiteln werden wir auch auf die hier gestellten Fragen zurückkommen, um sie zu beantworten.

Aus der Praxis

Die soziale Kategorie *Vegan* und die damit verbundenen veganen Non-Profit-Organisationen bspw. haben es weniger leicht gehabt. Obwohl die Erfindung des Wortes Vegan (die Anfangs- und Endbuchstaben von „Vegetarian") und die Gründung des ersten Vereins 1944 als Abspaltung von der britischen vegetarischen Gesellschaft geschahen, haben 70 Jahre Geschichte nicht genügt, diese Weltanschauung aus der Tiefe der gesellschaftlichen Statuspyramide zu heben. Die Bedeutung der Kategorie *Vegan* ist für weite Teile der Bevölkerung noch wenig verständlich, und wird – wenn verstanden – von vielen als extrem und inakzeptabel erachtet.[6] In Österreich wurden z.B. führende Mitglieder veganer und Tierrechtsorganisationen 2008 nach § 278a StGB wegen Bildung einer kriminellen Organisation zur Beeinflussung von Politik und Wirtschaft angeklagt und eingesperrt, um nach sechs Jahren Prozess in sämtlichen Anklagepunkten freigesprochen zu werden.[7]

---

3 Kim/Mauborgne 1997
4 Bourdieu 2001
5 Delmestri/Wezel 2011
6 Lengauer/Theuer 2012
7 Theuer/Langauer 2012; www.tierschuetzerprozess.at

> Andererseits verbreiten sich die veganen Symbole (siehe Abbildung 1) immer mehr in österreichischen Restaurants und Geschäften. Diese Verbreitung, die als Antwort auf eine wachsende Nachfrage gedeutet werden kann, scheint zu einer langsamen Normalisierung der Wahrnehmung veganer Produkte in der Gesellschaft zu führen – zumindest als Teil einer Diät, wenn nicht in ihren weltanschaulichen Aspekten. Was lehrt uns diese Diskrepanz zwischen gesellschaftlicher Stigmatisierung und marktorientierter Akzeptanz über die Legitimation (im Sinne unhinterfragte Akzeptanz) von Organisations- und Marktkategorien und über die Strategien, die Legitimation ermöglichen oder erleichtern?

Vegan

Die soziale Kategorie Vegan und die damit verbundenen Reaktionen.

Tierschützerprozess

Trailer des in der Viennale 2011 mit dem Wiener Filmpreis und dem MehrWERT-Filmpreis der Erste Bank prämierten Dokumentarfilms von Filmregisseur Gerald Igor Hauzenberger

Abbildung 1: Vegane Symbole

2. Einführung

Unternehmens- bzw. Organisationsführung ist ein komplexer in der Organisation verankerter Prozess, der nach außen gerichtet ist und die Erzielung von wertgeschätzten Ergebnissen – seien diese ökonomischer, sozialer, ökologischer oder persönlicher Natur – zum Ziel hat. Unternehmens- bzw. Organisationsführung ist eine Tätigkeit, die sowohl von den dafür legitimierten Gremien, Organen oder Personen als auch seitens der von ihnen delegierten Personen oder Organe ausgeübt wird. Unternehmensführung wird also auf mehreren Ebenen in der Organisation ausgeübt: Man unterscheidet sowohl Top-, Mittel- und operatives Management als auch Konzern versus Geschäftsfelder als wesentliche Führungsebenen.

Ein wichtiges Ziel der Unternehmens- bzw. Organisationsführung ist die Konzipierung und Umsetzung eines nachhaltigen Geschäftsmodells mittels dreier Strategiespielarten, d.h. Wettbewerbs-, sozialer und institutioneller Strategien, die sowohl die Positionierung der Organisation innerhalb der relevanten wirtschaftlichen und gesellschaftlichen Kontexte vorsieht als auch von der organisationalen Kultur-Identität-Image-Triade getragen wird. Unter organisationaler Kultur werden die Traditionen und Werte verstanden, welche mehr oder weniger unterschwellig und homogen das Verhalten der Organisationsmitglieder mitbestimmen.[8] Unter organisationaler Identität wird das Selbstbild verstanden, welches Organisationsmitglieder von ihrer Organisation haben. Das organisationale Image ist dagegen die Einschätzung, welche Organisationsmitglieder über die Wahrnehmung der Organisation seitens der relevanten Öffentlichkeit (Kunden, Klienten, Patienten, Bürger, Politiker usw.) besitzen. Die Merkmale der ausgeführten Strategien und die aus dem Geschäftsmodell hergeleiteten Tätigkeiten sollen mit der Kultur-Identität-Image-Triade in Einklang gebracht werden. Es wäre z.B. schwierig, eine Kultur der ständigen Infragestellung eigener Praktiken, eine Identität als innovative Organisation und ein Image als „First Mover" mit einer imitativen und defensiven strategischen Grundhaltung zu vereinen.

Abbildung 2 präsentiert und spezifiziert diese Ideen mithilfe der Metapher des Propellers, die auf die dynamische und wertschaffende Komponente des Geschäftsmodells hinweist. Kultur, Identität und Image definieren das Kugellager, in dem der Propeller sich „drehen" soll: Kein neues Geschäftsmodell kann gegen die Organisationskultur und ihre Identität realisiert werden. Das Geschäftsmodell stellt den Angelpunkt jeder Strategie dar. Es ist sowohl

> „an architecture of the product, service and information flows, including a description of the various business actors and their roles; a description of the potential benefits for the various business actors; a description of the sources of revenues"[9]

als auch ein „system of interdependent activities that transcends the focal firm and spans its boundaries".[10] Das Geschäftsmodell ist ein von den Produkten, der Organisation und der Branche abgegrenzter Begriff; es bezieht sich auf eine einzelne Organisation, seine Grenzen sind jedoch breiter als jene der Organisation und umfassen die Beziehungen zu ihren Partnern; es definiert eine systemische und holistische Betrachtung der Kernaktivitäten einer Organisation. Während sich die strategische Literatur traditionell meist ausschließlich auf Rivalität, Wettbewerbsvorteil und Werteroberung konzentriert hat, fokussiert die Idee des Geschäftsmodells auch auf Kooperation, Partnerschaft und kollektive Wertschaffung.[11]

---

8   siehe auch den Beitrag „Organisationskultur – Ansätze zwischen Gestaltung und Selbstorganisation" in diesem Buch.
9   Timmers 1998, S. 2
10   Zott/Amit 2010, S. 216
11   Zott/Amit/Massa 2011

Nationale und regionale Kulturen, unterschiedliche politische Ordnungen und globale sowie lokale Institutionen stellen den Kontext dar, in dem Organisationen agieren,[12] während drei unterschiedliche Arten von Strategien die „Kraft" des Geschäftsmodells in die Wirtschaft und die Gesellschaft übertragen:

1. Wettbewerbsstrategien müssen die Struktur der Wettbewerbsbeziehungen berücksichtigen und Produkte und Dienstleistungen hervorbringen, deren Merkmale den Kunden ein angemessenes Nutzenversprechen offerieren sollen.[13]
2. Soziale Strategien zielen darauf ab, einen Konsens über die Innen- und Außensicht der Organisation hinsichtlich ihrer unterschiedlichen Stakeholder zu erreichen.[14]
3. Institutionelle Strategien sind dagegen solche, welche nicht die beste Positionierung innerhalb einer gegebenen marktorientierten und gesellschaftlichen Struktur anstreben, sondern jene, welche die Transformation der soziopolitischen und kulturellen Institutionen intendieren, die solche Strukturen in erster Linie ermöglichen.[15]

In den nächsten Kapiteln gehen wir auf die unterschiedlichen Strategiearten ein und zeigen, wie sie gemeinsam das Geschäftsmodell definieren. Hiermit vertreten wir einen kontext-sensitiven Ansatz zur Unternehmens- bzw. Organisationsführung. Organisationen – wovon Unternehmen eine Unterkategorie sind – existieren nicht in einem Vakuum. Gesetze, Normen und Werte, aber auch unreflektierte Denk- und Handlungsmuster sind das „Wasser", in dem der Propeller greifen soll.

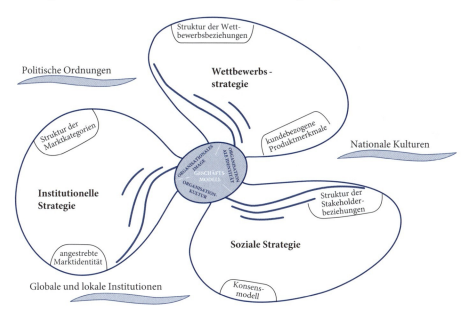

Abbildung 2: Das Propellermodell der Unternehmens- bzw. Organisationsführung

---

12 siehe auch den Beitrag „Organisation: Strukturen und klassische Formen" in diesem Buch.
13 Porter 2008
14 Coda 2012
15 Lawrence 1999; Marquis/Raynard 2015

Nach diesem Modell basiert strategisches Management auf den drei Propellerflügeln Wettbewerbsstrategie, soziale Strategie und institutionelle Strategie. Wird einer dieser Flügel vernachlässigt, bedeutet das zwar nicht, dass man sich nicht mehr vom Fleck bewegt, jedoch dass man einen hohen Effizienzverlust verkraften muss. Die Wettbewerbsstrategie verlangt eine Entscheidung hinsichtlich der Fragestellung Konkurrenz oder Kooperation mit der Außenwelt bzw. die Orientierung auf die internen Stärken. Soziale Strategien zielen darauf ab, wie und in welchem Umfang man mit den Interessengruppen in und um die Organisation interagiert. Die institutionellen Strategien – die heute vermutlich den wichtigsten Erfolgsfaktor darstellen – zeigen schließlich auf, wie neue Produkt- bzw. Marktkategorien gebildet werden und wie sich das auf die Entwicklung von Organisationskategorien auf dem Markt auswirkt. Dreh- und Angelpunkt ist dabei das Geschäftsmodell. All diese Punkte werden in der Folge theoretisch und anhand von Beispielen noch näher erläutert.

3. Wettbewerbsstrategien

Wettbewerbsstrategien sollen sicherstellen, dass Organisationen strategische Wettbewerbsvorteile gegenüber ihren Konkurrenten am Markt entwickeln und in der Folge auch aufrechterhalten können. Solche Wettbewerbsvorteile sollten schwer zu imitieren sein und langfristig bestehen bleiben. Kurzfristige Modeerscheinungen oder rasch imitierbare Techniken sind daher weniger geeignet. Vielmehr geht es um die Entwicklung spezifischer – technologischer oder personeller – Problemlösungsfähigkeiten, die für den Kunden einen Nutzen erzeugen.[16]

Um solche strategischen Wettbewerbsvorteile in den Organisationen zu identifizieren, stehen prinzipiell zwei unterschiedliche Perspektiven zur Verfügung. Erstens die Outside-in-Perspektive, die darauf abzielt, den Markt und die Konkurrenz möglichst genau zu beobachten und daraus eine für die eigene Organisation möglichst optimale Strategie abzuleiten. Oder zweitens die Inside-out-Perspektive, bei der das Management von der Grundannahme ausgeht, dass nur die internen Stärken einer Organisation zu langfristig stabilen Wettbewerbsvorteilen ausgebaut werden können. Hierbei gilt es vor allem, einen „Fit" zwischen organisationalen Stärken sowie umwelt- bzw. marktbezogenen Chancen herzustellen.[17]

Während die historisch ältere, marktorientierte Outside-in-Perspektive den Fokus auf die Struktur der Wettbewerbsbeziehungen legt, klar von Konkurrenzdenken und Rivalität geprägt ist und Kooperationen nur in sehr eingeschränktem Maß – z.B. bei lateralen Zusammenschlüssen über die klassischen Branchengrenzen hinweg – zulässt, verweist die Inside-out-Perspektive – basierend auf der Ressourcenorientierung – auf Kernkompetenzen, den Kundennutzen bzw. kundenbezogene Produktmerkmale und somit durchaus auf die Möglichkeit und Sinnhaftigkeit, un-

---

16 DeWit/Meyer 2014, S. 183f.
17 DeWit/Meyer 2014, S. 188ff.

terschiedliche Stärken auch innerhalb derselben Branche miteinander zu kombinieren, um einen gemeinsamen Wettbewerbsvorteil auf- bzw. auszubauen.

Schließlich sollen aber auch noch die sogenannten „Spanning Capabilities"[18] erwähnt werden. Dieser Ansatz zielt darauf ab, sowohl Outside-in- als auch Inside-out-Konzepte miteinander in Verbindung zu setzen, da weder eine einseitige Außen- noch eine nabelschauartige Innenorientierung das gewünschte Ergebnis – nämlich langfristige stabile Wettbewerbsvorteile zu generieren – garantieren können, wie auch die entsprechende Kritik in den folgenden Ausführungen zeigt.

3.1. Porters „Five Forces" – Outside-in

Das wohl bekannteste Strategiemodell wurde 1980 von Porter entwickelt.[19] Ausgehend von einer Untersuchung verschiedener Industrieunternehmen wie beispielsweise Stahlwerke, Erdölraffinerien, Automobilzulieferer oder Lebensmittelerzeuger entwickelte der Autor die Überzeugung, dass Wettbewerb und Konkurrenz die wichtigsten Einflussfaktoren bei der Auswahl einer Strategie darstellen.[20] Dementsprechend entwickelte er das Modell der „Five Forces", also jener Faktoren, die die Positionierung am Markt am stärksten beeinflussen und somit die Struktur der Wettbewerbsbeziehungen bestimmen (vgl. Abbildung 3). Durch die Analyse dieser fünf Faktoren kann für jede Organisation eine optimale Positionierung am Markt abgeleitet werden, aus der sich quasi „zwangsläufig" die strategische Ausrichtung ergibt. Ziel ist es stets, jene Faktoren zu stärken, die es Konkurrenten erschweren, ebenfalls am Markt zu agieren.[21] Der Kampf um Marktanteile und das Halten einer strategisch günstigen Position am Markt stehen dabei im Mittelpunkt des Interesses, weshalb die Definitionen des Modells meist auch negativ – im Sinne einer Abwehr oder Abgrenzung gegenüber der Umwelt – ausfallen.

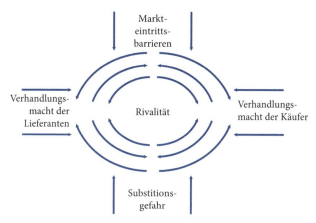

Abbildung 3: Porters „Five Forces"[22]

---

18   Day 1994, S. 38f.
19   Porter 1980
20   Porter 2008, S. 4f.
21   Porter 2008, S. 3f.
22   Porter 2008, S. 4

Einen wesentlichen Einfluss auf die Anzahl der Mitbewerber haben vor allem die Markteintrittsbarrieren. Das Auftreten neuer Konkurrenten kann vor allem durch die folgenden sechs Barrieren erschwert bzw. verhindert werden:[23]

- Economies of Scale: Ergeben sich bei der Produktion von Waren oder Dienstleistungen Vorteile durch die Degression der (Fix-)Kosten bei höheren Produktionsmengen, wie dies vor allem bei Konsumgütern oder stark standardisierten Produkten und Dienstleistungen der Fall ist, so verhindert diese Kostenstruktur das langsame „Heranwachsen" kleinerer Konkurrenzunternehmen.
- Produktdifferenzierung: Je mehr Varianten eines Produktes angeboten werden, die die unterschiedlichen Kundenwünsche berücksichtigen und je höher die Loyalität der Kunden zu einer bestimmten Marke ist, desto schwieriger ist es für neue Anbieter, am Markt Fuß zu fassen.
- Kapitalbedarf: Der Bau neuer Industrieanlagen, wie beispielsweise von Stahlwerken oder Erdölraffinerien, ist mit einem enormen Investitionsbedarf verbunden, den die wenigsten Konkurrenten aufbringen können.
- Zugang zu Distributionskanälen: Bevor ein neues Produkt am Markt platziert werden kann, müssen entweder eigene Distributionskanäle geschaffen werden oder es findet ein kostenintensiver Verdrängungswettbewerb bei den Zwischenhändlern statt.
- Größenunabhängige Kostenvorteile: Auch ein beschränkter Zugang zu Ressourcen, Standortvorteile, langjährige Erfahrung am Markt oder in der Produktion sowie „Intellectual Property" – wie z.B. Patente – führen zu einer Verringerung des Wettbewerbs.
- Staatliche Regulierungen: Dieser Wettbewerbsfaktor verliert in Zeiten der umfassenden Deregulierungen und Liberalisierungen der Märkte zunehmend an Bedeutung; die wahrscheinlich steigende Regulierung zur Eindämmung der Erderwärmung könnten aber diesen Faktor wieder in den Vordergrund stellen.

Je größer die Verhandlungsmacht der Lieferanten oder Käufer ist, desto stärker wird der Preisdruck bzw. desto stärker steigen die Qualitätsansprüche. Beides führt in Organisationen zu einer ungünstigen Kostenstruktur, da die Ausgaben bei höherer Qualität steigen und die Einnahmen durch den Preisdruck sinken.[24] Die Lieferantenmacht ist umso höher,[25]

- je weniger Lieferanten es für ein bestimmtes Produkt gibt,
- je geringer die Bedeutung des Auftragsvolumens für den Lieferanten ist,
- je zahlreicher die Varianten sind, in denen ein Produkt angeboten wird – Schlagwort: „Customization",
- je weniger Substitutionsmöglichkeiten der Kunde hat und
- je stärker der Lieferant nachgelagerte Arbeitsschritte selbst übernimmt.

---

23 Porter 2008, S. 9ff.
24 Porter 2008, S. 13f.
25 Porter 2008, S. 14ff.

Demgegenüber steht die Käufermacht, die insbesondere dann hoch ist, wenn[26]

- der Käufer hohe Auftragsvolumen vergibt,
- die Produkte stark standardisiert sind,
- der Kostenanteil des Produkts hinsichtlich des Gesamtwerts des Endprodukts hoch ist (= Kostenoptimierung setzt meist bei teuren Komponenten an),
- die Gewinnmargen des Endprodukts sinken (= Preisdruck wird an Lieferanten weitergegeben),
- das Produkt keine große Auswirkung auf den Gesamtnutzen oder die Qualität des Endprodukts hat,
- das Produkt dem Käufer keinen Zusatznutzen bringt und auch nicht etwaige Risiken des Käufers reduziert und
- der Käufer selbst immer mehr vorgelagerte Arbeitsschritte übernimmt.

Neben dem Aufbau von Marktbarrieren ist es nach Porter also vor allem ratsam, Lieferanten- und Kundengruppen mit möglichst geringer Verhandlungsmacht als Geschäftspartner auszuwählen.[27] Diese Vorgehensweise soll vor allem die Kostenstruktur der eigenen Organisation schützen.

Der vierte Faktor bezieht sich auf Substitutionsprodukte. Vor allem kostengünstigere Produkte, die einen ähnlichen Kundennutzen wie das eigene Endprodukt generieren, sollten stets im Auge behalten werden. Stark der Substitutionsgefahr unterworfen sind vor allem:[28]

- Produkte, die bestimmten Trends und Moden unterliegen – wie beispielsweise in der Bekleidungsindustrie –, und
- kostenintensive bzw. hochpreisige Produkte, die aufgrund der hohen Gewinnspannen auch für andere Konkurrenten von großem Interesse sind.

Letztlich bestimmt auch noch die Rivalität, also die Stärke des Wettbewerbs auf dem Markt, die Positionierung der eigenen Organisation. Hierbei beachtet Porter vor allem Marketingmaßnahmen wie z.B. Preiswettbewerb, Produkteinführungen und -adaptionen bzw. Werbemaßnahmen. Die Intensität der Rivalität ist umso größer, je zahlreicher die folgenden Einflussfaktoren auftreten:[29]

- hohe Anzahl gleich großer Konkurrenzunternehmen am Markt,
- geringes Marktwachstum,
- geringe Produktdifferenzierung,
- hohe Fixkosten,
- Produktionskapazitäten können nur sprunghaft und mit hohem Investitionsaufwand ausgeweitet werden,

---

26 Porter 2008, S. 13
27 Porter 2008, S. 17f.
28 Porter 2008, S. 18f.
29 Porter 2008, S. 19f.

- Vorhandensein hoher Marktaustrittsbarrieren, d.h., der Rückzug aus dem Markt ist mit einem hohen finanziellen oder reputativen Verlust verbunden, und schließlich
- Führungskräfte, die einen personalisierten Wettbewerb hinsichtlich unterschiedlicher Überzeugungen austragen.

Anhand dieser Faktoren gilt es nach Porter also, einen Markt zu besetzen und gegen jegliche Konkurrenz zu verteidigen. Schon bei diesem kurzen Überblick zeigt sich, dass diese Denkweise stark von militärischen Strategien geprägt ist. Der starre Fokus auf eine einmal gewählte Position und auf die Kostenstruktur der eigenen Organisation lässt Innovationen oder die Erschließung neuer Märkte kaum zu.

Wie diese externe Analyse dann aber gelebt wird, wird durch das Modell der Five Forces noch nicht festgelegt. Dazu bedarf es einer Strategietypologie, die die Merkmale des Marktes mit jener der Organisation in Verbindung setzt. Porter selbst kommt mit drei Strategietypen aus. Dabei handelt es sich um:[30]

1. Kostenführerschaft: Die Produktionskosten sollen niedrig gehalten werden, um möglichst große Marktanteile und Absatzmengen zu erzielen. Dabei helfen standardisierte Produkte und die Economies of Scale. Ein klassisches Beispiel hierfür ist die gesamte rohstoffverarbeitende Industrie, die auf große Produktionsmengen und standardisierte Endprodukte abzielt.
2. Differenzierungsstrategie: Es wird eine breite Palette an Produkten angeboten, um möglichst viele Kundenwünsche zu befriedigen. Dies führt zu höheren Kosten, die durch ein höheres Preisniveau ausgeglichen werden. Die Automobilindustrie kann hierfür als typisches Beispiel genannt werden.
3. Nischenstrategie: Das Unternehmen konzentriert sich nicht auf den Gesamtmarkt, sondern fokussiert auf eine Nische, in der es – wie zahlreiche mitteleuropäische Unternehmen – mit sehr spezifischen Produkten sogar als Weltmarktführer agieren kann. Hier reicht das Spektrum beispielsweise von Gleisbaumaschinen bis zu Glaskristallen.

Eine etwas differenziertere Typologie findet sich bei Miles und Snow. Diese bringen noch stärker wettbewerbsorientierte und institutionelle Merkmale miteinander in Verbindung. Dabei unterscheiden sie vier Strategietypen:[31]

1. Prospector: Hierbei handelt es sich um innovative Unternehmen, die in dynamischen Märkten agieren und deren organisationale Struktur sich durch Flexibilität und Dezentralisierung auszeichnet. Beispiele findet man hier in der Unternehmensberatung oder auch im Bereich der Elektromobilität.
2. Defender: Dieser Strategietyp findet sich vor allem in stabilen, saturierten Märkten. Zentralisierung und Kostenorientierung sind typische Kennzeichen. Anstatt auf Innovation setzt der Defender auf Optimierung beispielsweise bei der Verarbeitung von Rohstoffen wie Stahl oder Erdöl.

---

30 Porter 1980
31 Miles/Snow 1978, S. 112

3. Analyzer: Dabei handelt es sich quasi um eine Mischform. Die aktuelle Marktposition soll durch moderaten Wandel ausgebaut bzw. gehalten werden. Effizienz und Kreativität sollen sich die Waage halten. Hier können Textilunternehmen als Beispiel angeführt werden, die Design und niedrige Kosten zu kombinieren versuchen.
4. Reactor: Diese verfügen über keine klare, eigene Strategie, sondern reagieren lediglich auf dominante Entwicklungen von außen, wie z.B. Handwerksbetriebe, die lediglich neue Produkte in ihr Portfolio aufnehmen, wenn sie bereits am Markt etabliert sind und von den Kunden aktiv nachgefragt werden.

Als eine der wesentlichsten Erkenntnisse hinsichtlich solcher Typologien muss jedoch angemerkt werden, dass Organisationen sich kaum zur Gänze in solche Schemata pressen lassen. Diskonter bieten z.B. regelmäßig vor Weihnachten auch verhältnismäßig hochpreisige Produkte an, während Markenunternehmen ebenso auf Preisnachlässe und Schnäppchenangebote setzen. Aber erst das Zusammenspiel dieser unterschiedlichen Akteure generiert den Markt als Gesamtheit. Sobald ein Prospector ein neues Produkt auf den Markt bringt, finden sich gewiefte Analyzer, um billigere Kopien herzustellen, und letztendlich müssen auch Defender und Reactor dem neuen Trend folgen.

3.2. Markt- versus Ressourcenorientierung

Porters Annahmen gehen also von einem von außen induzierten Optimierungsproblem aus. Wenn es gelingt, die Umfeldbedingungen der „Five Forces" mit der Unternehmensstrategie in Einklang zu bringen, entstehen – fast automatisch – Wettbewerbsvorteile. Diese Einstellung wird vom ressourcenorientierten Ansatz kritisch hinterfragt, der besagt, dass die endogen vorhandenen Ressourcen – also Wissen, Fähigkeiten und Erfahrung der Mitarbeiter, verwendete Produktionstechnologien, Patente etc. – die eigentliche Grundlage für strategische Wettbewerbsvorteile sind.

Im Gegensatz zu Porters Positionierung einer Organisation und der Verteidigung dieser Position am Markt stellt die Erhöhung der unternehmerischen Flexibilität durch Innovationen die wichtigste Zielsetzung des Konzepts der Ressourcenorientierung dar. Diese Perspektive schärft vor allem den Blick für organisationsinterne Prozesse und kundenorientierte Produktmerkmale. Denn oftmals stellt eine zu hohe Außenorientierung – wie z.B. der Versuch, aus den „Success Stories" anderer Organisationen zu lernen – sogar eine Gefahr für die eigene Organisation dar, weil diese Erfolge unter gänzlich anderen kulturellen, rechtlichen, wirtschaftlichen und organisationalen Bedingungen generiert wurden und nicht einfach nachgeahmt werden können.[32]

Bei der Ressourcenorientierung sollen vor allem interne Stärken genutzt und die Pfadabhängigkeit – also stabile Verhaltensmuster – aufgebrochen werden.[33] Mit

---
32 DeWit/Meyer 2014, S. 188f.
33 Teece et al. 1997, S. 516

Pfadabhängigkeit ist die Tatsache gemeint, dass strategische Entscheidungen stets auf vorangegangenen historischen Entscheidungen aufbauen. So schränken z.B. Investitionsentscheidungen der Vergangenheit den Korridor möglicher weiterer Investitionen ein, da sie nicht so einfach von heute auf morgen rückgängig gemacht werden können bzw. dies erhebliche Kosten für die Organisation bedeuten würde. Dementsprechend ist die vorhandene Ist-Situation der Ressourcen in Organisationen immer bedeutsamer als die scheinbar freie Positionierung am Markt nach Porter.[34]

Die bedeutendste Gefahr eines ressourcenorientierten, strategischen Managements liegt daher auch in der hohen Vergangenheitsorientierung. Es besteht nicht nur die Gefahr, dass die vorhandenen Ressourcen im Zeitverlauf obsolet werden,[35] sondern Partialinteressen, die in Organisationen zur Ausbildung von sogenannten „Schrebergärten", „Fürstentümern" oder funktionalen bzw. divisionalen „Silos" führen, können auch zu Fehlentscheidungen bei der Weiterentwicklung der vorhandenen Ressourcen beitragen.[36]

3.3. Organisationale Kernkompetenzen – Inside-out

Einen bedeutenden Schritt, die Ressourcen und Kompetenzen einer Organisation in den Mittelpunkt der strategischen Betrachtung zu stellen, unternehmen Prahalad und Hamel. Ihrer Ansicht nach liegen die „Wurzeln" jeder Organisation in den technologischen und in den managementspezifischen Kernkompetenzen einer Organisation. Den „Stamm und die Äste" stellen die Technologien und die strategischen Geschäftseinheiten dar, und an den Enden repräsentieren innovative und kundennutzenorientierte Produkte – im Sinne kundenbezogener Produktmerkmale – die „Blüten oder Blätter".[37] Den organisationalen Kernkompetenzen kommt dabei eine stabilitäts- und innovationsfördernde Funktion zu. „Competencies are the glue that binds existing businesses. They are also the engine for new business development".[38] Kernkompetenzen sollten dabei die drei folgenden Merkmale aufweisen:[39]

1. Kernkompetenzen erhöhen die Anzahl der Handlungs- und Entwicklungsoptionen.
2. Kernkompetenzen sind schwer imitierbar, da sie individuelle Fähigkeiten und Produktionswissen bzw. -technologien zu einer spezifischen Unternehmenskultur vereinheitlichen.
3. Kernkompetenzen tragen signifikant zum wahrgenommenen Kundennutzen bei.

---

34 Teece et al. 1997, S. 522
35 Levitt/March 1988, S. 319ff.
36 Kochanski/Ruse 1996, S. 20
37 Prahalad/Hamel 1990, S. 82
38 Prahalad/Hamel 1990, S. 82
39 Prahalad/Hamel 1990, S. 83f.

Organisationsführung und Strategie

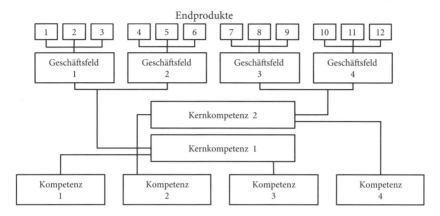

Abbildung 4: Kompetenzen als Wurzeln der Wettbewerbsfähigkeit[40]

Die Kunden kennen zwar die Endprodukte, diese sind jedoch oft den unterschiedlichen Divisionen der Organisation zugeordnet – z.B. Pkw und Lkw.[41] Diese Businesses basieren aber auf einigen wenigen Kernprodukten, die als eine Art „Plattform" mehrere Modellvarianten hervorbringen. Schließlich bedarf es wiederum mehrerer Kompetenzen, die ein Unternehmen und seine Produkte von der Konkurrenz abheben. Diese gilt es, mithilfe des oben dargestellten Modells herauszufinden.

Die Segmentierung in solche Businesses – also von strategischen Geschäftsfeldern oder strategischen Geschäftseinheiten – macht jedoch nur dann Sinn, wenn die einzelnen Organisationseinheiten überschneidungsfrei voneinander abgrenzbar sind. Um dies festzustellen, lassen sich drei wesentliche Kriterien definieren:[42]

1. Das strategische Geschäftsfeld verfügt über intern einheitliche und zu anderen Geschäftsfeldern abgrenzbare Merkmale, wie z.B. Kundenbedürfnisse, Marktverhältnisse oder Kostenstrukturen.
2. Die Kundenbedürfnisse können in der Sparte durch eine Markt-Produkt-Kombination eindeutig abgegrenzt und längerfristig befriedigt werden.
3. Für jedes strategische Geschäftsfeld lässt sich unabhängig von den Strategien anderer eine eigene Strategie planen und durchführen.

Aufbauend auf diesen Vorbedingungen greift Leonard-Barton auf einen breiteren Erklärungsansatz zurück. Sie definiert Kernkompetenz als eine vierdimensionale Wissensbasis von Organisationen, bestehend aus:[43]

1. dem Wissen, den Fähigkeiten und den Fertigkeiten der Mitarbeiter,
2. den technischen (Produktions-)Systemen,
3. den Wissensflüssen im Rahmen der Management- und Reportingsysteme sowie
4. den Werten und Normen der Unternehmenskultur.

---

40 Prahalad/Hamel 1990, S. 81
41 siehe auch den Beitrag „Organisation: Strukturen und klassische Formen" in diesem Buch.
42 Schertler 1998, S. 189
43 Leonard-Barton 1992, S. 113

Im Rahmen dieser Redefinition zeigt Leonard-Barton auch auf, welche negativen Konsequenzen die Fokussierung auf organisationale Kernkompetenzen für Organisationen haben kann:[44]

- An erster Stelle steht – wie bereits in Kapitel 3.2 erwähnt – die ausgeprägte Vergangenheitsorientierung. Verlässt man sich lediglich auf die Artefakte der bereits vorhandenen technischen Prozesse und Managementsysteme, blendet man die Gegenwart und Zukunft – und somit auch die mit diesen Perspektiven verbundenen Chancen und Gefahren – weitgehend aus.
- Als zweiten Punkt gilt es zu beachten, dass eine dominante Unternehmenskultur meist eine selbstselektiv-versteinernde Wirkung ausübt. Neue Ideen und Ansätze haben dann kaum eine Chance, integriert zu werden.
- Drittens und letztens sollte der Einfluss, den die Mitarbeiter auf den Organisationsentwicklungsprozess ausüben, nicht unterschätzt werden. Zugeschriebener Status und mikropolitische Machtausübung spielen bei der Suche nach Unterstützung für einen Veränderungsprozess durch die Belegschaft eine wesentliche Rolle und entscheiden oftmals über Erfolg oder Misserfolg von Projekten.

Diese Kritikpunkte führten schließlich zum Versuch, die Vor- und Nachteile der beiden vorgestellten Perspektiven – Outside-in und Inside-out – auszugleichen. Das erfolgversprechendste Konzept hierfür stellen die „Spanning Capabilities" dar.

3.4. Spanning Capabilities – ein integrativer Ansatz

Das Konzept der „Spanning Capabilities"[45] stammt ursprünglich aus dem Marketing, hat inzwischen in der strategischen Managementliteratur jedoch weiten Einzug gehalten. Dabei handelt es sich um einen Fokus auf jene Aktivitäten in Organisationen, die quasi ein Bindeglied zwischen der Umwelt bzw. dem Markt und der Innenperspektive der Organisation darstellen.

Während zur Outside-in-Perspektive vor allem Kundenbindungsmaßnahmen, Entscheidungen über Distributionskanäle, Markt- und Technologiemonitoring zählen, werden zur Inside-out-Perspektive vor allem die Funktionalstrategien gezählt. Dabei handelt es sich beispielsweise um die Produktionssteuerung und die Produktentwicklung, das Human Resource Management sowie das Financial Management und Controlling. Diese scheinbar unterschiedlichen Prozesse gilt es in der Folge verstärkt in die Wertkette und das organisationale Wissensmanagement zu integrieren.[46]

Ausgangspunkt ist dabei die zunehmende Lücke zwischen externen Anforderungen des Marktes und den internen Umsetzungsmöglichkeiten der Organisationen. Ausgelöst durch neue Technologien – insbesondere neue Kommunikationsmedien – und die sprunghafte Zunahme von Informationsangeboten werden Organisationsumwelten als immer fragmentierter und dynamischer wahrgenommen. Globale Un-

---

44 Leonard-Barton 1992, S. 120
45 Day 1994
46 Hult 2012, S. 2f.

ternehmen wie Nestlé sehen sich plötzlich und völlig unerwartet von (Internet-)Proteten durch NGOs oder Konsumenten betroffen, wie die strategischen Geschäftsfelder Palmöl oder Wasser zeigen.[47]

Als Gründe dafür werden vor allem organisationale Rigiditäten genannt:[48]

- Pfadabhängigkeiten, die die organisationale Entscheidungsfreiheit beschränken,
- Trägheit und Selbstzufriedenheit, die auf früheren Erfolgen von Organisationen basieren und sie von einer Weiterentwicklung und vom Lernen abhalten,
- strukturelle Engstirnigkeiten, die durch funktionales Abteilungsdenken oder divisionales Konkurrenzdenken entstehen können.

All diese Barrieren wirken sich nicht nur auf die generelle Anpassungsfähigkeit, sondern vor allem auch auf die Reaktionsgeschwindigkeit der Unternehmen aus. So wird Wettbewerb zunehmend als Zeitwettbewerb verstanden. Jene Organisationen, die es schaffen, die neuen Kommunikationsmedien so einzusetzen, dass sich interne Entscheidungsprozesse verkürzen und sich die externe Kommunikation – z.B. mit den Kunden – verbessert, werden hier als Erfolgsmodelle hinsichtlich der „Spanning Capabilities" verstanden. Dazu bedarf es in Organisationen der Implementierung von Instrumenten des Komplexitätsmanagements und umfassender Monitoringtools hinsichtlich der Umwelt.[49] Ein gut bekanntes Beispiel hierfür stellen die großen Internethändler dar, die mittels Logistiklösungen die Lieferungen beschleunigen und transparenter machen und Kundenreklamationen – im Gegensatz zum klassischen Einzelhandel – rasch und unbürokratisch erledigen.

Drei Grundbedingungen werden für die Integration der „Spanning Capabilities" angeführt:[50]

1. Der Wille, sich vertieft mit der durch neue Medien verbesserten Informationsverarbeitung und dem veränderten Kommunikationsverhalten von aktuellen, zukünftigen, aber auch früheren Kundengruppen auseinanderzusetzen,
2. offen zu sein für die Prospektion latenter Kundenbedürfnisse sowie
3. die Fähigkeit, schwache Signale aus der Umwelt proaktiv zu verarbeiten.

Diese Anpassungsprozesse sind erst abgeschlossen, wenn die erhobenen Informationen auch adäquat interpretiert und in der Organisation verteilt wurden. Dabei ist insbesondere darauf zu achten, dass Manager diese Daten nicht aus Bequemlichkeit egozentriert verarbeiten, sondern die Veränderungen der Umwelt und den organisationalen bzw. eigenen Anpassungsbedarf möglichst fehlerfrei einschätzen. Dazu sollen dieselben Technologien – also neue Medien, Suchmaschinen, Data Mining, soziale Netzwerke etc. – genutzt werden, die ursächlich hinter diesem neuen Anpassungsbedarf stecken.[51]

---

47 Day 2011, S. 184
48 Day 2011, S. 184f.
49 Day 2011, S. 188
50 Day 2011, S. 189
51 Day 2011, S. 189

Dies ist nur möglich, wenn sich Organisationen der Umwelt und insbesondere den Stakeholdern gegenüber öffnen, vermehrt Ansätze zur heterarchischen Kommunikation – im Sinne von Netzwerken – nutzen und ihre Kommunikations- und Entscheidungsprozesse beschleunigen. Am Ende entstehen so neue Geschäftsmodelle, die zwei unterschiedlichen Gruppen zugeordnet werden können:[52]

1. *Sense and Respond:* Hier gilt Zara mit seiner hohen Kundennähe und einer Reaktionszeit von zwei Wochen vom Entwurf bis zum fertigen Modell in den Shops als Pionier. Anstelle einer Outside-in-Orientierung an den Konkurrenten, die auf optimierte Planung einzelner Kollektionen abzielt, stehen der direkte Kontakt mit den Kunden und ein stetes Marktmonitoring – insbesondere in den sozialen Netzwerken – im Vordergrund.[53]
2. *Flexible Backbone:* Hier wird die klassische organisationale Kommunikationspolitik, die möglichst kostengünstig auf einen Massenmarkt abzielt, mit einer vertieften Kommunikations- und Beziehungsstrategie mit ausgewählten Schlüsselkunden kombiniert, für die auch maßgeschneiderte Lösungen erstellt werden. Neben Standardprozeduren wird auf schnelle Rückmeldung (z.B. Internetkredite) gesetzt, um den Massenmarkt zu bedienen, während die Schlüsselkunden persönlich von Expertenteams beraten werden, wie dies im Private Banking bei großen Veranlagungssummen der Fall ist.

Diese Verbindung von Außen- und Innenorientierung gilt heute als erfolgversprechendste Wettbewerbsstrategie in nahezu allen Branchen. Solche Heilsversprechen sind jedoch immer mit Vorsicht zu genießen. Es bleibt zu befürchten, dass sich Unternehmen, die sich zu sehr auf die Analyse der neuen Medien und sozialer Netzwerke verlassen, auch rasch in der Flut schnelllebiger Trends untergehen können. Umso wichtiger ist es, das Monitoring der Umwelt mit der Weiterentwicklung der eigenen Stärken, aber auch der zunehmenden Veränderung des Kunden- und Kommunikationsverhaltens in Einklang zu bringen.

4. Soziale Strategien

Die klassischen Geschäftsmodelle und Wettbewerbsstrategien setzen meist auf Konkurrenz und übersehen dabei, dass Märkte keine reinen Kampfarenen darstellen. Selbstverständlich versuchen alle Organisationen und Individuen sich möglichst viele Vorteile zu verschaffen, dies aber nicht immer nur auf Kosten anderer. Kooperationsmodelle sind immer noch eine Ausnahme in der strategischen Planung des Gros der mitteleuropäischen Klein- und Mittelbetriebe – während das Modell des Kooperationswettbewerbs typisch für italienische Klein- und Mittelbetriebe in lokalen „distretti industriali" traditionell etabliert ist.[54] Darüber hinaus haben vor allem die Global Player auch schon seit längerem erkannt, dass eine gemeinsame Techno-

---
[52] Day 2011, S. 192
[53] Inditex 2013
[54] Becattini 2004

logieentwicklung die Risikokosten senkt und es erleichtert, neue Standards zu definieren, oder auch Kooperationen über Branchengrenzen hinweg – Filmindustrie, Fastfood, Spielzeug etc. – zum gegenseitigen Nutzen aller führen. Waren es früher vor allem die Interessen der Eigentümer/Kapitalgeber und erst in zweiter Linie jene der Kunden oder Mitarbeiter, auf die eine Strategie abzielte, so hat sich dies in den letzten Jahrzehnten deutlich verändert.

Das Stakeholderkonzept geht zurück auf Freeman, der bereits 1984 alle Gruppen oder Individuen, die eine Organisation beeinflussen können oder von ihr auch nur beeinflusst werden, als Stakeholder bezeichnete. Er ging sogar einen Schritt weiter und machte all diese Bezugspersonen für die Sicherung der langfristigen Existenz von Organisationen verantwortlich.[55]

Friedman/Miles meinen diesbezüglich, dass diese Betrachtungsweise zu unscharf sei und möglicherweise auch zu einem simplifizierten Schwarz-Weiß-Muster führen könne. Nicht alle Personen oder Gruppen, die von den Aktionen einer Organisation betroffen sind, zeigen Reaktionen, genauso wenig wie davon auszugehen ist, dass das Überleben einer Organisation von allen Stakeholdern im gleichen Ausmaß abhängig ist.[56]

Den Abschluss dieses Kapitels bilden das DIPLOM-Modell, das auf die Entwicklung eines Konsensmodells zwischen den Stakeholdern abzielt, sowie die Balanced Scorecard, die nicht nur zur Performancesteuerung der Organisation, sondern auch zur Steuerung der Stakeholderbeziehungen herangezogen werden kann.

4.1. Stakeholderanalyse

Das Herzstück des Stakeholdermanagements stellt die Stakeholderanalyse dar. Hierbei wird versucht, die verschiedenen Interessengruppen entsprechend ihren direkten und indirekten Einflussmöglichkeiten zu kategorisieren – also die Struktur der Stakeholderbeziehungen aufzuzeigen. Denn nur wenn es gelingt, die verschiedenen Gruppen entsprechend ihren Interessen und Stärken abzugrenzen, können auch (Kooperations-)Strategien für den Umgang miteinander entwickelt werden. Zwei zentrale Modelle sind jene nach Mitchell/Agle/Wood (1997) und nach Müller-Stewens/Lechner (2011), die in der Folge im Detail vorgestellt werden.

4.1.1. Stakeholdertypologie nach Mitchell/Agle/Wood

Während in den früheren Modellen vor allem nach dem Kriterium des Einflusses, den Stakeholder auf das Unternehmen ausüben können, eine Art Ranking der unterschiedlichen Interessengruppen erstellt wurde, differenzieren Mitchell/Agle/Wood nach drei unterschiedlichen Attributen. Konkret handelt es sich dabei um Macht, Legitimität und Dringlichkeit:[57]

---

[55] Freeman 1984, S. 25ff.
[56] Friedman/Miles 2006, S. 8f.
[57] Mitchell/Agle/Wood 1997, S. 860ff.

1. Macht steht für die Abhängigkeit der Organisation von der jeweiligen Stakeholdergruppe. Es geht also um die Frage, wie gut es den Stakeholdern gelingt, ihre eigenen Interessen innerhalb der Organisation durchzusetzen bzw. welchen und wie viel Druck sie von außen auf das Unternehmen ausüben können.
2. Legitimität fokussiert auf die Fragestellung, ob Stakeholder überhaupt ein Recht oder einen moralisch begründeten Anspruch darauf haben, Einfluss auf eine Organisation auszuüben. Dabei geht es nicht nur um gesetzlich abgesicherte Schutzansprüche – wie z.B. im Arbeitsrecht oder beim Konsumentenschutz –, sondern es können auch allgemein anerkannte Werte als Basis herangezogen werden, wie z.B. die Menschenrechte, auch wenn diese in keiner klar definierten Form einen Rechtsbruch darstellen würden. Hierbei geht es oftmals um gesellschaftlich oder religiös begründete Normen, Werte und Moralvorstellungen.
3. Die Dringlichkeit stellt dann ein relativ neues Attribut dar, das vor allem die Dynamik der Stakeholderbeziehungen berücksichtigt. Dringlichkeit liegt dann vor, wenn es gilt, einen kritischen Zustand schnellstmöglich zu bereinigen.

Aus der Kombination dieser drei Attribute erstellen die Autoren ein Ranking von acht verschiedenen Stakeholdergruppen, die es auch differenziert zu berücksichtigen gilt. In Abbildung 5 wird diese Typologie grafisch dargestellt:

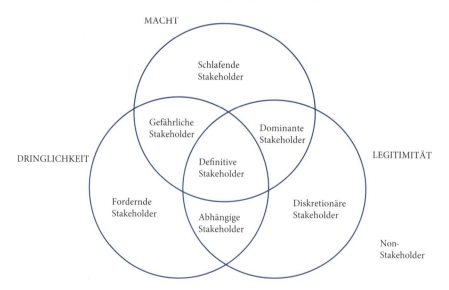

Abbildung 5: Stakeholdertypologie nach Mitchel/Agle/Wood[58]

Die wichtigste Gruppe stellen die definitiven Stakeholder dar. Sie verfügen über alle drei Attribute – Macht, Legitimität und Dringlichkeit – und können daher ihre Ansprüche notfalls auch gegen die Interessen der Organisation durchsetzen.[59] In diese

---
58 Mitchell/Agle/Wood 1997, S. 874
59 Mitchell/Agle/Wood 1997, S. 878

Gruppe fallen z.B. Eigentümervertreter, Kunden oder auch Mitarbeiter, mit denen die Organisation in ständigem Dialog stehen sollte, um mögliche Differenzen frühzeitig erkennen und ausgleichen zu können.

In der zweiten Gruppe finden sich die sogenannten Anwärter. Diese verfügen über zwei Attribute und sollten daher zumindest regelmäßig von der Organisation im Auge behalten werden. Ein ständiger Dialog, wie bei den definitiven Stakeholdern, ist jedoch nicht unbedingt erforderlich. Die Anwärter können – je nach Attributskombination – wieder in drei weitere Untergruppen eingeteilt werden:[60]

- Dominante Stakeholder verfügen über Macht und Legitimität. Es fehlt also nur ein konkreter Anlass, damit sie zu definitiven Stakeholdern werden und dann ihre Interessen relativ leicht durchsetzen können.
- Abhängige Stakeholder verfügen über Legitimität und Dringlichkeit, haben aber keine Macht, ihre Ansprüche durchzusetzen. Daher suchen sie meist Kooperationen mit dominanten und/oder definitiven Stakeholdern.
- Die gefährlichen Stakeholder setzen mit ihrer Kombination aus Macht und Dringlichkeit meist auf einen unplanbaren Aktionismus. Da ihnen die Legitimität fehlt, sehen sie sich oft in einer Position der Advokaten der Rechtlosen oder selbst als Rächer für entstandenes Unrecht.

Es zeigt sich also, dass sowohl die Interessenlagen als auch die möglichen Reaktionen dieser Gruppen von Stakeholdern nur schwer vorhersehbar sind. Als Beispiele für solche Stakeholder kommen von Anrainern bis zu Umweltschutzgruppen sehr heterogene Gruppierungen in Betracht. Aus diesem Grund empfiehlt sich vor allem eine anlassbezogene Kommunikation mit den Anwärtern. Sie sollten bei außergewöhnlichen Vorhaben – z.B. Betriebserweiterungen oder Technologieumstellungen – kontaktiert und umfassend informiert werden.

Die dritte Gruppe – die sogenannten latenten Stakeholder – verfügt nur noch über ein einziges Attribut. Daher können sie kaum Einfluss auf die Organisation ausüben und werden meistens negiert. Der Aufwand, sich zwei weitere Attribute anzueignen, ist meist viel zu groß, um sie zu den relevanten Akteuren im Organisationsumfeld zu zählen. Entsprechend dem Attribut, über das sie im Einzelnen verfügen, werden folgende Gruppen unterschieden:[61]

- Schlafende Stakeholder, die nur über Macht verfügen, denen aber jegliche Veranlassung fehlt, aktiv zu werden.
- Diskretionäre Stakeholder, die über Legitimität verfügen, deren Anspruch jedoch in einem Graubereich des Ermessens liegt und dessen Umsetzung daher auch für sie selbst mit ungewissem Ausgang verbunden ist.
- Fordernde Stakeholder, die über die Dringlichkeit zwar vermeinen, einen gewissen Anspruch zu haben, diesen aber weder juristisch noch durch Machtmittel durchsetzen können.

---
60 Mitchell/Agle/Wood 1997, S. 876
61 Mitchell/Agle/Wood 1997, S. 874

Hierzu zählt quasi die gesamte erweiterte Organisationsumwelt, die sich jedoch den größten Teil der Zeit eher passiv verhält. Beispiele finden sich in der öffentlichen Verwaltung, bei politischen Gruppierungen bis hin zur Vielzahl lokaler, gesellschaftlicher Vereine. Bei all diesen Gruppierungen reicht es nach Meinung der Autoren aus, erst reaktiv auf vorgebrachte Forderungen zu antworten.

Letztlich muss – der Vollständigkeit halber – auch noch die Gruppe der Non-Stakeholder erwähnt werden. Diese umfasst alle möglichen Akteure, die derzeit noch keinen Kontakt mit der Organisation hatten und demnach aktuell auch über keinerlei Ansprüche verfügen, also keines der drei Attribute nach Mitchell/Agle/Wood aufweisen[62] – hier können wir z.B. die Umwelt, noch ungeborene Generationen oder auch exzessiv ausgebeutete Nutztiere anführen, soweit keine NGOs als deren Interessenvertreter auftreten.

Diese Einteilung ermöglicht es Organisationen nicht nur, ein Ranking der verschiedenen Anspruchsgruppen zu erstellen, sondern zeigt bereits Möglichkeiten auf, diese durch gezielte, strategische Kommunikation an die Organisationen zu binden und so planbarer in ihren Aktivitäten zu machen. Damit fokussiert jede Stakeholderklassifikation gleichzeitig auch immer auf ein Stakeholdermanagement und somit auf Handlungsempfehlungen für das Management zum Umgang mit den unterschiedlichen Gruppierungen innerhalb und außerhalb der Organisation.

4.1.2. Stakeholder-Relevanz-Matrix nach Müller-Stewens/Lechner

Ein Modell, das stärker auf die Interaktion zwischen Organisation und Stakeholdern setzt, geht auf Müller-Stewens/Lechner zurück. Hierbei geht es nicht nur um die Bedeutung, die den einzelnen Interessengruppen beizumessen ist – wie dies in der Priorisierung bei Mitchell/Agle/Wood gut zum Ausdruck kommt –, sondern es erfolgt eine Einteilung nach Einfluss und Beeinflussbarkeit. Zwei Fragen stellen die Basis des Modells der Stakeholder-Relevanz-Matrix dar: (1) Welchen Einfluss können die Stakeholder auf die Organisation ausüben? Und (2) wie groß ist die Beeinflussbarkeit (Steuerbarkeit) der Stakeholder durch die Organisation?[63] Ein grafischer Überblick hierzu findet sich in der folgenden Abbildung 6.

---

62 Mitchell/Agle/Wood 1997, S. 874
63 Müller-Stewens/Lechner 2011, S. 166ff.

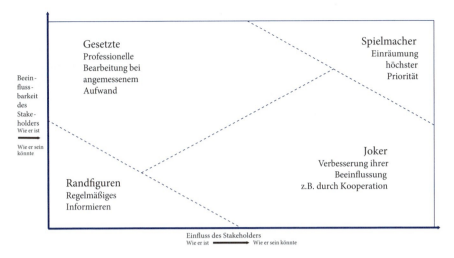

Abbildung 6: Stakeholder-Relevanz-Matrix nach Müller-Stewens/Lechner[64]

Aus den beiden Dimensionen des Einflusses und der Beeinflussbarkeit der Stakeholder ergibt sich laut den Autoren eine Einteilung, die quer zum kartesisch anmutenden Raster liegt und die vier unterschiedliche Stakeholdergruppen kategorisiert:[65]

- Spielmacher: Diese Gruppe kann erheblichen Einfluss auf die Organisation ausüben, wird aber gleichzeitig auch stark von der Organisation beeinflusst. Durch diese wechselseitige Abhängigkeit entsteht eine Situation, bei der beide Seiten meist argwöhnisch nach einer Balance suchen. Großkunden – sogenannte Key Account Customers – oder Lieferanten in oligopolistischen Märkten stellen Prototypen dieser Spielmacher dar.
- Joker: Stakeholder, die einen großen Einfluss auf die Organisation ausüben können, selbst aber kaum durch diese beeinflussbar sind, stellen die zweite Gruppe des Modells dar. Joker zählen zu den gefährlichsten Gruppierungen, da sie ihre Interessen einseitig der Organisation oktroyieren können. Beispiele dafür sind Kapitalgeber oder auch marktführende Konkurrenten, zunehmend auch wieder staatliche Gesetzgeber.
- Gesetzte: Dabei handelt es sich um das genaue Gegenteil der Joker. Diese Gruppe hat nur geringen Einfluss auf die Organisation, kann aber bis zu einem gewissen Grad gesteuert werden. Als typischer Vertreter der Gesetzten können z.B. die Mitarbeiter gesehen werden, falls sie nicht von mächtigen Interessenvertretern repräsentiert werden.
- Randfiguren: Diese letzte Gruppe der Stakeholder-Relevanz-Matrix ist weitgehend als neutral anzusehen. Weder verfügen sie über hohen Einfluss auf die Organisation noch können sie von dieser in irgendeiner Weise gesteuert werden. Hierunter fallen zum Beispiel NGOs oder politische Parteien.

---

64 Müller-Stewens/Lechner 2011, S. 162
65 Müller-Stewens/Lechner 2011, S. 162f.

Diese Einteilung ist jedoch nicht als statisch zu betrachten. Durch bestimmte Ereignisse – z.B. Einsparungsprogramme bei Mitarbeitern – können die Gesetzten rasch an (medialen) Einfluss gewinnen und finden eventuell auch Unterstützung von anderen Stakeholdergruppen. Dadurch kann sich die Einteilung – und damit auch die Struktur der Stakeholderbeziehungen – anlassbezogen rasch ändern. Umso wichtiger ist es, alle Stakeholder als Bezugsgruppen der internen und externen organisationalen Umwelt ernst zu nehmen und regelmäßig deren Kontakt zu suchen.

Letztlich ist es aber auch bei Müller-Stewens/Lechner nur eine Nutzen-Schaden-Analyse, die am Ende der Stakeholderanalyse steht.[66] Interessen von Stakeholdern werden nur dann berücksichtigt, wenn diese anderenfalls die Pläne der Organisation stören oder gar vereiteln könnten. Eigentlich ist es aber ein partnerschaftlicher Umgang, der wertschöpfend allen Beteiligten nutzen würde. Dies zeigt sich auch typisch in der Differenzierung der Veganer in „gute Kunden" oder „politische Störenfriede". Dort, wo die Geschäftsinteressen übereinstimmen, wird der Kontakt gesucht. Wo nicht, führt dies fast unweigerlich zur Konfrontation der unterschiedlichen Weltbilder. Wie dies vermieden werden kann, soll das folgende Modell des Stakeholdermanagements aufzeigen.

4.2. Stakeholdermanagement

Basierend auf der Stakeholderanalyse stellt die „Corporate Diplomacy" ein konsensorientiertes Modell hinsichtlich des Umgangs mit Stakeholdern dar. Wie der Name schon sagt, geht es dabei um diplomatische Interaktion zwischen Organisation sowie internen und externen Interessengruppen. Dabei wird Diplomatie nicht – wie oftmals am politischen Parkett – als machtbewusste Kompromisslösung verstanden, sondern als kooperative Suche nach Win-win-Situationen, die gemeinsame Risiken minimieren und langfristige Beziehungen etablieren, ohne die Verhandlungspartner bloßstellen zu wollen.[67] Ziel ist es also, eine Art Konsensmodell zwischen den Stakeholdern zu etablieren.

Als Grundlage dafür führt Henisz sein DIPLOM-Modell an, das in sechs Stufen die Corporate Diplomacy in Organisationen implementieren soll:[68]

- Due Dilligence: Die Corporate Diplomacy beginnt stets mit einer fundierten, datenbasierten Stakeholderanalyse. Dabei soll die Ist-Situation so präzise wie möglich erfasst werden.
- Integration: Die Ergebnisse der Stakeholderanalyse müssen in das Geschäftsmodell integriert werden.
- Personal: Mitarbeiter müssen hohe interpersonelle Kommunikationsfähigkeiten aufweisen. Neben klassischen Schulungsmaßnahmen stehen vor allem Verhandlungsgeschick und Konfliktmanagementtechniken im Mittelpunkt des Interesses.

---
66 Müller-Stewens/Lechner 2011, S. 164ff.
67 Henisz 2014, S. 151f.
68 Henisz 2014, S. 21ff.

- Learning: Die Reaktionen der Stakeholder sind möglichst genau zu erfassen und das eigene Verhalten ist im Sinne von Feedback- und Lernschleifen anzupassen.
- Openness: Corporate Diplomacy kann nur glaubwürdig implementiert werden, wenn die Organisationen eine möglichst hohe Transparenz aufweisen. Daher geht es in diesem Schritt um die Generierung einer offenen Kultur, die im Umgang mit Heterogenität und Pluralität geübt ist.
- Mindset: Abschließend soll diese diplomatische Einstellung in den Köpfen der Mitarbeiter und den Werten der Kultur verankert werden.

Aus der Praxis

Das FAIRTRADE-Modell ist für diese Vorgehensweise ein gutes Beispiel. Ziel von FAIRTRADE ist es, durch höhere Abnahmepreise Kleinbauern und landwirtschaftlichen Arbeitern sowie ihren Familien in Entwicklungsländern ein sicheres und menschenwürdiges Leben zu ermöglichen. Nach einem Screening der Produzenten (Due Dilligence), die nach vorgegebenen Richtlinien produzieren müssen (Integration), werden diese zertifiziert. In Österreich übernimmt diese Funktion ein Verein bestehend aus 24 Organisationen aus den Bereichen Entwicklungspolitik, Ökologie, Bildung, Soziales und Religion. Dieser Verein betreibt selbst keinen Handel, sondern finanziert sich aus den Lizenzgebühren, Mitgliedsbeiträgen und Zuschüssen der öffentlichen Hand und von NGOs. Durch die Lizenzierung und Vergabe des FAIRTRADE-Gütesiegels schafft die Organisation ein Netzwerk von landwirtschaftlichen Produzenten und verarbeitenden Betrieben auf nationaler Ebene, die zu einer wechselseitigen Win-win-Situation führt (Personal). Die Kleinbauern und deren Arbeitskräfte erhalten höhere Preise und das FAIRTRADE-Gütesiegel ermöglicht den Herstellern nicht nur die Kennzeichnung ihrer Produkte unter ethischen Gesichtspunkten – was wiederum eine spezifische Konsumentengruppe anspricht –, sondern auch den Umstieg auf nachhaltige Produktionsweisen oder neue Produkte (Learning).[69] Durch die Vergabe des FAIRTRADE-Siegels – das nach transparenten Richtlinien vergeben wird – (Openness) können Konsumenten sicher sein, die höheren Preise nicht nur an den Zwischenhandel zu zahlen, sondern direkt in höhere Einkommen und Sozialprojekte vor Ort zu „investieren" (Mindset).[70]

Zielsetzung ist also auch hier die Integration der Stakeholder in das Modell der Unternehmens- und Organisationsführung. Wie letztlich die erfolgreiche Umsetzung sichergestellt werden soll, wird im folgenden Kapitel aufgezeigt, das die Steuerbarkeit sozialer Strategien mittels Balanced Scorecard erläutert.

---

69 FAIRTRADE 2015b
70 FAIRTRADE 2015a

4.3. Steuerbarkeit – die Balanced Scorecard

Die Summe all dieser Veränderungen in den Geschäftsmodellen, den Wettbewerbs- und sozialen Strategien führt dazu, dass simple Steuerungsgrößen in Organisationen – wie z.B. Gewinn oder Umsatzwachstum bzw. Kapitalrendite – keine verlässliche Aussage mehr über die tatsächliche Entwicklung liefern. Den Fokus allein auf Finanzkennzahlen oder den Shareholder Value zu legen, führt zu äußerst kurzsichtigen und in den meisten Fällen auch organisationsschädigenden Zielsetzungen. Umso wichtiger ist es, ein passenderes Kontrollinstrument der Strategieumsetzung und -steuerung zu implementieren. Diesbezüglich hat sich die Balanced Scorecard als eines der globalen Erfolgsmodelle durchgesetzt.[71]

Als Gründe für die Implementierung einer Balanced Scorecard werden meistens angeführt, dass (1) finanzielle Kennzahlen allein keine wirkliche Aussagekraft hinsichtlich der aktuellen und zukünftigen Situation einer Organisation bieten, (2) die Fokussierung auf die Finanzperspektive zu einer unzureichenden bzw. mangelhaften Kommunikation und Umsetzung der Strategie führt und (3) dadurch die Stakeholderorientierung vernachlässigt wird. Gleichzeitig sollen die aktuellen Hauptmängel des strategischen Managements durch das neue Steuerungsinstrument behoben werden. Dazu werden gezählt:[72]

- die geringe öffentliche Akzeptanz einer rein an den Kapitalgebern orientierten Strategie,
- eingeschränkte Überprüfbarkeit der Strategieumsetzung durch zu vage gehaltene Formulierungen und fehlende Operationalisierung,
- hohe Sickerverluste durch uneinheitliche Kommunikation der Strategie Top-down sowie die
- Entkoppelung der Strategie von der langfristigen Entwicklungsrichtung einer Organisation durch kurzfristige – oft ruinöse – Einsparungs- und Kostensenkungsprogramme.

Ziel der Balanced Scorecard ist es daher, die oft sehr unklar definierten Ziele einer Organisation auf konkrete Messgrößen auf Abteilungsebene herunterzubrechen. Dadurch soll sichergestellt werden, dass alle gemeinsam und kontrollierbar an der Umsetzung der gewählten Strategie arbeiten (vgl. Abbildung 7). Neben der Finanzperspektive wird das Zielsystem um weitere drei Dimensionen ergänzt, sodass ein möglichst breiter Handlungsspielraum abgedeckt und auch regelmäßig überprüft wird:[73]

1. Die Finanzperspektive bleibt selbstverständlich erhalten und soll die wirtschaftliche Effektivität und Effizienz der Strategie mittels notwendiger Kennzahlen für das Management, aber auch die Kapitalgeber und die öffentliche Hand nachweisen. Dabei rückt sie im Gesamtkonzept jedoch etwas in den Hintergrund.

---
[71] Kaplan/Norton 1992
[72] Horváth/Kaufmann 1998, S. 39ff.
[73] Stoll 2003, S. 86ff.

2. Die Prozessperspektive zielt direkt auf die notwendigen, strukturellen Veränderungen, die mit der Umsetzung der Strategie einhergehen. Hier werden unternehmerische Abläufe so gestaltet, dass es zu einer Erhöhung der Durchlaufzeiten bzw. Reduktion intraorganisationaler Schnittstellen und generell zur Sparsamkeit mittels messbarer Zielgrößen (z.B. Reduktion der Antwortzeiten, raschere Auftragsbearbeitung etc.) kommt.
3. Die Kundenperspektive soll nicht nur den Marktanteil widerspiegeln, sondern vielmehr die Erhöhung der Kundenzufriedenheit und -loyalität, aber auch das Cross-Selling, also eine Umsatzausweitung bei den Kunden, zum Ziel haben. So z.B. in der Apple-Welt, in der Kunden nicht nur einen iPod als klassisches Einsteigermodell, sondern auch das iPhone, das iPad und die iWatch kaufen sollen.
4. Die Mitarbeiterperspektive – oft auch Lern- und Entwicklungsperspektive genannt – soll sicherstellen,
   - dass Mitarbeiter entsprechend den Vorgaben der Strategie geschult werden und Verantwortung gezielt an sie delegiert wird, um Verhaltensänderungen zu unterstützen,
   - dass Anreiz- und Informationssysteme aufgebaut werden, um die Umsetzung zu erleichtern,
   - dass eine lernfähige und fehlertolerante Kultur geschaffen wird, die zu Innovationen führt.

Gerade mit dieser Perspektive soll auch sichergestellt werden, dass langfristige Investitionen getätigt werden und die Zielerreichung nicht nur über kurzfristige Einsparungen erfolgt.

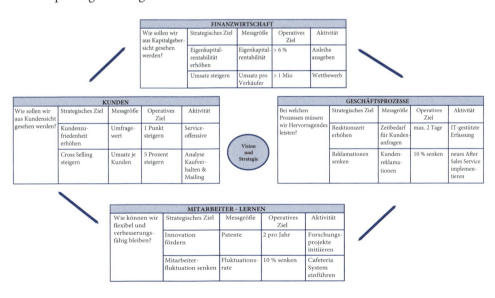

Abbildung 7: Balanced Scorecard[74]

---

74 Kaplan/Norton 1996

Selbst Kaplan/Norton gehen jedoch davon aus, dass diese Fokussierung auf vier Dimensionen nicht jederzeit und in jeder Branche passend ist. So wurden in den letzten Jahren auch zahlreiche firmenspezifische Scorecards entwickelt, die es teilweise auch geschafft haben, in die strategische Literatur Eingang zu finden. Dazu gehören etwa der Skandia Navigator, eine Balanced Scorecard mit fünf Dimensionen, bei der vor allem darauf geachtet wurde, dass das Intellectual Capital des Unternehmens stärker Beachtung findet – nicht zuletzt, um den hohen Marktwert des Unternehmens zu rechtfertigen, da Versicherungen nur über relativ geringe Sachwerte verfügen, die in einer Bilanz aufscheinen.[75] Als weiteres Beispiel kann Zara dienen. Dieses Textilunternehmen, das zur Inditex-Gruppe gehört, legt einen besonderen Schwerpunkt auf Sustainability als fünfte Dimension ihrer Unternehmensscorecard.[76] Hier werden in einem umfassenden Report Kennzahlen zum Umweltschutz und zu sozialen Programmen veröffentlicht, um die Organisation als „Good Corporate Citizen" zu präsentieren. Dabei versuchen Unternehmen mittels selbst auferlegter ethischer Standards nachzuweisen, dass sie nicht nur profitorientiert arbeiten, sondern die Belange der Mitarbeiter, Kunden und Mitbürger respektieren und unterstützen. Somit stellt die Balanced Scorecard in einer erweiterten Form auch eine mögliche Basis für die Integration technologischer, demografischer oder auch wertorientierter Trends in den Unternehmenskontext dar.

Die sozialen Strategien zielen also darauf ab, Organisationen stärker mit ihrem Umfeld zu vernetzen. Führungskräfte tendieren dazu, Kommunikation mit der Begründung einer beständigen Zeitnot zu reduzieren. Soziale Strategien zeigen jedoch Wege auf, Kommunikation effizienter als bisher zu nutzen – indem Stakeholder identifiziert und klassifiziert werden, Vorschläge für die Interaktion sowie Wechselwirkungen mit Bezug zur Steuerung von Organisationen aufgezeigt werden. Inwieweit es möglich ist, solche und andere Veränderungen auch institutionell zu verankern, zeigt das nächste Kapitel.

5. Institutionelle Strategien und institutionelle Unternehmer

Institutionelle Strategien unterscheiden sich von Wettbewerbsstrategien und sozialen Strategien, weil sie dazu gedacht sind, sowohl die Spielregeln als auch die kognitiven und statusbasierten Strukturen der Märkte oder Felder zu verändern, in denen die Organisation operiert. Lawrence, der diesen Begriff in die Literatur eingeführt hat, porträtiert diese Strategien als solche, welche es zum Ziel haben, entweder neue Institutionen zu schaffen oder existierende zu transformieren bzw. zu demontieren: „Institutional strategies are patterns of organizational action concerned with the formation and transformation of institutions, fields and the rules and standards that

---
75 Müller-Stewens/Lechner 2011, S. 604f.
76 Inditex 2013, S. 138ff.

control those structures."[77] Er differenziert auch klar zwischen institutionellen Strategien und anderen Strategiearten:

> Although all organizational strategy occurs within an institutional context, institutional strategy is differentiated by its orientation to that context: simply put, institutional strategy is not so much concerned with gaining competitive advantage based on existing institutional structures as it is concerned with managing those structures – preserving or transforming institutional standards and rules in order to establish a strategically favorable set of conditions.[78]

Ähnlich definieren Marquis und Raynard institutionelle Strategien als „the comprehensive set of plans and actions directed at leveraging and shaping socio-political and cultural institutions to maintain or improve an organization's competitive position".[79]

Für die Unternehmens- bzw. Organisationsführung sind jene institutionellen Strategien von besonderer Relevanz, die sich mit der Generierung neuer oder Transformation bestehender Markt- und Organisationskategorien beschäftigen.[80] Wie in der Einführung dieses Beitrags dargelegt, können Markt- und Organisationskategorien als Institutionen verstanden werden, insofern sie und ihre Stellung in der Wirtschaft und Gesellschaft als normal, natürlich und notwendig angesehen und daher nicht hinterfragt werden. Das Modell der Marktidentität stellt hier einen hilfreichen Ansatz dar, um dieses Thema näher zu beleuchten.

Jensen bezeichnet Marktidentität als die Position, welche eine Organisation entlang zweier Dimensionen im Markt besetzt. Die erste Dimension teilt Märkte in unterschiedliche, horizontale Kategorien auf der Basis von Produktattributen – beispielsweise Verwendungsarten, eingesetzte Produktionsprozesse oder Technologien – auf. Die Marktidentität einer Organisation ist definiert „by its membership in the social categories used in a particular market to identify and specify what to expect from the organization"[81]. Dieser horizontale Aspekt der Marktidentität spielt eine wichtige Rolle im Marktgeschehen, weil er als eine kognitive Schnittstelle zwischen einer Organisation und seinen verschiedenen Umwelten fungiert.[82] Die Marktidentität schreibt dabei vor, welches Verhalten und welche Produktmerkmale für eine Organisation, die eine bestimmte Identität beansprucht, akzeptabel sind.[83] Weiters erleich-

---

77 Lawrence 1999, S. 167
78 Lawrence 1999, S. 167
79 Marquis/Raynard 2015, S. 294
80 Marquis und Raynard verstehen unter institutionellen Strategien im Kontext der Emerging Markets auch solche, die relationale, infrastrukturbildende und sozio-kulturelle Komponenten besitzen. Relationale Strategien umfassen Bemühungen, Netzwerk- und Abhängigkeitsbeziehungen mit zentralen Stakeholdern oder mit der Regierung zu pflegen und zu gestalten. Infrastrukturbildende Strategien behandeln fehlende oder unzureichende gesetzliche, technologische oder physische Infrastrukturen, welche die Tätigkeiten von Organisationen unterstützen sollen. Sozio-kulturelle „brückenbildende" Strategien packen dagegen soziale und demografische Probleme an, die Wirtschaftsentwicklung und Handel dämpfen können, wie z.B. ethnische und religiöse Konflikte, Analphabetismus oder Armut.
81 Jensen/Kim 2014, S. 109
82 Zuckerman 1999; Lounsbury/Rao 2004
83 Carroll/Swaminathan 2000

tert sie die Bewertung seitens der Kunden und die öffentliche Meinung hinsichtlich der Produkte, Dienstleistungen und des gesellschaftlichen Beitrags der Organisation[84] und versorgt Organisationen, welche im selben Markt operieren, mit geteilten Normen und sozialen Regeln, um das Verhalten der Organisation zu bewerten und die Vergleichbarkeit ähnlicher Organisationen zu ermöglichen.[85]

Die zweite Dimension betrifft die vertikale Hierarchie, welche die Organisationen ordnet, die in einer gemeinsamen horizontalen Kategorie tätig sind. Da Status als substitutives Signal für Qualität fungiert,[86] kann die Position, welche eine Organisation in dieser vertikalen Hierarchie besetzt, wichtige Vorteile bringen. Organisationen mit hohem Status können z.B. höhere Preise erzielen und einen leichteren Zugang zum Kapitalmarkt oder zu potenziellen Partnern haben.[87] Folglich ist die Wahrung des eigenen Status von zentraler Bedeutung für Organisationen mit hohem Status und – trotz des hohen Schwierigkeitsgrades – versuchen Organisationen mit niedrigem Status in der Bewertung aufzusteigen.

Der beschriebene Marktidentitäts-Ansatz vervollständigt die Betrachtung, welche wir in Kapitel 3 hinsichtlich der Wettbewerbsstrategien vorgestellt haben. Zwei Dimensionen kommen hinzu. Zum einen die Dimension der Marktkategorisierung: Wettbewerbsprozesse geschehen nicht in einem Vakuum, sondern ihr Kontext ist durch institutionelle Prozesse vorgeformt, welche Spielfelder (Marktkategorien) und Spieler (Organisationskategorien) definieren. Marktkategorien können darüber hinaus in Marktklassen zusammengefasst werden (wie z.B. die Kategorie italienischer Ristoranti zu der Klasse der Restaurants). Zum zweiten ist der Wettbewerb zwischen Organisationen auch ein Wettbewerb um Statuspositionen. Strategien, um Status zu erwerben, stellen einen wichtigen Teil der Handlungen von Organisationen dar. Diese Art von Strategien sind oft als institutionelle Strategien (im oben dargelegten Sinn) zu verstehen, weil Statushierarchien sehr schwierig zu verändern sind und ihre Wurzeln in unreflektierten Evaluierungsschemata zu suchen sind.[88] Man denke z.B. an den Versuch österreichischer Rotweinproduzenten, sich in internationalen Märkten zu etablieren, oder auch an österreichische Fachhochschulen, die darauf abzielen, ihren Status gegenüber Universitäten zu verbessern. Dies tun Fachhochschulen beispielsweise, indem sie für das Promotionsrecht kämpfen, das bisher Universitäten vorbehalten ist, oder sich international als „Universities of Applied Sciences" definieren, um mit ausländischen Universitäten zu kooperieren, die den nur im deutschsprachigen Raum herrschenden Unterschied zwischen den Kategorien Universität und Fachhochschulen nicht kennen: Sofern Fachhochschulen es schaffen, Kooperationen mit ausländischen Universitäten einzugehen, verfügen sie über ein Argument, um die Status- und Finanzierungsunterschiede hierzulande infrage zu stellen.[89]

---

84   Jensen/Kim/Kim 2011
85   Porac et al. 1995; Zuckerman 2000
86   Podolny 1993
87   Podolny 1993, Malter 2004
88   Bourdieu 1982
89   Wir wollen hier nicht die Strategien der Fachhochschulen kritisieren oder gutheißen, sondern nur einen aus theoretischer Perspektive interessanten Fall kurz beleuchten.

Die Beispiele der Rotweinproduzenten und Fachhochschulen sind auch deshalb interessant, weil sie sich in einem wichtigen Punkt unterscheiden. Rotweinproduzenten sind einzelne Organisationen, die international nur einen niedrigen Status genießen (anders als österreichische Weißweine, die international anerkannt sind) und ihre eigene Position in der Kategorie Rotwein verbessern wollen. Fachhochschulen kämpfen dagegen als gesamte Kategorie für das Promotionsrecht. Ziel ist es, nicht nur den Status einzelner Organisationen zu erhöhen, sondern die gesamte Kategorie emporzuheben, ohne sie aufzulösen. Durch ihren höheren Praxisbezug (laut politischem Auftrag) verfügen Fachhochschulen auch über eine nicht zu unterschätzende Legitimation gegenüber bestimmten Meinungsträgern ihrer Umwelt (aus Politik, Wirtschaft sowie den Familien der Studierenden und Absolventen), die sie nicht verlieren wollen. Man kann also behaupten, dass österreichische Rotweinproduzenten eher Wettbewerbsstrategien nutzen, um ihre Positionierung im internationalen Weinmarkt zu verbessern, während Fachhochschulen institutionelle Strategie verwenden, um die Stellung und Bedeutung der Kategorie zu ihren Gunsten zu verändern.

Aus der Praxis

Das Beispiel italienischen Grappas[90] verdeutlicht diesen Prozess noch besser. Grappa war in Italien bis zum Ende der 1970er-Jahre ein stigmatisiertes Produkt: billig, verrufen und von niedrigem Status. In guten Restaurants war Grappa nicht auf der Getränkekarte und bei Einladungen von gut situierten Familien wurde er nicht serviert. Versuche, ihn für das Bürgertum schmackhaft zu machen, scheiterten immer wieder. Cognac und Whisky waren in Italien die Spirituosen mit hohem Status (siehe Abbildung 8). Bis 1978 eine Frau, Giannola Nonino, es nach zwei gescheiterten Versuchen schaffte: Ihr Grappa di Picolit wurde zu astronomischen Preisen verkauft. Ihr Erfolg schuf auch einen imitierbaren Brückenschlag für andere Produzenten. Nach circa zehn Jahren hatte Grappa – nicht nur Nonino-Grappa – den Einzug in die gute Gesellschaft geschafft und wurde zum beliebtesten „Schnaps" in Italien (siehe Abbildung 9). Einige Flaschen erzielen heute Preise von über 2.000 Euro.

Wie hat es Giannola Nonino geschafft, Grappa zu einem Statussymbol und Lifestyle-Produkt zu machen? Drei zusammenhängende Strategien wurden eingesetzt. Durch ein minimalistisches Design der Flasche und des Etiketts, die Setzung eines astronomischen Preises, die Vermeidung jeglichen Kontakts mit anderen Grappaproduzenten und die Selbstinszenierung der eigenen Person bei Events in Armani-Kleidung (Armani startete sein Modehaus im gleichen Jahr und dazu mit einer Kollektion für die „neue" selbstbewusste italienische Frau) distanzierte Nonino ihren Grappa vom Rest der Grappa-Kategorie – eine „Strategie kategorialen Abstands". Das Brennen einer einzelnen teuren Weinrebsorte (Picolit) anstelle des üblichen Industriestandards, der die Mischung von Trester

---

90 Delmestri/Greenwood 2015

aller Sorten vorsah, das Betonen des regionalen Ursprungs und des Familiennamens (damals waren Familienunternehmen in Italien verrufen, während Industrie als fortschrittlich galt!), die Vermeidung der Vertriebskanäle von Grappa und die Verwendung jener des Weines sowie die direkte Ansprache von Sommeliers in Restaurants – alles Praktiken, die den statusmäßig hoch angesetzten französischen Wein imitierten – stellten die zweite Strategie dar, und zwar eine „kategoriale Emulation/Nachahmung".

Die letzte Strategie – eine „kategoriale Sublimierung" – bestand in der Mitwirkung in zwei italienischen Narrativen (auf Gesellschaftsebene geführten Diskursen). Das erste Narrativ war jenes der Tradition, der Kampf für die Erhaltung traditioneller Rebsorten, die Prämierung von Persönlichkeiten, die traditionelle Techniken aufrechterhielten, die Betonung der Verwendung von venezianischem Glas aus Murano für die eigenen Flaschen und – nicht zuletzt – die Inszenierung der traditionellen Familie (Giannola Nonino mit ihrem Mann und den drei Töchtern als zentrale bildliche Botschaft – vornehm fotografiert von Oliviero Toscani) trugen zu einem breiten italienischen Diskurs bei, welcher Italien vor den Gefahren der „amerikanischen" Modernität bewahren sollte.

Das zweite Narrativ, bei dem Giannola Nonino die Unterstützung des Journalisten und Sommeliers Luigi Veronelli erhielt, war jenes der autochthonen Modernität Italiens – im Design, der Mode und der Literatur (das literarische *Premio Nonino* ist heute noch wichtiger Bestandteil italienischer Kultur). Mode und Design, wofür Italien heutzutage bekannt ist, begannen in den gleichen Jahren an Bedeutung zu gewinnen, als das Land noch eine aufstrebende Volkswirtschaft war. Alles in allem stellten diese drei Strategien eine behutsame, softe Art dar, einen hohen Status anzustreben: Nicht eine direkte und unglaubwürdige Attacke auf Whisky und Cognac (solche Versuche anderer Grappaproduzenten waren kläglich gescheitert), sondern eine Art Anspielung, eine Allusion auf französischen Wein, traditionelle Werte und moderne Strömungen in der Gesellschaft, worauf sich Grappa di Picolit zuerst und später auch andere Imitatoren berufen konnten, um ihre Statusansprüche zu rechtfertigen.

Diese anspielungsreiche Gesamtstrategie stellt die wichtigste Lehre der Grappa-Geschichte dar. Direkte Attacken sind gefährlich, wenn sie aus einer schwachen Position heraus erfolgen. Erst als Grappa sich etablieren konnte – Ende der 1980er-Jahre –, konnten Produzenten direkt Cognac in Italien attackieren, indem sie in Fässern gereiften Grappa erfolgreich als ebenbürtig mit Cognac vermarkteten. Diese Geschichte ist auch deshalb interessant, weil sie eine partielle Ausnahme darstellt. In der Regel sind Versuche, Institutionen zu modifizieren, wie die Marktidentität einer gesamten Kategorie, eher kollektive Unterfangen. Wenn man an gesellschaftliche Kategorien wie Mann und Frau denkt, dann ist das Gleichstellungsprojekt sicherlich ein kollektives. Keine einzige Frau könnte alleine die Stellung ihres Geschlechts gegenüber der Männerwelt modifizieren. Im Falle von

Grappa dagegen hat es eine einzelne Organisation geschafft, die Stellung der Kategorie maßgeblich zu beeinflussen: Grappa versus Cognac ist sicherlich ein lächerlicher Zweikampf im Vergleich zu jenem zwischen Mann und Frau. Allerdings haben vielleicht gerade Organisationen in Marktsituationen eine besondere Chance, institutionelle Strategien erfolgreich auszuüben.

Die weitere Geschichte von Grappa – nach der Bildung eines kognitiven kategorialen Brückenkopfs seitens einer einzigen Organisation – verlief nach gewohntem Muster. Um die neue Position in der Statushierarchie des italienischen Spirituosenmarkts zu festigen, brauchte es die Nachahmung mehrerer Wettbewerber, die darüber hinaus auch die Brancheninfrastruktur aufgebaut hatten, die für die Konsolidierung notwendig waren, d.h. Produzentenvereinigungen, Weiterbildungseinrichtungen, Qualitätssiegel und öffentliche Wettbewerbe, Messen und ein eigenes Vokabular, um die Unterschiede des „Bouquets" beschreiben zu können (davor wurde Grappa nur als „ehrlich", harsch oder weich beschrieben).

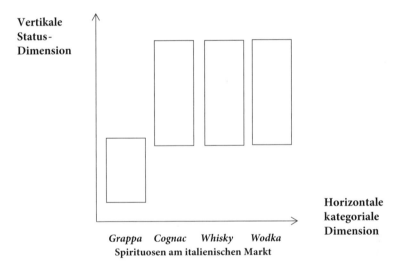

Abbildung 8: Position der Kategorien in der Klasse der Spirituosen in Italien, vor 1980

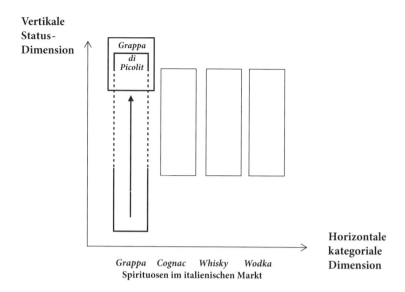

Abbildung 9: Position der Kategorien in der Klasse der Spirituosen in Italien, Mitte 1980er-Jahre

Solche kooperativen Prozesse sind gang und gäbe, gerade wenn neue Kategorien entstehen.[91] Die Anbieter von Satellitenradios in den USA verhielten sich beispielsweise so lange untereinander kooperativ, bis die Kunden die neue Kategorie akzeptiert hatten und klar von anderen Kategorien der gleichen Klasse unterscheiden konnten. Danach brach erst der Wettbewerb aus.[92]

Die Entstehung neuer Kategorien ist besonders schwierig, wenn institutionelle Komplexität vorherrscht. Institutionelle Komplexität liegt dann vor, wenn unterschiedliche teils konfliktäre, institutionelle Quellen eine Organisation unter Druck setzen, ohne dass ein einfacher Ausweg möglich ist.[93] Organisationen, die in der gerade neu entstehenden Kategorie der Mikrofinanz aktiv werden wollen, unterliegen beispielsweise dieser Komplexität. In solchen Fällen können hybride Organisationen entstehen, die – wenn erfolgreich – zu einer hybriden Organisationskategorie führen. Man denke z.B. an den Fall islamischer Banken, die gerade in Europa zunehmend an Bedeutung gewinnen. In solchen Fällen hat es sich gezeigt, dass die Sozialisation neuer Mitarbeiter, die weder mit der Logik der Finanzwirtschaft noch mit jener der Religion vertraut sind, erfolgreicher ist als der Versuch, Mitarbeiter, die eine der beiden angesprochenen Sozialisierungen hinter sich haben, in dieses organisationale Hybrid zu integrieren.[94]

---

91 Khaire/Wadhawani 2010
92 Navis/Glynn 2010
93 Greenwood et al. 2011
94 Battilana/Dorado 2010

6. Fazit

In diesem Beitrag haben wir gezeigt, dass Unternehmens- bzw. Organisationsführung und strategisches Management kontextgebundene Tätigkeiten sind, welche die Einbettung von Organisationen nicht nur in Märkten, sondern auch in Kulturen und Institutionen mitberücksichtigen sollten. Strategien können mehr oder weniger radikal sein, je nachdem, ob mehr oder weniger an Kulturen und Institutionen gerüttelt wird. Wettbewerbsstrategien nehmen die bestehenden regulativen, normativen und kulturell-kognitiven Strukturen an, um innerhalb dieses Rahmens die beste Positionierung anzustreben. In diesem Sinne verhalten sich Organisationen als „Role Taker".[95] Im Gegensatz dazu bilden institutionelle Strategien den Versuch, die Spielregeln und die kulturell-kognitiven Strukturen der Märkte neu zu definieren. Organisationen verhalten sich daher als „Role Breaker".[96] Soziale Strategien können dagegen sowohl einen „Path Breaker"-Charakter[97] aufweisen – wenn Markt- und Gesellschaftsstrukturen dank der direkten Unterstützung von Stakeholdern, deren Werte bzw. Interessen angesprochen werden, verändert werden – als auch einen zementierenden Charakter haben – wenn Konsens auf Basis der bestehenden Werte- und Interessenordnung erreicht wird.

Am Anfang dieses Beitrags haben wir die Frage gestellt, ob die Entstehung der Marktkategorie „Tablet" dank des Markteintritts von Imitatoren des iPad als ein Problem für den Innovator Apple angesehen werden kann. Ein erster Teil der Antwort basiert auf der Erkenntnis, dass die schiere Densität einer Kategorie, d.h. die Anzahl an Organisationen, welche die Kategorie „bevölkern", anfänglich zu Legitimation und Erkennbarkeit der Kategorie führen kann und daher auch von Apple als positiv gewertet werden muss. Dies aber nur dann, wenn das Unternehmen in der Lage ist, seine Vorherrschaft am oberen Ende der Statuspyramide zu halten. Die „kognitive" Genese einer Marktkategorie ist meistens ein kooperatives Spiel – zumindest am Anfang. Wettbewerb bricht erst nach Etablierung der Kategorie aus, wie der in Kapitel 5 dargelegte Fall des Satllitenradios in den Vereinigten Staaten gezeigt hat. Ein zweiter Teil der Antwort berücksichtigt darüber hinaus die Tatsache, dass das iPad keine radikale Innovation darstellt, weder im marktorientierten Sinne (es besteht lediglich aus einer Kombination schon bekannter Features des iPhone und des MacBook) noch im sozialen (es muss kein neues Konsensmodell mit den Partnern erarbeitet werden) oder im institutionellen Sinne (es muss keine unreflektierte Wirklichkeitsinterpretation revidiert werden). Daher bewegen wir uns hier noch im Bereich der Wettbewerbsstrategien.

Wenn wir aber an die Multiplex-Kategorie und ihre Befürworter denken, dann ist die Frage, wie sie es letztendlich geschafft haben, den Widerstand zu überwinden, von größerer Bedeutung. In diesem Fall waren sehr wohl tief verankerte kultur-kog-

---
95 Dievernich 2007, S. 15ff.
96 Dievernich 2007, S. 28
97 Bornstein 1998

nitive Strukturen zu durchbrechen. Das Importieren der Idee des Shoppingcenters in einen mit Kultur in Verbindung gebrachten Raum kann als radikaler strategischer Akt mit institutionellen Folgen verstanden werden. In diesem Fall zeigen Delmestri und Wezel, dass die Organisationskategorie Multiplex-Kino sich letztendlich dank ihrer Affinität zu Werten der Modernität und des Fortschritts (Effizienz und Planbarkeit der Filmdistribution) etablieren konnte. Einzelne Organisationen, insbesondere US-amerikanische Konzerne und einige europäische „First Mover", haben in diesem Fall als institutionelle Unternehmer operiert, während erst danach „Followers" durch Diffusion die neue Institution festigen konnten.[98]

Wir haben die Einführung dieses Beitrags mit einigen Fragen zum Thema vegane Produkte und Weltanschauung beendet. Theoretisch und praktisch interessant (auch wenn sicherlich für die Betroffenen schmerzlich) ist die Diskrepanz zwischen gesellschaftlicher Stigmatisierung und wachsender marktorientierter Akzeptanz des veganen Lebensstils. Das Beispiel zeigt, dass Legitimation ein multidimensionales Konstrukt ist, da unterschiedliche Stakeholder mit unterschiedlichen Wertesystemen angesprochen werden müssen. In unserer kapitalistischen Gesellschaft ist die Freiheit, als Gewerbetreibender Produkte am Markt anzubieten, ein zentraler Wert, wovon Anbieter veganer Produkte profitieren konnten. Veganer, wenn sie innerhalb einer Logik des Marktes agieren, stellen keine „Gefahr" dar. Wenn aber zentrale Werte und Interessen anderer Akteure innerhalb einer politischen Logik der Demokratie (mittels zivilen Ungehorsams und konfrontativen nicht-gewalttätigen Kampagnen) direkt angegriffen werden, wie z.B. die Tradition der Jagd in Österreich oder die Interessen der fleischverarbeitenden Industrie, dann muss mit einer Reaktion der Betroffenen gerechnet werden. Zum anderen zeigt dieses Beispiel, dass Strategien, die darauf abzielen, Organisationen und Marktkategorien mit einer niederen Statusposition zu stärken, weniger effektiv scheinen, wenn sie auf Mittel der direkten Konfrontation zurückgreifen. Der „unaufhaltsame" Marsch vegetarischer und veganer Produkte und Lebensstile Richtung Gesellschaftsmitte geschieht eher mit indirekten, soften Strategien. In Mailand wurden z.B. dem veganen Restaurant Joia Michelin-Sterne verliehen, ohne direkte Erwähnung seiner Veganität, weil der Chef seine Küche in eine fernöstliche Kultur des Schönen und Harmonischen eingebettet hat, eine Interpretation als „alta cucina naturale". Wenn man will, ist der Fall Conchita Wurst ähnlich: Sowohl die „politischen" Veganer als auch Conchita Wurst sind „irritierend", jedoch scheint Letztere mit einer „weichen" und nicht-konfrontativen Erscheinung erfolgreicher zu sein. Eine direkte Konfrontationsstrategie scheint erst dann erfolgreich zu sein, wenn indirekte Strategien den Boden für direktere Kampagnen vorbereitet haben – wie der Fall Grappa in Kapitel 5 gezeigt hat. Jahrzehnte des Theoretisierens und Praktizierens von Gender-Themen in Österreich scheinen den Boden für eine Thematisierung der sexuellen Identität durch die „weiche Irritation" Conchitas vorbereitet zu haben. Der Fall des Tierschutzprozesses in Österreich zeigte dagegen, dass der Boden noch nicht reif für die „harte Irritation" der veganen Weltanschauung war.

---

98 Delmestri/Wezel 2011

Reflexionsfragen

1. Welche Maßnahmen sollte man setzen, wenn man ein neues Produkt auf dem Markt etablieren will?
2. Welche Unterschiede ergeben sich bei der Repositionierung eines Produktes mit niedrigem Status und bei der Neupositionierung eines innovativen Produktes?
3. Entwickeln Sie eine soziale Strategie für ein Entsorgungsunternehmen. Welche Stakeholder sollten in welchem Umfang berücksichtigt werden?
4. Wer eignet sich am besten als Kooperationspartner? Konkurrenten, Lieferanten, Kunden oder Unternehmen aus anderen Branchen?

Weiterführende Literatur

DE WIT, B./MEYER, R. (2014): Strategy. An International Perspective.

GRANT, R.M. (2012): Foundations of Strategy.

GRANT, R.M. (2013): Contemporary Strategy Analysis.

HENISZ, W.J. (2014): Corporate Diplomacy. Building Reputations and Relationships with External Stakeholders.

RAO, H. (2008): Market Rebels: How Activists Make or Break Radical Innovations.

Organisationskultur – Ansätze zwischen Gestaltung und Selbstorganisation

Helmut Kasper und Angelika Schmidt

Inhaltsverzeichnis

1. **Ausgangssituation und Problemstellung** 247
2. **Historischer Abriss Organisationskulturforschung – von der Betriebsgemeinschaft zur Corporate Identity** 247
3. **Charakteristika von Organisationskulturen** 250
   3.1. Merkmale von Organisationskulturen 250
   3.2. Ebenen der Organisationskulturen 252
       3.2.1. Basisannahmen 253
       3.2.2. Werte und Normen 255
       3.2.3. Artefakte und Äußerungsformen in Symbolen 257
   3.3. Kulturdiagnose: Von Symbolen zu einem Bild der Organisationskultur ... 265
4. **Organisationskulturen – kontroverse Ansätze** 267
   4.1. Funktionalistische Organisationskulturansätze 267
       4.1.1. 7-S-Modell 268
       4.1.2. Kulturmerkmale nach Denison 269
   4.2. Interpretativer Organisationskulturansatz 273
5. **Funktionen von Organisationskulturen** 276
6. **Organisationskultur – Beispiele ihrer Wirklichkeitsmächtigkeit** 279
   6.1. Organisationskultur und Personalmanagement 280
   6.2. Organisationskultur und Führung sowie symbolisches Management ... 281
   6.3. Organisationskultur und strategisches Management 281

Kultur kann nicht eingekauft, einfach oben draufgesetzt werden, sondern durchdringt alle Vorgänge in einer Organisation. Kultur meint oft mehr den Umgang mit dem WIE als mit dem WAS.

(Bernd Schmid)[1]

Ziel dieses Beitrags ist es,

- die Grundbegriffe und Charakteristika der Organisationskultur kennenzulernen;
- die Bedeutung von Organisationskultur für das Bestehen von Organisationen zu erkennen und zu verstehen;
- einen Überblick über die Auffassungen und Erklärungsansätze von Organisationskultur zu bekommen;
- Gestaltungsmöglichkeiten bzw. Nichtbeeinflussbarkeiten von Organisationskulturen kennenzulernen.

---

[1] Schmid ist Wirtschaftswissenschaftler und Begründer der systemischen Transaktionsanalyse.

1. Ausgangssituation und Problemstellung

Wo immer Menschen eine gemeinsame Geschichte leben, sind sie gefordert, ihr Verhalten in einem Mindestmaß zu koordinieren; Crozier und Friedberg[2] sprechen von „organisiertem Verhalten". Diese dabei entstehende Ordnung entwickelt sich selten aus irgendwelchen absichtsvollen Entscheidungen heraus, sondern zumeist selbstorganisiert. Dabei spiegeln diese entstehenden Ordnungen sich in einem Regelwerk von Werten, Normen und Kognitionen wider und führen sehr bald dazu, dass sich Personen mit ihrem Verhalten bestimmten Organisationen zugehörig fühlen. Wir sprechen dann von kulturellen Regeln, die das Geschehen in Organisationen beschreiben und fassbar machen, oder auch von Organisationskulturen. In diesem Beitrag[3] werden

- die Entstehung der Auseinandersetzung mit Organisationskulturen im Überblick dargelegt (Kapitel 2.);
- die konstituierenden Elemente der Werte, Normen und deren Manifestationen in Formen von Medien und Symbolen beschrieben (Kapitel 3.);
- differenzierte Auffassungen von Organisationskulturen erklärt (Kapitel 4.) und Organisationskulturen als soziale Konstruktionen von Führungskräften dargestellt;
- die Funktionen von Organisationskulturen beschrieben (Kapitel 5.) und
- Beispiele der über- und unterschätzten Wirkungen von Organisationskultur auf das Personalmanagement, Führung, Organisationsformen und strategisches Management (Kapitel 6.) gegeben.

2. Historischer Abriss Organisationskulturforschung – von der Betriebsgemeinschaft zur Corporate Identity

In der Organisationsforschung und vor allem auch in der Managementpraxis ist Organisationskultur seit Anfang der 1980er-Jahre zu einem zentralen Thema geworden. Zu diesem Zeitpunkt schienen die kritischen Einwände gegen situative Ansätze der Organisationslehre[4] ausdiskutiert zu sein und es wurden alternative Konzepte zur Gestalt- und Steuerbarkeit von Organisationen entwickelt. Besonders wirklichkeitsmächtig wurden die Organisationskulturkonzepte. Organisationskultur wurde

---

2 Crozier/Friedberg 1979, S. 39ff.
3 Wir lehnen uns natürlich an die „Organisationskultur"-Beiträge der Auflagen Kasper/Mayrhofer 2009, 2002, 1996 und 1992 an und hier besonders an die Ausführungen 2009, bei denen die Co-AutorInnen Ursula Loisch, Jürgen Mühlbacher und Barbara Müller wichtige Impulse gesetzt haben, die im vorliegenden Artikel aktualisiert und weiterentwickelt wurden.
4 siehe dazu auch den Beitrag „Organisation: Strukturen und klassische Formen" in diesem Buch.

als Schlagwort bekannt und wird zur Beschreibung und Erklärung des organisatorischen Geschehens herangezogen.

Der Begriff „Kultur" allgemein als Gesellschaftskultur (auch Nationalkultur) wurde gegen Ende des 18. Jahrhunderts eingeführt. Vorher gab es ihn überhaupt nicht. Da es damals keine europäischen Staaten gab, diente der Kulturbegriff dazu, „explizite Vergleiche der europäischen Kultur mit der eigenen Geschichte und mit anderen Kulturen zu ermöglichen."[5]

Vorläufer der Organisationskulturforschung waren die Vorstellungen der „Betriebsgemeinschaft" der 1920er- und 1930er-Jahre. *Betriebsgemeinschaft* bedeutete „... daß Menschen einheitlich verbunden, das Leben des Betriebes leisten und daß der Mensch auf diese Weise aus dem Betriebsmechanismus einen Organismus macht."[6] Die Forderung nach einer Betriebsgemeinschaft war keine idealistische, weltfremde, sondern eine Möglichkeit für die Gemeinschaft, eine Entwicklung nachzuholen, die sie aufgrund der Arbeitsteilung verloren hatte.[7] Dabei war es Aufgabe jedes Unternehmens, eine Betriebsgemeinschaft zu etablieren. Die Ziele der Betriebsgemeinschaft waren eine produktive Stimmung im Betrieb sowie ein steigendes Zusammengehörigkeitsgefühl im Unternehmen. Derartige Zielvorstellungen werden seit den 1980er-Jahren, allerdings unter dem Titel „Funktionen von Organisationskultur",[8] vorgestellt und aktuell immer noch unter dem Themenbereich „Corporate/Organizational Identity" diskutiert.[9]

Der Schock durch das „japanische Wunder" in den 70er-Jahren des 20. Jahrhunderts – Japan überholte im Wirtschaftswachstum Europa und die USA und übernahm zudem in vielen Bereichen die Technologieführerschaft – bei der bis dahin so selbstbewussten abendländischen Wirtschaft löste verstärkt die international vergleichende Organisationsforschung aus. Die Frage lautete: „Was macht den Erfolg von japanischen Unternehmen aus?" Die Antwort: „Es ist die japanische Kultur in ihren Organisationen – ihre Organisationskultur!" Dies ist wohl ein Grund, warum der an sich gesellschafts- bzw. völkerumspannende Kulturbegriff nun auf die Mikroebene von Organisationen angewandt wird.[10]

Weltweite Beachtung fand das Konzept Organisationskultur durch populärwissenschaftliche Publikationen Anfang der 1980er-Jahre, die sich mit Organisationskultur im Sinne einer ausgeprägten Managementorientierung beschäftigten.[11]

Mitte der 1980er-Jahre wurde aus dem angloamerikanischen Raum kommend die Diskussion der Basisannahmen insbesondere von Schein[12] weitergeführt, der die

---

5 Luhmann 2011, S. 246
6 Nicklisch 1932, S. 296 zit. in Kasper et al. 2009, S. 310
7 Nicklisch 1922, S. 56 zit. in Kasper et al. 2009, S. 310
8 Krell 1994, S. 60
9 Gioia et al. 2000; Balmer/Greyser 2002; Alvesson 2013, S. 34ff.
10 Staehle 1999, S. 530
11 Peters/Waterman (1982), Pascale/Athos (1982), Ouchi (1981) und Deal/Kennedy (1982)
12 Schein 1985

Grundannahmen und Werte in den Mittelpunkt der Betrachtung stellt und betont, dass es eine „psychodynamische Wirkung unbewusster Tiefenregelungen"[13] gibt. In den 1990er-Jahren haben sich im Gegensatz dazu auch Ansätze herausgebildet, die Organisationskultur als ein System von Kognitionen (= Wissen) gesehen haben, das sich in bestimmten Kognitionsmustern mit sogenannten „kulturellen Landkarten" abbilden lässt und somit für Personen im selben kulturellen Umfeld als Orientierungshilfe dienen kann.[14]

Eine neue Blüte erlebt die Auseinandersetzung mit Organisationskultur nach dem Boom der 1980er-Jahre gegenwärtig durch die rasante Zunahme von Unternehmenskooperationen, Mergers und Acquisitions sowie Joint Ventures internationaler bzw. globaler Art.

Ein neuerer Strang der Organisationskulturforschung thematisiert die Zusammenhänge zwischen organisationskulturellen Einflüssen und dem Ausdruck von kulturellen Verständnissen in Form von organisationalen Identitäten[15] bzw. „corporate identity"[16]. Durch Aussagen wie z.B. „Ich bin eine WUlerin" wird nicht nur ein verbaler Ausdruck von Zugehörigkeit geliefert, sondern auch schon eine soziale Kategorie als eine Ausprägung von organisationaler Identität dargelegt. In dieser Diskussion wird offensichtlich, wie sich Organisationsmitglieder zu der Vielzahl an verfügbaren kulturellen Orientierungsrahmen in Bezug setzen. Es wird argumentiert, dass eine gut funktionierende Organisation ein Mindestmaß an Identifikation und damit ein Gefühl der Verbundenheit mit der Organisation braucht.[17] Ein Zusammenleben wird dann möglich, wenn Gemeinsamkeiten vorhanden sind. Man kann daher Kultur als „Kit", als „Klebstoff" der Gesellschaft, aber auch einer Organisation ansehen.

> **Definition**
>
> Organisationskultur ist eine Perspektive, die Wahrnehmungen filtert, Erwartungen beeinflusst, gemeinsame Interpretationen und Verständigung ermöglicht. Dies reduziert die Komplexität und Unsicherheit für die Organisationsmitglieder, da vergangene, gegenwärtige und zukünftige Verhaltensweisen und Handlungen von den Organisationsmitgliedern sowohl gelenkt als auch im Nachhinein gerechtfertigt werden.

In der Folge wenden wir uns dem Kern und den Ursprungsformen der Organisationskulturforschung zu und setzen mit einem Überblick über die Charakteristika, die Organisationskulturen für Unternehmen zugeschrieben werden, fort.

---

13 siehe dazu auch Kapitel 3.2.1. Basisannahmen, in diesem Beitrag.
14 Sackmann 1991
15 Hatch/Schulz 2002
16 Cornelissen et al. 2007; Balmer 2008
17 Ashford et al. 2010

3. Charakteristika von Organisationskulturen

Wenn wir davon ausgehen, dass Organisationskultur als integrativer Bestandteil eines jeglichen Sozialgebildes anzusehen ist und auch als Ideensystem für Handlungen in Organisationen wirkt, ist es in einem nächsten Schritt wichtig, Konkretisierungen von Merkmalen von Organisationskultur einzuführen und im Anschluss daran das 3-Ebenen-Modell von Schein zu erklären, das als ein relevantes Modell in der Organisationskulturdiskussion angesehen werden kann.

3.1. Merkmale von Organisationskulturen

Die anschließende detaillierte Beschreibung der Charakteristika von Organisationskultur orientiert sich an der von Trice und Beyer (2002) verwendeten Diktion. Dabei sind folgende konstituierende Elemente für die Beschreibung von Organisationskultur zentral:

- *Kollektiv:* Kulturelle Phänomene sind kollektiv, es wird davon ausgegangen, dass Kulturen nicht von Einzelnen gegründet werden, die alleine agieren. Organisationskultur ist somit das Produkt kollektiven, gesellschaftlichen und individuellen Handelns. Kulturelle Phänomene werden von den Mitgliedern einer Gruppe geteilt.[18]
- *Historisch:* Kulturelle Phänomene sind mit Geschichte und Tradition verbunden, sie können von diesen weder getrennt werden noch entstehen sie binnen kurzer Zeit. Die Ursprünge für kulturrelevante verhaltensdeterminierende Erscheinungen liegen in der Vergangenheit. Innerhalb eines langen Zeitraumes können sich das auslösende Ereignis und das von ihm bestimmte kulturelle Phänomen voneinander lösen.

> **Aus der Praxis**
>
> Diese Lösung ist in „alten" Firmen gut nachvollziehbar: Man kann es auch die Firmenlegenden nennen. Bei Microsoft ist es die Legende, dass die Gründung in einer Garage durch einen Studienabbrecher namens Bill Gates erfolgte. Bei Facebook ist es die Legende, dass Herr Zuckerberg ein internes Verständigungstool gestohlen hat. Und wie ist es bei Religionen? Da sind Legenden konstituierend und im schlimmsten Fall wird die „Wirklichkeit" den Legenden angepasst. War Jesus in der Legende also arm, wird Armut zu einem Symbol, das jede/r Kirchenvertreter/in nachahmen soll. Jedoch wird diese Legende als Orientierungspunkt verwendet. Sie ist nicht jetzt geschehen, wird aber als „jetzt" wahrgenommen und dadurch wirklichkeitsmächtig.

---

18 Trice/Beyer 2002, S. 5

> Im Raum-Zeit-Kontinuum werden daher Reaktionsschemata festgelegt, die mit der Legende übereinstimmen. So muss man eben bei Facebook kreativ sein, bei Microsoft immer neue Ideen haben und bei der Kirche arm sein, auch wenn das so nicht immer stimmt und nicht so gelebt werden kann.

Es bildet sich somit ein autonomes Orientierungsschema.[19] Um eine Organisationskultur zu entwickeln, verbringen Menschen Zeit in der Organisation, sie agieren miteinander, wobei im günstigen Fall der Umgang mit neuen Erfahrungen gemeinsam gelernt wird. Aus der Historie des Unternehmens stammende kulturelle Aspekte bleiben selbst nach Jahren unter anderem Management bestehen, wenn sie einmal in der Kultur aufgenommen wurden. Standards können eine Basis werden, die tendenziell längerfristig gültig bleiben.[20] Zusammenfassend ist Organisationskultur ein soziales Erbe einer Unternehmung. Es kann als Summe der von Generation zu Generation weitergegebenen Überzeugungen, Verhaltensweisen und -regeln angesehen werden.

- *Emotional:* Wie später noch ausführlicher dargestellt[21] unterstützt Organisationskultur das Management dabei, seine eigenen Unsicherheiten und Ängste sowie jene der Organisationsmitglieder zu überwinden. Kulturelle Phänomene sind daher ganzheitlich, intersubjektiv und eher emotional als streng rational und analytisch. Die Mitglieder einer Organisation teilen dieselbe Kultur und zweifeln daher kaum Grundwerte und Einstellungen an. Das kann so weit führen, dass die Organisationskultur derart selbstverständlich gesehen und gelebt wird, dass sie geradezu in „Fleisch und Blut" übergeht.
- *Symbolisch:* Kulturelle Phänomene haben häufig ideellen Charakter, sie beschäftigen sich mit Einstellungen, Wissen und dem kulturellen Verständnis der Organisationsmitglieder. Daher kann man Organisationskultur nicht direkt erfassen. Man kann sie nicht im naturwissenschaftlichen Sinne analysieren, sondern muss sie über Symbole entschlüsseln und interpretieren, d.h. auf indirektem Wege erfahren.
- *Dynamisch:* Obwohl Organisationskultur Kontinuität gewährleistet, ist sie nicht als statisch, sondern als dynamisch wahrzunehmen: Kulturen verändern sich kontinuierlich.[22] Trotz Geschichtsbewusstseins wirkt eine Reihe von Faktoren auf die Organisationskultur ein, die ständig neue Anforderungen an die Anpassungsfähigkeit und Dynamik der Kultur stellen. In dem Umfang, in dem eine Organisationskultur sich als zur Lösung von Problemen geeignet erweist, sind die organisationskulturellen Inhalte und Formen langfristig nachhaltig. Menschliche Kommunikation innerhalb der Organisation, mittels derer Kultur weitergegeben wird, ist nicht perfekt. Was unter Organisationskultur in der Organisation verstanden und gelernt wird, ist von ihren Mitgliedern abhängig.[23] Die Organisationsmitglie-

---

19 Matenaar 1983, S. 31f.
20 Matenaar 1983, S. 31f.
21 Siehe dazu Kapitel 5. Funktionen von Organisationskulturen, in diesem Beitrag.
22 Trice/Beyer 2002, S. 7
23 Trice/Beyer 2002, S. 7

der haben daher ein individuell unterschiedliches Verständnis von Organisationskultur; Dynamik und Wandel der Organisationskultur sind die Folge.
- *Unscharf*: Das Bild und die Beschreibung von Organisationskultur sind unscharf. Will man sie dennoch mittels Metapher darstellen, so kann Organisationskultur als Oktopus beschrieben werden, dessen Tentakel in großen Teilen alleine arbeiten, jedoch lose miteinander und mit dem Kern verbunden sind und sich überall hin strecken und als Einheit arbeiten.[24]

> **Aus der Praxis**
>
> Dieses Bild, das Geertz anbietet, ist in sich wirklichkeitsmächtig. Der Oktopus ist als Speisetier beliebt, aber auch als großes Tier mit Tentakeln aus Alpträumen und Horrorfilmen bekannt. Je nachdem, welche Assoziation der/die Leser/in hat, wird er/sie dieses Bild als Metapher der Kultur verstehen. Das weist darauf hin, dass selbst die Beschreibungen der Kultur in sich Kultur schaffen, indem sie den Dialog bahnen. Hätte der Autor eine andere Metapher, z.B. die eines sich ausbreitenden Unkrauts oder die – positiv besetzte – einer friedlichen Menschenansammlung, wie vor einem Freiluftkonzert angeboten, würde der/die Leser/in ein anderes Bild haben und eine andere Assoziation. So wird Kultur auch über ihre Metaphern gebildet und folgerichtig erlebt.

Je komplexer und komplizierter die Umstände sind, mit denen sich eine Gruppe konfrontiert sieht, desto eher wird sich in der eigenen Organisationskultur diese Verschwommenheit widerspiegeln. Kulturelle Phänomene, voll von verschiedenen Bedeutungen, doppeldeutigen Zeremonien, Geschichten und Metaphern, sorgen für diese Unschärfe.[25]

Diese Merkmalsvielfalt demonstriert, dass Organisationskultur ein komplexes, schwer fassbares Phänomen ist. Hinsichtlich der Systematisierung zur Erforschung und Konzeptionalisierung der Organisationskultur wurde der Ansatz von Schein[26] besonders wichtig, der im Folgenden dargestellt wird.

3.2. Ebenen der Organisationskulturen

> **Definition**
>
> „Um eine Kultur verstehen zu können, muss man sich nach dieser (der Kulturanthropologie entliehenen) Vorstellung, ausgehend von den Oberflächenphänomenen, sukzessive die kulturelle Kernsubstanz in einem Interpretationsprozess erschließen."[27]

---

24 Geertz 1966, S. 66 zitiert in Trice/Beyer 2002, S. 7
25 Loisch 2007 in Anlehnung an Trice/Beyer 2002, S. 5ff.; Alvesson 2013
26 Schein 1985, S. 13ff.
27 Schreyögg 1999, S. 43f.

Schein[28] ordnet verschiedene *Ebenen einer Kultur* und klärt ihre Beziehung zueinander. Schein unterscheidet drei Ebenen der Analyse:[29]

1. Ebene: Artefakte und Äußerungsformen
2. Ebene: Werte und Normen
3. Ebene: Basisannahmen

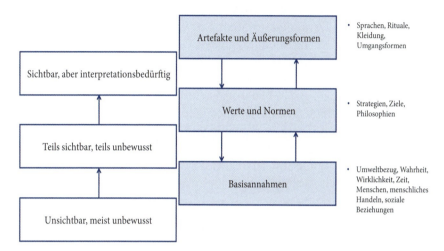

Abbildung 1: Kulturebenen und ihr Zusammenhang[30]

Auf die „selbstverständlichen" und damit nicht bewusst reflektierten Basisannahmen bauen die bewusstseinsfähigen Werte und Normen auf. Darauf wiederum basiert die Ebene der sichtbaren, aber oft schwer zu deutenden Artefakte und Äußerungsformen, das Symbolsystem.

3.2.1. Basisannahmen

Die Basisannahmen (= zugrunde liegenden Annahmen) werden auch als *Orientierungs- und Vorstellungsmuster* bezeichnet. Sie repräsentieren all das, was von den Mitgliedern der Organisation für wahr gehalten wird. Sie beeinflussen das Denken und Verhalten, wobei sie einen beträchtlichen Beitrag für die Sicherheit der Menschen leisten, zumal diese nicht alles Verhalten der Organisation selbstständig interpretieren müssen, sondern eine Hilfestellung in Form dieser Muster erhalten.[31] Grundlegende Annahmen können in Organisationen über die Zeit, die Wahrheit, die Menschen oder auch menschliches Handeln existieren. Unsichtbar liegen sie außerhalb der alltäglichen Wahrnehmung und sind zumeist schwer zugänglich. Der Anteil an Zustimmung zu diesen Annahmen resultiert aus dem wiederkehrenden

---

28 Schreyögg 1999, S. 439
29 Schreyögg 1999, S. 439f.
30 in Anlehnung an Schein 1995, S. 14
31 Hatch 1997, S. 210ff., Kasper/Mühlbacher 2002, S. 106ff.

Erfolg, den sie im alltäglichen organisationalen Leben bringen.[32] Kultur als Set von Grundannahmen definiert für die Mitglieder der Organisation, womit sie sich beschäftigen sollen, wofür sie Zeit aufwenden, welchen Vorgängen sie Beachtung schenken sollen, welche Denkmuster vorherrschen, welche Emotionen als Reaktionen für organisationale Handlungen passend sind und welches Verhalten bzw. welche Aktionen in diversen Situationen zu setzen sind.[33]

Grundlegende Annahmen werden weder angezweifelt noch angefochten und können daher nur schwer verändert werden. Erst in intensiver Auseinandersetzung, durch Wiederbeleben, Nachprüfen, möglicherweise erst durch die Änderung oder das Aufbrechen stabiler Muster in den kognitiven Strukturen werden die Grundannahmen von den Organisationsmitgliedern adaptiert, um Neues zu erproben.[34] Der Wunsch nach Kongruenz zwischen organisationalen Handlungen und vorherrschenden Grundannahmen ist in Menschen und Organisation gleichermaßen verankert, selbst dann noch, wenn Verzerrungen, Dementi, aber auch Lügen benutzt werden, um diese Handlungen zu rechtfertigen.[35] Besonders im Prozess einer notwendig gewordenen Veränderung ist die Macht von Organisationskultur als Widerstand besonders deutlich zu spüren.

Aus den Ausführungen wird klar, dass es sich bei den Basisannahmen um „selbstverständliche Orientierungspunkte" organisatorischen Handelns handelt, die dann ganz automatisch, ohne darüber nachzudenken, ja meist ohne sie zu kennen, verfolgt werden und besonders Organisationen betreffen. Beispiele für Basisannahmen in Unternehmen sind Verständnisse

- von der Umwelt: von stabil und ruhig bis flexibel und stürmisch,
- von der Natur von Wahrheit und Wirklichkeit: Vertrauen in Autoritäten wie Expertinnen und Experten versus kritische Hinterfragung,
- von der Zeit: hohe Bedeutung der Vergangenheit, Gegenwart oder Zukunft,
- von der Natur des Menschen und dem menschlichen Handeln: faul oder fleißig, veränderungsunwillig oder lernfähig,
- von sozialen Beziehungen: höflich distanziert bis hin zu übertriebener Nähe.

---

32 Schein 2004, S. 3
33 Schein 2004, S. 32
34 Schein 2004, S. 31f.
35 Schein 2004, S. 31f.

3.2.2. Werte und Normen

Aus der Praxis

Besonders gut kann man die Bedeutung von Werten und Normen in der Wissenschaftswelt nachvollziehen. Der Wert „Wahrhaftigkeit" oder „wissenschaftliche Ehrlichkeit" ist so grundlegend, dass Plagiate und Fälschungen mit dem Ende der wissenschaftlichen Karriere bestraft werden. Daher ist es „normal", wenn es einem/r Wissenschaftler/in „wert" ist, Erkenntnisse auch dann zu publizieren, wenn sie sich gegen den Mainstream richten. Er/sie muss, will er/sie Wissenschaftler/in sein, die Wertvorstellung so zum Teil der eigenen Persönlichkeit machen, dass sie ihm/ihr über allem steht. Wissenschaftsinstitutionen, wie Universitäten, müssen das zulassen, auch wenn es schmerzlich ist.

In den Wirtschaftswissenschaften etwa machte die Annahme, dass der „Markt" eine Erfindung (= Konstruktion) der Wissenschaft sei, den Weg für eine Marktforschung und -bearbeitung frei, der zusätzlichen Handlungsspielraum ermöglicht. Die Einführung dieser Annahme hat allerdings alle Wissenschaftlerinnen und Wissenschaftler gekränkt, die den „Markt" als vorhanden und vorgegeben betrachtet haben.

Werte sind teils sichtbar und teils unbewusst, teils bekundet und teils latent. Werte bilden die Basis für „Richtig" und „Falsch" in der Organisation. Sie geben Auskunft darüber, worüber sich die Organisationsmitglieder Gedanken machen, wie z.B. Tradition, Loyalität, Freiheit.[36] Werte bauen auf den Basisannahmen der Organisation auf und sie sind bewusstseinsfähig, d.h., die Mitglieder der Organisation haben grundsätzlich die Möglichkeit, über sie zu reflektieren.[37]

In Bezug auf „Wert" gibt es kein einheitliches Begriffsverständnis. Deshalb wird im Folgenden[38] zwischen

- Wert als Gut,
- Wert als Maßstab und
- Werthaltung

differenziert. Wird Wert als Gut betrachtet, so wird einem Objekt ein Wert zugerechnet („Das ist mir eine Sache wert!"). Bei der Betrachtung von Werten als Maßstab wird eine subjektive Position eingenommen:[39] Werte werden als kulturell und sozial determinierte, dynamische Ordnungskonzepte, als Ordnungsleitlinie definiert, die den Input einer Person – das sind ihre selektiven Wahrnehmungen der

---
36 Hatch 1997, S. 214
37 Kasper/Mühlbacher 2002, S. 108
38 Scholl-Schaaf 1975, S. 49
39 Klein 1991, S. 20ff.

Umwelt – organisieren und akzentuieren, regulieren und damit ihr aktives Planen und Ausrichten des Verhaltens ermöglichen.

Vom Begriff Wert zu unterscheiden ist der mit ihm verwandte Begriff *Werthaltung*: Während Werte gesellschaftlich vermittelte Konstrukte auf relativ hohem Abstraktionsniveau sind, wird von Werthaltungen gesprochen, wenn es sich um die Haltung einer bestimmten Person zu einem in der Gesellschaft verankerten Wert handelt.[40] Trotz dieser definitorischen Trennung findet eine gegenseitige Beeinflussung von Werten und Werthaltungen statt, da die Organisationsmitglieder gegenüber den Werten der Organisation Werthaltungen bilden, die entweder im Einklang oder in Opposition zu den Organisationswerten stehen. Bei einer Werthaltung handelt es sich daher um eine Haltung einer Person in Beziehung zu einem bestimmten, dieser Person implizit oder explizit bekannten Wert, während ein Wert an der Schnittstelle von Gesellschaft und Individuum liegt.[41]

Zusammenfassend definieren folgende *Kriterien*[42] einen Wert:

1. Werte sind gesellschaftlich vermittelt.
2. Werte haben Orientierungscharakter.
3. Werte haben Einfluss auf die menschliche Wahrnehmung und das Verhalten.
4. Werte sind zeitlich relativ stabil.

Die Organisationsmitglieder lernen nach Eintritt in die Organisation, welche Werte und Überzeugungen – ursprünglich von den Gründerinnen und Gründern oder Heroen verkündet, ähnlich Propheten – in einem Unsicherheit reduzierenden Sinn funktionieren.[43] Je erfolgreicher in der Folge diese erlernten Werte und Vorstellungen arbeiten, desto eher unterlaufen sie einem Transformationsprozess hin zu einem Verständnis als Grundannahmen. Die abgeleiteten Werte werden dabei in ihrer Funktion als Normen und moralische Ausrichtung für die Organisationsmitglieder explizit ausgesprochen, wobei sie entweder als Leitfaden für die Bewältigung von Schlüsselerlebnissen oder zur Einführung von neuen Mitarbeiterinnen und Mitarbeitern eingesetzt werden.[44]

Normen sind „Verkehrsschilder" unseres Verhaltens. Normen sind kollektive Handlungsmaximen, die als zielorientierte Anweisungen das Handeln von Menschen regeln und regulieren (versuchen). Normen „helfen", Entscheidungen für eine oder mehrere Handlungen aus einem Feld möglicher Handlungsalternativen zu treffen. Sie sind Verhaltensregeln, die zu einer Verhaltenskonsistenz von Organisationsmitgliedern führen sollen und deren Missachtung zumeist mit Sanktionen verbunden ist.[45] Normen können den Charakter von Befehlen, Geboten, Verboten, Sollforderungen, Direktiven, Empfehlungen, Ratschlägen oder Erlaubnissen anneh-

---

40 Klein 1991, S. 24
41 Klein 1991, S. 24ff.
42 Klein 1991, S. 24ff.
43 Schein 1999, S. 186
44 Schein 2004, S. 28ff.
45 Shaw 1971, S. 247 zit. in Kasper 1987, S. 7

men. In Organisationen ist ihre Einhaltung durch sozialen Zwang gesichert, wobei es harte und mildere Formen gibt: Die Palette der Möglichkeiten umfasst bei Verboten unter anderem Tadel, Ausschluss und bei Geboten Lob, Aussicht auf Belohnung und Versprechen. Kurzum: Die Einhaltung kann belohnt werden, ihre Missachtung kann bis zum Ausschluss aus der Organisation führen.

Die Bedeutung der Mächtigkeit von Werten und Normen und als latente Orientierungsmuster hat zu einem Boom von formulierten und offiziell niedergeschriebenen Führungsgrundsätzen, Leitbildern und Managementphilosophien geführt, die jedoch häufig nichts mehr mit der gelebten Organisationskultur zu tun haben. Vielmehr sind es Idealvorstellung, die vom Management mit externen Beraterinnen und Beratern – oft abgehoben von der „Basis" – entwickelt werden. Es wird daher zu einer sorgfältigen Analyse von Werten und Normen geraten. Eine sorgfältige Erarbeitung von Normen verdeutlich das von Scheer/Kasper[46] entwickelte „Normenspiel":

Normenspiel

Im Normenspiel werden die Verhaltensregeln für den Post-Graduate-Management-Universitätslehrgang (PGM) zu Beginn von den Teilnehmerinnen und Teilnehmern gemeinsam mit den Vortragenden erarbeitet. Anfangs wird nur wenig – unabdingbare Anwesenheit und Pünktlichkeit als Normen – vorgegeben. Der Lehrgang wird dabei selbst zum Objekt seiner Subjekte. Die Teilnehmerinnen und Teilnehmer diskutieren und erstellen konsensuell (= alle müssen zustimmen!) die Spielregeln ihres Verhaltens, z.B.: „Keine Handynutzung während der Unterrichtseinheiten". Es ist ein absichtsvolles, reflektiertes Erarbeiten von Normen als explizite Verhaltensanweisung für die Dauer des Lehrgangs. Alle Teilnehmerinnen und Teilnehmer orientieren und halten sich daran. Darüber hinaus gibt es im Lehrgang auch noch eine Reihe von nicht kommunizierten Regeln und es können sich noch weitere im Laufe des Lehrgangs entwickeln. Man denke nur an die stillschweigende Abmachung, dass sich alle Teilnehmerinnen und Teilnehmer duzen, wohingegen sie die Vortragenden siezen; oder an die unausgesprochene konstante Platzwahl der Teilnehmenden.

3.2.3. Artefakte und Äußerungsformen in Symbolen

Werte, Normen und Standards finden ihre sichtbaren, aber oft schwer zu deutenden Ausformungen in Artefakten (= in den von Menschen erzeugten Gegenständen) und Äußerungsformen, kurzum: in Symbolen. Symbole haben die Aufgabe, den schwer fassbaren, wenig bewussten Komplex von Annahmen, Interpretationsmustern, Normen und Wertvorstellung lebendig zu erhalten, weiter auszubauen und an neue Mitglieder weiterzugeben. Die Symbole stellen den sichtbaren und daher am

---

46 Scheer/Kasper 2011, S. 19ff.

einfachsten zugänglichen Teil der Unternehmenskultur dar. Häufig wird allerdings übersehen, dass diese Symbolik auch nur im Zusammenhang mit den zugrunde liegenden Wertvorstellungen verstehbar ist.

Im Folgenden wird dargelegt, wie (in welcher Form, mit welchen Praktiken bzw. Verhaltensmustern) sich Teile von Organisationskulturen (Normen, Werte, Einstellungen etc.) in Symbolen ausdrücken bzw. vermitteln lassen.[47]

Symbole können als *Zeichen mit Bedeutungsinhalten* begriffen werden, die komplexe Kommunikationsinhalte vermitteln. Es ist ferner davon auszugehen, dass Symbole multivokal (= mehrsinnig) sind und daher – um für die soziale Praxis handhabbar zu sein – in der Handlungswelt mit geläufigen, relativ spezifischen „Be-Deutungen" versehen werden müssen.[48] Symbole – wie Hermann Gesslers Hut in Wilhelm Tell – sind zu „deuten" und erlangen durch die Deutung „Be-Deutung". Symbole müssen daher immer „zurecht"-definiert werden. Symbole werden im Alltagshandeln in Organisationen aber nicht nur aktiv durch Definitionsprozesse „von oben", sondern auch passiv als „Deutungsdruck" verarbeitet. Sinngrößen wie Symbole entfalten darüber hinaus aber auch „Eigenwirkung": Sie strahlen – unterschwellig, verdeckt, versickernd etc. – auch von sich aus Bedeutungen aus.

Die *Medien der symbolischen Vermittlung* von Kultur kann man mit Neuberger in drei Arten einteilen,[49] die um die Dimension der Zeit ergänzt werden können.[50]

Medien der symbolischen Vermittlung	Beispiele und Ausprägungen
Sprachlich	Mythen, Anekdoten, Slogans, Leitsätze, Geschichten, Parabeln, Legenden, Sagen, Märchen, Grundsätze, Lieder, Hymnen, Sprachregelungen
Interaktional	Riten, Rituale, Zeremonien, Tabus, Feiern, Jubiläen, Tagungen, Beförderungen, Degradierungen, Entlassungen, Pensionierungen
Objektiviert	Statussymbole, Abzeichen, Embleme, Geschenke, Fahnen, Urkunden, Idole, Fetische, Kleidung, Broschüren
Sozial konstruierte Zeit	Zeitpläne, Abgabetermine, Zeitfenster für Aufgaben, Pünktlichkeitsmessungen (Stechuhr)

Tabelle 1: Medien der symbolischen Vermittlung

Diese Aufzählung vermittelt einen ersten Eindruck über die Fülle dessen, was alles in die Kulturperspektive einbezogen wird. Eine erstaunliche Menge, wenn man bedenkt, dass bisher nur Teile davon von anderen Forschungsperspektiven tangiert wurden. Im Folgenden werden die wichtigsten Medien der symbolischen Vermittlung dargestellt und illustriert.

---

47 siehe dazu auch Trice/Beyer 1984, S. 654
48 Lipp 1979, S. 454ff.
49 Neuberger 1985, S. 31ff.
50 Bluedorn 2000, S. 118ff.; Zellmer-Bruhn et al. 2001, S. 26ff.

3.2.3.1. Symbolvermittlung durch sprachliche Medien

Mythen: Organisationsmythen dienen dazu, gegenwärtige und künftige Verhaltensweisen und Handlungen zu bewahren, zu leiten und im Nachhinein samt ihren Konsequenzen zu legitimieren. Mythen halten das Wertsystem einer Organisation aufrecht, indem sie es verschleiern. Organisationsmythen werden (bewusst und/ oder unbewusst) dazu benutzt, Unsicherheiten und Komplexität innerhalb der Organisation und der Außenwelt zu reduzieren, um sinnvolles Handeln zu ermöglichen. Während vergleichsweise die Wissenschaft Ungewissheit durch Klärung zu vermindern sucht, schützen Mythen vor der Wahrnehmung dieser Ungewissheit.[51] Mythen haben die *Funktion von Wahrnehmungsfiltern*, die alternative Sichtweisen ausblenden: Wird der Mythos gepflegt, dass es in einer Organisation immer rational zugehe, dann wird die persönliche Erfahrung von Irrationalität (Willkür, Planlosigkeit) nicht als Systemdefizit gesehen, sondern als Versagen einer Person. Hervorzuheben ist überdies die Steuerungswirkung von Mythen. Sie erfolgt nicht über Führung oder „Sachzwänge", sondern „über Herzen und Köpfe": Eine bestimmte Sicht der Wirklichkeit wird durch den Mythos für „normal" erklärt, ein „Anders-Sein" ist nicht einmal mehr denkbar.[52]

Auffallend ist, dass sich viele Organisationsmythen um den Chef, den Gründer oder den obersten Manager drehen. Mythen, die sich um den Chef ranken, hängen eng mit Bemühungen zusammen, die Einzigartigkeit der Führungsfunktion zu unterstreichen.[53] Dieser sogenannte *„Ein-Mann-Mythos"* verdankt seine Existenz im Wesentlichen der besonderen grafischen Sprache, die für Organisationsbeschreibungen entwickelt wurde. Beispiele[54] dafür sind:

> **Aus der Praxis**
>
> Ferdinand Piech war von 1993 bis 2015 Vorstandsvorsitzender der Volkswagen AG. Er wird als leidenschaftlicher und innovativer Techniker beschrieben, aber auch als Perfektionist, der keine Gnade kennt. So stehen Details von Entwicklungen auf dem Prüfstand, dabei wird auch vom sogenannten „Piech-Test", den diese Entwicklungen durchlaufen müssen, gesprochen.
> Ein anderes Beispiel ist der jetzige Daimler-Chef Dieter Zetsche. Er gilt in den USA als der typische Anpacker „made in Germany". Wenn Dieter Zetsche mit den Montagearbeitern Bratwürste grillt und brüllend lachend durch die Montagehallen schreitet und ihnen ein „Hello, I am Dieter" zuruft, dann verzeihen sie ihm auch die Entlassung von mehr als 40.000 Kollegen. Das Anpacken auf allen Ebenen macht Dieter Zetsche zur unumstrittenen Führungskraft.

---

51 Westerlund/Sjörstrand 1981, S. 18
52 Neuberger/Kompa 1986, S. 60
53 Westerlund/Sjörstrand 1981, S. 139f.
54 siehe dazu Stiens 1999, S. 12

Mythen stellen somit Ankerpunkte für Werthaltungen in Organisationen dar und sind auch ein wichtiges Fundament für die Identitätsbildung.[55]

Anekdoten: Anekdoten sind Erzählungen über Taten oder Aussprüche zumeist hochrangiger Manager, die für die Selbstdarstellung einer Unternehmung als wichtig erachtet werden. Ein hoher Stellenwert wird den Anekdoten bei der betrieblichen Sozialisation neuer Organisationsmitglieder beigemessen, da sie Werte der Organisation(sleitung) unter anderem „verkleidet" vermitteln. Im Unterschied zu Mythen fehlt es Anekdoten nicht an einem gewissen *Unterhaltungswert*. Ein Beispiel soll dies wiederum veranschaulichen: In der Deutschen Bank wird als typisches Merkmal für ihre Einzigartigkeit und einsame Spitzenstellung die Anekdote weitererzählt, wie der ehemalige Vorstandsvorsitzende Abs seinen Namen zu buchstabieren pflegte: „A wie Abs, B wie Abs, S wie Abs."

Slogans: Zentrale Aspekte des Selbstverständnisses einer Organisation werden oft in Form treffender *Schlagwörter* ausgedrückt. Mithilfe solcher Slogans (Mottos, Leitsätze) sollen diese Werte plakativ hervorgehoben und ins Bewusstsein der Mitarbeiter „gehämmert" werden. Die öffentliche Bekanntmachung sorgt dafür, dass auch das breite Publikum als Kontrollorgan für das Einlösen der Behauptungen genutzt werden kann.[56] Zwei Beispiele sind

Slogans
Zwei bekannte Beispiele für Slogans sind:

Voestalpine Edelstahl mit „One step ahead"

Apple mit „Think different"

Bei Slogans besteht die Gefahr, statt Leitsätzen nur Euphemismen (= Beschönigungen oder Verbrämungen) zu produzieren. Verräterisch sind Sprachregelungen. Eine beliebte Sprachregelung ist etwa das Ersetzen des Wortes „Unterstellte" durch „Mitarbeiter/in" oder des Wortes „Problem" durch „Chance" oder „Herausforderung". Auch das Wort „Angestellte/r" ist verpönt; die offizielle Bezeichnung etwa bei Holiday Inn ist „Angehöriger der Holiday-Inn-Mitarbeiterfamilie".[57] Die verschleiernde, bewusstseinslenkende, verharmlosende, beruhigende Wirkung solcher Umschreibungen weist darauf hin, dass es nicht nur um sachlich-rationale Wortbedeutungen

---
55 Boleman 2003, S. 252
56 Neuberger/Kompa 1986, S. 62
57 Page 1972, S. 88

geht, sondern dass dem emotionalen Gehalt eines Begriffes große Beachtung geschenkt wird.[58]

Geschichten: Geschichten sind ausgeschmückte Berichte über unternehmensspezifische Geschehnisse, die sich in der Vergangenheit zugetragen haben und denen für die Unternehmung besondere Bedeutung zukommt. Sie stellen Verbindungspunkte zwischen der Firmengeschichte und den aktuellen Anliegen der Unternehmung her.[59]

Für die Mitarbeiterinnen und Mitarbeiter bieten unternehmensspezifische Geschichten *Orientierung* an. Sie verdeutlichen traditionelle Wege der Problemlösung und zeigen den angesprochenen Mitarbeiterinnen und Mitarbeitern auf, welche Handlungsweisen von ihnen in bestimmten Situationen erwartet werden. Sie dienen der Vereinheitlichung des komplexen und konfliktreichen organisatorischen Prozesses und erzeugen eine bestimmte Darstellung der Wirklichkeit. Zumeist handeln sie von Führungspersönlichkeiten, da diese einen wichtigen Einfluss auf die Organisationsmitglieder haben. Außerdem benutzen Organisationsmitglieder Geschichten, um Ambivalenzen, die sie gegenüber Autoritäten verspüren, auszudrücken.[60]

Der Sinn einer solchen Geschichte ist es, das Bewusstsein des Hörers oder der Hörerin für die darin enthaltene Botschaft – „Sicherheit über alles", genaue und penible Erfüllung der überantworteten Aufgaben – zu schärfen bzw. ihn „auf Linie" zu bringen. Auch aus diesem Grund werden Geschichten sehr gerne neuen Mitarbeiterinnen und Mitarbeitern erzählt, damit sie wissen, welche Normen gelten.

Aus der Praxis
An dieser Stelle kann das Beispiel der missglückten Markteinführung der Mercedes A-Klasse angeführt werden. Nach anfänglicher Skepsis der Mercedes-Käuferschaft gelang es den Werbern, mit einer massiven Kampagne positive Stimmung für das Auto zu generieren; 100.000 Vorbestellungen waren die Folge. Drei Tage nach Verkaufsstart geriet die bis dahin perfekt laufende Auslieferung außer Kontrolle: Das Foto des beim Elchtest umgestürzten Mercedes ging um die Welt. Ergebnis der zahlreichen Krisensitzungen war eine Rundum-Verbesserung des Fahrzeuges. Trotz sofortiger Umrüstungen des Mercedes kündigte Konzernchef Jürgen Schrempp schließlich einen Auslieferungsstopp des Autos an: „Wir wollen kein Fahrzeug ausliefern, von dem wir heute wissen, dass wir es noch besser bauen können." Als mehrere Monate später die nun perfekte A-Klasse auf den Markt kam, war das Image von Mercedes stärker als zuvor, gemäß dem Leitspruch: „Stark ist, wer keine Fehler macht. Stärker, wer aus seinen Fehlern lernt."

---

58 Neuberger/Kompa 1986, S. 62
59 Heinen 1987, S. 113
60 Feldmann 1990, S. 809

3.2.3.2. Symbolvermittlung durch interaktionale Medien

Riten: Riten sind *standardisierte Verhaltensabläufe*, in denen existentielle Fragen einer Gemeinschaft durch kollektiv reglementiertes Handeln bearbeitet oder bewältigt werden. Riten bestätigen die Existenzgrundlage einer Organisation oder dienen, etwa durch „Krisenriten", ihrer Erneuerung. Riten finden meist zu einer bestimmten Zeit, an einem bestimmten Ort und mit einer bestimmten Rollenbesetzung statt.[61] Riten haben immer ein Doppelgesicht: Sie lösen Probleme für die Gemeinschaft und für den Einzelnen. Riten und auch Zeremonien kann man auch als soziale Dramen mit genau definierten Rollen umschreiben.

Kurzum: Organisationsriten stellen Prozeduren zur Verfügung, mit deren Hilfe heikle oder bedrohliche Themen bearbeitet werden können, für die es keine unstrittige sachliche Lösung geben kann, weil gegenläufige Interessen befriedigt oder existenzielle Ängste bewältigt werden müssen.[62]

Rituale: *Formalisierte Riten* – d.h., die Form wurde wichtiger als der Inhalt – werden als Rituale bezeichnet. Rituale sind demnach stilisierte, sich wiederholende soziale Aktivitäten, die durch die Benutzung von Symbolen soziale Beziehungen ausdrücken und sie auch definieren. Rituale betonen Status- und/oder Machtsymbole. Sie bestätigen und stabilisieren Strukturen und Mythen; dabei regeln und kontrollieren sie emotionale und soziale Kräfte. Auch Rituale haben im Organisationsalltag eine Doppelfunktion: Sie können eine Organisationskultur stärken („positiver Fall") oder – durch Vernebelung – schwächen („negativer Fall").

Im „positiven Fall" sind Rituale szenische Dramatisierungen von Wertvorstellungen mit grundlegender Bedeutung. Die Beispiele reichen von Anerkennungsritualen (z.B. Siegesfeiern) bis zu sogenannten Initiationsritualen: Das sind Rituale, die beim Eintritt in eine Gemeinschaft ablaufen.[63] Diese verdeutlichen einem neuen Mitglied, was zählt. Bisherige Kenntnisse und Einstellungen neuer Organisationsmitglieder werden herabgesetzt und als unzulänglich hingestellt. Damit wird ihnen klargemacht, dass sie in ihrem jetzigen Zustand für die Organisation unbrauchbar sind. Die neuen Mitarbeiter werden z.B. vor Situationen gestellt, die viele ihrer Annahmen über sich, die frühere Firma und ihre Arbeit erschüttern. Sie bekommen leichte und triviale Aufgaben, die ihnen signalisieren, dass man sie noch nicht für fähig hält, wichtige Aufgaben zu übernehmen. Von ihnen gelieferte Berichte, die niemand liest, und verlängerte innerbetriebliche Trainingsprogramme sind häufige Rituale, die solche Effekte erzielen.[64]

---

61 Sackmann 1983, S. 402
62 Neuberger/Kompa 1986, S. 64
63 Rüttinger 1986, S. 135
64 von Rosenstiel et al. 1979, S. 78f.

> **Aus der Praxis**
>
> Ein Beispiel für Rituale sind Kollektivvertragsverhandlungen oder Tarifverhandlungen: Hier kommt es zu überhöhten Forderungen, beiderseitigem „Aufheizen" der Anhänger, gegenseitigen Verbalattacken in den Medien, von vornherein reservierten Verhandlungsterminen (wobei alle Beteiligten eine Einigung bei den ersten Verhandlungsrunden offensichtlich gänzlich ausschließen), tage- und nächtelangen Verhandlungen, spektakulärem Abbrechen und Streikdrohungen, einer Einigung möglichst erst in den Morgenstunden (eine Einigung am Tag verbietet die Dramaturgie), wobei das Ergebnis vor den wartenden Medienvertretern von beiden Seiten „als gerade noch tragbarer Kompromiss" dargestellt wird.

Zeremonien: Mehrere Riten in Verbindung mit einem einzigen Anlass oder Ereignis nennt man Zeremonie.[65] Zeremonien dienen dazu, emotionale Erregung in Form von Gefühlen freizulassen. Sie drücken Bräuche und Gewohnheiten der Kultur aus und werden zu bestimmten Gelegenheiten eingesetzt. Gängige Zeremonien sind Gründungs-, Weihnachts- und Geburtstagsfeiern sowie Betriebsausflüge und Partys. Sie machen das Leben in Organisationen erträglicher. Solche Gemeinschaftsveranstaltungen dienen nicht nur den jeweils offen proklamierten Zwecken, wie etwa der Gemeinschaftspflege oder dem Dank an bewährte Mitarbeiterinnen und Mitarbeiter, sondern auch als „Ventil" zur zeitweiligen Lockerung strenger Verhaltensnormen, dem Austausch sonst tabuisierter Informationen oder dem Knüpfen informeller Kontakte.

Tabus: Unter Tabus versteht man *Verbote (oder Meidungsgebote)*, die sich in Eingeborenenkulturen etwa auf Orte, Speisen oder Menschen (z.B. Kranke, stillende Frauen) beziehen.[66] Auch in Organisationen gibt es solche ungeschriebenen Gesetze. In Gegenwart bestimmter Personen dürfen z.B. gewisse Themen nicht angesprochen oder bestimmte Ausdrücke nicht gebraucht werden. Dies kann dazu führen, dass – exemplarisch – Kritik an Vorgesetzten (wenn überhaupt) nur in kunstvoller Verkleidung vorgetragen werden kann. Als wichtigste Tabus in Organisationen können genannt werden:[67]

- nicht auffallen (durch Kleidung, Sprache, Konsum, Auto etc.);
- keinen Wirbel machen, die gegebene Ordnung nicht stören;
- nicht den Anschein erwecken, dass man seinen Job nicht ernst nimmt;
- nicht den Eindruck von Faulheit aufkommen lassen und
- nicht über die Firma, Vorstand etc. witzeln.

3.2.3.3. Symbolvermittlung durch objektivierte Medien

Physische Manifestationen sind als Produkte kulturellen Handelns zu sehen und durch ihre Sichtbarkeit der direkten Beobachtung zugänglich.

---

[65] Trice/Beyer 1984, S. 655f.
[66] Neuberger 1985, S. 52
[67] Cleverley 1973, S. 124ff.

Statussymbole: Statussymbole sind objektive Gegebenheiten, die verhaltensregulierend wirken. Sie zeichnen aus, grenzen ab, motivieren, ersparen Ringkämpfe, signalisieren Positionen und Befugnisse. Beispiele für solche Statussymbole sind: Titel, Möbel, Autos, zugeordnetes Personal, protokollarische Ansprüche, Arbeitsmittel wie Mobiltelefone, Tablets etc. Der Besitz oder die Zuschreibung solcher Statussymbole hebt den Einzelnen über seine Vergleichsgruppe hinaus.

Wichtig für die Kennzeichnung von Statussymbolen ist, dass ihre Vergabe von der Unternehmung kontrolliert wird, ihr Erwerb also an definierte Voraussetzungen geknüpft ist. Darüber hinaus werden sie durch Verknappung begehrenswert gemacht.[68] Ein Beispiel für ein Statussymbol ist das Arbeitszimmer: Es wird auf verschiedene Merkmalsdimensionen statusgemäß eingestuft, unter anderem auf die vertikale und horizontale Entfernung von der Vorstandsetage, Größe, Ausstattung, Fensterzahl, Abschirmbarkeit etc. Diese Merkmalsdimensionen sind allesamt Indikatoren der Wertschätzung, die der/die Inhaber/in genießt. Als weitere Statussymbole gelten der eigene Parkplatz, Titel, Vorrechte, Kleidung, Ausstattung mit Arbeitsmitteln (andere IT-Geräte), Reihenfolge der Nennung bei Protokollen etc.

Architektur und Design: Auch in der Architektur, im Design und in der Arbeitsgestaltung drückt sich Organisationskultur aus. Es ist hier nicht nur an die berühmtberüchtigten „Versicherungspaläste" zu denken,[69] an luxuriöse und Ehrfurcht gebietende Vorstandsetagen, sondern auch an weit Alltäglicheres wie etwa die Einrichtung eines Großraumbüros. Hier wird ein *bestimmtes Verständnis von menschlicher Arbeit wiedergegeben* (z.B. zerstückelbar, kontrollbedürftig, kooperativ, eigenverantwortlich, hierarchisch). Ein Konferenzraum kann mit starren Sitzordnungen ausgestattet sein (am Kopfende eines rechteckigen, unbeweglichen Tisches residiert der Patriarch) oder mit kleinen beweglichen Tischchen, die sich zu beliebigen Konstellationen zusammenstellen lassen und Bewegung in „Sitzungen" bringen.[70] Analog dazu kann auch die Symbolvermittlung durch Architektur an der Universität interpretiert werden: Hörsäle mit fixierten und nicht verstellbaren Bankreihen, vorne das „autoritätserhöhende" Podium für den/die Vortragende/n oder Seminarräume mit beweglichen Tischen und Stühlen, die vielfältige Möglichkeiten der Sitzordnungen offenlassen. Die Gestaltung kann (besser: könnte) flexibel vorgenommen werden.

3.2.3.4. Symbolvermittlung durch den Umgang mit der sozial konstruierten Zeit

Zeit als Kulturmaßstab lässt sich in den verschiedensten Handlungen, Normen und Erwartungen beobachten: Zeitpläne, Abgabetermine, Zeitfenster für verschiedene Aufgaben, Pünktlichkeit, Arbeitsgeschwindigkeit, Zeitbewusstsein und -autonomie des/der Einzelnen, Synchronisierung der Zeit mit Kolleginnen und Kollegen, Zeit-

---

68   Neuberger 1985, S. 53
69   Neuberger 1985, S. 56
70   Derschka/Gottschall 1984

puffer und Pausenregelungen, aber auch die zeitliche Zerlegung von Prozessen zeigen den Umgang mit Zeit innerhalb einer Organisation deutlich auf.[71]

Auch *temporale Normen* wie die Einhaltung von Pausen, die Grenzziehung zwischen Arbeitszeit und Freizeit, Überstundenregelungen und Ähnliches bestimmen die Kultur. So werden in Japan vom Großteil der Belegschaft eines Unternehmens nur rund acht der 15 Urlaubstage genützt. „Karoshi", der Tod durch Überarbeitung, wird als gesellschaftliches Phänomen seit Anfang dieses Jahrtausends so ernst genommen, dass das japanische Ministerium für Arbeit zur vollen Nutzung des Urlaubs aufruft. Bis 1964 waren in Japan sogar Übersee-Reisen verboten, um die Arbeitskräfte für harte Arbeit und Sparsamkeit zu „begeistern".[72]

Darüber hinaus haben jedoch auch (professionelle) Subkulturen wie z.B. „industrielle Taktgeschwindigkeiten" (Anlagenbau versus E-Business) und gesellschaftliche Zeitvorstellungen einen großen Einfluss.[73]

Wechselwirkungen zwischen sozial konstruierter Zeit und Organisationskultur zeigen sich vor allem bei folgenden Gelegenheiten:[74]

- bei der Abstimmung individueller Bedürfnisse und organisationaler Zeitgestaltung (= Arbeitszeit): Liegt hier keine Übereinstimmung vor, kann es zu einer Verschlechterung der Arbeitsergebnisse, sinkender Mitarbeiterzufriedenheit und -loyalität, hohem Absentismus und hoher Fluktuation kommen.
- beim Prozess der Entscheidungsfindung: Wann müssen Entscheidungen unter Druck getroffen werden und wann nimmt man sich „Auszeiten" zur reflexiven Bewertung der Vergangenheit oder der prospektiven Entwicklung neuer Strategien?
- beim Innovationsprozess: Kreativität und Lernfähigkeit leiden unter Zeitdruck. Setzt das Unternehmen auf Innovation, dann muss es auch entsprechende temporale Freiräume gewährleisten.

Allerdings hat sich die Dimension der Zeit als sehr schwer veränderbar erwiesen, weshalb sie meist lediglich zur Beschreibung einer Organisationskultur herangezogen wird und nicht als Hebel zur Veränderung.[75]

3.3. Kulturdiagnose: Von Symbolen zu einem Bild der Organisationskultur

Es wurde gezeigt, dass offizielle Symbole wie Hymnen, Slogans, Broschüren, Leitbilder etc. nur einen Teil des Fundus an Kultursymbolen darstellen. Nicht selten widersprechen daher auch einzelne offizielle Werte (z.B. „Teamarbeit ist uns wichtig") den tatsächlich gelebten Mustern (z.B.: „Jede und jeder versucht, persönliche Vorteile zu

---

71 Schriber/Gutek zitiert in Zellmer-Bruhn et al. 2001, S. 27
72 Zellmer-Bruhn et al. 2001, S. 30f.
73 siehe dazu auch Levine 1998
74 Zellmer-Bruhn et al. 2001, S. 37ff.
75 Bluedorn 2000, S. 127

erlangen"). Die Organisationskulturdiagnose hat daher nichts mit Öffentlichkeitsarbeit zu tun, sondern versucht das Zusammenwirken offizieller, aber auch inoffizieller, teilweise unterschiedlicher oder gar widersprüchlicher Muster zu ergründen. Die Beobachtung der Symbole bildet im Rahmen eines *Kulturdiagnoseprozesses* zunächst das „Rohmaterial" zur Bildung von Hypothesen über die dahinterliegenden Normen und Werte einer Organisation. Ziel eines Diagnoseprozesses ist es, zu einem einigermaßen „stimmigen Bild" über das Normengefüge und die Werthaltungen einer Organisation zu gelangen, Widersprüche und Inkonsistenzen zu erkennen und auf ihre Funktionen für die Aufrechterhaltung des Systems zu hinterfragen.

Wie erwähnt, ist Kultur aber nicht direkt fassbar und schon gar nicht objektiv messbar. Folgerichtig ist Kulturdiagnose auch ein subjektiver Interpretationsprozess, der von den jeweilig Beobachtenden stark beeinflusst wird. Jeder Beobachter kann nur sehen, was er zu sehen gelernt hat. Wie kann man sich einen solchen Interpretationsprozess nun vorstellen? Ein anschauliches Bild vermittelt das *„Eisbergmodell"*:

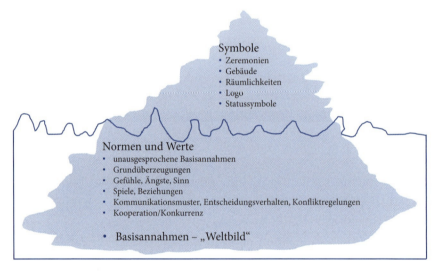

Abbildung 2: Eisbergmodell

Der Großteil der Organisationskultur – wie z.B. Basisannahmen, Werte und Normen – liegt „unter der Wasseroberfläche". Direkt zugänglich sind nur die beschriebenen Symbole. Von ihnen kann auf die Normen und Werte geschlossen werden, um damit Organisationskultur verstehen und in der Folge auch diagnostizieren zu können.

Organisationskultur kann als eine Art Lese- und Interpretationshilfe[76] zur Analyse von Organisation angesehen werden. Im Hinblick auf die Bedeutung von solchen Analysen ist ein Blick auf mögliche Verständnisse von Organisationskultur zu richten. Dabei zeigt sich in der Auseinandersetzung mit Konzepten der Organisationskultur, dass kontroverse Ansätze zu unterscheiden sind.

---

76   Bardmann 1994, S. 344

4. Organisationskulturen – kontroverse Ansätze

Innerhalb der Organisationsforschung existieren unterschiedliche, ja konträre Paradigmen:[77] Das funktionalistische (= „social fact") Paradigma und das interpretative (= „social constructionist") Paradigma, die jeweils unterschiedliche Positionen hinsichtlich der Gestaltbarkeit von Organisationskultur einnehmen. In der Organisationsforschung ist es keinem der genannten Paradigmen gelungen – weder dem funktionalistischen noch dem interpretativen –, sich eindeutig durchzusetzen. Und so bleiben beide Stränge nebeneinander bestehen. Daraus ergibt sich für diesen Beitrag auch die Notwendigkeit, an unterschiedlichen Textstellen immer wieder auf die zwei kontroversen Auffassungen zurückzukommen.

Grob und grundsätzlich gesprochen, gibt es eine wissenschaftstheoretische Auseinandersetzung zwischen dem dem (1) funktionalistischen Paradigma und dem dem (2) interpretativen Paradigma verpflichteten Organisationsforscher: Objektivistische Organisationskulturforscher (1) wollen Kultur als weitere Variable neben organisationsstrukturellen Variablen wie Zentralisierung, Formalisierung, Standardisierung etc. in ihre Erklärungsmodelle integrieren (= funktionalistische Kulturansätze), subjektivistische Organisationsforscher (2) dagegen begreifen die Kultur als Sinnsystem (= interpretative Kulturansätze) und die jeweilige Organisationskultur als „Miniaturgesellschaft".

4.1. Funktionalistische Organisationskulturansätze

Organisationen werden in der Regel als offene, kulturproduzierende Systeme begriffen. Organisationen *haben* eine Kultur. Die produzierte Kultur ist dabei als ein Konglomerat von spezifischen, unverwechselbaren Verhaltensdispositionen und -mustern der Organisationsmitglieder zu verstehen. Diese finden ihren sichtbaren Ausdruck in einem „cultural network", das als Inbegriff der unternehmensspezifischen Symbole gilt. Solche Symbole sind z.B. die spezifische Sprache, der Jargon der Unternehmung, typische Verhaltensweisen im Umgang der Mitarbeiterinnen und Mitarbeiter untereinander, der konkrete Vollzug hierarchischer Formalstrukturen, das Verhalten gegenüber den Kunden und Lieferantinnen.

Führungskräften kommt bei dieser Sichtweise die Aufgabe zu, neben formalen und informalen Steuerungs- und Kontrollfunktionen auch unternehmenskulturelle Symbole wie z.B. organisationale Geschichten, Legenden, Riten, Rituale, Anekdoten und Zeremonien zur zielorientierten Verhaltenssteuerung der Mitarbeiter einzusetzen. Kultur wird in dieser Sichtweise als ein objektivistisches, deskriptives Konstrukt

---

77 Unter Paradigma ist ein ganzes Arsenal von Meinungen, Werten und Methoden zu subsumieren, das von einer wissenschaftlichen Gemeinschaft geteilt wird. (Vgl. Kuhn 1976, S. 193ff. und ausführlicher Kasper 1990, S. 60ff.)

neben anderen, wie etwa Struktur oder Technologie, begriffen. Das 7-S-Modell kann ebenso wie das Modell der Kulturmerkmale von Denison als funktionalistischer Organisationskulturansatz eingeordnet werden.

4.1.1. 7-S-Modell

Kern der Systematisierung des 7-S-Modells ist die Überlegung, dass „weiche" und „harte" Variablen der Führung zu unterscheiden sind. „Harte" Elemente bilden dabei die formale Organisationsstruktur (structure), die Managementsysteme (systems) und die Unternehmensstrategien (strategy). „Weiche" Elemente sind in den Begriffen (Führungs-)Personal (staff), Fähigkeiten (skills), Stil (style) und übergeordnete Ziele (superordinate goals) zusammengefasst. Mit „Style" ist der kulturelle Stil der gesamten Unternehmung gemeint und nicht etwa der individuelle Führungsstil eines/einer Vorgesetzten. Der Unternehmenskultur wird erfolgsentscheidende Bedeutung zuerkannt. Die „Superordinate Goals" nehmen im 7-S-Modell insofern eine zentrale Position ein, als sie das „Molekular" im Innersten zusammenhalten.

Abbildung 3: 7-S-Modell[78]

Das 7-S-Modell weist vor allem auf die Notwendigkeit hin, erstens alle „S" zur Erreichung der Unternehmungsziele optimal zu nutzen und zweitens, alle „S" aufeinander abzustimmen („Fit"). Mit den weichen „S" werden Problembereiche thematisiert, die in der traditionellen amerikanischen Managementliteratur bis dahin meist vernachlässigt wurden. Allerdings gehören die Erkenntnisse, dass den Menschen in Organisationen (staff) mit ihren Fähigkeiten (skills) und auch in der Art ihrer Behandlung (style) größere Aufmerksamkeit geschenkt werden sollte, spätestens seit den

---

78   basierend auf Pascale/Athos 1982, S. 245

Hawthorne-Experimenten zum Allgemeinwissen von Managementpraktikern.[79] Mit der Idee des Stils einer Unternehmung ist nach Meinung der Urheber des 7-S-Konzeptes eine zusätzliche Dimension der Führung eröffnet: Führung als Vermittlung von Bedeutungen bzw. Werten durch symbolhaftes Handeln. Hinter diesem erweiterten Führungsbegriff steht die Überlegung, dass sichtbares Handeln, insbesondere von Führungskräften, Zeichen setzt und Vorbildwirkung hat.

4.1.2. Kulturmerkmale nach Denison

Denison[80] konzentriert sich auf die Erforschung des Zusammenhangs zwischen Organisationskultur und Unternehmensperformance. Sein Ansatz konzentriert sich vor allem auf die zweite Ebene des 3-Kulturebenen-Ansatzes von Schein: die bekundeten Werte und sichtbaren Manifestationen von Kultur.[81] Er geht davon aus, dass Grundannahmen und Glaubenssätze zu Managementpraktiken und Verfahrensweisen einer Organisation führen, die beobachtbar sind und in Form von Kulturmerkmalen repräsentiert werden.[82] Die vier Kulturmerkmale – „Cultural Traits"[83] (siehe Abbildung 4) –, die Unternehmen mit hoher Performance gemeinsam haben, sind

- Anpassungsfähigkeit (Adaptability),
- Mission,
- Kontinuität (Consistency) und
- Mitwirkung (Involvement).

Zwischen den einzelnen Merkmalen bestehen Gegensätze: interne Integration versus externe Orientierung sowie Flexibilität versus Stabilität.[84]

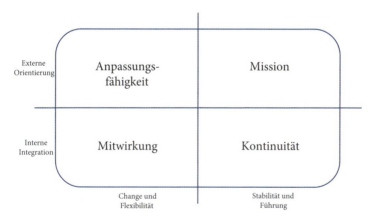

Abbildung 4: Modell der Kulturmerkmale[85]

---

79 Staehle 1999, S. 33ff.
80 Denison/Mishra 1995, Denison 2001, 2006
81 Denison 2001, S. 351
82 Fey/Denison 2003, S. 688
83 Denison 2006, S. 15
84 Denison/Mishra 1995, S. 216
85 in Anlehnung an Loisch 2007, S. 102, nach Denison 1996

Diese Betrachtungsweise stimmt mit Scheins Ansicht überein, dass Organisationskultur interne wie auch externe Funktionen übernimmt und dabei der Organisation dabei dient, sowohl mit Anpassungen an die externe Umwelt als auch mit der Integration interner Prozesse umzugehen.[86] Organisationen sind dann erfolgreich, wenn ihre kulturellen Muster die Signale von außen (= extern), vom „Markt" – durch Lieferantinnen, Kunden etc. – angemessen verarbeiten und wenn sie innerhalb (= intern) der Organisation ihre Funktionen erfüllen. Mitwirkung und Anpassungsfähigkeit sind kulturelle Merkmale, die mit der Veränderungsfähigkeit von Organisationen zusammenhängen. Kontinuität und Mission tragen hingegen zur Fähigkeit der Unternehmen bei, stabil und über einen längeren Zeitraum prognostizierbar zu sein. Flexibilität und Stabilität befinden sich in wechselseitiger Abhängigkeit und beide sind für eine starke Organisationskultur in hohem Maße notwendig. Diese Kulturmerkmale balancieren sich permanent aus. Erfolgreiche Organisationen sind in der Lage, mit diesen Widersprüchen umzugehen und diese auch aufzulösen.[87]

Das Modell wird grafisch kreisförmig abgebildet und als „Circumplex"[88] bezeichnet (siehe Abbildung 5). Jedes der vier Kulturmerkmale wird anhand von jeweils drei Komponentenindizes spezifiziert.[89]

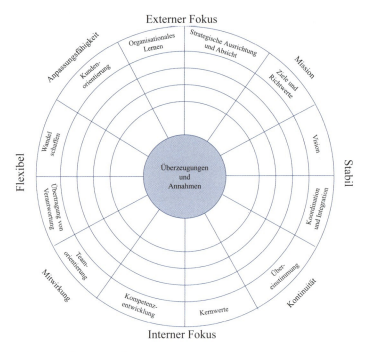

Abbildung 5: „Circumplex" nach Denison (2006)

---

86 Denison/Mishra 1995, S. 216, Schein 1985:50
87 Fey/Denison 2003, S. 688
88 Denison/Neale 1999, S. 2; Denison 2006, S. 15
89 Denison 2006, S. 14 mit Verweis auf Block 1991, Katzenbach/Schmidt 1993, Lawler 1986 und Spreitzer 1995, 1996

Aus dieser Abbildung wird deutlich, dass das Modell im Kern die grundlegenden Annahmen und Überzeugungen enthält. Wie erwähnt, konzentriert sich Denison[90] auf die Ebene der bekundeten Werte bzw. auf die „cultural traits", die Ausdruck dieser Grundannahmen sind. Er geht davon aus, dass Organisationskultur auf dieser Ebene vergleichbar wird, während Grundannahmen schwierig bis gar nicht mess- und generalisierbar sind.[91] Durch die Betrachtungsweise der bekundeten Werte und Normen können Aussagen zu den Organisationskulturen getroffen werden, weshalb das Modell als Grundlage für Kulturdiagnosen herangezogen werden kann.[92]

Im Folgenden werden die einzelnen Kulturmerkmale des Modells dargestellt:

Mitwirkung ist eines der Flexibilitätsmerkmale, das sich auf die internen Dynamiken von Organisationen bezieht.[93] In einer High-Involvement-Kultur werden Mitarbeiterinnen und Mitarbeiter aktiv integriert.[94] Die drei Indizes,[95] durch die Involvement beschrieben werden kann, sind

- *Übertragung von Verantwortung* (Empowerment): Effektive Organisationen befähigen ihre Organisationsmitglieder, die eigene Arbeit zu organisieren, und geben ihnen auch die Möglichkeit dazu. Das gibt ihnen das Gefühl von Eigenverantwortlichkeit und Verantwortung gegenüber dem Unternehmen.
- *Teamorientierung*: Ziele der Unternehmung werden gemeinsam im Teamwork zu erreichen versucht.
- *Kompetenzentwicklung* (Capability Development): Die Unternehmung investiert kontinuierlich in *die Entwicklung der* Fähigkeiten ihrer Organisationsmitglieder. Durch permanentes Update der Fach- und Solzialkompetenzen bleibt die Unternehmung wettbewerbsfähig.

Kontinuität steht für ein hohes Ausmaß an normativer Integration bzw. an Konsistenz der Normen und der Wertebasis innerhalb der Organisation. Ist dieses gegeben, besteht laut Denison et al.[96] eine „starke Kultur". Das Verhalten der Organisationsmitglieder wird in Unternehmen mit hoch ausgeprägter Konsistenz stark durch die Kultur und die geteilten Werte geleitet, was zu einem gemeinsamen, integrierten Verständnis über Handlungsweisen, Systeme und Bedeutungen in der Organisation führt.[97] Die Organisationsmitglieder weisen ähnliche Handlungs- und Denkmuster auf und es besteht Klarheit darüber, welche Verhaltensweisen im Unternehmenskontext akzeptiert werden und welche nicht.[98] Dadurch entsteht ein implizites, soziales Kontrollsystem und der Bedarf an formalen Kontrollsystemen und Regeln sinkt.[99] Ein hohes Ausmaß an Konsensfähigkeit, einheitlichere Entscheidungen sowie schnellere

---

90 Fey/Denison 2003, S. 688
91 Fey/Denison 2003, S. 688, Denison 1996, S. 638
92 Denison 2006, S. 17
93 Denison/Mishra 1995, S. 216
94 Denison 2006, S. 14
95 Denison 2001, S. 355; Denison 2006, S. 15ff.
96 Denison et al. 2004a, S. 100
97 Denison/Mishra 1995, S. 214; Denison 2001, S. 355
98 Denison/Neale 1999, S. 2
99 Denison 1990, S. 180; Denison et al. 2004a, S. 100

Einigkeit unter den Organisationsmitgliedern, auch bei Differenzen bzw. kontroversen Themen, sind eine weitere Konsequenz der integrierten Norm- und Wertebasis.[100] Zusammenfassend kann Kontinuität als Quelle der Koordination, der internen Integration, Kontrolle und Stabilität betrachtet werden.[101] Eine hohe Ausprägung an Kontinuität birgt aber auch die Gefahr, dass durch die gefestigte, interne Beständigkeit und Stabilität wichtige Adaptionen an Umweltveränderungen vernachlässigt werden.[102]

Kontinuität setzt sich aus drei Indizes[103] zusammen:

- *Kernwerte* (Core Values): Die Organisationsmitglieder teilen die Werte; das gibt ihnen das Gefühl von Identität und schafft klare Erwartungen.
- *Übereinstimmung* (Agreement): Die Organisationsmitglieder können in kritischen Fragen und schwierigen Situationen eine Übereinstimmung erzielen und diese beantworten.
- *Koordination und Integration* (Coordination and Integration): Unterschiedliche Einheiten und Aufgabenbereiche können gut kooperieren, um gemeinsame Ziele zu erreichen.

Anpassungsfähigkeit (Adaptability) stellt ein Flexibilitätsmerkmal im Rahmen des Modells dar, das sich mit dem externen Fokus von Organisationen befasst. Anpassungsfähigkeit bezeichnet die Fähigkeit einer Organisation, sich intern an veränderte, äußere (= externe) Umstände anzupassen. Interne Integration und externe Anpassungsfähigkeit können miteinander im Konflikt stehen. Anpassungsfähige Organisationen haben die Fähigkeit und Erfahrung, Veränderungen herbeizuführen. Sie können Signale aus der Umwelt empfangen, angemessen auslegen und in interne Systeme übersetzen, die die Überlebens- und Wachstumschancen der Organisation gewährleisten.[104]

Anpassungsfähigkeit setzt sich aus folgenden Dimensionen[105] zusammen:

- *Wandel schaffen* (Creating Change): Die Organisation ist in der Lage, anpassungsfähig am „Markt" zu sein, und sie kann auf sich ändernde Bedürfnisse sehr gut eingehen. Sie hat die Fähigkeit, schnell zukünftige Chancen zu antizipieren.
- *Kundenorientierung* (Customer Focus): Dieser Faktor spiegelt wider, wie wichtig Kunden der Unternehmung sind und inwieweit sie bereit ist, ihre Kunden zufriedenzustellen.
- *Organisationales Lernen* (Organizational Learning): Die Unternehmung ist sensibel auf Umweltsignale und interpretiert diese als Chancen für Innovationen, Wissen und Entwicklung von Fähigkeiten.

Mission kennzeichnet den Sinn und Zweck eines Unternehmens und bietet seinen Mitgliedern Orientierung durch langfristige Ziele der Organisation.[106] Untersu-

---

100 Denison et al. 2004a, S. 100
101 Denison et al. 2004a, S. 100; Denison/Mishra 1995, S. 214; Denison/Neale 1999, S. 2
102 Fey/Denison 2003, S. 688
103 Denison 2001, S. 356; 2006, S. 15
104 Denison/Mishra 1995
105 Denison 2001, S. 356; Denison 2006, S. 15
106 Denison/Mishra 1995, S. 215; Denison 2006, S. 16

chungen ergaben, dass sich erfolgreiche Organisationen von weniger erfolgreichen dadurch unterscheiden, dass bei den Individuen ein klares Zielbewusstsein und ein ausgeprägter Orientierungssinn bestehen.[107] Darunter versteht Denison[108], dass die operativen und strategischen Ziele des Unternehmens definiert sind und es eine Vision gibt, die ausdrückt, wie die Organisation in Zukunft aussehen soll. Wenn sich die Mitglieder mit der Mission identifizieren können und diese verinnerlichen, trägt dies zu einer erhöhten Bindung zu dem Unternehmen bei und sie erkennen auch durch kurzfristige Ziele den Zusammenhang ihrer Arbeit zu der Mission. Die Dimension der Mission wird anhand folgender Indizes festgestellt:

- *Strategische Ausrichtung und Absicht* (Strategic Direction and Intent): Eine klare Strategische Ausrichtung vermittelt den Sinn und Zweck der Unternehmung und erläutert, was jedes einzelne Organisationsmitglied beitragen kann.
- *Ziele und Richtwerte* (Goals and Objectives): Langfristige Ziele und explizite Zielvorstellungen können jedem einzelnen Organisationsmitglied eine klare Ausrichtung für seine Arbeit geben.
- *Vision*[109]: Das „Fernbild" Vision hat allen Organisationsmitgliedern eine Ausrichtung und eine Leitlinie zu vermitteln, wie der langfristige Zustand der Unternehmung aussehen soll. Strategisches Management hat die alternativen Wege zur Zielerreichung dieser Vision anzubieten.

Denison belegt in seinen Studien den positiven Zusammenhang zwischen Organisationskultur und Unternehmensperformance. Seine Performance-Messkriterien[110] sind Profitabilität (ROA, ROI, ROS), Wachstum (Umsatzwachstum, Marktanteil) sowie Produktqualität, Innovation und Kunden- sowie Mitarbeiterzufriedenheit.

Denison[111] impliziert, dass Führungskräfte Einfluss auf den Unternehmenserfolg haben können, indem sie Kultur aktiv managen und eine Unternehmenskultur „kreieren", die alle Kulturmerkmale berücksichtigt. Dieser Schluss basiert auf der Annahme, dass Führung und Maßnahmen des Managements Grundwerte in der Organisation schaffen bzw. bestärken können. Dies weist darauf hin, dass Denisons Ansatz überwiegend von einer funktionalistischen Perspektive beeinflusst wird. Ein Forschungsziel von Denison[112] ist es auch, die Vergleichbarkeit zwischen Organisationen zu ermöglichen.

4.2. Interpretativer Organisationskulturansatz

Die interpretativen Ansätze innerhalb der symbolorientierten Organisationsforschung gewinnen ihren eigenständigen Charakter vor allem dadurch, dass sie Symbole bzw. symbolisches Handeln von Individuen als zentrales Mittel der *Sinnschaf-*

---

107 Denison 2001, S. 356; Denison/Neale 1999, S. 2
108 Denison 2001, S. 356
109 Denison 2001, S. 357
110 Denison 2009, S. 9
111 Denison 1990, S. 194
112 Denison et al. 2004b, S. 65

fung begreifen. Hier geht es nicht um die funktionalen Merkmale der Symbole im Hinblick auf ein übergeordnetes, reales System „Organisation", sondern um ein Verständnis der Prozesse, die zu einer gemeinsamen Interpretation von Situationen und zur Schaffung einer gemeinsamen sozialen Realität führen. Der Weg führt weg vom Objektivismus hin zum Subjektivismus. Organisationen werden als symbolisch-ideelle Phänomene gesehen, als eine „Realität", die in den Kognitionen der Organisationsmitglieder besteht. Der Symbolbegriff ändert sich: Objekte der materiellen Welt werden nicht von selbst zum Symbol, sondern durch die subjektive Interpretation des Sinns dieser Objekte.

Kultur im Sinne eines kognitiven Systems geteilter Interpretationen der objektiven Realität wird zum erkenntnisleitenden Grundbegriff der Organisationsforschung. Die Organisation wird als Sinnsystem erforscht.[113] Organisationen werden – mit anderen Worten – interpretiert als ein Beziehungsgeflecht von symbolischen Kommunikations- und Interaktionsprozessen, die in ihren Bedeutungsinhalten und konkreten Erscheinungsformen nicht von vornherein und zweifelsfrei etwa aus Organisationszielen, Organisationsstrukturen oder gar Stellenbeschreibungen abgelesen werden können. Darüber hinaus existieren tiefer liegende Mechanismen, die auf das subjektive Erleben und Handeln in einer Organisation maßgeblich einwirken: das „Sinnsystem" einer Organisation.[114] Dabei hat die Forschung – im Gegensatz zur funktionalen Sichtweise – auf eine *Entschlüsselung von Symbolstrukturen* abzuzielen.

Die konkreten Ausformungen und Erscheinungsweisen sozialer Systeme werden nicht als notwendige Ergebnisse bestimmter Faktorenkonstellationen in der Realität erklärt, vielmehr als Folgen subjektiv geprägter Wahrnehmungen und Interpretationen dieser Realität. Individuen als soziale Wesen schaffen die soziale Realität durch spezifische, im Wege von Sozialisationsprozessen geformte Wahrnehmungsmuster und darauf aufbauende, intentionale Handlungen. Im Rahmen der interpretativen Ansätze wird Kultur als ein ideelles Konstrukt begriffen, das konkret nicht fassbar und nicht beobachtbar ist. Organisation *ist* Kultur.[115] Organisationskultur gilt als Deutungsschema für die Funktionsweise eines Sozialsystems. Organisationskultur wird als Ideensystem betrachtet, das in den Köpfen der Organisationsmitglieder existiert und als Ergebnis gemeinsam konstruierter Wirklichkeit erscheint.

Die Organisationsmitglieder bilden sich innere Modelle, sogenannte kognitive Schemata der organisatorischen Realität. Diese entstehen in Interaktionen der Mitglieder untereinander. Kultur ist dann jener Teil der selektiven Ansichten der Wirklichkeit, der von einer Mehrheit geteilt und als grundlegend für die Zusammenarbeit erachtet wird. Kultur wird als kollektiv geteilte Wahrnehmungen und Interpretationen aufgefasst.

---

113 Ochsenbauer/Klofat 1987, S. 89f.
114 Smircich 1983; hier Heinen 1987, S. 19
115 Wollnik 1988, S. 59

Was für Organisationen Wirklichkeit ist, kann daher nicht vom Management einseitig vorgegeben werden, sondern stellt das Ergebnis von Deutungs-, Interpretations-, Gestaltungs- und Aushandlungsprozessen dar. Diese laufen jedoch nicht in einem Machtvakuum ab, sondern die Deutungen von mächtigen bzw. in der Hierarchie hochstehenden Mitarbeiter haben eher eine Chance, Realität zu werden als die von rangniederen.[116] Organisationen sind somit aus dieser Sicht kein objektives Faktum, sondern eine soziale Konstruktion der Wirklichkeit. Daher ist laut Schein Organisationskultur

> das Muster der Grundannahmen, die eine bestimmte Gruppe erfunden, entdeckt oder entwickelt hat, indem sie gelernt hat, ihre Probleme externer Anpassung und interner Integration zu bewältigen, und die sich so weit bewährt haben, dass sie als gültig betrachtet werden und deshalb neuen Mitgliedern als die richtige Haltung gelehrt werden sollen, mit der sie im Hinblick auf die genannten Probleme wahrnehmen, denken und fühlen sollen.[117]

Inhaltlich bestimmt Organisationskultur, was in einem Unternehmen welchen Stellenwert hat, was als positiv oder negativ zu gelten hat, wie über die eigene Vergangenheit und die Umwelt gedacht und was voneinander gehalten wird. Organisationskultur im interpretativen Paradigma beschränkt sich nicht auf organisationale Variablen; sie umfasst sämtliche Prozesse, mittels derer die Organisationsmitglieder ihre Erfahrungen interpretieren, wie sich diese Interpretationen manifestieren und wie sie sich in einer Rückkoppelung wiederum auf das organisationale Handeln auswirken.[118]

Im Vergleich zu den funktionalistischen Sichtweisen geht man bei der interpretativen Sichtweise davon aus, dass man Organisationskultur nicht empirisch-analytisch anhand von Fakten sezieren kann. Man hat sie zu dechiffrieren, zu entschlüsseln. Einen alternativen Weg schlagen daher *interpretative Methoden* der Kulturanalyse ein, die versuchen, Kultur aus der Perspektive der Mitarbeiter zu erkunden. Diesem Ziel sind die jeweiligen Vorgangsweisen anzupassen, die daher offen, begleitend, flexibel, probierend, lernend relativierend und zyklisch sein müssen.

Wesentliche Elemente zur Erfassung von Kultur sind dabei die Symbole in und von der Organisation, die der Mensch entwickelt und gebraucht,[119] um die von ihm wahrgenommenen Faktoren in abstrakter Form zu speichern und bei Bedarf als handlungsbestimmende Größe weiterzugeben. Diese nur dem Menschen gegebene Fähigkeit ermöglicht es ihm, Dinge und Ereignisse mit Sinn zu belegen und zu Reaktionen unabhängig von einem – sie auslösenden – Stimulus werden zu lassen. Durch Symbolisierung verknüpft der Mensch einen Sinnbereich mit einem Sachbereich.

---

116 Zum Be-Deutungsdruck siehe Kasper 1987; Neuberger 1985; Neuberger/Kompa 1987
117 Schein 1984a, S. 3
118 Schultz 1995, S. 11
119 Matenaar 1983, S. 28

Abschließend zeigt die Auseinandersetzung mit dem funktionalistischen und dem interpretativen Paradigma innerhalb der Organisationsforschung, dass Organisationen ohne Organisationskultur nicht denkbar sind. Wie die eingangs dargestellte Definition ist Organisationskultur als Kit bzw. Klebstoff einer Organisation anzusehen und reduziert die Komplexität und Unsicherheit für Organisationsmitglieder. In der Folge werden in einem Überblick die weiteren Funktionen, die Organisationskulturen zugeschrieben werden, zusammengefasst.

5. Funktionen von Organisationskulturen

Der Organisationskultur kommt die Funktion zu, einen gemeinsamen Nenner, eine Verständigungsbasis zu finden. Eine „starke" Organisationskultur hat primär eine stabilisierende Funktion, indem sie die Struktur, die charakteristischen Denk- und Verhaltensmuster sowie die Richtung einer Organisation verstärkt und dadurch konserviert.

Sackmann[120] zufolge gibt die Organisationskultur durch Standards und Richtlinien den Organisationsmitgliedern vor, wie die *Funktionen* eines effektiven sozialen Systems erfüllt werden können:

1. Sicherstellung ausreichend notwendiger Ressourcen,
2. Setzen und Realisation von Organisationszielen,
3. Koordination der Organisation und
4. Schaffen, Bewahren und Übertragung der Organisationskultur.

Neben dem Zurverfügungstellen notwendiger Ressourcen und dem Setzen von Organisationszielen hat Organisationskultur vor allem eine Koordinierungsfunktion. Dabei geht es insbesondere um eine Verhaltensabstimmung über gemeinsam geteilte Werte und Normen. Damit stellt Organisationskultur ein Substitut für strukturelle und personale Führung dar und gibt den Mitgliedern Sicherheit und Sinn. Organisationskultur wirkt somit Differenzierungstendenzen entgegen und überwindet Ziel- und Interessenkonflikte.

Das Schaffen, Bewahren und Übertragen von Organisationskultur kann unter der Integrationsfunktion von Organisationskultur subsumiert werden. Diese Funktion verbindet die Mitglieder der Organisation untereinander mit der Organisation selbst. Ein „Wir-Gefühl", das abteilungsübergreifend wirkt und eine gemeinsame Zielerreichung ermöglicht, soll gefördert werden.[121] So ein Wir-Gefühl kann sich auch in Form von *Subkulturen* äußern.

Subkulturen in Unternehmen entstehen dann, wenn eine Gruppe von Mitgliedern regelmäßig miteinander interagiert und kommuniziert, wenn sie sich selbst als spezi-

---
120 Sackmann 1983, S. 396
121 Sackmann 1990, S. 157

fische Gruppe innerhalb der Organisation identifiziert. Subkulturen können sich überschneiden. Je weniger dies der Fall ist, desto diversifizierter, desto weniger homogen und damit auch unübersichtlicher wird die Organisationskultur. Homogenität ist vermutlich am ehesten gegeben, wenn sich das Unternehmen in der Gründungsphase befindet, es klein bleibt und innerhalb des Unternehmens sehr ähnliche, stark institutionalisierte Tätigkeiten ausgeübt werden.[122] Je größer aber ein Unternehmen ist, je länger es schon besteht und je differenzierter die Aufgabenstellung bzw. je größer das Ausmaß der Arbeitsteilung ist, desto wahrscheinlicher sind Subkulturbildungen. Je komplexer das Zusammenleben ist, desto eher werden Mitglieder bemüht sein, durch Herausbilden von Subkulturen diese Komplexität zu reduzieren.

In einem Unternehmen können in verschiedenen Bereichen Subkulturen entstehen: auf der Führungsebene, in der vertikalen Spalte des Organigramms (z.B. Produktion, Absatz), auf horizontal gleichen Hierarchieniveaus (z.B. alle Universitätsassistenten) sowie in einer bestimmten Abteilung, in einem bestimmten Büro. Eine weitere Möglichkeit besteht darin, dass sich die Organisationsmitglieder – unabhängig davon, zu welcher Abteilung/Hierarchie sie gehören – in ihrer Freizeit regelmäßig z.B. zum Kartenspielen oder Segeln treffen.[123] Die Beziehungen zwischen Subsystemen und den Gesamtsystemen können sich in verschiedene Richtungen entwickeln. Sie können[124]

- *harmonisch* (Werte und Normen von Subsystemen und Gesamtsystem stimmen überein),
- *unterstützend* (Subsysteme unterstützen Werte des Gesamtsystems, entwickeln darüber hinaus auch eigene Werte, die der Gesamtkultur nicht entsprechen),
- *verstärkend* (Werte des Gesamtsystems werden in Subsystemen in erhöhter Form vertreten und gefördert) und
- *konträr* verlaufen (Subkulturen stehen im offenen oder unterschwelligen Widerspruch zur Gesamtkultur und bilden im Laufe der Zeit eine „Gegenkultur").

Es wird ersichtlich, dass Organisationskultur hier primär eine koordinierende sowie stabilisierende Funktionsweise zukommt. Sie reduziert Komplexität und Unsicherheit für die Organisationsmitglieder, da vergangene, gegenwärtige und zukünftige Verhaltensweisen und Handlungen sowohl gelenkt als auch im Nachhinein gerechtfertigt werden.[125]

Daraus ergeben sich folgende Konsequenzen:[126]

- *Management gemeinsamer Unsicherheiten*: Selbst in Zeiten, in denen der Wandel sehr hoch eingeschätzt und geachtet wird, wird eine Gleichförmigkeit betreffend zentrale kulturelle Erwartungen und Werte gewünscht.[127] Diesem Wunsch nach Stabilität werden Organisationen mittels Management gemeinsamer Unsicher-

---

122 van Maanen/Barley 1985, S. 36ff.
123 Louis 1985, S. 78ff.
124 Martin/Siehl 1983, S. 51
125 Kasper 1987, S. 28f.
126 Trice/Beyer 2002, S. 8ff.; Kasper/Mühlbacher 2002, S. 102ff.
127 Trice/Beyer 2002, S. 9

heiten in Form von Unternehmensleitbildern und Visionen oder Symbolen (durch Slogans und Rituale) gerecht.
- *Erschaffen sozialer Ordnung*: Wiederkehrende Verhaltensmuster werden von den Organisationsmitgliedern als „richtig" eingestuft und demzufolge als Vorlage für das eigene Verhalten herangezogen. Das Resultat dieser Überlegungen führt zu spezifischen Annahmen und Erwartungshaltungen darüber, wie sich die Mitglieder einer Kultur verhalten sollen.[128]
- *Erschaffen von Kontinuität*: Sozialisation vermittelt, wie in der Organisation gedacht und gehandelt werden soll. Die betriebliche Sozialisation wird als Prozess der Aneignung der in einem Unternehmen verbindlichen Werte, Normen, Einstellungen, Deutungs- und Verhaltensmuster verstanden. Damit wird klar, dass es sich hier um die Einbindung des Individuums in eine spezifische Organisationskultur handelt. Unter betrieblicher Sozialisation wird überwiegend die Sozialisation im Betrieb verstanden, aber auch die Sozialisation für den Betrieb, die nur teilweise als bewusst gesteuerter Prozess wahrgenommen wird.[129] Neu eingetretene Mitglieder lernen, wie sie sich zu verhalten haben, um der sozialen Ordnung der Organisation zu entsprechen. Passen sich die Mitglieder nicht an, sei es aufgrund mangelnder Information durch Kolleginnen und Kollegen oder aufgrund bewusster Abwehr, gerät die Organisationskultur des Betriebes ins Wanken.[130] Damit einher geht die Gefährdung von kultureller Kontinuität und der Grad an Unsicherheit nimmt zu. Generell gilt, dass die Bereitschaft, die Kultur der Organisation zu übernehmen, bei Mitgliedern unterschiedlich stark ausgeprägt ist. Der Bogen spannt sich dabei von bloßer Zustimmung bis zu Identifikation und Internalisierung. Mitglieder, die der Organisationskultur nicht entsprechen, ziehen die Konsequenzen, die von innerer Kündigung bis zu tatsächlicher Kündigung reichen können.[131] Während Mitarbeiterinnen, die die existierende Organisationskultur ablehnen, kündigen oder gekündigt werden, stimmen langjährige Mitarbeiter mit den kulturellen Werten der Organisation entweder überein oder haben sie hingenommen.

Im Gegensatz zu den Forderungen der totalen Kulturübernahme neu eintretender Mitarbeiterinnen und Mitarbeiter in den 1980er-Jahren wird seit den 1990er-Jahren die Einflussnahme durch Mitarbeiterinnen und Mitarbeiter betont. Die aktive Rolle der Organisationsmitglieder bei der Gestaltung der Organisationskultur wird anerkannt: Sie bringen ihre durch Erfahrungen und Interessen geprägte Realität ein, die unter Umständen auch gegen die Interessen der Organisation gerichtet sein kann.[132]
- *Erschaffen von Identität*: Die Mitglieder einer Organisation sind einander nicht nur aufgrund der gemeinsamen Geschichte verbunden, sondern auch aufgrund ihrer sozialen Beziehungen. Die gemeinsame Identität entsteht über die Interaktionen mit anderen und durch die gemeinsamen Interpretationen. Im Rahmen dieses Pro-

---

128 Trice/Beyer 2002, S. 9
129 Kasper 1992, S. 2057
130 Trice/Beyer 2002, S. 10
131 Kasper 1992, S. 2061
132 Kasper/Mühlbacher 2002, S. 104

zesses entwickeln die Mitglieder ein Zugehörigkeitsgefühl zu einer Gruppe. Sie werden Teil dieser Gruppe und teilen deren besondere Werte und Praktiken.[133]
- *Förderung von Ethnozentrismus*: Die Organisationskultur hat neben den positiven Funktionen, die ihr aufgrund ihrer stabilisierenden oder auch unsicherheitsreduzierenden Wirkung zugeschrieben werden, auch problematische Konsequenzen. Als Beispiele dafür können das Wegfallen kritischer Reflexion, das Ausblenden von unterschiedlichen Perspektiven oder auch eine Art von Abteilungsdenken genannt werden. Mitglieder einer Gruppe, die bestimmte Ideen befürworten, neigen oftmals dazu, Ideen anderer zu misstrauen, sie zu fürchten und abzulehnen. Je heftiger und emotionaler derartige Ideen diskutiert werden, desto eher werden ihre Befürworter auf intolerante und aggressive Weise reagieren, sollten diese angezweifelt werden.[134]
- *Generieren dualer Konsequenzen*: Organisationskultur ist selten nur mit einer Konsequenz verbunden. So können kulturelle Aktivitäten zu latenten oder manifesten Konsequenzen führen. Latente Konsequenzen sind jene, die sich der Beobachtung verschließen, manifeste sind offensichtlich. Diese Dualität der Konsequenzen bedeutet, dass Organisationskultur parallel auf mehreren Ebenen „passiert". Eine weitere Dualität ist das Vorhandensein funktionaler und dysfunktionaler Aspekte von Organisationskultur. Unter funktionalen Konsequenzen ist dabei all das zu verstehen, was förderlich und hilfreich für das Bestehen der sozialen Ordnung ist. Dysfunktionale Konsequenzen, die sich u.a. in Überidentifikation mit der Organisation, aber auch in eigenwilligen Interpretationen von Informationen zeigen, schaden hingegen der sozialen Ordnung.[135]

Für Schein gibt es im Grunde genommen nur eine einzig wichtige Funktion von Organisationskultur, nämlich jene, die Ängste von Führungskräften und Mitarbeitern zu verringern. Die primitive Urangst der Menschen besteht darin, in einer Gruppe ohne Sprache, ohne kognitives System und ohne Regeln, wie man mit den anderen zurechtkommt, leben zu müssen.[136] Kulturelle Phänomene präsentieren – so betrachtet – die „tiefen und grundlegenden Wurzeln der Sicherheit"[137]. Diese scheinbare Sicherheit erkaufen sich starke Unternehmenskulturen jedoch mit zunehmender Inflexibilität und Intoleranz, was anhand der negativen Effekte bereits aufgezeigt wurde.

6. Organisationskultur – Beispiele ihrer Wirklichkeitsmächtigkeit

Gebote zur Einhaltung und Verbote von Abweichungen von organisationskulturellen Verhaltens- und Kommunikationsmustern wirken bei starken Organisations-

---

[133] Trice/Beyer 2002, S. 10
[134] Trice/Beyer 2002, S. 11
[135] Trice/Beyer 2002, S. 12
[136] Schein 1984b, S. 36f.
[137] Schein 1984b, S. 36

kulturen stabilisierend und bewahrend. Sie können sich ändern, aber das tun sie nur langsam. Da sie als ganz selbstverständlich gelebt werden, d.h., da sie „norm-al" sind, wird ihre Sinnhaftigkeit und Funktionalität nicht hinterfragt. Daher sind Versuche, kulturelle Veränderungen in Organisationen durchzusetzen, immer vom Scheitern bedroht. Organisationskultur ist veränderungsresistent. Der Widerstand seitens der Organisationsmitglieder gegenüber Change-Maßnahmen auf der Ebene der Organisationskultur ist absehbar, ja geradezu berechenbar.

Statt einer Zusammenfassung werden abschließend der Einfluss und die Relevanz von Organisationskultur in Bezug auf beispielhafte ausgewählte Bereiche aufgezeigt.

6.1. Organisationskultur und Personalmanagement

„Eingestellt wird, wer zur Kultur der Organisation passt. Wer das nicht tut und versehentlich dennoch aufgenommen wird, sucht entweder nach kurzer Zeit selbst das Weite, weil er/sie sich mit dem Laden (= der Organisationskultur, Anm. A.) nicht identifizieren"[138] kann oder er/sie wird – wenn die Normen und sozialen Spielregeln nicht akzeptiert oder eingehalten werden – wieder „freigesetzt". Durch die rechtliche Möglichkeit der Kündigung in der Probezeit kann die Organisation ihre Kultur vor Irritationen durch unpassende Mitglieder und ihr abweichendes Verhalten schützen.

Weiters kann eine auf strategische Personalrekrutierung abstellende Organisationskultur Hebel für organisationskulturelle Veränderungen sein. Beispiel: Ein Familienunternehmen rekrutiert aus personalstrategischen Gründen „Nicht-Familienmitglieder" als Topführungskräfte. Damit wird das Unternehmen bei Personalentscheidungen flexibel, denn bislang war Kündigung so gut wie unmöglich, denn Familienmitglieder kann man per se nicht kündigen, weil sie ein Leben lang Familienmitglieder bleiben. Nicht-Familienmitglieder sind jedoch kündbar. Um diesen Change-Prozess erfolgreich durchzuführen, raten Beraterinnen und Berater jenen Familienmitgliedern im Topmanagement, in den Aufsichtsrat zu wechseln. So wird die emotionale Problematik entschärft.

Ein anders Beispiel dafür, dass Organisationskultur im Recruitingprozess eine Rolle spielen kann, ist das Employer Branding und die Darstellung des Unternehmens mit einer starken, „tollen winning" Kultur. Dabei wird als erfolgreiche Kulturentwicklung angesehen, wenn Menschen nicht nur kognitiv überzeugt, sondern auch emotional berührt werden. Mitarbeiterinnen und Mitarbeiter sollen zu „Fans" ihres eigenen Unternehmens werden, und diese „Fankultur" wird als wichtiger Differenzierungsfaktor eingestuft.[139]

---

138 Simon 2007, S. 99
139 Jenewein et al. 2014

6.2. Organisationskultur und Führung sowie symbolisches Management

Zwar erleichtert vordergründig eine ausgeprägte „starke" Organisationskultur die Führung von Personen und sozialen Einheiten, denn sie schaffen für Leadership ein hohes Maß an Erwartungssicherheit gegenüber dem Verhalten der Organisationsmitglieder. Führung ist – in zweifacher Bedeutung – Ansehen. Zum einen genießt die Führungskraft Ansehen. Es wird ihr Ansehen von Mitarbeiterinnen, Stakeholdern wie Kunden, Lieferantinnen, Aufsichtsrat etc. entgegengebracht; zum anderen wird die Führungskraft im wahrsten Sinne des Wortes von den Mitarbeitern angesehen, kurzum: beobachtet. Noch stärker: Die Führungskraft kann sich dieser Beobachtung auch nicht entziehen und sollte sich dessen bewusst sein, denn darin liegt die gestalterische Kraft des symbolischen Managements.[140] Allein durch ihr Verhalten geben Managerinnen ihren Mitarbeitern Orientierung und führen sie dabei durch ihr Vorbild und ihre Normensetzung wirkungsvoll. Führungskräfte sind somit oberste Normensetzer in Organisationen und über Normen wird Organisationskultur gestaltet.[141]

6.3. Organisationskultur und strategisches Management

Da Organisationskultur nicht kopierbar ist – Strategien schon! –, kann die Organisationskultur ein entscheidender „USP"[142] bei der Verteidigung des Wettbewerbsvorteils sein. Das ist insbesondere bei optimaler und erfolgreicher Passung von Strategie und Kultur der Fall. Mitbewerberinnen/Konkurrenten/Marktbegleiterinnen können diese Passung nicht einfach 1:1 kopieren. Eine „von oben" verordnete Organisationskultur ist weder machbar noch wirksam. Die engen Koppelungen zwischen Organisationskultur und Strategie sind nach Mintzberg et. al.[143] zahlreich und vielfältig.

Ein Beispiel ist der *Widerstand gegen strategische Veränderung*:

> Ein gemeinsames Bekenntnis zu Überzeugungen fördert die Beständigkeit des Verhaltens einer Organisation und erschwert damit Veränderungen der Strategie: Damit strategisches Lernen stattfinden kann, muss die Organisation die alten (vorherrschende) Logik/Muster verlernen.[144]

Dazu muss die Organisationkultur den Widerstand gegen strategische Veränderungen erst überwinden. Lorsch[145] weist darauf hin, dass „die Kultur nicht nur als Prisma fungieren kann, das die Manager für einen Wandel der äußeren Bedingun-

---

140 siehe auch den Beitrag „Theorie der Führung" in diesem Buch.
141 siehe Kapitel 3.2.2. Werte und Normen, in diesem Beitrag.
142 USP = Alleinstellungsmerkmal (engl. unique selling proposition oder unique selling point)
143 Mintzberg et al. 1999, S. 304ff.
144 Mintzberg et al. 1999, S. 305
145 Lorsch 1986, S. 98

gen blind macht", sondern dass „die Manager selbst dann, wenn sie diese Kurzsichtigkeit überwinden können, in ihrer Reaktion auf Veränderungen von der Kultur geprägt sind – sie neigen dazu, an den Überzeugungen festzuhalten, die in der Vergangenheit funktioniert haben". Daher regt Lorsch[146] an, dass die Führungskräfte Kulturaudits durchführen sollen, um einen Konsens bezüglich der in ihrer Organisation geltenden und bestimmenden Überzeugungen herzustellen.

Zum Abschluss zwei Aussagen über Organisationskultur von leitenden Führungskräften renommierter österreichischer Unternehmungen, die aktuell die Relevanz und Bedeutung von Organisationskultur unterstreichen:

- Robert Ottel, CFO der voestalpine AG, betont den besonderen Stellenwert einer funktionierenden Unternehmenskultur: *„Unsere Mitarbeiter und Mitarbeiterinnen sind das größte Kapital des Konzerns. Wir haben bewusst ‚Innovation Guidelines' erarbeitet, weil es um die Kultur geht, die jeden Mitarbeiter und jede Mitarbeiterin betrifft."*[147]
- Für den neuen AUA-CEO Kay Kratky *„gilt es doch Ruhe ins Unternehmen zu bringen und die Piloten von Tyrolean und AUA auch firmenkulturell zu vereinen."*[148]

Beides kann – bei Beachtung der theoretischen und empirisch gewonnenen Erkenntnisse über differenzierte Ansätze der Organisationskultur – auf unterschiedliche Wege erreicht werden.

Reflexionsfragen

1. Anhand welcher Artefakte und Äußerungsformen lassen sich Organisationskulturen erkennen?
2. Welche zentralen Merkmale werden Organisationskulturen zugeschrieben?
3. Welche Funktionen erfüllt Organisationskultur?
4. Welche Verbindungen zu den weiteren Gestaltungsfeldern des Managements bieten sich bei der Auseinandersetzung mit Organisationskultur?

Weiterführende Literatur

ALVESSON, M. (2013): Understanding Organizational Culture.

MARTIN, J. (2002): Organizational culture: Mapping the terrain.

SCHEIN, E. (2004): Organizational Culture and Leadership.

WEICK, K.E./SUTCLIFFE, K.M. (2007): Managing the Unexpected. Resilient Performance in an Age of Uncertainty.

---

146 Lorsch 1986, S. 105
147 Oettl [13.05.2015]
148 Der Standard 13./14. Mai 2015, S. 36

Personal

Personalauswahl

Gerhard Furtmüller und Diana Zdravkovic

Inhaltsverzeichnis

1. Einleitung 287
2. Begriffsbestimmungen 289
3. Grundlagen des Personalmanagements 291
    3.1. Selbstselektion 291
    3.2. Employer Branding 292
4. Personalbeschaffung 294
    4.1. Stellenbeschreibung und Anforderungsprofil 294
    4.2. Wege der Personalbeschaffung 297
5. Personalauswahl 300
    5.1. Biografieorientierte Verfahren 301
        5.1.1. Bewerbungsunterlagen 301
        5.1.2. Vorstellungsgespräch 304
    5.2. Eigenschaftsorientierte Verfahren 308
        5.2.1. Intelligenztest 308
        5.2.2. Persönlichkeitstest 310
    5.3. Simulationsorientierte Verfahren 310
        5.3.1. Arbeitsproben 311
        5.3.2. Assessment-Center 311
    5.4. Bewertung der Auswahlverfahren 313
6. Standards, Trends und langfristige Entwicklungen 315

„Die richtigen Leute einzustellen, ist das Beste, was ein Manager tun kann."

(Lee Iacocca)

Ziel dieses Beitrags ist es,

- die Bedeutung des richtigen Personals zu erfassen;
- die Möglichkeiten der Personalbeschaffung zu kennen;
- die Methoden zur Personalauswahl zu verstehen;
- aktuelle Trends in der Rekrutierung aufzuzeigen.

1. Einleitung

„Wir nehmen ausschließlich die Besten." Das ist ein Satz, den wir kontinuierlich dargeboten bekommen – von Managern[1], Personalverantwortlichen und führenden Universitäten des Landes.[2]

Sie alle wollen ausschließlich die Besten. Daher ist es auch nicht weiter überraschend, dass das Elitedenken, das sich an sehr guten Noten, hoher Ausbildungsgeschwindigkeit, Weltoffenheit und Mehrsprachigkeit orientiert, im Mittelpunkt der personalpolitischen Aktivitäten steht.

In wissenschaftlichen und populärwissenschaftlichen Publikationen ist durch die Veränderungen in der Wirtschaft, aber auch in der Bevölkerung vom „War of Talents"[3] zu lesen. Ein Krieg, der – nach den Publikationen zu schließen – um die Besten der Besten ausgebrochen ist.

Diese Argumente sind aufgrund der demografischen Entwicklungen in den Industrieländern auch nachvollziehbar. Die klassische Alterspyramide, die aus vielen jungen Menschen und wenigen sehr alten Menschen besteht, ist im Umbruch. Die Bevölkerungsstruktur verändert sich massiv.

Die jungen Menschen werden in Relation zur Gesamtbevölkerung weniger, wohingegen die Menschen im mittleren und höheren Alter immer mehr werden. Das ist das Resultat der geburtenschwachen Jahrgänge und der steigenden Lebenserwartung.[4]

Diese sich mit den Jahren verstärkende Knappheit an jungen Arbeitskräften ist ein wesentlicher Treiber für den ausgerufenen „War of Talents". Das ist aufgrund der sich ändernden Bevölkerungsentwicklung ebenfalls nachvollziehbar, macht aber die Aussage nicht richtiger, wie das folgende Praxisbeispiel zeigt.

---

[1] Wo immer im Text nur die männliche oder nur die weibliche Form aufscheint, ist auch das jeweils andere Geschlecht mit gemeint. Wo es die Lesbarkeit nicht allzu sehr beeinträchtigt, werden beide Formen verwendet.
[2] vgl. dazu z.B. Der Spiegel [05.02.2015], jugend-bewegt-berlin [05.02.2015]
[3] Ewerlin 2013, S. 279
[4] siehe auch den Beitrag „Über die Bedeutung von Diversitätsmanagement in Organisationen" in diesem Buch.

Aus der Praxis

Die richtigen Fußballer

Österreich trug 2008 gemeinsam mit der Schweiz die Fußballeuropameisterschaft aus und durfte daher mitspielen. Das war an sich schon ein besonderes Ereignis, da sich Österreich bis 2014 noch nie durch seine sportliche Leistung für die Europameisterschaft qualifizieren konnte.

Hickersberger, der damalige Trainer des österreichischen Nationalteams, begründete im April 2008 die Entscheidung für die Auswahl des vorläufigen 31-Mann-Kaders mit den Worten, er habe „nicht die besten, sondern die richtigen Fußballer ins Team einberufen". Diese Aussage schlug hohe Wellen; Hickersberger wurde öffentlich an den Pranger gestellt. „Wie kann er nur?" oder „Möchte er nicht das Beste für Österreich?" waren noch die höflicheren Kommentare, die zu hören waren. Heute würde man sagen, ein *Shitstorm* brach über den Trainer des österreichischen Nationalteams herein.

Der Shitstorm, der über den Trainer hereinbrach, ist bzw. war für viele berechtigt; denn schließlich geht es um den „War of Talents". Aus wissenschaftlicher Perspektive hatte Hickersberger jedoch recht, auch wenn ihn – bis heute – viele Zeitgenossen nicht verstehen. Im Mittelpunkt des Geschehens sollte nicht der Einzelne (und damit sein außergewöhnliches Talent), sondern das Gesamtergebnis stehen.

Damit gelten im Sport wie in Unternehmen ähnliche Regeln: Es braucht keine Organisation den „War of Talents" zu gewinnen, da es nicht um den Besten oder die Besten, sondern um die richtige Person am richtigen Arbeitsplatz gehen sollte.

Ein Spiel mit den richtigen Spielerinnen und Spielern zu bestreiten, ist auch aus der Perspektive der Kostenrechnung wesentlich. Das belegen die Folgekosten, die nach der Einstellung eines Mitarbeiters entstehen.

Folgekosten der Rekrutierung

Weuster[5] vergleicht die Einstellung eines Sacharbeiters mit der Investitionsentscheidung für eine Maschine, die pro Jahr Gesamtkosten von 60.000 Euro verursacht.

Im Falle der Anschaffung einer hochwertigen Maschine geht in der Regel eine intensive Prüfung voraus. Bei Einstellungsentscheidungen jedoch belegen wissenschaftliche Befunde, dass ein professionelles Vorgehen (z.B. bei der Analyse der Bewerbungsunterlagen) oftmals unterbleibt. Die Bedeutung einer hohen Professionalisierung in der Personalauswahl wird auch aus der folgenden Rechnung ersichtlich.

Bei einem Sachbearbeiter entsprechen die jährlichen Gesamtkosten einem Jahresbruttogehalt von ca. 30.000 Euro. Dazu fallen Lohnnebenkosten von ebenfalls 30.000 Euro an, was den Gesamtkostenbetrag von 60.000 Euro ergibt. Wenn nun der

---

5 Weuster 2012, S. 6f.

betreffende Mitarbeiter drei Jahre im Unternehmen arbeitet, dann ergeben sich Kosten – ohne jährliche tarifmäßige Anpassungen wie z.B. Erhöhung des Kollektivvertrags – von mindestens 180.000 Euro.

Eine falsche Entscheidung kann dementsprechend mit hohen Kosten verbunden sein, da das Unternehmen in der Folge mit ungenügender Arbeitsleistung oder mit Fluktuationskosten (das sind die Kosten, die durch einen Personalwechsel entstehen) konfrontiert wird. Diese Überlegungen zeigen uns, wie wichtig ein fundiertes Vorgehen bei der Mitarbeiterauswahl ist.

Daher werden im nächsten Kapitel die Grundlagen, die für das Verständnis der nachfolgenden Ausführungen und für die Personalauswahl relevant sind, erörtert.

2. Begriffsbestimmungen

In diesem Kapitel werden die zentralen Begriffe des Personalmanagements vorgestellt.

Das **Personalmanagement** – auch Human Ressource Management oder in älteren Publikationen Personalwesen oder Personalbetriebswirtschaftslehre genannt – ist ein Teilbereich der Betriebswirtschaftslehre, der sich sowohl mit den Bedürfnissen der Organisationen (z.B. nach kostengünstigen Arbeitskräften) als auch mit den Bedürfnissen der Personen (z.B. nach abwechslungsreichen Aufgaben) befasst.[6] Die klassischen Aufgabenbereiche des Personalmanagements sind:

- Personalbeschaffung
- Personalauswahl
- Personalentwicklung
- Performance Management: Personalbeurteilung und Entlohnung

Die Begriffe Personalentwicklung und Performance Management werden in den gleichlautenden Beiträgen in diesem Buch eingehender beleuchtet. Wesentlich für den vorliegenden Beitrag sind die Begriffe Beschaffung und Auswahl von Mitarbeiterinnen und Mitarbeitern. Der Rekrutierungsprozess wird – wie in Abbildung 1 dargestellt –, in Personalbeschaffung und Personalauswahl eingeteilt.

Personalbeschaffung umfasst alle Aktivitäten, die sich mit der Bereitstellung von potenziellen und kostengünstigen Bewerberinnen und Bewerbern für die gegenwärtigen, aber auch die zukünftigen Aufgaben in einer Organisation beschäftigen.[7] Damit hat die Personalbeschaffung die Aufgabe, den Personalbestand an den Personalbedarf in qualitativer, quantitativer, örtlicher und zeitlicher Hinsicht anzupassen. Mit dieser Aufgabe sind Tätigkeiten wie das Verfassen einer Stellenbeschreibung,

---

6 Jung 1999, S. 4
7 Oechsler 2011, S. 214

das Erstellen eines Anforderungsprofils und die Entscheidung über den Beschaffungsweg des Personals (extern oder intern) und die Personalwerbung (Stellenanzeige) verbunden.[8]

Nachdem sich in der Phase der Personalbeschaffung genügend – und im Idealfall auch die richtigen – Personen beworben haben, kommt die **Personalauswahl** ins Spiel. Die Personalauswahl oder der identische Begriff der Selektion beschäftigt sich mit den Methoden der Personalauswahl bis hin zur Entscheidung für eine einzelne Mitarbeiterin und den Eintritt dieser in das Unternehmen.[9]

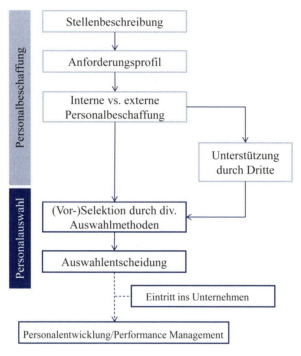

Abbildung 1: Der Rekrutierungsprozess[10]

Die angeführten Begriffe sind zentral für die Nachvollziehbarkeit der nachfolgenden Ausführungen. Zu Beginn dieses Beitrags haben wir über die Auswahl der richtigen Fußballer geschrieben. Für diese bzw. für die richtige Mitarbeiterauswahl sind die Grundlagen des Personalmanagements maßgeblich.

---

8   Haltmeyer/Lueger 2002, S. 408
9   Zaugg 2009, S. 289f.
10 vgl. Haltmeyer/Lueger 2002, S. 407

3. Grundlagen des Personalmanagements

Wesentlich für die Rekrutierung sind übereinstimmende Werte zwischen den Organisationen und den Individuen. Sie sind für die Beschaffung, Auswahl und auch für den (längerfristigen) Verbleib einer Person in einer Organisation entscheidend. Die Werte als Basis der Selbstselektion sind somit als eine zentrale Grundlage des Personalmanagements, wie die nachfolgenden Ausführungen zeigen werden, zu betrachten.

3.1. Selbstselektion

Die Werte einer Organisation[11] sind die Basis für die Beschaffung und Auswahl der potenziellen Arbeitskräfte. Daher ist es für die eigene Organisation zentral, dass sie sich über ihre eigenen Werte im Klaren ist und diese Werte lebt.

Eine Organisation, die es schafft, ihre Werte nach außen zu transportieren, wird bei der Rekrutierung der richtigen Personen im Vorteil sein. Die potenziellen Arbeitskräfte wissen, was sie erwartet. Organisationen, die ihre Werte sichtbar leben, erleichtern damit den Menschen eine Selbstselektion.

Im Rahmen der **Selbstselektion** machen sich potenzielle Arbeitskräfte ein Bild von der Organisation, das darüber entscheidet, ob die jeweilige Person gewillt ist, sich bei der Organisation zu bewerben bzw. später in ihr zu verbleiben oder nicht.[12]

Für Organisationen ist es eine Herausforderung, zu erkennen, wie Werte authentisch gelebt werden können. Wie gelebte Werte sichtbar gemacht werden, soll das Beispiel „Die schwarzen Schuhe" veranschaulichen.

> **Aus der Praxis**
>
> **Die schwarzen Schuhe**
>
> Papst Franziskus hat Insignien der Macht, die für seine Vorgänger zentral waren, abgelegt. So trägt er keine roten Prada-Schuhe, sondern zieht seine alten, aber funktionstüchtigen schwarzen Schuhe an, die er bereits zu seiner Kardinalzeit in Argentinien getragen hatte. Die schwarzen Schuhe, die ein Symbol der materiellen Kulturvermittlung sind, transportieren einen zentralen Wert der katholischen Kirche: Bescheidenheit. Sie dienen nun zur Orientierung für die Beschäftigten in der Organisation und auch für die Arbeitskraftpotenziale außerhalb der Organisation.

Gelebte Werte, wie sie am Beispiel der „schwarzen Schuhe" veranschaulicht wurden, erhöhen die Wahrscheinlichkeit, dass sich tendenziell Personen für die jeweilige Or-

---
11 vgl. dazu auch den Beitrag „Organisationskultur – Ansätze zwischen Gestaltung und Selbstorganisation" in diesem Buch.
12 von Rosenstiel/Nerdinger 2011, S. 133

ganisation bewerben, die den vorgelebten Wert als zentral für ihr Leben ansehen. Dies ist von großem Vorteil, da Beschäftigte, die die Richtung des vorgezeigten Weges mitgehen möchten, in ihrer Arbeit eher richtige Entscheidungen im Sinne der Organisationsziele treffen werden. Sie kennen den Wert der Organisation und möchten ihn auch leben. Die authentische Wertevermittlung kann damit als Beitrag zu einem nachhaltigen Personalmanagement verstanden werden, die die Überlebensfähigkeit der Organisation sichern soll.

Die Wirkung und Sichtbarmachung der jeweiligen Werte ist zentral – sowohl für die Organisation als auch für die Menschen. Denn damit wird den potenziellen Bewerberinnen und Bewerbern, aber auch dem Personal in der Organisation eine Selbstselektion ermöglicht. Dies kann als zentrale Aufgabe des Personalmanagements bezeichnet werden. Eine zweite wichtige Aufgabe besteht in einer realistischen Öffentlichkeitsarbeit, die am Beispiel des Employer Brandings veranschaulicht wird und die auf die Erwartungen der Personen wirken.

3.2. Employer Branding

Öffentlichkeitsarbeit, auch Public Relations, ist ein Begriff, der die öffentliche Kommunikation mit den Personen innerhalb und außerhalb einer Organisation zum Gegenstand hat. „Die schwarzen Schuhe" sind ein Beispiel für einen gelungenen Innen- und Außenauftritt. Sie geben Orientierung.

For-Profit-Organisationen, aber auch Non-Profit-Organisationen unternehmen große Anstrengungen, um ihre Marke attraktiv nicht nur für die Kunden und Kundinnen, sondern auch für ihre (potenziellen) Arbeitskräfte zu machen. Sie nutzen den Lifestyle-Charakter ihrer Produkte (wie beispielsweise Apple), sie nutzen das Image ihrer Produkte (wie beispielsweise Mercedes) oder stellen auf den Sinn ihrer Arbeit ab (wie es z.B. bei Ärzte ohne Grenzen der Fall ist).

Die Aktivitäten, die die jeweilige Organisation für die Arbeitskräfte attraktiv machen sollen, werden als Employer Branding bezeichnet.[13] Die bewusste Gestaltung der Arbeitgebermarke soll auf die Beschäftigten in der Organisation und auf die potenziellen Arbeitskräfte außerhalb der Organisation wirken.[14] **Employer Branding** finden wir beispielsweise in Öffentlichkeitsauftritten von Organisationen, in Werbe- und Stellenanzeigen oder in eigens gedrehten Videos, die die Botschaft eines guten Arbeitgebers transportieren sollen.

Ein zentraler Vorteil einer starken Arbeitgebermarke besteht darin, dass Unternehmen wie Red Bull oder BMW keine Stellenanzeigen schalten müssten, da sie mehr Initiativbewerbungen von qualifizierten Bewerberinnen und Bewerbern erhalten, als sie imstande sind aufzunehmen.[15] Zugleich besteht beim Employer Branding das Ri-

---

13 Berthel/Becker 2013, S. 338
14 Oechsler 2011, S. 158
15 Berthel/Becker 2013, S. 338

siko, dass überhöhte Erwartungen aufseiten der Bewerber geweckt werden. So werden beispielsweise bei Intel die Manager als Rockstars mit hohem „Kreischfaktor" dargestellt.

 Employer Branding
Intel vermittelt in seinem Employer Branding-Video seine Mitarbeiter als Rockstars.

Mitarbeiter als Rockstars

Aus der Praxis
Pauls neuer Job

Paul, der kurz vor seinem Studienabschluss steht, geht auf die Jobmesse „High Performance". Im Besonderen interessiert er sich für *High Flyer*, ein mittlerweile etabliertes Unternehmen, das für seine internationale Ausrichtung bekannt ist. Das Unternehmen wirbt auf der Messe mit seinen Niederlassungen in den USA und Singapur und verweist auf seine maßgeschneiderten Traineemaßnahmen mit Outdoor-Trainings. Dazu wird mit den monatlichen Vorstandsgesprächen und einem Mentoringprogramm geworben.

Paul ist fasziniert. Er bewirbt sich und nach einem intensiven, zeit- und energieraubenden Auswahlverfahren bekommt er den Job. Er ist *High-Flyer*-Trainee. Paul freut sich riesig. Voller Elan und Tatendrang fängt er bei den *High Flyers* an. Doch von Tag zu Tag, von Woche zu Woche und von Monat zu Monat werden die Freude weniger und die Frustration größer: Das Traineeprogramm bestand aus einem Begrüßungsnachmittag der Leiterin der Personalabteilung – und die Auslandsaufenthalte gibt es nur für Seniors. Von einem Mentoringprogramm hat er bis dato nur in der Broschüre gelesen, die auf der Messe aufgelegen hat.

Auch wenn dieses Beispiel überzeichnet scheinen mag, die Gefahr von großen Versprechungen ist evident. Dies ist insbesondere auf die Veränderungen in der Gesellschaft zurückzuführen – etwa auf Überalterung, Änderungen in der Erwerbsausbildung und zunehmende Individualisierung der Gesellschaft, bei der das ICH in den Vordergrund gerückt wird. Daher können beim aufmerksamen Betrachten vieler Botschaften Verführungen beobachtet werden, die im betrieblichen Alltag so nicht gelebt werden können. Die Enttäuschung nach Arbeitsantritt kann so groß sein, dass sich die jungen Arbeitskräfte bald nach einer anderen Möglichkeit umsehen, um ihr Potenzial entfalten zu können.

Als Schlussfolgerung bleibt: Gelebte Werte wie „die schwarzen Schuhe" können dauerhaft wirken und die Geschichte von Paul, der „verführt" wird, kann als Beispiel für die vorübergehende Wirkung von Versprechen bezeichnet werden.

Im Sinne eines nachhaltigen Personalmanagements ist und wäre es wichtig, die Werte der Organisation nach innen und nach außen zu leben. Ist das gegeben, steigt auch die Wahrscheinlichkeit, dass zunehmend die richtigen („passenden") Mitarbeiterinnen und Mitarbeiter rekrutiert werden und dass sie auch längerfristig ihren Beitrag zur organisationalen Zielerreichung leisten. Damit ist ein wesentlicher Beitrag zur richtigen Personalauswahl geleistet, da die grundsätzliche Übereinstimmung (der Fit) zwischen Person und Organisation gegeben ist.

Die Kapitel „Selbstselektion" und „Employer Branding" haben nun die Bedeutung aufgezeigt, die authentische Kommunikation für das Personalmanagement haben kann. Damit ist die Grundlage für die Aktivitäten in der Personalbeschaffung gegeben, die Thema des nächsten Kapitels ist.

4. Personalbeschaffung

Die zentrale Aufgabe der Personalbeschaffung und in weiterer Folge der Personalauswahl ist es, die passende Person für die jeweilige Stelle auszuwählen, nachdem der „Organisation-Person-Fit" gegeben ist. Konkret bedeutet dies, dass eine Übereinstimmung (ein Fit) zwischen den sachlichen und sozialen Anforderungen, die die Stelle mit sich bringt, und den Qualifikationen (z.B. Fremdsprachen) und Bedürfnissen (z.B. Kundenkontakte), die die Bewerberin aufweist bzw. mitbringt, gegeben sein sollte.

Sollten kleinere Lücken in dem „Arbeitsplatz-Person-Fit" vorhanden sein, so können diese durch Weiterbildungsmaßnahmen im Rahmen der Personalentwicklung verringert werden. In Fällen mit geringer Übereinstimmung kann es ratsamer sein, sich erneut auf die Suche zu machen, da ansonsten die Folgekosten durch Über- oder Unterforderung des betreffenden Mitarbeiters beträchtliche Ausmaße annehmen können.[16] Um nun die richtige Person für die jeweilige Stelle auswählen zu können, ist eine Stellenbeschreibung und in weiterer Folge ein Anforderungsprofil die Grundlage.

4.1. Stellenbeschreibung und Anforderungsprofil

Die **Stellenbeschreibung** erfasst Ziele, Aufgaben und Rechte und Pflichten, die mit einer Stelle verbunden sind. Sie gibt an, wie sie in die Organisation eingegliedert ist.[17] Die Grundlage für eine Stellenbeschreibung bildet dabei die jeweilige Position.

---
16 Haltmeyer/Lueger 2002, S. 409
17 Berthel/Becker 2013, S. 302

Eine Stellenbeschreibung ist im Kern eine Tätigkeitsbeschreibung, die die *hard facts* der jeweiligen Position darstellt und die zunächst unabhängig von den sich hieraus ergebenden Anforderungen erstellt wird. Eine Stellenbeschreibung – vergleiche dazu auch Abbildung 2 – besteht aus:[18]

- Stellenbezeichnung/Rangstufe
- Ziel der Stelle
- Unterstellung/Stellenbezeichnung der direkten Vorgesetzten
- Personalverantwortung/Stellenbezeichnung und Anzahl der direkt unterstellten Mitarbeiter
- Stellvertretung
- Vollmachten und Berechtigungen
- Beschreibung der Tätigkeiten, die die Stelleninhaberin bzw. der Stelleninhaber selbstständig durchführt
- Zusammenarbeit mit anderen Abteilungen

Die Stellenbeschreibung bildet in weiterer Folge die Grundlage für das **Anforderungsprofil**, das die wesentlichen Kenntnisse, Fähigkeiten und Fertigkeiten beschreibt, die zur erfolgreichen Ausführung der jeweiligen Tätigkeit erforderlich sind. Wesentlich für das Erstellen eines Anforderungsprofils ist eine sorgfältige Analyse der Tätigkeiten. Sie ist die Grundlage des gesamten Rekrutierungsprozesses und liefert Daten, die es ermöglichen,

- die wesentlichen Kenntnisse, Fähigkeiten und Fertigkeiten zur erfolgreichen Tätigkeitsbewältigung festzustellen und
- die Selektionsmethoden auszuwählen bzw. zu entwickeln, um diese wesentlichen Kenntnisse, Fähigkeiten und Fertigkeiten zu messen bzw. zu beobachten.[19]

Stellenbeschreibung für Frau Birgit Sanft	
1. Stellenbezeichnung Assistenz der Geschäftsleitung	**2. Aufgaben** Allgemeine Büroverwaltung, persönliche Assistenz der Geschäftsleitung und Sekretariat für das gesamte Unternehmen
3. Formelle Qualifikation Abgeschlossene höhere kaufmännische Schule	**4. Organisatorische Einordnung** Erhält Weisungen durch Geschäftsleitung Gibt Weisungen an Auszubildende
5. Stellvertretung Vertritt und wird vertreten durch Herrn Bernhard Haber	
6. Ziel der Stelle <ul><li>Strukturierte Arbeitsabläufe im Büroalltag</li><li>Unterstützung der Geschäftsführung im Bereich Berichtswesen, Terminorganisation und Diktat</li><li>Versierte Korrespondenz mit Kunden und Geschäftspartnern in Deutsch und Englisch</li><li>Mitarbeit bei Projekten und Informationsbeschaffung für Mitarbeiter</li></ul>	

---
18 Jung 1999, S. 189ff.
19 Barrick/Feild/Gatewood 2011, S. 228f.

7. Aufgaben im Einzelnen (Beispiele)	
• Allgemeine Büro-/Officeverwaltung • Verwaltung der Korrespondenz (Eingang/Ausgang/Umlauf) • Terminorganisation (Geschäftsführerin/Abteilung) • Schreibtätigkeit (Korrespondenz/Aktenvermerk/Berichte/Protokolle) • Telefondienst (Outbound/Inbound) • Sitzungen und Konferenzen vorbereiten/begleiten • Reiseorganisation inklusive Abrechnung • Empfang von Besuchern und Gästen • Büromaterialien verwalten und organisieren • Erstellung von Präsentationsunterlagen und Folien • Protokoll bei Sitzungen und Veranstaltungen	
8. Anforderungen an den/die StelleninhaberIn • Gute Rechtschreibkenntnisse • Sehr gutes Englisch in Wort und Schrift • Weitere Fremdsprachenkenntnisse vorteilhaft • Organisationstalent • Beherrschung aller gängigen Office-Anwendungen • Hohe Kommunikations- und Teamfähigkeit • Belastbarkeit und Selbstorganisation • Persönliche und soziale Kompetenz	**9. Einzelaufträge** Alle weiteren Aufgaben, die dem Wesen nach zu dieser Stelle gehören, sowie Einzelaufträge, die auf Weisung der vorgesetzten Stelle auszuführen sind.
Die Stelleninhaberin: Datum, Unterschrift .... Die Vorgesetzte: Datum, Unterschrift	

Abbildung 2: Beispiel einer Stellenbeschreibung[20]

Anforderungsprofile können in unterschiedliche Arten eingeteilt werden:[21]

- Von einem **Mindestprofil** spricht man, wenn die Muss- bzw. Knock-out-Kriterien aufgelistet werden, die die Untergrenze bilden, die die Kandidatinnen erfüllen müssen.
- Im **Höchstprofil** werden jene Kriterien aufgelistet, die die Kandidatinnen nicht übertreffen sollen, da sie in diesem Fall bei der Ausübung der Stelle unterfordert wären.
- Die **Idealprofile** enthalten über die Musskriterien hinaus noch Wunschkriterien (z.B. bestimmte Branchen- oder Sprachkenntnisse). Die Idealprofile sind *ideal* bei einer hohen Anzahl von Bewerbungen, da die festgelegten Kriterien die Vorselektion erleichtern.

Empirische Untersuchungen belegen, dass gerade beim Erstellen des Anforderungsprofils vielfach ein gewichtiger Mangel gegeben ist: Dazu führt Weuster Belege von Collings und Scullion (2008) an, die zeigen, dass ein erheblicher Teil des Recruitings „ohne ein klar definiertes und ohne ein einheitliches Anforderungsprofil durchgeführt"[22] wird.

---
20 Spitta.de; Stellenbeschreibungen.com; experto.de [alle 25.06.2015]
21 Weuster 2012, S. 44ff.
22 Collings/Scullion 2008, S. 95ff.

Andere Studien zeigen zudem, dass Entscheidungsträger in der Personalauswahl häufig auf sehr unterschiedliche und zu wenige Anforderungskriterien achten.[23]

Ein detailliertes Anforderungsprofil sorgfältig zu erstellen und die Selektion konsequent daran auszurichten, ist eine zentrale Aufgabe des Personalmanagements, da in der Folge die Bewerberinnen und Bewerber umso zielgenauer bewertet und ausgewählt werden können.[24] Durch das Anforderungsprofil weiß man nun genau, wen man sucht. In weiterer Folge können die Organisationen den Personalbedarf mit Arbeitskräften innerhalb oder außerhalb des Unternehmens decken. Diese beiden Wege der Personalbeschaffung werden nun vorgestellt.

4.2. Wege der Personalbeschaffung

Das Personal kann innerhalb oder außerhalb der Organisation mit oder ohne Veröffentlichung von Stellenanzeigen gesucht werden. Dazu stehen den Organisationen die interne versus externe Personalbeschaffung zur Verfügung. Diese werden im Folgenden vorgestellt.

Interne Personalbeschaffung

Bei der internen Personalbeschaffung wird das Personal innerhalb der eigenen Organisation gesucht. Dabei kann der zusätzliche Arbeits- bzw. Personalbedarf mit oder ohne Personalbewegung abgedeckt werden:[25]

- Bei der internen Personalbeschaffung **ohne Personalbewegung** wird der zusätzlich anfallende Personalbedarf durch Überstunden, Urlaubsverschiebungen oder durch eine Änderung der Arbeitsverträge (z.B. von Teil- zu Vollzeit) abgedeckt. Überstunden und Urlaubsverschiebungen sind Möglichkeiten, die sich bei kurzfristiger Mehrarbeit anbieten. Bei einer Änderung von Arbeitsverträgen kann der Personalbedarf auch für längere Zeit gedeckt werden.
- Bei der internen Personalbeschaffung **mit Personalbewegung** kommt es zu Veränderungen bei den Stellenbesetzungen innerhalb einer Organisation, indem Personen auf andere Stellen befördert oder versetzt werden. Dabei wird zwischen vertikalen Versetzungen (Beförderungen) und horizontalen Versetzungen (z.B. in andere Abteilungen oder Zuteilung zu Projektgruppen) unterschieden.

Das Problem dieser Art der Personalbeschaffung ist, dass durch die interne Stellenbesetzung wiederum eine Personallücke entsteht, die entweder intern (z.B. durch eine sogenannte Versetzungskette) oder durch eine externe Personalbeschaffung gelöst wird. Soll die Personalbeschaffung intern erfolgen, ist wesentlich, dass die potenziellen Bewerberinnen angesprochen werden. Dazu stehen den Organisationen folgende Möglichkeiten zur Verfügung:
  - Stellenausschreibungen im Intranet

---

23 DiMilia/Gorodecki 1997, S. 196f.
24 Schuler 2014a, S. 73ff.
25 Haltmeyer/Lueger 2002, S. 414f.; Berthel/Becker 2013, S. 323

- Firmeninterne Web-2.0-Medien
- Mitarbeiterzeitschriften oder Aushänge am Schwarzen Brett
- Persönliche Ansprache potenzieller Personen

Externe Personalbeschaffung

Bei der externen Personalbeschaffung werden Beschäftigte bzw. potenzielle Erwerbstätige angesprochen (z.B. Stellenanzeigen) oder Initiativbewerbungen (z.B. unaufgeforderte Anschreiben von Interessierten) berücksichtigt. Bei der externen Suche nach Personal können die Organisationen zwei Wege beschreiten: Das Unternehmen kann die Suche selbst durchführen oder sie über Dritte durchführen lassen.

Bei der **externen Personalsuche durch das Unternehmen** stehen Organisationen folgende Möglichkeiten zur Verfügung:

- Veröffentlichung von Stellenanzeigen über die eigene Website und deren Karriereteil;
- Nutzen von Online-Jobbörsen wie z.B. karriere.at, monster.at oder stepstone.at sowie sozialen Medien wie Facebook, Twitter, LinkedIn oder Xing, um Stellenanzeigen möglichst zielgruppengerecht zu platzieren;
- Anzeigen in regionalen und überregionalen Zeitungen, insbesondere bei der Suche nach Führungskräften des mittleren und oberen Managements;
- Publikation von Stellenanzeigen in Fachzeitschriften, die bei der Suche nach Spezialistinnen helfen, die richtige Zielgruppe anzusprechen;
- Empfehlungen von Mitarbeiterinnen, indem die privaten Netzwerke der Beschäftigten genutzt werden. Dieser informelle Weg des Suchens hat den Vorteil einer Vor-Sozialisierung,[26] da die empfohlenen Bewerber meist ähnliche Werte und Einstellungen wie ihre *Empfehler* aufweisen und zudem durch die Vorabinformationen der Mitarbeiter realistischere Erwartungen gegenüber Stelle und Organisation zeigen.[27]

Wesentlich ist die Unterscheidung zwischen Stellenbeschreibungen und Stellenanzeigen: Stellenbeschreibungen bilden die Grundlage für das Verfassen des Anforderungsprofils und sind die Basis für die Tätigkeiten und Verantwortungsbereiche, die bei der Ausübung des betreffenden Jobs durchzuführen bzw. zu füllen sind. Im Gegensatz dazu ist die Stellenanzeige ein Instrument der Personalwerbung, die z.B. im Internet oder in Zeitungen publiziert wird, um geeignete Personen anzusprechen. Die Stellenbeschreibung wirkt damit innerhalb der Organisation, während die Stellenanzeige Personal entweder innerhalb oder außerhalb des Unternehmens ansprechen soll.

Bei der **externen Personalsuche mit Unterstützung Dritter** stehen Organisationen folgende Möglichkeiten zur Verfügung:[28]

---

26 vgl. dazu auch den Beitrag „Personalentwicklung" in diesem Buch.
27 Weller et al. 2009, S. 1148ff.
28 vgl. zu Folgendem insb. Oechsler 2011, S. 216

- **Arbeitsvermittlungsservices** von öffentlichen Institutionen (z.B. Arbeitsmarktservice oder Bundesagentur für Arbeit), die das Matching von arbeitslos gemeldeten Personen und den gemeldeten offenen Stellen der Organisationen übernehmen.
- **Personalberatungen**, die sich auf Personalsuche und -vermittlung spezialisiert haben und im Auftrag der jeweiligen Organisation nach geeigneten Bewerberinnen suchen – auf Basis des Anforderungsprofils, das häufig zusammen mit den Unternehmen erstellt wird. Generell übernehmen Personalberatungen als Methodenspezialisten die Vorselektion, um dem Auftraggeber einen Kreis an geeigneten Kandidatinnen präsentieren zu können. Eine Methode dieser Art stellt das Headhunting dar, auch Direct Search oder Executive Search genannt.[29] Beim Headhunting werden geeignete Kandidaten über persönliche Netzwerke, Firmenregister oder Neue Medien wie z.B. LinkedIn gesucht.
Die Unterstützung von Personalberatungen empfiehlt sich, wenn die eigene Organisation auf die methodische Kompetenz und die Marktkenntnisse des Personalberatungsunternehmens zurückgreifen möchte und/oder der Suchprozess vertraulich ablaufen soll. So ist z.B. bei Rekrutierungsprozessen für ausländische Niederlassungen oder in Arbeitsmarktsegmenten, in denen der Auftraggeber noch wenig Erfahrung aufweist, die Unterstützung von Personalberatungen zweckmäßig.
- Im Zuge des **Personalleasings** „leasen" Organisationen Personal von Zeitarbeitsunternehmen. Der Arbeitsvertrag wird beim Personalleasing zwischen der Leasingfirma und den Arbeitnehmerinnen und Arbeitnehmern geschlossen. Die Arbeitsleistung erfolgt aber beim Kunden der Leasingfirma, der das Personal „geliehen" hat. Der Kunde zahlt hierfür ein im sogenannten Arbeitnehmerüberlassungsvertrag vereinbartes Entgelt an das Zeitarbeitsunternehmen und ist dem entliehenen Personal gegenüber weisungsbefugt. Dies wird als Dreieckverhältnis der Zeitarbeit bezeichnet.[30]

Bei der Entscheidung, ob ein zu deckender Personalbedarf intern oder extern gedeckt werden soll bzw. darf, sind zunächst die gesetzlichen Bestimmungen zu berücksichtigen. So kann in Deutschland der Betriebsrat zunächst auf eine interne Stellenbeschreibung bestehen, während in Österreich der Betriebsrat lediglich ein Vorschlagsrecht hinsichtlich der Ausschreibung hat.[31] Darüber hinaus ist der zu wählende Weg der Personalbeschaffung von den jeweiligen Vor- und Nachteilen abhängig, die in Tabelle 1 beschrieben sind.

---

29 Ordanini/Silvestri 2008, S. 372ff.
30 Schröer/Huhn 1998, S. 6
31 Drs 2015, S. 270

	Interne Personalbeschaffung	Externe Personalbeschaffung
Pro	<ul><li>Stärkung des internen Arbeitsmarktes und damit verbundene positive Auswirkungen auf Mitarbeitermotivation und -bindung</li><li>Fähigkeiten, Kenntnisse, Motivationen und Potenziale sind bekannt</li><li>rascher einsetzbar, sofern keine längere Einarbeitungszeit und/oder Weiterbildung erforderlich ist</li><li>geringe Transaktionskosten (z.B. Such-, Informations-, Verhandlungs-, Einarbeitungs-, Kontrollkosten)</li><li>geringe Gehaltserwartungen in den ersten Jahren</li><li>Unabhängigkeit von externen verfügbaren Kompetenzen</li></ul>	<ul><li>größere Auswahl qualifizierter Bewerberinnen, die u.U. auch über aktuellere Qualifikationen verfügen</li><li>höhere Leistungsbereitschaft von Externen, die sich erst „beweisen" müssen und u.U. eine höhere Arbeitsplatzunsicherheit empfinden</li><li>neue Ideen („frischer Wind"), Infragestellung vorhandener Denk- und Wertansätze und Informationen über Mitbewerber</li><li>keine neuen Lücken im quantitativen Personalbedarf</li><li>Einkauf von vorangegangenen Weiterbildungen</li></ul>
Contra	<ul><li>Förderung der sog. Betriebsblindheit</li><li>eingeschränkte Auswahl an qualifiziertem Personal, u.U. auch weniger aktuelle Qualifikationsprofile</li><li>Versetzung/Aufstieg löst quantitativen Personalbedarf nicht</li><li>Gefahr der Überalterung der Belegschaft und vorhandener Fähigkeiten</li></ul>	<ul><li>Höhere Transaktionskosten (s.o.)</li><li>Lohnspirale dreht sich durch höhere Entgelterwartungen nach oben</li><li>Schwächung des internen Arbeitsmarktes mit evtl. Störungen für Mitarbeitermotivation und -bindung</li></ul>

Tabelle 1: Vor- und Nachteile der internen versus externen Personalbeschaffung[32]

Nach dem erfolgreichen Personalbeschaffungsprozess, also nachdem geeignete Bewerbungen eingelangt sind, beginnt die Personalauswahl.

5. Personalauswahl

Aufgabe der Personalauswahl ist es, die für die jeweilige Stelle am besten geeignete Kandidatin herauszufiltern. Personalauswahlmethoden auf der Metaebene können nach Schuler/Höft/Hell in drei Kategorien eingeteilt werden:[33]

1. Biografieorientierte Verfahren, die als zentrales Merkmal die vergangenen Leistungen zur Auswahl heranziehen.
2. Eigenschaftsorientierte Verfahren, die Merkmale wie Intelligenz oder Persönlichkeit bei der Auswahl berücksichtigen.
3. Simulationsorientierte Verfahren, in der typische Situationen im Berufsalltag bearbeitet werden.

Diese drei grundsätzlichen Verfahren der Personalauswahl werden nun vorgestellt.

---

32 Klimecki/Gmür 2005, S. 163
33 Schuler/Höft/Hell 2014, S. 149ff.

5.1. Biografieorientierte Verfahren

> **Definition**
>
> In Biografieorientierten Verfahren wird der Berufserfolg von Bewerbern und Bewerberinnen dadurch vorhergesagt, dass von vergangenem Verhalten bzw. ehemalig erbrachten Leistungen auf zukünftige Leistungen geschlossen wird. Das geltende Prinzip ist also: The best prophet of the future is the past.[34]

Nach dem biografischen Ansatz gilt somit die Schlussfolgerung, dass jemand, der in der Vergangenheit eine ähnliche Aufgabe erfolgreich bewältigt hat, dies auch in der Zukunft tun wird – und dass jemand mit hervorragenden Ausbildungsnoten auch einen großen Berufserfolg erzielen wird. Zu den bedeutendsten **Biografieorientierten Verfahren** zählen die Prüfung von Bewerbungsunterlagen und das Vorstellungsgespräch.

5.1.1. Bewerbungsunterlagen

Die Prüfung der **schriftlichen Bewerbungsunterlagen** ist wohl die *klassischste* Methode unter den Biografieorientierten Verfahren. Einer deutschen Umfrage zufolge greifen fast 100 % aller Unternehmen auf schriftliche Bewerbungsunterlagen bei der Personalauswahl zurück.[35]

In einem ersten Schritt werden die Bewerbungsunterlagen hinsichtlich ihrer Vollständigkeit (Anschreiben, Lebenslauf, Zeugnisse, eventuell Arbeitszeugnisse und Referenzen) und der Formalia (z.B. Erscheinungsbild, Tipp- oder Rechtschreibfehler) gesichtet.[36] Diese Prüfung orientiert sich vom Grundgedanken her an der Form-Inhalts-Dialektik, die davon ausgeht, dass bei sorgfältigen Bewerbungsunterlagen auch der Inhalt passend sein kann.

Die Prüfung der Bewerbungsunterlagen hinsichtlich ihrer Form und ihres Stils wird von den Rekruterinnen als Arbeitsprobe aufgefasst.[37] Bei einer großen Zahl an Bewerbern ist diese Prüfung insofern zentral, als aus zeitökonomischen Gründen nur wenige Minuten für die Sichtung einer Bewerbung verwendet werden können.[38]

Nach der formalen Prüfung der Bewerbungsunterlagen werden diese nun inhaltlich geprüft, wobei folgende Analysemethoden zur Verfügung stehen:[39]

---

34 vgl. Schuler 2014b, S. 257
35 Schuler et al. 2007, S. 63
36 Arnulf/Tegner/Larssen 2010, S. 223ff.
37 Gawlitta 2009, S. 65
38 Kreuscher 2000, S. 64ff.
39 Barrick/Zimmermann 2009, S. 186f.; Gawlitta 2009, S. 67f.; Voss 2007, S. 334; Reinhardt 2006, S. 125ff.

- **Zeitfolgenanalyse:** Gibt es zeitliche Lücken im Werdegang? Sind eventuell Gründe dafür erkennbar? Wie oft und innerhalb welcher Zeiträume wurden Arbeitgeber gewechselt? Wie lange dauerten die Ausbildung, das Studium etc.?
- **Firmen- und Branchenanalyse:** Sind Branchenkenntnisse vorhanden? Können durch die Einstellung des Bewerbers wichtige Informationen über den Wettbewerb gewonnen werden?
- **Positions- und Kontinuitätsanalyse:** Ist eine passende Berufserfahrung vorhanden? Sind mit früheren Organisationswechseln Aufstiege, Abstiege oder horizontale Wechsel verbunden und ist eine *Karrierelogik* erkennbar?

Nach der Formal- und Inhaltsanalyse erfolgt von den Organisationen zunehmend auch die Bewertung der öffentlichen Person. Die **öffentliche Person** ist jene Person, die für Dritte – und damit auch für Unternehmen – sichtbar ist. Die Analyse erfolgt dabei durch Screening des Internets (Xing, Facebook etc.). Die zentralen Fragen dabei sind:

- Wie präsentiert sich die Bewerberin damit?
- Welche privaten/beruflichen Einträge/Fotos sind vorhanden?
- Wie stimmig ist die öffentliche Person der Bewerberin mit den Werten der eigenen Organisation?

Diese Prüfungen der Bewerbungsunterlagen sollen eine gute Bewerberauswahl ermöglichen. Dabei ist es bzw., wie Forschungsresultate zeigen, wäre es wesentlich, sich bei der Personalauswahl auf objektive Kriterien wie nachgewiesene Qualifikationen zu konzentrieren. Dies wird beispielsweise durch anonymisierte Bewerbungsunterlagen erreicht.

Anonymisierte Bewerbungen

Zahlreiche Studien zeigen, dass Recruiter in ihrer Entscheidung für oder gegen eine Bewerberin durch bestimmte soziodemografische Faktoren wie etwa Alter, Geschlecht, nationale Herkunft bzw. ausländisch klingende Namen oder Wohnort beeinflusst werden. Bestimmte Bewerbergruppen wie etwa Bewerber mit Migrationshintergrund, Frauen im gebärfähigen Alter, aber auch ältere Bewerber haben bei gleicher Qualifikation geringere Chancen auf eine Einstellung.[40] Einen ähnlich verzerrenden Einfluss hat auch das Lichtbild. Viele Studien haben gezeigt, dass die physische Attraktivität einen deutlichen Einfluss auf die Einstellungschancen von Bewerberinnen hat.[41] Ganz nach dem Prinzip *„Wer schön ist, arbeitet auch gut"* neigen Menschen offenbar dazu, attraktivere Personen als sympathischer zu bewerten, ihre Leistung höher einzuschätzen und sie eher für eine Einstellung zu empfehlen.[42] Diesen Beurteilungsfehlern[43] kann durch anonymisierte Bewerbungsunterlagen entge-

---

[40] Kaas/Manger 2012, S. 5ff.
[41] Barrick/Shaffer/Degrassi 2009, S. 139ff.; vgl. auch Weuster 2012, S. 112ff.
[42] Langlois et al. 2000, S. 399ff.
[43] vgl. dazu auch den Beitrag „Performance Management" in diesem Buch.

gengewirkt werden, da Recruiter auf die tatsächlich geforderten Kriterien und die nachgewiesenen Qualifikationen fokussieren können.[44]

Vor diesem Hintergrund werden Antidiskriminierungsanstrengungen bei Pilotprojekten unternommen, die bewirken sollen, Bewerbungen anonymisiert anzufordern, also ohne Geschlecht, Alter, Name oder Lichtbild von Bewerberinnen und Bewerbern. Empirische Befunde zeigen, dass insbesondere qualifizierte Bewerberinnen und Bewerber mit Migrationshintergrund und junge Frauen so deutlich bessere Einstellungschancen haben.[45]

Die Möglichkeiten, wie anonymisierte Bewerbungen (z.B. durch Bewerberdatenbanken) ohne hohen Administrationsaufwand abgewickelt werden können, werden im letzten Kapitel dieses Beitrags über Standards, Trends und langfristige Entwicklungen beschrieben.

Arbeitszeugnisse und Referenzen

Zu schriftlichen Bewerbungsunterlagen gehören auch **Arbeitszeugnisse** und Referenzen. Arbeitszeugnisse werden in einfache und qualifizierte Zeugnisse eingeteilt: Im einfachen Arbeitszeugnis werden die Daten der Arbeitnehmerin sowie Art und Dauer der Beschäftigung angegeben. Im qualifizierten Arbeitszeugnis, das auf Verlangen der Arbeitnehmerin zu schreiben ist, werden zu den Daten des einfachen Zeugnisses auch Leistungen und Verhalten der Person beschrieben.[46]

Die Inhalte des Arbeitszeugnisses unterliegen der Wahrheitspflicht und müssen zugleich aufgrund des geltenden Arbeitsrechts wohlwollend für die betreffende Person formuliert sein, um dem Mitarbeiter keine Steine in seinen beruflichen Werdegang zu legen.[47] Durch diesen Spagat, den die Personalverantwortlichen zu leisten haben, hat sich ein „Personalistencode" entwickelt, nach dem negative Leistungen positiv formuliert und auch entsprechend interpretiert werden. Wenn es im Arbeitszeugnis beispielsweise heißt „Herr Müller hat seine Arbeit zur Zufriedenheit seiner Vorgesetzten erledigt", dann wird das häufig als „Herr Müller hat das Notwendigste getan" interpretiert.

Bei Arbeitszeugnissen kann es zu weiteren Verzerrungen kommen, da Mitarbeiter ihre Arbeitszeugnisse zum Teil selbst vorformulieren oder weil im Rahmen einer einvernehmlichen Auflösung des Arbeitsverhältnisses das Zeugnis besonders wohlwollend – als Teil des sogenannten Golden Handshake – verfasst wird.[48]

Bei **Referenzen** gibt die jeweilige Bewerberin Personen an, die über sie und ihr Leistungsverhalten Auskunft geben können. Dies kann beispielsweise ein ehemaliger Vorgesetzter, ein Kunde oder bei Studierenden auch ein Lehrender einer Hochschule

---

44 vgl. auch den Beitrag „Über die Bedeutung von Diversitätsmanagement in Organisationen" in diesem Buch.
45 Krause et al. 2012, S. 4ff.
46 Berthel/Becker 2013, S. 357
47 Weuster 2012, S. 178
48 Huesmann 2008, S. 142

sein. Auch wenn Referenzen dadurch, dass die Personen von der Bewerberin selbst ausgewählt werden, in ihrer Aussagekraft eingeschränkt sind und „Beschönigungseffekte"[49] erwartet werden können, so ist doch die Möglichkeit gegeben, das Bild der Bewerberin in Verbindung mit anderen Personalauswahlmethoden abzurunden.

5.1.2. Vorstellungsgespräch

Das **Vorstellungsgespräch** ist nach dem Sichten von Bewerbungsunterlagen das populärste Biografieorientierte Verfahren zur Auswahl von Mitarbeiterinnen und Mitarbeitern. Häufig auch als Interview bezeichnet, umfasst es eine Gesprächssituation. Das Gespräch wird zwischen einem Bewerber und mindestens einem Organisationsvertreter (im Folgenden auch Interviewer) geführt.

Das Bewerbungsgespräch ist eine Gesprächssituation, bei der die persönliche Anwesenheit der beteiligten Personen in einem Raum die Regel ist. In Fällen, in denen Bewerber weit entfernt wohnen (z.B. im Ausland), oder, in denen das Gespräch dazu dient, vorab Fragen zu klären, werden mit steigender Häufigkeit auch Telefoninterviews oder Videokonferenzen (z.B. via Skype) durchgeführt.[50] Das Interview kann zu Beginn der Personalauswahl im Rahmen der Vorselektion, als Teil des Assessment-Centers[51] oder als Abschlussmethode nach erfolgreich absolvierten Tests oder Arbeitsproben eingesetzt werden.[52]

Die Vorstellungsgespräche werden nach ihrem Strukturierungsgrad in

- frei geführte,
- vollstrukturierte und
- teilstrukturierte

Interviews eingeteilt.

Beim **frei bzw. unstrukturiert geführten Interview** werden seitens des Interviewers keine Fragen vorbereitet. Das Gespräch wird quasi ins Blaue hinein geführt und die Bewerberinnen können mit unterschiedlichen, zum Teil divergierenden Fragen konfrontiert werden. Auch Notizen werden seitens des Interviewers nicht systematisch gemacht.[53]

Als Gegenstück dazu gilt das **vollstrukturierte Interview**, bei dem Fragen und Antwortkategorien fest vorgegeben sind. In seiner idealtypischen Form zeichnet es sich durch geringe Freiheitsgrade aus und wird vorwiegend in der Meinungs- und Wahlforschung eingesetzt.[54] Daher wird es in diesem Beitrag auch nicht weiter thematisiert.

---

49 Haltmeyer/Lueger 2002, S. 426
50 Kroeck/Magnussen 1997, S. 140
51 Das Assessment-Center wird in einem späteren Kapitel erörtert.
52 Schuler 2014b, S. 277
53 Chapman/Zweig 2005, S. 682f.
54 Bortz/Döring 2006, S. 238; Weuster 2012, S. 216

Beim **(teil-)strukturierten Interview** stützt sich das Interview auf einen Interviewleitfaden. Er beinhaltet Fragen an den Bewerber, die aus dem vorher erarbeiteten Anforderungsprofil abgeleitet wurden. Diese behandeln Themen wie Berufserfahrung, vergangene (kritische) berufliche Situationen, Aspekte des Lebenslaufs und deren Hintergrund und werden von den Bewerbern frei beantwortet.[55]

Beim frei geführten, aber auch beim strukturierten Interview wird in wiederkehrenden Abständen von folgenden Fehlern berichtet:[56]

- zu hoher Redeanteil des Interviewers,
- irrelevante Fragen, die nichts mit dem Anforderungsprofil zu tun haben,
- Impression Management (beide Seiten präsentieren sich im schönsten Outfit),
- mangelnde Objektivität – zu oft erfolgt eine Übergewichtung irrelevanter Faktoren wie etwa der physischen Attraktivität,
- uneinheitliche Wertung von Bewerberinformationen durch die Interviewer.

Um insbesondere den zu hohen Redeanteil der Interviewer von bis zu 80 % ins Gegenteil zu verkehren, kommt dem Aufbau der strukturierten Interviews eine besondere Bedeutung zu. In diesem Zusammenhang entwickelte Schuler das **multimodale Interview** (MMI), das aus einer Abfolge von insgesamt acht *vorgegebenen* Gesprächsteilen besteht und einen natürlichen Gesprächsablauf sichern soll.[57]

Der Aufbau des MMI nach Schuler gestaltet sich wie folgt:[58]

1. **Gesprächsbeginn:** Warm-up-Phase; das Herstellen einer angenehmen und offenen Gesprächsatmosphäre und das gegenseitige Vorstellen stehen im Vordergrund. Beispiel: „Wie sind Sie angereist?" Dieser Abschnitt wird nicht bewertet.
2. **Selbstvorstellung des Bewerbers:** Der Bewerber erzählt über seinen persönlichen und beruflichen Hintergrund, berichtet über Status quo und künftige Erwartungen. Beispiel: „Bitte stellen Sie sich kurz vor!" Bewertet werden anforderungsbezogene Dimensionen auf einer fünfstufigen Skala.[59]
3. **Berufsorientierung und Organisationswahl:** Der Bewerber beantwortet Fragen hinsichtlich Berufs- und Organisationswahl. Beispiel: „Wieso haben Sie sich für diese Stelle beworben?" Die Bewertung erfolgt auf verhaltensverankerten Einstufungsskalen.
4. **Freies Gespräch:** Die Fragen werden auf Basis der Bewerbungsunterlagen in Bezug auf die Selbstvorstellung in Phase 2 gestellt. Beispiel: „Bitte erzählen Sie von Ihrer momentanen Projektarbeit!" Bewertet wird der Gesamteindruck.
5. **Biografiebezogene Fragen:** Die Fragen werden aus dem Anforderungsprofil dimensionsbezogen entwickelt oder aus biografischen Fragebögen übernommen.

---

55 Weuster 2012, S. 207
56 Mayfield 1964, S. 241 ff.; von Rosenstiel/Nerdinger 2011, S. 159
57 Schuler 1992, S. 281ff.
58 Schuler 2014b, S. 287
59 Die Verfahren der Personalbeurteilung werden im Beitrag „Performance Management" in diesem Buch erörtert.

Beispiel: „Haben Sie schon einmal etwas für Ihren Freundeskreis organisiert?" Bewertet wird auf verhaltensverankerten Einstufungsskalen.
6. **Realistische Tätigkeitsinformation:** Der Bewerber wird über die Stelle und das Unternehmen ehrlich und ausgewogen informiert. Beispiel: „Die Arbeit ist mit umfangreichen Reisetätigkeiten verbunden …" Dieser Abschnitt wird nicht bewertet.
7. **Situative Fragen:** Auf Basis der Stellenbeschreibung werden „kritische" Fragen gestellt. Beispiel: „Stellen Sie sich vor, ein aufgeregter Kunde ruft an (…). Wie würden Sie reagieren?" Bewertet wird auf verhaltensverankerten Einstufungsskalen.
8. **Gesprächsabschluss:** Fragen des Bewerbers werden beantwortet. Dazu werden das weitere Vorgehen und formale Aspekte (Eintrittstermin, Fahrtkosten) besprochen. Beispiel: „Wann könnten Sie frühestens bei uns anfangen?" Dieser Abschnitt wird nicht bewertet.

Der Einsatz des MMI bietet folgende Vorteile:

- der Gesprächsanteil liegt zum überwiegenden Teil bei dem Bewerber, wie dies in Abbildung 3 dargestellt ist,
- die Bewertungskriterien sind anforderungsbezogen,
- die Vergleichbarkeit von Bewerberinnen und Bewerbern ist gegeben.

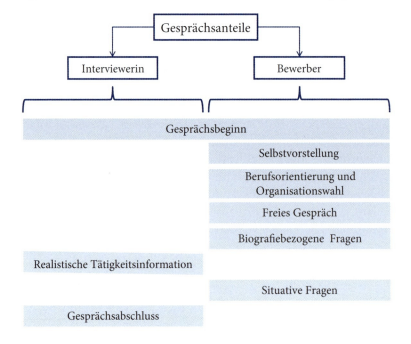

Abbildung 3: Gesprächsanteile beim Interview

Erlaubte und verbotene Fragen bei Interviews

Fragen sind – wie soeben dargestellt – für Interviewerinnen von zentralem Interesse. Im Rahmen des Interviews sind all jene Fragen erlaubt, die vergangene Tätigkeiten betreffen oder in Zusammenhang mit der zu besetzenden Stelle stehen und die Menschenwürde der Bewerberin respektieren.[60]

Keinesfalls darf es jedoch zu einer Verletzung der Privat- und Intimsphäre der Bewerberin kommen. Daher regeln rechtliche Aspekte die erlaubten und verbotenen Fragen bei Interviews.[61] So setzt das Gleichbehandlungsgesetz (GlBG) bei sämtlichen Auswahlkriterien und Einstellungsbedingungen klare Grenzen, um Diskriminierungen aufgrund von Geschlecht, ethnischer oder religiöser Zugehörigkeit, Alter, sexueller Orientierung oder Behinderung zu unterbinden.[62] Fragen, die einen dieser Bereiche betreffen, sind grundsätzlich verboten.

In jenen Fällen, in denen rechtlich unzulässige Fragen dennoch gestellt werden, dürfen Bewerber von ihrem Lügerecht (dem Recht, bei Bewerbungen nicht die Wahrheit zu sagen) Gebrauch machen und die betreffenden Fragen unwahrheitsgemäß beantworten.[63] Bewerber können bei unzulässigen Fragen auch bewusst ausweichen, ohne mit rechtlichen Konsequenzen rechnen zu müssen.[64] Eine Übersicht über die allgemein zulässigen und nicht zulässigen Fragen enthält Tabelle 2.

Rechtlich zulässig sind Fragen nach …	Rechtlich unzulässig sind Fragen nach…
• beruflichen Fähigkeiten und schulischem/beruflichem Werdegang • Beweggründen für etwaige Arbeitsplatzwechsel/Bewerbung • Lücken im Lebenslauf • Wehr- oder Zivildienst • Höhe der bisherigen Vergütung • öffentlichen Ämtern und Ehrenämtern • Staatsangehörigkeit • chronischen und ansteckenden Krankheiten und Körperbehinderungen, sofern diese für den Job relevant sind • Lohn- und Gehaltspfändung, Alimente, Schulden: Hierzu liegt bislang eine noch unzureichende Judikatur vor.	• Vorstrafen (Ausnahme: Wenn es zwischen der Ausübung des Jobs und der Vorstrafe einen Zusammenhang gibt) • sexueller Orientierung und Schwerbehinderung • Familienstand, Kindern, Lebenspartnerschaften, Heiratsabsichten, Schwangerschaft, Kinderwunsch • persönlichen Daten von Verwandten oder Freunden • Gewerkschafts-, Partei und Konfessionszugehörigkeit; Ausnahme: sog. Tendenzbetriebe (z.B. Parteien, kirchliche Einrichtungen) • dem allgemeinen Gesundheitszustand, Raucher/Nichtraucher • Vermögensverhältnissen

Tabelle 2: Rechtlich zulässige und unzulässige Fragen beim Interview[65]

---

60   Kietaibl 2013, S. 275
61   Sarges 2000, S. 480; Oechsler 2011, S. 222
62   vgl. dazu auch den Beitrag „Über die Bedeutung von Diversitätsmanagement in Organisationen" in diesem Buch.
63   Berthel/Becker 2013, S. 371
64   Oechsler 2011, S. 223
65   Oechsler 2011, S. 222

In Spalte 2 werden die verbotenen Fragen bei Interviews beschrieben, deren Kenntnis für die Personalverantwortlichen essentiell ist. Sie sollten keinesfalls zur Anwendung kommen, da ein Arbeitsverhältnis, das auf unrechtmäßig gestellten Fragen und Antworten begründet wird, schon zu Beginn mit einer Hypothek belastet ist.

5.2. Eigenschaftsorientierte Verfahren

Definition

> Bei den eigenschaftsorientierten Verfahren werden Merkmale wie Gewissenhaftigkeit oder Intelligenz erfasst, die als relativ stabil angenommen werden. Zur Messung der jeweiligen Merkmale werden typischerweise psychologische Tests eingesetzt.[66]

Die **eigenschaftsorientierten Verfahren** werden in kognitive Fähigkeitstests und persönlichkeitsorientierte Verfahren eingeteilt. Kognitive Fähigkeitstests messen die maximale Leistung eines Individuums. Persönlichkeitstests messen das typische Verhalten einer Person.[67]

Die Güte von Testverfahren, egal, ob kognitive Fähigkeitstests oder Persönlichkeitstests, wird anhand der drei Gütekriterien Objektivität, Reliabilität und Validität bestimmt:[68]

- **Objektivität** bedeutet, dass unterschiedliche Testleiter mit dem jeweiligen Test bei einer Person stets zum gleichen Ergebnis kommen.
- **Reliabilität** ist gegeben, wenn der Test zuverlässig misst und die getestete Person bei jeder Wiederholung des Tests gleich abschneidet.
- **Validität** ist gegeben, wenn der Test auch tatsächlich das misst, was er vorgibt zu messen (z.B. die Intelligenz).

Bei kognitiven Tests ist der Intelligenztest, bei Persönlichkeitstests dagegen das Big-Five-Modell der jeweils bekannteste Vertreter. Diese beiden Tests werden im Folgenden konkreter vorgestellt.[69]

5.2.1. Intelligenztest

Als Intelligenz wird die Summe aller kognitiven Fähigkeiten eines Individuums verstanden, die es ihm ermöglichen, neuartige Aufgaben schnell und gut zu bewältigen.[70] Diesem Verständnis liegen die meist einschlägigen, von Psychologen entwickelten und validierten **Intelligenztests** zugrunde, die die Intelligenz einer Person –

---

66 Schuler/Höft/Hell 2014, S. 153
67 vgl. Schuler/Höft/Hell 2014, S. 155
68 in Anlehnung an von Rosenstiel/Nerdinger 2011, S. 170f.
69 Schuler/Höft/Hell 2014, S. 155
70 Berthel/Becker 2013, S. 364

bezogen auf die jeweilige Altersgruppe – messen. Beispiele für Intelligenztests sind etwa das Berliner Intelligenzstrukturmodell (BIS)[71] sowie der Hamburg-Wechsler-Intelligenztest für Erwachsene (HAWIE).

Die genannten Tests messen im Wesentlichen Intelligenz anhand von[72]

- operativen Fähigkeiten (Verarbeitungskapazität, Einfallsreichtum, Merkfähigkeit, Bearbeitungsgeschwindigkeit) sowie
- inhaltsgebundenen Fähigkeiten (sprachgebundenes Denken, zahlengebundenes Denken, anschauungsgebundenes/figural-bildhaftes Denken)

und deren Verknüpfungen. Ein modifiziertes Beispiel aus dem BIS-Test, das die Kombination von *Bearbeitungsgeschwindigkeit* x *figural-bildhaftes Denken* darstellt, ist in Abbildung 4 dargestellt. Die Aufgabe, die auf den ersten Blick als kinderleicht erscheint, wird durch die Menge der jeweiligen Aufgaben, die die Bewerberinnen in meist sehr kurzer Zeit bearbeiten müssen, deutlich schwieriger.

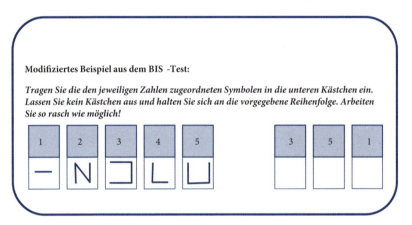

Abbildung 4: Beispiel aus dem BIS-Test[73]

Kritisch beim Einsatz von Intelligenztests ist anzumerken, dass das der Intelligenz zugrunde liegende Konzept (was ist eigentlich Intelligenz?) nicht ausreichend geklärt ist. Daher sind die verwendeten Dimensionen in den verschiedenen Tests unterschiedlich bzw. werden unterschiedlich gewichtet. Intelligenztests prüfen ein konvergentes Denken und vernachlässigen das im Alltag relevante divergente Denken, bei dem nach verschiedenen Lösungsmöglichkeiten für ein Problem gesucht wird. Ein weiterer zentraler Nachteil bei Intelligenztests besteht darin, dass sie kulturspezifisch sind.[74] Für diese Probleme wird aktuell nach einer Lösung gesucht.

---

71 Jäger/Süß/Beauducel 1997
72 Schuler/Höft/Hell 2014, S. 157
73 Jäger/Süß/Beauducel 1997, zit. nach Schuler/Höft/Hell 2014, S. 158
74 Haltmeyer/Lueger 2002, S. 433

5.2.2. Persönlichkeitstest

Persönlichkeitstests sind Verfahren zur Erhebung von Persönlichkeitseigenschaften. Diese Testverfahren zielen darauf ab, den Menschen in seinem Wesen zu erkunden, um so Rückschlüsse auf sein (zukünftiges) Verhalten zu ziehen.

Als klassische Persönlichkeitsinventare, die die Big Five erheben, gelten vor allem der NEO-PI-R von Costa und McCrae (1985) bzw. die von Ostendorf und Angleitner (2004) validierte deutsche Version des NEO-PI-R. Das Big-Five-Modell, das bereits im Beitrag „Theorie der Führung" beschrieben wurde, basiert auf folgenden Faktoren:[75]

- Gewissenhaftigkeit, z.B. Pflichtbewusstsein, Ordnungsliebe, Leistungsstreben etc.,
- emotionale Stabilität, z.B. Reizbarkeit, soziale Befangenheit, Ängstlichkeit,
- Extraversion, z.B. Herzlichkeit, Geselligkeit, Durchsetzungsfähigkeit,
- Offenheit für Erfahrungen, z.B. Ästhetik, Handlungen, Ideen,
- Verträglichkeit, z.B. Freimütigkeit, Gutherzigkeit, Bescheidenheit.

Ähnlich dem Intelligenzbegriff besteht in der Wissenschaft keine abschließende Einigung darüber, was die Persönlichkeit eines Menschen ist bzw. aus wie vielen – und welchen – Faktoren sie sich zusammensetzt. Dazu ist der Einfluss der Persönlichkeitseigenschaften stark vom betrachteten beruflichen Kontext (Welcher Beruf? Welches berufliche Leistungskriterium?) abhängig. Der stabilste wissenschaftliche Befund über den Zusammenhang zwischen den Kategorien des Big-Five-Modells und dem beruflichen Erfolg zeigt die Dimension Gewissenhaftigkeit. Beim Neurotizismus fällt der Zusammenhang dagegen deutlich negativer aus und bei den drei übrigen Faktoren ist er nur mehr schwach für bestimmte Leistungen in einigen Berufen gegeben.[76]

5.3. Simulationsorientierte Verfahren

Definition

Simulationsorientierte Verfahren orientieren sich an *typischen* Situationen, die für die jeweilige Stelle *aussagekräftig* sind. Bewerber werden so mit dem Berufsalltag konfrontiert und dahingehend geprüft, wie sie die jeweiligen Situationen bewältigen.[77]

Simulationsorientierte Verfahren stützen sich somit auf repräsentative Aufgaben des Berufsalltags und überprüfen, ob die Bewerberinnen diese erfolgreich meistern können. Die bekanntesten simulationsorientierten Methoden sind die Arbeitsprobe und das Assessment-Center, die in den folgenden Kapiteln vorgestellt werden.

---

75 Schuler/Höft/Hell 2014, S. 173ff.
76 Schuler/Höft/Hell 2014, S. 175ff.
77 Kanning/Schuler 2014, S. 216

5.3.1. Arbeitsproben

In **Arbeitsproben** lösen Bewerberinnen Aufgaben, die denen des Berufsalltags sehr ähnlich sind und damit einen hohen Realitätsbezug aufweisen.[78] Unter standardisierten Bedingungen wird das Verhalten der Personen dahingehend getestet, ob und vor allem wie sie das für die jeweilige Stelle typische Problem bewältigen können.[79]

Die Typen von Arbeitsproben sind verschieden – z.B. kognitiver, motorischer, verbaler und/oder sozialer Natur. So können Arbeitsproben bei Handwerkerinnen z.B. Werkstücke sein, die getischlert werden oder an der Drehbank zu fertigen sind, bei leitenden Angestellten eines Bauunternehmens kann dagegen die Durchführung einer Kalkulation für ein geplantes Bauvorhaben simuliert werden und Vertriebsmitarbeiter erhalten beispielsweise im Rahmen eines Rollenspiels häufig die Aufgabe, einen aufgebrachten Kunden zu beruhigen und eine Lösung für sein Problem zu finden.

Arbeitsproben genießen bei den Bewerberinnen und Bewerbern[80] eine hohe Akzeptanz, da die Aufgaben realitätsnah sind. Sie bekommen einen guten Einblick in die Aufgaben der jeweiligen Stelle und die „Regeln" der jeweiligen Organisation. Die Vorteile sind auch auf der Unternehmensseite gegeben, da das Leistungsverhalten in der simulierten Alltagssituation direkt beobachtet und bewertet werden kann.

5.3.2. Assessment-Center

Das **Assessment-Center (AC)** ist ein Auswahlverfahren, das für die Auswahl von (Nachwuchs-)Führungskräften bzw. für die Ermittlung von Führungspotenzial eingesetzt wird. Das Ziel im AC ist die Diagnose von zentralen Persönlichkeitsmerkmalen und Verhaltensweisen, die für Führungssituationen von Relevanz sind. Daher bearbeiten Bewerber im Rahmen des AC Aufgaben wie Präsentationen oder Gruppendiskussionen, die üblicherweise im Berufsalltag vorkommen können.[81] Typische Aufgaben im AC sind:[82]

- Selbstpräsentation mit anschließendem Interview,
- Rollenspiel (z.B. Mitarbeitergespräch),
- computergestützte Postkorbübung, bei der Aufgaben nach Wichtigkeit und Dringlichkeit sortiert werden müssen,
- Fallstudie als schriftliche Arbeitsprobe, die große Nähe mit dem Berufsfeld aufweist,
- Gruppendiskussion, in der eine Teamsitzung simuliert wird,
- Konstruktionsübungen, bei der z.B. in einem Team ein Turm gebaut wird.

Wesentlich bei der Gestaltung der Aufgaben ist, dass die für die Führungsposition erforderlichen Kompetenzen (z.B. Führungsstärke, Konfliktlösung, Kundenorien-

---

78 Kanning/Schuler 2014, S. 216
79 von Rosenstiel/Nerdinger 2011, S. 162
80 Hausknecht/Day/Thomas 2004, S. 659
81 von Rosenstiel/Nerdinger 2011, S. 185
82 Kaning/Schuler 2014, S. 230ff.

tierung etc.) aus dem Anforderungsprofil abgeleitet und über verschiedene Übungen beobachtet werden, wie dies beispielsweise in Tabellen 3 dargestellt ist.

Kompetenzen	Übungen			
	Rollenspiel	Präsentation	Gruppendiskussion	Konstruktionsübung
Führung	✓	✓	✓	
Konfliktlösung	✓		✓	✓
Kundenorientierung	✓			
Unternehmerisches Denken		✓		✓
Rhetorik		✓	✓	

Tabelle 3: Struktureller Aufbau eines AC[83]

Bei der Durchführung des ACs wird jeder Teilnehmer in der Regel von zwei Assessorinnen, die bei *ihren Übungen* bleiben, beobachtet. Die zentrale Aufgabe der Assessorinnen besteht im aufmerksamen Zuhören und darin, sich Notizen über das gezeigte Verhalten zu machen und zu bewerten wie dies in der Abbildung 5 erfolgt ist. Bei diesem Beispiel wird die Kompetenzdimension Rhetorik der Teilnehmer z.B. in der Übung Selbstpräsentation durch drei Subdimensionen repräsentiert. Bei der Bewertung der Teilnehmer müssen die Assessoren in jeder Zeile ein Kreuz setzen und anschließend den Mittelwert ermitteln.[84]

Kompetenzdimension: Rhetorik				
1	2	3	4	5
Zeigt durchgängige Anzeichen von Nervosität (Zittern, Stottern, Schwitzen)		Zeigt weitgehend keine Anzeichen von Nervosität	X	Zeigt keinerlei Anzeichen von Nervosität
Unpassende Wortwahl: häufiger Gebrauch von Füllwörtern	X	Passende Wortwahl: kein störender Gebrauch von Füllwörtern		Klare, präzise Sprache, eloquent; benutzt keine Füllwörter
Unangemessen viele bzw. lange Pausen; zu schnelles oder zu langsames Sprechtempo		Wenige Pausen; teilweise zu schnelles oder zu langsames Sprechen X		Keine unangenehmen Pausen, angenehmes Sprechtempo
Gesamturteil (gerundeter Mittelwert der Einzelbeurteilungen): 3,0				

Abbildung 5: Beurteilungsskala Rhetorik[85]

---
83 Kanning/Schuler 2014, S. 233
84 Kanning/Schuler 2014, S. 241
85 Kanning/Schuler 2014, S. 241

Nachdem die Bewerber die veranschlagten Übungen durchlaufen haben, setzen sich die Assessorinnen abschließend in der sogenannten *Beobachterkonferenz* zusammen, um die Ergebnisse zu diskutieren und die Beurteilungen in das auf Basis des Anforderungsprofils entwickelte *Kompetenzprofil* zu übertragen. Die Beurteilerinnen müssen in der Konferenz zu einem gemeinsamen Ergebnis pro Bewerber kommen. Anschließend erhalten die Personen eine Rückmeldung über das beobachtete Verhalten. An dieser Stelle zeigt sich eines der zentralen Prinzipien des ACs: die Trennung von Beobachtung und abschließender Beurteilung.

Damit sind die charakteristischen Merkmale beim AC:[86]

- mehrere Kandidatinnen (circa sechs bis zehn Personen) arbeiten zeitgleich
- an mehreren Übungen und werden dabei
- von mehreren Beurteilern (Assessoren)
- über meist mehrere Tage (ein bis drei Tage)
- in mehreren Kriterien kompetenzbezogen beobachtet und beurteilt.

Das AC ist ein aufwendiges und damit teures Verfahren. Der wesentliche Vorteil für die Teilnehmer liegt in der umfangreichen Rückmeldung, die die Personen erhalten. Damit sollte für die Teilnehmer von AC in jedem Fall ein persönlicher Nutzen gegeben sein. Die Organisationen haben den Vorteil, dass sie sich durch den Mix an Auswahlmethoden ein gutes Bild über die getesteten Personen machen können. Dennoch soll hier nicht der Eindruck entstehen, dass mit der Implementierung des AC der Stein der Weisen gefunden wurde.[87]

Welchen Nutzen können nun die einzelnen Auswahlmethoden bringen? Das ist eine Frage, die im Rahmen der prognostischen Validität der Personalauswahlmethoden beantwortet wird.

5.4. Bewertung der Auswahlverfahren

Den Personalverantwortlichen steht ein Bündel an Selektionsmethoden zur Verfügung, die sich hinsichtlich ihrer prognostischen Validität unterscheiden. Die **prognostische Validität** gibt an, mit welcher Wahrscheinlichkeit durch eine bestimmte Auswahlmethode die Eignung einer Kandidatin in Bezug auf eine bestimmte Stelle festgestellt werden kann. Die prognostische Validität wird mit einem Wert zwischen 0 und 1 angegeben, wobei bei einem Wert von 0 keine Vorhersagekraft und beim Wert von 1 eine vollständige Übereinstimmung gegeben ist, die richtige Person ausgewählt zu haben.[88] Die maximale Obergrenze der erreichbaren Validität einer langfristigen Vorhersage komplexen menschlichen Verhaltens wie etwa des Berufserfolges liegt in aktuellen Metaanalysen bei etwa 0,70.[89]

---

86 Kanning/Pöttker/Gelléri 2007, S. 156; Kanning/Schuler 2014, S. 231
87 vgl. dazu auch Haltmeyer/Lueger 2002, S. 437
88 Haltmeyer/Lueger 2002, S. 440
89 vgl. Schuler 2011, S. 54f.

Methode der Personalauswahl	Prognostische Validität
Arbeitsprobe	0,54
Strukturiertes/multimodales Interview	0,51/0,54
Intelligenztest	0,51
Probezeit	0,44
Unstrukturiertes Interview	0,38
Assessment-Center	0,37
Persönlichkeitstest (Gewissenhaftigkeit)	0,31
Arbeitszeugnisse & Referenzen	0,26
Bewerbungsunterlagen	0,18

Tabelle 4: Prognostische Validität bei der Personalauswahl[90]

In die Tabelle 4 wurde auch die Probezeit aufgrund der Bedeutung, die sie in der Praxis hat, aufgenommen. Da bei der Probezeit der Bewerber bereits befristet in einem Unternehmen arbeitet, handelt es sich im idealtypischen Sinn um keine Personalauswahlmethode.

Wie Tabelle 4 zeigt, sind die empirischen Befunde über die gängigen Personalauswahlverfahren teils ernüchternd, da die Vorhersagekraft über die Passung der Person zur jeweiligen Stelle bei der Sichtung von Bewerbungsunterlagen kaum und bei anderen Methoden wie beispielsweise beim aufwendigen AC auch nur in bescheidenem Umfang gegeben ist. Diese Forschungsbefunde können allerdings ein Stück weit relativiert werden, da die Ergebnisse durch die isolierte Bewertung einer Auswahlmethode zustande gekommen sind. Wenn, wie in der Praxis üblich, ein Methodenmix (z.B. zunächst werden die Bewerbungsunterlagen geprüft, daran anschließend wird ein Interview und eine Arbeitsprobe durchgeführt) angewendet wird, kann es zu deutlichen Verbesserungen der Vorhersagekraft auf Werte von bis zu 0,7 kommen.

Zudem ist bzw. wäre es eine wesentliche Aufgabe des Personalmanagements, den Rekrutierungsprozess bewusst um die Instrumente der Wertegestaltung (Stichwort Selbstselektion) und des Employer Brandings zu erweitern und auf die Zusammensetzung der Arbeitsteams zu achten.[91] Eine Berücksichtigung dieser Gestaltungsmöglichkeiten würde in Zukunft die Entscheidung erleichtern, wer die richtige Mitarbeiterin für die jeweilige Organisation ist.

Im nächsten Kapitel wird über Standards im Personalmanagement berichtet, die für die Qualität in der Rekrutierung massive Verbesserungen darstellen. Zudem wird über Moden und langfristige Entwicklungen berichtet.

---

[90] Schmidt/Hunter 1998, S. 22; Schuler 2000, S. 165ff.; Reilly/Chao 1982, S. 37
[91] vgl. dazu auch den Beitrag „Gruppen in Organisationen: im Spannungsfeld von Dynamik" in diesem Buch.

6. Standards, Trends und langfristige Entwicklungen

In diesem Kapitel werden die technologischen Entwicklungen aufgezeigt, die bereits zum Standard einer professionellen Rekrutierung geworden sind und die in Zukunft die Qualität in der Rekrutierung noch erheblich steigern können. Dazu werden punktuelle Trends, die gegenwärtig zu beobachten sind, und langfristige Entwicklungen, die von Dauer sind, aufgezeigt.

Standard: E-Rekrutierung

Technologie und Internetzeitalter haben das Personalmanagement massiv verändert und E-Rekrutierung (die Unterstützung des Personalbeschaffungs- und Personalauswahlprozesses durch das WWW) zum Standard werden lassen. Klassische Maßnahmen der Rekrutierung wie das Schalten von Stellenanzeigen in Printmedien sind bis auf wenige Ausnahmen (etwa bei der Suche nach Führungskräften) zugunsten des WWW zurückgedrängt worden. Onlineanzeigen in Internetstellenbörsen sind nicht nur deutlich billiger, sie können auch relativ kostengünstig auf der eigenen Website im Karriereteil veröffentlicht werden. Außerdem werden den Bewerbern Möglichkeiten geboten, ihre Bewerbung online abzuwickeln, indem sie ihre vollständigen Bewerbungsunterlagen entweder

- per **E-Mail** an die Organisation senden, oder
- auf eine **Internetplattform** hochladen (sog. Applicant Self Services)

Das Hochladen der Bewerbungsunterlagen stellt für Organisationen eine erhebliche Verwaltungsreduzierung dar, da alle Unterlagen per Knopfdruck zur Verfügung stehen. Für die Bewerberinnen und Bewerber sind die Plattformen ein hilfreiches Werkzeug, da sie in der Regel die Bewerbungen schrittweise anlegen und Zwischenversionen bis zum endgültigen Versenden abspeichern können. Dazu bieten viele Programme die Möglichkeit, den Verlauf der Bewerbung nachzuverfolgen und sich über den aktuellen Stand zu informieren.

Bei der Verwendung von **Applicant Self Services** (Bewerber-Datenbanken) hinterlegen die Personen alle in der jeweiligen Stellenanzeige gewünschten Informationen wie soziodemografische Daten, Fähigkeiten, Kenntnisse, Ausbildungshintergründe und etwa Gehaltsvorstellungen. Dazu werden die *klassischen* Bewerbungsunterlagen wie Lebenslauf, Anschreiben und Zeugnisse hochgeladen.

Auch für Arbeitgeber sind die Vorteile dieser elektronischen Bewerbungswege gegeben. Denn die in früheren Jahren notwendige händische Eingabe von Bewerbungsunterlagen durch Angestellte übernehmen die Bewerber und Bewerberinnen nun selbst, was erhebliche Kosteneinsparungen mit sich bringt.

Für Großunternehmen, die sich täglich einer Vielzahl von eingehenden Bewerbungen gegenübersehen, haben Applicant Self Services zugleich den Vorteil, dass über den Einsatz von **Filterkriterien** (z.B. Mindestanzahl an Jahren Auslandsaufenthalt oder Berufserfahrung, maximale Anzahl an Studiensemestern etc.) elektronisch eine erste Vorselektion der Bewerbungen vorgenommen werden kann, was die Zahl der tatsächlich zu sichtenden Bewerbungen signifikant reduziert.

Zudem nutzen Organisationen immer mehr die aktuellen technischen Möglichkeiten, um auch Teile der weiteren **Selektion online** abzuwickeln. So erhalten Personen, sofern sie über die erste Hürde – die Prüfung der Bewerbungsunterlagen – gelangt sind, mittlerweile Unterlagen wie Fallstudien, Postkorbübungen[92] oder kognitive und nicht-kognitive Tests per E-Mail als Link zugesandt. Die jeweilige Software gibt den betreffenden Personen nach der Absolvierung des Tests eine Rückmeldung über das erzielte Ergebnis und zeigt auch an, wo sie im Vergleich zu anderen stehen.[93] Da Personen beim Bearbeiten von Onlinetests jedoch unbeaufsichtigt sind und die Gefahr des Betrugs besteht,[94] setzen viele Organisationen heute adaptive Software ein. Die Schwierigkeit der Fragen richtet sich bei diesen Programmen dann stets nach dem (Miss-)Erfolg der vorherigen Frage, sodass eine Person immer komplexere Aufgaben erhält, je besser ihre Performance ist. Dies soll Täuschungsversuche unterbinden und erübrigt ressourcenintensive Wiederholungstests unter Aufsicht in einer späteren Phase des Selektionsprozesses.[95]

Organisationen nutzen das Internet zunehmend auch für das sogenannte **Active Sourcing**. Nicht immer ist nämlich die Rekrutierung direkt an eine offene Stelle gekoppelt. Beim Active Sourcing ist es vielmehr das Ziel, einen breitgefächerten Pool aus qualifizierten Personen zu kreieren, aus dem bei Bedarf (rasch) rekrutiert werden kann. Dies gelingt Unternehmen durch aktive Beschaffungsbemühungen wie die Annahme von Initiativbewerbungen, die Teilnahme an Rekrutierungsmessen und das Durchforsten sozialer Medien und Plattformen (z.B. Xing, Linkedin) nach interessanten Personen.[96]

Vermutlich aufgrund der wachsenden Schwierigkeiten, qualifizierte Auszubildende (Lehrlinge) zu finden,[97] investieren Organisationen mehr und mehr auch in die Auszubildendenrekrutierung. Die junge Zielgruppe wird dabei vor allem online über das sogenannte **Recruitainment** angesprochen. Dieses beinhaltet unter anderem die Konzeption von Onlinespielen, die potenziellen Interessenten auf der eigenen Website bestimmte Ausbildungsberufe näherbringen und jungen Menschen bei der Berufsorientierung helfen sollen, wie dies beispielsweise bei der Commerzbank gegeben ist:

---

92 McNelly/Ruggeberg/Hall 2011, S. 253ff.
93 Maurer/Cook 2011, S. 106ff.
94 Tippins 2009, S. 2ff.
95 Ryan/Ployhart 2014, S. 704
96 Berthel/Becker 2013, S. 332; zur Diskussion um die Rekrutierung über soziale Medien vgl. insb. Brown/Vaughn 2011, S. 11ff. und Kluemper/Rosen 2009, S. 570ff.
97 Matthes et al. 2014, S. 8ff.

Recruitainment

Mit einem Video versucht die Commerzbank, jungen Menschen den Beruf als Bankangestellte näher zu bringen.

Berufsorientierung bei der Commerzbank

Die Möglichkeiten der E-Rekrutierung bringen erhebliche Verbesserungen in der Personalbeschaffung und auch in der Personalauswahl, da in der Bewertung der Personen vor allem der Faktor Mensch mit seinen Beurteilungsfehlern in der (Vor-)Selektion ausgeschaltet werden kann. In letzter Konsequenz wird es aber immer der Mensch sein, der die Entscheidung über die Auswahl einer Person trifft. Und das ist auch gut so, da der Computer zwar in der Lage ist, eine gute Vorauswahl auf Basis von festgelegten Qualifikationen zu treffen, er aber eine Werteübereinstimmung zwischen Individuum und Organisation nicht feststellen kann.

Die oben beschriebenen technischen Entwicklungen sind vielerorts schon zum Standard geworden und werden in Zukunft noch vermehrt in den Organisationen Einzug halten.

Trends

Die Methoden des Personalmanagements sind – wie dies auch in anderen Bereichen des Lebens gegeben ist – Moden unterworfen. Daher werden von Zeit zu Zeit neue Verfahren (wie das weiter unten beschriebene Speed-Dating) zur Anwendung kommen.

Aus der Praxis

Speed-Dating

Speed-Dating ist eine Methode, die ursprünglich bei der Partnersuche eingesetzt wurde und die dazu dient, in kurzer Zeit mehrere potenzielle Partnerinnen oder Partner kennenzulernen. Diese Methode wird mittlerweile in adaptierter Form auf Rekrutierungsmessen eingesetzt, wo sich im Viertelstundentakt potenzielle Arbeitskräfte den Angestellten von Organisationen vorstellen. Nach dem Zeitablauf wechseln die Bewerberinnen und Bewerber an einen anderen Tisch. In der Durchführungsphase ist es von Vorteil, wenn im Vorfeld schon Voranmeldungen durchgeführt werden, um sich auf die interessanten Gespräche fokussieren zu können. Die Personen, die beim Speed-Dating überzeugen, erhalten eine Einladung zu einem regulären Interview. Die Vorteile des Speed-Datings sind eine rasche, unkomplizierte Auswahl an Personen bzw. an Arbeitgebern bei guter Vergleichbarkeit des jeweiligen *Angebots*.[98]

---

98 Berthel/Becker 2013, S. 355

Die Ziele der Personalauswahl (die Einstellung des richtigen Personals) und die eingesetzten Methoden (z.B. die Analyse der Bewerbungsunterlagen oder das Interview) sind, wie bei E-Rekrutierung oder Speed-Dating beschrieben, stets die gleichen. Die jeweiligen Möglichkeiten ändern sich jedoch von Zeit zu Zeit: Während die Rekrutierung mit Unterstützung der elektronischen Methoden künftig an Gewicht gewinnen wird, wird es bei Moden wie beim Speed-Dating zu Veränderungen kommen, die an die jeweilige Zeit angepasst sind.

Die Dynamik und Komplexität der Zeit, wie sie beispielsweise bei der Verkürzung des Produktlebenszyklus bei gleichzeitig leistungsstärkeren Produkten beobachtbar ist, wird jedenfalls eine Zunahme der Kompetenzorientierung mit sich bringen. Bei der Kompetenzorientierung, die abschließend vorgestellt wird, können wir von einer langfristigen Entwicklung ausgehen.

Langfristige Entwicklung: Kompetenzorientierung

Organisationen von heute bewegen sich häufig global, d.h., sie kaufen und verkaufen ihre Dienstleistungen und Güter in alle Länder.[99] Die Wandlung der Arbeitswelt, die früher von güterproduzierenden Aufgaben geprägt war, hin zu hochkomplexen Jobs im Dienstleistungs- und Wissenssektor erfordert zunehmend die Beschaffung hochqualifizierten Personals.[100] Global agierende Managerinnen und Manager müssen neben Fachwissen, das aufgrund des raschen technischen Fortschritts immer schneller aktualisiert werden muss, durch die zunehmende Schnelligkeit der Arbeitswelt vor allem auch Anpassungsfähigkeit, kulturelle Offenheit, globale Denkweisen und Netzwerkorientierung mitbringen.[101]

Die sich schneller ändernde Arbeitswelt führt außerdem dazu, dass die Rekrutierung in Zukunft immer weniger für spezifische Jobs erfolgt, da diese sich rasch verändern können. Vielmehr werden zunehmend Personen gesucht, die bestimmte Aufgaben und Rollen ausfüllen können. Das führt dazu, dass immer häufiger nicht mehr bestimmte Kenntnisse oder Fertigkeiten im Fokus der Mitarbeiterauswahl stehen, sondern vielmehr individuelle Kompetenzen, die Personen im Unternehmen breit einsetzbar machen und helfen, zukünftige Organisationsziele effizienter zu erreichen.[102] Diese zunehmende Kompetenzorientierung ist auch nachvollziehbar, da z.B. ein Buchhaltungsprogramm in wenigen Stunden erlernt werden kann, aber die Entwicklung von Werten wie Weltoffenheit oder Internationalität Zeit benötigt.

---

99 Foulkes/Vachani/Zaslow 2008, S. 287ff.
100 The Economist 2006 [05.10.2006]
101 Connerley 2014, S. 31
102 vgl. zu dieser Diskussion um das Thema Kompetenzmodellierung z.B. Sanchez/Levine 2012, S. 397ff.

Zusammenfassung

Die Personalauswahl ist für Organisationen ein wichtiges Thema, da es das Ziel ist, die richtigen Personen für den jeweiligen Arbeitsplatz zu finden. Wesentlich für den gesamten Rekrutierungsprozess sind eine authentische Bewerberansprache (z.B. beim Employer Branding), ein fundiertes Vorgehen bei der Personalbeschaffung (z.B. durch Stellenbeschreibungen und davon abgeleitete Anforderungsprofile) und die Anwendung eines Methodenmix bei der Personalauswahl (z.B. Analyse der Bewerbungsunterlagen und strukturiertes Interview). Die technologischen Entwicklungen (E-Rekrutierung) erleichtern die Rekrutierung sowohl für Bewerberinnen und Bewerber (z.B. E-Mail-Versand) als auch für Organisationen (Verwaltungsreduktion). Die Elektronik kann eine (Vor-)Selektion übernehmen.

Die Letztverantwortung für die Auswahl der richtigen Mitarbeiterinnen und Mitarbeiter, die zum Unternehmen passen, wird jedoch stets bei den Menschen in den Organisationen liegen.

Reflexionsfragen

1. Inwiefern benötigen Organisationen die besten versus die richtigen Mitarbeiterinnen und Mitarbeiter?
2. Was ist für eine *gute* Personalauswahl zu beachten?
3. Welche Veränderungstreiber orten Sie in der Rekrutierung? In welchen Bereichen sind Verbesserungen zu erwarten und wo wird vermutlich der Status quo fortgeschrieben?

Weiterführende Literatur

BERTHEL, J./BECKER, F. (2013): Personal-Management – Grundzüge für Konzeptionen betrieblicher Personalarbeit.

SCHULER, H./KANNING U. (Hrsg.) (2014): Lehrbuch der Personalpsychologie.

WEUSTER, A. (2012): Personalauswahl 1 – Internationale Forschungsergebnisse zu Anforderungsprofil, Bewerbersuche, Vorauswahl, Vorstellungsgespräch und Referenzen.

Personalentwicklung

Nina Fölhs-Königslehner und Michael Müller-Camen

Inhaltsverzeichnis

1. **Einführung und Grundlagen der Personalentwicklung** 323
   1.1. Ziele der Personalentwicklung 325
   1.2. Prozess der strategischen Personalentwicklung 326
2. **Strategische Handlungsfelder der Personalentwicklung** 328
   2.1. Onboarding: die Einführung neuer Beschäftigter 328
      2.1.1. Ziele des strategischen Einführungsprozesses 329
      2.1.2. Inhalte und Maßnahmen des strategischen Einführungsprozesses 329
   2.2. Betriebliche Weiterbildung 336
      2.2.1. Ziele der betrieblichen Weiterbildung 337
      2.2.2. Inhalte und Maßnahmen der betrieblichen Weiterbildung 337
   2.3. Karriere- und Laufbahnplanung 343
      2.3.1. Ziele eines betrieblichen Karrieremanagements 344
      2.3.2. Inhalte und Maßnahmen des betrieblichen Karrieremanagements 345
   2.4. Betriebliches Gesundheitsmanagement 348
      2.4.1. Ziele des betrieblichen Gesundheitsmanagements 348
      2.4.2. Inhalte und Maßnahmen des betrieblichen Gesundheitsmanagements 349
   2.5. Personalfreisetzung 350
      2.5.1. Ursachen der Personalfreisetzung 351
      2.5.2. Inhalte und Maßnahmen der Personalfreisetzung 351
3. **Nachhaltige Personalentwicklung: Eine neue Perspektive** 353

*Train people well enough so they can leave,
treat them well enough so they don't want to.*

(Richard Branson)

Ziel dieses Beitrags ist es,

- die Bedeutung von Personalentwicklung zu erkennen;
- Instrumente und Methoden der Personalentwicklung kennenzulernen;
- Handlungsfelder der Personalentwicklung kritisch zu hinterfragen;
- aktuelle Trends und Perspektiven der Personalentwicklung aufzuzeigen.

1. Einführung und Grundlagen der Personalentwicklung

Aus der Praxis

Sophie Taler ist 25 Jahre alt und hat soeben ihr Bachelorstudium an der WU Wien abgeschlossen. Auf der Karrieremesse stellt eine österreichische Großbank ihr Programm für neue Beschäftigte vor. Dieses beinhaltet ein Traineeprogramm, in dem man ein Jahr lang verschiedene Abteilungen der Bank kennenlernt. Sophie bewirbt sich für die Position des Trainees und erhält eine Zusage. Trotz geringerem Anfangsgehalt freut sich Sophie auf ihre neue Aufgabe, da sie die verschiedenen Bereiche einer Großbank kennenlernen kann. Außerdem bietet die Bank neben einem Stammtisch für neue Beschäftigte auch ein breites Freizeit- und Sportprogramm an. Beim Stammtisch lernt Sophie ihre Kollegin Marie kennen, mit der sie von nun an einen Italienischsprachkurs besucht, der von der Bank angeboten wird. Durch den Aus- und Weiterbildungsprozess lernt Sophie nicht nur andere Beschäftigte und somit Abteilungen des Unternehmens kennen, sondern kann auch ihre theoretisch erlernten Kenntnisse aus dem Studium in der Praxis umsetzen, ihr Wissen erweitern und in einer für sie angemessenen und interessanten Position ausüben.[1]

Ist die Personalentwicklung im Falle von Sophie bereits abgeschlossen oder zählt hier mehr dazu? Was macht eine strategisch gut durchdachte Personalentwicklung wirklich aus? Und bringt Personalentwicklung auch einen Nutzen für die Organisation?

Um diese Fragestellungen beantworten zu können, werden im ersten Kapitel dieses Beitrages grundlegende Begriffe der Personalentwicklung geklärt und die drei Kernbereiche der Personalentwicklung vorgestellt. Nach dieser ersten Orientierung stellen wir den grundlegenden Prozess der Personalentwicklung dar. Denn dieser sich ständig wiederholende (iterative) Prozess bildet die Grundlage aller Personalentwicklungsmaßnahmen. Im zweiten Kapitel gehen wir einen Schritt weiter und beschäftigen uns mit fünf zentralen Handlungsfeldern in der Personalentwicklung: der Einführung neuer Beschäftigter, der betrieblichen Weiterbildung, der Karriere- und Laufbahnplanung, der betrieblichen Gesundheitsförderung und zu guter Letzt der Personalfreisetzung. Anhand dieser Überlegungen greifen wir einen zentralen Trend im heutigen wirtschaftlichen Handeln auf: die Nachhaltigkeit. Darauf basierend geben wir im dritten Kapitel einen ersten Einblick in die Gestaltung nachhaltiger Personalentwicklung.

---

[1] angelehnt an den Artikel der Stuttgarter Zeitung „Passende Einstellung ist die Basis" vom 20. April 2011

Wie im Eingangsbeispiel beschrieben, wird in der Praxis die *Personalentwicklung* primär mit Aus- und Weiterbildung in Verbindung gebracht. Doch hinter Personalentwicklung steckt in Wirklichkeit viel mehr.

> **Definition**
>
> „Personalentwicklung umfasst alle Maßnahmen der *Bildung*, der *Förderung* und der *Organisationsentwicklung*, die von einer Person oder Organisation zur Erreichung spezieller Zwecke zielgerichtet, systematisch und methodisch geplant, realisiert und evaluiert werden."[2]

Nimmt man dieses Verständnis von Personalentwicklung genauer unter die Lupe, kommt man zu dem Schluss, dass Personalentwicklung aus drei Kernbereichen besteht (vgl. Abbildung 1):

- der Bildung,
- der Förderung und
- der Organisationsentwicklung.

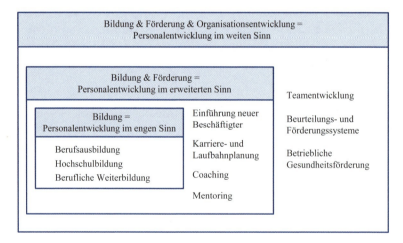

Abbildung 1: Die drei Kernbereiche der Personalentwicklung[3]

Die *Bildung* umfasst Personalentwicklungsmaßnahmen im engen Sinn und beinhaltet Maßnahmen zur Berufsausbildung und Weiterbildung. Die Vermittlung von Qualifikationen an Beschäftigte, die für die Tätigkeit erforderlich sind, steht dabei im Vordergrund.[4]

Die *Förderung* wird als Personalentwicklung im erweiterten Sinne bezeichnet und beinhaltet, neben der Bildung, Maßnahmen wie Coaching und Mentoring. Die För-

---

2   Becker 2013, S. 5
3   vgl. Becker 2013, S. 4
4   vgl. Mentzel 2012, S. 1

derung zielt auf eine verbesserte Wahrnehmung, Einstellung und Bewältigung der gegenwärtigen beruflichen Position ab und bereitet auf weitere Schritte der beruflichen Entwicklung vor.[5]

Die *Organisationsentwicklung* wird als dritter Kernbereich der Personalentwicklung gesehen und als Personalentwicklung im weiten Sinn interpretiert. Die Organisationsentwicklung umschließt die Bereiche Bildung und Förderung. Organisationsentwicklung wird in diesem Kontext als dauerhafter, managementgeleiteter und zielbezogener Prozess der Veränderung von Strukturen, Prozessen, Personen und Beziehungen verstanden. Organisationsentwicklung ist demnach ein Konzept des übergreifenden, ganzheitlichen und geplanten Wandels.[6]

Betrachten wir nun den zweiten Teil der oben angeführten Definition, umfasst Personalentwicklung „alle Maßnahmen, die von einer Person oder Organisation zur Erreichung *spezieller Zwecke zielgerichtet, systematisch und methodisch geplant, realisiert und evaluiert werden.*"[7] Das bedeutet, dass zum einen die Ziele der Personalentwicklung[8] und zum anderen der Prozess der Personalentwicklung[9] zentrale Elemente der Personalentwicklung darstellen.

1.1. Ziele der Personalentwicklung

Die Generierung von Wettbewerbsvorteilen und die Verbesserung der Performanz sind nicht die einzigen Zielsetzungen, die eine strategische Personalentwicklung rechtfertigen. Es gibt noch eine Vielfalt weiterer Ziele.[10] Je nach Betrachtungsweise können sowohl Ziele der Organisation als auch der Beschäftigten realisiert werden (vgl. Tabelle 1).

Ziele der Personalentwicklung aus Sicht …	
… der Organisation	… der Beschäftigten
• Steigerung der Wettbewerbsfähigkeit • Erhöhung der innerbetrieblichen Flexibilität im Personaleinsatz • Steigerung der Flexibilität und der Reaktionsfähigkeit auf qualifikationsrelevante Herausforderungen • Sicherung eines qualifizierten Beschäftigtenstammes • Steigerung der Zufriedenheit und der Bindung der Beschäftigten an die Organisation • Steigerung der Attraktivität als Arbeitgeber (Employer Branding)	• Steigerung der Motivation und der Arbeitszufriedenheit • Verbesserung der Selbstverwirklichungschancen und Entfaltung der Persönlichkeit • Aufrechterhaltung und Verbesserung der fachlichen Qualifikation • Stabilisierung und Erhalt des eigenen Arbeitsplatzes • Steigerung der Beschäftigungsfähigkeit am Arbeitsmarkt (Employability) • Verbesserte Karriere- und Laufbahnmöglichkeiten innerhalb der Organisation

Tabelle 1: Ziele der Personalentwicklung

---

5 vgl. Becker 2013, S. 447
6 Becker 2013, S. 722
7 Becker 2013, S. 5
8 vgl. Kapitel 1.1. Ziele der Personalentwicklung, in diesem Beitrag.
9 vgl. Kapitel 1.2. Prozess der strategischen Personalentwicklung, in diesem Beitrag.
10 vgl. Aguinis/Kraiger 2009, S. 451ff.

1.2. Prozess der strategischen Personalentwicklung

Die Personalentwicklung wird in der Praxis oft als „Christkind" unter dem Motto: „Was werde ich mir dieses Jahr wünschen?" gesehen. Als betriebliche Funktion bezieht die Personalentwicklung ihren Handlungsauftrag aus den strategischen Zielen der Organisation. Das bedeutet, dass alle Personalentwicklungsmaßnahmen *zielgerichtet*, *systematisch* und *methodisch geplant* und *evaluiert* werden müssen, um den Erfolg der Organisation nachhaltig zu sichern. Die Personalentwicklung ist demnach kein kurzfristig geplantes einmaliges Ereignis, sondern ein sich ständig wiederholender (iterativer) Prozess, der sich in fünf Phasen unterteilen lässt: die Bedarfsanalyse, die Planung der Personalentwicklungsziele, die Gestaltung und die Realisierung der Personalentwicklungsmaßnahmen sowie deren Evaluierung (vgl. Abbildung 2).[11]

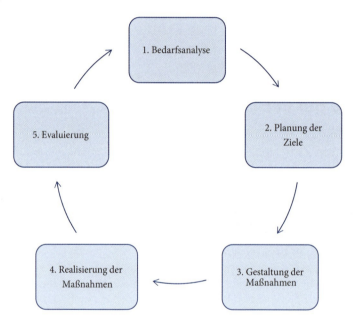

Abbildung 2: Der strategische Personalentwicklungsprozess

1. Bedarfsanalyse

Bei der Bedarfsanalyse geht es um einen Vergleich zwischen dem Anforderungsniveau eines Arbeitsplatzes (Soll-Wert) und dem Know-how der Beschäftigten (Ist-Wert). Aus dem Vergleich zwischen Soll und Ist ergibt sich ein mehr oder weniger großer Personalentwicklungsbedarf.[12] Ziel der Bedarfsanalyse ist es, die Defizite an Bildung, Förderung und Organisationsentwicklung auf strategischer und operativer Ebene zu analysieren.

---

11 vgl. Kanning 2014, S. 507; Solga et al. 2011, S. 22ff.
12 vgl. Kanning 2014, S. 505

2. Planung der Personalentwicklungsziele

Nach der Erhebung des aktuellen Personalentwicklungsbedarfs werden die Personalentwicklungsziele festgelegt. Die Ziele der Personalentwicklung beschreiben zukünftige Leistungs- und Verhaltensstandards, die durch Personalentwicklungsmaßnahmen entwickelt werden sollen. Demnach ist es in dieser Phase des Personalentwicklungsprozesses wichtig zu klären,

- *welche* konkreten Bildungs-, Förderungs- und Organisationsentwicklungsziele erreicht werden sollen und
- *wer* die Zielgruppe der jeweiligen Personalentwicklungsmaßnahmen ist.

In der Praxis hat sich gezeigt, dass es vorteilhaft ist, die Ziele im Dialog mit Vorgesetzten, betroffenen Beschäftigten, dem Betriebsrat und den Personalentwicklungsbeauftragten zu erstellen. Dadurch wird eine höhere Akzeptanz der Zielsetzungen erreicht.

3. Gestaltung der Personalentwicklungsmaßnahmen

Bei der konkreten Gestaltung von Personalentwicklungsmaßnahmen sollte man sich über *inhaltliche, methodische, zeitliche* und *sachliche* Aspekte der Personalentwicklungsmaßnahmen Gedanken machen.[13] Welche *Inhalte* im Rahmen einer Personalentwicklungsmaßnahme übermittelt werden sollen, richtet sich maßgeblich nach der Bedarfsanalyse und der Zielsetzung. Die inhaltliche Bestimmung ist von essentieller Bedeutung für die weitere Gestaltung der Personalentwicklungsmaßnahmen. Nach Abklärung der Inhalte der Personalentwicklungsmaßnahme folgen Überlegungen zur *methodischen* Umsetzung (je nach Handlungsfeld gibt es eine Vielzahl an Methoden der Personalentwicklung, die in Kapitel 2. näher erläutert werden). Nach der Klärung bzw. Auswahl der vorhandenen Möglichkeiten der Umsetzung sind im Zuge der Gestaltung von Personalentwicklungsmaßnahmen noch *zeitliche* und *sachliche* Aspekte wie beispielsweise der Zeitpunkt und die Dauer der Personalentwicklungsmaßnahme, die Anzahl der Teilnehmerinnen und Teilnehmer und die Kostenplanung zu beachten.

4. Durchführung der Personalentwicklungsmaßnahme

In der vierten Phase geht es um die tatsächliche Durchführung der Entwicklungsmaßnahme. Oft wird die Phase der Realisierung auch als „Produktionsphase" der Personalentwicklung bezeichnet, da in diesem Stadium Wissen „produziert" wird. Wie bei jedem anderen Produktionsprozess ist auch hier die Herstellung günstiger Lern- und Entwicklungsbedingungen essentiell.[14]

5. Evaluierung der Personalentwicklungsmaßnahme

Der tatsächliche Nutzen einer Maßnahme erschließt sich nur dann, wenn eine Evaluierung durchgeführt wird.[15] Trotz der essentiellen strategischen Bedeutung von

---

13 vgl. Becker 2013, S. 832
14 vgl. dazu ausführlich Becker 2013, S. 834ff.
15 vgl. Mello 2011, S. 393

Evaluationsprozessen wird in der betrieblichen Praxis oft von einer systematischen Evaluation abgesehen. Ziel und Zweck einer Evaluation ist es nicht, den Akteuren Fehler nachzuweisen, sondern Verbesserungspotenzial der jeweiligen Maßnahmen aufzuzeigen und aus den Ergebnissen zu lernen. Grundlage dafür bildet eine systematische Evaluation.[16]

2. Strategische Handlungsfelder der Personalentwicklung

Aufbauend auf der Beschreibung des Prozesses der strategischen Personalentwicklung werden nun zentrale Handlungsfelder der strategischen Personalentwicklung diskutiert. Im Mittelpunkt stehen in diesem Zusammenhang die Begleitung der Beschäftigten und deren Unterstützung im Rahmen ihrer beruflichen Entwicklung. Chronologisch betrachtet bedeutet das die kontinuierliche Förderung der Beschäftigten vom Einstieg bis zu deren Ausstieg.

2.1. Onboarding: die Einführung neuer Beschäftigter

Die Einführung neuer Beschäftigter (auch als Onboarding oder Training into the job bekannt) gehört zu den wichtigsten Aufgaben des Personalmanagements. In der Praxis wird jedoch in den meisten Fällen zu wenig Augenmerk auf eine systematisch geplante Einführung neuer Beschäftigter gelegt. Wissenschaftliche Studien belegen, dass besonders in den ersten Wochen und Monaten der Betriebszugehörigkeit eine hohe Fluktuationsrate herrscht. Während des ersten Jahres oder sogar der ersten sechs Monate kann die Rate zwischen 30 % und 60 % liegen.[17] Diese *Frühfluktuation* kann weitreichende Konsequenzen für die Organisation haben. Zum einen bringt sie hohe direkte Kosten mit sich, wie beispielsweise die entstandenen Rekrutierungskosten (z.B. Schalten der Stellenanzeigen, Durchführung eines Assessment-Centers, Erstattung der Anfahrtskosten etc.) und die Personalfreisetzungskosten (z.B. Abfindungen, Gerichtskosten). Auch die Einarbeitungszeit erfordert einen hohen zeitlichen und finanziellen Aufwand. Dazu kommen hohe versteckte Kosten, beispielsweise ein Imageverlust der Organisation, welcher sich in weiterer Folge auf die Arbeitgebermarke (Employer Brand) auswirken kann.[18] Die Einführung neuer Beschäftigter ist demnach ein wichtiges Handlungsfeld der Personalentwicklung. Doch was wird unter einem strategischen Einführungsprozess verstanden?

---

16 vgl. dazu ausführlich Höft 2014, S. 1081ff.
17 vgl. Hom/Kinicki 2001, S. 984; Berthel/Becker 2013, S. 374
18 vgl. auch den Beitrag „Auswahl von Mitarbeiterinnen und Mitarbeitern" in diesem Buch.

Personalentwicklung

> **Definition**
>
> Unter Personaleinführung wird ein systematisches Programm zur fachlichen Einarbeitung und sozialen Eingliederung von neuen Beschäftigten verstanden.[19]

2.1.1. Ziele des strategischen Einführungsprozesses

Die Ziele eines gut durchdachten Einführungsprozesses sind demnach vielfältig (vgl. Tabelle 2). Wie bereits erwähnt ist es essenziell, die fachliche Einarbeitung *und* die soziale Eingliederung der Beschäftigten im Einführungsprozess zu berücksichtigen, um eine möglichst rasche Erfüllung der Arbeitsaufgaben und die Übernahme zentraler Normen und Werte herzustellen.

Ziele der systematischen Personaleinführung aus Sicht …	
… der Organisation	… der Beschäftigten
• Die Beschäftigten kennen ihre Stellen und die damit verbundenen Aufgaben. • Die Beschäftigten entwickeln Loyalität und eine hohe Bindung an die Organisation. • Die Beschäftigten übernehmen zentrale Werte und Normen der Organisationskultur.	• Generieren von Wissen darüber, was vonseiten der Organisation erwartet wird. • Das Gefühl, den Anforderungen der Stelle gewachsen zu sein, wird entwickelt. • Die Normen und Werte der Organisation bzw. der Arbeitsgruppe entsprechen dem eigenen Wertesystem.

Tabelle 2: Ziele der Personaleinführung[20]

2.1.2. Inhalte und Maßnahmen des strategischen Einführungsprozesses

Wie in Abbildung 2 veranschaulicht, findet ein strategischer Einführungsprozess auf zwei Ebenen statt, die eng miteinander verbunden sind:[21]

Abbildung 3: Zwei Ebenen des Einführungsprozesses

---

19 vgl. Kieser 1990, S. 29ff.
20 vgl. Kieser 1990, S. 29ff.
21 vgl. Kieser 1990, S. 29ff.

- Die *fachliche Einarbeitung* bezieht sich in der Regel auf den formalen Qualifizierungsprozess. Ziel ist eine möglichst rasche tätigkeitsbezogene Einarbeitung.
- Die *soziale Eingliederung* zielt auf den individuellen Sozialisationsprozess ab. Die betriebliche Sozialisation ist demnach der Prozess, in dem sich neue Beschäftigte an Normen, Werte, Regeln und Routinen einer Organisation anpassen.[22]

In der Unternehmenspraxis wird unter dem Begriff Personaleinführung oft die rein tätigkeitsbezogene Einarbeitung neuer Organisationsmitglieder verstanden. Die soziale Eingliederung gerät im Gegensatz dazu in Vergessenheit, obwohl Van Maanen und Schein bereits 1979 darauf aufmerksam machten, wie wichtig beide Teilaspekte für eine erfolgreiche Personaleinführung sind.[23]

Sozialisationsprozesse werden von zahlreichen Faktoren beeinflusst. Dabei wird zwischen Einflussfaktoren vonseiten der Organisation und von Einflussfaktoren vonseiten des Individuums unterschieden (vgl. Tabelle 3).[24]

Individuum	Organisation
• Persönliche Merkmale • Proaktives Verhalten (z.B. eigenständige Informations- und Feedbacksuche)	• Realistische Rekrutierung • Besonderheiten der Aufgabe • Organisationale Sozialisationstaktiken

Tabelle 3: Einflussfaktoren im Sozialisationsprozess

Im Hinblick auf die Person spielen *persönliche Merkmale*, wie das Streben nach Kompetenz oder Selbstwirksamkeit, das Bedürfnis nach Anschluss und Eingebundenheit oder der Wunsch nach Anerkennung, Selbstbestimmtheit und Feedback, eine wesentliche Rolle. *Proaktives Verhalten,* z.B. das aktive Zugehen auf neue Kolleginnen und Kollegen, trägt maßgeblich zu einer erfolgreichen Integration in die Organisation bei.

Im Hinblick auf die Organisation spielen die eingesetzten Methoden im Rekrutierungsprozess in der ersten Phase der Betriebszugehörigkeit eine wichtige Rolle. So ist eine *realistische Informationspolitik in der Personalrekrutierung* eine wesentliche Voraussetzung für einen erfolgreichen Sozialisationsprozess, denn so kann der durch verzerrende Informationspolitik hervorgerufene Realitätsschock vermieden werden. *Besonderheiten der Arbeitsaufgaben,* beispielsweise die Ganzheitlichkeit der Aufgabe, die Übernahme von Verantwortung oder abwechselnde Tätigkeiten, tragen maßgeblich zu einer erfolgreichen Eingliederung bei. Ist die auszuführende Aufgabe jedoch unklar oder fühlt sich der neu Beschäftigte über- oder unterfordert, so kann der Sozialisationsprozess scheitern. Auch *organisationale Sozialisationstaktiken* haben einen bedeutenden Einfluss. In der Literatur werden institutionalisierte und individualisierte organisationale Sozialisationspraktiken unterschieden. Typi-

---

22 vgl. Klimecki/Gmür 2005, S. 253
23 vgl. Van Maanen/Schein 1979, S. 211ff.
24 vgl. Ellis et al. 2015, S. 209ff.

sche individualisierte Taktiken sind Trainings on the job, wo gesonderte Einarbeitungsmaßnahmen nicht stattfinden. Institutionalisierte Taktiken sind dagegen deutlich umfangreicher und beinhalten beispielsweise Patensysteme, systematische Einarbeitungspläne und Orientierungsseminare.

Empirische Studien zeigen, dass *institutionalisierte Sozialisationstaktiken* positive Zusammenhänge mit herangezogenen Ergebnisvariablen organisationaler Sozialisation (z.B. Arbeitszufriedenheit, Rollenklarheit, Selbstwirksamkeit, soziale Akzeptanz und Verbleibabsicht) haben.[25] *Individualisierte Taktiken* – sie basieren auf einer informalen, unsystematischen betriebliche Sozialisation – erweisen sich als weniger günstig. Die Ergebnisse zeigen zwar eine tendenziell innovative Rollenorientierung, korrelieren jedoch mit einer eher niedrigen Arbeitszufriedenheit, einer schwachen Bindung und Stresssymptomen.[26] Daher sind institutionalisierte Sozialisationstaktiken besser geeignet, die Herausforderungen, die mit einem neuen Beschäftigungsverhältnis einhergehen, zu bewältigen.

Zudem kommt im betrieblichen Sozialisationsprozess den *Führungskräften und Kolleginnen und Kollegen* eine bedeutende Rolle zu. Sie tragen maßgeblich dazu bei, den neuen Beschäftigten in der ersten Zeit jene notwendige Orientierung zu bieten, die ein erfolgreicher Einarbeitungsprozess benötigt. Die Planung und Durchführung von strukturierten Mitarbeitergesprächen, die Einführung in die Arbeitsgruppe und die regelmäßige Beurteilung der Arbeitsleistung während der ersten Zeit in der Organisation sind zentrale Aufgaben der Führungskraft, denn eine klare Aufgabenbeschreibung und ein konstruktives Feedback zu Leistung und Verhalten geben der Einführungsphase die richtige Richtung und das nötige Tempo vor.[27] Die aktive Unterstützung der Kolleginnen und Kollegen durch formelle Einweisungen in die Tätigkeit, aber auch durch informelle Tipps und Tricks, führt zu einem gegenseitigen Herantasten und so zu einer Anpassung des neuen Beschäftigten an die Gruppe und umgekehrt.

Praktische Einarbeitungsmaßnahmen beginnen in der Unternehmenspraxis oft erst am ersten Arbeitstag. Dabei wird kostbare Zeit nicht effektiv genützt, denn der Zeitraum zwischen Vertragsunterzeichnung und dem ersten Arbeitstag kann bereits dazu verwendet werden, erste schriftliche Unterlagen (z.B. Produkthandbuch, Organigramme, Protokolle) zu versenden, den neuen Beschäftigten zu betrieblichen Veranstaltungen oder Meetings einzuladen und bereits erste administrative Schritte (z.B. das Einrichten einer E-Mail-Adresse) einzuleiten. Am ersten Arbeitstag sind eine Begrüßung und ein Orientierungsgespräch mit der Führungskraft ratsam. Im Rahmen dieses Gespräches können ein erster Kontakt mit anderen Beschäftigten hergestellt, das Unternehmen und die Abteilung besichtigt und erste Aufgaben und beiderseitige Erwartungen geklärt werden. In diesem Zusammenhang ist ein systematischer Einarbeitungsplan ratsam, anhand dessen die Reihenfolge bestimmter Teilaufgaben und die

---

[25] vgl. Allen/Meyer 1990; Bauer et al. 2007
[26] vgl. Bauer et al. 2007, S. 711ff.
[27] vgl. Becker 2013, S. 560

Festlegung von Zeitabschnitten und Feedbackterminen festgelegt werden kann. In den weiteren fünf bis sechs Monaten ist besonders darauf Bedacht zu nehmen, dass regelmäßige Feedbackgespräche stattfinden, denn besonders in der ersten Zeit in einem neuen Unternehmen herrscht hohe Unsicherheit hinsichtlich der zu erfüllenden Aufgaben und des erwarteten Verhaltens. Zudem braucht es regelmäßige Rückmeldungen und Erfahrungswerte, um die Unternehmenskultur kennenzulernen und die damit verbundenen Werte und Normen zu erkennen und zu verinnerlichen. In Tabelle 4 ist eine exemplarische Onboarding-Checkliste illustriert.

Nach Vertragsunterzeichnung	4 Wochen vor Arbeitsbeginn	2 Wochen vor Arbeitsbeginn	1 Woche vor Arbeitsbeginn
• Informationen über die Organisation versenden • Kolleginnen und Kollegen informieren • Mail-Account einrichten	• Arbeitsplatz gestalten • Gegebenenfalls Fahrzeug zuteilen	• Willkommensschreiben • Einarbeitung mit Führungskräften abstimmen	• Alle Beschäftigten über Eintritt des „Neuen" informieren • Namensschild anbringen/Büromaterial zusammenstellen
Am ersten Arbeitstag	**In der ersten Woche**	**In den ersten 3 Monaten**	**Nach 5-6 Monaten**
• Beschäftigte begrüßen • Direkte Kolleginnen und Kollegen vorstellen • Einführungsgespräch führen • Sinnvolle erste Aufgaben	• Informationsgespräche • Infrastruktur vorstellen • Mitarbeiterhandbuch überreichen • Ziele definieren	• Technisches Training • Feedbackgespräch • Gegebenenfalls Ziele aktualisieren	• Feedbackgespräch • Zielaktualisierung

Tabelle 4: Beispiel einer Onboarding-Checkliste

Die Maßnahmen innerhalb des betrieblichen Sozialisationsprozesses sind vielfältig. In der betrieblichen Praxis bewähren sich Mentoring- und Patensysteme. Zudem haben sich auch spezielle Einführungsförderprogramme, sogenannte Traineeprogramme, etabliert, die verschiedenste Methoden der Personalentwicklung beinhalten. Diese Systeme werden wir nun näher betrachten.

1. Mentoring- und Patensysteme

Die betriebliche Einführung in Form von Mentoring- und Patensystemen zählt zu den systematischen und längerfristig angelegten Maßnahmen der organisationalen Sozialisation. Der grundlegende Unterschied zwischen Mentoring- und Patensystem liegt in der Person des Mentors bzw. Paten:

- Im Rahmen eines *Mentoringsystems* wird dem Neuling (Mentee) ein/e erfahrene/r Beschäftigte/r (Mentor/in) in der ersten Zeit zur Seite gestellt. Diese/r ist meist ein oder zwei Hierarchiestufen übergeordnet und damit in der Regel einflussreicher, erfahrener und in vielen Fällen älter als der Mentee. Daher kann auch die direkte Führungskraft diese Aufgabe übernehmen. Der Mentor bzw. die Mentorin wird besonders aufgrund seiner/ihrer fachlichen Unterstützung, seines/ihres Insiderwissens, aber auch aufgrund seiner/ihrer Schutzfunktion als wertvolle Hilfe zur Sozialisation betrachtet. Die in der Literatur aufgezählten Aufgaben des Mentors bzw. der Mentorin lassen sich in zwei wesentliche Funktionen gliedern. Zum einen werden ihr/ihm *Karrierefunktionen*, wie beispielsweise die Unterstützung des Mentees dabei, in betriebliche Netzwerke einzutreten, zugeschrieben und zum anderen wird ihr/ihm eine Funktion zur psychosozialen Unterstützung übertragen. Diese umfasst die sozio-emotionale Ebene der Mentor/in-Mentee-Beziehung und beinhaltet Aspekte, die das Selbstbewusstsein, die Identität und die Rollenfindung des Mentees stärken.[28]

- Das *Patensystem* ist dem Mentoringsystem ähnlich. Es wird einem neuen Organisationsmitglied ein/e erfahrene/r, fachlich routinierte/r und pädagogisch geeignete/r Kollegin bzw. Kollege zugewiesen, der/die *jedoch hierarchisch gleichgestellt* ist.[29] Der Pate bzw. die Patin soll in der Anfangsphase bei der Meisterung aller Arten von aufgaben- und rollenbezogenen sowie interpersonalen Fragestellungen behilflich sein. Als wesentliche Vorteile des Patensystems werden der enge persönliche Kontakt und die hieraus resultierende rasche Orientierung und Vermittlung von organisationsspezifischen Normen und Werten gesehen. Bedingt durch die Insiderstellung des Paten bzw. der Patin kann zudem ein leichterer Zugang zur Arbeitsgruppe und deren Zielen, Normen und spezifischen Rollenerwartungen geschaffen werden.

Für den erfolgreichen Einsatz beider Systeme ist es von zentraler Bedeutung, dass der Mentor bzw. der Pate seine Rolle gerne und freiwillig einnimmt. Beide Systeme werden aber nicht ausschließlich in der Personaleinführung eingesetzt. Mentoring-Programme kommen auch gezielt in der Karriere- und Laufbahnplanung zur Anwendung.[30] Zentrale Ziele sind in diesem Zusammenhang die Verbesserung der Arbeitsleistung und die Förderung der Karrierechancen des Mentees sowie die systematische Förderung des Wissens- und Erfahrungsaustausches.[31]

---

28 vgl. Moser et al. 2014, S. 481; Kram 1985, S. 32
29 vgl. Berthel/Becker 2013, S. 383
30 vgl Kapitel 2.3. Karriere- und Laufbahnplanung, in diesem Beitrag.
31 vgl. Becker 2013, S. 669

2. Traineeprogramme

Bei Traineeprogrammen handelt es sich um eine besondere Form der Personaleinführung für eine bestimmte Zielgruppe. Diese Art von systematischer Personaleinführung baut auf Qualifikationen von Hochschulabsolventinnen und -absolventen auf.[32] Der Begriff Trainee bezeichnet Hochschulabsolventinnen bzw. -absolventen, die seitens einer Organisation in die Berufspraxis eingeführt werden sollen. In der betrieblichen Praxis werden Traineeprogramme oft angewendet, um einen qualifizierten Nachwuchskräftepool zu schaffen.

Zentrale Merkmale von Traineeprogrammen sind, dass

- sie über einen längeren Zeitraum laufen (zwischen sechs und 24 Monaten),
- verschiedene Methoden der Personalentwicklung kombiniert werden und
- das Programm meist in Form von Jobrotationen organisiert ist.

Die Anwendung und Kombination unterschiedlichster Personalentwicklungsmethoden und die Vielfalt der Aufgaben im Rahmen des Traineeprogramms stellen einen klaren Pluspunkt im Vergleich zum Direkteinstieg dar. Trainings on the job werden immer wieder mit Trainings off the job kombiniert.[33] So kann etwa ein Traineeprogramm mit einer gemeinsamen Kick-off-Woche starten, in der Trainings off the job überwiegen. Zudem werden den einzelnen Trainees oft Mentorinnen bzw. Mentoren zugeteilt, die als zentrale Ansprechpartnerinnen und Ansprechpartner für die Dauer des Traineeprogramms fungieren.

In der betrieblichen Praxis haben sich verschiedenste Formen von Traineeprogrammen etabliert, die hinsichtlich ihrer inhaltlichen Breite und des Grades der Standardisierung differenziert werden können. In klassischen ressortübergreifenden Traineeprogrammen durchlaufen alle Trainees alle zentralen Bereiche eines Unternehmens. Die Aufenthaltsdauer in den verschiedenen Abteilungen ist gleich lang. Diese Form ist durch einen hohen Grad an Standardisierung und geringe Aufgabenverantwortung vonseiten des Trainees gekennzeichnet. In ressortspezifischen Traineeprogrammen bleibt der Trainee in einem spezifischen Ressort innerhalb der Organisation und wird in diesem Bereich intensiv ausgebildet. Oft wird mit dieser Form die Entwicklung in Richtung Fachlaufbahn forciert.[34] In individuellen flexiblen Traineeprogrammen wird der Ablauf gemeinsam mit den Fachabteilungen festgelegt. Das heißt, der Grad an Standardisierung ist gering und die Aufgaben sind vielfältig gestaltet. So können Trainees auch selbst mitbestimmen, welche Stationen sie in der Organisation durchlaufen möchten. Neben diesen Formen existieren in der Praxis aber auch zahlreiche Mischformen.[35]

Zentrale Funktionen von Traineeprogrammen sind:

- das gegenseitige Kennenlernen von Trainee und Organisation,
- das Erlernen neuer Qualifikationen und Kompetenzen,
- das Knüpfen von neuen Kontakten.

---

32 vgl. Stock-Homburg 2013, S. 220
33 vgl. Kapitel 2.2.2. Inhalte und Maßnahmen der betrieblichen Weiterbildung, in diesem Beitrag.
34 vgl. Kapitel 2.3. Karriere- und Laufbahnplanung, in diesem Beitrag.
35 vgl. dazu ausführlich Lang 2004, S. 5ff.

Das gegenseitige Kennenlernen im Rahmen des Traineeprogramms stellt eine zentrale Möglichkeit für alle Beteiligten dar, um zu prüfen, ob man zueinander passt. So haben Trainees Gelegenheit, die Organisation näher kennenzulernen, und vonseiten des Unternehmens können Stärken und Schwächen der Trainees erkannt werden. Bedingt durch das in vielen Programmen angewandte Rotationsprinzip lernen Trainees verschiedene Personen innerhalb der Organisation kennen, die auch nach Ablauf des Programms Ansprechpartner bleiben. So hat sich in der Praxis gezeigt, dass Trainees in vielen Fällen genauer Beschied wissen, wer in der jeweiligen Abteilung der/die beste Ansprechpartner/in für eine bestimmte Fragestellung ist.

Zentrale Herausforderungen, die sich im Rahmen von Traineeprogrammen ergeben, sind:

- das fehlende Zugehörigkeitsgefühl zu einer Abteilung,
- permanenter Dilettantismus,
- Rollenunklarheiten,
- zusätzliche Belastungen für die aufnehmenden Abteilungen.

Trainees berichten nach Absolvierung des Programms in vielen Fällen, dass sie, bedingt durch das ständige Wechseln, keine Betriebszugehörigkeit entwickeln konnten. Zudem kann es deprimierend sein, sich immer wieder in neue Aufgabenbereiche einzuarbeiten. Oft ist in den aufnehmenden Abteilungen auch kein Personalbedarf vorhanden. Das kann zu Rollenunklarheiten, Langeweile und zusätzlichen Belastungen führen.

Aus der Praxis

Das rund einjährige Traineeprogramm der ÖBB bereitet Universitätsabsolventinnen und -absolventen bestmöglich auf ihren Einsatz in anspruchsvollen Funktionen im ÖBB-Konzern vor. Die Besonderheit des Programms liegt in dem ausgewogenen Mix von Erfahrungslernen, Wissensvermittlung, individueller Potenzialeinschätzung und Förderung der Teilnehmenden. Das vielfältige Programm beinhaltet zusätzlich zu den Jobrotationsstellen unter anderem österreichweite Seminar- und Exkursionswochen, Coaching sowie Kamingespräche mit Vorständen. Außerdem können sich die engagierten Berufseinsteiger im Rahmen von Projekten und Veranstaltungen proaktiv an der Gestaltung des Programms beteiligen und unterstützen soziale Aktivitäten im Konzern.

Traineeprogramme

Das Programm „trainees für mobilität" ist ein Berufseinsteiger-Programm des ÖBB-Konzerns für Uniabsolventen mit den unterschiedlichsten Backgrounds.

Das Traineeprogramm im ÖBB-Konzern

2.2. Betriebliche Weiterbildung

Das Wissen, die Qualifikationen und die Kompetenzen der Beschäftigten zählen zu den wichtigsten strategischen Wettbewerbsvorteilen in der heutigen Unternehmenspraxis. Durch die zunehmende Komplexität, Dynamik und Unsicherheit in der Wirtschaftswelt ist die stetige und vor allem nachhaltige Entwicklung der Beschäftigten ein unabkömmlicher Bestandteil des Personalmanagements geworden. Neben diesen Entwicklungen, welche die Relevanz der Personalentwicklung für die organisationale Performanz erhöhen, ist zu bemerken, dass die Globalisierung und der technologische Fortschritt die Halbwertzeit des Wissens kontinuierlich verkürzen.[36] Bedingt durch diese Entwicklungen steigt die Bedeutung der betrieblichen Weiterbildung stetig. 2010 waren bereits 87 % der österreichischen Unternehmen weiterbildungsaktiv (vgl. Abbildung 4). Das bedeutet, dass in fast neun von zehn Unternehmen Beschäftigte an Weiterbildungsmaßnahmen teilnahmen. Die Tendenz ist weiter steigend. Im europäischen Vergleich sind Österreich und Schweden Spitzenreiter. Das Schlusslicht bildet Polen, wo 2010 nur 22 % der Unternehmen weiterbildungsaktiv waren.[37]

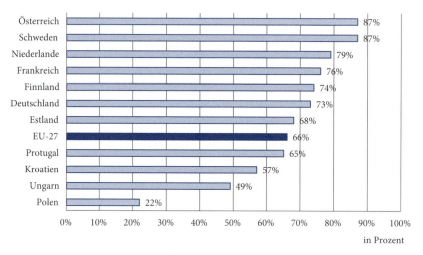

Abbildung 4: Unternehmen mit betrieblicher Weiterbildung in Europa 2010

Betriebliche Weiterbildung ist demnach ein zentrales Themenfeld in der Personalentwicklung. Doch was genau ist unter betrieblicher Weiterbildung zu verstehen?

Definition

Die betriebliche Weiterbildung umfasst alle betrieblichen Aktivitäten, die zur Erhaltung bzw. Steigerung der Fertigkeiten und Kenntnisse nach dem Abschluss einer ersten Bildungsphase (z.B. Lehrberuf oder HTL) führen.[38]

---

36 vgl. Hungenberg/Wulf 2011, S. 403
37 vgl. Statistik Austria 2013, S. 40
38 vgl. Pawlowsky/Bäumer 1996, S. 8

2.2.1. Ziele der betrieblichen Weiterbildung

Die Ziele der betrieblichen Weiterbildung sind vielfältig und können sowohl für die Organisation als auch für Beschäftigte Vorteile darstellen (vgl. Tabelle 5). In diesem Zusammenhang muss natürlich auch erwähnt werden, dass betriebliche Weiterbildung einen hohen Kostenfaktor für die Organisation darstellt und nicht selten mit einem hohen Zeitaufwand verbunden ist.

Ziele der betrieblichen Weiterbildung aus Sicht…	
… der Organisation	… der Beschäftigten
• Anpassung der Qualifikationen der Beschäftigten an veränderte Gegebenheiten • Erhöhung der Flexibilität der Beschäftigten • Vermeidung zukünftiger Kompetenzdefizite • Verbesserung der Wettbewerbsfähigkeit • Steigerung der Identifikation zur Organisation • Erhöhung der Bindung zur Organisation	• Persönliche und berufliche Entfaltung • Anpassung der Qualifikationen an veränderte Anforderungen • Beschäftigungs- und Einkommenssicherung • Vorbereitung beruflicher Veränderungen und individueller Karrieren • Erhöhung individueller Mobilität

Tabelle 5: Ziele der betrieblichen Weiterbildung[39]

2.2.2. Inhalte und Maßnahmen der betrieblichen Weiterbildung

Im Zusammenhang mit betrieblicher Weiterbildung ist oft die Rede von Qualifikationen und Kompetenzen. Daher ist es wichtig zu unterscheiden, ob die betriebliche Weiterbildungsmaßnahme auf die Erhöhung oder Sicherstellung von *Qualifikationen* und/oder *Kompetenzen* der Beschäftigten abzielt (vgl. Tabelle 6).

Qualifikation	Kompetenz
• erworbenes und zertifiziertes Wissen • vorgehaltene Fähigkeiten • erlernte Fertigkeiten • idealtypische Verhaltensmuster	• praktisch eingesetztes Wissen und Können • eingesetzte Fertigkeiten • situationsangemessenes und wertorientiertes Handeln

Tabelle 6: Unterschiede zwischen Qualifikation und Kompetenz

---
39 Becker 2013, S. 322

Bei *Qualifikationen* handelt es sich um *Kenntnisse, Fähigkeiten* und *Fertigkeiten*, welche die Eignung des Beschäftigten für die Ausübung einer bestimmten Tätigkeit kennzeichnen.[40] Es handelt sich demnach um die allgemeine und berufliche Ressourcenbasis für potenzielle Handlungen.

In den 1970er-Jahren wurden Qualifikationen erstmals in Fach- und Schlüsselqualifikationen gegliedert. Bei Fachqualifikationen handelt es sich um Kenntnisse, Fähigkeiten und Fertigkeiten, die eng mit der Aufgabenbewältigung verbunden sind. Qualifikationen, die keinen unmittelbaren Bezug zu einer praktischen Tätigkeit aufweisen, sondern die Eignung für eine Vielzahl an Positionen und Funktionen mit sich bringen, werden als Schlüsselqualifikationen bezeichnet.[41] Mertens (1974) sprach bereits vor 40 Jahren in diesem Zusammenhang von Kompetenzorientierung. Schlüsselqualifikationen können – ähnlich wie Kompetenzen – nicht durch die traditionellen Weiterbildungsveranstaltungen (z.B. Vorlesungen) vermittelt werden. Ihr Erwerb oder ihre Förderung ist nur über die Bewältigung von Situationen möglich (situative Ermöglichung).

Unter *Kompetenz* versteht man im Allgemeinen die Fähigkeit, in offenen, unüberschaubaren und komplexen Situationen selbstorganisiert zu handeln. Kompetenzen lassen sich demnach als Selbstorganisationsdispositionen bezeichnen und können in vier grundlegende Kompetenzklassen (Schlüsselkompetenzen) eingeteilt werden:[42]

- Ausgeprägte *personale Kompetenzen* zu haben bedeutet, persönlich stabil und gefestigt zu sein und auch bei Problemen ethisch fundiert, vorbildlich im Verhalten und loyal zur Organisation zu sein.
- *Aktivitätsbezogene Kompetenzen* erlauben es der Person, auch in problematischen Situationen initiativ zu werden und ein hohes Maß an Aktivität zu zeigen. Kompetenzen in diesem Bereich zeichnen sich aus durch Belastbarkeit, Beharrlichkeit und einen Gestaltungswillen, der andere motivieren kann.
- Die *fachlich-methodischen Kompetenzen* basieren auf einem umfangreichen sachlichen und methodischen Wissen, das die Person situationsbezogen einsetzen und auch modifizieren kann. Menschen mit einer ausgeprägten fachlich-methodischen Kompetenz gehen an ihre Aufgaben fleißig, systematisch, planerisch und analytisch heran.
- Die *sozial-kommunikativen Kompetenzen* einer Person stehen für Kommunikationsfähigkeit, Teamgeist und Verlässlichkeit auch in schwierigen Situationen, sodass die Person auf andere Menschen zugehen, auf sie eingehen und mit ihnen gut zusammenarbeiten kann. Sozial-kommunikative Menschen kommunizieren und kooperieren gern mit anderen, können Beziehungen aufbauen, Menschen beraten und unterstützen und ihre Probleme und Konflikte klären helfen.

---

[40] vgl. Becker 2013, S. 6ff.
[41] vgl. Mertens 1974, S. 40
[42] vgl. Erpenbeck/von Rosenstiel 2007, S. XXIII ff; Woodruffe 1993, S. 29

Wie diese Differenzierung schon vermuten lässt, existieren zahlreiche Überschneidungen in den einzelnen Zuordnungen, und auch der Kompetenzbegriff per se wird in Wissenschaft und Praxis zum Teil schwammig und sehr unterschiedlich verwendet.[43]

Stop and Think

Die Vermittlung von Qualifikationen durch Weiterbildungsmaßnahmen ist wesentlich einfacher als die Entwicklung und Förderung von Kompetenzen. Anhand eines konkreten Beispiels würde das Folgendes bedeuten: Der Besuch der Lehrveranstaltung „Personal, Führung, Organisation" und die erfolgreiche Absolvierung der Teilleistungen führen zu einer Qualifikation – Sie bekommen eine positive Note eingetragen. Das sagt jedoch noch nichts über Ihre Kompetenzen aus. Erst wenn Sie in der Praxis Lehrinhalte auf ein unvorhersehbares Ereignis selbstorganisiert anwenden, haben Sie eine Kompetenz entwickelt. Demzufolge kann es Kompetenzen ohne Qualifikationen nicht geben, denn Kompetenzen umfassen Qualifikationen.

In Tabelle 7 werden einzelne Methoden der betrieblichen Bildungsarbeit und Mitarbeiterförderung erläutert und deren Inhalte und Zielsetzungen verdeutlicht.

Methoden der betrieblichen Weiterbildung
Vorlesungsmethode   In Vorlesungen vermitteln Lehrende einer Gruppe von Personen eine Reihe von Themengebieten in zeitlich kompakter Form. Diese Methode wird weitgehend in der Weiterbildung angewendet und dient dazu, theoretisch-konzeptionelle Inhalte in möglichst kurzer Zeit zu vermitteln. Die/der Teilnehmer/in wird allerdings in eine passive Rolle gedrängt, was zu einer Verminderung der Aufmerksamkeit führen kann.
Rollenspiele   Im Rahmen dieser Methode werden Situationen nachgestellt, die in ähnlicher Art und Weise im täglichen Arbeitsleben auftreten können. Rollenspiele zielen nicht auf Wissensvermittlung, sondern werden zur Übung zwischenmenschlicher Situationen eingesetzt (z.B. Konfliktsituationen).
Fallstudien   Unter Fallstudien versteht man ein didaktisches Hilfsmittel, das auf einem realen oder fiktiven Sachverhalt aus der Unternehmenspraxis beruht. Es werden dabei Problemstellungen aufgeworfen, die zu diskutieren sind. Ziel ist es, Lösungsvarianten zu erarbeiten und so das selbstständige Handeln, die Urteilsfähigkeit, analytische Fähigkeiten sowie Entscheidungs- und Beratungskompetenzen der Teilnehmerinnen und Teilnehmer zu fördern.

---

43 vgl. hierzu ausführlich Becker 2013, S. 8ff.

Planspiel
Diese Methode beruht wie die Fallstudienmethode auf der Simulation realer Unternehmensprozesse. Den Teilnehmenden werden Rollen von miteinander in Konkurrenz stehenden fiktiven Unternehmen übertragen. Anhand von vorgegebenen Informationen haben sie Entscheidungen für künftige Perioden in unterschiedlichen Bereichen (z.B. Produktion, Personal) zu treffen. Die Förderung der Problemlösungskompetenz, unternehmerisches Denken und Handeln sowie das ganzheitliche Erleben von betriebswirtschaftlichen Zusammenhängen stehen dabei im Vordergrund.

E-Learning
Mithilfe elektronischer Hilfsmittel werden virtuelle Lernumgebungen geschaffen, in denen selbstgesteuert und ortsungebunden gelernt werden kann. Für den Lerntransfer ist es entscheidend, dass sie einen hohen Bezug zur Arbeitsaufgabe aufweisen und die Beschäftigten Rückmeldungen über ihren Lernfortschritt erhalten.

Blended Learning
Durch Kombination von Präsenzveranstaltungen und selbstgesteuertem Lernen mit digitalen Medien können Beschäftigte im Rahmen von E-Learning-Phasen ihre Arbeitszeit flexibel gestalten und an Präsenztagen neue Lehrinhalte gemeinsam erarbeiten und Erfahrungen austauschen.

Action Learning
Diese Methode basiert auf einer Form des aktionsorientierten Lernens, das auf dem Prinzip „learning by doing" beruht. Beschäftigte können sich neue Fach- und Methodenkenntnisse aneignen, indem sie reale Problemstellungen aus der Unternehmenspraxis innerhalb einer Gruppe bearbeiten.

Qualitätszirkel
Bei einem Qualitätszirkel handelt es sich um eine auf Dauer eingerichtete Kleingruppe, die freiwillig und regelmäßig Probleme des eigenen Arbeitsbereiches bespricht und gemeinsam Lösungsansätze sucht und diese auch umsetzt.

Job Enlargement
Hierbei handelt es sich um eine quantitative Arbeits- und Aufgabenerweiterung. Job Enlargement findet in der Praxis meist im produzierenden Bereich statt. Durch die Übernahme von zusätzlichen, aber inhaltlich gleichartigen Arbeitsaufgaben wird der Tätigkeitsspielraum von Beschäftigten erhöht.

Job Enrichment
Ziel ist es, durch qualitative Erweiterung der Arbeitsaufgaben die Motivation der Beschäftigten zu erhöhen. Diese Aufgabenerweiterung ermöglicht es dem Beschäftigten, neue Fähigkeiten und Kompetenzen zu entwickeln. Damit verbunden ist oft ein höheres Maß an Verantwortung und Autonomie, was wiederum zu einer Erhöhung der Arbeitsmotivation führen kann.

Job Rotation
Dabei handelt es sich um eine systematisch geplante und zeitlich begrenzte Rotation von Beschäftigten durch verschiedene Aufgabenfelder. Der Stellenwechsel kann horizontal (auf gleicher Hierarchieebene, also innerhalb einer Abteilung), vertikal (auf eine ranghöhere oder rangniedrigere Stelle) oder radial (Wechsel zwischen Stab- und Linienfunktion) erfolgen. Diese Methode wird häufig im Rahmen von Traineeprogrammen angewendet.
Coaching
Bei dieser Methode handelt es sich um eine individuelle Prozessberatung in Bezug auf arbeitsbezogene Fragestellungen. Die beratende Person (der Coach) beteiligt sich nicht aktiv am Entscheidungs- bzw. Handlungsprozess, sondern nimmt eine unterstützende Funktion ein und zielt auf „Hilfe zur Selbsthilfe" ab.

Tabelle 7: Ausgewählte Methoden der Personalentwicklung

In der betrieblichen Weiterbildung kann ein klarer Trend hin zu Varianten des elektronischen Lernens verzeichnet werden.[44] In einer 2013 durchgeführten Umfrage setzten bereits mehr als die Hälfte der befragten Unternehmen E-Learning in der betrieblichen Weiterbildung ein. Gängige Varianten sind in diesem Zusammenhang Webinare, Web Based Trainings, Wikis, Podcasts und virtuelle Lernplattformen wie beispielsweise Learn@WU oder Moodle. Der Trend in Richtung E-Learning ist unter anderem darauf zurückzuführen, dass E-Learning wesentlich günstiger und flexibler einsetzbar ist als traditionelle Methoden der Personalentwicklung. Zudem zeichnen sich E-Learning-Methoden durch Interaktivität und Multimedialität aus. Interaktivität bedeutet, dass der Lernende durch diverse Steuerungs- und Eingriffsmöglichkeiten den Ablauf und Inhalt des Lernprozesses mitgestalten kann. Der multimediale Charakter von E-Learning-Methoden ermöglicht den Einsatz verschiedenster Medien (z.B. Videos, Hörbücher, E-Books, Audioplayer) und Endgeräte (PC, Tablet, Smartphone, Smartwatches) und löst so eine Optimierung des Lernprozesses aus. Zentrales Gegenargument des Einsatzes reiner E-Learning-Methoden ist, dass ein sozialer Austausch der Teilnehmerinnen und Teilnehmer nur begrenzt möglich ist. Deshalb wird in der Praxis vermehrt die Methode des Blended Learnings angewendet.[45] Durch die Kombination von Präsenzveranstaltungen und selbstgesteuertem interaktivem E-Learning können Beschäftigte im Rahmen von E-Learning-Phasen ihre Arbeitszeit flexibel gestalten und an Präsenztagen neue Lehrinhalte gemeinsam erarbeiten und Erfahrungen austauschen.

44　vgl. Dittler/Kreidl 2015, S. 51
45　vgl. Henning 2015, S. 134

Blended Learning

Hier werden Ihnen anschaulich die Vorteile des Blended Learning-Konzeptes präsentiert.

Das Blended Learning-Konzept

Neben der Wahl einer geeigneten Methode der Wissens- bzw. Kompetenzvermittlung ist es wichtig zu thematisieren, ob die Durchführung des Trainings mit starkem Bezug zum Arbeitsplatz (Training on the job) oder außerhalb des Arbeitsplatzes (Training off the job) stattfinden soll. Die Differenzierung in Training on the job und in Training off the job hat bereits eine lange Tradition. Als zentrales Unterscheidungskriterium wird die zeitliche und räumliche Nähe des Lernens zum Arbeitsplatz herangezogen:

- *Trainings off the job* weisen keinen direkten Bezug zur Arbeitstätigkeit auf und finden außerhalb des Arbeitsplatzes statt. Diese Art von Training ermöglicht den Beschäftigten das Lernen aus einer kritischen Distanz zum Unternehmen und unter Umständen einen Erfahrungsaustausch mit Beschäftigten anderer Firmen. Gängige Trainings off the job sind Vorlesungen und Konferenzen.
- Bei *Trainings on the job* handelt es sich um Maßnahmen, die einen direkten Bezug zur Arbeitstätigkeit aufweisen. Sie erfordern eine hohe Aktivität der Beschäftigten direkt am Arbeitsplatz und finden im Rahmen von „learning by doing" statt. Die Vorteile dieses Trainings sind die meist geringeren Kosten im Vergleich zu den Trainings off the job, die Möglichkeit der individuelle Anpassung an das individuelle Lerntempo und die Praxisrelevanz. Als typisches Training on the job kann die Job Rotation im Rahmen eines Traineeprogramms gesehen werden.[46]

Abbildung 5 zeigt eine systematische Einordung gängiger Personalentwicklungsmethoden. Dabei ist auch wichtig zu erkennen, dass der Entwicklungsbedarf und die daraus resultierenden Zielsetzungen eine große Bedeutung haben. Steht beispielsweise der Qualifizierungsbedarf im Vordergrund, kann auf ein Training off the job zurückgegriffen werden. Ist die Kompetenzförderung von zentraler Bedeutung, werden in vielen Fällen Trainings on the job sinnvoll sein.

---

46 vgl. Kapitel 2.1. Onboarding: die Einführung neuer Beschäftigter, in diesem Beitrag.

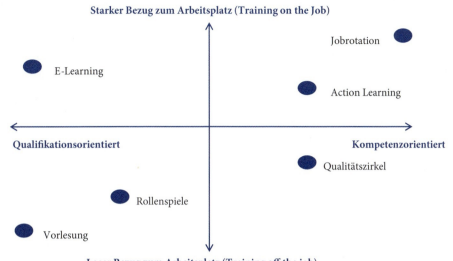

Abbildung 5: Systematisierung von Personalentwicklungsmethoden

Eine eindeutige Zuordnung von Personalentwicklungsmaßnahmen kann in vielen Fällen nur schwerpunktmäßig erfolgen, da in der Praxis häufig Mischformen existieren. So finden Traineeprogramme fast ausschließlich am Arbeitsplatz statt (Training on the job). Es kann aber nicht ausgeschlossen werden, dass einzelne Module zur allgemeinen Einführung in Form von Vorlesungen (Training off the job) abgehalten werden.[47]

2.3. Karriere- und Laufbahnplanung

Ein zentrales Handlungsfeld der Personalentwicklung ist die betriebliche Karriere- und Laufbahnplanung. In unseren Köpfen haben wir alle eine bestimmte Vorstellung von Karriere. In den meisten Fällen wird Karriere als hierarchischer Aufstieg (Kaminkarriere[48]) verstanden und berufliche Laufbahn als Karriereweg im Unternehmen. Dieses Alltagsverständnis von Karriere- und Laufbahn deckt sich aber nur zum Teil mit dem wissenschaftlichen Verständnis.

In der Literatur wird die *individuelle Karriere* als Abfolge objektiv wahrnehmbarer Positionen im Zeitverlauf betrachtet und umfasst somit auch Abwärts- und Seitwärtsbewegungen.[49] Demnach bezieht sich die Karriere auf den subjektbezogenen beruflichen Werdegang einer Person und kann verschiedenste Stationen im Lebenslauf beinhalten. In der Karriereforschung wird zwischen einem *objektiven* und einem *subjektiven* Karriereerfolg unterschieden.[50] Das Einkommen, die Anzahl der

---

47 vgl. Kapitel 2.1. Onboarding: die Einführung neuer Beschäftigter, in diesem Beitrag.
48 Moser et al. 2014, S. 461.
49 Becker 2013, S. 609
50 vgl. Ng et al. 2005, S. 367ff.

unterstellten Beschäftigten und das Prestige der Berufstätigkeit sind Faktoren, die den objektiven Karriereerfolg messen. Karriere- und Lebenszufriedenheit sind als subjektive Karrierefaktoren zu klassifizieren. Empirische Studien zeigen jedoch, dass eine Problematik in der Differenzierung von Karriereerfolg und Karrierezufriedenheit besteht.[51]

Im Gegensatz zur individuellen Karriere beschreibt die *Laufbahn* subjektunabhängige Positionsabfolgen innerhalb einer Organisation. Organisationale Laufbahnen begrenzen die Möglichkeiten für den individuellen Karriereverlauf. Laufbahnen bieten typische Entwicklungswege, die eine Organisation anbietet. Diese normativen Ordnungsmuster sind besonders in bürokratischen Organisationen, wie beispielsweise in der öffentlichen Verwaltung (z.B. Universitäten, Ministerien), sehr ausgeprägt zu finden.[52]

In der Praxis wird zunehmend von der Notwendigkeit der Etablierung eines betrieblichen Karrieremanagements gesprochen. Doch was beinhaltet ein betriebliches Karrieremanagement und welche Rolle spielt dabei die Personalentwicklung?

Definition

Als betriebliches Karrieremanagement wird ein kontinuierlicher Prozess der Planung, Realisierung und Evaluation von *organisationalen Laufbahnen* und *individuellen Karrieren* bezeichnet. Das betriebliche Karrieremanagement beinhaltet also zum einen die strategische Laufbahnplanung und zum anderen die individuelle Karriereentwicklung. Der Personalentwicklung kommt die Aufgabe zu, die individuellen Karrierewege und Laufbahnmöglichkeiten zu bestimmen und geeignete Bildungs- und Förderungsmaßnahmen einzuleiten.

2.3.1. Ziele eines betrieblichen Karrieremanagements

Die Ziele der betrieblichen Karriere- und Nachfolgeplanung sind vielfältig (vgl. Tabelle 8).[53] Vonseiten der Organisation trägt ein gezieltes Karrieremanagement maßgeblich zu einer systematischen Personalbedarfsplanung bei. Durch die Festlegung eines individuellen Karriere- und Entwicklungsplans (z.B. im Rahmen eines Mitarbeitergesprächs) können den Beschäftigten Entwicklungsmöglichkeiten innerhalb der Organisation aufgezeigt und daraus abgeleitet Förderziele und -maßnahmen festgelegt werden, die auch zur Umsetzung individueller Karrierevorstellungen beitragen.

---

51 vgl. Gunz/Mayrhofer 2011, S. 251ff., Mayrhofer et al. 2007, S. 215ff.
52 vgl. Mayrhofer et al. 2005, S. 245
53 vgl. Becker 2013, S. 611

Ziele des betrieblichen Karrieremanagements aus Sicht …	
… der Organisation	… der Beschäftigten
• Sicherung des notwendigen Personalbestandes • Erhöhung der Flexibilität durch Vorbereitung von Beschäftigten auf andere Tätigkeiten • Interne Besetzung freier Stellen • Verminderung von Fluktuation aufgrund fehlender Veränderungsoptionen	• Aufstiegs- und Umstiegschancen in attraktive Positionen • Selbstverwirklichung durch Übernahme von Verantwortung anspruchsvoller Aufgaben • Erhöhung von Ansehen, Einkommen, Status und Macht • Abklärung der beruflichen Entwicklungsmöglichkeiten innerhalb der Organisation

Tabelle 8: Ziele des betrieblichen Karrieremanagements

2.3.2. Inhalte und Maßnahmen des betrieblichen Karrieremanagements

Wenn in einer Organisation ein betriebliches Karrieremanagement existiert, ist dies ein Zeichen dafür, dass nach dem personalpolitischen Grundsatz verfahren wird, vakante Positionen, sofern möglich, intern zu besetzen (interne Personalbeschaffung).[54] Dafür ist ein ausgefeiltes Laufbahnsystem (in der Literatur auch als Karrieresystem bezeichnet) notwendig, das durch sechs Merkmale gekennzeichnet ist:[55]

- Das *Aktivitätsniveau* bezeichnet die Summe aller Gestaltungsmerkmale, mit denen Einfluss auf die Bewegungen innerhalb der Organisation genommen wird. Es wird durch die Betriebsgröße, rechtliche Bestimmungen und Größenänderungen (Wachstum, Schrumpfung) beeinflusst.
- Die *Bewegungshäufigkeit* wird auch als Bewegungsgeschwindigkeit bezeichnet und gibt an, wie lange die Beschäftigten in einer Position verweilen bzw. wie oft sie diese wechseln.
- *Bewegungsanlässe* entstehen durch neue oder frei werdende Stellen. Besetzungsbedürftige Stellen werden frei, wenn Beschäftigte die Organisation freiwillig oder unfreiwillig verlassen, versterben, bei befristeten Verträgen nicht verlängert oder in andere Bereiche versetzt werden.
- *Bewegungsprofile* kristallisieren sich heraus, wenn charakteristische Positionsfolgen über einen längeren Zeitraum stattfinden. Sind die Bewegungsprofile durch bewusste organisationale Gestaltungsentscheidungen entstanden, werden sie als Karrierepfade bezeichnet. Deren Etablierung ist nur in großen Unternehmen mit ausreichenden und gleichartigen Stellen in stabilen Hierarchien möglich. Bewegungsprofile zeichnen sich durch die Anzahl der zu durchlaufenden Stellen, deren

---

54 vgl. auch den Beitrag „Auswahl von Mitarbeiterinnen und Mitarbeitern" in diesem Buch.
55 vgl. Berthel/Becker 2013, S. 480ff.

Aufeinanderfolge und eine höchste zu erreichende Position aus. In kleineren Betrieben sind Karrierepfade in der Regel nicht möglich. Hier wird jede frei werdende Führungsposition im Rahmen individueller Nachfolgeüberlegungen vergeben.

- *Bewegungsrichtungen* bestimmen mögliche Entwicklungsrichtungen innerhalb einer Organisation. In der Literatur wird von drei möglichen Bewegungsrichtungen gesprochen (vgl. Abbildung 6): der *vertikal-hierarchischen Richtung* aufwärts, aber auch abwärts, die durch den Wechsel auch mit einer Veränderung von Verantwortlichkeiten verbunden ist, der *funktional-zirkulären* Karriererichtung, in der Versetzungen auf gleicher hierarchischer Ebene stattfinden, und der *zentripetalen* Karriere, die Schein (1971) als Annäherung an ein Machtzentrum beschreibt. Die letzte Form kann, muss aber nicht, mit einem vertikalen Aufstieg in Verbindung stehen. Der Erfolg richtet sich nach dem Ausmaß erlebter Einflussmöglichkeiten und nach der Zugehörigkeit zu bestimmten Gruppierungen innerhalb des Unternehmens.[56]

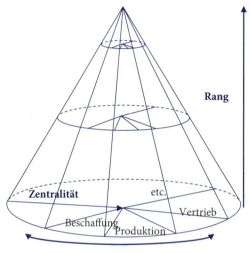

Abbildung 6: Karrierekegel[57]

- Der *Bewegungsraum* eines Laufbahnsystems ist gleichbedeutend mit dem Stellengefüge, welches die nötigen Informationen für Besetzungsmöglichkeiten liefert. Das Stellengefüge gibt einen Überblick über die vorhandenen Stellen und informiert über deren hierarchische Einordnung. Der Bewegungsraum ist demnach von der *Organisationsstruktur* und den *Laufbahnformen*, die ein Unternehmen anbietet, geprägt.

In der Unternehmenspraxis haben sich *drei Formen der Laufbahngestaltung* etabliert (vgl. Abbildung 7). Lange Zeit hat die Führungslaufbahn als klassisches Karrieremodell in der Praxis dominiert. Bedingt durch den technischen Wandel, die demografi-

---

56 vgl. Schein 1994, S. 19ff.
57 vgl. Schein, 1971, S. 404

sche Entwicklung und den immer stärker werdenden Wunsch nach menschlicher Selbstbestimmung und -verwirklichung ergibt sich ein zunehmender Trend in Richtung Projekt- und Fachlaufbahnen.[58]

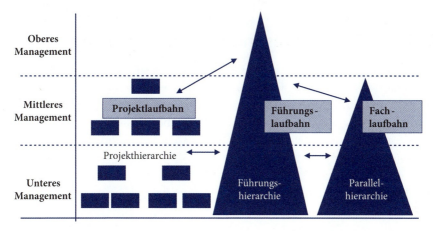

Abbildung 7: Laufbahnmodelle

Die klassische Form der *Führungslaubahn* geht mit dem traditionellen Verständnis einer innerbetrieblichen Karriere einher. Die Übernahme von Positionen mit Führungsaufgaben in einem hierarchischen System wird als Führungslaufbahn verstanden. Neben zusätzlichen Gestaltungsmöglichkeiten durch Machtzuwachs und einer Erhöhung des Einkommens und des Status ist mit einer Führungsfunktion auch ein Verantwortungszuwachs für Menschen und Ressourcen verbunden. In der Praxis zeigt sich immer wieder, dass das Führen von Beschäftigten eine sehr anspruchsvolle Aufgabe ist, der nicht jeder gewachsen ist.

Die *Fachlaufbahn* ermöglicht eine inhaltliche Spezialisierung in einem bestimmten Fachgebiet. Sie existiert neben der traditionellen Führungslaufbahn und zeichnet sich durch einen hohen Anteil an Fachaufgaben bei sehr geringen administrativen Tätigkeiten aus. Damit Fachlaufbahnen als eine echte Alternative zur Führungslaufbahn wahrgenommen werden, wird versucht, die Struktur der Fachlaufbahn an die der Führungslaufbahn anzulehnen. Glaubwürdigkeit und Akzeptanz werden umso mehr erreicht, wenn die Auswahlkriterien für Fachlaufbahnen transparent, nachvollziehbar und eindeutig kommuniziert werden. In der betrieblichen Praxis sind Fachlaufbahnen vor allem im Forschungs- und Entwicklungsbereich und im IT-Sektor verbreitet. Da bei dieser Laufbahn die Expertise und Aufgabenspezialisierung im Vordergrund stehen, endet diese Laufbahn in der Regel im oberen mittleren Management.

Die *Projektlaufbahn* stellt die dritte mögliche Laufbahn innerhalb eines Unternehmens dar. Sie können Fach- oder Führungskarrieren auf Zeit sein. Ähnlich wie die

---

58   vgl. Becker 2013, S. 613ff.; Berthel/Becker 2013, S. 486ff.

Fachlaufbahn kann die Projektlaufbahn durch attraktive Arbeitsinhalte punkten und ermöglicht unter Umständen die Erprobung von Führungsverantwortung. Für die Projekt- und Fachlaufbahn gilt jedoch gleichermaßen, dass die Spitzenpositionen im mittleren Management enden.

2.4. Betriebliches Gesundheitsmanagement

Ein zunehmend an Bedeutung gewinnendes strategisches Handlungsfeld der Personalentwicklung ist das betriebliche Gesundheitsmanagement.[59] Im Rahmen des betrieblichen Gesundheitsmanagements finden verschiedene Interventionen zur Gesundheitsförderung Anwendung. Daher wird das betriebliche Gesundheitsmanagement als Organisationsentwicklungsstrategie gehandhabt und fällt in die Personalentwicklung im weiten Sinn.[60]

> **Definition**
>
> Als *betriebliches Gesundheitsmanagement* wird ein zielgerichteter und methodisch geplanter, realisierter und evaluierter Prozess zur systematischen Gesundheitsförderung der Beschäftigten bezeichnet.[61]

Der Vorläufer des Gesundheitsmanagements in Organisationen – der Arbeits- und Sicherheitsschutz – hat bereits eine lange Tradition.[62] Bedingt durch die demografische Entwicklung, den gesellschaftlichen Wertewandel und die sich konstant verändernden Arbeitsbedingungen verändert sich auch das Verständnis von Gesundheit am Arbeitsplatz und demzufolge der Anspruch an betriebliche Gesundheitsförderung.[63]

2.4.1. Ziele des betrieblichen Gesundheitsmanagements

Ausgangspunkt eines nachhaltigen und systematisch geplanten Gesundheitsmanagements ist zunächst eine klare Vorstellung, was innerbetrieblich unter dem Begriff Gesundheit verstanden wird. Eine nachhaltige Strategie soll dazu führen, dass ein Verständnis von Gesundheit erarbeitet wird und in die Organisationskultur – im Rahmen der Werte, Normen und Verhaltensweisen – Eingang findet. In der bisherigen Managementforschung und betrieblichen Praxis hat sich bis dato ein dreidimensionales Verständnis von Gesundheit durchgesetzt:[64]

---

59 Die Forschung beschäftigt sich seit Jahren intensiv mit dem Zusammenhang von Wohlbefinden und Unternehmensperformance und Personalmanagement (vgl. hierzu ausführlich Peccei et al. 2013, S. 15ff.)
60 vgl. Ulich/Wülser 2015, S. 130ff.; Vogt/Elsigan 2011, S. 19
61 vgl. Schuler/Kanning 2014, S. 1238
62 Die grundlegenden gesetzlichen Bestimmungen sind im österreichischen ArbeitnehmerInnenschutzgesetz (ASchG) verankert.
63 vgl. Stierle/Vera 2014, S. 34
64 vgl. Grant et al. 2007, S. 52f.

- die *körperliche* Dimension bezieht sich auf die physische Unversehrtheit,
- die *psychische* Dimension beinhaltet vor allem psychische Belastungen und Beanspruchungen,
- die *soziale* Dimension fokussiert auf zwischenmenschliche Beziehungen innerhalb des Arbeitsplatzes.

Daran anschließend geben eine Erhebung des aktuellen Handlungsbedarfs und die Formulierung der Zielsetzungen des betrieblichen Gesundheitsmanagements den weiteren Prozessverlauf vor. Typische Methoden sind Fragebogenerhebungen, Dokumentenanalysen und tätigkeitsbezogene Beobachtungen. Die Zielsetzungen des betrieblichen Gesundheitsmanagements können vielfältig sein (vgl. Tabelle 9).

Ziele des betrieblichen Gesundheitsmanagements aus Sicht…	
… der Organisation	… der Beschäftigten
- Produktivitätssteigerung - Verbesserung des Unternehmensimage (Employer Branding) - Kostenreduktion aufgrund von Rückgängen von Krankenständen - Steigende Loyalität der Beschäftigten - Geringere Fluktuation	- Wertschätzung vonseiten der Organisation - Verbesserung/Stärkung von Wohlbefinden und Gesundheit - Erhöhte Leistungsfähigkeit

Tabelle 9: Ziele des betrieblichen Gesundheitsmanagements

2.4.2. Inhalte und Maßnahmen des betrieblichen Gesundheitsmanagements

Die inhaltliche und prozessbezogene Konzeption der anzuwendenden Maßnahmen hängen in hohem Maße vom festgestellten Handlungsbedarf, den jeweiligen Zielsetzungen und dem organisationalen Kontext (z.B. Betriebsgröße, Branchenzugehörigkeit) ab. In einem weiteren Schritt sollten die Prozessverantwortlichen und eine Zielgruppe der Interventionen bestimmt werden. In den meisten Fällen sind die Personalabteilung, der/die Betriebsärztin/-arzt und der Betriebsrat die zentralen Akteure im Steuerungsprozess der betrieblichen Gesundheitsförderung. Resultierend aus diesen Überlegungen können sich Handlungsfelder, wie beispielsweise die Arbeitsplatzgestaltung (Ergonomie), Arbeitsplatzbedingungen (z.B. Lärm, extreme Hitze oder Kälte), Unfallschutz, Stressprävention oder das Gesundheitsverhalten bzw. die Gesundheitskompetenz der Beschäftigten, ergeben.

Im Rahmen des betrieblichen Gesundheitsmanagements nimmt die Förderung und Entwicklung der *Gesundheitskompetenz* eine besondere Rolle ein. Geeignete Maßnahmen der Personalentwicklung können maßgeblich zur Förderung der Gesundheitskompetenz beigetragen. Eine gute Möglichkeit, Beschäftigte aktiv in die betriebliche Gesundheitsförderung miteinzubeziehen – und so auch subjektive Aspekte des

Gesundheitsverständnisses zu berücksichtigen –, bietet die Etablierung eines Gesundheitszirkels. Hier erarbeiten Beschäftigte aus unterschiedlichen Bereichen des Unternehmens unter Anleitung einer meist externen Moderation Vorschläge, wie die Arbeitsbedingungen verbessert werden können. Diese Vorschläge werden dann den Prozessverantwortlichen zur Diskussion vorgelegt.

In der Praxis wird jedoch oft von diesem systematischen Verfahren Abstand genommen und auf „universelle" Maßnahmen zurückgegriffen. So werden neben gesetzlich verpflichtenden Regelungen, die das Arbeitsschutzgesetz vorschreibt, verstärkt Regelungen eingesetzt, die auf die physische Gesundheit abzielen und nebenbei einen gewissen „Lifestyle-Effekt" liefern. So sind Maßnahmen, die auf eine gesunde Ernährung und körperliche Fitness (z.B. Zumba-, Yoga-, Pilates- oder Rücken-fit-Kurse etc.) abzielen, in österreichischen Organisationen bereits weit verbreitet.[65] Auch die psychologische Komponente von Gesundheit erfährt immer mehr Bedeutung, was auch daran liegen mag, dass seit 2013 eine gesetzliche Verpflichtung besteht, psychische und physische Belastungen am Arbeitsplatz zu evaluieren.[66]

Die regelmäßige *Evaluierung* der gesetzten Maßnahmen sollte sich auf die Strukturen, den Prozess und die erzielten Ergebnisse beziehen, um deren Effektivität feststellen zu können. Es ist wichtig, die Evaluation nicht nur anhand von Krankenstandsdaten durchzuführen, sondern auch andere Aspekte und Faktoren zu berücksichtigen. Zusammenfassend sollte es Ziel des betrieblichen Gesundheitsmanagements sein, Gesundheitsförderung in die Organisationsstrukturen so zu integrieren, dass sie zu einem Bestandteil der Personalentwicklung gemacht und so nachhaltig im Betrieb verankert wird.

2.5. Personalfreisetzung

Veränderungen des betrieblichen Aufgabenumfangs oder auch der Anforderungen an die Beschäftigten bewirken Änderungen im gegenwärtigen und zukünftigen Personalbedarf. Diese Umstände können zur Beschaffung von Personal, zur Umschulung bzw. Weiterentwicklung von Personal als auch zur Freisetzung von Personal führen.

Die Personalfreisetzung findet in Wissenschaft und Praxis jedoch nur mäßig Beachtung, obwohl sie zum betrieblichen Alltag im Personalmanagement gehört und zu den herausforderndsten Tätigkeiten zählt. Doch nicht jede Personalfreisetzung muss von quantitativer Natur sein. Es gibt eine Vielzahl an Methoden der Personalfreisetzung, die in diesem Beitrag nun vorgestellt werden. Doch zunächst gilt es zu klären, was unter dem Begriff der Personalfreisetzung zu verstehen ist.

---

65 vgl. Stummer et al. 2011, S. 78
66 vgl. BGBl. I Nr. 118/2012, Arbeitsschutzgesetz-Novelle 2013

> **Definition**
>
> Als Personalfreisetzung wird die Reduzierung einer Personalüberdeckung durch quantitative, qualitative, zeitliche oder örtliche Maßnahmen bezeichnet.[67]

2.5.1. Ursachen der Personalfreisetzung

Die Ursachen für die Freisetzung von Personal können betriebsextern oder -intern sein. Zu den *externen Ursachen* zählen temporäre oder dauerhafte strukturelle Änderungen (z.B. Nachfrageänderungen), bedingt durch gesamtwirtschaftliche, branchen- und unternehmensspezifische Faktoren, und damit verbundene rückläufige konjunkturelle Entwicklungen, saisonale Schwankungen in der Beschäftigung und Fortschritte in der Technologie. *Interne Ursachen* sind Management- und Planungsfehler hinsichtlich betriebsexterner Entwicklungen, strategische Neuorientierungen im Betrieb, Verlagerungen des Betriebsstandortes, Betriebsstilllegungen, Veränderungen der Aufbau- oder Ablauforganisation, vereinbarungswidriges Verhalten und mangelnde Leistungsbereitschaft und/oder Leistungsfähigkeit der Beschäftigten.[68]

2.5.2. Inhalte und Maßnahmen der Personalfreisetzung

In den Medien werden Personalfreisetzungen oft dann diskutiert, wenn es zu einer umfangreichen quantitativen Freisetzung von Personal kommen kann. Personalfreisetzungsmaßnahmen können jedoch mit (externe Personalfreisetzung) oder ohne Reduktion (interne Freisetzung) des Personalbestandes verbunden sein.

> **Aus der Praxis**
>
> Der Lastwagenbauer MAN baut seine Produktion um. Bei diesem Sparprogramm gebe es bei aktuell insgesamt 36.000 Mitarbeitern rund 1.800 zu viel, etwa 1.400 in indirekten Bereichen und weitere 400 in der Produktion, teilte das Unternehmen am Mittwoch in München mit. In Steyr in OÖ seien insgesamt rund 300 Beschäftigte betroffen, teilte der dortige Betriebsratsvorsitzende mit. Laut Unternehmensleitung seien betriebsbedingte Kündigungen ebenso ausgeschlossen wie Standortschließungen; im Wesentlichen solle es durch Verzicht auf eine Nachbesetzung frei werdender Stellen, freiwillige Abfindungen sowie Altersteilzeit umgesetzt werden.[69]

---

67 vgl. Berthel/Becker 2013, S. 388
68 vgl. Berthel/Becker 2013, S. 391ff.
69 angelehnt an „Der Standard", „MAN-Umbau trifft 300 Steyr-Mitarbeiter" vom 25. Juni 2015

Quantitative Maßnahmen zur Freisetzung von Personal reduzieren den Personalbestand (externe Freisetzung) und umfassen die Trennung und den Personalabbau:[70]

- *Trennung (quantitative Freisetzung)*: Bestehende Arbeitsverhältnisse werden durch Kündigung seitens des/der Arbeitnehmers/Arbeitnehmerin oder des/der Arbeitgebers/Arbeitgeberin im täglichen Betriebsablauf beendet.
- *Personalabbau (quantitative Freisetzung)*: Beschäftigungsverhältnisse werden in Krisensituationen oder infolge betrieblicher Strukturveränderungen absichtsvoll und planmäßig koordiniert beendet oder inhaltlich umgestaltet. Instrumente des Personalabbaus sind betriebsbedingte Kündigungen (Massenkündigungen), Einstellungsstopps (Nutzung der natürlichen Fluktuation), Nichtverlängerung befristeter Arbeitsverträge, Kündigung oder Nichtverlängerung von Personalleasingverträgen, Angebot von Aufhebungsverträgen (wie beispielsweise der sogenannte „Golden Handshake") und vorzeitige Pensionierung. Relevante arbeitsrechtliche Vorschriften sind in diesem Zusammenhang in Österreich § 45a Arbeitsmarktförderungsgesetz (Kündigungsfrühwarnsystem) und § 105 Arbeitsverfassungsgesetz (Verständigung des Betriebsrates über die Kündigung).

Eine Personalfreisetzung ohne Reduzierung des Personalbestandes (interne Freisetzung) kann durch *qualitative, zeitliche oder örtliche Maßnahmen* erfolgen. Qualitative Maßnahmen beinhalten die Änderung der Tätigkeit bzw. der Position der Beschäftigten. Zeitliche Maßnahmen umfassen die Reduzierung der Arbeitszeit. Örtliche Maßnahmen beinhalten Veränderungen des Arbeitsortes:[71]

- *Änderung der Tätigkeit/Position (qualitative Personalfreisetzung)*: Zur Angleichung veränderter qualifikatorischer Anforderungen werden insbesondere Personalentwicklungsmaßnahmen im Bereich der Anpassungs- und Aufstiegsfortbildung sowie Umschulungen vorgenommen.
- *Reduzierung der Arbeitszeit (zeitliche Personalfreisetzung)*: Zur Anpassung an einen kurz- oder langfristig verringerten Aufgabenumfang können Betriebsferien verlagert und/oder verlängert, unbezahlter Urlaub oder Langzeiturlaub (Sabbaticals) gewährt, Überstunden abgebaut, Kurzarbeit eingeführt oder die Arbeitszeit allgemein verkürzt (z.B. Teilzeitarbeit, Altersteilzeit) werden.
- *Veränderung des Arbeitsortes (örtliche Personalfreisetzung)*: Zum Ausgleich der Kapazitäten zwischen schrumpfenden und wachsenden Betriebsbereichen können horizontale und/oder vertikale Versetzungen innerhalb des Betriebes vorgenommen werden. Dadurch können einerseits Kündigungen vermieden werden, andererseits können jedoch nicht behebbare Qualifikationsdefizite bei den Betroffenen entstehen, zeitliche Abweichungen zwischen Freisetzungs- und Beschaffungsbedarf bestehen, eingespielte Gruppen oder Teams gefährdet und negative Konsequenzen wie Hierarchieabstieg, Prestigeverlust, Arbeitswegverlängerungen oder Wohnortwechsel bei den Beschäftigten hervorgerufen werden.

---

70 vgl. Berthel/Becker 2013, S. 393; Bröckermann 2012, S. 349
71 Bröckermann 2012, S. 395ff.

Die Fürsorgepflicht der Arbeitgeber/innen erstreckt sich nicht nur auf derzeitige, sondern auch auf ausscheidende Beschäftigte. Im Rahmen des Personalabbaus sind drei Instrumente der Personalentwicklung von Bedeutung: Trennungsgespräch, Austrittsinterview und Outplacement:[72]

- *Trennungsgespräch*: Der/die Arbeitgeber/in informiert die Betroffenen über die Freisetzungsentscheidung in einer sensiblen und verständnisvollen Weise zur Wahrung ihrer Würde und Selbstachtung. Ziel ist eine einvernehmliche Trennungsvereinbarung und die Vorbereitung der Betroffenen auf Personalentwicklungsmaßnahmen (z.B. Outplacementberatung).
- *Austrittsinterview*: Ausscheidende Beschäftigte werden schriftlich und/oder mündlich befragt, um die Gründe von Fluktuationen zu ermitteln. Diese Informationen sind für die Personalentwicklung Teil der Bedarfsanalyse, da Personalentwicklungsdefizite für das Ausscheiden verantwortlich sein könnten.
- *Outplacement:* „Outplacement ist eine über das Arbeitsverhältnis hinausgehende Maßnahme der Personalentwicklung, die betriebliche Trennungsvorgänge von Beschäftigten durch Beratung und Vermittlung für das Unternehmen und den die Betroffenen sozial verträglich und in beiderseitigem Einverständnis gestalten hilft."[73] Ziel ist es, freigesetzte Beschäftigte durch Qualifizierung wieder markt- und vermittlungsfähig zu machen.

3. Nachhaltige Personalentwicklung: Eine neue Perspektive

In den letzten Jahren haben die Themen Nachhaltigkeit und Corporate Social Responsibility (CSR) eine große Bedeutung für Organisationen bekommen. Nachhaltigkeitsberichte enthalten ausführliche Beschreibungen, wie Nachhaltigkeit im Personalmanagement umgesetzt wird.[74] Eine wesentliche Rolle spielt dabei die Personalentwicklung. Dies wird z.B. durch die Global-Reporting-Initiative (GRI) sichtbar, die drei Leistungsindikatoren enthält, die einen Bezug zu Personalentwicklung haben: die durchschnittliche Anzahl an Aus- und Weiterbildungen je Beschäftigten, Programme zur Qualifikationsentwicklung und lebenslangem Lernen und der Prozentsatz an Beschäftigten, der regelmäßig Beurteilungs- und Entwicklungsgespräche angeboten bekommt.[75] Wenn Firmen über diese Indikatoren berichten, zeigen sie laut GRI nicht nur, welche Investitionen in den Aufbau des Humankapitals und damit in die langfristige Überlebensfähigkeit der Organisation getätigt werden, sondern auch, wie sie die Employability der Beschäftigten erhöhen, was nicht nur die Arbeitsplatz-

---

72 vgl. Becker 2013, S. 710ff.
73 Becker 2013, S. 713
74 vgl. Ehnert et al. 2015, in print
75 vgl. Cohen et al. 2012, S. 19ff.

sicherheit erhöht, sondern es den Beschäftigten auch ermöglicht, in wirtschaftlich schwierigen Zeiten eine neue Beschäftigung zu finden.[76]

Neben diesem generischen Beitrag der Personalentwicklung zu nachhaltigem Personalmanagement sind in den letzten Jahren auch spezielle Trainingsprogramme populär geworden, die die Umsetzung von CSR und Nachhaltigkeitsstrategien fördern sollen. Dabei geht es insbesondere um Diversity- und Ethiktraining sowie Schulungen im Bereich Umweltmanagement. Ausgehend von den USA ist Diversity Management mittlerweile auch im deutschsprachigen Raum ein zentraler Bestandteil des nachhaltigen Personalmanagements.[77] Personalentwicklung kann dazu beitragen, ein Bewusstsein für die Wichtigkeit von Diversität für den Erfolg der Organisation zu schaffen, und den Beschäftigten helfen, in zunehmend divers aufgestellten Arbeitsteams zu agieren. Das Diversitätstraining besteht oft aus drei Komponenten. Eine Komponente bilden die rechtlichen Rahmenbedingungen, wie das österreichische Gleichbehandlungsgesetz, welches die Gleichbehandlung von Frauen und Männern in der Arbeitswelt (Teil 1), die Gleichbehandlung ohne Unterschied der ethnischen Zugehörigkeit, der Religion oder Weltanschauung, des Alters und der sexuellen Orientierung (Teil 2) und die Gleichbehandlung ohne Unterschied der ethnischen Zugehörigkeit in sonstigen Bereichen (also Zugang zu Gütern und Dienstleitungen, beim Zugang zu Wohnraum, zu Bildung, sozialen Vergünstigungen und Sozialschutz) (Teil 3) regelt. Ein weiteres wichtiges Element ist das „Cultural Awareness"-Training, welches helfen soll, ein größeres Verständnis für Menschen mit unterschiedlichen kulturellen Hintergründen zu schaffen. Die Teilnehmerinnen und Teilnehmer erfahren beispielsweise, wie sich ihr eigener kultureller Hintergrund von dem anderer Kolleginnen und Kollegen unterscheidet, die beispielsweise ein anderes Geschlecht, ein anderes Alter oder eine andere Nationalität haben. Aufbauend auf diesen Elementen können z.B. Rollenspiele eingesetzt werden, um die Verhaltenskompetenzen zu entwickeln, um effektiv in diversen Arbeitskontexten agieren zu können.[78] Unethisches Verhalten wie Bestechung kann, wie die Beispiele von Daimler und Siemens zeigen, zu hohen Strafzahlungen führen bzw. hat sogar, wie bei Enron, zum Kollaps eines Unternehmens geführt und ist daher ein wichtiges Feld im Risikomanagement. In den USA schreiben Gesetze wie der Sarbanes-Oxley Act von 2002 und das Federal Register von 2004 Unternehmen sogar vor, ihre Beschäftigten in ethischen Fragen zu unterrichten. Auch im deutschsprachigen Raum gibt es immer mehr Organisationen, die Einführungsschulungen für neue Beschäftigte dazu nutzen, diese auf ethische Probleme und den Umgang damit zu schulen. Teilweise werden dafür auch Onlineschulungen eingesetzt, die alle ein bis zwei Jahre wiederholt werden müssen. Ein konkretes Beispiel dafür ist die Ausbildung von Einkaufsmanagerinnen und -managern in Menschenrechtsfragen, sodass diese erkennen können, wenn es fragwürdige Arbeitsbedingungen bei Zulieferern gibt, wie Kinderarbeit, mangelnde Arbeitssicherheit oder unter dem Existenzminimum liegende Löhne.[79]

---

76 vgl. Cohen et al. 2012, S. 20
77 vgl. Bendl/Hanappi-Egger/Hofmann 2012
78 vgl. auch den Beitrag „Über die Bedeutung von Diversitätsmanagement in Organisationen" in diesem Buch.
79 vgl. Müller-Camen/Elsik 2015, S. 559

Ein Instrument der Personalentwicklung, welches aus den USA kommend in den letzten Jahren auch im deutschsprachigen Raum immer populärer wird und eng verbunden ist mit CSR, ist „Employee Volunteering". Dabei handelt es sich um das Engagement von Beschäftigten in sozialen oder ökologischen Projekten wie dem Mentoring von Kindern aus sozial benachteiligten Milieus. Organisationen vermitteln solche Tätigkeiten und erlauben den Beschäftigten, Arbeitstage dafür einzusetzen, oder unterstützen Projekte, in denen ihre Beschäftigten tätig sind, finanziell. Employee Volunteering wird nicht nur als Mittel zur Wahrnehmung von gesellschaftlicher Verantwortung dargestellt und daher gern in Nachhaltigkeitsberichten präsentiert, sondern auch als ideale Form der Personalentwicklung betrachtet. Aktivitäten wie Coaching oder Mentoring sowie die intensive Zusammenarbeit mit Non-Profit-Organisationen erhöhen die Kenntnisse und Fertigkeiten der Beschäftigten und erweitern ihren Horizont. Außerdem werden in vielen dieser Projekte Teamfähigkeiten entwickelt und dies führt wiederum zur Steigerung der Beschäftigungsfähigkeit.[80]

Zusammenfassung
- Personalentwicklung umfasst Bildung, Förderung und Organisationsentwicklung.
- Alle Personalentwicklungsmaßnahmen müssen zielgerichtet, systematisch und methodisch geplant und evaluiert werden, um den Erfolg der Organisation nachhaltig zu sichern.
- Ein gut durchdachter Personaleinführungsprozess berücksichtigt die fachliche Einarbeitung und die soziale Eingliederung von neuen Beschäftigten gleichermaßen.
- Das Wissen, die Qualifikationen und die Kompetenzen der Beschäftigten zählen zu den wichtigsten strategischen Wettbewerbsvorteilen einer Organisation.
- Das betriebliche Gesundheitsmanagement leistet einen essentiellen Beitrag zum Wohlbefinden der Beschäftigten und trägt maßgeblich zur Steigerung der organisationalen Performanz bei.
- Aspekte des nachhaltigen Wirtschaftens finden zunehmend Anwendung in der Personalentwicklung.

---

80 vgl. Cohen et al. 2012, S. 23ff.

> **Reflexionsfragen**
>
> 1. Wie sollte der Personalentwicklungsprozess idealtypisch aufgebaut sein?
> 2. Was sind die wesentlichen Ziele der Personalentwicklung?
> 3. Welche strategischen Handlungsfelder beinhaltet die Personalentwicklung?
> 4. Welche Rolle spielt die Personalentwicklung bei der Umsetzung von CSR und Nachhaltigkeitsstrategien spielen?

Weiterführende Literatur

BECKER, M. (2013): Personalentwicklung.

COHEN, E./TAYLOR, S./MÜLLER-CAMEN, M. (2012): HRM's Role in Corporate Social and Environmental Sustainability.

MAYRHOFER, W./MEYER, M., STEYRER, J. (2007). Contextual issues in the study of careers, in: Gunz, H./Peiperl, M. (Hrsg.), Handbook of career studies.

STIERLE J./VERA, A. (2014): Handbuch Betriebliches Gesundheitsmanagement.

Performance Management

Wolfgang Elšik

Inhaltsverzeichnis

1. **Einleitung** 359
2. **Personalbeurteilung** 362
   - 2.1. Quellen der Personalbeurteilung 367
   - 2.2. Das 360°-Feedback 369
   - 2.3. Beurteilungskriterien 372
   - 2.4. Verfahren der Personalbeurteilung 373
   - 2.5. Prozess der Personalbeurteilung 382
3. **Entlohnung** 387
   - 3.1. Lohngerechtigkeit 388
   - 3.2. Grundlohnbestimmung 390
   - 3.3. Lohnformen 395
   - 3.4. Erfolgsbeteiligung 401
   - 3.5. Freiwillige Sozialleistungen 405

„Performance Management hat das Potenzial, die Leistung der Organisation zu verbessern und als Hebel für einen Kulturwandel zu dienen."[1]

„Individuelle Performance ist ein Baustein des Erfolgs einer Organisation. […] Dennoch sind Manager und Mitarbeiter gleichermaßen skeptisch, dass Performance Management einen Mehrwert bietet; üblicherweise sehen sie es als eine Verschwendung von Zeit und Ressourcen."[2]

Ziel dieses Beitrags ist es,

- das Konzept des Performance Management kennenzulernen;
- die Reichweite und Grenzen von Performance Management abschätzen zu lernen;
- einen Überblick über die Elemente eines Beurteilungssystems zu gewinnen;
- verschiedene Optionen der materiellen Anreizgestaltung unterscheiden zu lernen.

---

1 Armstrong 2015, S. 1
2 Aguinis/Joo/Gottfredson 2011, S. 503

1. Einleitung

Aus der Praxis

Frau Fürst ist Verkaufsleiterin in einem großen pharmazeutischen Unternehmen. Das Geschäftsjahr endet in einer Woche. Sie wird nahezu erdrückt von einer ganzen Reihe von Aufgaben, die zu dieser Zeit anfallen. Dazu gehören die Budgetvorschau für das nächste Jahr, die Reaktion auf Kundenanfragen und die Führung einer Gruppe von zehn Verkäufern. Es ist die wahrscheinlich hektischste Zeit im ganzen Jahr. Da erhält sie einen Anruf aus der Personalabteilung. „Frau Fürst, wir haben die Leistungsbeurteilung Ihrer zehn Mitarbeiter noch nicht erhalten, sie sind bis Ende des Geschäftsjahres fällig." Frau Fürst denkt, „Oh diese Leistungsbeurteilungen ... Was für eine Zeitverschwendung". Sie sieht keinen Nutzen darin, diese scheinbar sinnlosen Formulare auszufüllen. Sie kann ihre Untergebenen kaum beobachten, da sie zumeist auf Kundenbesuch sind, sie kennt ihre Leistungen nur in Form von Umsatzahlen, die jedoch mehr von den Produkten und den Verlaufsgebieten abhängen als von der Anstrengung und Motivation der einzelnen Verkäufer. Außerdem hat die Beurteilung keinerlei Auswirkung auf die Bezahlung. Es sind magere Zeiten in ihrer Organisation, und Gehaltsanpassungen hängen stärker von der Seniorität als von der Leistung ab. Sie hat weniger als drei Tage Zeit, um die ausgefüllten Formulare einzureichen. Was wird sie also tun? Sie entscheidet sich für den Weg des geringsten Widerstandes: beste Beurteilungen für alle ihre Mitarbeiter. Sie geht davon aus, dass alle Mitarbeiter zufrieden sein werden und ihr Beschwerden oder Nachbesprechungen damit erspart bleiben werden. Frau Fürst füllt die Formulare in weniger als 20 Minuten aus und kehrt dann zu ihrer „wirklichen Arbeit" zurück.[3]

Frau Fürst ist vermutlich kein Einzelfall. Und es darf bezweifelt werden, ob dieser Prozess den Namen „Performance Management" (so nennt es die Personalabteilung) auch tatsächlich verdient. Das Management von Leistung kann jedoch als Kernaufgabe des Personalmanagements bezeichnet werden. Es geht darum, die für die organisationale Leistungserstellung erforderliche menschliche Arbeitsleistung bereitzustellen. Dabei ist eine Reihe von Aufgaben (Funktionen) zu erfüllen. Eine knappe, vielfach verwendete Darstellung der zentralen Personalmanagementfunktionen findet sich im sogenannten Human Resource Cycle des Michigan-Ansatzes (vgl. Abbildung 1).

---

[3] Aguinis 2014, S. 2

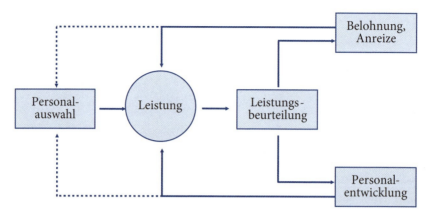

Abbildung 1: Der Human Resource Cycle[4]

Dabei werden vier Aufgabenfelder des Personalmanagements unterschieden. Damit sie ihre Arbeitsleistung erbringen können, müssen die Beschäftigten zunächst rekrutiert werden. Die Arbeitsleistung muss anschließend in irgendeiner Form vom Arbeitgeber dahingehend bewertet werden, inwieweit sie den Arbeitsanforderungen und Leistungserwartungen entspricht. An diese Beurteilung werden in diesem Modell zwei Arten von Konsequenzen geknüpft. Zum einen geht es darum, Entscheidungen über die Vergabe von materiellen und immateriellen Anreizen zu treffen, d.h. gute Leistung zu belohnen und schlechte Leistung zu bestrafen. Damit soll sichergestellt werden, dass zufriedenstellende Leistung auch in Zukunft erbracht oder sogar übertroffen wird. Bei Leistungen, die unter den Erwartungen liegen, soll das Ausbleiben von Belohnung dazu motivieren, die Leistung in Zukunft zu steigern. Die zweite Konsequenz aus der Leistungsbeurteilung liegt im Bereich der Personalentwicklung. Hier geht es vor allem (aber nicht nur) um die für die Leistungserbringung oder Leistungssteigerung erforderliche Qualifikation. Sowohl die motivationsorientierte Anreizgestaltung als auch die qualifikationsorientierte Personalentwicklung haben (im Erfolgsfall positive) Auswirkungen auf die zukünftig erbrachte Arbeitsleistung. Die gestrichelten Pfeile in Abbildung 1 deuten an, dass von den Systemen und Praktiken der Anreizgestaltung und der Personalentwicklung auch die Rekrutierungschancen am (externen) Arbeitsmarkt beeinflusst werden.

Mit Performance Management wird eine Teilmenge dieser personalwirtschaftlichen Aufgabenfelder bezeichnet. Welche dies sind, hängt vom zugrunde liegenden Begriffsverständnis ab. In der Literatur finden sich dazu mehrere Varianten. Eine weitgefasste Auffassung wird von Wolfgang Jetter, einem frühen Autor zu Performance Management im deutschsprachigen Raum, vertreten:

---

4   Devanna/Fombrun/Tichy 1984, S. 41

> Unter Performance Management wird hier ein systematischer, an der Unternehmensstrategie ausgerichteter Management-Prozess verstanden, der gewährleisten soll, dass die Summe aller im Unternehmen erzielten Leistungen bzw. Ergebnisse den Leistungsanforderungen und Erwartungen an das Unternehmen entspricht und dadurch die Wettbewerbsfähigkeit des Unternehmens sicherstellt.[5]

Dieses Verständnis geht über das Personalmanagement hinaus und inkludiert die Planung und Umsetzung von Unternehmensstrategien. Personalmanagementpraktiken sind in diesem Konzept auf der Umsetzungs- und Konsequenzphase angesiedelt. Hier werden die an den strategischen Zielen orientierten Mitarbeiterziele vereinbart, der Leistungsfortschritt kontinuierlich gemessen und rückgemeldet, im Mitarbeitergespräch besprochen und schließlich Konsequenzen daraus gezogen. Als wichtige Konsequenzen nennt Jetter Personalentwicklung und leistungsbezogene Vergütung.[6]

In der angelsächsischen Literatur wird auch der Bezug zu den strategischen Organisationszielen hervorgehoben, das Verständnis von Performance Management ist jedoch stärker auf die Erfassung und Verbesserung der Arbeitsleistung fokussiert. Als renommierter Autor aus den USA ist Herman Aguinis zu nennen. „Performance Management ist ein kontinuierlicher Prozess, bei dem die Leistungen von Individuen und Teams identifiziert, gemessen, entwickelt und auf die strategischen Ziele der Organisation ausgerichtet werden."[7] Ganz ähnlich definiert der Brite Michael Armstrong Performance Management als „den kontinuierlichen Prozess der Leistungsverbesserung, durch den die Ziele, die auf die strategischen Ziele der Organisation abgestimmt sind, für Individuen und Teams festgesetzt werden, die Leistung zur Zielerreichung geplant, der Fortschritt überprüft und beurteilt sowie Kenntnisse, Fähigkeiten und Fertigkeiten der Menschen gefördert werden."[8] In dieser engeren Auslegung von Performance Management steht die Personal- bzw. Leistungsbeurteilung im Mittelpunkt der Betrachtung (vgl. Abbildung 2). Wenn auch betont wird, dass Performance Management nicht mit Performance Measurement gleichgesetzt werden darf, so geht es in diesem Verständnis zumeist darum, „guter" Personalbeurteilungspraxis das Wort zu reden, die an den strategischen Ziele der Organisation orientiert ist und nicht nur einmal im Jahr, sondern laufend betrieben wird.

---

5 Jetter 2004, S. 41
6 Jetter 2004, S. 46
7 Aguinis 2014, S. 2
8 Armstrong 2015, S. 9

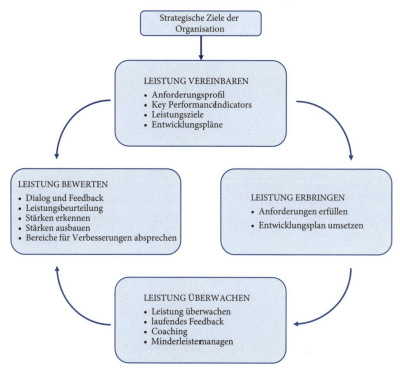

Abbildung 2: Der Performance-Management-Zyklus[9]

Im vorliegenden Beitrag werden zwei Elemente des Performance Management hervorgehoben: Personalbeurteilung und Entlohnung. Das Ausblenden der Personalentwicklung hat pragmatische Gründe, sie ist Gegenstand eines eigenen Beitrags in diesem Buch.

2. Personalbeurteilung

In sozialen Situationen kommt es laufend zu Beurteilungen. Egal, ob wir einen Fremden auf der Straße beobachten oder über einen längeren Zeitraum mit einem Vertrauten zusammenarbeiten, wir bilden uns ein Urteil über diese andere Person. Wer schon einmal ein gruppendynamisches Seminar oder ein Kommunikationstraining mitgemacht hat, weiß aus eigener Erfahrung, wie schwer uns eine reine Beschreibung des Verhaltens anderer fällt und wie scheinbar mühelos und quasi-automatisch wir das Verhalten und zumeist auch die persönlichen Merkmale der anderen bewerten. Da Unternehmen und andere Organisationen soziale Veranstaltungen sind, trifft dies auch für sie zu, d.h., es werden laufend, wenn auch nicht notwendigerweise bewusst oder systematisch, Urteile über die anderen Organisa-

---

9   Armstrong 2015, S. 17

tionsmitglieder gefällt. So gesehen gibt es keine beurteilungsfreien Räume in Organisationen, und in der Tat finden sich in der Organisationstheorie Hinweise darauf, dass Sanktion und Legitimation, d.h. der Vergleich des Verhaltens mit Normen und die Belohnung und Bestrafung für normgemäßes bzw. normabweichendes Handeln (neben Kommunikation und Machtausübung), konstitutive Merkmale sozialer Interaktion sind.[10]

Das folgende Kapitel behandelt aber nicht diese „naturwüchsigen" Beurteilungsprozesse. Da sich Organisationen von anderen Sozialgebilden unter anderem durch ihre Formalität unterscheiden, spielt dieses Merkmal auch hier eine bedeutende Rolle. Unter Personalbeurteilung in Organisationen wird hier verstanden

- „die systematische und formalisierte Bewertung von Organisationsmitgliedern (= Personal, Beurteilte),
- im Hinblick auf Kriterien, die für den Erfolg der Organisation als wichtig erachtet werden,
- durch von der Organisation dazu explizit beauftragte Personen (= Beurteiler),
- auf Basis sozialer Wahrnehmungsprozesse im Arbeitsalltag."[11]

In einer erweiterten Perspektive können drei Ebenen der Personalbeurteilung unterschieden werden: (1) *Day-to-day-Feedback* findet wie oben beschrieben ungeplant und unmittelbar im täglichen Arbeitsablauf statt. Es kommt nicht nur von anderen Personen, sondern auch aus der Arbeit selbst, beispielsweise in Form von gelungenen oder misslungenen Bemühungen. Daher stammt auch ihr Potenzial zum Lernen und zur Selbststeuerung. (2) *Regelbeurteilung* ist Gegenstand dieses Kapitels. Sie ist jene formalisierte Bewertung von Organisationsmitgliedern, in der das Verhalten bzw. die Verhaltensergebnisse mit den Stellenanforderungen verglichen werden. Daher wird diese Form der Personalbeurteilung auch Leistungsbeurteilung genannt.[12] Im Gegensatz zur vergangenheitsorientierten Regelbeurteilung geht es bei der (3) *Potenzialbeurteilung* (so wie bei der Personalauswahl) um die Prognose, wie die Beurteilten künftige Anforderungen bewältigen werden. Hier liegt der Fokus auf Persönlichkeitsmerkmalen, denen hinreichende Stabilität unterstellt wird, sodass zukunftsbezogene Aussagen getroffen werden können. Eine typische Methode der Potenzialbeurteilung ist das Assessment-Center, das keineswegs zufällig auch als Instrument der Personalauswahl zum Einsatz kommt.[13]

„Nur wenige Rituale in Unternehmen sind so gefürchtet wie die Leistungsbeurteilung."[14] Personalbeurteilung wird betrieben, um bestimmte Ziele zu erreichen. Üblicherweise wird zwischen personalpolitischen und führungspolitischen Zielen unterschieden.[15] Bei den personalpolitischen Zielen geht es darum, diejenigen Informationen zu generieren,

---

10 Giddens 1992
11 Domsch/Gerpott 2004, S. 1432
12 Becker 1994, S. 143f.
13 Schuler 2004b
14 Goldberg 2014, S. 34
15 Domsch/Gerpott 2004, S. 1432f.

- die für die Planung von individuellen und/oder kollektiven Personalentscheidungen erforderlich sind bzw. deren Qualität verbessern helfen (Personaleinsatz, Personalentwicklung, Entgeltdifferenzierung), und
- die für die Kontrolle und Evaluierung von Personalentscheidungen (Personalbeschaffung und -auswahl, Personalplatzierung, Weiterbildung) benötigt werden.

Zu den führungspolitischen Zielsetzungen zählen Feedback (Anerkennung, Bestätigung, Kritik) hinsichtlich der erbrachten Leistungen, Festlegung von Fördermaßnahmen, Vereinbarung von Leistungszielen und sonstigen Erwartungen für die Zukunft sowie Verbesserung und Intensivierung der Beziehung zwischen Vorgesetzten und Mitarbeitern. Wichtig ist in diesem Zusammenhang zu beachten, die Personalbeurteilung nicht mit einem „eierlegenden Wollmilchschwein"[16] zu verwechseln, d.h. die Erwartung zu hegen, mit *einem* Beurteilungsverfahren *sämtliche* Ziele erreichen zu können.

Der Grund dafür liegt darin, dass zwischen manchen dieser Zielsetzungen Spannungsverhältnisse oder gar Gegensätzlichkeit bestehen.[17] Eines dieser Spannungsfelder ist „Fördern versus Selektieren". Soll die Personalbeurteilung die Grundlagen für Beförderungsentscheidungen oder Entgeltdifferenzierung liefern, so geht es dabei um das Sichtbarmachen von Unterschieden zwischen den Beurteilten, die es rechtfertigen, knappe Ressourcen wie Beförderungen oder monetäre Anreize (Prämien, Boni) ungleich zu verteilen. Sofern die Beurteilten diese Ressourcen als Anreize wahrnehmen, d.h. gerne befördert werden oder einen höheren variablen Lohnanteil erhalten möchten, werden sie versuchen, ihre Stärken zu präsentieren und ihre Schwächen zu verbergen. Aufgabe der Beurteiler ist es dann, die Beurteilten vergleichbar zu machen, um auf Basis dieses Vergleiches eine Auswahlentscheidung vornehmen zu können, wer nun befördert oder belohnt werden soll. Diese Situation ist unvereinbar mit dem Ziel der Förderung der Mitarbeiter. Um hier erfolgreich zu sein, bedarf es der genau entgegengesetzten Verhaltensweisen der Beteiligten, d.h., die Beurteilten müssten möglichst offen ihre Stärken und Schwächen präsentieren, um gezielte Fördermaßnahmen angeboten zu bekommen, und die Beurteiler müssten mehr an den individuellen Besonderheiten anstatt der kollektiven Vergleichbarkeit interessiert sein, um gezielte Fördermaßnahmen anbieten oder vorschlagen zu können.

Ein zweites Spannungsfeld liegt zwischen organisationalen und individuellen Zielen der Personalbeurteilung. Die oben genannten Ziele sind Ziele der Organisation; denen stehen Ziele der Beurteilten gegenüber:[18]

- Leistungsziele: klare Kommunikation der Leistungsanforderungen, Würdigung der erbrachten Leistung;
- Kooperationsziele: verbesserte Zusammenarbeit mit dem Vorgesetzten, erhöhte Partizipationschancen (Führung durch Zielvereinbarung statt Zielvorgabe);

---
16 Neuberger 1980, S. 27
17 Steinmann/Schreyögg/Koch 2013
18 Lueger 1992, S. 24

- Karriereziele: Klärung von Karrierewünschen und Förderangeboten;
- Einkommensziele: gerechte Vergütung, transparente Entlohnungsentscheidungen;
- Informations- und Beratungsziele: Feedback, Hinweise auf Verbesserungsmöglichkeiten, Unterstützung bei Problemen.

Neben diesen offiziellen Zielen (*manifesten* Funktionen) können von der Personalbeurteilung aber auch noch andere, nicht offizielle und nicht immer unbeabsichtigte (Neben-)Wirkungen ausgehen. Tabelle 1 präsentiert Beispiele für solche *latenten* Funktionen der Personalbeurteilung. Im Kern geht es dabei um die Steigerung der Leistung der Beschäftigten und um die Ausübung und Absicherung von Herrschaft.[19]

Die Empirie zu den Effekten der Personalbeurteilung zeigt ein ziemlich stimmiges Bild. Die zentralen Variablen sind Partizipation und Gerechtigkeit. Positive Wirkungen werden dann erreicht, wenn die Beurteilten das System als gerecht wahrnehmen und es ihnen auch die Möglichkeit der Mitwirkung und nicht nur die Rolle der Urteilsempfänger einräumt.[20] Außerdem müssen die Beurteilten das System als stimmig mit der Unternehmenskultur ansehen.[21] Die Zufriedenheit mit der Beurteilung macht positive Folgeeffekte wie höhere Arbeitszufriedenheit, stärkere Bindung an die Organisation, oder geringere Fluktuationsneigung wahrscheinlicher. Neben Gerechtigkeit und Partizipationsmöglichkeiten fördern auch noch ein erkennbarer Bezug zu den Stellenanforderungen und Hinweise zu Ansatzpunkten für Leistungsverbesserungen die Zufriedenheit mit der Beurteilung.[22]

Zufriedenheit mit der Beurteilung hat jedoch kaum direkte Auswirkungen auf die Leistung, gute Personalbeurteilung scheint eher auf Arbeitseinstellungen als auf Arbeitsleistung zu wirken.[23] Dabei spielt auch die grundsätzliche Gefühlslage („Affektivität") der Beurteilten eine Rolle. In einer Längsschnittuntersuchung konnte gezeigt werden, dass gute Beurteilungen zunächst fast immer zu höherer Zufriedenheit, Commitment, wahrgenommener Gerechtigkeit und geringerer Fluktuationsneigung führen. Bei Beurteilten mit hoher negativer Affektivität (das ist die Neigung zum Erleben von negativen emotionalen Zuständen wie Ärger, Ekel, Verachtung, Schuldgefühlen, Ängstlichkeit oder Depression) sanken diese Werte relativ bald auf das Ausgangsniveau zurück, während sie bei Beurteilten mit schwacher negativer Affektivität auf dem erhöhten Niveau blieben. Schlechte Beurteilungen führten zu keiner Veränderung der Arbeitseinstellungen, unabhängig vom Grad an negativer Affektivität.[24]

---

19 Breisig 2005, S. 61ff.
20 Levy/Williams 2004
21 Behery/Paton 2008
22 Jawahr 2006
23 Kuvaas 2006
24 Lam/Yik/Schaubroeck 2002

1.	**Partikularistische Abgrenzung von Aufgaben- und Zuständigkeitsbereichen** (aus Absicherungstendenzen)
2.	**Beunruhigung der Mitarbeiter** – Angst vor Vergleichen; sich unter Druck gesetzt fühlen – Misstrauen im Hinblick auf die tatsächliche Verwendung der Pb-Informationen (Distanzierung, Reserviertheit) – Wecken falscher Hoffnungen und/oder Befürchtungen; Erwartung unmittelbarer Konsequenzen; Enttäuschungen – Wecken von Rivalität und Neid zwischen den Mitarbeitern; Minderung der spontanen Kooperation – Kritik führt zur Herabsetzung des Selbstvertrauens und des Leistungseinsatzes bzw. zu Trotzverhalten, Spannungen, Rechthaberei
3.	**Motivationsverschiebung** – Die Mitarbeiter konzentrieren sich darauf, einen guten Eindruck zu machen, dem Vorgesetzten zu gefallen; Kritik und selbstständiges Handeln werden reduziert; es kommt zu einer „Uniformierung" der Mitarbeiter – Aufbau persönlicher Abhängigkeiten (statt funktioneller Zusammenarbeit mit dem Vorgesetzten)
4.	**Belastung des Vorgesetzten** – Erheblicher Zeitaufwand, Tendenz zum „Papierkrieg"; bloße Serviceleistung für die Personalabteilung – Notwendigkeit engerer Überwachung; Aufzeichnung von Vorkommnissen, um Bewertungen später begründen zu könnenSpannungen im Verhältnis zu den Mitarbeitern (bei Kritik bzw. bei fehlenden Ressourcen zur Belohnung guter Mitarbeiter) – Druck auf den Vorgesetzten (in den Kategorien, in denen er die Mitarbeiter beurteilt, wird er auch von ihnen beurteilt) – Versachlichung und Formalisierung des Verhältnisses zu den Mitarbeitern (formelle Notenvergabe, Richter- oder Lehrerrolle; Distanzierung, Ent-Persönlichung)
5.	**Stärkung der Vorgesetztenposition** – Demonstration seiner Macht (Beurteilung "von oben nach unten") – Beurteilungsfunktion als Statussymbol – Zusätzliche Möglichkeiten zur Disziplinierung der Mitarbeiter
6.	**Stärkung der Personalabteilung** – Aktivitätennachweis der Personalabteilung, Bedeutungsverleihung – Zentralisierung von „Herrschaftswissen" über die Mitarbeiter – Instrument zur Kontrolle auch der Vorgesetzten – Möglichkeit der nachträglichen Rechtfertigung von Entscheidungen, die im Grunde anders motiviert sind

7.	**Falsche Schlüsse bei der Informationsverarbeitung** – Missbrauch der Zahlen, die ein Eigenleben zu führen beginnen (Mittelwerte, Quoten, Normen, Abzüge usw.) – Unklare, mehrdeutige Formulierungen wegen Aktenkundigkeit, Eröffnung und Begründungspflicht der Urteile – Fehlentscheidungen wegen mangelnder Vergleichbarkeit, fehlender Maßstäbe, unterschiedlicher Normen usw.

Tabelle 1: Latente Funktionen der Personalbeurteilung[25]

In Österreich werden in 57 % der Unternehmen die Führungskräfte, in circa 50 % der Unternehmen die Angestellten und in circa 34 % der Unternehmen die Facharbeiter mithilfe eines formalisierten Beurteilungssystems bewertet, das sind deutlich weniger als in anderen europäischen Ländern. Differenziert man nach den Beschäftigtengruppen, so werden 82 % der Führungskräfte, 68 % der Angestellten und 64 % der Facharbeiter einer formalen Beurteilung unterworfen. Auch diese Werte liegen deutlich unter dem europäischen Durchschnitt.[26] In Österreich dient die Personalbeurteilung in erster Linie der Identifikation von Qualifikationsbedarf und der Karriereentwicklung von Mitarbeitern (in jeweils 83 % der befragten Unternehmen). 68 % nutzen die Personalbeurteilung zur Entgeltdifferenzierung, circa die Hälfte zur Arbeitsgestaltung und circa 43 % der Unternehmen als Grundlage für die Personalplanung.[27] Ein weiterer förderlicher Faktor ist die Größe der Organisation, d.h., formalisierte Personalbeurteilung findet häufiger in großen als in kleineren Organisationen statt.[28]

2.1. Quellen der Personalbeurteilung

Quellen der Personalbeurteilung geben an, woher die Beurteilung kommt, d.h. wer beurteilt. Als Quellen der Beurteilung kommen in Betracht: die Vorgesetzten, die Untergebenen, die Kollegen oder Außenstehende (z.B. Kunden). In letzter Zeit wird die Kombination von mehreren Quellen in Form des 360°-Feedbacks intensiver diskutiert und propagiert:[29]

- Die Mitarbeiterbeurteilung (Abwärtsbeurteilung) ist die am weitesten verbreitete Form der Personalbeurteilung. Hier erfolgt die Beurteilung der Mitarbeiter durch den unmittelbaren Vorgesetzten. Häufig wird die Beurteilung durch den Vorgesetzten mit einer Selbsteinschätzung der Beurteilten verglichen und im obligaten Beurteilungsgespräch erörtert. Die Vorteile der Mitarbeiterbeurteilung liegen in der guten Informationsbasis, sofern die Kontrollspanne nicht zu groß ist. Der Vorgesetzte kennt die Mitarbeiter und deren Leistungen und kann dies auch in einen weiteren Kontext einordnen (Abteilungs- bzw. Unternehmens-

---

25 Neuberger 1980, S. 29
26 Erten-Buch et al. 2006, S. 73f.
27 Erten-Buch et al. 2006, S. 74f.
28 Brown/Heywood 2005
29 Domsch/Gerpott 2004, S. 1433ff.; Kiefer/Knebel 2004, S. 153ff.; Steinmann/Schreyögg/Koch 2013

ziele, interne und externe Einflussfaktoren auf die Leistung). Da in es in sozialen Situationen eine „reine Diagnose" nicht gibt, sind Beurteilungen immer Interventionen, die Reaktionen auslösen, d.h., die Beurteilten wissen, dass sie beurteilt werden, und versuchen in der Regel, einen möglichst guten Eindruck zu hinterlassen (Impression Management; Nikolaus-Effekt, siehe unten). Zudem kann der Vorgesetzte in einen Rollenkonflikt geraten, wenn er Richter und Unterstützer sein soll, weil das Beurteilungssystem inkompatiblen Zielen dienen soll.

- Bei der Vorgesetztenbeurteilung (Aufwärtsbeurteilung) beurteilen Untergebene ihre Vorgesetzten. Diese Beurteilung erfolgt üblicherweise anonym, beispielsweise im Rahmen von Mitarbeiterbefragungen. Die Unterstellten sind meist besser in der Lage, das Führungsverhalten ihres Vorgesetzten einzuschätzen als der nächsthöhere Vorgesetzte. Mit der Vorgesetztenbeurteilung sollen die Führungskräfte Feedback zu ihrem Führungsverhalten bekommen und dabei auch von möglichen unbeabsichtigten Auswirkungen erfahren. Daran anknüpfend sind Maßnahmen des Management Development möglich. Außerdem kann es die Beziehung zwischen Vorgesetzten und Untergebenen verbessern, da die einseitige, hierarchieorientierte Top-down-Beurteilung in eine zweiseitige Beurteilung verwandelt wird. Ob dieser Effekt eintritt, hängt aber auch davon ab, ob bzw. welche Konsequenzen mit der Vorgesetztenbeurteilung verbunden sind. Im ungünstigen Fall entsteht der Eindruck einer Scheinpartizipation, die bei den Beurteilten schlechter ankommt, als wenn sie gar nicht gefragt worden wären.
- Bei der Gleichgestelltenbeurteilung (Seitwärtsbeurteilung) erfolgt die Beurteilung durch gleichrangige Kollegen. Diese Form der Beurteilung stößt in der Praxis auf relativ geringe Akzeptanz, weil sie die soziale Kontrolle in Arbeitsgruppen verschärft. Der Widerstand ist besonders groß, wenn die Verteilung knapper Ressourcen an das Ergebnis der Gleichgestelltenbeurteilung geknüpft wird.
- Wie oben bereits angeführt, werden Mitarbeiterbeurteilungen oft mit Selbstbeurteilungen kombiniert. Der Beurteilte schätzt sich anhand desselben Beurteilungsbogens ein, den auch der Beurteiler verwendet. Im Beurteilungsgespräch werden dann Übereinstimmungen, vor allem aber Abweichungen zwischen Selbst- und Fremdbeurteilung besprochen. Die Güte der Selbstbeurteilung hängt von einer Reihe von Faktoren ab. „Die Selbstbeurteilungen sind valider, wenn eine Instruktion zu sozialem Vergleich gegeben wird, Anonymität gewährleistet ist, die Beurteiler Erfahrungen mit Selbstbeurteilungen haben, eine Validierung der Urteile angekündigt wird, dimensionsorientierte versus globale Urteile erhoben werden, verhaltensorientierte im Unterschied zu merkmalsorientierten Dimensionen bei der Beurteilung Verwendung finden."[30]

In Österreich werden in 99 % der Fälle die Vorgesetzten in die Beurteilung einbezogen, in circa 62 % die Beurteilten selbst, in 51 % der nächsthöhere Vorgesetzte, in 15 % die Unterstellten, in 5 % die Kollegen und in 11 % die Kunden.[31]

---
30 Moser 2004, S. 94
31 Erten-Buch et al. 2006, S. 74

2.2. Das 360°-Feedback

„Ungefähr 70 % der Führungskräfte glauben, dass sie in ihrer Profession leistungsmäßig zu den obersten 25 % zählen."[32] Dieses Auseinanderklaffen von Selbst- und Fremdbild wird unter anderem auf mangelndes Feedback zurückgeführt. Das sogenannte 360°-Feedback (auch Rundum-Beurteilung oder Multi-Source-Feedback genannt) soll diesen Mangel beheben helfen. Wie die Metapher des Kreises (360 Grad) suggeriert, werden hier mehrere Beurteilungsquellen kombiniert, um so zu einem Gesamtbild des Beurteilten zu kommen.

Weitere Merkmale des 360°-Feedbacks sind:[33]

- Die Beurteilten sind zumeist Führungskräfte oder Fachkräfte in Schlüsselpositionen.
- Die Beurteilung ist multiperspektivisch, d.h., es werden die Perspektiven mehrerer verschiedener Quellen genutzt. In der Regel sind dies – neben der Selbsteinschätzung – Vorgesetzte, Kollegen und Unterstellte, manchmal auch Kunden oder Experten wie Personalfachleute oder Trainer.
- Gegenstand des Feedbacks sind persönliche Merkmale und Verhaltensmuster wie z.B. Führungsstile.
- Das Feedback erfolgt schriftlich anhand standardisierter Fragebögen.
- Das Feedback erfolgt zumeist anonym.
- Die Auswertung erfolgt durch externe Verfahrensspezialisten (Beratungsfirmen).
- Das Ergebnis ist ein Satz quantitativer Daten, der diversen Vergleichen unterzogen werden kann (beispielsweise mit dem Durchschnitt der anderen Beurteilten oder mit Vergangenheitswerten).
- Meist ist das Feedback in ein System von Personalentwicklungsmaßnahmen eingebettet.

Das 360°-Feedback soll Funktionen auf individueller und organisationaler Ebene erfüllen. Hinsichtlich der individuellen Entwicklung soll es die knappe Ressource „Feedback" bereitstellen, die Kompetenz- und Karriereentwicklung fördern, die Selbstreflexion stimulieren, den Perspektivenwechsel trainieren, Entscheidungsprozesse verbessern helfen, das Vertrauen in die eigene Kompetenz erhöhen und den Wandel im Unternehmen vorantreiben. Auf organisationaler Ebene soll das 360°-Feedback eine Diagnosefunktion hinsichtlich der verfügbaren Qualifikationsstruktur übernehmen, die Kommunikation über Kompetenzanforderungen unterstützen, High Potentials durch gezielte Informationen über deren Stärken und Schwächen entwickeln, mit anderen Instrumenten des Personalmanagements (z.B. Nachfolgeplanung) vernetzt werden, systemisches Denken fördern, das Commitment des Managements in der Führungskräfteentwicklung erhöhen sowie last not least einen Beitrag zum Wandel der Organisation und ihrer Kultur zu leisten.[34]

---

[32] Kets de Vries et al. 2007, S. 2
[33] Scherm/Sarges 2002; Neuberger 2000
[34] Scherm/Sarges 2002, S. 5ff.

Die empfohlenen Prozessschritte zur Konzipierung und Implementierung des 360°-Feedbacks folgen den üblichen Regeln des rationalen Managens:[35]

1. Initiative:
   - Anstoß (von innen oder außen)
   - Ideen-Marketing, Benchmarking; produktive Unruhe stiften
   - Gewinnung von Promotoren
   - Grundsatzentscheidung des Topmanagements („Freigabe")
   - Zustimmung/Einbindung von Betriebsrat und Sprecherausschuss
   - Prozessverantwortliche bestimmen
2. Planung:
   - Ziele festlegen
   - Projektgruppe bilden
   - Verfahren sammeln, prüfen, auswählen, anpassen, neu gestalten
   - Dimensionen und Items festlegen – Pilotprojekte (durchführen, auswerten)
   - Beteiligte über das Vorhaben informieren; motivieren
   - Organisation der Vorgehensweise (Druck, Adressen, Verantwortliche)
3. Durchführung:
   - Versand, Verteilung, Datenerhebung inklusive Nachfassaktionen
   - Auswertung, Darstellung der Ergebnisse
   - Ergebnisrückmeldung an die Beurteilten und die Beurteilerinnen und Beurteiler
   - Ergebnisanalysen (individuell, dyadisch mit Berater/in, Gruppenworkshops)
   - Ergebnisveröffentlichung (Betriebsversammlung, Werkszeitung, Intranet)
4. Umsetzung:
   - Entscheidung über Maßnahmen
   - Unterstützung, Realisierung
   - Kontrolle
5. Follow-up (nächste Runde) oder Ende

Fasst man die empirischen Studien zum 360°-Feedback zusammen, so kommt man einerseits zu dem wenig überraschenden Ergebnis, dass die Reaktionen der Beurteilten auch auf negatives Feedback umso positiver ausfallen, je positiver ihre grundsätzliche Einstellung zu diesem Instrument ist. Außerdem zeigt sich, dass die Reaktionen auf negatives Feedback kein vorübergehender Gemütszustand sind, sondern zu längerfristigen Auswirkungen auf das weitere Verhalten der Feedback-Nehmer führen.[36] Das bloße Feedback-Geben alleine reicht zumeist nicht aus, um Änderungen in der Selbstwahrnehmung und im Verhalten der Zielperson zu bewirken. Hingegen unterstützt die Kombination des 360°-Feedback mit systematischem Coaching die Feedback-Nehmer bei der konstruktiven Verarbeitung von negativem Feedback.[37]

---
35   Neuberger 2000, S. 46
36   Atwater/Brett/Charles 2007, S. 303
37   Luthans/Peterson 2003

Beim 360°-Feedback scheint es ähnlich zu sein wie bei so manchen anderen „modernen" Instrumenten des (Personal-)Managements (wie z.B. Leistungslohnsysteme): Sie werden mehr besungen als realisiert, und das Ausmaß der Realisierung ist in den USA höher als bei uns. Außerdem sagt die Implementierung des Instruments noch nichts darüber aus, ob bzw. wie sehr die zum Teil höchst ambitionierten Ziele erreicht wurden. Als Beispiel möge die Untersuchung von Morgan/Cannan/Cullinane[38] dienen. Dort wurden die Folgen der Einführung des 360°-Feedbacks im britischen Patentamt untersucht. Als Ergebnis hielten die Autoren fest, dass es auf operativer Ebene kaum Widerstand gegen das System gab, dass die Befragten aber teilweise wenig persönlichen Nutzen darin sahen, weil sie wenig Neues zu hören bekamen und darüber enttäuscht waren, dass sie von der Organisation mit dem Feedback „alleingelassen" wurden, da keinerlei Personalentwicklungsangebote erfolgten. Das Feedback und seine möglichen Konsequenzen wurden als „Privatsache" eingestuft, die nicht mit Personalentwicklung oder Anreizgestaltung gekoppelt wurden. Zumindest in diesem Fall gab es zwar keinen Widerstand gegen das 360°-Feedback, die proklamierten Ziele „Verbesserung der Selbstwahrnehmung" und „Verbesserung der interpersonalen Kompetenzen" wurden jedoch auch nicht erreicht.

Während das 360°-Feedback vielfach als der bisherige Höhepunkt der Entwicklung der Personalbeurteilung gelobt und seine weitere Verbreitung als gesichert vorhergesagt wird, mischen sich auch kritische Stimmen in den Chor und weisen auf vielfältige Probleme hin: hohe Kosten, kognitiv verzerrte Urteile mit geringer Validität, willkürlich ausgewählte Beurteilungskriterien und nicht zuletzt Anfälligkeit für mikropolitische Aktivitäten, d.h. das Ausüben von Beeinflussungen zur Verwirklichung eigener Interessen.

> Aus einer method(olog)ischen Perspektive bleibt das 360°-Feedback weit hinter den hoch gesteckten Erwartungen zurück. Es teilt die Problematik aller strukturierten Beurteilungsverfahren in Organisationen .... Dennoch muss man das 360°-Feedback nicht rundum ablehnen, weil es wichtige andere Funktionen erfüllt, die vorwiegend im politischen und symbolischen Bereich liegen .... Das 360°-Feedback ist ein Ritual. ... Indem Unternehmen das Ritual 360°-Feedback exekutieren, geben sie den beurteilten Führungskräften eine motiventlastete Prozedur vor, die die Behandlung auch sensibler Belange ermöglicht und verlangt. ... Dabei ist es – trotz des Stellenwertes, den diese Frage in der Literatur hat – relativ unwichtig, welche und wie viele Beurteilungsdimensionen und -merkmale vorgegeben werden, ob Ist- und Sollwerte erfasst werden, wie sophiziert die statistische Auswertung erfolgt u.Ä.[39]

---

38 Morgan/Cannan/Cullinane 2005
39 Neuberger 2000, S. 40f.

2.3. Beurteilungskriterien

Beurteilungskriterien sind die inhaltlichen Bezugspunkte von Personalbeurteilungen, sie geben an, was beurteilt wird. Beurteilungskriterien sind normativ gesetzt, durch sie wird deutlich, was und in welcher Ausprägung die Organisation von den Beurteilten erwartet. Mit ihrer Hilfe soll der Gegenstand der Beurteilung erfasst und bewertet werden.[40] Tabelle 2 zeigt drei Arten von Beurteilungskriterien, die aus verschiedenen Phasen des Arbeitsprozesses abgeleitet sind. In diesem Sinne lassen sich eigenschafts- oder merkmalsorientierte Kriterien, tätigkeits- oder aufgabenorientierte Kriterien und ergebnisorientierte Kriterien unterscheiden, die jeweils Vor- und Nachteile aufweisen.[41]

Arbeitsprozess	Input	Transformation	Output
Gegenstand der Beurteilung	Fähigkeiten der Mitarbeiter	Arbeitsverhalten	Arbeitsergebnis
Ansatz	eigenschaftsorientierter Ansatz	tätigkeitsorientierter Ansatz	ergebnisorientierter Ansatz

Tabelle 2: Ansätze der Personalbeurteilung[42]

Die höchste Objektivität weisen Leistungsergebnisse (z.B. Umsatz eines Verkäufers; Anzahl der Kundenreklamationen) auf. Wenn die Personalbeurteilung der Verteilung knapper Ressourcen dienen soll (z.B. als Grundlage des variablen Anteils eines Leistungslohns), so sind Ergebniskriterien sehr von Vorteil, da sie aufgrund ihrer objektiven Erfassbarkeit die wahrgenommene Gerechtigkeit der Belohnung steigern. Die ausschließliche Verwendung von Ergebniskriterien weist aber auch eine Reihe von Nachteilen auf. Nicht alles, was objektiv erfassbar ist, ist auch ein geeigneter Indikator für die Leistung der Beurteilten. So mag beispielsweise Pünktlichkeit objektiv erfassbar sein,[43] sie ist aber nicht auf allen Arbeitsplätzen ein sinnvoller Leistungsindikator. Zudem werden die Bedingungen nicht berücksichtigt, unter denen das Ergebnis zustande gekommen ist, so können beispielsweise Umsatzsteigerungen durch den Konkurs eines Mitbewerbers und weniger durch das Verkäuferverhalten ausgelöst worden sein. Eine ergebnisorientierte Beurteilung kann auch dazu verführen, Indikatoren zu verwenden, die leicht erfassbar sind, auch wenn deren inhaltliche Relevanz fraglich ist. Sie können auch einen Anreiz für dysfunktionale Verhaltensweisen bieten, indem die Indikatoren zwar kurzfristig optimiert werden, mittel- bis langfristig durch dieses Verhalten jedoch Nachteile zu erwarten sind (z.B. Senkung des Personalstandes durch Outsourcing, das zu Qualitätseinbu-

---

40 Becker 1994, S. 150
41 Domsch/Gerpott 2004, S. 1436; Schuler 2004a, S. 6ff.; Steinmann/Schreyögg 2005, S. 796ff.
42 Steinmann/Schreyögg/Koch 2013
43 Wenn hier von Objektivität gesprochen wird, so ist damit keine naturwissenschaftliche Messung gemeint. Beurteilungskriterien sind immer soziale Konstrukte, die auch anders ausfallen könnten. So zeigen beispielsweise interkulturelle Vergleiche, dass die Feststellung der Uhrzeit alleine noch nichts über Pünktlichkeit aussagt, sondern in Bezug zu kulturell bedingten Normen gesetzt werden muss.

ßen und höheren Gesamtkosten führt). Schließlich geben Leistungsergebnisse keinerlei Hinweise darauf, was in Zukunft getan werden sollte, um die Leistung zu verbessern. Aus diesem Grund werden ergebnisorientierte Beurteilungen in der Regel im Rahmen von zielorientierten Verfahren[44] eingesetzt, bei denen nicht nur Zielerreichungsgrade gemessen, sondern auch Rahmenbedingungen und Entwicklungsmaßnahmen thematisiert werden.

Verhaltensorientierte Beurteilungskriterien geben an, welches aufgabenbezogene Arbeitsverhalten von den Beurteilten gewünscht wird. Sie sind umso sinnvoller, je klarer der Bezug zwischen einem bestimmten Verhalten und den erwünschten Ergebnissen ist und je besser sie für den Beurteiler beobachtbar sind. Verhaltenskriterien werden aus der Analyse der Tätigkeitsanforderungen gewonnen. Sie eignen sich gut für führungspolitische Zwecke (Personalentwicklung, Beratung). Manchmal handelt es sich jedoch nur um „sprachlich kaschierte Eigenschaftsbeurteilungen"[45], wie beispielsweise „arbeitet engagiert".

Eigenschaften (Persönlichkeitsmerkmale wie Engagement, Loyalität, Kreativität) finden als Beurteilungskriterien zwar breite Verwendung, da sie im Vergleich mit verhaltensbezogenen Kriterien einen deutlich geringeren Konstruktionsaufwand hervorrufen und durch ihren Allgemeinheitsgrad die Vergleichbarkeit von Beurteilten auf verschiedenen Arbeitsplätzen erleichtern. Sie setzen aber eine entsprechende Interpretationsleistung der Beurteiler voraus, denn Persönlichkeitsmerkmale können, im Unterschied zu Verhaltensweisen, nicht direkt beobachtet, sondern müssen erschlossen werden. Da dies von verschiedenen Beurteilern (auch nach Beurteilungstrainings) vermutlich in unterschiedlicher Weise vollzogen wird, verblasst der scheinbare Vorteil der höheren Vergleichbarkeit. Zudem stoßen eigenschaftsorientierte Urteile auf Akzeptanzbarrieren seitens der Beurteilten, denn wer mag sich schon sagen lassen, wie er bzw. sie „ist"?! Diese Argumente führen zu der Forderung, auf Eigenschaften als Beurteilungskriterien bei der Leistungsbeurteilung zu verzichten. Dagegen können sie bei Potenzialbeurteilungen hilfreich sein, wenn in einem Feedbackgespräch für die Beurteilten nachvollziehbar wird, aufgrund welcher Beobachtungen und Interpretationen bestimmte Persönlichkeitsmerkmale erschlossen wurden.

2.4. Verfahren der Personalbeurteilung

Verfahren (Instrumente, Skalen) der Personalbeurteilung sind schriftliche Regeln, nach denen Beobachtungen in Bewertungen übersetzt werden. Das Ergebnis ist der Beurteilungsbogen. Dort ist festgelegt, welche Kriterien für die Beurteilung relevant sind und welche Werte (Ausprägungen) bei diesen Kriterien unterschieden werden sollen.[46]

---

44 siehe auch Kapitel 2.4. Verfahren der Personalbeurteilung, in diesem Beitrag.
45 Schuler 2004a, S. 8
46 Domsch/Gerpott 2004, S. 1437

In der Literatur findet sich eine Vielzahl von Beurteilungsverfahren, in Abbildung 3 ist eine typische Übersicht wiedergegeben. Dem breiten Spektrum der möglichen Verfahren steht eine viel kleinere Zahl an tatsächlich in der Praxis eingesetzten Verfahren gegenüber. Dabei dominieren Einstufungs- und zielorientierte Verfahren. Im Folgenden werden die Verfahren der Personalbeurteilung hinsichtlich ihrer Merkmale sowie Vor- und Nachteile beschrieben.[47]

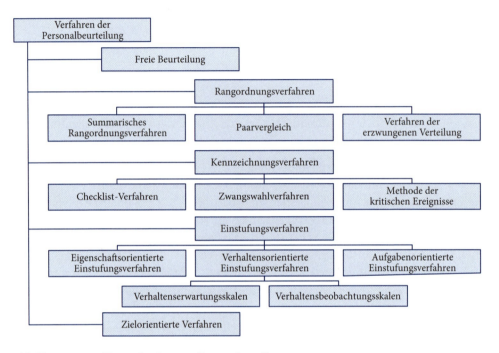

Abbildung 3: Verfahren der Personalbeurteilung[48]

Freie Beurteilungen sind Verfahren ohne Merkmalsvorgabe. Der Beurteiler entscheidet selbst, welche Kriterien er anlegt und was er für beurteilungsrelevant hält. Das Ergebnis ist eine Art Gutachten, in dem der Beurteiler seine Eindrücke vom Beurteilten schildert. Der Vorteil dieses Verfahrens liegt in seiner Wirtschaftlichkeit, da kein Konstruktionsaufwand anfällt. Außerdem kann der Beurteiler individuell auf die spezifischen Besonderheiten der Beurteilten eingehen. Der große Nachteil der freien Beurteilung ist ihre geringe Reliabilität und damit ihre mangelnde Vergleichbarkeit, da sie von der Aufmerksamkeit, dem Erinnerungsvermögen, der Formulierungsfähigkeit etc. des Beurteilers abhängt. In der Praxis werden freie Eindrucksschilderungen zur Beurteilung von Führungskräften verwendet sowie zum Zwecke des Feedbacks und der Förderung, da hier das Eingehen auf die situativen und individuellen Besonderheiten wichtiger ist als die Vergleichbarkeit mit anderen Beurteilungen.

---

47 Becker 1994, S. 252ff.; Kiefer/Knebel 2004, S. 102ff.; Schettgen 1996, S. 235ff.; Schuler 2004, S. 10ff.
48 Becker 1994, S. 252

Rangordnungsverfahren finden sich in drei Versionen. Bei der einfachen Rangreihenbildung werden die Beurteilten summarisch hinsichtlich ihrer Leistung in eine Rangreihe gebracht, indem zunächst der Beste und der Schlechteste definiert werden, dann der Zweitbeste und der Zweitschlechteste etc., bis die Rangreihe komplett ist. Bei der Methode des Paarvergleiches wird jeder mit jedem verglichen, entweder summarisch oder analytisch getrennt hinsichtlich unterschiedlicher Beurteilungsdimensionen. Bei jedem dieser Paarvergleiche bekommt der Bessere einen Punkt, der andere nicht. Am Ende werden die Punkte zusammengezählt (Wie oft hat ein Beurteilter gegen einen anderen „gewonnen"?), so ergibt sich eine Rangreihe. Das Verfahren der erzwungenen Verteilung gibt vor, wie viele Prozent der Beurteilten in einer Leistungsstufe durchfallen, also beispielsweise 10 % sehr gut, 20 % gut, 40 % befriedigend, 20 % genügend und 10 % nicht genügend. Damit soll Beurteilungstendenzen vorgebeugt werden. Rangordnungsverfahren haben mit Akzeptanzproblemen zu kämpfen, da die Urteile zu grob sind, um daraus etwas lernen zu können, und das Verfahren eine „Nullsummensituation" schafft (es gibt keine Gleichrangigkeit), die zu Rivalitäten führen kann.

Aus der Praxis
WU-Student-Ranking
Die Student-Rankings ermöglichen es WU-Studierenden, die Studienleistungen im Rahmen ihres Bachelor- bzw. Masterstudiums transparent zu machen und mit denen ihrer Kollegen in Relation zu setzen. Dies ist vor allem dazu gedacht, um ihre Leistungen besser einschätzbar bzw. beurteilbar zu machen. Die Rankings können auf Basis des Notendurchschnitts, der Studiengeschwindigkeit oder einer Kombination von Notendurchschnitt und Studiengeschwindigkeit (Gewichtung je 50 %) erstellt werden. Bei Bedarf können die Studierenden über die Webdienste der WU Bestätigungen in deutscher und englischer Sprache ausdrucken und für Bewerbungen etc. nutzen. Die Inanspruchnahme ist freiwillig.

Bei *Kennzeichnungsverfahren* werden dem Beurteiler Listen mit Aussagen vorgegeben, von denen er diejenigen kennzeichnen („ankreuzen") soll, die auf den Beurteilten zutreffen. Die Aussagen können Eigenschaften oder Verhaltensweisen betreffen. Abbildung 4 und 5 zeigen Beispiele für solche Checklisten. Der Beurteiler kann selbst entscheiden, welche und wie viele Merkmale er für zutreffend hält.

Der Mitarbeiter ist	
☐ hilfsbereit	☐ übermütig
☐ zerstreut	☐ bescheiden
☐ frech	☐ distanziert
☐ reif	☐ kollegial
☐ unstet	☐ aufgeweckt
☐ höflich	☐ eifrig
☐ zurückhaltend	☐ ruhig

Tabelle 3: Kennzeichnungsverfahren mit Eigenschaftswörtern[49]

Der Mitarbeiter
☐ hält jeden Termin ein
☐ hat Schwierigkeiten, verschiedene Aufgaben zu koordinieren
☐ reagiert empfindlich auf Kritik
☐ arbeitet mehr als verlangt
☐ findet in fremder Umgebung nicht leicht Kontakt
☐ kommt zu Sitzungen manchmal zu spät
☐ arbeitet auch unter Zeitdruck fehlerfrei
☐ hat wichtige Unterlagen griffbereit
☐ gerät leicht in Aufregung
☐ hält auch sehr detaillierte Richtlinien ein
☐ schreibt übersichtlich gegliederte Berichte

Tabelle 4: Kennzeichnungsverfahren mit Verhaltensbeschreibungen[50]

Das ist beim *Zwangswahlverfahren* anders. Dort werden jeweils Aussagenpaare vorgegeben, bei denen nicht (gleich) ersichtlich ist, welches positiver oder negativer ist. Der Beurteiler wird nun gezwungen, sich für eine der beiden Aussagen zu entscheiden, also z.B. ob es auf den Beurteilten eher zutrifft, dass er sehr konzentriert arbeitet oder dass er mehr arbeitet, als verlangt wird, dass er sich eher oft verrechnet oder häufig unordentliche Kleidung trägt (vgl. Abbildung 6). Ausgewertet wird dann zentral (z.B. in der Personalabteilung). Auch hier geht es darum, die Urteilsverzerrungen durch den Beurteiler zu minimieren. Praktische Bedeutung haben Zwangswahlverfahren nicht, weil sie einen hohen Konstruktionsaufwand bedeuten und wegen ihrer Intransparenz auf Ablehnung seitens Beurteiler und Beurteilter stoßen.

---
49 Schettgen 1996, S. 238
50 Schettgen 1996, S. 238

Der Mitarbeiter	
☐ arbeitet sehr konzentriert	☐ arbeitet mehr als verlangt
☐ macht Verbesserungsvorschläge	☐ hält Termine ein
☐ hat manchmal Ärger mit Vorgesetzten	☐ arbeitet lieber allein
☐ schließt sich schnell einer Meinungsbildung an	☐ handelt gern nach Richtlinien
☐ zögert Entscheidungen hinaus	☐ äußert Diskussionsbeiträge, die am Thema vorbeigehen
☐ ist hilfsbereit zu Kollegen	☐ nimmt auch unangenehme Arbeiten bereitwillig auf sich
☐ verrechnet sich oft	☐ trägt häufig unordentliche Kleidung

Tabelle 5: Zwangswahlverfahren[51]

Die *Methode der kritischen Ereignisse* kann als eigenständiges Beurteilungsverfahren oder als Methode zur Generierung von Beurteilungsdimensionen und Ausprägungsformen verwendet werden. Der Grundgedanke besteht darin, dass bestimmte Verhaltensweisen erfolgskritisch sind, d.h., dass sie wesentlichen Einfluss darauf haben, ob in einer Arbeitssituation Erfolg oder Misserfolg eintritt. Zunächst gilt es, durch Befragung und Beobachtung eine Liste solcher kritischen Verhaltensweisen für die jeweilige Position zu erstellen. Die Beurteiler sollen dann protokollieren, wie häufig diese Verhaltensweisen vom Beurteilten gezeigt werden. Die so entstehenden Häufigkeitsverteilungen bilden die Grundlage für die zusammenfassende Beurteilung. Es besteht jedoch auch die Möglichkeit, diese Verhaltensbeispiele für Checklisten oder andere Beurteilungsverfahren weiterzuverwenden. Der Vorteil der Methode der kritischen Ereignisse liegt darin, dass die Beurteilung nicht an hypothetischen Konstrukten (Eigenschaften) festgemacht wird, sondern an konkreten, beobachtbaren Verhaltensweisen mit klarem Anforderungsbezug. Der Nachteil liegt im hohen Entwicklungsaufwand. Außerdem ist nicht gewährleistet, dass alle Beurteiler in der gleichen Art und Intensität beobachten und protokollieren. Nicht zuletzt kann durch diese Methode auch ein negatives Kontrollklima entstehen, wenn der Vorgesetzte laufend Eintragungen in seine „schwarzen" Listen macht.

Einstufungsverfahren sind in der Praxis der Personalbeurteilung am meisten verbreitet. Zu jedem Beurteilungskriterium wird eine Skala mit mehreren Ausprägungen vorgegeben (Likert-Skala). Der Beurteiler muss nun die beim Beurteilten beobachteten Merkmale einer der Stufen zuordnen. Dabei sollte berücksichtigt werden, dass bei der Beschreibung sozialer (Leistungs-)Merkmale kaum mehr als drei bis fünf Merkmale (Urteilskriterien) auseinandergehalten werden können.[52] Eine größere

---
51 Schettgen 1996, S. 238
52 Neuberger 1980, S. 34

Zahl von Kriterien führt zu einer Scheindifferenziertheit, die Beurteiler orientieren sich dann an wenigen „Hintergrund"-Dimensionen, manchmal gar nur an einer („gut versus schlecht").

Die in der Regel drei- bis siebenstufigen Ausprägungen können numerisch oder verbal verankert sein (vgl. Abbildung 7). Tabelle 3 zeigt ein humoristisches Beispiel eines Einstufungsverfahrens, das zum Schmunzeln, aber nicht zum Einsatz im „Ernstfall" einladen soll. Je nach den verwendeten Beurteilungskriterien unterscheidet man zwischen eigenschaftsorientierten und verhaltensorientierten Einstufungsskalen. Die in Abbildung 3 der Vollständigkeit halber angeführten aufgabenorientierten Verfahren werden wegen ihrer geringen praktischen Bedeutung nicht näher erläutert.

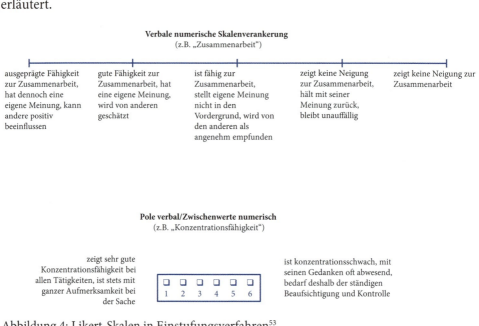

Abbildung 4: Likert-Skalen in Einstufungsverfahren[53]

---

53 Steinmann/Schreyögg/Koch 2013

Prädikat: Merkmal:	Überragend	tritt hervor	befriedigend	entspricht im Wesentlichen den Anforderungen	entspricht nicht den Anforderungen
Arbeitsleistung	reißt Bäume aus	reißt sich ein Bein aus	reißt sich zusammen	reißt Kalenderblätter ab	reißt vor der Arbeit aus
Schnelligkeit	erreicht Lichtgeschwindigkeit	schnell wie ein Kugelblitz	schneller als Kegelkugel	schneller als Rumkugeln	schiebt eine ruhige Kugel
Durchsetzungsvermögen	durchbricht Stahlbeton	durchbricht Mauerwerk	durchbricht die Arbeit	bricht Bleistifte ab	bricht leicht zusammen
Belastbarkeit	erledigt alles gleichzeitig	erledigt jeden Widersacher	erledigt seine Arbeit sofort	ist sofort erledigt	erledigt sein Geschäft
Kommunikationsfähigkeit	spricht mit Gott und Ebenbürtigen	spricht mit sich selbst und Vorgesetzten	verspricht viel	verspicht sich oft	spricht guten Getränken zu
Geistige Fähigkeit	löst auf der Stelle jedes Problem	muss nachdenken, um Probleme zu lösen	hat mit Lösungen Probleme	löst Kreuzworträtsel	löst sich nur selten vom Fleck
Allg. u. dienstliches Wissen	weiß alles am besten	weiß über alles Bescheid	weiß, was er falsch macht	weiß, wann Feierabend ist	weiß, wo gerade gefeiert wird
Führungsqualitäten	ist in allem führend	führt ein strenges Regiment	verführt zum Feiern	führt ein angenehmes Leben	braucht häufig Abführmittel
Verhalten gegenüber Vorgesetzten	macht Vorgesetzte überflüssig	öffnet Vorgesetzen die Tür	grüßt Vorgesetzte stets freundlich	fragt Vorgesetze nach der Uhrzeit	parkt auf reserviertem Chef-Parkplatz
Verhalten gegenüber Kollegen	hat keine Kollegen	lässt Kollegen ins Messer laufen	grüßt Kollegen korrekt mit „Mahlzeit"	unterhält sich mit Kollegen im Dienst	hält Kollegen von der Arbeit ab

Tabelle 6: Beurteilungskriterien einmal anders[54]

Bei den verhaltensorientierten Verfahren kann zwischen Verhaltenserwartungs- und Verhaltensbeobachtungsskalen unterschieden werden. Letztere basieren auf tatsächlich beobachteten Verhaltensweisen, die durch die Methode der kritischen Ereignisse gewonnen wurden. Die Beurteiler müssen dann angeben, wie häufig diese Verhaltensweisen beim Beurteilten beobachtbar waren. Bei der Entwicklung des Beurteilungsbogens wurden jene Verhaltensweisen gestrichen, von denen Experten meinten, sie würden von einem leistungsstarken Beurteilten sehr oft oder sehr selten gezeigt, da sie nicht genügend zwischen den Beurteilten zu unterscheiden erlaubten (vgl. Abbildung 8).

Verhaltenserwartungsskalen verwenden anstelle von numerischen oder einfachen verbalen Skalenverankerungen („immer – oft – manchmal – selten – nie") konkrete Verhaltensbeschreibungen. Darin wird zum Ausdruck gebracht, welches Verhalten von

---
54 Rückle 1987, S. 814

einem Beurteilten erwartet werden kann, der in einer bestimmten Ausprägung eingestuft wird (vgl. Abbildung 9). Die Generierung der Verhaltensbeispiele erfolgt nach der Methode der kritischen Ereignisse unter Einbeziehung der Beurteiler und teilweise auch der Beurteilten. Dadurch soll sichergestellt werden, dass die Verhaltensbeschreibungen relevant und in der Sprache der handelnden Personen abgefasst sind.

Kommt pünktlich zur Arbeit		
fast nie	1 2 3 4 5	fast immer
Sagt im Gespräch mit Gästen ‚bitte' und ‚danke'		
fast nie	1 2 3 4 5	fast immer
Hält die Aschenbecher sauber		
fast nie	1 2 3 4 5	fast immer
Vermeidet Klatsch über das Privatleben der Kollegen		
fast nie	1 2 3 4 5	fast immer
Fragt die Gäste, ob sie mit allem zufrieden sind		
fast nie	1 2 3 4 5	fast immer

Abbildung 5: Verhaltensbeobachtungsskalen[55]

---

55 Schuler 2004a, S. 13

Welche Bedeutung hat die Verhaltensdimension „INNOVATION" (z.B. Neuerungen erkennen, aufgreifen und umsetzen) für die Leistung Ihres Mitarbeiters?		
0 1 2 3 4 5		
keine geringe mittlere hohe		
Bitte bewerten Sie anhand der Verhaltensbeispiele für „INNOVATION" die Leistungen Ihres Mitarbeiters in dieser Dimension		
Einschätzung (bitte ankreuzen)		**Verhaltensbeispiele**
⑨ ⑧ ⑦	überdurchschnittliche Leistung	• bringt selbst kreative Vorschläge und Beispiele aus verschiedenen Bereichen vor • überträgt neue Inhalte aus Literatur und Vorträgen auf eigene Aufgaben • findet sich sehr schnell in neuen Fachgebieten zurecht • erkennt Vorteile und Nutzen von neuen Entwicklungen für seine Aufgaben
⑥ ⑤ ④	durchschnittliche Leistung	• kann neue Inhalte vermitteln und anwenden • ist Entwicklungen und Neuerungen gegenüber aufgeschlossen • informiert sich laufend über neue Aspekte seiner Aufgaben • ist an Neuerungen interessiert, spricht aber nur nach Aufforderung über diese Aspekte
③ ② ①	unterdurchschnittliche Leistung	• verwendet herkömmliche Lösungswege ohne Bereitschaft zur Neuerung • beteiligt sich nicht an Fachgesprächen über Neuentwicklungen/Innovationen • steht neuen Ideen reserviert gegenüber • gibt bei ungewöhnlichen Lösungsansätzen schnell auf

Tabelle 7: Verhaltenserwartungsskala[56]

Zielorientierte Verfahren strukturieren nicht die Inhalte (es werden also keine Beurteilungskriterien vorgegeben), sondern den Prozess der Personalbeurteilung. Das bekannteste Verfahren ist Management by Objectives (MbO), das – je nach zugeschriebenem Partizipationsgrad – mit Führung durch Zielvorgabe oder Führung durch Zielvereinbarung übersetzt wird. Dadurch wird außerdem deutlich, dass MbO sich nicht auf den Bereich der Personalbeurteilung beschränkt, sondern ein umfassenderes Führungsinstrument darstellt. Der Ablauf ist in drei Schritte gegliedert. Im ersten Schritt werden die Leistungsziele für die kommende Beurteilungsperiode festgelegt (vereinbart oder verlautbart). Idealerweise stellt dies den letzten Schritt in einem

---

56 Schuler 2004a, S. 12

Prozess dar, in dem – ausgehend von den obersten Organisationszielen – die Ziele schrittweise konkretisiert und operationalisiert werden (Sparten-, Bereichs-, Gruppenziele). Die Ziele für den einzelnen Mitarbeiter sollen zweierlei Anforderungen genügen: Sie müssen eindeutig formuliert sein, sodass keine Interpretationsschwierigkeiten und Missverständnisse entstehen können, und sie müssen bezüglich ihres Schwierigkeitsgrades den Voraussetzungen der Beurteilten entsprechen, d.h., sie sollen weder frustrierend hohe noch langweilend niedrige Anforderungen stellen. Der zweite Schritt ist die Überprüfung des Zielerreichungsgrades am Ende der Beurteilungsperiode durch den Beurteiler und den Beurteilten. Der Abgleich der Selbst- und Fremdbeurteilung erfolgt im Beurteilungsgespräch. Dort wird auch der dritte Schritt im MbO vollzogen, nämlich die Identifikation von Verbesserungsmöglichkeiten und die Festlegung neuer Ziele für die nächste Leistungs- und Beurteilungsperiode.

2.5. Prozess der Personalbeurteilung

Im Folgenden werden vier Prozessaspekte der Personalbeurteilung beschrieben: die Konstruktion und Implementierung eines Beurteilungssystems, der Prozess der Urteilsbildung, die potenziellen Verzerrungen der Beurteilung und das Beurteilungsgespräch.

Der *Prozess der Konzeption und Einführung* eines Personalbeurteilungssystems besteht aus folgenden Schritten:[57]

- Problemerkennung: Projektstart; Bildung einer Projektgruppe mit Vertretern der relevanten Bezugsgruppen (Unternehmensleitung, Betriebsrat, Personalabteilung, Fachabteilungen).
- Vorbereitung: Analyse der vorhandenen Beurteilungsverfahren und der Randbedingungen (Bestandsaufnahme); zeitliche und inhaltliche Projektplanung; Festlegung der Zwecke (Funktionen) der Beurteilung unter Berücksichtigung ökonomischer (Kosten-Nutzen-Verhältnis) und sozialer Faktoren (Welche Effekte gehen vom Betriebsklima etc. aus?).
- Konzeption: Definition der Zielgruppen (Beurteiler, Beurteilte), Analyse der wichtigen Tätigkeiten einer Klasse von Arbeitsplätzen sowie der daraus entstehenden Verhaltensanforderungen an die Stelleninhaber, Ableitung der Beurteilungskriterien, Konstruktion der Skala (z.B. mithilfe der Methode der kritischen Ereignisse), Bestimmung der Empfänger der Beurteilungen.
- Test: Probelauf bei einer begrenzten Gruppe und gegebenenfalls Modifikation (Verbesserung) des Systems.
- Durchführung: Abschluss einer Betriebsvereinbarung; Training der Beurteiler, in dem sie über das Verfahren informiert und mit seiner Handhabung vertraut gemacht werden; Durchführung und Auswertung der Beurteilungen; Einleitung von Konsequenzen (Folgemaßnahmen).
- Evaluation: Erhebung und Auswertung der Erfahrungen mit dem neuen System (z.B. durch Mitarbeiterbefragung).

---

[57] Domsch/Gerpott 2004, S. 1439; Kiefer/Knebel 2004, S. 127ff.; Schuler 2004a, S. 21

Beurteilen ist nicht einfach Messen, denn auch für Messwerte gilt: Zahlen sind stumm. Das bedeutet, dass ein Messwert (z.B. die Höhe des erzielten Umsatzes eines Verkäufers) ohne Kenntnis des Kontextes (Wie hoch war der Umsatz im letzten Berichtszeitraum? Wie hoch ist der Umsatz der anderen Verkäufer? Wie viel Verkaufserfahrung hat der Beurteilte? etc.) keine Information über die Leistung zulässt. Weil Messen alleine nicht genügt (und das ist oft schon schwierig genug), braucht es auch noch einen *Prozess der sozialen Urteilsbildung*. Dieser Prozess wird von zahlreichen Faktoren beeinflusst. Diese Einflussfaktoren können drei Ebenen zugeordnet werden: dem Verhalten, dem Eindruck und der Aussage. Welches Verhalten gezeigt und beobachtet wird, hängt von den personalen (z.B. Können, Wollen) und situativen (z.B. Aufgabe, Kollegen, Führungsstil) Merkmalen des Beurteilten ab. Das beobachtete Verhalten ist lediglich eine Stichprobe des relevanten Verhaltens, die von Beobachtunghäufigkeit und -repräsentativität abhängt. Auf dieser Basis kommt der Beurteiler zu einem Eindruck. Dieser hängt ab von kognitiven, motivationalen und emotionalen Eigenschaften des Beurteilers, seinen Vorerfahrungen mit dem Beurteilten, seinem Attributionsstil (sucht er den Grund für das beobachtete Verhalten eher in der Person des Beurteilten oder in den situativen Bedingungen?), seinem Selbstbild und seinen Stereotypen. Doch selbst der gleiche Eindruck kann bei zwei Beurteilern zu verschiedenen Aussagen führen. Je gebundener das Verfahren, desto geringer ist der Einfluss von Sprachverständnis und Wortgebrauch des Beurteilers. Ziele und Konsequenzen der Beurteilung können jedoch ebenso zu verschiedenen Urteilen führen wie Interessen und Strategien des Beurteilers.[58]

Alle diese Faktoren können dazu führen, dass im Beurteilungsverhalten bestimmte *Urteilstendenzen* auftreten.[59] Diese Tendenzen werden auch als Beurteilungsfehler oder Urteilsverzerrungen bezeichnet. Dies ist insofern problematisch, weil es den Eindruck erweckt, es gäbe so etwas wie ein „wahres Urteil" und Abweichungen davon wären eben falsch oder verzerrt. Typische Urteilstendenzen sind

- Mittelwerttendenzen: Sie entstehen aus der Gewohnheit der Beurteiler, systematisch zu streng oder zu milde zu urteilen, oder aus dem Einfluss von Sympathie/Antipathie gegenüber den Beurteilten.
- Streuungstendenzen: Verschiedene Beurteiler schöpfen die Skala unterschiedlich aus. Das Ergebnis kann die Tendenz zur Mitte (alle werden mit „3" beurteilt) oder die Tendenz zu den Extremen (mittlere Urteile werden vermieden, die Beurteilten sind entweder „4–5" oder „1–2") aufweisen.
- Korrelationstendenzen: Merkmale, die als unabhängig angenommen werden, korrelieren miteinander. Dies wird auch als Halo-Effekt bezeichnet, d.h., ein Merkmal strahlt auf die anderen aus (z.B.: wer pünktlich ist, wird auch als loyal beurteilt).

---

58 Bronner/Schwaab/Gold 2000
59 Brandstätter 1970, S. 689ff.

In Tabelle 8 wird noch eine Reihe weiterer Urteilstendenzen angeführt.

Halo-Effekt
Ein (positives) Merkmal überstrahlt ein zweites unabhängiges Merkmal.
Mistgabel-Effekt
Ein negatives Merkmal überstrahlt ein zweites unabhängiges Merkmal.
Milde-Fehler (error of leniency)
Verschiebung des Mittelwertes der Verteilung der Beurteilungswerte in Richtung positives Skalenende.
Strenge-Fehler (error of severity)
Verschiebung des Mittelwertes der Verteilung in Richtung negatives Skalenende.
Tendenz zur Mitte (central tendency)
Verschiebung der Streuung der Beurteilungswerte in Richtung Mittelwert (aber nicht unbedingt Skalenmitte).
Tendenz zu Extremen
Verschiebung der Streuung der Beurteilungswerte zu den Extremen.
Vorrang-Effekt/erster Eindruck (primacy-effect)
Zeitlich früher gewonnene Informationen überlagern später hinzukommende Informationen.
Neuheits-Effekt (recency-effect)
Kürzlich gewonnene Informationen werden bei der Eindrucksbildung stärker berücksichtigt.
Kontrast-Effekt
Eine Beurteilung einer durchschnittlichen Leistung fällt positiver aus, wenn eine negative Beurteilung vorausging und umgekehrt.
Pygmalion-Effekt (Andorra-Phänomen)
Der Mitarbeiter wird tatsächlich so, wie es von ihm erwartet wird.
Kleber-Effekt
Ein längere Zeit nicht beförderter Mitarbeiter wird eher unterschätzt.
Hierarchie-Effekt
Hierarchisch höher eingestufte Mitarbeiter werden eher besser eingeschätzt.
Kontakt-Effekt
Beurteilungen fallen umso positiver aus, je häufiger der Beurteiler mit dem Beurteilten Kontakt hatte.
Nikolaus-Effekt
Der Mitarbeiter strengt sich vor dem Termin der Beurteilung besonders an.
Reue-Effekt
Fehler werden milder bewertet, wenn sie vom Mitarbeiter eingestanden werden.
Attributionsfehler
Die Ursachenzuschreibung für Verhalten oder Leistung durch den Beurteiler weicht von der tatsächlichen Ursache ab.
Maßstabfehler
Die Orientierung am eigenen Anspruchsniveau führt zu Verzerrungen.
Vorinformation
Die über einen später zu beurteilenden Mitarbeiter erhaltenen Vorinformationen verzerren die Beurteilung des tatsächlichen Leistungsverhaltens.
Vorurteile und Stereotype
Stereotype des Beurteilers beeinflussen verzerrend die Urteilsbildung.
Implizite Persönlichkeitstheorien
Grundlegende implizite Annahmen eines Beurteilers darüber, „wie Menschen grundsätzlich sind", verzerren das Urteil.
Projektion
Eigene, dem Beurteiler unangenehme Eigenschaften werden auf den Beurteilten projiziert und bei diesem wahrgenommen.
„Wegloben"
Tendenziell positive Beurteilung, um den Mitarbeiter loszuwerden.
„Schlechtmachen"
Tendenziell negative Beurteilung, um den Mitarbeiter in der Abteilung des Beurteilers zu halten.

Tabelle 8: Urteilstendenzen[60]

---

60 Lueger 1992, S. 56f.

Das *Beurteilungsgespräch* stellt typischerweise den Abschluss des Beurteilungsprozesses bzw. einer Beurteilungsepisode dar, ihm wird für den Erfolg der Beurteilung große Bedeutung zugeschrieben. Das Beurteilungsgespräch dient zweierlei Zielen. Zum einen geht es um die Bewertung vergangener Leistungen, zum anderen um die Festlegung von Leistungszielen und Unterstützungsmaßnahmen in der Zukunft.[61] Darüber hinaus bietet das Beurteilungsgespräch Beurteiler und Beurteiltem die Möglichkeit, ihre Beziehung zu klären und gegebenenfalls zu verbessern.[62]

In der Literatur finden sich zahlreiche Empfehlungen für die Vorbereitung, Durchführung und Nachbereitung des Beurteilungsgesprächs. Große Einigkeit herrscht darin, es als partizipativ gehandhabtes Führungsinstrument zu nutzen und nicht eine bloße Urteilsverkündung vorzunehmen. Dies scheint jedoch eher Wunsch als Wirklichkeit zu sein, kurzfristig anberaumte Fünf- bis Zehn-Minuten-Gespräche sind keine Seltenheit.[63]

Dennoch (oder deswegen?) geben Nagel/Oswald/Wimmer[64] acht Tipps für das Beurteilungsgespräch, die „samt und sonders aus der Praxis"[65] stammen:

- Information der gesamten Gruppe über Ziele, Ablauf und Rahmenbedingungen des Beurteilungsgesprächs in einer Teamsitzung.
- Verabredung des konkreten Gesprächstermins mindestens eine Woche vorher, Reservierung eines Zeitfensters von zwei bis drei Stunden, tunlichst Vermeidung von Zeitdruck und Störungen.
- Einstimmung auf den Gesprächspartner, zunächst formlos und dann unter Zuhilfenahme eines Leitfadens.
- Durchführung des Gesprächs (Rückblick und Vorschau) mit dem Bemühen um eine positive Grundhaltung.
- Gemeinsame Erstellung eines Gesprächsprotokolls, das die wichtigsten Punkte und Aussagen enthält, und eines Ergebnisprotokolls, in dem die Entwicklungs- und Fördermaßnahmen für den Beurteilten festgehalten sind.
- Das Gesprächsprotokoll wird nicht weitergegeben, die vereinbarten Fördermaßnahmen werden an den nächsthöheren Vorgesetzten und an die Personalabteilung berichtet.
- In den Gesprächen können organisatorische Verbesserungsvorschläge zur Sprache kommen, die nach Durchführung aller Gespräche in einer Teamsitzung bewertet werden, wo auch Folgemaßnahmen beschlossen werden.
- Schließlich werden die Erfahrungen mit den Beurteilungsgesprächen im Team ausgewertet und Schlussfolgerungen für den Beurteilungsprozess in der Zukunft gezogen.

---

61 Kiefer/Knebel 2004, S. 125
62 Muck/Schuler 2004, S. 256
63 Breisig 2005, S. 347
64 Nagel/Oswald/Wimmer 1999, S. 41ff.
65 Nagel/Oswald/Wimmer 1999, S. 41

Theorie und Praxis der Personalbeurteilung klaffen ziemlich weit auseinander: Die Beurteilungssysteme sollen zu vielen Zwecken dienen, anstatt verhaltens- oder zielorientierter Verfahren kommen überwiegend eigenschaftsorientierte Verfahren zum Einsatz, Beurteilungsperioden und -zeitpunkte werden nicht den individuellen Erfordernissen angepasst, sondern auf zumeist ein Jahr vereinheitlicht. Diese scheinbaren Widersprüche werden leichter verstehbar, wenn anstatt einer normativen Theorie der rationalen Gestaltung von Beurteilungssystemen erklärende Theorien herangezogen werden, die das Vorgehen in der Praxis durchaus vernünftig erscheinen lassen, da sie die Legitimität von Personalentscheidungen erhöhen. So kann behauptet werden, dass „alle" Personalentscheidungen rational auf Basis der Personalbeurteilung getroffen und danach evaluiert werden, dass Leistungsunterschiede exakt quantitativ erfasst, honoriert und sanktioniert werden, dass alle gleich behandelt werden etc.[66]

Die Unzufriedenheit mit dem Status quo lässt die Frage hochkommen, ob die (vielfache Praxis der) Personalbeurteilung „dem Untergang geweiht" ist.[67] Zumindest werden einige Veränderungen eingemahnt:

- Traditionelle Personalbeurteilung wird dem neuen Typus Wissensarbeiter nicht gerecht. Diese Arbeitnehmer wollen gefördert, nicht bewertet werden.
- In flachen Hierarchien ist die Kontrollspanne für Führungskräfte zu groß, um ein repräsentatives Bild ihrer Mitarbeiter zu bekommen. Dies verlangt nach anderen, zusätzlichen Quellen der Beurteilung, vor allem durch Gleichgestellte (peers).
- In dynamischen Umfeldern können sich Ziele rasch und häufig ändern, ein jährliches Beurteilungsintervall ist hier zu schwerfällig.
- Die Anforderungen an Führungskräfte steigen, wenn sie ihre Mitarbeiter nicht (mehr nur) bewerten, sondern ihnen (auch vermehrt) Coaching, Feedback und Wertschätzung anbieten sollen. Darauf sind sie oft schlecht vorbereitet.
- Die Zahl der Teams ohne formelle Führungskraft steigt.

Die Forderung lautet, dass die Personalbeurteilung „mehr entwicklungsorientiert, Coaching-basiert, agil und häufiger erfolgen muss. Und viele Unternehmen verzichten schon ganz auf Beurteilungen und ersetzen sie durch Feedback."[68]

Dies ähnelt in auffälliger Weise den Trends, die schon vor etlichen Jahren formuliert wurden:[69]

- Nicht die individuellen Persönlichkeitseigenschaften, sondern die Rollen- und Funktionserfüllung steht im Mittelpunkt.
- Der Fokus wechselt vom machtausübenden Beurteiler hin zum selbstgesteuerten, feedbacksuchenden Beurteilten.

---

66 Fallgatter 1999
67 Bersin 2013
68 Bersin 2013
69 Kiefer/Knebel 2004, S. 240ff.

- Die Bedeutung der Leistungsbewertung sinkt, die der Entwicklungsorientierung steigt.
- Die einseitige Top-down-Beurteilung wird von einer mehrseitigen Rundum-Beurteilung abgelöst.
- Statt einer standardisierten kommt es zur individuell angepassten Beurteilung.
- Die Beurteilung von Individuen weicht dem Feedback für Teams und auch größeren Organisationseinheiten.
- Der Fokus verschiebt sich von den oftmals aufgezwungenen Beurteilungen hin zur Entwicklung von Sensoren zur Wahrnehmung von Beurteilungen.

Eine personalpolitische Zielsetzung der Personalbeurteilung besteht darin, sie als (eine) Grundlage für Entlohnungsentscheidungen heranzuziehen. Darum geht es im nächsten Kapitel.

3. Entlohnung

Können Belohnungen Menschen motivieren? Absolut. Sie motivieren Menschen, Belohnungen zu bekommen."[70]

DEFINITION

Lohn ist die monetäre Gegenleistung des Arbeitgebers für die vom Arbeitnehmer erbrachte Arbeitsleistung. In diesem Kapitel werden die Begriffe Lohn, Gehalt, Entlohnung und Vergütung synonym verwendet.

Einleitungsbeispiel

Verdienen Arme mehr, profitiert die ganze Gesellschaft. Umverteilung nimmt den Spitzenverdienern und Leistungsträgern die Motivation – zum Nachteil der Allgemeinheit. War dies lange das Credo des Internationalen Währungsfonds (IWF), zeichnet sich bei der Organisation in jüngster Zeit ein deutlicher Kurswechsel ab. Die auseinandergehende Einkommensschere zwischen Armen und Reichen sei schlecht für das Wirtschaftswachstum, lautet der Kern einer aktuellen IWF-Untersuchung. Wollen Regierungen das Wachstumstempo in ihren Ländern beschleunigen, sollten sie sich darauf konzentrieren, den ärmsten 20 % ihrer Bürger zu mehr Wohlstand zu verhelfen.

Die Theorie des Trickle-down-Effekts bewahrheite sich nicht, stellen fünf IWF-Forscher in der Studie fest. Die These, abwertend auch als Pferdeäpfel-Theorie be-

---
70   Kohn 1993, S. 67

zeichnet, geht davon aus, dass Wirtschaftswachstum und allgemeiner Wohlstand der Reichen nach und nach in die unteren Schichten der Gesellschaft durchsickern würden. Technischer Fortschritt, schwache Gewerkschaften, Globalisierung und Steuergesetzgebung hätten den vermögenderen Bevölkerungsteilen in die Hände gespielt und wesentlich dazu beigetragen, dass die zunehmende Einkommensungleichheit zu einer der „wichtigsten Herausforderungen unserer Zeit" geworden sei. Untersucht wurden in der Studie sowohl die Gegebenheiten in Industriestaaten als auch in Schwellen- und Entwicklungsländern.

Der IWF-Untersuchung zufolge bremst sich das wirtschaftliche Wachstum ein, wenn sich das Einkommen der Spitzenverdiener in einer Gesellschaft erhöht. Die Forscher errechneten, dass ein Zuwachs um einen Prozentpunkt bei den 20 % Einkommensstärksten das jährliche Bruttoinlandsprodukt (BIP) mittelfristig um rund 0,1 % schrumpfen lässt. Würde dagegen das Einkommen der 20 % Niedrigstverdiener um einen Prozentpunkt erhöht, erhalte man eine mittelfristige Wachstumsrate von nahezu 0,4 %.

Die Bedeutung der Entlohnung

Wie bei allen Handlungsfeldern des Personalmanagements kann auch bei der Entlohnung zwischen Arbeitgeber- und Arbeitnehmerperspektive unterschieden werden. Aus Sicht der Arbeitnehmer ergibt sich die Bedeutung der Entlohnung aus der Notwendigkeit der eigenen Existenzsicherung. Sofern sie nicht über entsprechendes Vermögen verfügen, ist es für Arbeitnehmer existenziell, durch Ausübung ihrer Erwerbstätigkeit zumindest so viel Geld zu verdienen, dass sie ihren Lebensunterhalt bestreiten können. Das bedeutet natürlich nicht, dass es für sie keine anderen Gründe gäbe, einer regelmäßigen Arbeit nachzugehen (wie beispielsweise Anerkennung oder Erfolgserlebnisse). Existenzsicherung ist jedoch ein dehnbarer Begriff, der nur nach unten hin einigermaßen klar begrenzt ist: die Sicherung des nackten Überlebens im Hinblick auf Nahrung, Unterkunft, Kleidung etc. In unseren Breitengraden geht es zum Glück jedoch zumeist um mehr. Es geht darum, mit dem Einkommen seine soziale Existenz zu sichern, d.h. einen bestimmten Status zu erreichen und aufrechterhalten zu können. Was der Einzelne als angemessenen sozialen Status betrachtet, hängt sowohl von gesellschaftlichen als auch persönlichen Vorstellungen ab. Das kann zu dem führen, was Helmut Saiger als „Fixkosten-Proletarier" bezeichnet hat.[71] „Jeder zusätzliche Euro […] wird sofort in ein ‚besseres' Leben investiert. […] Wie durch Zauberhand finden wir uns immer auf dem Konsumniveau, das wir uns gerade noch leisten können, manchmal auch darüber, aber nie darunter."[72]

3.1. Lohngerechtigkeit

Was ist ein gerechter Lohn? Um diese Frage beantworten zu können, muss man zunächst zwischen absoluter und relativer Lohngerechtigkeit unterscheiden. Absolute Lohngerechtigkeit betrifft die Frage, wie die von einer Organisation erwirtschafteten

---
71 Saiger 1998
72 Renz 2013, S. 104

Erträge zwischen den beiden Produktionsfaktoren Arbeit und Kapital aufgeteilt werden sollen. Das ist eine gesellschaftspolitische Entscheidung, die immer dann ins öffentliche Bewusstsein tritt, wenn angesichts von Kollektivvertragsverhandlungen oder Steuersystemreformen eine Rückschau darauf gehalten wird, wie sich Einkommen aus Kapital und Einkommen aus Arbeit in den vergangenen Jahren und Jahrzehnten entwickelt haben. Ein Ergebnis dieser ersten Verteilungsentscheidung ist die Gesamtlohnsumme, die in einer Organisation auf die Beschäftigten aufgeteilt werden kann. Wie und nach welchen Kriterien diese Verteilung erfolgt, führt zur relativen Lohngerechtigkeit. Diese steht viel stärker im Bereich der einzelnen Organisation und ist somit Gegenstand der folgenden Überlegungen.

Welche Kriterien kann das Management heranziehen, um die verfügbare Lohnsumme gerecht auf die Beschäftigten aufzuteilen? Hier stehen mehrere Verteilungskriterien zur Verfügung.[73] Das erste Kriterium ist die *Anforderungsgerechtigkeit*. Das bedeutet, dass die Höhe der Anforderungen darüber entscheidet, wie viel für einen bestimmten Job bezahlt wird. Der Grundsatz lautet: „Je höher die Anforderungen, die bei einer Arbeit zu bewältigen sind, desto besser soll sie entlohnt werden." Die Erfassung und Bewertung der Anforderungen einer Stelle erfolgt mithilfe der Arbeitsbewertung. Das Ergebnis dieser differenzierten Bewertung ergibt die Lohnsatzdifferenzierung, die zur Bestimmung des Grundlohns herangezogen wird. Das zweite Kriterium ist die *Leistungsgerechtigkeit*. Das bedeutet, dass die individuelle Leistung (und insbesondere die individuellen Leistungsunterschiede) die Lohnhöhe bestimmt. Der Grundsatz lautet: „Je höher die erbrachte Leistung, desto besser soll sie entlohnt werden." Die personenspezifische Leistung wird im Rahmen der Personalbeurteilung bewertet und mithilfe geeigneter Lohnformen (z.B. Prämienlohn) als Leistungsanteil auf den Grundlohn draufgeschlagen. Das dritte Kriterium ist die *Marktgerechtigkeit*. Das Angebot von und die Nachfrage nach bestimmten Qualifikationen am externen Arbeitsmarkt bestimmen den Preis, also die Lohnhöhe. Der Grundsatz lautet: „Knappe Qualifikationen sollen besser entlohnt werden als reichlich verfügbare Jedermanns- oder Allerweltsqualifikationen." Das vierte Kriterium ist die *Sozialgerechtigkeit*. Damit sollen unterschiedliche, auch außerhalb des Arbeitsverhältnisses wirksame Belastungen sowie unterschiedlich verteilte Einkommenschancen berücksichtigt werden. Der Grundsatz lautet: „Soziale Benachteiligung soll durch höheren Lohn ausgeglichen werden." Das fünfte Kriterium ist die *Qualifikationsgerechtigkeit*. Damit soll die vom Arbeitnehmer angebotene Qualifikation vergütet werden, auch wenn sie nicht (immer) zur Aufgabenerfüllung benötigt wird. Der Grundsatz lautet: „Wer über höhere Qualifikationen verfügt, soll besser entlohnt werden." Dies kann durch einen höheren Grundlohn oder durch Zulagen erreicht werden.

Diese Kriterien der Lohngerechtigkeit werden nur in Ausnahmefällen zum gleichen Ergebnis führen, bei dem ein anforderungsgerechter Lohn zugleich auch leistungs-, markt-, qualifikations- und sozialgerecht ist. Häufiger wird man Situationen vorfinden, in denen zwischen zwei oder mehreren Kriterien ein Spannungsverhältnis be-

---

73 Kößler 2001

steht. Dies ist etwa dann der Fall, wenn aufgrund von Knappheitsverhältnissen am Arbeitsmarkt frisch Rekrutierte genauso gut oder auch besser bezahlt werden als ihre erfahreneren Kollegen (pay inversion). „Das Erreichen einer internen und externen Ausgeglichenheit ist an sich kein Motivator. Aber es ist ein Weg zu verhindern, die leidige Geldfrage wieder zurück auf den Tisch zu bekommen und sie zu einem De-Motivator zu machen."[74]

3.2. Grundlohnbestimmung

Die Bestimmung des Grundlohns kann anhand zweier Kriterien durchgeführt werden: personenunabhängig nach den zu erfüllenden Arbeitsanforderungen (dies ist der häufigere Fall) und/oder nach der mitgebrachten, formalen Qualifikation.

Die **Grundlohnbestimmung nach Anforderung** erfolgt im Rahmen der Arbeitsbewertung. Im ersten Schritt sind die Tätigkeiten, die an einem Arbeitsplatz (typischerweise) zu verrichten sind, zu erfassen und zu beschreiben. Für diese Arbeitsanalyse stehen unterschiedliche Verfahren zur Verfügung. Die meisten dieser Verfahren stammen aus der Arbeitswissenschaft und sind ingenieurwissenschaftlich orientiert. Besonders bekannt und verbreitet ist das Verfahren nach REFA, bei dem verschiedene Aspekte des Arbeitsplatzes erfasst werden (Teilaufgaben, Abläufe, Arbeitsmittel, Arbeitsumgebung, etc.). Daneben stehen aber auch Verfahren einer psychologisch orientierten Arbeitsanalyse zu Verfügung, mit welchen die Auswirkungen der objektiven Arbeitsplatzfaktoren auf die Belastungserfahrung der Beschäftigten erhoben werden. Typische Beispiele sind der Position Analysis Questionnaire (PAQ) und der Fragebogen zur Arbeitsanalyse (FAA).

Nach der Beschreibung der Arbeitsplatzanforderungen erfolgt im nächsten Schritt die eigentliche Bewertung (vgl. Tabelle 5). Dabei kann summarisch oder analytisch vorgegangen werden. Bei der summarischen Arbeitsbewertung wird der Arbeitsplatz als Ganzes bewertet. Bei der analytischen Arbeitsbewertung werden die einzelnen Anforderungen jeweils getrennt bewertet. Da die Bewertung des Arbeitsplatzes am Ende des Prozesses in einen Lohnsatz übersetzt wird, muss die Bewertung quantifiziert werden. Diese Quantifizierung kann mittels Reihung oder Stufung erfolgen. Bei der Reihung werden die Arbeitsplätze bzw. die Anforderungen nach ihrer Schwierigkeit in eine Reihenfolge gebracht. Bei der Stufung werden die Arbeitsplätze bzw. die Anforderungen in ein bestehendes System von Schwierigkeitsstufen eingeordnet.

---

[74] Pinkt 2010, S. 204f.

	Summarisch Die Anforderungen des Arbeitsplatzes werden als Ganzes bewertet	**Analytisch** Die Anforderungen des Arbeitsplatzes werden getrennt bewertet
Reihung Die Arbeitsplätze bzw. Anforderungen werden nach ihrer Schwierigkeit gereiht.	Rangfolgeverfahren	Rangreihenverfahren
Stufung Die Arbeitsplätze bzw. Anforderungen werden in Schwierigkeitsklassen eingruppiert.	Lohngruppenverfahren	Stufenwertzahlverfahren

Tabelle 9: Verfahren der Arbeitsbewertung[75]

Beim *Rangfolgeverfahren* werden die Arbeitsplätze jeweils beschrieben und als Ganzes bewertet. Diese Bewertung spiegelt die Anforderungen und Belastungen am Arbeitsplatz wider. Die so bewerteten Arbeitsplätze werden sodann paarweise verglichen, wodurch sich am Ende eine Rangfolge nach dem Schwierigkeitsgrad ergibt. Der Vorteil dieser Vorgehensweise liegt darin, dass sie einfach handhabbar und auch leicht verständlich ist. Dem stehen jedoch als Nachteile entgegen, dass die Zahl der erforderlichen Paarvergleiche mit der Anzahl der Arbeitsplätze exponentiell wächst. Sind bei zehn Arbeitsplätzen 45 Vergleiche anzustellen, so sind es bei 20 Arbeitsplätzen schon 190 Vergleiche. Ein weiterer Nachteil liegt darin, dass mit dieser Methode keine Aussagen über die Abstände zwischen den einzelnen Rängen getroffen werden können. Damit sind die Einsatzmöglichkeiten des Rangfolgeverfahrens auf kleine Organisationen bzw. Organisationseinheiten beschränkt.

Beim *Lohngruppenverfahren* wird im ersten Schritt ein Katalog von Lohngruppen erstellt, bei denen Tätigkeiten mit ähnlichem Schwierigkeitsgrad zusammengefasst und anhand typischer Richtbeispiele charakterisiert werden (vgl. das folgende Praxisbeispiel).

---

75 Wibbe 1966, S. 30

Aus der Praxis
Praxisbeispiel: Lohngruppe IIa im Kollektivvertrag für Universitäten

Verwendungsgruppe	Einreihungskriterien	Beispiele
ArbeitnehmerInnen, die aufgrund ihrer Kenntnisse und Erfahrungen fachliche oder administrative Tätigkeiten im Rahmen des ihnen erteilten Auftrages weitgehend selbständig erledigen Einschlägig erworbene Kenntnisse oder Nachweis der entsprechenden Berufserfordernisse, z.B. abgeschlossene Lehre, Fachschulabschluss	Einschlägig erworbene Kenntnisse oder Nachweis der entsprechenden Berufserfordernisse, z.B. abgeschlossene Lehre, Fachschulabschluss	Selbständiger, eigenverantwortlicher Sekretariatsdienst, BuchhalterIn, SachbearbeiterIn z.B. Rechnungswesen, Controlling, Ein- und Verkauf, Personalwesen, Qualitätswesen, Bibliotheksdienst, Lohn- und GehaltsverrechnerIn, Studien- und Prüfungsangelegenheiten; SpezialistIn z.B. BeleuchterIn, KunsttischlerIn, FeinmechanikerIn, FotografIn

Dann werden die Lohngruppen nach ihrem Schwierigkeitsgrad in eine Rangfolge gebracht. Die als Ganzes bewerteten Arbeitsplätze werden sodann einer dieser Lohngruppen zugeordnet. Es wird außerdem festgelegt, welche dieser Lohngruppen dem kollektivvertraglich ausgehandelten Ecklohn entspricht. Durch Gewichtung der einzelnen Lohngruppen in Bezug zum Ecklohn ist es möglich, die Abstände in der Arbeitsschwere zwischen den einzelnen Lohngruppen zu quantifizieren.

Auch das Lohngruppenverfahren ist einfach handhabbar und leicht verständlich. Es findet vor allem Einsatz in Kollektivverträgen und im öffentlichen Dienst. Die Qualität des Verfahrens hängt wesentlich davon ab, dass die Abgrenzung der Lohngruppen eindeutig und die Beschreibung der jeweiligen Tätigkeiten wenig interpretationsbedürftig sind. Damit soll die Gefahr minimiert werden, dass einzelne Interessengruppen bestehende Interpretationsspielräume zu ihren Gunsten zu nutzen versuchen. Ein weiterer potenzieller Nachteil des Lohngruppenverfahrens liegt in der Gefahr, dass das System in seiner Anwendung zu starr ist und die Berücksichtigung spezifischer Bedingungen nicht erlaubt.

Die analytischen Verfahren der Bewertung verwenden ebenfalls die Prinzipien der Reihung oder Stufung, bewerten jedoch die einzelnen Anforderungen und Belastungen getrennt voneinander. Zunächst erfolgt die Differenzierung der einzelnen Anforderungsarten. Dabei kann auf verschiedene Typologien zurückgegriffen werden. Ein gängiges Beispiel sind die Anforderungsarten nach REFA (vgl. Abbildung 10).

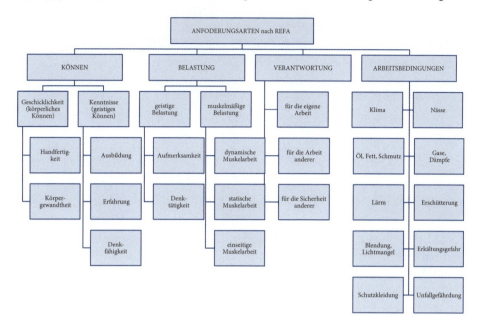

Abbildung 6: Anforderungsarten nach REFA[76]

Beim *Rangreihenverfahren* werden die einzelnen Anforderungsarten getrennt voneinander in eine Rangreihe gebracht. Dann erhalten die einzelnen Anforderungen sogenannte Platznummern zugewiesen, die zwischen null (niedrigste Anforderung) und 100 (höchste Anforderung) liegen. Als Hilfsmittel stehen Vergleichsreihen und Richtbeispiele zur Verfügung. Vor der Addition zu einem Gesamtarbeitswert müssen die einzelnen Anforderungsarten mit dem sogenannten Wichtefaktor gewichtet werden. Der Gesamtarbeitswert wird sodann einer Lohnhöhe zugewiesen.

Beim *Stufenwertzahlenverfahren* werden die Anforderungsarten jeweils in ein System von vorab definierten Belastungsstufen eingeordnet (vgl. Tabelle 6). Jede Stufe ist mit einem bestimmten Punktewert versehen. Diese Punktewerte können unterschiedlich stark gewichtet werden. Durch Addition der Punktewerte gelangt man zum Gesamtarbeitswert, der wiederum einer bestimmten Lohnhöhe zugeordnet wird.

Die analytischen Verfahren der Arbeitsbewertung erlauben es, auch bei einer großen Zahl von Arbeitsplätzen eine differenzierte Bewertung durchzuführen. Sie sind jedoch deutlich aufwändiger und komplizierter als die summarische Bewertung. Dies bedeutet einerseits, dass die entstehenden Kosten beträchtlich sein können,

---

[76] vgl. REFA 1991a

und andererseits, dass sie relativ intransparent sind, da ihr Einsatz ein gerütteltes Maß an Fachwissen voraussetzt, über das nicht alle verfügen. Schlussendlich bleibt anzumerken, dass die im Vergleich zur summarischen Arbeitsbewertung höhere Objektivität keinesfalls bedeutet, dass es keine Ermessensspielräume mehr gäbe. Als Konsequenz daraus ist es übliche Praxis, die Durchführung von Arbeitsbewertungen einer Arbeitsgruppe zu übertragen, in der nicht nur Fachleute sitzen, sondern auch Mitglieder des Managements und der Belegschaftsvertretung.

	Beschreibung	**Beispiel**
0	Arbeiten ohne Beanspruchung	Bereitschaftsdienst
I	Leichte Arbeiten, wie Handhaben leichter Werkstücke und Werkzeuge, Bedienen leichtgehender Steuerhebel, Stehen oder Gehen ohne Last	Waschraumwärter, Werkzeugmacher, Gießkranfahrer, Elektrokarrenfahrer
II	Mittelschwere Arbeiten, wie Handhaben etwa 1 bis 3 kg schwerer Werkzeuge, Bedienen schwergehender Steuereinrichtungen, unbelastetes Begehen von Treppen und Leitern	Schlosser in der mechanischen Werkstatt, Reparaturschlosser am Hochofen, Großstückformer
III	Schwere Arbeiten, wie Tragen von etwa 20 bis 40 kg schweren Lasten in der Ebene oder Steigen unter mittelschweren Lasten, mittelschwere Arbeiten in angespannter Körperhaltung (z.B. in kniender oder liegender Stellung)	Schmelzer am Hochofen, Schmied in der Gesenkschmiede, Doppler im Feinblechwalzwerk
IV	Schwerste Arbeiten, wie Heben und Tragen von Lasten über 50 kg oder Steigen unter schwerer Last	Hebler im Hammerwerk, Masselträger am Hochofen, Schlackenlader am Hochofen

Tabelle 10: Arbeitsbewertung für „Arbeitsschwere"

In den letzten Jahren ist die bislang dominante Anforderungsorientierung bei der Grundlohnbestimmung durch die Qualifikationsorientierung zwar nicht ersetzt, aber ergänzt worden. Bei der Anforderungsorientierung kann es passieren, dass jemand zwar über hohe Qualifikationen verfügt (z.B. einen akademischen Abschluss), jedoch einen niedrigeren Lohn erhält, da die Stelle im Vergleich zu dieser Qualifikation relativ niedrig bewertet wird (z.B. Sekretariat), weil für diese Tätigkeit eine akademische Ausbildung als nicht erforderlich betrachtet wird. Bei der **Grundlohnbestimmung nach Qualifikation** wird die angebotene Qualifikation vergütet, ob sie jetzt bei der Arbeitstätigkeit benötigt wird oder nicht. Damit wird sogleich der potenzielle Nachteil der Qualifikationsorientierung sichtbar, nämlich die Gefahr der Qualifikationsleerkosten. Die Organisation zahlt in diesem Fall für Qualifikationen, die sie an dieser Stelle und zu dieser Zeit nicht benötigt. Wenn dennoch ein Qualifikationslohn gezahlt wird, so nicht aus sozialen oder Wohlfahrtsüberlegungen, sondern weil die „überqualifizierten" Beschäftigten rasch flexibel einsetzbar sind und weil Organisationen zunehmend darauf angewiesen sind, dass die Beschäftigten willens und in der Lage sind, ihre eigenen Qualifikationen weiterzuentwickeln.

Beim Qualifikationslohn kann zwischen skill-based-pay und knowledge-based-pay unterschieden werden. Der skill-based-pay knüpft bei der Zahl der beherrschten Tätigkeiten an. Je größer die Zahl der beherrschten Tätigkeiten ist, desto mehr wird die Person zum Generalisten und desto flexibler ist sie einsetzbar. Die erworbenen Mehrfachqualifikationen sind besonders bei Teamarbeiten von Vorteil, da sich die Teammitglieder rasch gegenseitig vertreten können. Beim knowledge-based-pay werden Spezialisten gefördert. Das Bezugskriterium ist die zertifizierte, formal erworbene Qualifikation, die zu einer Verbreiterung des Wissens im eigenen Fachbereich führt. Dies erleichtert die Anschlussfähigkeit bei der Zusammenarbeit mit anderen Spezialisten (z.B. in der Forschung und Entwicklung).

3.3. Lohnformen

Bei der Ermittlung des Grundlohns spielt Arbeitsleistung keine Rolle. Im Falle der anforderungsorientierten Grundlohnbestimmung wird überhaupt von der Person abstrahiert, die Entlohnung richtet sich ausschließlich nach dem Schwierigkeitsgrad der Tätigkeit und den damit verbundenen Belastungen. Bei der qualifikationsorientierten Grundlohnbestimmung wird zwar die Person berücksichtigt, jedoch nur im Sinne ihres Leistungspotenzials und nicht der tatsächlich erbrachten Leistung. Ein Ignorieren dieser Leistung bei Entlohnungsentscheidungen kann von den Beschäftigten als ungerecht wahrgenommen werden. Es ist immer wieder zu beobachten, dass zwei Personen, die auf gleich bewerteten Arbeitsplätzen tätig sind, unterschiedlich hohe Leistungen erbringen. Das Gleiche gilt für die Qualifikation. Zwei Personen, die über die gleiche Qualifikation verfügen, können durchaus unterschiedlich hohe Leistungen erbringen. Organisationen setzen nun unterschiedliche Lohnformen ein, um die Leistungsunterschiede der Beschäftigten differenziert belohnen zu können. Sie tun dies entweder indirekt in Form eines Zeitlohns oder direkt in Form eines Leistungslohns (Akkordlohn, Prämienlohn).

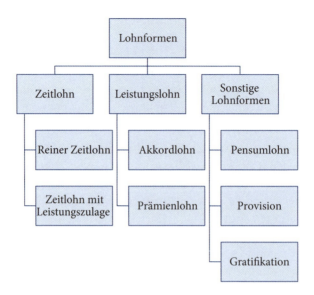

Abbildung 7: Lohnformdifferenzierung[77]

Die Gegenüberstellung von Zeit- und Leistungslohn könnte zu der irrigen Annahme verleiten, dass die Beschäftigten im Falle des Zeitlohns keine Leistung zu erbringen brauchen bzw. dass bei dieser Lohnform kein Zusammenhang zwischen Leistung und Lohn bestünde. Dieser Eindruck entsteht möglicherweise dadurch, dass dieser Zusammenhang indirekt besteht. Tatsächlich ist es so, dass Leistungsunterschiede oder Leistungsschwankungen keine unmittelbaren Konsequenzen für die Entlohnung haben. Beim **Zeitlohn** wird nicht eine wie auch immer gemessene Leistung vergütet, sondern die Verfügbarkeit für eine bestimmte Zeitspanne. Diese wird mit einem fixen Entgelt abgegolten. Übliche Zeiteinheiten sind ein Monat, es sind aber auch Wochen- oder Tagelöhne möglich. Natürlich erwartet der Arbeitgeber eine bestimmte Leistung, die in diesem Zeitraum erbracht werden soll. Wird diese Leistungserwartung vom Arbeitnehmer nachhaltig erfüllt und übererfüllt, so kann er entweder unmittelbar mit der Gewährung von Leistungszulagen rechnen, oder mit Gehaltserhöhungen, entweder auf seinem bestehenden Arbeitsplatz oder im Zuge einer Beförderung. Bleibt er nachhaltig hinter den Leistungserwartungen des Arbeitgebers zurück, so drohen das Ausbleiben von Beförderungen, Gehaltserhöhungen oder gar der Verlust des Arbeitsplatzes.

Unter bestimmten Bedingungen liegt die Verwendung des Zeitlohns besonders nahe. Das ist erstens bei allen Tätigkeiten der Fall, wo sich der Zeitdruck negativ auf die Arbeitsleistung auswirken würde, wo Sorgfalt, Genauigkeit und Unfallprävention einen besonders hohen Stellenwert besitzen (Fluglotsen, Chirurgen). Zweitens gibt es eine Reihe von Tätigkeiten, bei denen die Beschäftigten keinen Einfluss auf die Leistungserbringung haben (Feuerwehrmann, Portier). Drittens lohnt sich bei manchen Tätigkeiten die Erstellung von Zeitstudien als Grundlage der Leistungsdif-

---

77   in Anlehnung an REFA 1991b; Berthel/Becker 2013

ferenzierung (Normalleistung) aus wirtschaftlichen Gründen nicht, oder sie ist aufgrund der mangelnden Gleichförmigkeit der Tätigkeit nicht sinnvoll möglich (Forschung und Entwicklung).

Die Vorteile des Zeitlohns liegen in seiner einfachen Berechnung, im Anreiz für eine starke Beachtung der Qualität der Arbeitsleistung, im schonenderen Umgang mit Mensch und Maschine und in der Realisierung von fallenden Stücklohnkosten bei Leistungssteigerung. Als Nachteile des Zeitlohns erweisen sich die fehlenden Anreize zur kurzfristigen Leistungssteigerung, die Unzufriedenheit leistungsstarker Beschäftigter sowie das Risiko für die Organisation, Minderleistung (zumindest kurzfristig) alleine tragen zu müssen.

Der **Akkordlohn** ist eng verbunden mit tayloristisch organisierter Industrieproduktion, wie sie so anschaulich von Charlie Chaplin in seinem Film „Modern Times" verdeutlicht wird.

Akkordlohn

Charlie Chaplin präsentiert im Film „Moderne Zeiten" den Akkordlohn und die damit verbundene tayloristisch organisierte Industrieproduktion.

Moderne Zeiten mit Charlie Chaplin

Mit der Veränderung der Arbeitsorganisation ist auch ein Rückgang des Akkordlohns in der Praxis verbunden, ausgestorben ist er (noch lange) nicht.

Bei der Akkordentlohnung wird die Arbeitskraft nach der Menge ihrer Arbeitsleistung (oft pro Stück) entlohnt. Dies setzt voraus, dass die Arbeit sowohl akkordfähig als auch akkordreif ist. Von Akkordfähigkeit der Arbeit spricht man, wenn die Arbeit aus immer wiederkehrenden, meist kurzzyklischen Tätigkeiten besteht und die Arbeitskraft die produzierte Menge direkt beeinflussen kann (und nicht etwa an die Taktvorgabe durch eine Maschine gebunden ist). Die Akkordreife der Arbeit ist gegeben, wenn die Arbeitskraft nach entsprechender Anlernphase die Arbeit störungsfrei durchführen kann.

Der Akkordlohn beruht auf zwei Grundlagen, den Vorgabezeiten und dem Akkordrichtsatz. Die Vorgabezeiten geben die Zeit an, die für die Herstellung eines Stücks vorgesehen sind. Die Vorgabezeit setzt sich aus Rüstzeit und Ausführungszeit zusammen. Die Rüstzeit umfasst die Zeiten für die Arbeitsvorbereitung und Arbeitsnachbereitung. Sowohl die Vorgabezeit als auch die Ausführungszeit setzen sich aus drei Elementen zusammen: Grundzeit (Sollzeit), Erholungszeit (Arbeitspausen) und Verteilzeit (Störungen, Unterbrechungen).

Die Ermittlung der Grundzeiten folgt einem hochstrukturierten Verfahren, wie dem REFA-Verfahren der Zeitermittlung oder dem System vorbestimmter Zeiten. Beim REFA-Verfahren werden der Arbeitnehmer bei der Ausführung seiner Tätigkeit beobachtet und die Zeiten, die er für die einzelnen Arbeitsschritte benötigt, genau gemessen (Stoppuhr). Nun kann nicht umstandslos davon ausgegangen werden, dass die so erfassten Zeiten der Normalleistung entsprechen, welche der Arbeitnehmer auf Dauer und ohne Schädigung erbringen kann, sei es, dass er noch nicht ausreichend eingeübt ist, sei es, dass er weiß, dass sie zur Ermittlung der Sollzeit beobachtet wird. Um diese Abweichungen auszugleichen, korrigiert der REFA-Experte seine Messungen durch Schätzungen, bei denen er sich auf Erfahrungswerte stützt. Es ist unmittelbar einsichtig, dass hier die postulierte Objektivität des Verfahrens infrage gestellt wird.

Beim System vorbestimmter Zeiten werden die (komplexen) Bewegungsabläufe bei der Arbeitstätigkeit in kleinste Elemente zerlegt. Für diese Bewegungselemente kann aus einer Tabelle die dafür vorgesehene Standardzeit entnommen werden. Die Tabellen sind das Ergebnis umfangreicher Zeit- und Bewegungsstudien (vgl. Tabelle 7). Die Grundzeit ergibt sich aus der Addition der Vorgabezeiten für die einzelnen Bewegungselemente.

Beweg. -Länge in cm	R.A	R.B	R.C R.D	R.E	mR-A R-Am	mR-B R-Bm	m-Wert für B
2	2,0	2,0	2,0	2,0	1,6	1,6	0,4
4	3,4	3,4	5,1	3,2	3,0	2,4	1,0
6	4,5	4,5	4,4	4,4	3,9	3,1	1,4
8	5,5	5,5	5,5	5,5	4,6	3,7	1,8
10	6,1	6,4	6,8	6,8	4,9	4,3	2,0
12	6,4	7,4	9,1	7,3	5,2	4,8	2,6
14	6,8	8,2	9,7	7,8	5,5	5,4	2,8
16	7,1	8,8	10,3	8,2	5,8	5,9	2,9
18	7,5	9,4	10,8	8,7	6,1	6,5	2,9
20	7,8	10,0	11,4	9,2	6,5	7,1	2,9
22	8,1	10,5	11,9	9,7	6,8	7,7	2,8
24	8,5	11,1	12,5	10,2	7,1	8,2	2,9
26	8,8	11,7	13,0	10,7	7,4	8,8	2,9
28	9,2	12,2	13,6	11,2	7,7	9,4	2,8
30	9,5	12,8	14,1	11,7	8,0	9,9	2,9
35	10,4	14,2	15,5	12,9	8,8	11,4	2,8
40	11,3	15,6	16,8	14,1	9,6	12,8	2,8
45	12,1	17,0	18,2	15,3	10,4	14,2	2,8
50	13,0	18,4	19,6	16,5	11,2	15,7	2,7
55	13,9	19,8	20,9	17,8	12,0	17,1	2,7
60	14,7	21,2	22,3	19,0	12,8	18,5	2,7
65	15,6	22,6	23,6	20,2	13,5	19,9	2,7
70	16,5	24,1	25,0	21,4	14,3	21,4	2,7
75	17,3	25,5	26,4	22,6	15,1	22,8	2,7
80	18,2	26,9	27,7	23,9	15,9	24,2	2,7

Normalzeitwerte in TMU

Tabelle 11: Auszug aus der Bewegungszeittabelle des MTM Grundverfahrens[78]

---

78 Schettgen 1996, S. 216

Dazu ein Beispiel: „Es soll bestimmt werden, wie lange das Hinlangen zu einem Hammer dauert, der 50 cm entfernt auf der Werkbank liegt. Dieser Arbeitsvorgang entspricht zunächst im Falle B: ‚Hinlangen zu einem alleinstehenden Gegenstand, der sich an einem von Arbeitsgang zu Arbeitsgang veränderten Ort befindet.' Das Bewegungsziel weist damit den Wert ‚2' auf, während die Bewegungslänge mit 50 cm angegeben ist. Der zugehörige Tabellenwert lautet ‚18,4' und steht für die Soll-Zeit in der Maßeinheit ‚TMU'. Ein TMU (Time Measurement Unit) beträgt 0,036 Sekunden; als die Zeit für das Hinlangen zum Hammer ergibt sich damit 18,4 x 0,036s = 0,6624s."[79]

Nach der Ermittlung der Grundzeiten werden noch Zuschläge für Erholungs- und Verteilzeiten vorgenommen, um die Vorgabezeiten jeder Mengeneinheit zu erhalten.

Um den Akkordlohn berechnen zu können, benötigt man neben der Vorgabezeit den Akkordrichtsatz. Der Akkordrichtsatz ist der Stundenlohn, der sich aus dem kollektivvertraglichen Grundlohn plus dem Akkordzuschlag (circa 15 %) ergibt. Die Berechnung des Akkordlohns kann als Geldakkord oder als Zeitakkord vorgenommen werden, die beide zum gleichen Ergebnis führen.

- *Geldakkord:* Akkordlohn = Menge × Geldsatz
  wobei der Geldsatz = (Akkordrichtsatz/60 min) × Vorgabezeit
- *Zeitakkord:* Akkordlohn = Menge × Vorgabezeit × Minutenfaktor,
  wobei der Minutenfaktor = Akkordrichtsatz/60 min

Der Vorteil des Akkordlohns besteht darin, dass er einen direkten und kurzfristig wirksamen Anreiz zur Leistungssteigerung darstellt. Dem steht jedoch eine Reihe von Nachteilen entgegen. Erstens besteht die Gefahr, dass sich die Arbeitnehmer verausgaben, indem sie mehr arbeiten, als auf Dauer ihrer Gesundheit zuträglich ist („Akkordreißen"). Die Erbringung einer überdurchschnittlichen Leistung über einen längeren Zeitraum hinweg ist nicht nur potenziell gesundheitsschädlich, sie kann auch zu Lohneinbußen führen. Das Management kann die notorische Mehrleistung als „eigentliche" Normalleistung interpretieren und mit einer Korrektur der Vorgabezeiten reagieren. Um dem vorzubeugen, existieren oft informelle Leistungsnormen, die sicherstellen sollen, dass die Normalleistung nicht angehoben wird („Quota restriction"). Diese informelle Norm wird innerhalb der Arbeitsgruppe genau beobachtet, Abweichler („Akkordverderber") werden sanktioniert. Bei sehr hohen Leistungsvorgaben und Garantie eines kollektivvertraglichen Mindestlohnes besteht für die Arbeitnehmer kein Anreiz, diese Normalleistung zu erbringen, da sie nur mit überproportional hoher Anstrengung erreichbar wäre. Die verminderte Anstrengung (Ziegel) wird als hohes Engagement getarnt (Goldschicht) und somit als Leistung wie ein „Goldbarren" präsentiert („Goldbricking"). Leistungsschwankungen schlagen sich bei Akkordlohn unmittelbar in Einkommensschwankungen nieder. Da diese unerwünscht sind, reichen die Arbeitnehmer die Akkordscheine (Ab-

---

[79] Schettgen 1996, S. 251

rechnungsbelege) nicht zur Gänze ein, um damit Leistungstiefs ausgleichen zu können („Vorderwasser"). Weitere Nachteile des Akkordlohns sind der hohe Aufwand für Zeit- und Bewegungsstudien, der hohe Kontrollaufwand, die Gefahr von höherem Materialverbrauch, schnellerem Verschleiß von Maschinen und wenig Beachtung von Qualität, denn belohnt wird ausschließlich die Arbeitsmenge.

Akkordlohnsysteme sind einerseits voraussetzungsvoll (Akkordfähigkeit, Akkordreife), andererseits aufwändig in ihrer Entwicklung und Umsetzung. Als alternative Form des Leistungslohns bietet sich der **Prämienlohn** an. Dieser besteht aus einem Grundlohn (Zeitlohn) plus einer leistungsbezogenen Prämie. Bei der Gestaltung eines Prämienlohnsystems sind vier Fragen zu beantworten:

1. Welche Leistung muss mindestens erbracht werden, damit eine Prämie ausbezahlt wird, und bis zu welcher Höchstleistung wird eine Prämie gewährt (Leistungsspanne)?
2. Wie hoch soll die Prämie mindestens und maximal sein (Prämienspanne)?
3. Wie soll der Verlauf der Prämienlohnlinie aussehen?
4. Was soll durch die Prämie belohnt werden (Bezugsgröße)?

Mit der Wahl der Prämienlohnlinie sind unterschiedliche Erwartungen der Anreizwirkung verbunden. Bei einem proportionalen Verlauf ist – wie beim Akkordlohn – jede Leistungseinheit gleich viel wert. Der häufig vorfindbare degressive Verlauf bewirkt, dass ein Mehrverdienst rasch möglich ist, zusätzliche Leistungssteigerungen mit Blick auf Mensch und Maschine weniger gefördert werden. Im Gegensatz dazu setzt der progressive Verlauf einen deutlichen Anreiz zur maximalen Leistungserbringung. Beim s-förmigen Verlauf wird als optimale Leistung der Wendepunkt der Prämienlohnlinie nahegelegt.

Bei der Wahl der Bezugsgröße sind der Fantasie keine Grenzen gesetzt. Häufig verwendete Bezugsgrößen sind Arbeitsmenge (ohne Vorgabezeiten wie beim Akkordlohn), Arbeitsqualität/Ausschuss, Nutzungsgrad/Leerlaufzeiten von Maschinen, Ersparnis, Flexibilität. Diese Bezugsgrößen können gewichtet und miteinander kombiniert werden. Dabei ist jedoch zu beachten, dass das System für die Beschäftigten durchschaubar bleiben muss, um die gewünschten Verhaltenswirkungen erzielen zu können. Wenn zu viele Bezugsgrößen mit zu geringem Gewicht in unübersichtlicher Weise miteinander kombiniert werden, ist die einzelne Verhaltensweise im Hinblick auf die zu erzielenden Belohnungen kaum mehr relevant („Sollen nun 20 % Qualität beachtet werden oder 15 % Nutzungsgrad?").

Der Vorteil des Prämienlohns liegt darin, dass gezielt verschiedenartige Leistungsanreize gesetzt werden können. Wird das System jedoch zu kompliziert, so besteht die Gefahr, dass neben den oben genannten Anreizverlusten auch die Entwicklung und Administration eine kritische Größe überschreiten können.

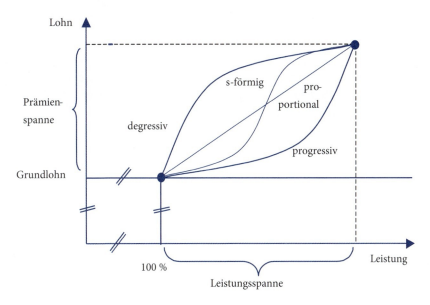

Abbildung 8: Verläufe der Prämienlohnlinie

In der betrieblichen Praxis finden noch **sonstige Lohnformen** Verwendung. Der *Pensumlohn* stellt eine spezielle Variante des Prämienlohns dar, allerdings wird nicht die erbrachte, sondern die erwartete (und vereinbarte) Leistung vergütet. Dem Grundlohn wird ein Leistungsentgelt zugeschlagen, die Überprüfung, ob die erwartete Leistung (das Pensum) auch erbracht wurde, erfolgt jedoch in größeren Intervallen, die auch mehrere Monate umfassen können. Innerhalb dieser Periode bleibt das Entgelt auch bei Leistungsschwankungen konstant.[80]

Provisionen sind vor allem im Vertrieb anzutreffen. Sie werden als Prozentsatz einer definierten Bezugsgröße ermittelt. Typische Bezugsgrößen sind Umsatz (Umsatzprovisionen) und Geschäftsabschlüsse (Vermittlungs- oder Abschlussprovisionen). Bei höheren Führungskräften oder Künstlern wird auch der Begriff Tantiemen verwendet.

Gratifikationen sind Zuwendungen, die aus bestimmten Anlässen wie beispielsweise Jubiläen oder für besondere Leistungen vergeben werden. Wird dabei kein Vorbehalt ausgesprochen, so kann unter Umständen schon ab dem zweiten Mal ein Gewohnheitsrecht (betriebliche Übung) abgeleitet werden.

3.4. Erfolgsbeteiligung

Betriebliche Erfolgsbeteiligung ist ein System, durch das die Arbeitnehmer nach bestimmten festgelegten Regeln am Unternehmenserfolg beteiligt werden. Zielgruppe können alle Beschäftigten oder ein bestimmtes Belegschaftssegment (z.B. Führungs-

---
[80] vgl. REFA 1991b

kräfte) sein. Die Erfolgsbeteiligung wird zusätzlich zum normalen, individuellen Leistungsentgelt und den Sozialleistungen gewährt.[81]

Systeme der Erfolgsbeteiligung können zwei grundsätzlichen Zielkategorien dienen, nämlich personalwirtschaftlichen Zielen wie z.B. Motivation, Loyalität, Partizipation, Fluktuation einerseits und finanzwirtschaftlichen Zielen wie z.B. Verbesserung der Liquidität oder der Kapitalausstattung andererseits.[82]

Bei einer österreichischen Studie hatten zwei Drittel der befragten Unternehmen kein Mitarbeiterkapitalbeteiligungsmodell, 1 % hatten Stock Options und 25 % hatten statt eines Kapitalbeteiligungsmodells Prämien. Mehr als die Hälfte gaben an, ein Interesse an der Einführung einer Kapitalbeteiligung zu haben, wenn sich die Rahmenbedingungen verbesserten.[83] In einer parallel durchgeführten Befragung von Betriebsräten zeigten sich 80 % der Betriebsräte mit dem Beteiligungsmodell in ihrem Unternehmen sehr zufrieden.[84]

Als Erfolgsgrößen (Bemessungsgrundlage, Beteiligungsbasis), an denen die Arbeitnehmer beteiligt werden, kommen Leistung, Ertrag, Gewinn und Wertzuwachs in Betracht.[85] Relevante Leistungsgrößen sind Produktionsmenge, Produktivität und Kostenersparnis. Dabei geht es jedoch nicht um Individualleistungen (diese würden durch den Leistungslohn erfasst), sondern um die kollektive Leistung einer Abteilung, eines Werkes oder des ganzen Unternehmens. Der Nachteil von Leistungsgrößen ist ihre Marktunabhängigkeit, d.h., Arbeitnehmer erhalten beispielsweise auch dann eine Belohnung, wenn sie die dafür erforderliche Produktionsmenge erreichen, auch wenn diese Produkte nicht oder nur mit Verlust absetzbar sind. Ertragsgrößen wie Umsatz oder Wertschöpfung (Umsatz minus Vorleistungen) bilden sowohl unternehmensinterne als auch externe Faktoren ab. Allerdings wird dabei die Kostenstruktur vernachlässigt. So werden Erfolgsanteile auch dann ausgeschüttet, wenn zwar der Umsatz gewachsen, aber gleichzeitig die Kosten überproportional gestiegen sind. Daher haben Gewinngrößen (Bilanz-, Ausschüttungs- oder Substanzgewinn) in der Praxis die weiteste Verbreitung gefunden.

In Abbildung 12 ist die Erfolgsbeteiligung am Gewinn schematisch dargestellt. Ihre Vorteile bestehen darin, dass eine Ausschüttung erst bei „schwarzen Zahlen" erfolgt, dass in ihnen sowohl Leistung als auch der Markterfolg berücksichtigt werden und dass die Verfahren zur ihrer Ermittlung im Vergleich zu Leistungs- und Ertragsgrößen relativ einfach und überschaubar sind.[86] Der Nachteil des Gewinns als Bemessungsgrundlage liegt in seiner kurzfristigen Orientierung und der damit meist einhergehenden Vernachlässigung strategischer Aspekte. Die Beteiligung an der Wertentwicklung des Unternehmens bzw. einzelner Unternehmensbereiche soll insbesondere die Füh-

---

81 z.B. Eckardstein/Schnellinger 1978, S. 191f.
82 vgl. Schneider 1992, Sp. 1110
83 Kronberger/Rauner/Past 2007
84 Leitsmüller 2007
85 vgl. zum folgenden Berthel/Becker 2013
86 vgl. Zander 1990, S. 389

rungskräfte zu einem längerfristig strategisch orientierten Handeln motivieren. Als wertbezogene Beteiligungsbasis bieten sich der Aktienkurs (Shareholder Value) oder (bei nicht börsennotierten Unternehmen) ein fiktiver Kaufpreis (Unternehmensbewertung) an.

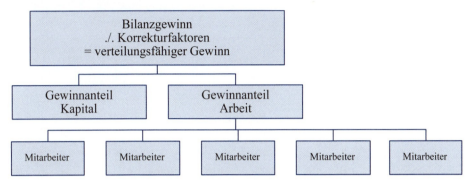

Abbildung 9: Schematische Darstellung der Gewinnbeteiligung[87]

Wie aus Abbildung 12 ersichtlich, muss vor der Ermittlung der individuellen Erfolgsanteile der Arbeitnehmer das Verhältnis festgelegt werden, in dem der Gewinn auf die beiden Leistungsfaktoren Kapital und Arbeit aufgeteilt werden soll. Eine gerechte, nach dem Verursachungsprinzip vorgenommene Aufteilung würde voraussetzen, den Beitrag der Belegschaft und des eingesetzten Kapitals zum Unternehmensgewinn eindeutig identifizieren zu können. Da diese Zurechnungsfrage aufgrund der komplexen Wirkungsbeziehungen de facto unlösbar ist, ist die Verteilung ein unternehmenspolitischer Kompromiss, der die Akzeptanz aller Beteiligten erfordert und prinzipiell revidierbar bleibt.[88]

Wenn die Quote des unter der Belegschaft zu verteilenden Gewinns feststeht, ist der individuelle Erfolgsanteil zu ermitteln, wobei in der Regel eine Kombination von Gleichheits-, Leistungs- und Sozialprinzip angewendet wird. Nach dem Gleichheitsprinzip erfolgt die Verteilung nach Köpfen, alle erhalten gleich viel. Der größere Teil des „Kuchens" wird in der Praxis nach dem Leistungsprinzip verteilt, wobei sich auch hier wieder die Zurechnungsproblematik stellt. Anstelle einer nicht realisierbaren Verteilung gemäß der individuellen Beiträge zum Unternehmensgewinn wird die Höhe des (Leistungs-)Lohns als Indikator verwendet, d.h., die Arbeitnehmer erhalten den Prozentsatz des „Gewinnanteils Arbeit", den ihr individueller Jahreslohn an der Lohnsumme ausmacht. Ergänzend werden nach dem Sozialprinzip Kriterien wie Familienstand, Betriebszugehörigkeit und Alter bei der Verteilung des Erfolgsanteils berücksichtigt.[89]

---

87 vgl. Zander 1990, S. 390
88 vgl. Schultz 1998, S. 21
89 vgl. Berthel 2000, S. 400f.

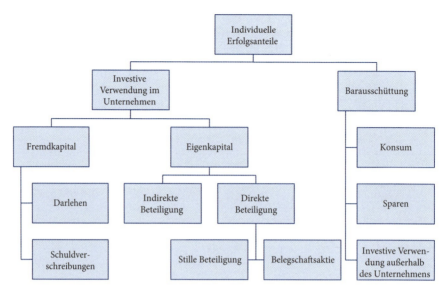

Abbildung 10: Gestaltungsmöglichkeiten der Verwendung individueller Erfolgsanteile[90]

Sind die individuellen Erfolgsanteile einmal festgelegt, so stellt sich die Frage, wie diese verwendet werden sollen.[91] Dabei bestehen zwei Alternativen, die üblicherweise kombiniert werden (vgl. Abbildung 13). Der Erfolgsanteil kann entweder bar ausgeschüttet oder in das Unternehmen investiert werden (Kapitalbeteiligung). Im ersten Fall steht es den Arbeitnehmern frei, ob sie das Geld konsumieren, sparen oder anderweitig investieren wollen. Für das Unternehmen besteht bei dieser Verwendungsform der Nachteil, dass sofort ein erheblicher Mittelabfluss stattfindet, der seine Liquidität verschlechtert. Im zweiten Fall kommt es zu einer Beteiligung der Arbeitnehmer am Kapital ihres Unternehmens. Dies kann in Form von Eigen- oder Fremdkapital erfolgen. Die Beteiligung am Eigenkapital des Unternehmens bringt eine engere Bindung mit sich, ändert aber auch die Eigentumsverhältnisse. Die Arbeitnehmer können sich direkt oder indirekt am Eigenkapital beteiligen. Bei der direkten Beteiligung am Eigenkapital erwerben die Arbeitnehmer Anteile an ihrem Unternehmen entweder in Form von Belegschaftsaktien (bei einer AG) oder als stille Teilhaber. Bei der indirekten Beteiligung am Eigenkapital wird zwischen die Arbeitnehmer und das Unternehmen eine Beteiligungsinstitution (z.B. eine Kapitalgesellschaft) geschaltet, die als Gesellschafter des Unternehmens auftritt und an der die Arbeitnehmer beteiligt sind. Der Vorteil dieser Lösung besteht darin, dass sich die Arbeitnehmer an ihrem Unternehmen beteiligen können, ohne das Risiko des Mitunternehmertums tragen zu müssen. Die Beteiligung am Fremdkapital hat den Nachteil, dass damit der Verschuldungsgrad des Unternehmens steigt, was unter Umständen seine Bonität bei weiteren Kreditaufnahmen schwächt. Hier hat das Darlehen der Arbeitnehmer an das eigene Unternehmen die größte Bedeutung. Daneben besteht noch die Möglichkeit zu Schuld-

---

90 vgl. Steinmann/Müller/Klaus 1982, S. 122
91 vgl. zum folgenden Steinmann/Müller/Klaus 1982

verschreibungen (Obligationen), die jedoch für nicht emissionsfähige kleinere und mittlere Unternehmen nicht infrage kommen und wegen ihrer schwerfälligen Handhabung in der Praxis auch nur wenig verbreitet sind.

3.5. Freiwillige Sozialleistungen

Der Begriff „betriebliche Sozialleistungen" (Nebenleistungen, Zusatzleistungen) wird in der Literatur nicht einheitlich verwendet. Das Spektrum reicht von allen personalbezogenen Aufwendungen, die dem Unternehmen zusätzlich zum direkten Lohn entstehen, bis zur Einschränkung auf diejenigen Zusatzleistungen, die nicht durch Gesetz oder Kollektivvertrag vorgeschrieben sind.[92] Wir verstehen unter betrieblichen Sozialleistungen alle Leistungen des Unternehmens an die Arbeitnehmer, die kein Arbeitsentgelt darstellen, da sie in keinem direkten Verhältnis zu den Anforderungen der Stelle und zur Arbeitsleistung stehen. Somit gehört die Erfolgsbeteiligung nicht zu den Sozialleistungen, da bei ihr ein indirekter Leistungsbezug über den Unternehmenserfolg gegeben ist.[93]

Durch die Gewährung von Sozialleistungen kann ein Unternehmen folgende **Ziele** anstreben:[94] Erhaltung und Förderung der Leistungsfähigkeit und Leistungsmotivation der Arbeitnehmer (Motivationsfunktion), Bindung der Arbeitnehmer an das Unternehmen, Erleichterung der Rekrutierung neuer Arbeitnehmer am externen Arbeitsmarkt durch besseres Unternehmensimage (Akquisitionsfunktion), Verbesserung des Betriebsklimas und des Zusammengehörigkeitsgefühls unter den Arbeitnehmern (Integrationsfunktion), Verwirklichung des Fürsorge- und Wohlfahrtsgedankens (ethische Motive), Abwehr des gewerkschaftlichen Einflusses auf die Belegschaft und Nutzung von Steuervorteilen für Arbeitgeber und Arbeitnehmer (z.B. bei der betrieblichen Altersversorgung).

Sozialleistungen können nach verschiedenen Gesichtspunkten eingeteilt werden:[95]

- Grad der *Freiwilligkeit*: gesetzlich (z.B. Sozialversicherungsbeiträge des Arbeitgebers), kollektivvertraglich (z.B. Urlaubs- und Weihnachtsgeld), freiwillig (z.B. Betriebskindergarten)
- *Form*: Geldleistungen (z.B. Zulagen), Sachleistungen (z.B. Deputate), Nutzungsgewährung (z.B. Betriebssportanlage)
- *Häufigkeit*: kontinuierlich (z.B. Kantine), periodisch (z.B. zusätzliche Gratifikation), einmalig (z.B. Jubiläumsgeschenke)
- *Empfängerkreis*: derzeitige Arbeitnehmer, ehemalige Arbeitnehmer, Angehörige

Die Zahl der möglichen Sozialleistungen ist nahezu unbegrenzt und reicht von A wie Abschlussgratifikation bis zu Z wie Zwischenverpflegung.[96] Aus Sicht des Unter-

---

92 vgl. Zander 1990, S. 341
93 vgl. von Eckardstein/Schnellinger 1978, S. 207
94 vgl. Gaugler 1992, Sp. 2103f.; Rohleder 1999, S. 23f.
95 vgl. Hentze 1995, S. 150f.
96 vgl. Schettgen 1996, S. 354

nehmens sind die freiwilligen Sozialleistungen von besonderem Interesse, da hier der Gestaltungsspielraum am größten ist. Zumindest prinzipiell – so kein Gewohnheitsrecht eingetreten ist – können diese Sozialleistungen bei Bedarf auch wieder verringert oder ganz zurückgenommen werden. Die rechtliche Basis der freiwilligen Sozialleistungen sind der Einzelvertrag (insbesondere bei leitenden Angestellten) und die Betriebsvereinbarung. Tabelle 5 gibt einen Überblick über die gängigsten freiwilligen Sozialleistungen.

Vorsorgeleistungen	Geldleistungen	Sachleistungen	Serviceleistungen
Betriebliche Altersvorsorge	Gratifikationen	Zusatzurlaub	Dienstwohnung
Versicherungen aller Art	Freiwilliges Urlaubsgeld	Firmenwagen	Sport- und Freizeitanlagen
Kostenlose Vorsorgeuntersuchungen	Fahrtkostenzuschuss	Deputate	Kantine
		Kleidung	Beratung
		Büroausstattung	Kindergarten
			Mobilitätshilfen

Tabelle 12: Freiwillige betriebliche Sozialleistungen[97]

Vorsorgeleistungen dienen der zukunftsorientierten, sozialen Absicherung der Beschäftigten vor allem im Hinblick auf eine mögliche Erwerbsunfähigkeit. Neben Geldleistungen können auch Sachleistungen wie beispielsweise der begünstigte Bezug von Produkten oder Dienstleistungen des Unternehmens für die Beschäftigten gewährt werden. Hier erfreuen sich Firmenwägen besonderer Beliebtheit, weil sie nicht nur eine materielle Zuwendung, sondern auch ein weitgehend anerkanntes Statussymbol darstellen. Serviceleistungen ermöglichen die Nutzung von Angeboten, die auf spezifische Bedürfnisse (Wohnen, Essen, Freizeit, Betreuung) ausgerichtet sind.

Eine Möglichkeit des Managements der Sozialleistung liegt in der Anwendung eines sogenannten *Cafeteria-Systems*. In einer Cafeteria können sich die Arbeitnehmer aus den angebotenen Speisen und Getränken ihr individuelles Menü zusammenstellen. Übertragen auf den Bereich der Sozialleistungen liegt der Grundgedanke des Cafeteria-Systems darin, dass die einzelnen Arbeitnehmer aus einem mehr oder weniger breiten Angebot auswählen und sich gemäß ihrer Präferenzen ihr individuelles „Sozialleistungsmenü" zusammenstellen können. Den verschiedenen Varianten von Cafeteria-Systemen sind vier Merkmale gemeinsam.[98]

1. Die Arbeitnehmer verfügen über ein bestimmtes Wahlbudget, d.h., sie dürfen jeweils eine bestimmte Summe in der Cafeteria für ihr Sozialleistungsmenü ausgeben.
2. Es besteht ein periodisch wiederkehrender Wahlturnus, d.h., die Arbeitnehmer dürfen öfter und regelmäßig die Cafeteria besuchen und ein weiteres Sozialleistungsmenü wählen.

---

97 in Anlehnung an Groth/Kammel 1993, S. 86
98 vgl. Grawert 1996, S. 25

3. Es besteht ein Wahlangebot, d.h., in der Cafeteria werden zwei oder mehrere Alternativen an Sozialleistungen bzw. Sozialleistungspaketen angeboten.
4. Das System ist für das Unternehmen kostenneutral, d.h., die Cafeteria darf für das Unternehmen nicht teurer sein als die Ausgabe eines „Einheitsmenüs".

Cafeteria-Systeme stammen ursprünglich aus den USA, wo sie seit den 1960er-Jahren praktiziert werden. 1992 hatten circa 1400 amerikanische Großunternehmen Cafeteria-Systeme eingeführt.[99] In Österreich und Deutschland ist ihre Verbreitung aufgrund restriktiverer (Steuer-)Gesetzgebung und des vergleichsweise dichten Sozialnetzes deutlich geringer. Dennoch präsentieren Dycke/Schulte und Wagner/Grawert einige Beispiele realisierter Cafeteria-Systeme in deutschen Unternehmen.[100] Auch die betroffenen Arbeitnehmer zeigen eine im Wesentlichen positive Einstellung zu dieser Form des Managements der Sozialleistungen.[101]

Das Interesse des Unternehmens zur Einführung eines Cafeteria-Systems liegt in der Möglichkeit, durch Individualisierung und Partizipationsmöglichkeit die Treffsicherheit der Sozialleistungen zu erhöhen, ohne damit zusätzliche Kosten in Kauf nehmen zu müssen. Es sollen die Motivation und die Zufriedenheit der Arbeitnehmer gesteigert und die Attraktivität des Unternehmens auf dem Arbeitsmarkt erhöht werden.

Bei der Gestaltung eines Cafeteria-Systems sind Entscheidungen hinsichtlich folgender Aspekte zu treffen, bei denen jeweils mehrere Alternativen offenstehen:[102]

Austauschbare Leistungen: Hier geht es darum zu entscheiden, welche Sozialleistungen zur Menüerstellung für die Arbeitnehmer zur Auswahl stehen. Denkbar sind materielle Leistungen (Versicherungen, Dienstwagen, Arbeitgeberdarlehen, Mitarbeiterbeteiligung, betriebliche Altersversorgung, Barleistungen) und Zeitleistungen (zusätzlicher Urlaub, vorzeitiger Ruhestand, Sabbatical). In Deutschland (und wohl auch in Österreich) werden die Optionen Dienstwagen, Arbeitszeitmodelle, zusätzliche Altersversorgung, Versicherungsleistungen sowie Gewinn-/Kapitalbeteiligung auf häufigsten gewählt.

Verrechnungsmodus: Damit wird festgelegt, wie die einzelnen Leistungen miteinander verrechnet werden (z.B. Wie viel Dienstwagen entspricht eine Woche Zusatzurlaub?). Häufig werden Verrechnungspreise verwendet, die auf Kosten basieren, weil dies für die Arbeitnehmer transparent und damit akzeptabel und für das Unternehmen flexibel handhabbar ist.

Wahlmöglichkeiten: In Bezug auf die individuellen Wahlfreiheiten werden drei Varianten (Pläne) unterschieden.

- Beim Buffetplan (Auswahlplan) bestehen die größten Wahlmöglichkeiten, d.h., die Arbeitnehmer können aus der gesamten Palette der angebotenen Sozialleistungen im Rahmen ihres vorgegebenen Budgets frei wählen.

---

99 vgl. Grawert 1996, S. 25
100 vgl. Dycke/Schulte 1986, S. 583ff. und Wagner/Grawert 1990
101 vgl. Wagner/Lengemeyer 1993
102 vgl. Dycke/Schulte 1986, S. 579ff.; Föhr 1994

- Der Kernplan (Zusatzplan) besteht aus einem für alle verbindlichen Kern an Sozialleistungen im Sinne einer Mindestversorgung und aus einem Wahlblock mit frei wählbaren Leistungen.
- Der alternative Menüplan (Paketplan) besteht aus einer Reihe von Sozialleistungspaketen, die nur insgesamt gewählt werden können. Die Zusammenstellung dieser Alternativmenüs richtet sich nach den (vermuteten) Bedürfnissen unterschiedlicher Arbeitnehmergruppen (z.B. über 50-jährige Seniormanager versus Führungsnachwuchskräfte). Die damit realisierte Kosteneinsparung bei der Administration des Cafeteria-System wird mit dem weitgehenden Verzicht auf das Prinzip der Individualisierung erkauft.

Wahlturnus: Hier wird festgelegt, in welchen zeitlichen Abständen die Arbeitnehmer eine neue Wahl ihres Menüs treffen können. Dies wird mit den sich im Zeitablauf verändernden Bedürfnissen der Arbeitnehmer begründet. Aber auch das Unternehmen hat ein Interesse, von Zeit zu Zeit die Austauschrelationen zwischen den einzelnen Sozialleistungen anzupassen und beispielsweise auf veränderte Kostenverhältnisse zu reagieren. Üblicherweise wird ein Turnus zwischen einem und fünf Jahren gewählt. Bei manchen Leistungen (z.B. Altersvorsorge, Lebensversicherung) ist aus sachlichen Gründen eine längere Bindung durch die getroffene Entscheidung erforderlich.

Periodenfixierung: Damit wird entschieden, ob das für eine Periode zur Verfügung stehende Budget auch in dieser Periode voll ausgeschöpft werden muss oder ob es (zum Teil) auf spätere Perioden übertragen (angespart) werden kann.

Restsummen/Zusatzbedarf: Falls die Arbeitnehmer nicht ihr gesamtes Budget in einer Periode verbrauchen, müssen Regelungen dafür gefunden werden, wie die Restsumme zu verwenden ist, ob sie beispielsweise übertragen oder auch bar abgelöst werden kann. Analog muss geklärt werden, ob ein zusätzlicher Budgetbedarf entstehen darf bzw. wie dieser finanziert wird (z.B. durch „Vorschuss" vom nächsten Budget).

Über die Motivationswirkung von Beurteilungs- und Anreizsystemen herrscht auch nach jahrelanger, wissenschaftlicher Diskussion keineswegs Einigkeit. Daher kann es nicht ganz falsch sein, sich an folgendem Praxisvorschlag zu orientieren: „Zahlen Sie Ihre Leute gut und fair – und dann tun Sie alles, damit sie das Geld vergessen."[103]

---

103 Sprenger 2012, S. 273

Zusammenfassung

Performance Management wird nach wie vor lebhaft diskutiert, wie auch das aktuelle Schwerpunktheft der Zeitschrift „Industrial and Organizational Psychology"[105] zeigt. In einer weltweiten Umfrage unter mehr als 1000 Unternehmen zeigte sich ein überraschend homogenes Bild, was die Praxis des Performance Management anbelangt. Demzufolge stehen die individuelle Leistung und deren jährliche Beurteilung im Zentrum. Diese Beurteilung wird üblicherweise mit Vergütungsentscheidungen verknüpft.[106]

Eine andere großangelegte Umfrage zeigt mögliche Trends, die in eine etwas andere Richtung zeigen. So geben knapp 90 % der mehr als 3000 befragten Unternehmen an, ihr Performance-Management-System gerade umzugestalten oder es für die unmittelbare Zukunft zu planen. Demzufolge soll die Bedeutung von quantitativen Bewertungen zurückgehen, der Fokus mehr auf Stärken und weniger auf Schwächen gelegt werden sowie die Verknüpfung von Beurteilung und Bezahlung abgeschwächt werden.[107]

Eine Umfrage des Chartered Institute of Personnel and Development (CIPD) unter circa 2500 britischen Unternehmen ergab, dass 39 % der befragten Mitarbeiter den Performance-Management-Prozess als fair einstufen, 24 % als neutral und 30 % als unfair.[108]

Bei aller Kritik wäre es aber verfrüht, jetzt einen „Nachruf" auf das Performance Management zu verfassen.[109] Eine aktuelle Studie bei erfolgreichen Unternehmen in Europa, in den USA und in Asien ergibt – wenig überraschend – folgende Erfolgsfaktoren für ein Performance-Management-System: (1) Die strategischen und taktischen Ziele sind integriert; (2) das Topmanagement ist in die Planung und Umsetzung aktiv einbezogen; (3) die Mitarbeiter sind über die Ziele und Kriterien gut informiert; und (4) es werden Maßnahmen gesetzt, um Urteilsverzerrungen einzudämmen.[110] Diese Liste würde – mit geringfügigen Modifikationen – wohl für alle Personalmanagementsysteme gelten. Das kann – je nach Blickwinkel – als Drohung oder als Versprechen verstanden werden.

Reflexionsfragen

1. Ist Performance Management lediglich "alter Wein in neuen Schläuchen"?
2. Sollte man allen Organisationen empfehlen, 360°-Feedback durchzuführen?
3. Welche unerwünschten Wirkungen können sich bei der Verwendung eines Leistungslohnsystems einstellen?

---

104 Smither 2015
105 Filmer 2013
106 Parent/Sloan/Tsuchida 2015, S. 51ff.
107 CIPD 2014, S. 10
108 Smither 2015
109 Biron/Farndale/Paauwe 2011

Weiterführende Literatur

AGUINIS, H. (2014): Performance Management.

ARMSTRONG, M. (2015): Armstrong's Handbook of Performance Management.

BECKER, F./KRAMARSCH, M.H. (2006): Leistungs- und erfolgsorientierte Vergütung für Führungskräfte.

BREISIG, T. (2005): Personalbeurteilung. Mitarbeitergespräche und Zielvereinbarungen regeln und gestalten.

LOHAUS, D. (2008): Leistungsbeurteilung.

MILKOVICH, G./NEWMAN, J.M./BARRY, G. (2013): Compensation.

Kontextueller Rahmen

Über die Bedeutung von Diversitätsmanagement in Organisationen

Regine Bendl und Edeltraud Hanappi-Egger

Inhaltsverzeichnis

1.	**Problemaufriss**	415
2.	**Definition von Diversität und Diversitätsmanagement**	417
	2.1. Diversitätsdimensionen	420
	2.2. Diversitätsparadigmen	423
3.	**Entwicklung von Diversitätsmanagement in Österreich**	424
	3.1. Gesellschaftliche Treiber und Rahmenbedingungen	424
	3.2. Rechtliche Bestimmungen	431
	3.3. Organisationale Treiber von Diversitätsmanagement	432
	3.4. Betrieblicher Einsatz von Diversitätsmanagement	433
4.	**Von Stereotypisierung zu Diskriminierung**	434
5.	**Diversitätswissen und Diversitätskompetenzen**	439

"Durch die Gasse der Vorurteile muss die Wahrheit ständig Spießruten laufen."
(Indira Gandhi)

Ziel dieses Beitrags ist es,

- Entwicklung von Gender- und Diversitätsmanagement in Österreich darzustellen;
- die Bedeutung von Gender- und Diversitätsmanagement für Organisationen aufzuzeigen;
- die wichtigsten sozialen Mechanismen, die zu Ausgrenzung und Diskriminierung führen, zu beschreiben;
- Diversitätswissen und Diversitätskompetenzen darzustellen.

1. Problemaufriss

> **Fallstudie: Unzumutbare Arbeitsbedingungen in der Softwarefirma?**
>
> Drei Studienkollegen einer technischen Universität beschließen, eine Softwarefirma zur Entwicklung von Computerspielen zu gründen. Sie suchen sich aus dem Bereich grafisches Design und Musik zwei weitere Kolleginnen und beginnen, ihre ersten Aufträge zu akquirieren. Nach den ersten erfolgreichen Jahren des Wachstums besteht das Unternehmen bereits aus 20 Personen, die aus unterschiedlichen Fachrichtungen (Technik, Kunst und Betriebswirtschaft) und aus verschiedenen Ländern kommen. Das Team zeichnet sich durch ein hohes Engagement und Kollegialität aus, was sich z.B. darin äußert, dass alle sehr viel arbeiten, gerne nachts und an Wochenenden. Ihr Firmenslogan ist: Das Leben ist ein Spiel und wir kreieren Leben ☺.
> Aber nach geraumer Zeit gibt es erste Probleme: Immer öfter wollen sich Teammitglieder am Wochenende „ausklinken" oder nicht mehr nächtelang arbeiten. Die sich verändernden Vorstellungen von „Work-Life-Balance" verursachen Diskussionen: Innerhalb von zwei Jahren kommen zwei Drittel der Personen in die Phase der Familienplanung und sind nicht mehr wie bisher gewillt, übermäßig viele Überstunden zu machen und am Wochenende zu arbeiten. Die bisherigen Arbeitsbedingungen werden als belastend empfunden, viele überlegen, die Firma zu verlassen. Bei genauerer Analyse zeigt sich, dass die Belegschaft eine recht homogene Gruppe ist, insbesondere was das Alter betrifft. Abgesehen davon, dass schon die Personen der Gründungsgruppe mit sehr ähnlichen Merkmalen ausgestattet waren, wurden in der Folge „unbewusst" weiterhin sehr ähnliche Personen rekrutiert. Da nun ein Großteil in die Lebensphase der Familienplanung kommt und sich damit ein Vereinbarkeitsproblem stellt, kommt es in der Firma zu einem kritischen personellen Engpass.
> Die Geschäftsführerin Susan muss sich überlegen, welche Maßnahmen getroffen werden können, um das weitere Bestehen der Firma zu sichern.

Der angeführte Fall ist nur ein Beispiel von Themen, die in den letzten Jahren verstärkt in Organisationen Fragen aufwerfen, weil sich das gesellschaftliche Umfeld von Unternehmen sehr stark verändert hat und weiter verändern wird. So z.B. unterliegen Rollenbilder von Frauen und Männern einem permanenten Wandel, die Generation Y „arbeitet, um zu leben" und „lebt nicht, um zu arbeiten" wie die Generation Babyboomer vor ihnen, die technologieaffine Generation C kommuniziert jederzeit überall mit der ganzen Welt, ältere Arbeitnehmerinnen und Arbeitnehmer werden aufgrund sozio-politischer Gründe (Sicherung der Pensionen, lebenslanges Lernen) länger im Arbeitsprozess bleiben, LGBTIQ-Personen (lesbisch, gay, bisexuell, transgender, intersex, queer) werden durch das Aufbrechen von heteronormativen Wertvorstellungen ihre sexuellen Identitäten am Arbeitsplatz offen leben, die Integration von Personen mit Behinderung in den Arbeitsprozess wird weiter fortschreiten und ein heterogener Mix aus Herkunft, Ethnie, Ausbildung und Sprachenvielfalt wird Organisationskulturen mehr bestimmen denn je. Darüber hinaus werden herkömmliche Produktionstechnologien aufgrund neuerer Entwicklungen (wie z.B. 3D-Drucker) abgelöst werden, die neue Organisationsformen, Produktionsstrukturen und -ketten hervorbringen werden. Daher wird es immer wichtiger, dass sich die Führungsverantwortlichen in Organisationen darauf einstellen, dass so manche Wertvorstellungen, Normen und „Gewohnheiten" des 20. Jahrhunderts an Gültigkeit verlieren und das Management von Unterschieden und Gemeinsamkeiten, also der konstruktive Umgang mit Diversität, im 21. Jahrhundert immer mehr an Bedeutung gewinnt.

Auch in der Forschung beschäftigen sich viele Wissenschaftlerinnen und Wissenschaftler mit der Frage, wie es zu Ungleichbehandlung, zu Diskriminierung und Ausgrenzung kommt, über welche Mechanismen und Strukturen solche verfestigt werden bzw. wie diese abgebaut werden können. Diese Themen sind vor allem für die Praxis wichtig, weil es kaum eine Organisation gibt, die sich nicht mit der wachsenden Diversität und Heterogenität ihrer Belegschaft, aber auch ihrer Kundinnen und Kunden auseinandersetzen muss, um wettbewerbsfähig zu bleiben.

Ziel des Beitrags ist es in diesem Sinne, ausgewählte demografische und sozioökonomische Faktoren und daraus resultierende Fragestellungen für das Gender- und Diversitätsmanagement in Organisationen darzustellen und damit verbundene entsprechende Maßnahmen aufzuzeigen und zu diskutieren. Basierend auf den Diversitätsdimensionen Alter, Geschlecht, sexuelle Orientierung, ethnische Zugehörigkeit, religiöses Bekenntnis bzw. Weltanschauung, Hautfarbe sowie physische und psychische Fähigkeiten – welche in den Antidiskriminierungsrichtlinien der EU (RL 2000/78/EG, RL 2000/43/EG) und dem österreichischen Gleichbehandlungsgesetz (GlBG) gegen Diskriminierung geschützt sind – werden aktuelle organisationale Fragestellungen in den Mittelpunkt gestellt, um die zunehmende Wichtigkeit von Gender- und Diversitätskompetenzen für (Nachwuchs-)Führungskräfte herauszustreichen.

Der Beitrag gliedert sich in die folgenden Inhalte: Nach der Definition von Gender- und Diversitätsmanagement und der Darstellung von Diversitätsdimensionen und Diversitätsparadigmen (Kapitel 2) werden die gesellschaftspolitischen und rechtlichen Rahmenbedingungen für die Entwicklung und Umsetzung von Diversitätsmanagement in Österreich sowie Beispiele für den betrieblichen Einsatz von Diversitätsmanagement präsentiert (Kapitel 3). Danach wird der Frage nachgegangen, über welche sozialen Mechanismen Ein- und Ausschließungsdynamiken in Organisationen initiiert werden. Dabei werden vor allem die Analogien von Stereotypisierungen dargestellt und Übergänge zu Diskriminierungsformen sowie das Phänomen von Mono- und Dominanzkulturen in Organisationen diskutiert (Kapitel 4). Der Beitrag endet mit der Darstellung von Gender- und Diversitätskompetenzen, welche für die

Umsetzung von strategischem und operationalem diskriminierungsfreiem Management von Vorteil sind (Kapitel 5).

2. Definition von Diversität und Diversitätsmanagement

Der gewollte, aktive und strategisch ausgerichtete Umgang mit Vielfalt (Diversität) – also mit Unterschieden und Gleichheiten[1] von Personen und Gruppen – in Unternehmen hat in den Vereinigten Staaten der USA seinen Ausgang genommen. Maßgeblich für die Entscheidung, Vielfalt in Unternehmen aktiv zu managen, waren die Forschungsergebnisse des „Workforce 2000"-Berichts am Hudson Institut, die prognostizierten, dass im Jahr 2055 75 % der US-Bevölkerung weiblich und nicht weiß sein würden.[2] Seit den 1990er-Jahren wird nun Diversitätsmanagement als Unternehmensstrategie in US-amerikanischen (globalisierten) Konzernen (z.B. Ford, Procter&Gamble, Chrysler etc.) eingesetzt und auch in europäischen Unternehmen und Organisationen hat Diversitätsmanagement Einzug gehalten (z.B. Shell, UniCredit, Siemens, Schering AG, KLM, Lufthansa, u.a.m.).[3] In diesen Unternehmen werden die Vielfalt aller Menschen bzw. Stakeholder und die daraus entstehenden unterschiedlichen Werte, Meinungen, Denkweisen und Handlungen, die eine multikulturelle Gesellschaft mit sich bringt, sowie die Individualität und Einzigartigkeit jedes/jeder Einzelnen als Vorteil und Chance gesehen und bewusst in die Unternehmensstrategie integriert. Dadurch sollen Dominanzkulturen im Unternehmen abgebaut und damit betriebswirtschaftlicher Nutzen generiert werden.[4] Als Unternehmensstrategie wird Diversitätsmanagement in den meisten Fällen von der Konzernzentrale vorgegeben und entweder von eigens dafür eingesetzten Diversitätsmanager/innen oder von den Personalmanager/innen umgesetzt (globales bzw. internationales Diversitätsmanagement). Bei der Umsetzung in den Niederlassungen werden dann die jeweiligen länderspezifischen rechtlichen Regelungen und kulturellen Normen berücksichtigt (nationales und lokales Diversitätsmanagement).

Aufgrund der mittlerweile intensiven Beschäftigung mit Diversitätsmanagement in wissenschaftlicher und betrieblicher Praxis mangelt es nicht an Definitionen des Begriffs.[5] Dass und Parker (1999, 68) stellten jedoch fest, dass

---

1 Gleichheit kann nicht bestimmt werden ohne Verschiedenheit. Die Existenz von Verschiedenheit ist die Voraussetzung für das Feststellen von Gleichheit. Mehr zu den beiden Begriffen „Unterschied" und „Gleichheit" siehe Prengel 2006, S. 29ff.
2 vgl. Johnston/Packard 1987
3 Für einen historischen Abriss von Diversitätsmanagement siehe Engel 2007. Für eine Verortung des diskursiven Zusammenhangs zwischen Diversitätsmanagement und neoliberaler Wirtschaftspolitik siehe Bendl 2007.
4 vgl. Wächter 2003, S. 20ff.
5 siehe z.B. Koall 2001; Koall/Bruchhagen et al. 2002; Sepehri 2002; Stuber 2004; Bendl/Hanappi-Egger/Hofmann 2004a; Bendl/Hanappi-Egger/Hofmann 2012

> the best approach to diversity management is particular rather than universal. Because pressures for diversity can vary and even conflict, matches made within one organization may also differ, producing different initiatives on sexual orientation, gender, ethnicity, or other types of human differences [and similarities, R.B und E.H.].

Trotz dieser Kontextgebundenheit von Diversitätsmanagement kann Diversitätsmanagement umfassend folgendermaßen definiert werden:

Definition

> Diversitätsmanagement ist ein dem ökonomischen Primat dienender mehrdimensionaler Managementansatz, welcher gezielt die Vielfalt (also Gleichheiten und Unterschiede) von Mitarbeiterinnen und Mitarbeitern und damit auch von Gruppen in Organisationen wahrnimmt, nutzt und fördert.

Weiters kann Diversitätsmanagement auch als eine personalwirtschaftliche und organisationale Orientierung des Managementhandelns verstanden werden, mit dem Ziel der Entwicklung und Nutzung der vorhandenen menschlichen Vielfalt für betriebswirtschaftliche Zwecke.[6] Die folgende Tabelle 1 zeigt den Umgang mit Vielfalt aus personaler und organisationaler Sicht und verweist auf den jeweiligen Bezug in diesem Beitrag:

	Personenorientierung	**Organisationsorientierung**
Sachebene	**Phänomen Vielfalt** Unterschiede/Gleichheiten der Menschen („Diversität als Gegebenheit") (Diversitätsdimensionen Kapitel 2.1. und 3.1.) Rechtliche Rahmenbedingungen Kapitel 3.2.)	**Diversitätsmanagement i.e.S.** Gezielte externe/interne Nutzung und Förderung von Vielfalt („Managing Diversity") (Legitimation Kapitel 3.1. und 3.3)
Mentale und Handlungsebene	**Geisteshaltung Offenheit** Bewusstsein, Einstellung, Handlungen bezüglich Gleichheiten/Unterschiede („Valuing Diversity") (Von Stereotypisierung und Diskriminierung zu Antidiskriminierung Kapitel 4.)	**Leitgedanke** Positive Ausrichtung der Organisation auf Vielfalt und Individualität („Diversität und Inklusion") (Diversitätsparadigmen Kapitel 2.2.)

Tabelle 1: Sichtweisen von Vielfalt[7]

---

6   nach Koall 2003
7   in Anlehnung an Stuber 2004

Im Rahmen der *Personenorientierung* stehen Phänomene, die sich aufgrund von Unterschieden und Gleichheiten zwischen Menschen ergeben (Sachebene Person), und eine wertschätzende Auseinandersetzung damit (mentale und Handlungsebene Person) im Mittelpunkt. Ausgangspunkte sind hier die Beschäftigung mit Unterschieden und Gemeinsamkeiten und die Reflexion über das Zustandekommen von Diskriminierung und Stereotypisierung.[8] Die *Organisationsorientierung* zielt auf die bewusste externe und interne Nutzung von Gleichheiten und Unterschieden zur Steigerung des Organisationserfolgs ab (Sachebene Organisation – Diversitätsmanagement im engeren Sinn). Bereits vorliegende Forschungsergebnisse zur Steigerung des betrieblichen Erfolgs können Verantwortlichen für die Umsetzung als Argumentation für die Einführung von Diversitätsmanagement dienen.[9] Den Leitgedanken von Inklusion von Diversitäten in der Organisation zu verankern, bedeutet das Erlernen und Umsetzen eines wertschätzenden Umgangs mit Vielfalt auf der organisationalen Ebene (mentale und Handlungsebene Organisation). Dies bedeutet, sich damit auseinanderzusetzen, wie die Gesamtorganisation zur Beschäftigung mit Diversität steht.[10] Wenn die Inklusion von Diversitäten bereits als Leitgedanken verankert ist, dann sollten Organisationen bereits einen wertschätzenden Umgang mit Vielfalt gelernt haben.

Aus der Praxis

Die Firma Coca-Cola z.B. bekennt sich explizit in ihrem Mission Statement zum Wert von Diversität. Dabei wird nicht nur auf das eigene Unternehmen Bezug genommen, sondern auf die gesamte Wertschöpfungskette:
„The Coca-Cola Company's global diversity mission is to mirror the rich diversity of the marketplace we serve and be recognized for our leadership in Diversity, Inclusion and Fairness in all aspects of our business, including Workplace, Marketplace, Supplier and Community, enhancing the Company's social license to operate."[11]

---

8   siehe Kapitel 3.1. Gesellschaftliche Treiber und Rahmenbedingungen und Kapitel 4. Von Stereotypisierung zu Diskriminierung, in diesem Beitrag.
9   siehe Kapitel 3.3. Organisationale Treiber von Diversitätsmanagement und Kapitel 3.4. Betrieblicher Einsatz von Diversitätsmanagement, in diesem Beitrag.
10 siehe Kapitel 3.2. Rechtliche Bestimmungen und Kapitel 3.4. Betrieblicher Einsatz von Diversitätsmanagement, in diesem Beitrag.
11 vgl. http://www.coca-colacompany.com/our-company/diversity/global-diversity-mission (abgefragt 25.2.2015)

2.1. Diversitätsdimensionen

Was nun die einzelnen Diversitätsdimensionen betrifft, so bietet die folgende Abbildung 1 eine Übersicht über die unterschiedlichen Dimensionen von Gleichheit und Differenz. Dabei wird zwischen jenen Dimensionen differenziert, die in der *personalen* und *organisationalen* Umwelt der jeweiligen Person liegen.

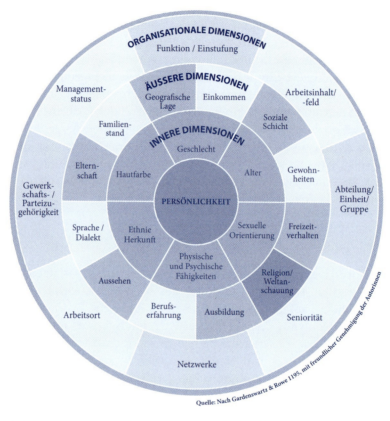

Abbildung 1: Dimensionen von Unterschieden und Gleichheiten[12]

Gemäß der Abbildung 1 handelt es sich bei den *inneren Dimensionen* um Geschlecht[13], Alter, sexuelle Orientierung, psychische und physische Fähigkeiten, Ethnie/Herkunft und Hautfarbe. Im Vergleich zu den äußeren und organisationalen Diversitätsdimensionen können diese als eher stabil und wenig bewusst oder nur mit großem Aufwand veränderbar betrachtet werden. Änderungen bei diesen inneren Dimensionen sind bis zu einem gewissen Grad möglich, wie z.B. eine Änderung der Hautfarbe oder psychischer und physischer Fähigkeiten. Ein sehr bekanntes Beispiel für die Veränderung der Hautfarbe ist der Sänger Michael Jackson. Ebenso

---
12 ASD 2008
13 Geschlecht wird in diesem Beitrag mit Gender gleichgesetzt. Doch ist sowohl im Englischen wie im Deutschen zwischen Sex und Gender/Geschlecht zu unterscheiden. Sex bezieht sich auf das biologische Geschlecht und Gender auf die soziale Konstruktion von Geschlechterrollen.

können sich auch physische und psychische Fähigkeiten sowie mit sexuellen Orientierungen verbundene Identitäten im Laufe des Lebens eines Menschen verändern.

Als *äußere* disponible *Dimensionen* zeigt die obige Abbildung Einkommen, soziale Schicht, Gewohnheiten, Freizeitverhalten, Religion/Weltanschauung, Ausbildung, Berufserfahrung, Aussehen, Sprache/Dialekt, Elternschaft, Familienstand, geografische Lage.

Neben den genannten inneren und äußeren Dimensionen bestimmen aber auch noch *organisationale Faktoren*, wie z.B. Funktion/Einstufung, Arbeitsinhalt/-feld, Abteilung/Einheit/Gruppe, Seniorität, Netzwerke, Arbeitsort, Gewerkschafts-/Parteizugehörigkeit und der Managementstatus, die *direkt* und *indirekt* wahrnehmbaren Gleichheiten und Unterschiede zwischen Einzelpersonen und Personengruppen. Darüber hinaus gibt es z.B. auch noch folgende in der Abbildung nicht genannten Diversitätsdimensionen, welche auf Unterschiede und Gleichheiten deuten lassen: lokales Wissen, persönlicher Stil, Vorlieben und Leidenschaften, Denkarten, Militärerfahrung, Berufs- und Lebenserfahrungen, Rauchen etc. Diese Aufzählung lässt sich aufgrund der Kontextgebundenheit von Diversitätsdimensionen beliebig fortsetzen.

Grundsätzlich ist zu beachten, dass sich diese Diversitätsdimensionen auf unterschiedliche bzw. gemeinsame Aspekte von Personen beziehen. Zu bedenken ist allerdings dabei, dass es sich immer um sogenannte „soziale Konstruktionen" der Dimensionen handelt, die von der jeweiligen Situation, also vom Kontext abhängig sind. Das bedeutet, dass es sich nicht um objektiv messbare Kriterien handelt, sondern dass die jeweilige Bedeutung bestimmter Kategorien (z.B. „Mann" oder „alt" sein) sozial definiert ist. Dieses „gemeinsame" Verständnis über z.B. Alter, Religion und Geschlecht wird abhängig von den jeweiligen kulturellen Wertevorstellungen, aber auch Herrschaftssystemen gebildet und weitervermittelt. Dementsprechend können diese Verständnisse aber auch immer wieder hinterfragt, neu definiert oder aber auch abgelehnt werden.

Aus der Praxis

Unternehmen setzen bereits zahlreiche Maßnahmen zum Umgang mit Diversität, beispielhaft kann angeführt werden:
Die Firma PannonJob in Ungarn hat sich auf die Einstellung von Personen mit Behinderung spezialisiert und kooperiert in diesem Zusammenhang mit verschiedenen Institutionen.
Fluglinien versuchen schon länger, der Diversität ihrer Fluggäste durch entsprechende Essensangebote Rechnung zu tragen. Air Berlin bietet z.B. vegetarische, vegane, laktosefreie und glutenfreie Speisen an.
VW Financial Services engagiert sich stark für die Gleichstellung von Frauen, aber auch für Menschen unterschiedlicher sexueller Orientierung.

Diversität
Unternehmen setzen bereits zahlreiche Maßnahmen zum Umgang mit Diversität um.

Die Firma PannonJob in Ungarn

Air Berlin

VW Financial Services

Allerdings ist zu beachten, dass diese Diversitätsdimensionen nicht allein für sich stehen, sondern immer im Verbund (Intersektionalität) wirken. Auch diese Verwobenheit ist kontextabhängig. Die einzelnen Dimensionen können sich wechselseitig abschwächen oder verstärken und unterliegen oftmals stereotypisierenden Hierarchisierungsprozessen. Um diese Hierarchien sichtbar zu machen, bedarf es anti-, intra- und interkategorialer Ansatzpunkte (McCall 2005). Im Rahmen der *antikategorialen* Auseinandersetzung geht es um die Reflexion von Strukturen und Prozessen und die Frage, welche Sozialkategorien in dem jeweiligen Zusammenhang aktiviert und damit relevant werden. Die *intrakategoriale* Dimension beschäftigt sich vor allem mit der Differenz und Ungleichheit der Ausprägungen der jeweiligen Kategorie, aber auch mit deren Gemeinsamkeiten (z.B. Unterschiedlichkeiten und Gemeinsamkeiten unter den Frauen und daraus abzuleitende Maßnahmen für Work-Life-Balance-Programme in Unternehmen). Bei der *interkategorialen* Analyse werden die Wechselwirkungen zwischen den einzelnen Diversitätsdimensionen beleuchtet (z.B. das situationsabhängige Zusammenspiel von Alter, Geschlecht und ethnischer Zugehörigkeit am Arbeitsplatz). Diese anti-, intra- und interkategorialen Sichtweisen machen den Umgang mit Diversitätsdimensionen anspruchsvoll. Denn damit verbunden ist die Notwendigkeit, unterschiedliches Wissen zu den einzelnen Diversitätsdimensionen (also Wissen auf theoretisch-konzeptioneller, methodologischer und empirischer Ebene über die Verfasstheit, Ausprägungen und den tatsächlichen Umgang) zusammenzuführen und auf die jeweilige Situation bezogen zu interpretieren und anzuwenden.

2.2. Diversitätsparadigmen

> **Definition**
>
> Diversitätsparadigmen sind grundlegende Einstellungen und Haltungen in einer Organisation, die wesentlich mitbestimmen, wie in der Organisation mit Diversität umgegangen wird.

Die Haltung von Organisationen zu den unterschiedlichen Diversitätsdimensionen lässt sich anhand folgender *Diversitätsparadigmen* charakterisieren:[14]

- Im Rahmen der *Resistenzperspektive* werden unterschiedliche Diversitätsdimensionen weder als Problem noch als Herausforderung wahrgenommen. Vermeintlich wahrgenommene Homogenität sichert den Status von Dominanzgruppen und die Abwertung oder den Ausschluss von Personen, die diesen Dominanzgruppen nicht angehören. Forderungen nach organisationalem Wandel werden von der Unternehmensführung abgelehnt (z.B. werden die Forderungen nach Chancengleichheit für Frauen und Männer im Betrieb immer wieder von der Unternehmensleitung abgelehnt und keine Schritte in diese Richtung gesetzt).
- Die *Fairness und Antidiskriminierungsperspektive* zielt auf eine möglichst rasche Sichtbarmachung und Abschaffung von Diskriminierung in den einzelnen Diversitätsdimensionen ab, indem Problemfelder identifiziert, benannt und einer Konfliktbewältigung unterzogen werden. Als Basis können auch Gesetze dienen, wie z.B. die Affirmative Action in den USA, die EU-Antidiskriminierungsrichtlinie in Europa oder das Frauenförderungsgebot im Bundesdienst in Österreich (z.B. Einrichtung einer/s Gleichbehandlungsbeauftragten oder Beauftragung des Bereichs Personal mit der Analyse der bestehenden Belegschaft in Bezug auf die unterschiedlichen Diversitätsdimensionen und eine diskriminierungsfreie Personalpolitik).
- Die *Zutritts- und Legitimationsperspektive* basiert auf einer marktorientierten Sichtweise, welche soziodemografische Faktoren als Diversitätsdimensionen mit Märkten in Beziehung setzt. Die Eröffnung von neuen Zielgruppen und die Marktanteilssicherung erfolgt durch die Spiegelung der soziodemografischen Daten von Zielgruppen im Unternehmen. Mit anderen Worten: Der Kreis der Mitarbeiterinnen und Mitarbeiter spiegelt die Diversitäten der Zielgruppen des Unternehmens in der Organisation wider (gezielte Rekrutierung einer Versicherung von z.B. Arabisch sprechenden Versicherungsvertreterinnen und -vertretern, deren Aufgabe es ist, den arabischsprachigen Markt in Österreich zu bearbeiten, um die Anzahl der Versicherungsnehmerinnen und -nehmer zu erhöhen).
- Die *Lern- und Effektivitätsperspektive* zielt auf ganzheitliches organisationales Lernen ab. Eine Veränderung der Reduktion von Dominanzkulturen aufgrund

---

[14] vgl. Dass/Parker 1999 und Belinszki/Hansen et al. 2003, S. 22ff

von Wertschätzung von Unterschieden und Gleichheiten von Personen und Gruppen soll nicht nur durch Lernen auf individueller Ebene und Gruppenebene, sondern besonders durch Lernen auf organisationaler Ebene umgesetzt werden (z.B. Durchführung eines Organisationsentwicklungsprojekts in Bezug auf Diversität).

Diese unterschiedlichen Diversitätsparadigmen beziehen sich auf unterschiedliche Werthaltungen, die im Rahmen von Diversitätsmanagement erfasst werden. Grundsätzlich kann festgehalten werden, dass in einer Organisation diese Paradigmen auch parallel bedient werden. So kann z.B. von der Unternehmensleitung bereits strategisch auf die Verwirklichung der Lern- und Effektivitätsperspektive abgezielt werden, doch in einer Abteilung noch die Resistenzperspektive vorherrschen, oder Fairness und Antidiskriminierung werden verbunden mit der Zutritts- und Legitimationsperspektive bereits umgesetzt, doch auf der gesamtorganisationalen Ebene kommt es noch immer zu keiner Wertschätzung von Vielfalt.

3. Entwicklung von Diversitätsmanagement in Österreich

Die Treiber für die Implementierung von Diversitätsmanagement zeigen sich auf gesellschaftlicher und rechtlicher Ebene einerseits und in den Kosten- und Nutzenkalkülen auf organisationaler Ebene andererseits. Diese werden im Folgenden überblicksmäßig skizziert:

3.1. Gesellschaftliche Treiber und Rahmenbedingungen

Nicht nur in den Medien und in der Politik, sondern auch in betrieblichen Kontexten ist soziodemografischer Wandel aktuell ein sehr häufig benutztes Schlagwort. Damit einhergehen Diskussionen zur Gleichstellung, Gleichbehandlung und Chancengleichheit sowie Antidiskriminierung und Inklusion von Personen unterschiedlichen Geschlechts, unterschiedlicher sexueller Orientierung, unterschiedlichen Alters, unterschiedlicher psychischer und physischer Fähigkeiten, unterschiedlichen religiösen Glaubens oder unterschiedlicher Weltanschauung sowie Ethnizität. In diesen Beiträgen wird oftmals außer Acht gelassen, dass Wandel stets in lokale, nationale, internationale und supranationale Zusammenhänge eingebettet ist und damit auch die Entwicklungen im Rahmen der unterschiedlichen Diversitätsdimensionen kontextuell geschichtlich geprägt zu sehen sind. In Bezug auf die sechs Diversitätsdimensionen Geschlecht, sexuelle Orientierung, Alter, Behinderung, Religion und Ethnizität können die Kontexte überblicksmäßig für Österreich folgendermaßen beschrieben werden:[15]

---

15 Die nachfolgenden Ausführungen beziehen sich auf Bendl/Hanappi-Egger/Hofmann 2010a und 2010b und Bendl/Eberherr/Mensi-Klarbach 2012.

Die Bemühungen um *Geschlechter*gleichstellung haben in Österreich bzw. dessen Vorläuferin, in der Monarchie Österreich-Ungarn, Tradition: Ausgehend von der März-Revolution 1848 entwickelte sich eine bürgerliche und sozialdemokratisch orientierte Frauenbewegung, die das Erlangen von besseren Bügerinnenrechten, besseren Arbeitsbedingungen und gleicher Bezahlung in der Erwerbstätigkeit für Frauen zum Ziel hatte. Mit der Verankerung des Wahlrechts für Frauen im Jahre 1919 und der Verankerung des Diskriminierungsverbots aufgrund von Geschlecht in der Verfassung (Artikel 7[16]) war zwar die rechtmäßige Gleichstellung erreicht, doch die Machtübernahme der Austrofaschisten im Jahre 1933 und der Nationalsozialisten im Jahre 1938 brachten einerseits massive Rückschläge in den Rollenzuschreibungen für Frauen aufgrund der Überstilisierung von Frauen in der Mutterrolle, andererseits arbeiteten Frauen als Ersatzarbeitskräfte für die im Krieg befindlichen Männer. Mit der Heimkehr der Männer aus dem Krieg wurde den Frauen wieder die Privatsphäre zugeordnet, was zur Folge hatte, dass die Geschlechtergleichstellung in den 1950er- und 1960er-Jahren nur langsam voranschritt. Erst rechtliche Entwicklungen, vorangetrieben von der sozialdemokratischen Partei, von den 1970er- bis in die 1990er-Jahre brachten den Frauen volle rechtliche Gleichstellung (z.B. Aufhebung des Abtreibungsverbots 1974, Familien- und Eherechtsreform 1970–1978, Gleichbehandlungsgesetz 1979, gesetzliche Verankerung der Väterkarenz 1989, Gleichbehandlungsgesetz von Frauen und Männern im Bundesdienst 1993). Was jedoch die faktische Gleichstellung in Bezug auf Bildung, Karriere, Gehalt und Aufteilung nach Wirtschaftsbranchen betrifft, so ist diese noch immer nicht erreicht.

Was die Anerkennung von *sexuellen Orientierungen* und Identitäten betrifft, die nicht der Heteronormativität entsprechen (also der Norm, dass das biologische und soziale Geschlecht aus Frau und Mann besteht und diese sich heterosexuell begehren), so zeigt sich in Österreich nach wie vor der starke Einfluss kirchlich-konservativer Kreise. Obwohl das Verbot von Homosexualität 1971 abgeschafft wurde und seit Anfang 2010 auch ein Gesetz die Eintragung der Partnerschaft ermöglicht, ist eine völlige Gleichstellung von heterosexuellen und homosexuellen Paaren noch immer nicht gegeben. So kann zwar der Akt der Verpartnerung mittlerweile auf dem Standesamt stattfinden und die Unterschiede im Namensrecht sollen beseitigt werden, doch die Ehe bleibt „unantastbar"[17]. Darüber hinaus sind die Diskriminierung von LGBTQIA-Personen (lesbian, gay, bisexual, trans, queer, intersex, a-sex persons) und Homophobie nach wie vor ein alltägliches Phänomen aufgrund des unzureichenden gesetzlichen Schutzes vor Diskriminierung und Gewaltanwendung.

Das *Alter* ist eine Diversitätsdimension, welche auch in Österreich in Bezug auf Altersversorgung, Pflege und Arbeitsmarkt eine Herausforderung darstellt. In den nächsten Dekaden wird der Bevölkerungsanteil der über 60-Jährigen ansteigen und der Anteil der unter 30-Jährigen wird auf unter 22,3 % im Jahre 2030 sinken. Dies

---

16   siehe dazu auch im Kapitel 3.2. Rechtliche Bestimmungen, in diesem Beitrag.
17   Wiener Zeitung, 8.4.2014 [20.02.2015]

bedeutet einerseits, dass die Altersversorgung mit altersgerechten Angeboten zu diversifizieren und auszubauen ist. Andererseits rangiert Österreich unter den letzten Plätzen innerhalb der EU in Bezug auf die Beschäftigungsrate der über 50-Jährigen, was dem internationalen Trend der Erhöhung des Pensionsalters entgegenläuft. Es zeigt sich jedoch, dass bei einer Arbeitslosenquote von 8,4 % in der Gesamtbevölkerung im Jahre 2014 die 55- bis 64-Jährigen mit 3,8 % im Vergleich zu den 15- bis 21-Jährigen mit 10,3 % den kleineren Anteil an Arbeitslosen stellen.[18]

Die Beschäftigung mit *Behinderung* ist nach den beiden Weltkriegen von der Integration von kriegsversehrten Personen, also Männern, geprägt. Um diese wirtschaftlich zu versorgen, wurden entsprechende Vorgaben im Rahmen der staatlichen Monopolverwaltung getroffen und die Monopolverwaltung konnte bei der Vergabe von Trafiken (Verkaufsstellen) Personen mit mindestens 50 % Behinderung bevorzugen. Die Ergebnisse einer Mikrozensus-Befragung zeigten, dass 2007 in Österreich insgesamt 1,7 Millionen Personen (20,5 % der Bevölkerung in Privathaushalten) in irgendeiner Form dauerhaft beeinträchtigt waren.[19] Die meisten Beeinträchtigungen betreffen Probleme hinsichtlich der Beweglichkeit. Was das Geschlecht betrifft, so unterscheidet sich die Anzahl der beeinträchtigten Frauen (20,2 %) und Männer (20,8 %) nicht erheblich. Was die Beschäftigung von Personen mit Behinderung betrifft, so gab es im Jahr 2010 94.426 begünstigt behinderte Menschen (von einem ärztlichen Sachverständigen des Sozialministeriums festgestellter Grad der Behinderung von mindestens 50 v.H.), davon waren 63.249 (66,98 %) in Beschäftigung. Gemäß einer intersektionalen Betrachtung steigen Behinderungen mit dem Lebensalter an, rund 63 % der Behinderten sind älter als 45 Jahre; europaweit ist die Wahrscheinlichkeit einer Behinderung für Frauen geringfügig höher als für Männer; in der gesamten Europäischen Union ist das Bildungsniveau der Menschen mit besonderen Bedürfnissen niedriger als das der Nichtbehinderten.[20]

Bei den letzten erhobenen Daten zu *Religion* aus der Volkszählung aus dem Jahre 2001 wurden 48 unterschiedliche Glaubensrichtungen aufgezeichnet, wobei 14 Glaubensgemeinschaften[21] gesetzlich anerkannt sind und dadurch über gewisse Grundrechte verfügen.[22] So erhalten anerkannte Glaubensgemeinschaften finanzielle Unterstützung durch den Staat. Ein klarer Trend in Österreich ist der der Säkularisierung, der dazu geführt hat, dass im Jahr 2001 „nur mehr" rund 74 % der österreichischen Bevölkerung (im Vergleich zu 92 % um 1900) römisch-katholisch als

---

18 vgl. Arbeitslosigkeit – Jahresdurchschnitt 2014; Statistik Austria [03.04.2015]
19 vgl. Leitner 2008; aufgrund mangelnder aktuellerer Daten beziehen sich die Ausführungen zu Behinderung auf Leitner (2008), welche Daten aus der Mikrozensus-Zusatzbefragung zu Behinderung aus 2007 darstellt.
20 vgl. European Commission 2001, S. 22f.
21 Katholische Kirche, Evangelische Kirche, Griechisch-orientalische (= orthodoxe) Kirche, Israelitische Religionsgesellschaft, Islamische Glaubensgemeinschaft in Österreich, Altkatholische Kirche Österreichs, Evangelisch-methodistische Kirche in Österreich (EmK), Kirche Jesu Christi der Heiligen der Letzten Tage (Mormonen) in Österreich, Armenisch-apostolische Kirche in Österreich, Neuapostolische Kirche in Österreich, Österreichische Buddhistische Religionsgesellschaft, Syrisch-Orthodoxe Kirche in Österreich, Jehovas Zeugen in Österreich. Zuständig für gesetzlich anerkannte Religionsgemeinschaften ist derzeit das Ministerium für Unterricht, Kunst und Kultur, http://www.bmukk.gv.at/ministerium/kultusamt/ges_anerk_krg.xml; gesehen am 19.10.2010, 10:28 MEZ.

Glaubensrichtung angeben, während 12 % keinem religiösen Bekenntnis angehören (0,2 % um 1900). Die Gläubigen teilen sich unter den zahlenmäßig größten religiösen Glaubensgemeinschaften folgendermaßen auf:

Jahr	Gesamt	Römisch-Katholisch	Evangelisch	Islamisch	Ohne Bekenntnis
2001	8.032.926	5.915.421	376.150	338.988	963.263
		73,6 %	4,7 %	4,2 %	12,0 %
1991	7.795.786	6.081.454	388.709	158.776	672.251
		78,0 %	5,0 %	2,0 %	8,6 %
1981	7.555.338	6.372.645	423.162	76.939	452.039
		84,3.%	5,6 %	1,0 %	6,0 %
1971	7.491.526	6.548.316	447.070	22.267	321.218
		87,4.%	6,0 %	0,3 %	4,3 %
1961	7.073.807	6.295.075	438.663		266.009
		89,0 %	6,2 %	0,0 %	3,8 %

Tabelle 2: Detailansicht der Bevölkerungsverteilung auf Glaubensgemeinschaften[23]

Auch wenn dem islamischen Glauben in der Wahrnehmung österreichischer Staatsbürgerinnen und Staatsbürger aufgrund aktueller Weltereignisse derzeit große Aufmerksamkeit geschenkt wird, zeigen die Zahlen der Mitglieder aber ein anderes Bild: Nur 4 % der österreichischen Bevölkerung sind islamischen Glaubens. Auch wenn der Anteil an Katholikinnen und Katholiken in den letzten Dekaden gesunken ist, bleibt Österreich mit 73,6 % an Mitgliedern fest in katholischer Hand.

Auch die Diversitätsdimension *Ethnizität* hat in Österreich eine geschichtlich zentrale Bedeutung. Bereits in der österreichisch-ungarischen Monarchie spielte ethnische Vielfalt eine zentrale Rolle, obwohl Österreich-Ungarn im Vergleich zu anderen Herrscherhäusern nur eine Kolonie (Mexiko) hatte. Ethnische Vielfalt als Bestandsdatum speiste einerseits kulturelle Vielfalt – 1910 wurden in Österreich-Ungarn zehn Sprachen[24] gesprochen –, andererseits war sie auch Anlass für politische Auseinandersetzungen (z. B. Ausgleich Österreich-Ungarn 1867 oder der Beginn des Ersten Weltkriegs 1914). Nach dem Zweiten Weltkrieg prägen bis heute

---
22 Anerkannte Religionsgemeinschaften haben gemäß dem 19. Bundesgesetz Rechtspersönlichkeit von religiösen Bekenntnisgemeinschaften folgende Rechte: öffentliche Religionsausübung, Ausschließlichkeitsrecht (Namensschutz, Anspruch auf exklusive religiöse Betreuung der eigenen Mitglieder), selbstständige Ordnung und Verwaltung der inneren Angelegenheiten, Schutz der Anstalten, Stiftungen und Fonds gegenüber Säkularisation, Recht auf Errichtung konfessioneller Privatschulen, Erteilung des Religionsunterrichts an öffentlichen Schulen.
23 Statistik Austria, Volkszählung 2001, 1991, 1981, 1971, 1961
24 Deutsch, ungarisch, tschechisch, polnisch, serbisch und kroatisch, ukrainisch, rumänisch, slowakisch, slowenisch und italienisch.

mehrere Flucht- und Wanderungswellen Österreichs Geschichte: die Migration von Personen aus Ungarn (Ungarnkrise 1956), der Tschechoslowakei (Prager Frühling 1968), aus Ex-Jugoslawien und der Türkei seit den frühen 1960er-Jahren (sogenannte Gastarbeiter und der nachfolgende Familienzuzug), aus den ehemaligen Ostblockländern (nach dem Fall des Eisernen Vorhangs 1989), aus den ehemaligen Balkanländern („Balkankonflikte": Slowenien 1991, Kroatien 1991–1995, Bosnien 1992–1995, Kosovo 1999, Albanischer Aufstand in Mazedonien 2001), aus Afrika und Asien (seit den 1990er-Jahren) und aus EU-Europa (seit dem Beitritt Österreichs zu Europäischen Union 1995). Die Statistik zeigt folgendes aktuelles Bild:

Bevölkerung mit Migrationshintergrund im Überblick (Jahresdurchschnitt 2014)				
Merkmal	Bevölkerung in Privathaushalten	Migrationshintergrund		
		Zusammen	Zuwanderer der 1. Generation	Zuwanderer der 2. Generation
	in 1.000			
Insgesamt	8,415.1	1,714.6	1,254.4	460.2
Geburtsland der Eltern[1])				
Österreich	6,700.5	.	.	.
EU-Land (ohne Österreich)	664.6	664.6	532.5	132.1
Nicht-EU-Land	1,050.0	1,050.0	721.9	328.1
dar.: Ex-Jugoslawien	495.1	495.1	342.4	152.7
Türkei	262.8	262.8	157.3	105.5
Staatsangehörigkeit				
Österreich	7,355.6	707.9	403.5	304.4
EU-Land (ohne Österreich)	528.0	498.2	435.4	62.8
Nicht-EU-Land	531.5	508.6	415.5	93.0
dar.: Ex-Jugoslawien	255.9	243.9	197.2	46.8
Türkei	113.8	111.0	84.4	26.6
Geburtsland				
Österreich	7,056.6	460.2	.	460.2
EU-Land (ohne Österreich)	615.4	541.5	541.5	
Nicht-EU-Land	743.0	712.8	712.8	.
dar.: Ex-Jugoslawien	339.9	336.2	336.2	.
Türkei	155.2	154.7	154.7	.
Jahr der Zuwanderung				
In Österreich geboren	7,056.6	460.2	.	460.2
vor 1980	234.9	182.8	182.8	.
1980 bis 1989	158.7	150.7	150.7	.
1990 bis 1999	335.3	323.3	323.3	.
2000 bis 2009	386.9	367.2	367.2	.
ab 2010	242.5	230.3	230.3	.

	Alter, Geschlecht			
Männer	4,121.2	823.0	589.9	233.1
unter 15 Jahren	623.5	142.4	26.0	116.3
15 bis 29 Jahre	787.8	182.6	117.8	64.8
30 bis 44 Jahre	862.5	217.6	188.0	29.5
45 bis 59 Jahre	970.8	169.4	159.6	9.8
60 Jahre und älter	876.6	110.9	98.3	12.6
Frauen	4,293.8	891.6	664.5	227.1
unter 15 Jahren	591.4	133.9	23.6	110.3
15 bis 29 Jahre	765.0	187.1	127.6	59.5
30 bis 44 Jahre	867.9	251.2	223.7	27.5
45 bis 59 Jahre	975.4	175.8	165.3	10.4
60 Jahre und älter	1,094.2	143.6	124.3	19.3

Q: STATISTIK AUSTRIA, Mikrozensus-Arbeitskräfteerhebung (Durchschnitt aller Wochen eines Jahres). Erstellt am 18.03.2015.
Bevölkerung in Privathaushalten. - Zur Definition Migrationshintergrund siehe "Recommendations for the 2010 censuses of population and housing", Seite 90, der United Nations Economic Commission for Europe (UNECE; siehe http://www.unece.org/fileadmin/DAM/stats/publications/CES_2010_Census_Recommendations_English.pdf). - Von Personen mit Migrationshintergrund wurden beide Elternteile im Ausland geboren, wobei Angehörige der Ersten Generation selbst im Ausland geboren wurden und Personen der Zweiten Generation in Österreich zur Welt gekommen sind. -

Hochgerechnete Zahlen aus einer 0,6%-Quartalsstichprobe. - ( ) Werte mit weniger als hochgerechnet 6.000 Personen sind sehr stark zufallsbehaftet. - (x) Werte mit weniger als 3.000 Personen sind statistisch nicht interpretierbar. - Neue Hochrechnung ab 4. Quartal 2014, Werte bis 2004 zurück revidiert. - 1) "Österreich" bedeutet, mindestens ein Elternteil wurde im Inland geboren; sind beide Elternteile in einem unterschiedlichen Staat des Auslandes zur Welt gekommen, wird das Geburtsland der Mutter herangezogen.

Tabelle 3: Bevölkerung mit Migrationshintergrund[25]

Wie die Daten zeigen, hatten im Jahre 2014 20,3 % der in österreichischen Haushalten lebenden Personen Migrationshintergrund. Die Anzahl der Migrantinnen und Migranten mit Staatsbürgerschaft aus einem Nicht-EU-Land (538.000) liegen knapp über der Anzahl von jenen mit Staatsbürgerschaften aus den EU-Ländern (528 000). Die meisten Personen aus Nicht-EU-Ländern kommen aus den Ländern Ex-Jugoslawiens, z.B. Serbien, Kosovo, Montenegro, Bosnien und Herzegowina.

Fasst man nun diese Informationen zu den einzelnen Diversitätsdimensionen resümierend zusammen, so können folgende Treiber aus soziodemografischer Sicht für Diversitätsmanagement abgeleitet werden:[26]

- „Ageing": Die sinkenden Geburtenraten einerseits und die steigenden Lebenserwartungen andererseits führen in Österreich und in der gesamten EU dazu, dass sich die Altersstruktur der Bevölkerung stark verändert. Die klassische Alterspyramide, die eine breite „junge" Basis hat und nach steigendem Alter immer spitzer wird, wird abgelöst von einer Struktur, die zunehmend in den oberen, also „älteren" Schichten breiter wird.

---

25 Statistik Austria [07.04.2015]
26 vgl. Hanappi-Egger/von Dippel et al. 2007, Statistik Austria 2003, S. 23

- Migration: Gerade z.B. in Wien wird prognostiziert, dass die demografische Alterung durch die Einwanderung vor allem junger Menschen abgeschwächt werden wird. Auch hier zeigt sich aus der Vergangenheit, dass aufgrund der höheren internationalen Migration Personengruppen aus unterschiedlichen Kulturkreisen zusammenleben und die Bevölkerungen auch in Zukunft durch eine wachsende Diversität charakterisiert sein werden. Insbesondere die EU-Binnenwanderung gewinnt auch weiterhin an Bedeutung.
- Erwerbstätigkeit von Frauen: In den letzten Jahren ist die Erwerbstätigkeit von Frauen stark gestiegen, einhergehend mit höheren Ausbildungsniveaus. Gleichzeitig ist erkennbar, dass die Erwerbstätigkeit von Frauen nach wie vor unter der der Männer liegt, lediglich Teilzeitarbeiten werden vor allem von Frauen nachgefragt, insbesondere im Zusammenhang mit Vereinbarkeit von Familie und Beruf, die noch immer vor allem Frauen trifft.
- Lebensstile: Es zeigt sich, dass traditionelle Verständnisse von Karrieren, Beziehungen und Lebensqualität sich verändern und eine Zunahme an verschiedenen Lebenskontexten zu verzeichnen ist. Single-Haushalte, Patchwork-Familien, gleichgeschlechtliche Lebensgemeinschaften, aber auch Brüche in den Ausbildungs- und Erwerbsverläufen usw. treten häufiger auf.

Diese demografischen und sozioökonomischen Veränderungen zeigen sich nicht nur auf der gesamtgesellschaftlichen Ebene, sondern haben massive Auswirkungen auf wirtschaftliches Handeln: Auf der Arbeitskräfteangebotsseite kommt es zu einer höheren Diversität, zu einem Anstieg von höher qualifizierten Personen, insbesondere von Frauen. Das bedeutet, dass sich auch das Personal in einem Unternehmen bzw. in einer Organisation gemäß den gesamtgesellschaftlichen Entwicklungen verändern wird. Auf der Seite der Konsument/innen wird aufgrund der skizzierten Änderungen in Richtung steigende Heterogenität der Zielgruppen eine stärkere Differenzierung an Produkten und Dienstleistungen notwendig sein.

Diversity Marketing

Hier wird Ihnen ein Beispiel für Diversity Marketing gezeigt.

Brainworker

Aber nicht nur diese generellen Entwicklungsdynamiken beeinflussen die aktuelle Diskussion über den Umgang mit Diversität, sondern auch konkrete politische und legistische Rahmenbedingungen rücken Gender- und Diversitätsfragen immer deutlicher in den Mittelpunkt: Antidiskriminierungs- und Gleichbehandlungsgesetze[27] widmen sich dem Problem, dass Personen aufgrund von Sozialkategorien (wie z.B. Migrationshintergrund, Alter, Genusgruppenzugehörigkeit usw.) oft diskrimi-

---

27 siehe dazu auch Kapitel 3.2. Rechtliche Bestimmungen, in diesem Beitrag

niert werden. Dabei muss es sich nicht unbedingt um direkte Diskriminierungen handeln, sehr oft sind es gerade indirekte, implizite oder strukturelle Rahmenbedingungen, die dazu führen, dass bestimmte Personen von Aktivitäten oder Maßnahmen ausgeschlossen werden. Betriebswirtschaftlich gesehen bedeutet dies eine massive Ressourcenverschwendung, da sozialkategorischen Auswahlkriterien (unbewusst) gegenüber qualifikatorischen eine höhere Gewichtung gegeben wird.[28] Mit anderen Worten: Personalentscheidungen sind oft vorurteilsgeleitet, was aus Kosten-Nutzen-Sicht dazu führt, dass nicht unbedingt die besten Köpfe für eine Tätigkeit/Position ausgewählt werden, sondern solche, die besser in ein bestimmtes (Normen-)Wertesystem passen. Auf die Bedeutung der Stereotype im Sinne von Diskriminierung wird insbesondere in Kapitel 4 eingegangen.

3.2. Rechtliche Bestimmungen

Neben diesen gesellschaftlichen Veränderungen legen aber auch nationale und EU-weite rechtliche Rahmenbedingungen den Grundstein für eine aktive Beschäftigung mit unterschiedlichen Diversitätsdimensionen und erhöhen damit auch die Sensibilität für Diversitätsfragen – nicht nur für den österreichischen Rechtsstaat, sondern auch für die österreichische Gesellschaft im Allgemeinen. Als Grundlage für Gleichbehandlung in Österreich gilt Artikel 7 des Bundes-Verfassungsgesetzes, welcher informationshalber ganz zitiert wird:

„**Artikel 7.** (1) Alle Staatsbürger sind vor dem Gesetz gleich. Vorrechte der Geburt, des Geschlechtes, des Standes, der Klasse und des Bekenntnisses sind ausgeschlossen. Niemand darf wegen seiner Behinderung benachteiligt werden. Die Republik (Bund, Länder und Gemeinden) bekennt sich dazu, die Gleichbehandlung von behinderten und nichtbehinderten Menschen in allen Bereichen des täglichen Lebens zu gewährleisten.

(2) Bund, Länder und Gemeinden bekennen sich zur tatsächlichen Gleichstellung von Mann und Frau. Maßnahmen zur Förderung der faktischen Gleichstellung von Frauen und Männern insbesondere durch Beseitigung tatsächlich bestehender Ungleichheiten sind zulässig.

(3) Amtsbezeichnungen können in der Form verwendet werden, die das Geschlecht des Amtsinhabers oder der Amtsinhaberin zum Ausdruck bringt. Gleiches gilt für Titel, akademische Grade und Berufsbezeichnungen.

(4) Den öffentlich Bediensteten, einschließlich der Angehörigen des Bundesheeres, ist die ungeschmälerte Ausübung ihrer politischen Rechte gewährleistet."
(B-VG Fassung vom 19.02.2015)[29]

Als Mitgliedsland der EU ist Österreich auch verpflichtet, die Antidiskriminierungsrichtlinie RL 2000/43/EG zur Anwendung des Gleichbehandlungsgrundsatzes ohne

---

28 Hanappi-Egger/Köllen 2007
29 siehe Bundeskanzleramt Rechtsinformationssystem [20.02.2015]

Unterschied der „Rasse"[30] oder der ethnischen Herkunft und die Rahmen-RL 2000/78/EG zur Festlegung eines allgemeinen Rahmens für die Verwirklichung der Gleichbehandlung in Beschäftigung und Beruf in innerstaatliches Recht umzuwandeln. Während sich die RL 2000/43/EG auf Diskriminierung im Bereich der Diversitätsdimensionen „Rasse" oder ethnische Minderheit konzentriert, beschäftigt sich die RL 2000/78/EG mit Antidiskriminierung für die Diversitätsdimensionen Religion oder Weltanschauung, Behinderung, Alter, sexuelle Orientierung in Beschäftigung und Beruf.[31] Seit 1.1.2006 regeln in Österreich nun das Gleichbehandlungsgesetz (BGBl. I Nr. 66/2004) und das Bundes-Behindertengleichstellungsgesetz (BGBl. I Nr. 82/2005) den Schutz vor Diskriminierung in der Arbeitswelt aus Gründen der ethnischen Zugehörigkeit, der Religion oder Weltanschauung, des Alters, der sexuellen Orientierung, des Geschlechts und von Behinderung.[32] Sehen sich Arbeitnehmerinnen und Arbeitnehmer aufgrund dieser Diversitätsdimensionen diskriminiert, so können sie bei der Anwaltschaft für Gleichbehandlungsfragen Unterstützung suchen. Die Kompetenzen der Anwaltschaft für Gleichbehandlungsfragen beziehen sich auf Beratung und Unterstützung, Antrags- und Einleitungsrecht von rechtlichen Verfahren und Bewusstseinsarbeit und Öffentlichkeitsarbeit.[33]

3.3. Organisationale Treiber von Diversitätsmanagement

Auf organisationaler bzw. betriebswirtschaftlicher Sicht werden vor allem Kosten- und Nutzengründe angeführt, wenn es darum geht, die Einführung von Diversitätsmanagement zu rechtfertigen:[34]

- Statistiken zeigen, dass die bisher im Mittelpunkt stehende Gruppe der Arbeitnehmer, nämlich weiße, gut gebildete mitteleuropäische Männer, kleiner wird und an deren Stelle vor allem Personen mit Migrationshintergrund und Frauen in den Arbeitsmarkt eintreten werden. Diversitätsmanagement im Sinne von bedürfnisorientiertem Management macht das Unternehmen für diese neuen Gruppen attraktiv (Argument aus Sicht des Personalmanagements und Personalmarketings).
- Unternehmensanalysen machen deutlich, dass der Mangel an einer angemessenen Organisationskultur und einer entsprechenden Unternehmenspolitik dazu führt, dass Arbeitnehmerinnen und Arbeitnehmer, die nicht der „dominanten" Gruppe angehören, demotiviert sind, vermehrt Fehlzeiten aufweisen oder aber das Unternehmen verlassen. Die dadurch verursachten Produktivitätskosten oder aber auch Kosten, die durch Rechtsstreitigkeiten auftreten, legitimieren

---

30 Wir schreiben das Wort „Rasse" unter Anführungszeichen, um auf die Problematik des Begriffs in der Zeit des Nationalsozialismus hinzuweisen. Insoferne ist der englische Ausdruck „race" nicht so einfach mit „Rasse" zu übersetzen. Um auf den Zuschreibungsprozess im Rahmen „rassischer" Zugehörigkeit aufmerksam zu machen, wird auch oftmals von Rassisierung gesprochen.
31 vgl. Gutschelhofer 2006, S. 44
32 Zu den detaillierten Inhalten des Gleichbehandlungsgesetzes und den Aufgaben der Anwaltschaft für Gleichbehandlungsfragen siehe z.B. Gutschelhofer 2006.
33 Für die Aufgabentrennung der beiden Ombudsstellen der Anwaltschaft für Gleichbehandlungsfragen siehe Teil II und Teil III des GlBG.
34 vgl. Krell 1996

ebenfalls die „Investitionen" in ein gender- und diversitätsgerechtes Management (Argument der Kostenvorteile).
- Diversität wird vor allem in Arbeitskontexten, die Kreativität bzw. Innovationsfähigkeit voraussetzen, positiv bewertet. Durch die Vielfalt der beteiligten Personen wird „Groupthinking" vermieden und die Qualität der Entscheidungen steigt (Argument der Qualitätsverbesserung von Entscheidungen und Argument der höheren Flexibilität und Innovationskraft).
- Aus Marketingsicht kann durch Diversität in der Belegschaft die Heterogenität der Konsumentinnen und Konsumenten besser abgebildet werden und dies führt bei adäquater Marketingstrategie zur Erschließung neuer Märkte (Marketingargument).

Diese Argumente greifen bereits. Mehrere Studien verweisen auf den positiven Zusammenhang zwischen betriebswirtschaftlichen Kenngrößen und z.B. Vereinbarkeit von Beruf und Familie, Elternkarenz und der allgemeinen Einführung von Diversitätsmanagement.[35] Seit 2004 untersucht CATALYST regelmäßig den Zusammenhang zwischen wirtschaftlichem Erfolg (z.B. Return on Equity, Return on Sales und Return on Investment Capital) und der Anzahl an Frauen in Vorständen und Aufsichtsräten und konnte eindeutig nachweisen, dass mehr Frauen in diesen Funktionen die Unternehmen zu größeren wirtschaftlichen Erfolgen führen als Unternehmen mit weniger Frauen in diesen Leitungsgremien.[36] Diese Ergebnisse von CATALYST werden durch andere Untersuchungen bestätigt.[37]

3.4. Betrieblicher Einsatz von Diversitätsmanagement

Was die betriebliche Ebene betrifft, wird bereits in einigen Unternehmen auf diese unterschiedlichen Diversitätsdimensionen zielgruppenorientiert eingegangen. So findet sich z.B. bei UnitCargo (ein Speditionsunternehmen mit Zentrale in Wien) bereits Folgendes auf der Homepage:

> Diversity bedeutet soziale Vielfalt. Und Diversity Management meint, diese soziale Vielfalt konstruktiv zu nutzen. Unitcargo sieht das als einen hohen Wert an und lebt ihn in seiner gesamten Struktur. Unser Team besteht aus Menschen unterschiedlicher Kulturen und 50 % davon ist weiblich. Für uns ist das Grundvoraussetzung für den Unternehmenserfolg, denn genau diese Vielfalt ist es, die als ein wichtiger Bestandteil essentiell dazu beiträgt. Diversity ermöglicht es uns nämlich, in 40 Ländern Europas und Asiens authentisch, erfolgreich und wirksam zu agieren. Die internationale Bandbreite des UnitCargo-Teams, die Erfahrungen und das Verständnis und Wissen über verschiedenste Kulturen sind der Schlüssel zu einem breiten Marktwissen. Damit können wir die Bedürfnisse unserer Kunden in diesen vielfältigen Märkten richtig verstehen und ihnen die besten Lösungen und gleichberechtigte Partnerschaft anbieten.[38]

---

35   siehe z.B. Catalyst 2002, Prognos 2003, Cses 2003, Nutek 1999
36   vgl. Catalyst 2004, 2007, 2007, 2008, 2011, 2012
37   vgl. z.B. Mc Kinsey 2007, Terjesen/Sing 2008, Joecks/Pull/Vetter 2012, Galbreath 2011, Campbell/Minguez Vera 2009, Nguyen/Faff 2006.
38   vgl. UnitCargo [03.04.2015]

UnitCargo sieht die Vielfalt der Mitarbeiterinnen und Mitarbeiter als strategische Ressource, indem es ihnen die Möglichkeit bietet, ihr Potenzial am Arbeitsplatz zu entfalten. Der Fokus liegt bei UnitCargo nicht nur auf der moralischen Verpflichtung, antidiskriminierend zu sein, sondern die Website weist direkt auf den Business Case von Diversity Management hin:

> Dass sich Diversity Management für einen Betrieb lohnt und dass die ökonomischen Effekte tatsächlich gemessen werden können, zeigt erstmals das Unternehmen UnitCargo Speditionsgesellschaft mbH in seinem neuen Diversity-Bericht.[39]

Die Wertschätzung von Vielfalt liegt der Geschäftsstrategie zugrunde und zielt auf die von der Antidiskriminierungsrichtlinie geschützten Diversitätsdimensionen ab:

> In our company Diversity means personnel variety and individuality. Through our diversity management (DiM), we promote and support the recognition, appreciation, and constructive use of our employees' and stakeholders' diversity – regardless of gender, skin colour, nationality, ethnic background, religion or philosophy of life, disability, age, and sexual orientation. We at Unitcargo view diversity as a unique value, which we implement in our entire business structure and all our actions. For Unitcargo, diversity is a prerequisite for business success.[40]

Aber auch noch zahlreiche andere Beispiele der Einführung von Diversitätsmanagement in For-Profit- und Non-Profit-Organisationen zeugen davon, dass in der betrieblichen Praxis die Umsetzung von Diversitätsmanagement deutlich zunimmt. Als österreichische Beispiele können unter anderem genannt werden: BAWAG P.S.K., IBM Österreich, Infineon, Österreichische Post AG, Verbund AG, u.v.a. mehr, die der Österreichischen Charta der Vielfalt beigetreten sind.[41]

4. Von Stereotypisierung zu Diskriminierung

Im Rahmen der Implementierung und Evaluierung von Diversitätsmanagement ist darauf zu achten, keine Stereotypen im Rahmen der Diversitätsdimensionen zu reproduzieren (siehe auch anti-, inter- und intrakategoriale Sichtweisen von Di-

---

39 vgl. Unitcargo [03.04.2015]
40 Unitcargo Diversity Report [03.04.2015]
41 WKO [03.04.2015]. Weitere erläuterte Beispiele siehe: Engel/Hofmann 2004, Faber/Walther/Bendl 2004, Fuchs/Hanappi-Egger 2004, Struppe 2006, Trinkfass/Enders 2006.

versitätsdimensionen), die sich in der Aufbau- bzw. Ablauforganisation und den sozialen Beziehungen der Organisationsmitglieder zeigen. Im Zusammenhang mit Aspekten des Gender- und Diversitätsmanagements ist vor allem interessant, welche indirekten und impliziten Zugangsbarrieren existieren, die Personen mit bestimmten Sozialdimensionen (wie z.B. Frauen, Personen mit dunkler Hautfarbe, ältere Menschen, …) ausschließen. Dieser Frage kann sehr gut mit dem Ansatz der Organisationskultur nachgegangen werden, wobei darunter die in einer Organisation herrschenden Werte und Normen verstanden werden.[42] „Hiernach ist jede Organisation als ein eigenständiges kulturelles System zu betrachten und organisatorische Handlungen sind nur als kulturelle Verfasstheit des Systems zu begreifen."[43] Für den vorliegenden Beitrag ist also von Interesse, wie in der Organisationskultur angelegte Werte- und Normensysteme als Ein- und Ausschließungsmechanismen wirken und wie diese in weiterer Folge identifiziert und abgebaut werden können.

Diversity Marketing

Folgende Beispiele geben weitere Einblicke in die Produktion und Reproduktion sowie das Aufbrechen von Stereotypen

Diversity at the Workplace

Inclusion, Exclusion, Illusion, Collusion

Africa for Norway

Wenngleich es in Organisationen immer auch Diversität gibt, kommt es meist vor, dass diese Vielfalt nicht wahrgenommen bzw. ignoriert wird. Es wird auf den oben beschriebenen Ebenen insbesondere auf eine bestimmte Dominanzgruppe fokussiert und diese wird als „Normgruppe" behandelt, dabei wird außer Acht gelassen, dass sich unter diese nicht alle Personen subsumieren lassen. In diesem Zusammenhang wird von einer monokulturellen Organisation gesprochen.[44] Durch die Definition einer bestimmten Normgruppe wird aber ein Maß geschaffen, mit dem andere

---

42 vgl. Schein 1997
43 Schreyögg 1999, S. 436
44 vgl. Cox 1993, Krell/Ortlieb/Sieben 2011

Gruppen verglichen werden und bei Abweichung als „abnormal", also nicht der Norm entsprechend, abqualifiziert werden. Ein wesentliches kognitives Instrument ist dabei die *Stereotypisierung*.

> **Definition**
>
> Unter Stereotypen werden gemeinsam geteilte Schemata über Merkmale und Verhaltensweisen sozialer Gruppe verstanden, die jede Form der Individualität außer Acht lassen (meist ist dann von etwas „Typischem" die Rede: also „typisch Mann", „typisch Deutsche".

Stereotype erleichtern die Orientierung und dienen in sozialen Situationen der Reduktion von Komplexität, weil sie sinnstiftend sind.[45] Meist haben Stereotype auch die Funktion des Selbstschutzes (negative Stereotype von Fremdgruppen dienen der Erhöhung des Selbstwertgefühls) und der Rechtfertigung von Handlungen. Gerade Letzteres ist aus der Sicht von Gender- und Diversitätsmanagement sehr fragwürdig, da es zum Ausschluss von Personen führt: Teilt eine Person ein Gruppenmerkmal (z.B. „Frausein"), werden dieser Person die damit assoziierten Stereotype zugeschrieben, ohne dabei zu reflektieren, ob dies für die bestimmte Person zulässig ist. Auf diesem einfachen (kognitiven und affektiven) Mechanismus beruhen in der Folge Diskriminierungen (im Sinne von handlungsanleitend) aufgrund von Genusgruppenzugehörigkeit, Alter, sexueller Orientierung, Hautfarbe, ethnischer Herkunft, Religionszugehörigkeit, Weltanschauung usw.

Starke Stereotype im organisationalen Kontext finden sich auch in den Werte- und Normensystemen, wie bereits oben erwähnt[46]. So existieren z.B. Vorstellungen darüber, wie ein Manager bzw. eine Managerin sein muss („flexibel, belastbar, stressresistent, führungswillig, …"). Diese Zuschreibungen sind meist männlich konnotiert, was dann dazu führt, dass Frauen ein Job im Management weniger zugetraut wird. Manifestieren sich solche Vorstellungen zusätzlich in strukturellen Rahmenbedingungen (wie z.B. zeitliche Verfügbarkeit, Erwartung an Bereitschaft zu Überstunden, keine Vereinbarkeitsmodelle usw.), führt dies zu einem strukturellen Ausschluss von Personen, die diesen Erwartungen nicht gerecht werden können oder wollen (Selbstselektion). Damit läuft ein Unternehmen allerdings Gefahr, sehr fähige Personen zu verlieren bzw. für hochqualifizierte Mitarbeiterinnen und Mitarbeiter nicht interessant zu sein.

Hinsichtlich der in Tabelle 4 dargestellten Sozialkategorien lassen sich Analogien in den Diskriminierungsformen erkennen. Dabei sind vor allem aus betriebswirtschaftlicher Sicht solche von Interesse, die nicht bzw. schwer veränderbar sind (z.B. Hautfarbe, Alter, Genusgruppe, …), weil eine entsprechende Benachteiligung eine

---

[45] vgl. Weick 2002
[46] Schein 1997

Verletzung der Antidiskriminierungsverordnung darstellt. Im Alltagsleben wird in diesem Zusammenhang auch gerne von den „ismen" gesprochen, also Sexismus, Heterosexismus, Rassismus, Ageismus usw. Im Folgenden werden kurz die dabei zugrunde liegenden analogen Stereotypisierungen und daraus abgeleiteten Diskriminierungen dargestellt.

-ismus	Bezugskategorie	„Norm"-Bezug
Sexismus	Genusgruppe	Mann (Frau)
Heterosexismus	Sexuelle Orientierung	Heterosexuelle Personen
Rassismus	Hautfarbe	Weiße
Ageismus	Alter	Junge
Ableismus	Behinderung	Ohne Behinderung
Islamophobismus	Religion/Weltanschauung	Christ/innen
Klassismus	Klasse/soziale Schicht	Mittelklasse

Tabelle 4: Diskriminierungsformen mit Bezugskategorie und Normbezügen

Wie Tabelle 4 darstellt, beziehen sich die sozialen (negativen bzw. ausschließenden) Zuschreibungen alle auf von der als „Norm" wahrgenommenen Referenzgruppe abweichende Personen. Generell werden also Klassen von Personen geformt, von denen sich andere unterscheiden, abgrenzen können („Wir"- bzw. „Ihr"-Gefühl). Gemeinsame Basis sind dabei, wie bereits erwähnt, soziale Konstruktionen und Zuschreibungen.

Im *Sexismus* wird auf der Basis der Genusgruppe zum einen ein dualistisches Zuordnungsschemata konstruiert (bestehend aus den beiden Gruppen Mann, Frau), zum anderen wird meist auch eine Hierarchisierung etabliert, durch die „weibliche" Attributionen den männlichen untergeordnet werden.[47] Aus diesem sozialen Konstrukt leitet sich dann oft die Rechtfertigung für Geschlechtssegregationen ab, die dazu führen können, dass z.B. Männern der Beruf des Kindergärtners nicht „zugetraut" wird oder aber Frauen an die „gläserne Decke" stoßen, also in ihren Aufstiegsmöglichkeiten eingeschränkt werden.

Im *Heterosexismus* wird die Vorherrschaft von Heterosexualität konstruiert, indem alle anderen Spielarten von sexueller Orientierung als „nicht normal", also nicht der heterosexuellen Norm entsprechend gesehen werden. Daraus ergibt sich eine Fülle von Ordnungssystemen in Unternehmen, die homosexuelle Personen ausschließen. So wird z.B. oft bei Einladungen „mit Begleitung" tatsächlich davon ausgegangen, dass es sich dabei um eine jeweils andersgeschlechtliche Person handelt. Oder aber spezielle Fir-

---

[47] Dies zeigt sich z.B. im unterschiedlichen Status von Männer- bzw. Frauenberufen oder aber durch das Phänomen der sogenannten „Feminisierung", also der gesellschaftlichen Abwertung von Berufsgruppen, sobald eine hohe Anzahl von Frauen vorhanden ist.

menbegünstigungen (Versicherungen, Altersvorsorge, ...) werden lediglich für Ehefrauen oder Ehemänner angeboten, was zu einer Bevorzugung von verheirateten, heterosexuellen Paaren und einer gleichzeitigen Ausschließung von Homosexuellen (die z.B. in Österreich noch nicht heiraten können) oder aber Lebensgemeinschaften führt.

Rassismus äußert sich in der Form, dass Personen aufgrund von Hautfarbe und/oder ethnischen Hintergründen Eigenschaften zugeschrieben werden und ihnen häufig mit Argwohn begegnet wird. Ähnlich verhält es sich mit *Islamophobismus*, bei dem Angehörigen der islamischen Weltanschauung ein Radikalismus zugeschrieben wird, was meist durch die Berichterstattung in den Medien verursacht wird.

Im *Ageismus* wird Altern mit Leistungseinbußen, Lernunwilligkeit und Lernunfähigkeit in Verbindung gebracht, was in der Folge z.B. oft dazu führt, dass Personen ab einer bestimmten Altersklasse nicht mehr zu betrieblichen Weiterbildungen geschickt werden. Generell ist die Sozialkategorie „Alter" auch mit Selbstausschluss verbunden: Während in den anderen Stereotypisierungsklassen die betroffenen Personen sich meist selbst nicht mit den Zuschreibungen identifizieren, teilen ältere Menschen oft die gesellschaftlichen Einschätzungen.

Ableismus bezieht sich auf die physischen und psychischen besonderen Bedürfnisse von Personen, die oft sehr direkten Zugangsbarrieren ausgesetzt sind (z.B. durch bauliche Barrieren).

Klassismus bezieht sich auf die Ausgrenzung von ökonomisch schwachen Personengruppen. So kann es vorkommen, dass anhand der Adresse auf den sozioökonomischen Hintergrund geschlossen wird und z.B. Bewerbungen ausgesiebt werden. Auch manche TV-Shows dienen dazu, Jugendliche aus der sogenannten ArbeiterInnenklasse der Lächerlichkeit preiszugeben oder sie als Außenseiterinnen und Außenseiter und Gewalttätige darzustellen.

Zu allen diesen Aspekten gibt es bereits sehr viele und gute Beispiele, wie Unternehmen versuchen, nicht in die Stereotypisierungsfalle zu tappen, die dazu führt, Arbeitnehmer/innen zu demotivieren, zu verlieren oder aber gar nicht zu rekrutieren (z.B. BA-CA, Western Union, Equalizent). So werden z.B. Mentoringprogramme für Frauen gestartet, Netzwerke für Frauen oder für Mitarbeiter/innen mit einem anderen als den norm-ethnischen Hintergrund oder aber für homo-, bi- oder transsexuelle Personen etabliert. Kantinenessen, das auf die religiösen oder weltanschaulichen Bedürfnisse von Arbeitnehmerinnen und Arbeitnehmern Rücksicht nimmt, zählt ebenso zu den Diversitätsmaßnahmen wie Vorsorgeuntersuchungen und Fitnessprogramme. Oder aber es werden bewusst Personen eingestellt, die sich hauptsächlich gebärdensprachlich verständigen (Equalizent).

Wie anfänglich erwähnt, ist es aus organisationaler Sicht aus vielfachen Gründen notwendig, Phänomene der Stereotypisierung und Diskriminierung zu beseitigen bzw. dafür Sorge zu tragen, dass insbesondere indirekte und strukturelle Ausschließungsmechanismen identifiziert und eliminiert werden. Die Leistungsfähigkeit von

Personen hängt in hohem Maße davon ab, ob sie sich wertgeschätzt fühlen und ihre speziellen Bedürfnisse, sofern vorhanden, Berücksichtigung finden. Um dies zu garantieren, ist die Implementierung von Diversitätsmanagement von besonderer Bedeutung, welches durch ständige Evaluierung immer wieder an sich wechselnde interne und externe Unternehmenskontexte angepasst werden sollte.

5. Diversitätswissen und Diversitätskompetenzen

Für die strategische Ausrichtung, Implementierung und Evaluierung von Diversitätsmanagement sind neben organisationalem Lernen auch Diversitätswissen und Diversitätskompetenzen der Organisationsteilnehmer/innen notwendig. Dieses Diversitätswissen und diese Diversitätskompetenzen zielen darauf ab, die mit der Umsetzung von Diversitätsmanagement verbundenen Veränderungsprozesse in Organisationen anzustoßen, anzuleiten und zu evaluieren.[48]

Diversitätswissen kann definiert werden als eine fließende Mischung aus strukturierten Erfahrungen, Wertvorstellungen und Kontextinformationen und Fachkenntnissen zu den unterschiedlichen Diversitätsdimensionen (also z.B. als Erfahrungen, Wertvorstellungen und Kontextinformationen in Bezug auf Alter, Geschlecht, sexuelle Orientierung, Weltanschauung etc.).[49] Diese Mischung bietet in ihrer Gesamtheit einen Rahmen zur Beurteilung und Eingliederung neuer Erfahrungen und Informationen. Auch das Wissen über die unterschiedlichen Diversitätsdimensionen ist immer sozial bedingt, von den erlebten Situationen abhängig und ruht in den Köpfen der Organisationsteilnehmer/innen aufgrund ihrer Prägungen und Erfahrungen (z.B. Geschlecht, Herkunft, Hautfarbe). Ebenso unterliegt dieses Wissen der Unvorhersehbarkeit (z.B. Änderungen in der Parteienzugehörigkeit oder des religiösen Bekenntnisses, Veränderungen in der sexuellen Orientierung, Ein- oder Austritt von der Gewerkschaft).

Grundsätzlich liegt das Wissen zu den einzelnen Diversitätsdimensionen als implizites Wissen und explizites Wissen vor. *Implizites Diversitätswissen* wurde von den Organisationsteilnehmerinnen und -teilnehmern durch Imitieren und Kopieren erworben und bezieht sich auf Erfahrungen, Fertigkeiten und Einstellungen, die kaum formalisierbar und schwierig kommunizierbar sind (daher auch stillschweigendes Wissen). Um implizites Wissen handelt es sich z.B. bei Erfahrungen, die ein/e österreichischer/r Staatsbürger/in als Angehörige/r einer ethnischen Minderheit am Arbeitsplatz macht. Im Gegensatz dazu beruht *explizites Diversitätswissen* zu den einzelnen Diversitätsdimensionen auf Rationalität. Die Organisationsteilnehmer/innen haben dieses Wissen durch Studieren und Lesen erworben, welches kommunizier-

---

48 Zu allgemeinen Ausführungen zu Wissen und Kompetenz siehe vor allem den Beitrag „Organisationskultur – Ansätze zwischen Gestaltung und Selbstorganisation" in diesem Buch.
49 in Anlehnung an Kühner und König 2005, S. 22

bar und auf verschiedenen Ebenen formalisierbar ist (daher auch kodiertes Wissen). So weiß z.B. der/die österreichische Staatsbürger/in als Angehörige/r einer ethnischen Minderheit über die Geschichte und Rechte seiner/ihrer Ethnie Bescheid.

Grundsätzlich verhandeln Organisationen und Organisationsteilnehmer/innen explizites und implizites Diversitätswissen immer gleichzeitig. So wird z.B. bei der Personalauswahl für bestimmte Führungsfunktionen in einer Organisation immer wieder derselbe Mitarbeitertyp eingestellt (z.B. männlich, zwischen 35 und 45 Jahren und ohne Migrationshintergrund) (implizites Diversitätswissen), obwohl bei gleicher Qualifikation im Unternehmen eine Frauenquote zur Anwendung kommen sollte (expliziter Aspekt). In einem solchen Fall wären von der Unternehmensleitung und/oder dem/der Personalverantwortlichen bei gleicher Qualifikation Frauen einzustellen, egal, ob mit oder ohne Migrationshintergrund.

Im Vergleich zum Begriff Diversitätswissen, welcher eher auf die passive Komponente abzielt, bezieht sich der Begriff *Diversitätskompetenz* auf aktives Handeln.[50] Diversitätskompetenz kann definiert werden als ein in wechselnden Situationen aktivierbares Handlungssystem basierend auf den persönlichen Ressourcen oder Wissen des Individuums in Bezug auf die unterschiedlichen Diversitätsdimensionen (z.B. Welche Handlungen werden von Organisationsteilnehmerinnen und -teilnehmern bei Fragen des Alters, der ethnischen Zugehörigkeit und der sexuellen Orientierung gesetzt?). Wie Diversitätswissen ist auch die Anwendung von Diversitätskompetenzen immer nur im gesellschaftlichen Kontext und in der Auseinandersetzung mit der jeweiligen Situation zu sehen.

Diversitätsspezifische Kernkompetenzen stellen jene Fähigkeiten und Fertigkeiten dar, welche vom Individuum in Bezug auf die unterschiedlichen Diversitätsdimensionen besonders beherrscht und in unverwechselbarer Weise angewendet werden. Diese Kernkompetenzen stellen Kontinuität her und begründen fachliche Qualifikationen (z.B. jahrelange aktive Auseinandersetzung mit Frauendiskriminierung auf Basis von Literatur und politischem Engagement oder mit Diskriminierung von Schwulen, Lesben und Transgender-Personen).

Diversitätsspezifische Veränderungskompetenzen sind die Fähigkeiten des Individuums, auf wechselnde Anforderungen, die sich auf die Diversitätsdimensionen beziehen, einzugehen und in Alltagssituationen zu verarbeiten (z.B. Planung und Umsetzung der Integration von Chancengleichheit von Frauen in die strategische Unternehmensführung auf Basis der oben genannten Kernkompetenz, nämlich der jahrelangen politischen Auseinandersetzung mit dem Thema, oder die Einführung eines Lesben-Schwulen-Transgender-Netzwerks in der Organisation).

Weiters unterscheidet die Literatur folgende Formen von Kompetenzen, die sich in Bezug auf Diversität folgendermaßen darstellen lassen:[51]

---

50 Wissen: althochdeutsch „wizzan", verwandt mit dem lateinischen Begriff „videre" (sehen), indogermanisch „uoida" bedeutet „ich habe gesehen" und somit auch „ich weiß"; Kompetenz, aus dem lateinischen „competere", bedeutet „zusammentreffen", „ausreichen", „zu etwas fähig sein", „zustehen".

51 abgeleitet aus Schmidt 2005, S. 161 und Hofmann 2006, S. 16

- *Diversitätsfachkompetenz*: bezieht sich einerseits auf die Fähigkeit, mit fachlichen diversitätspezifischen Kenntnissen und Fertigkeiten Probleme, die sich aufgrund von Diversität ergeben, zu lösen. Andererseits ist es die Fähigkeit, diversitätsspezifisches Wissen sinnorientiert für die fachliche Bewältigung der Berufsaufgaben einzuordnen, zu bewerten und einzusetzen (z.B. theorie- und strategiebasiertes Wissen zu Diversitätsmanagement und den einzelnen Diversitätsdimensionen: Wissen über Geschlechter- und Diversitätshierarchien und deren Effekte und Einsatz dieses Wissens im Rahmen der Implementierung von Diversitätsmanagement als Unternehmensstrategie[52]);
- *Diversitätsmethodenkompetenz*: stellt die Fähigkeit dar, Tätigkeiten, Aufgaben und Lösungen, die sich auf Diversitäten beziehen, methodisch kreativ zu gestalten und diversitätsorientierte Vorhaben zu strukturieren sowie diversitätsorientierte Konzepte zu entwickeln, zu steuern, umzusetzen und zu evaluieren (z.B. Anwendung von Instrumenten und Methoden des Gender- und Diversitätsmanagements – Gender- und Diversitätsanalyse in Organisationen, 3R-Methode, Diversity Impact Assessment, gender- und diversitätsorientierte Projektplanung[53]);
- *Diversitätssozialkompetenz*: die Fähigkeit, sich mit Personen, für die andere Diversitätsdimensionen als die eigenen identitätsbildend sind, auseinanderzusetzen, sich diesbezüglich gruppen- und beziehungsorientiert zu verhalten, um neue Pläne und Ziele in Bezug auf Diversitätsfragen zu entwickeln (z.B. Kommunikations- und Konfliktfähigkeit und Urteilsfähigkeit in Bezug auf Diversitätsfragen, Diversitätsreife[54]);
- *Diversitätsindividualkompetenz*: die Fähigkeit, sich selbst in Bezug auf die Wichtigkeit von unterschiedlichen Diversitätsdimensionen einzuschätzen, produktive antidiskriminierende Einstellungen, Werthaltungen, Motive und Selbstbilder zu schaffen und daraus abgeleitet Begabung, Motivation und Vorsätze zur Handhabung von Unterschieden und Gemeinsamkeiten zu entwickeln und sich dabei zu entfalten (z.B. Reflexionsfähigkeit, Rollenübernahme[55]).

Zusammengefasst bezieht sich die *Diversitätshandlungskompetenz* auf die Fähigkeit, die beschriebenen Fach-, Methoden-, Sozial- und Individualkompetenzen zu integrieren und Handlungsfähigkeit in Bezug auf Diversität aufzubauen, zu steigern und zu erhalten (z.B. Entwicklung von personalen, strategischen organisationalen Handlungen in Bezug auf unterschiedliche Diversitätsdimensionen).

Abschließend kann festgehalten werden, dass nur das abgestimmte Zusammenspiel von Diversitätswissen und Diversitätsfachkompetenzen der Mitarbeiterinnen und Mitarbeiter abhängig vom organisationalen Kontext einen produktiven Umgang mit Vielfalt im Sinne der Organisation und der Mitarbeiterinnen und Mitarbeiter garantiert. Wie produktiv Diversitätswissen und Diversitätsfachkom-

---

52 siehe u.a. Aretz/Hansen 2002, Becker/Seidl 2006
53 siehe Bendl/Hanappi-Egger/Hofmann 2004b
54 siehe z.B. Gardenswartz/Rowe 1994
55 siehe Gardenswartz/Rowe 1994

petenzen im organisationalen Kontext tatsächlich eingesetzt werden können, ist immer davon abhängig, welche Diversitätsmanagementperspektive im Unternehmen vorherrschend ist (z.B. Resistenz, Antidiskriminierung, Legitimation oder organisationales Lernen[56]).

> **Zusammenfassung**
>
> Fragen des Gender- und Diversitätsmanagements gewinnen weiterhin an Bedeutung. Dies ist vor allem auf den demografischen und sozioökonomischen Wandel zurückzuführen. Zudem verbietet die Antidiskriminierungsrichtlinie der EU eine Diskriminierung aufgrund des Geschlechts, des Alters, der Religionszugehörigkeit und der Weltanschauung, der sexuellen Orientierung, der ethischen Zugehörigkeit, der Hautfarbe und der physischen wie auch der psychischen Fähigkeiten.
>
> Die veränderten Rahmenbedingungen wirtschaftlichen Handelns machen es für Organisationen notwendig, sich den Fragen von diskriminierungsfreien Strukturen und Praktiken zu widmen und innovative Managementstrategien in den Bereichen Gender und Diversität zu entwickeln. Die Implementierung, Etablierung und ständige Weiterentwicklung von Diversitätsmanagement erfordert ein hohes Maß an Wissen und Qualifikationen. Neben persönlichen Sozialkompetenzen sind es aber vor allem Fachkompetenzen, die Voraussetzung für ein erfolgreiches Diversitätsmanagement sind.
>
> Aufgrund der allgemeinen gesellschaftlichen Veränderungen muss davon ausgegangen werden, dass es zu einer zunehmenden Heterogenität in Organisationen kommt. In diesem Sinne ist Diversität also prinzipiell gegeben. Es gilt gerade aus betriebswirtschaftlicher Sicht, diese Diversität zu „managen": Wer die unterschiedlichen Gruppen sich selbst überlässt, läuft Gefahr, dass es zu Diskriminierungen, Benachteiligungen und Ausschließung kommt und dadurch Kosten (durch Fehlzeiten, Demotivation, Klagen und Fluktuation) verursacht werden.
>
> Um sich Diversität zunutze zu machen, bedarf es eines entsprechenden Managementkonzepts, das auf die unterschiedlichen Bedürfnisse der Mitarbeiter und Mitarbeiterinnen Rücksicht nimmt, ein offenes und respektvolles Arbeitsklima schafft und den Personen die Möglichkeit gibt, ihre Fähigkeiten zu entfalten. Diese Maßnahmen führen zu positiven Effekten, die wiederrum in eine höhere Produktivität fließen.

---

56 siehe Kapitel 2.2. Diversitätsparadigmen, in diesem Beitrag.

> **Reflexionsfragen**
>
> 1. Welche Treiber waren in Österreich für die Entwicklung von Diversitätsmanagement verantwortlich?
> 2. Welche Diversitätsparadigmen gibt es?
> 3. Wie wirken Stereotype und welche Rolle spielen sie bei Diskriminierungen?
> 4. Welche Diversitätskompetenzen gibt es und wie können ihre Ausprägungen beschrieben werden?

Weiterführende Literatur

BENDL, R./BLEIJENBERGH, I./HENTTONEN, E./MILLS, A. (2015): Oxford Handbook of Diversity in Organizations. *(Dieses englischsprachige Handbuch bietet einen Überblick zum aktuellen Stand der organisationalen Diversitätsforschung.)*

DANOWITZ, M.A./HANAPPI-EGGER, E./MENSI-KLARBACH, H. (2012): Diversity in Organizations. Concepts and Practices. *(Dieses Lehrbuch bietet Einblicke in Diversity-Management-Konzepte, Forschung und Praktiken und bezieht historische, politische, soziale und kulturelle Kontexte in die präsentierten Analysen mit ein.)*

FROHNEN, A.(2005): Diversity in Action. *(Wissenschaftliche deutschsprachige Studie, welche den Einsatz von Diversity Management bei der Ford Motor Company untersucht hat.)*

GARDENSWARTZ, L./ROWE, A. (1994): The Managing Diversity Survival Guide. A complete collection of checklists, activities and tips. *(Englischsprachiges Handbuch mit Übungen zur Sensibilisierung für Diversität bei Personen, in Gruppen und Organisationen.)*

HUBBARD, E.E. (2004): The Diversity Scorecard: Evaluating the Impact of Diversity on Organizational Performance. *(Dieses englischsprachige Buch bietet einen Einblick über die Umsetzung von Diversity Management im Rahmen der Balanced Scorecard.)*

KOALL, I./BRUCHHAGEN, V./HÖHER, F. (2007, Hrsg.): Diversity Outlooks. Managing Diversity zwischen Ethik, Profit und Antidiskriminierung. *(Dieser Herausgeberinnenband versammelt deutsch- und englischsprachige Texte, die sich mit der theoretisch-konzeptionellen Weiterentwicklung und der Umsetzung von Diversity Management in der Praxis beschäftigen.)*

KONRAD, A./PUSHKALA, P./PRINGLE, J. (2006, Eds.): Handbook of Workplace Workplace Diversity. *(Dieses englischsprachige Kompendium zu Diversitätsmanagement stellt Beiträge mit a) theoretischen Perspektiven von Diversitätsmanagement am Arbeitsplatz, b) methodischen Ansätzen zur Untersuchung von Diversität am Arbeitsplatz und c) dem Fokus auf unterschiedliche Diversitätsdimensionen zur Verfügung.)*

ÖZBILGIN, M./TATLI, A. (2008): Gobal Diversity Management. An Evidence-Based Approach. *(Die AutorInnen diskutieren in englischer Sprache globales Diversitätsmanagement und Einflussfaktoren darauf [nationale und diskursive, sektorale, organisationale, personale Einflussfaktoren], unterlegt mit Praxisbeispielen und Interviewleitfäden.)*

Der institutionelle Rahmen der Organisation

Markus A. Höllerer, Renate E. Meyer und Dennis C. Jancsary

Inhaltsverzeichnis

1. **Zur Bedeutung des institutionellen Rahmens für Organisation(en)** 447
2. **Basiskonzepte und Grundbegriffe** 451
   - 2.1. Organisationale Umwelt 451
   - 2.2. Institution 452
   - 2.3. Institutionelle Logik 454
   - 2.4. Legitimität 455
3. **Institutionelle Einbettung von Organisationen** 457
   - 3.1. Verschiedene Perspektiven auf die Umwelt der Organisation 457
   - 3.2. Das Konzept des Feldes als zentrale Betrachtungsebene 458
   - 3.3. Verschiedene Ebenen der Einbettung 459
4. **Konsequenzen einer institutionellen Einbettung** 460
   - 4.1. Strukturierung und Isomorphie 460
   - 4.2. Adaptierung und Übersetzung in lokale Kontexte 463
5. **Der differenzierte Charakter institutioneller Umwelten und dessen Folgen** 465
   - 5.1. Konsequenzen für externe Beziehungen 466
   - 5.2. Konsequenzen für organisationales Selbstverständnis und interne Gestaltung 467
6. **Wie agieren Organisationen in ihren jeweiligen institutionellen Umwelten?** 468
   - 6.1. Entkopplung 469
   - 6.2. Strategische Reaktionen auf institutionelle Erwartungen 470
   - 6.3. Umgang mit institutionell komplexen Umwelten 473
   - 6.4. Schlussfolgerungen 475

"Organizations that incorporate societally legitimated rationalized elements in their formal structures maximize their legitimacy and increase their resources and survival capabilities."[1]

(John W. Meyer/Brian Rowan)

> **Ziel dieses Beitrags ist es,**
>
> - die Bedeutung des institutionellen Rahmens für Organisation(en) aufzuzeigen;
> - die zentralen Auswirkungen der institutionellen Einbettung sowie die Möglichkeiten für Organisationen, auf diese zu reagieren und einzuwirken, zu beschreiben und zu diskutieren;
> - die Reflexionsfähigkeit, d.h. die Fähigkeit, institutionelle Aspekte im praktischen organisationalen Alltag zu erkennen, zu analysieren und kritisch zu hinterfragen, zu steigern.

---
1   Meyer/Rowan 1977, S. 352

1. Zur Bedeutung des institutionellen Rahmens für Organisation(en)

Lassen Sie uns mit einem fiktiven Beispiel beginnen. Stellen Sie sich vor, Sie wollen mit einigen Mitstudierenden eine kleine Organisation gründen, welche in Form eines monatlich erscheinenden Magazins die relevantesten Geschehnisse im Bereich Wirtschaft und Management recherchiert, kommentiert und anhand verschiedener Theorien und Konzepte des Bachelorstudiums beleuchtet und diskutiert. Ihre primäre Mission ist es, dadurch den Lernstoff des Studiums lebendiger und praktisch verständlicher zu machen. Das Magazin soll in Printform erscheinen, wird aber durch eine interaktive Website ergänzt, auf der laufend Zusatzmaterialien und relevante Links zur Verfügung gestellt und eine breitere Diskussion mit Kommilitoninnen und Kommilitonen erreicht werden soll.

Wir möchten dieses Unterfangen kurz hinsichtlich einiger relevanter Aspekte durchdenken. Wir gehen zu diesem Zweck davon aus, dass Sie sowohl grundsätzlich in der Lage sind, dieses Produkt herzustellen, als auch Zugang zu den notwendigen Ressourcen (Finanzen, Information, Druck und Bindung, Webspace, Domain etc.) haben. Gehen wir weiters davon aus, dass das eigentliche „Management" dieses Unterfangens keine größere Herausforderung für Sie darstellt, da Sie eine kleine Gruppe guter Freunde sind, die mit Eifer mitwirken und teilweise bereits berufliche Vorerfahrung mitbringen.

Kontingenztheoretisch würden Sie Faktoren wie die geplante Organisationsgröße, die Dynamik der Umwelt oder die verfügbaren Technologien analysieren und die Organisation darauf abgestimmt möglichst effizient und effektiv gestalten.[2] In diesem Beitrag wollen wir Ihre Aufmerksamkeit aber auf wichtige weitere Fragen lenken. Die Punkte, die uns hier primär interessieren, beziehen sich ebenfalls auf das Umfeld der Organisation – allerdings geht es uns nun vielmehr um *kulturelle* und *institutionelle* Elemente. Was dies genau bedeutet, zeigen z.B. folgende (ausgewählte) Fragen:

- In welcher Rechtsform gründen Sie Ihre Organisation? In wessen Namen werden Verpflichtungen eingegangen und wer trägt letztendlich die Verantwortung für organisationales Handeln sowie das Produkt (was passiert z.B., wenn ein Artikel faktisch inkorrekt ist und dies zu negativen Prüfungsleistungen bei Abonnentinnen und Abonnenten führt)?
- Welche Herausforderungen stellen sich bezüglich Urheberrecht und Reproduktion von Medieninhalten? Benötigen Sie hier entsprechende Lizenzen?
- Sind Sie überhaupt legitimiert, einen solchen Service anzubieten (d.h., werden beispielsweise Ihre Kommilitoninnen und Kommilitonen den Informationen vertrauen, welche Sie anbieten; fühlen sich Lehrveranstaltungsleiterinnen und

---

[2] siehe auch den Beitrag „Organisation: Strukturen und klassische Formen" in diesem Buch.

-leiter durch Ihren Service in ihrer Position bedroht und werden sie deswegen Gegenstrategien entwickeln)?
- Was sind die gültigen Normen der Professionalität und Ethik, die Sie beachten müssen?
- Entspricht Ihr Vorhaben einer etablierten Idee oder handelt es sich um eine radikale Innovation, die erst konzeptionell erklärt und gerechtfertigt werden muss?
- Existieren „Best Practices" oder „Templates" für solche Unterfangen? Wer sind die „Vorbilder", an denen Sie sich orientieren können bzw. müssen?

Dieser Fragenkatalog könnte noch beliebig erweitert werden. Gemeinsam ist solchen Fragestellungen, dass sie hervorstreichen, dass Organisationen nicht etwa in einem *sozialen Vakuum* existieren, sondern vielmehr in einen sozialen Raum eingebettet sind – gemeinsam mit einer Anzahl unterschiedlichster anderer Akteure. „Einbettung" bedeutet in diesem Zusammenhang, dass Organisationen in mehrschichtigen und komplexen Beziehungen zu ihrer Umwelt stehen. Diese Beziehungen sind ein wesentlicher Faktor für Veränderungen sowohl der Organisation selbst als auch deren Umwelt über die Zeit hinweg. Die Berücksichtigung solcher Beziehungsgeflechte ist deshalb für ein besseres Verständnis organisationaler Teilaspekte wie Strategie, Struktur oder Kultur von entscheidender Bedeutung. Eine institutionelle Betrachtungsweise unterscheidet sich hier recht grundlegend von einer kontingenztheoretischen. Während beide Perspektiven auf das Umfeld der Organisation fokussieren, liegt der Unterschied in den spezifischen, jeweils als relevant erachteten Charakteristika des Umfelds. Die institutionelle Betrachtungsweise zielt nicht primär auf die marktbezogenen und technischen Aspekte der Umwelt ab (z.B. Konkurrenz, Marktdynamik, Ressourcenangebot, verfügbare Technologien), sondern auf die *realitätsstiftenden* kulturellen und institutionellen Rahmenbedingungen sowie Erwartungen hinsichtlich legitimen Handelns (z.B. bestimmte Normen, Regeln und geteilte Gewissheiten). Diese Faktoren beeinflussen zentral, wie die Organisation sich selbst, ihre Umwelt und die Beziehung zur Umwelt interpretiert und definiert und welche Handlungen sie entsprechend in der Folge setzt. Akteurshandeln, welches innerhalb solcher Rahmenbedingungen stattfindet, ist nicht notwendigerweise strategisch. Die Entscheidungsgrundlagen müssen den involvierten Akteuren auch nicht einmal bewusst sein. Trotzdem, oder gerade deswegen, nehmen sie entscheidenden Einfluss auf die Ausgestaltung von Organisationen und das Verhalten ihrer Mitglieder.

Das folgende Beispiel soll die Relevanz einer institutionellen Betrachtungsweise verdeutlichen.

Aus der Praxis

Die Rolle des institutionellen Rahmens für Organisationen und Praktien des Organisierens sowie der aus ihm abgeleiteten Erwartungen lässt sich hervorragend am Fall der weltweiten Verbreitung zweier zentraler „Managementkonzepte" illustrieren, welche Mitte der 1990er-Jahre auch in Österreich vermehrt Fuß zu fassen begannen. *Shareholder Value* (SHV) entstand in den USA ursprünglich als konkrete Antwort auf lokale Probleme der Trennung von Eigentum und Kontrolle, die Gefahr feindlicher Übernahmen, den steigenden Druck von Aktionärsseite oder die „Hyperaktivität" des Kapitalmarktes.[3] Nichtsdestotrotz verbreitete sich die Idee von SHV sehr schnell weltweit. In Österreich, eingebettet in die korporatistische Tradition Kontinentaleuropas, war die Ausgangssituation allerdings eine gänzlich andere als in Nordamerika: viele Klein- und Mittelbetriebe, ein traditionell hoher Anteil an Fremdkapital, kaum Aktien im Streubesitz (sondern vielmehr im Regelfall mächtige oftmals staatliche oder staatsnahe Kerneigentümer), kein aktiver Markt für Unternehmensübernahmen, geringer Shareholder-Aktivismus etc. Trotzdem sahen sich insbesondere börsennotierte Unternehmen mit der Erwartung vor allem ausländischer Kapitalmarktteilnehmer konfrontiert, sich ebenfalls dem SHV-Prinzip zu verschreiben. So stieg zwischen 1993 und 2005 der Anteil der börsennotierten Unternehmen, welche sich öffentlich zu SHV bekannten, von 3,1 % auf 70,7 %. Das Bekenntnis, die Interessen der Aktionäre über jene aller anderen Anspruchsgruppen zu stellen – oftmals manifestiert in entsprechenden Kennzahlsystemen etc. –, stieß in Österreich aber auf einiges Unverständnis. SHV löste zunächst eine hitzige und höchst emotional geführte Debatte aus, in der die Lager der Befürworter und Gegner verschiedene Strategien verwendeten, um das Konzept entweder zu bewerben oder zu dämonisieren.[4] Für die Unternehmen entstand somit eine schwierige Situation, da ein Teil ihrer Stakeholder (z.B. Finanzanalysten, Investoren, etc.) SHV für ausgesprochen relevant, ein anderer Teil (z.B. Mitarbeiter, Gewerkschaften etc.) aber für unangemessen hielt. Die Literatur spricht hier von „institutionell komplexen" Situationen.[5] Interessanterweise hat sich SHV in Österreich nicht nur in seiner „Reinform", sondern in zahlreichen „Übersetzungen", welche die Bedeutung des Konzepts an lokale Verständnisse und Spezifika anpassten, niedergeschlagen.

Die Ausgangssituation für Corporate Social Responsibility (CSR) in Österreich war eine dezidiert andere. Die institutionellen Rahmenbedingungen waren – zumindest auf den ersten Blick – wesentlich günstiger, da bereits eine lange und etablierte Tradition der „sozialen Solidarität" (Stichwort: Sozialpartnerschaft) existierte und die gesellschaftliche Verantwortung des/der Unternehmers/Unternehmerin (oder, allgemeiner, von Unternehmen) ein zentraler Bestandteil der österreichischen Unternehmenswelt war. Dennoch verlief die Übernahme von

---

3   vgl. Meyer 2004
4   Meyer/Höllerer 2010
5   vgl. Greenwood et al. 2011

> CSR in Österreich bei weitem nicht reibungslos. Nicht-ökonomische Akteure, aber vor allem auch die sozioökonomische Elite, brachten zum Ausdruck, dass dieser explizite Verweis auf CSR das ohnehin vorhandene und höchst institutionalisierte, aber eher „implizit" und gewissermaßen selbstverständlich praktizierte Verständnis einer sozialen Verantwortung in Österreich unterminiere – wenn nicht gar kompromittiere – und damit das etablierte Zusammenspiel von Wirtschaft, Politik, und Gesellschaft gefährde. Ökonomische Akteure in weniger zentralen Positionen oder solche, die aufgrund ihrer SHV-Orientierung nach den Bilanzskandalen der frühen 2000er-Jahre mit einem Stigma behaftet waren, begriffen CSR als eine Chance, ihren Status und ihr soziales Kapital aufzuwerten.[6] Einfluss auf die globale Diffusion von CSR nahmen zudem Akteure wie beispielsweise die Medien oder Unternehmensberater und Public-Relations-Agenturen sowie auch in diesem Fall Erwartungen des internationalen Kapitalmarktes (z.B. „Best Practices" in der Berichterstattung vermittelt über die Global-Reporting-Initiative GRI oder nachhaltige Investmentfonds und Sustainability-Indices wie der FTSE4Good). Die explizite Erwähnung einer CSR-Orientierung in Jahresberichten stieg in der Folge zwischen 1993 und 2005 von 4,2 % auf 65,9 %. Auch hier entstand eine lebhafte Debatte darüber, was CSR in Österreich bedeutet (bzw. bedeuten kann) und wie es auf bestehende Verhältnisse und Machtgefüge einwirkt bzw. mit diesen in Interaktion tritt.[7]

Was lässt sich nun aus diesen Beispielen schließen? Wir stellen fest, dass sich beide Konzepte und die ihnen zugrunde liegenden Ideen offenbar weltweit verbreiteten. Wir erkennen, dass weder SHV noch CSR aus Gründen, die wir traditionell einer „Effizienz-Rationalität" zuordnen würden, für österreichische Unternehmen unbedingt notwendig gewesen wären. Dennoch wurden beide Konzepte von der Mehrheit der Unternehmen übernommen. Wir sehen aber auch, dass diese Übernahme nicht etwa diskussionslos und unreflektiert geschah, sondern dass beide Konzepte in diesem Prozess einer Bedeutungsanpassung unterworfen waren. Die beiden Fälle illustrieren also hervorragend zwei zentrale Implikationen des institutionellen Rahmens für die Organisationspraxis:

- Zum einen beeinflusst er in starker Weise *Ausgestaltung* und *Verhalten* von Organisationen und involvierten Akteuren – und zwar oftmals gänzlich unabhängig davon, ob dies zur „technischen" Aufgabenerfüllung notwendig wäre.
- Zum anderen beeinflusst er zentral die *Form* und soziale *Bedeutung* von Gestaltungselementen, Instrumenten und Verhaltensoptionen und macht derart eine Anpassung an die spezifischen kulturellen und institutionellen Gegebenheiten notwendig.

Im Folgenden werden wir diese und andere Themen systematisch diskutieren. Das zweite Kapitel bietet zunächst eine kurze Definition der zentralen Begriffe. Anschlie-

---

6 vgl. z.B. Höllerer 2013
7 vgl. z.B. Höllerer et al. 2013

ßend widmet sich das dritte Kapitel verschiedenen Formen der Einbettung von Organisationen und führt den Begriff des organisationalen Feldes ein. Das vierte Kapitel beschäftigt sich mit den Konsequenzen institutioneller Erwartungen und Zwänge für Organisationen. Das fünfte Kapitel vertieft diese Betrachtung, indem es auf die Existenz mehrerer potenziell konkurrierender Bezugsrahmen und Rationalitäten eingeht. Abschließend diskutieren wir im sechsten Kapitel verschiedene Möglichkeiten, wie Organisationen innerhalb eines solchen institutionell vorgegebenen Rahmens agieren können, und welche Möglichkeiten sie haben, auf ihre institutionelle Umwelt verändernd einzuwirken.

2. Basiskonzepte und Grundbegriffe

2.1. Organisationale Umwelt

Definition

Unter der *Umwelt* einer Organisation verstehen wir all jene Elemente, die nicht der Organisation selbst zuzurechnen und damit außerhalb ihrer Grenzen angesiedelt sind. Welche Aspekte der Umwelt in den Fokus rücken, ist abhängig von der je spezifischen Perspektive und Fragestellung. Grundsätzlich lassen sich Umwelten jedoch nach ihrer Beziehung zur Organisation und nach der Art ihres Einflusses unterteilen und klassifizieren.

Der Begriff der organisationalen Umwelt ist nicht ganz unproblematisch und hängt im Wesentlichen davon ab, wie und wo genau die Grenze zwischen Umwelt und Organisation gezogen wird. Die Literatur problematisiert dieses Abgrenzungsproblem und zeigt, dass je nach theoretischer Perspektive diese Grenze recht unterschiedlich verlaufen kann:[8]

- Ein Fokus auf *Effizienz* lenkt den Blick auf Steuerungsmöglichkeiten und Durchgriffsrechte;
- ein Fokus auf *Macht* stellt breitere Einflussmöglichkeiten der Organisation in den Vordergrund;
- ein Fokus auf *Kompetenz* betont die Kontrolle von Ressourcen;
- ein Fokus auf *Identität* verweist auf geteilte Selbstverständnisse.

Diese Schwerpunktsetzungen können, so Santos und Eisenhardt, recht unterschiedliche Grenzen zwischen Organisation und Umwelt implizieren. Schreyögg bietet dementsprechend als breiteste Variante eine Negativdefinition an: „Umwelt ist letztlich alles das, was nicht System (bzw. Organisation) ist."[9] Er charakterisiert die Um-

---

[8] vgl. Santos/Eisenhardt 2005, S. 492ff.
[9] Schreyögg 2003, S. 308

welt inhaltlich und unterteilt sie in *Aufgabenumwelt* und *globale Umwelt,* wobei die erstere jene Elemente abdeckt, mit denen die Organisation in direkter Interaktion steht, und zweitere sich in eine *ökologische,* eine *sozio-kulturelle,* eine *politisch-rechtliche,* eine *makroökonomische* und eine *technologische* Umwelt unterteilen lässt. Zwischen der Aufgabenumwelt und der globalen Umwelt steht die *Domäne,* welche Konzepte wie Branche, Sektor, interorganisationales Netzwerk, organisationales Feld oder Organisationspopulation umfassen kann, je nachdem, von welcher theoretischen Perspektive man sich der Frage nähert.[10]

Eine andere gängige Einteilung der organisationalen Umwelt diskutieren z.B. Meyer und Rowan.[11] Basierend auf der institutionalistischen Betrachtungsweise erklären sie die Unterscheidung in eine *technische (aufgabenbezogene)* und eine *institutionelle* Umwelt der Organisation. In der *technischen* Umwelt werden die Leistungen der Organisation durch den Markt beurteilt, und zwar basierend auf der Effizienz organisationaler Steuerungs- und Koordinationsmechanismen. Die *institutionelle* Umwelt hingegen bewertet Organisationen abhängig vom Grad der Konformität mit institutionellen Erwartungen (auf solche Aspekte zielen z.B. unsere Fragen im Beispiel ganz zu Beginn des Beitrags ab). Solche Erwartungen verlangen von Organisationen, angemessen zu agieren, was nicht zwangsläufig einer technischen Rationalität entsprechen muss. Dennoch müssen Organisationen diese erfüllen (z.B. durch Standardisierung, Zertifizierung, Einführung bestimmter Organisationseinheiten oder Funktionen wie die eines/einer Nachhaltigkeitsbeauftragten etc.), um Legitimität[12] zu erlangen. Walgenbach und Meyer betonen, dass in der jüngeren Forschung der Unterschied zwischen den beiden Umwelten zunehmend aufgegeben wird, da die Existenz einer technischen Umwelt unabhängig von der institutionellen konzeptionell schwierig zu argumentieren ist.[13] „Effizienz", „Sachzwang" und „Markterfordernis" sind selbst kulturelle Kategorien, welche nur vor dem Hintergrund bestimmter institutioneller Logiken[14] als „technisch-rationale" Gründe gelten können.

2.2. Institution

Definition

Unter *Institutionen* verstehen wir die in einem sozialen Raum vorherrschenden Erwartungsstrukturen, welche die Interaktion der betroffenen Akteure in regulativer, normativer und/oder kognitiver Weise beeinflussen. Institutionen sind langfristig stabile, aber dennoch grundsätzlich veränderliche Elemente der organisationalen Umwelt.

---

10 vgl. Scott 1981, S. 229ff.; Scott/Meyer 1991, S. 109ff.; siehe auch Kapitel 3.1. Verschiedene Perspektiven auf die Umwelt der Organisation, in diesem Beitrag.
11 vgl. Meyer/Rowan 1977, S. 346f.; siehe auch Walgenbach/Meyer 2008, S. 68ff.
12 siehe auch Kapitel 2.4. Legitimität, in diesem Beitrag.
13 vgl. Walgenbach/Meyer 2008, S. 69ff.
14 siehe auch Kapitel 2.3. Institutionelle Logik, in diesem Beitrag.

Organisationale Umwelten sind stark von Institutionen geprägt. Diese können als „verfestigte soziale Erwartungsstrukturen verstanden werden".[15] Diese Definition geht in ihrem Kern auf Berger und Luckmann zurück, welche Institutionalisierung überall dort entstehen sehen, wo „habitualisierte Handlungen durch Typen von Handelnden reziprok typisiert werden".[16] Vereinfacht gesagt regelt eine Institution im Wesentlichen, von welchen typifizierten Akteursgruppen (z.B. Studierende) welche typischen Handlungen (z.B. Vorlesungen besuchen, Prüfungen schreiben) erwartet werden. Damit koordinieren Institutionen die Interaktion zwischen Akteuren, reduzieren Unsicherheit und üben, ganz generell, sowohl beschränkende als auch ermöglichende Wirkungen auf die beteiligten Akteure aus.[17]

Versteht man Organisationen als (kollektive) Akteure, dann wird klar, dass auch und gerade an sie institutionelle Erwartungen gestellt werden. Von Organisationen des öffentlichen Sektors wird beispielsweise erwartet, dass sie sich zentral am Gemeinwohl orientieren; von börsennotierten Aktiengesellschaften hingegen, dass sie primär die Bedürfnisse der Anteilseigner berücksichtigen; und von allen Organisationen zunehmend, dass sie zusätzlich zur Erfüllung bzw. Maximierung ihres Primärziels auch eine soziale Verantwortung in ihrem Handeln wahrnehmen.

Wie wirken Institutionen nun auf Organisationen ein? Scott schlägt diesbezüglich drei konzeptionelle „Säulen" als die primären Wirkungskanäle von Institutionen vor:[18]

- Die *regulative* Säule beinhaltet formelle und informelle Regeln, deren Überwachung sowie etwaige Sanktionen im Falle einer Abweichung. Regulative Manifestationen von Institutionen finden sich deshalb primär in Gesetzen und anderen Regelwerken (so sind börsennotierte Unternehmen in der EU verpflichtet, neben finanziellen auch nicht-finanzielle Kennzahlen in den Geschäftsberichten bekannt zu geben).
- Die *normative* Säule hingegen beinhaltet geteilte Werte, Normen und Standards. Diese konstituieren Vorstellungen, wie bestimmte Dinge in bestimmten Kontexten „gemacht werden". Normative Aspekte von Institutionen sind oft in bestimmten Rollenvorstellungen kristallisiert. So sind z.B. allgemeine Vorstellungen davon, was eine/n „gute/n" Manager/in oder eine/n „loyale/n" Mitarbeiter/in ausmacht, in der normativen Säule zu finden.
- Die *kognitive* Säule schließlich bezieht sich auf die Wirklichkeitswahrnehmung der betroffenen Akteure. Kognitive Elemente einer Institution werden oft als selbstverständlich wahrgenommen: Wir „wissen" scheinbar intuitiv, wie eine Organisation funktioniert und wer welche Aufgaben und Verantwortlichkeiten hat. Erst wenn es zu einer Krise kommt, werden solche Fragen problematisch und diskussionsbedürftig. Solche Gewissheiten sind z.B. in bestimmten Spra-

---

15 Walgenbach/Meyer 2008, S. 55
16 Berger/Luckmann 2000, S. 58
17 vgl. Meyer/Hammerschmid 2006a, S. 136f.
18 vgl. Scott 2014, S. 59ff.; siehe auch Walgenbach/Meyer 2008, S. 57ff.

chen „kristallisiert". Ein Vokabular, das Kolleginnen, Vorgesetzte, Wettbewerber, Vorarbeiter, Marketingexpertinnen, Buchhalter usw. kennt, strukturiert das Zusammenleben durch die bestimmten Verhaltenserwartungen, welche diesen jeweiligen Typen zugeschrieben werden.

Obwohl Institutionen gemeinhin durch eine ausgesprochene Stabilität geprägt sind, sind sie nicht unveränderlich. Sie können, wie andere Elemente der organisationalen Umwelt, evolutionärem oder auch radikalem Wandel unterworfen sein (so beobachtet man z.B. einen Wandel des Führungsverständnisses über die Zeit, welcher die Institution der Hierarchie an sich bisher jedoch nicht infrage gestellt hat[19]).

2.3. Institutionelle Logik

Definition

Eine *institutionelle Logik* stellt ein Referenzsystem dar, welches Phänomenen (Handlungen, Artefakten, Personen) bestimmte Bedeutungen zuweist und dadurch sowohl handlungsleitend als auch identitätsstiftend wirkt. Institutionelle Logiken definieren Erwartungen, stellen Akteuren aber auch Rechtfertigungen sowie eine spezifische Sprache zur Verfügung, um ihre Handlungen entsprechend zu argumentieren.

Unter einer *institutionellen Logik* verstehen wir ein bestimmtes Referenzsystem, welches beeinflusst, welche Bedeutung eine Handlung, ein Objekt oder ein Ereignis erlangt, mit welchen Begriffen wir über diese Phänomene sprechen und wie wir uns selbst in Bezug auf diese Phänomene verstehen.[20] Institutionelle Logiken prägen die spezifische Einflusssphäre einer Institution. Jede institutionelle Logik manifestiert sich auf symbolische (Bedeutungen) und materielle (Artefakte und Handlungen) Art und Weise.[21] Die Logik des (kapitalistischen) Marktes beispielsweise beinhaltet Ideen wie die steuernde „unsichtbare Hand" im Aufeinandertreffen von Angebot und Nachfrage, Wettbewerb oder differenzierte Preismechanismen. Sie umfasst außerdem konkrete Handlungen wie Vertragsanbahnungen und Verhandlungen zwischen Vertragspartnerinnen und -partnern sowie materielle Artefakte wie Kapitalmarktbörsen oder Kaufverträge. Die Logik des (bürokratischen) Staates wiederum beinhaltet Ideen wie die Regelung des Verhältnisses von Exekutive und Legislative oder das Prinzip der Unparteilichkeit in der Behandlung von Bürgerinnen und Bürgern. Sie umfasst konkrete Handlungsakte wie die Behandlung von Staatsbürgerschaftsanträgen oder Steuererklärungen sowie ebenfalls materielle Artefakte wie Reisepässe oder Steuerbescheide.

---

19 vgl. auch den Beitrag „Theorie der Führung" in diesem Buch.
20 vgl. Thornton et al. 2012, S. 2
21 vgl. Friedland/Alford 1991, S. 248

Jede Logik stellt also, vereinfachend gesagt, eine bestimmte Perspektive auf die Welt dar, die in einer institutionellen Sphäre Gültigkeit beansprucht. Wichtig ist dabei, dass diese Perspektiven konkret handlungsleitend wirken und auch passende Begründungen und Rechtfertigungen für Handlungen anbieten. Nehmen wir an, eine Bekannte bittet Sie um ein wenig Geld. Wenn Sie diese Frage als ein Angebot für ein Geschäft betrachten (Marktlogik), werden Sie sich überlegen, ob diese Bekannte kreditwürdig ist, und eventuell werden Sie eine entsprechende Gegenleistung über die Rückzahlung hinaus (z.B. Zinsen) verlangen. Verstehen Sie hingegen diese Frage als die Bitte einer guten Freundin um Hilfe in einer Notsituation (Gemeinschaftslogik), dann geht es um Fragen der Loyalität, des Vertrauens und des Grads der gegenseitigen Verpflichtung. Sie sehen, dass je nach Perspektive die Situation sowohl eine andere Bedeutung erlangt als auch potenziell unterschiedliche Handlungen impliziert.

Für Organisationen ist die Frage der institutionellen Logiken insofern relevant, als unterschiedliche Anspruchsgruppen mitunter recht verschiedene Perspektiven an die Organisation anlegen. So variiert die Antwort auf die Frage, was denn eine „gute" Organisation ausmacht, erheblich – je nachdem ob Sie eine/n Aktionär/in, eine/n Umweltaktivist/in oder eine/n Mitarbeiter/in fragen. Wann immer eine Organisation in eine Situation gerät, in welcher sie die Erwartungen verschiedener widersprüchlicher Logiken gleichzeitig erfüllen muss (also z.B. gleichzeitig maximale Profitabilität und maximalen Umweltschutz), spricht man von *institutioneller Komplexität*.[22]

2.4. Legitimität

Definition

Unter *Legitimität* wird die Einschätzung vonseiten einer relevanten Anspruchsgruppe verstanden, dass die Ausgestaltung und das Verhalten einer Organisation grundsätzlich den in einem sozialen Kontext gültigen Verständnissen, Gepflogenheiten, Werten und Normen entsprechen. Eine Organisation erlangt folglich dann Legitimität, wenn sie die Vorgaben und Erwartungen ihres institutionellen Rahmens ausreichend berücksichtigt.

Legitimität verbindet die Erwartungen der institutionellen Umwelt mit der Ausgestaltung und dem Verhalten einer Organisation. Dahinter steht die Annahme, dass Organisationen neben materiellen Ressourcen und aufgabenbezogenen Informationen auch Akzeptanz und Glaubwürdigkeit benötigen, um langfristig ihre Existenzberechtigung und somit ihr Überleben zu sichern.[23] Kurz zusammengefasst erlangt eine Organisation Legitimität dadurch, dass sie sich weitestgehend an institutionelle Vorgaben

---

22 siehe auch Kapitel 5. Der differenzierte Charakter institutioneller Umwelten und dessen Folgen, in diesem Beitrag.
23 vgl. Walgenbach/Meyer 2008, S. 63ff.

und Erwartungen hält. Wenn Sie sich an unser Eingangsbeispiel erinnern, dann haben wir dort die Frage gestellt, ob inhaltliche Ausführungen und Kommentare zu Lehrinhalten, welche vonseiten der Studierenden in Form eines Medienprodukts erarbeitet werden, von Kommiliton/inn/en und Lehrveranstaltungsleiter/inne/n auch „anerkannt" werden (d.h., ob das Produkt und das dahinterstehende „Geschäftsmodell" entsprechend gewürdigt werden oder ob einer solchen Organisation in diesem bestimmten Feld die notwendige Legitimation verweigert wird). Solche Fragen rücken das Thema der Legitimität in den Vordergrund.

Legitimität bezieht sich aber – wie Sie wohl bereits zu Recht vermutet haben – nicht nur auf bestimmte Handlungen einer Organisation, sondern auch auf deren Ausgestaltung und Charakteristika (z.B. die Organisationsform oder die Implementierung bestimmter Prozesse und Strukturen). Der institutionelle Rahmen definiert eine Reihe legitimierender Handlungen und Formen. Um Legitimität zu erhalten, müssen sich Organisationen an solche sozialen Kategorien halten – oder sie riskieren einen „Legitimitätsabschlag": Die Literatur spricht hier vom „kategorialen Imperativ".[24] Ein Restaurant, das Essen sowohl im Haute-Cuisine-Segment als auch im Junk-Food-Segment anbietet, läuft Gefahr, für beide Zielgruppen unattraktiv zu werden, da es sich nicht wirklich sinnvoll einordnen lässt. Ähnliche Überlegungen sind Ihnen sicherlich bereits aus der strategischen Marketingliteratur bekannt. Dieses Phänomen der mangelnden Klarheit der Kategoriezugehörigkeit – des „Nicht-verstanden-Werdens" – zeigt, wie wichtig Legitimität abseits aller materiellen Ressourcenüberlegungen ist. Selbstverständlich gibt es aber auch Beispiele für Organisationen, welche erfolgreich ihre Kategorie innoviert haben bzw. eine neue Kategorie geschaffen haben – bzw. auch ganze Organisationstypen, denen solches gelungen ist (z.B. „Social Enterprises" oder „Social Innovation/Entrepreneurship" als eine Kombination unternehmerischer und sozialer Ideen).

Legitimität ist immer an einen bestimmten sozialen Raum bzw. an die Wahrnehmung einer bestimmten Anspruchsgruppe gebunden. Diese Bezugsgruppe beurteilt die Angemessenheit der Handlungen und erteilt oder verweigert Legitimität.[25] Was in einem bestimmten Umfeld und für eine spezifische Anspruchsgruppe legitim ist, muss dies in einem anderen Kontext nicht sein. Ebenso verändern sich Vorstellungen von Legitimität im Zeitablauf (siehe z.B. verschiedene Vorstellungen einer „guten" Lehrveranstaltung von heute im Vergleich zu einer vor 100 Jahren). Im Gegensatz zu Reputation ist Legitimität aber keine klar „messbare" Ressource, die man aufbauen und steigern kann. Sie ist vielmehr als grundsätzliche „License to Operate" zu verstehen, als generalisierte Wahrnehmung, dass die Handlungen und die Gestaltung einer Organisation innerhalb eines bestimmten Systems von Normen, Werten und Definitionen wünschenswert, richtig und angemessen sind.[26]

---

24 vgl. Zuckerman 1999
25 vgl. Bitektine 2011; Walgenbach/Meyer 2008, S. 65
26 vgl. Suchman 1995, S. 574

3. Institutionelle Einbettung von Organisationen

3.1. Verschiedene Perspektiven auf die Umwelt der Organisation

Wir haben in Kapitel 2.1. bereits kurz thematisiert, dass die Definition organisationaler Umwelten nicht immer ganz einfach oder unproblematisch ist. Abhängig von der (theoretischen) Perspektive ist es möglich, verschiedene Dimensionen der Organisation-Umwelt-Beziehungen auszuleuchten. Eine abschließende Betrachtung ist deshalb weder möglich noch sinnvoll.[27] In diesem Kapitel werden wir einige der meistverbreiteten Möglichkeiten zur Charakterisierung organisationaler Umwelten andiskutieren, bevor wir im nächsten Kapitel das für eine institutionelle Betrachtungsweise zentrale Konzept des „Feldes" näher vorstellen möchten.

- Die *Branche,* in welcher eine Organisation tätig ist, ist ein Konzept, welches vor allem in der Industrieökonomik häufig verwendet wird. Eine Branche besteht aus Organisationen, welche dieselben (oder zumindest leicht substituierbare) Produkte anbieten und somit dieselbe Nachfrage bedienen.[28] Entsprechend werden zur Charakterisierung von Branchen primär die Konkurrenz- und Wettbewerbsintensität sowie die Unternehmenskonzentration herangezogen. Der Fokus der Betrachtung liegt also in der Analyse von Wettbewerb und dessen Strukturen und Dynamiken.
- *Populationen* von Organisationen sind ein Konzept aus der Organisationsökologie („Population Ecology"-Ansatz).[29] Diese theoretische Tradition legt ihr Hauptaugenmerk auf die Veränderungen und Entwicklungen von ganzen Organisationsspezies über längere Zeiträume. Unter Populationen werden größere Sets mehr oder weniger gleichartiger Organisationen verstanden, die an bestimmte Umwelten und Nischen angepasst sind. In Anlehnung an evolutionstheoretische Konzepte fokussiert die Betrachtung auf die „Geburt" und den „Tod" von Organisationen innerhalb von Populationen sowie auf die Faktoren, welche solche Dynamiken erklären können.
- *Nationalstaaten und supranationale Staatenverbände* konstituieren Hoheitsgebiete, innerhalb derer Organisationen bestimmten Verfassungen, Gesetzen und anderen Regeln unterworfen sind. Abseits der regulativen Aspekte konstituiert Staatszugehörigkeit zu einem gewissen Grad auch kulturelle Eigenheiten, Traditionen, Werte und Identitäten. Eine institutionalistische Perspektive auf Nationalstaaten bietet z.B. der „World Society"-Ansatz.[30] Eine zentrale Frage in dieser Betrachtungsweise ergibt sich vor allem für multinationale Organisationen dar-

---

27 Für weitere Systematisierungen und Konzepte vgl. z.B. Scott 1981, S. 228ff.; Scott 1992, S. 255ff.
28 vgl. Scott/Meyer 1991, S. 118
29 vgl. Hannan/Freeman 1977; Woywode/Beck 2014
30 vgl. Meyer et al. 1997

aus, dass für sie in spezifischen nationalen Kontexten unterschiedliche Rechtslegungen und kulturelle Normen relevant und schlagend werden.[31]

- *Professionen* sind ein Teil der organisationalen Umwelt, welche sowohl einzelne Abteilungen, Berufsgruppen und Rollen innerhalb der Organisation (z.B. Krankenpfleger, Buchhalterinnen) als auch gesamte Organisationstypen (z.B. Unternehmensberatungen, Wirtschaftsprüferinnen, Anwaltskanzleien) über Werte, Normen, Zutrittsbarrieren und andere Regelungen stark beeinflusst. Professionen sind gekennzeichnet durch spezifische professionelle Vereinigungen, ein gemeinsames Weltverständnis, institutionalisierte Ausbildungsprozesse, Zutrittsbarrieren durch Akkreditierung und Lizenzen, hohe Arbeitsautonomie sowie starke Kontrolle und Steuerung über Normen und ethische Grundsätze.[32]
- *Anspruchsgruppen* („Stakeholder") sind zentrale Akteure in der Umwelt der Organisation (z.B. Kundinnen, Lieferanten, Aktionäre, Eigentümerinnen, aber auch interne Anspruchsgruppen wie Mitarbeiter oder das Management sowie nichtmarktbezogene Stakeholder wie der Staat, Regulatoren oder die Medien). All diese Gruppen verkörpern teilweise recht unterschiedliche Interessen und Ansprüche, welche sie an die Organisation herantragen. Aus einer strategischen Perspektive schlägt deshalb der sogenannte Stakeholder-Ansatz[33] vor, dass Organisationen spezifische Strategien entwickeln müssen, um die Ansprüche verschiedener Anspruchsgruppen zu bedienen (oder abzuwehren) bzw. auszubalancieren. Die Orientierung an den Interessen der Organisationsumwelt wird damit zu einem zentralen Aspekt von Organisation und Management.

Bereits aus dieser knappen Diskussion wird ersichtlich, dass spezifische Perspektiven auf die organisationale Umwelt an unterschiedliche Fragestellungen und Erkenntnisinteressen geknüpft sind. Im Folgenden stellen wir deshalb eine weitere Perspektive, welche sich für institutionalistische Betrachtungen etabliert hat, detailliert vor: jene des „organisationalen Feldes".

3.2. Das Konzept des Feldes als zentrale Betrachtungsebene

Neo-institutionalistische Ansätze der Organisationsforschung schlagen für die Untersuchung und Diskussion des institutionellen Rahmens eine spezifische Betrachtungsebene vor: jene des *organisationalen Feldes*. Der Feldbegriff bezeichnet ursprünglich die Gesamtheit aller relevanten Akteure in einem bestimmten Bereich.[34] Damit kann ein solches organisationales Feld verschiedenste Typen von Organisationen umfassen, welche teils recht unterschiedliche Rollen einnehmen (z.B. Kundinnen, Lieferanten, Regulatoren etc.). Felder können branchenspezifisch konzipiert sein oder Organisationen, deren Strategien, Größe, Status, geografische Lage oder Finanzierungsformen

---

[31] vgl. Kostova et al. 2008
[32] vgl. Freidson 1986
[33] vgl. Freeman 1984
[34] vgl. DiMaggio/Powell 1983, S. 148

sich ähneln, umfassen. Als Feld vereint sie die Tatsache, dass sie in einem starken Interaktionsverhältnis zueinander stehen. DiMaggio und Powell postulieren außerdem, dass solche Felder dazu neigen, sich zunehmend zu „strukturieren", d.h. sowohl Interaktionsbeziehungen als auch deren Bedeutung zu stabilisieren und in eine dauerhafte Form zu bringen.[35] Organisationen in einem Feld, so die zentrale These, werden einander immer ähnlicher, da sie mit zunehmender Strukturierung des Feldes auch immer ähnlicheren institutionellen Erwartungen ausgesetzt sind (denken Sie beispielsweise an die Hi-Tech Start-Up-Szene im Silicon Valley).

Von DiMaggio und Powells wegweisendem Artikel ausgehend wurde der Feldbegriff in der Folge laufend überarbeitet und erweitert. So wird z.B. zwischen relationalen und kulturellen/symbolischen Aspekten von Feldern unterschieden.[36] Der Begriff des *institutionellen Feldes* bezieht sich auf die kulturellen/symbolischen Aspekte und wird dementsprechend dort verwendet, wo es um geteilte Bedeutungen geht. Ihnen gehören nicht nur jene Akteure an, welche direkt von einer institutionellen Erwartung betroffen sind, sondern alle jene, welche die Gültigkeit dieser Erwartung anerkennen, folglich also dasselbe Referenzsystem bzw. dieselbe institutionelle Logik teilen. *Organisationale Felder* betonen eher relationale Aspekte und entstehen durch Netzwerkbeziehungen zwischen Akteuren, welche direkt und indirekt zueinander in Beziehung treten. Sie umfassen Organisationen, die nicht notwendigerweise eine institutionelle Logik bzw. ein Referenzsystem teilen.

Die Frage, wo die Grenzen eines Feldes zu ziehen sind, ist grundsätzlich ein empirisches Problem.[37] Gemäß DiMaggio und Powell lässt sich die Strukturierung eines Feldes an folgenden Elementen festmachen: (a) verstärkte Interaktion zwischen Organisationen innerhalb des Feldes; (b) Entstehung klar definierter Machtstrukturen und Koalitionen; (c) Anstieg der Informationen, welche Organisationen im Feld laufend verarbeiten müssen; und (d) Entwicklung einer geteilten Wahrnehmung zwischen Organisationen, dass sie Teil eines gemeinsamen Ganzen sind.[38] Solche Felder sind in der neueren institutionalistischen Forschung der primäre Kontext, innerhalb dessen Organisationen institutionellen Erwartungen ausgesetzt sind.

3.3. Verschiedene Ebenen der Einbettung

Institutionen wirken auf mehreren Ebenen, und institutionelle Erwartungen sind somit in gewisser Weise „verschachtelt". Manche Institutionen sind z.B. gesamtgesellschaftlich oder mitunter sogar global wirksam. Walgenbach und Meyer nennen diese „Meta-Institutionen" und stellen fest, dass sie eine höhere Stabilität als nachrangige Institutionen besitzen.[39] Die Institution des Marktes z.B. – sowie die damit verbundenen Annahmen und Handlungsempfehlungen – stellt eine Meta-Institu-

---

35 vgl. DiMaggio/Powell 1983, S. 148
36 vgl. Meyer 2008, S. 525
37 vgl. Scott 2014, S. 223f.
38 vgl. DiMaggio/Powell 1983, S. 148
39 vgl. Walgenbach/Meyer 2008, S. 143

tion dar. In spezifischen organisationalen Feldern werden diese Meta-Institutionen dann konkretisiert und „übersetzt".[40] Die zentrale Annahme des Shareholder-Value-Konzepts, dass die Maximierung des Unternehmenswertes zugunsten der Anteilseigner eine Notwendigkeit rationaler Unternehmensführung ist, ist beispielsweise grundsätzlich aus Marktüberlegungen abgeleitet, wird aber nicht in allen empirischen Kontexten vollumfänglich geteilt (vgl. das Praxisbeispiel zu Beginn). Dies bedeutet auch, dass jene institutionellen Erwartungen, welche innerhalb eines Feldes auf Organisationen wirken, auf höherer gesellschaftlicher Ebene wiederum durch breitere Institutionen und institutionelle Logiken legitimiert und gestützt werden. Aber auch innerhalb von Organisationen können Handlungsmuster institutionalisiert werden, die für die Mitglieder selbstverständlich sind und unhinterfragt reproduziert werden, für andere Organisationen aber irrelevant oder geradezu absurd wirken. Dresscodes, Rituale, Tabus etc. gelten deswegen in der spezifischen Organisation nicht weniger stark und sind faktischer Bestandteil der sozialen Wirklichkeit ihrer Mitglieder.

In diesem Beitrag interessieren uns primär jene institutionellen Faktoren, welche *auf* die Organisation einwirken, ungeachtet dessen, ob sie aus dem unmittelbaren Feld der Organisation oder aus dem breiteren gesellschaftlichen Umfeld stammen. Dieser institutionelle Rahmen ist also supra-organisational und betrifft sowohl Organisationen als auch Rollen und Verhalten einzelner Personen (z.B. Vorstellungen über eine/n „gute/n" Manager/in). Wo immer die Schnittstellen zwischen Gesellschaft, organisationalem Feld und Organisation relevant werden, werden wir dies in der weiteren Betrachtung besonders hervorheben.

4. Konsequenzen einer institutionellen Einbettung

4.1. Strukturierung und Isomorphie

Wir haben bereits erwähnt, dass *Legitimität* ein zentraler Faktor für Organisationen ist, um in einem bestimmten Umfeld langfristig und erfolgreich ihrer Tätigkeit nachgehen zu können. Legitimität wird erreicht, wenn Organisationen sich in ihrer Ausgestaltung und in ihren Handlungen den institutionellen Erwartungen der Umwelt weitgehend unterwerfen. Abweichungen von diesen Erwartungen werden mit Ächtung und in letzter Konsequenz mit dem Entzug von Legitimität sanktioniert. Frühe Klassiker des Neo-Institutionalismus haben sich deshalb mit der Frage beschäftigt, auf welche Weise sich institutionelle Erwartungen auf Organisationen innerhalb eines Feldes – und das Feld insgesamt – auswirken.

---

40 siehe auch Kapitel 4.2. Adaptierung und Übersetzung in lokale Kontexte, in diesem Beitrag.

DiMaggio und Powell untersuchen, warum trotz je individueller Entscheidungen in Organisationen ein hoher Grad an Homogenität bezüglich Organisationsformen, -strukturen und -kulturen innerhalb eines Feldes beobachtbar ist. Sie erklären dies damit, dass Organisationen innerhalb eines Feldes mit ähnlichen Erwartungen und damit auch mit ähnlichem Druck aus dem Umfeld konfrontiert sind. Dies führt in der Folge zu einem vergleichbaren Verständnis von Rationalität und zu Homogenität in Handlungen und Ausgestaltung. DiMaggio und Powell nennen diese Tendenz zur Ähnlichkeit *Isomorphie*.[41] Sie unterscheiden hier mehrere Formen, welche aus unterschiedlichen Gründen relevant werden:

- Isomorphie durch *Zwang* („Coercive Isomorphism") resultiert aus formalem und informalem Druck durch Abhängigkeitsverhältnisse. Sie beinhaltet auch die Erwartungen der Gesellschaft, in welche eine Organisation eingebettet ist.[42] Primär geht dieser Druck von Instanzen höherer Ordnung aus. Ein typisches Beispiel hierfür ist der Staat: Durch Gesetzgebung und andere rechtliche Vorgaben prägen Staaten Organisationen, deren Strukturen und Prozesse, und setzen der Diversität innerhalb des Feldes enge Grenzen. Solche staatlichen Vorgaben definieren nicht zwangsläufig direkt und abschließend, welche Instrumente einzuführen und welche Strukturen anzunehmen sind. Sie geben aber eine bestimmte Richtung vor und/oder schränken den Handlungsspielraum von Organisationen ein. Aber nicht nur der Staat übt solchen Zwang aus. Wie Walgenbach und Meyer ausführen, kann Isomorphie durch Zwang auch durch Ratingagenturen, Zertifizierungsinstanzen oder durch Vorgaben der Konzernleitung für Tochtergesellschaften ausgelöst werden.[43] Oft wird solcher Zwang auch nicht formal definiert, sondern bleibt auf einer informellen Ebene, was den Einfluss jedoch keineswegs mindert. In unserem Eingangsbeispiel würden sich regulative Zwänge beispielsweise aus der Urheberrechtsthematik ergeben.
- Isomorphie durch *mimetische Prozesse* („Mimetic Isomorphism") ist das Ergebnis von Unsicherheitsbewältigung.[44] Im Wesentlichen bezieht sich diese Form der Isomorphie auf Nachahmungstendenzen zwischen Organisationen innerhalb eines Feldes. Imitation ist häufig dadurch begründet, dass Organisationen sich bei Unsicherheit zunehmend an anderen, vergleichbaren Organisationen orientieren. Solche Unsicherheit kann sich auf den Zusammenhang zwischen Maßnahmen und Ergebnissen, die Ziele der Organisation selbst oder auch Signale aus dem Umfeld der Organisation beziehen.[45] Wenn durch Unsicherheit keine eindeutigen Entscheidungsgrundlagen bestehen, tendieren Organisationen dazu, sich an zentralen Organisationen im Feld zu orientieren, welche sie als besonders erfolgreich erachten. Diese üben als Vorreiter aber auch einen gewissen Druck zur Imitation aus. Anspruchsgruppen verlangen in der Regel, dass Organisatio-

---

41 vgl. DiMaggio/Powell 1983, S. 149
42 vgl. DiMaggio/Powell 1983, S. 150f.
43 vgl. Walgenbach/Meyer 2008, S. 35
44 vgl. DiMaggio/Powell 1983, S. 151f.
45 vgl. Walgenbach/Meyer 2008, S. 36

nen sich diesen Vorbildern anpassen – sei es, weil Anteilseignerinnen und -eigner ihren Shareholder Value maximiert sehen möchten oder weil Umweltschutzorganisationen sich nicht mit weniger als dem Optimum an ökologischem Engagement zufriedengeben wollen. Unternehmensberater und ähnliche Experten verstärken diesen Effekt, indem sie „Best Practices" aufnehmen, weiterentwickeln und quasi als standardisierte Patentrezepte breit im Feld streuen. In unserem Eingangsbeispiel bezieht sich die Frage, ob es für die Geschäftsidee eine „Best Practice" gibt, welche als erfolgreich gilt und deshalb nachgeahmt werden sollte, beispielsweise auf eben diesen Punkt.

- Isomorphie durch *normativen Druck* („Normative Isomorphism") steht in einem engen Zusammenhang mit der Professionalisierung in modernen Gesellschaften.[46] Diese umfasst sowohl die Bemühungen einer Berufsgruppe, die Rahmenbedingungen und Inhalte ihrer Arbeit zu definieren, als auch die Erreichung einer gemeinsamen Orientierung unter den Mitgliedern und die Etablierung einer weitgehenden Autonomie. Solche Bestrebungen führen zu starken Ähnlichkeiten in den Weltverständnissen einzelner Professionen. Formalisierte Ausbildungen – z.B. an Universitäten und Fachhochschulen – standardisieren Selbstverständnis, Orientierung und berufsbezogene Normen innerhalb einer Profession weiter. Dies beeinflusst auch Vorstellungen davon, welche Verfahren, Instrumente und Prozesse zur Lösung organisationaler Probleme herangezogen werden sollten.[47] Für unser Eingangsbeispiel würde das deshalb bedeuten, dass Sie durch Ihre Ausbildung an der Universität bestimmte Normen verinnerlicht haben und bestimmte Lösungen oder Sichtweisen bevorzugen. Auch Berufs- und Wirtschaftsverbände generieren ähnliche Effekte. Durch die Mitgliedschaft verschiedener Personen gleicher Profession innerhalb eines Verbandes entstehen persönliche Netzwerke, welche Ähnlichkeit fördern. Die Standardisierung von Personalauswahlkriterien (also z.B. die Voraussetzung bestimmter Ausbildungen und/oder Zertifikate) verstärkt diese Ähnlichkeit. Personen mit ähnlichem Hintergrund, vergleichbarer Ausbildung und Mitgliedschaft in denselben Netzwerken verteilen sich innerhalb des Feldes über verschiedene Organisationen. Dadurch verbreiten sich z.B. neue, als modern geltende Managementpraktiken (wie z.B. SHV oder CSR; siehe das Praxisbeispiel zu Beginn des Beitrags) vergleichbar schnell und relativ einfach. Mitarbeiterinnen und Mitarbeiter (vor allem Führungskräfte) werden außerdem verstärkt von anderen Organisationen abgeworben, was solche Diffusionseffekte verstärkt.

All dies führt dazu, dass Organisationen innerhalb eines Feldes dazu neigen, Probleme auf ähnliche Weise zu lösen, Entscheidungen in ähnlicher Weise zu fällen und ähnliche Prozesse, Strukturen und Managementinstrumente zur Bewältigung des Organisationsalltags einzusetzen.

---

46 vgl. DiMaggio/Powell 1983, S. 152f.
47 vgl. Walgenbach/Meyer 2008, S. 38ff.

4.2. Adaptierung und Übersetzung in lokale Kontexte

Demgegenüber steht jedoch die Beobachtung, dass – trotz eines gewissen Grades an Homogenität – Organisationen nicht gleich sind. Empirische Untersuchungen belegen, dass Organisationen Instrumente und Strukturen, welche vom institutionellen Kontext vorgeschrieben werden, zwar einführen, die konkrete Ausgestaltung dieser Instrumente und Strukturen aber teilweise stark variiert. So zeigen z.B. Meyer und Höllerer, dass das ursprünglich vom anglosächsischen Governance-Modell geprägte Konzept des Shareholder Value in Österreich in seiner Theoretisierung – also der Abstimmung von zu lösendem Problem und Lösung – substantiell modifiziert und an die lokalen Gegebenheiten angepasst wurde.[48] Meyer und Hammerschmid wiederum analysieren, wie sich die Ideen des New Public Management (NPM) in Österreich auf ganz spezifische Art und Weise in den Verständnissen öffentlicher Managerinnen und Manager – welche bislang mit einer starken Rechtsstaatstradition und einem dezidiert weberianischen Bürokratieverständnis konfrontiert waren – niederschlagen.[49] Ähnlich argumentiert Vogel in seiner Untersuchung des „Neuen Steuerungsmodells" als der deutschen Ausprägung von NPM.[50] Als weitere Beispiele können Delmestri und Walgenbach genannt werden, die die Unterschiede in der Einführung von Assessment-Center in britischen, französischen, deutschen, italienischen und US-amerikanischen multinationalen Unternehmen vergleichend diskutieren,[51] oder Boxenbaum, die die Re-kontextualisierung von Diversitätsmanagement in Dänemark untersucht.[52] Solche Beobachtungen wurden konzeptionell ursprünglich vor allem in der skandinavischen Institutionenforschung aufgegriffen und basieren auf den beiden Konzepten der *Übersetzung* und der *Bricolage*, die wir in der Folge kurz vorstellen möchten.

Einerseits wird davon ausgegangen, dass institutionelle Vorgaben in einer globalen, abstrakt theoretisierten Form bestehen, welche für die Anwendung in einem spezifischen, lokalen Kontext in der weiteren Folge einer *Übersetzung*[53] bedürfen („Translation"). Wenn sich also eine Managementidee als „Best Practice" durchsetzen soll, muss sie zunächst von allen anwendungsspezifischen Elementen befreit werden. Sprich: Um Relevanz für eine breite Masse an Organisationstypen zu erlangen, muss ein globales *Template* entstehen. Dies geschieht nach Sahlin-Andersson[54] dadurch, dass:

- Aspekte der Idee, welche an bestimmte zeitliche und räumliche Voraussetzungen gebunden sind, entfernt werden (z.B. dass „Total Quality Management" [TQM] ursprünglich aus konkreten historischen Gründen in den Nachwehen des Zweiten Weltkriegs in Japan Fuß fasste, ist für dessen Verbreitung und Anwendung in modernen Organisationen irrelevant);

---

48 vgl. Meyer/Höllerer 2010
49 vgl. Meyer/Hammerschmid 2006b
50 vgl. Vogel 2012
51 vgl. Delmestri/Walgenbach 2009
52 vgl. Boxenbaum 2006
53 vgl. Czarniawska/Joerges 1996, S. 23f.
54 vgl. Sahlin-Andersson 1996, S. 85ff.

- ein Prototyp der Idee entsteht, welcher unter einem bestimmten Label zirkuliert und mit dramatischen Erfolgsgeschichten beworben wird; dieser Prototyp beinhaltet auch generalisierte Regeln für die Anwendung und wird mit konkreten Wirkungsbehauptungen verknüpft (z.B. TQM erhöht die Profitabilität, da weniger Ausschuss und damit geringere Kosten entstehen);
- diese Wirkungsbehauptungen rationalisiert, d.h. theoretisiert, werden. Ursache-Wirkungs-Zusammenhänge werden logisch argumentiert und in der Regel wissenschaftlich gestützt, was die Idee zusätzlich legitimiert. Die Idee wird somit in ein ganzheitliches Modell überführt.

Diese Abstraktionsprozesse führen dazu, dass eine ursprünglich lokal verankerte Idee sich nun global verbreiten kann. Trotz der Ursprünge in Japan und später den USA wird TQM breit – und unter gänzlich anderen historischen und kulturellen Voraussetzungen – beispielsweise in der deutschen Automobilindustrie eingesetzt.[55] Die *lokalen* kulturellen und institutionellen Voraussetzungen führen aber zur Notwendigkeit, die *globale* Managementidee entsprechend zu übersetzen. Die Templates werden somit *re-kontextualisiert*, also an die konkreten lokalen Gegebenheiten angepasst.[56] Dadurch entstehen Unterschiede in der konkreten Ausgestaltung, obwohl institutionelle Vorgaben grundsätzlich eingehalten werden. Das komplexe und wechselseitige Zusammenspiel von De-kontextualisierung und Re-kontextualisierung wird in der Literatur z.B. unter dem Begriff der *Glocalization* diskutiert.[57]

Andererseits wird angenommen, dass institutionelle Elemente auch neuartig kombiniert werden können. Während Übersetzung die Anpassung institutioneller Vorgaben betrifft, wenn diese von fremden Feldern in ein neues Feld eindringen, meint das Konzept der *Bricolage* die neuartige Kombination bereits im Feld bekannter Elemente. Bricolage beschreibt, wie Akteure lokal verfügbare institutionelle Prinzipien auf innovative Art miteinander verbinden. Campbell erwähnt beispielsweise den Fall taiwanesischer Unternehmen, die nach dem Zweiten Weltkrieg hierarchische Konglomerate etablierten, welche Prinzipien großer multidivisionaler Unternehmen mit jenen der traditionellen Familie kombinierten.[58] Eine Studie von Christiansen und Lounsbury illustriert, dass Bricolage verwendet werden kann, um innerhalb einer Organisation mit multiplen institutionellen Logiken umzugehen.[59] Die Autoren zeigen anhand des Beispiels einer weltweit führenden Brauerei, wie Akteure Elemente verschiedener Logiken kreativ kombinieren, um ein „Guidebook" zu verfassen, welches eine Marktlogik und eine Logik sozialer Verantwortung kombiniert und damit zur Vermittlung der beiden institutionellen Erwartungen beiträgt.[60]

Der besondere Wert von Übersetzung und Bricolage liegt also zusammenfassend darin, dass sie einerseits Homogenität als einzig mögliche Konsequenz institutionel-

---

55 vgl. Walgenbach/Beck 2000
56 vgl. Meyer 2014
57 vgl. Drori et al. 2014, S. 3
58 vgl. Campbell 2004, S. 69
59 siehe auch Kapitel 5. Der differenzierte Charakter institutioneller Umwelten und dessen Folgen, in diesem Beitrag.
60 vgl. Christiansen/Lounsbury 2013

ler Erwartungen hinterfragen und detailliert beschreiben, wie organisationale Reaktionen auf solche Erwartungen auch zu Heterogenität und Variation führen können. Andererseits betonen diese Prozesse auch, dass die *Bedeutung* organisationaler Formen und Praktiken variieren kann, auch wenn das Label sich nicht verändert. So haben wir beispielsweise an anderer Stelle bereits diskutiert, dass CSR als Typus einer organisationalen Praktik über verschiedene Kontexte hinweg stabil bleibt und eine Organisation gleichermaßen legitimiert (bzw. bei Nichtanwendung de-legitimiert), dass die konkrete Bedeutung des Konzepts aber von Feld zu Feld variieren kann.

5. Der differenzierte Charakter institutioneller Umwelten und dessen Folgen

Lokale Übersetzungen globaler Templates sind aber nur eine mögliche Erklärung von Heterogenität. Innerhalb organisationaler Felder kann Varianz auch durch die Koexistenz multipler institutioneller Vorgaben oder „Leitideen" entstehen. Besonders einflussreich war in dieser Hinsicht der Beitrag von Friedland und Alford, in welchem die Ausdifferenzierung moderner Gesellschaft in verschiedene *institutionelle Sphären* vorgestellt wird. Jede dieser Sphären (z.B. Markt, Staat, Familie, Religion etc.) ist geprägt durch eine bestimmte *institutionelle Logik*.[61] Innerhalb eines organisationalen Feldes existiert also nicht zwangsläufig nur eine einzige institutionelle Logik, welche das Verhalten aller Organisationen im Feld in dieselbe Richtung leitet. Vielmehr kann ein organisationales Feld durch das Zusammenspiel mehrerer Logiken, einer sogenannten *Konstellation von institutionellen Logiken*, charakterisiert werden[62] – was bedeutet, dass Akteure sehr unterschiedliche Wertigkeiten, Ziele und Rationalitätsmaßstäbe anlegen können. Wir sprechen von *institutioneller Pluralität*, wenn in einem Feld mehrere institutionelle Logiken handlungsrelevant sind. Existiert ein Widerspruch zwischen ihnen, d.h., sieht sich ein Akteur in ein und derselben Situation mit der Erwartung konfrontiert, zwei oder mehr unterschiedlichen institutionellen Logiken folgen zu müssen, dann sprechen wir von *institutioneller Komplexität*.[63] Ein Beispiel dafür sind ausgegliederte und privatisierte Unternehmen der öffentlichen Hand. Durch zunehmende Liberalisierungen in Märkten, welche über lange Zeit durch Monopole des öffentlichen Sektors geprägt wurden (z.B. Post, öffentlicher Verkehr etc.) finden sich (teil-)privatisierte öffentliche Betriebe zunehmend in einer Situation, in welcher die Förderung des Gemeinwohls (z.B. hoher Servicelevel auch in unrentablen Segmenten) den Erwartungen der privaten Anteilseigner (Konkurrenzfähigkeit auf dem Markt, hohe Renditen) widerspricht. Die Logik einer staatlichen Gemeinwohlorientierung tritt in diesem Beispiel also in Widerstreit zu einer kapitalistischen Marktlogik. Dies hat Konsequenzen so-

---
61 vgl. Friedland/Alford 1991, S. 248ff.; siehe auch Kapitel 2.3. Institutionelle Logik, in diesem Beitrag.
62 vgl. Goodrick/Reay 2011, S. 398ff.
63 vgl. Greenwood et al. 2011, S. 317

wohl für die Interaktion mit der organisationalen Umwelt als auch für interne Strukturen, Managemententscheidungen und das organisationale Selbstverständnis.

5.1. Konsequenzen für externe Beziehungen

Für Organisationen und ihre Entscheidungsträger ist die Existenz mehrerer, möglicherweise widersprüchlicher institutioneller Referenzrahmen innerhalb des relevanten Feldes von zentraler Relevanz. Grundsätzlich existieren in institutionell ausdifferenzierten Gesellschaften immer mehrere Bezugsrahmen, an denen sich einzelne Akteure in ihrem Verhalten orientieren können (eine „wirtschaftliche" Welt existiert z.B. parallel zu einer „Familienwelt" und einer „religiösen" Welt). Je nachdem, mit welcher institutionellen Sphäre ein Akteur in Kontakt tritt (z.B. durch Interaktion mit Anspruchsgruppen), werden verschiedene Erwartungen an sein/ihr Verhalten gestellt (Sie interagieren z.B. mit Ihrer Anwältin anders als mit Ihrer Mutter). Dies ist so lange unproblematisch, als diese Bezugsrahmen (a) einander nicht direkt in ihren (Handlungs-)Implikationen widersprechen und (b) diese Bezugsrahmen nicht gleichzeitig – also innerhalb derselben sozialen Situation oder innerhalb desselben Entscheidungsproblems – relevant werden (z.B. Ihre Mutter ist gleichzeitig Ihre Anwältin, was manche Gespräche potenziell problematisch machen würde).

Widersprechen sich institutionelle Erwartungen nicht direkt, dann ist es durchaus möglich, dass Organisationen den Ansprüchen mehrerer institutioneller Logiken gleichzeitig genügen können. Dies ist beispielsweise dann der Fall, wenn wir den „Business Case"[64] für CSR heranziehen. Obwohl die Organisation in diesem Beispiel zumindest zwei Logiken parallel ausgesetzt ist (einer Logik der Gewinnorientierung und einer Logik der sozialen Verantwortung), wird angenommen, dass diese komplementär wirken können: Eine verstärkte Orientierung an der sozialen Verantwortung steigert direkt oder indirekt auch die wirtschaftliche Leistungsfähigkeit. In diesem Fall ist institutionelle Pluralität für das Unternehmen problemlos – die Erfüllung einer Art von sozialen Erwartungen begünstigt die Erfüllung einer anderen Art von Erwartungen. Geht man hingegen davon aus, dass ein Trade-off zwischen der Erfüllung von sozialen und wirtschaftlichen Aspekten unternehmerischen Handelns besteht, findet sich die Organisation in einer schwierigen Situation: Egal, wohin sie ihre Ressourcen investiert (z.B. Umweltschutz oder Ausweitung des Produktportfolios), es wird zwangsläufig immer eine alternative Erwartung „mindererfüllt".

Ebenso ist es eher unproblematisch, wenn Organisationen sich zwar unterschiedlichen, ja sogar widersprüchlichen Erwartungen gegenübersehen, diese aber nie zeitgleich schlagend oder eingefordert werden. So ist es z.B. durchaus möglich, dass ein Unternehmen Erwartungen bezüglich Umweltschutz und CSR in eine bestimmte Abteilung verlagert, während der Rest der Organisation sich weiterhin der Gewinnmaximierung widmet. Gelingt eine solche Aufteilung von Erwartungen, dann kann der „Kern" des Unternehmens weiterhin „ungestört" von widersprüchlichen Erwar-

---

64 vgl. z.B. Kurucz et al. 2008, S. 85ff.

tungen agieren, während in der Peripherie die Erwartungen bezüglich sozialer Verantwortung gezielt von Spezialisten in einem gesonderten Bereich adressiert werden.[65] Ist eine solche Aufteilung nicht möglich (z.B. weil Anspruchsgruppen nicht ausreichend bekannt sind oder nicht klar unterschieden werden können), dann muss die Organisation andere Wege finden, um institutionelle Komplexität zu bewältigen.

5.2. Konsequenzen für organisationales Selbstverständnis und interne Gestaltung

Institutionelle Pluralität kann sich auch auf die interne Gestaltung und das Selbstverständnis von Organisationen auswirken. Dies betrifft beispielsweise zentral Non-Profit Organisationen (NPOs) und Social Enterprises (und zunehmend auch Organisationen des öffentlichen Sektors), welche gerade dadurch charakterisiert sind, dass sie eine gesellschaftliche Mission zu erfüllen haben, gleichzeitig aber auch wirtschaftlich langfristig überlebensfähig sein müssen. Zusätzlich sind größere NPOs und Non Governmental Organizations (NGOs) nicht selten transnational tätig, was sie zudem den institutionellen Erwartungen verschiedenster nationaler Felder aussetzt. Im Extremfall kann die dauerhafte Orientierung an multiplen institutionellen Erwartungen zu einer internen Fragmentierung der Organisation führen. Verschiedene Abteilungen arbeiten dann nach unterschiedlichen Prinzipien, orientieren sich an unterschiedlichen Normen und bilden spezifische Kulturen und Identitäten aus.[66]

Diese Problematik wird unter anderem mit dem Konzept *hybrider Organisationen* thematisiert. Organisationen gelten dann als hybride, wenn sie in Struktur, Kultur und Prozessen mittel- oder langfristig von mehreren institutionellen Logiken gleichzeitig geprägt werden und deshalb mehrere Organisationsformen kombinieren. Battilana und Lee identifizieren fünf zentrale Dimensionen der Hybridität:[67]

- *Organisationale Aktivitäten*, also z.B. die Frage, wie stark sich Social Enterprises in ihren Aktivitäten auf die soziale Mission bzw. ihre wirtschaftlichen Ziele konzentrieren;
- *Zusammensetzung der Belegschaft*, also z.B. die Frage, welchen Erfahrungshintergrund und welche Ausbildung die Beschäftigten haben;
- *Organisationales Design*, also z.B. die Frage, wie sich die multiple strategische Ausrichtung auf Ziele auswirkt und wie sich die widersprüchlichen Ziele in der Abteilungsstruktur niederschlagen;
- *Interorganisationale Beziehungen*, also z.B. die Frage, wie die Organisation Investoren sowohl im For-Profit- als auch im Charity-Bereich attrahieren kann;
- *Organisationskultur*, also z.B. die Frage, ob eine geteilte Organisationskultur gewünscht oder überhaupt möglich ist oder ob die Entstehung mehrerer Subkulturen eine sinnvollere Variante ist.

---

65 vgl. Bromley/Powell 2012, S. 505
66 vgl. auch den Beitrag „Organisationskultur – Ansätze zwischen Gestaltung und Selbstorganisation" in diesem Buch.
67 vgl. Battilana/Lee 2014, S. 412ff.

Es wird somit klar, dass hybride Organisationen mit einer Reihe von Herausforderungen zu kämpfen haben, denen traditionelle Organisationsformen nicht ausgesetzt sind. Die Literatur fasst die Diskussion in zwei breiten Kategorien zusammen: die Konstruktion *gemischter* („blended") und *strukturell ausdifferenzierter* („structurally differentiated") Hybridstrukturen.[68] In einer Organisation, die als gemischter Hybride strukturiert ist, werden die verschiedenen institutionellen Erwartungen innerhalb einer Struktur miteinander vereint bzw. deren Widersprüche aufzulösen versucht. In einer Organisation, welche als strukturell ausdifferenzierter Hybride gestaltet ist, werden die verschiedenen institutionellen Vorgaben in unterschiedlichen Abteilungen manifestiert. Universitäten und Spitäler sind typische Beispiele für solche Organisationen, in welchen unterschiedliche Logiken (z.B. wirtschaftlich, medizinisch, akademisch) in verschiedenen Abteilungen Handlungen und Praktiken leiten.

6. Wie agieren Organisationen in ihren jeweiligen institutionellen Umwelten?

Bisher wurden Organisationen und andere Akteure eher als passive Empfänger institutioneller Vorgaben dargestellt. Tatsächlich ist es aber so, dass Organisationen und ihr institutioneller Kontext in einem komplexen *dialektischen* Verhältnis zueinander stehen. Akteure konstruieren durch ihre Handlungen Institutionen, welche wiederum als objektive soziale Wirklichkeit auf die Akteure zurückwirken und diese als einen bestimmten Typus von Akteur (Manager/in, Mitarbeiter/in, Aktivist/in etc.) konstituieren. In der Konsequenz bedeutet dies, dass Institutionen nicht unabhängig von den Handlungen der betroffenen Akteure entstehen und stabilisiert werden. Akteure sind von Institutionen abhängig, aber Institutionen sind nur so lange stabil, wie sie von Akteuren laufend reproduziert werden (so ist z.B. in Österreich schon seit Längerem von einer „Erosion" der Institution der Sozialpartnerschaft die Rede). Akteure sind dem institutionellen Rahmen und den in diesem Rahmen geltenden Erwartungen also keinesfalls hilflos ausgeliefert, sondern besitzen verschiedene Handlungsoptionen, um auf solche Erwartungen – abseits unhinterfragter Konformität – zu reagieren.

Das Verhältnis von Handlung und Struktur ist in der soziologischen Forschung seit Jahrzehnten ein „Dauerbrenner". Die Thematik wird unter anderem unter dem Label des „Paradox of Embedded Agency" immer wieder diskutiert. Wie können Akteure ihren institutionell vorgegebenen Rahmen verändern, wenn sie doch erst durch diesen Rahmen *als* Akteur definiert werden? Der Frage, wie Institutionen im Alltag geschaffen und aufrechterhalten werden, aber auch wie sie hinterfragt, verändert und aufgebrochen werden können, widmet sich die Mikroperspektive der institutionalistischen Theorie.[69]

---

68 vgl. z.B. Greenwood et al. 2011, S. 351ff.
69 vgl. Meyer/Hammerschmid 2006a, S. 165ff.

Angesichts dessen, dass Organisationen also Interessen verfolgen, welche ihrem institutionellen Rahmen mehr oder weniger stark entsprechen oder zuwiderlaufen können, ergibt sich die Notwendigkeit, mit potenziellen Widersprüchen entsprechend umzugehen. Im Folgenden werden wir die wichtigsten Möglichkeiten kurz charakterisieren.

6.1. Entkopplung

In ihrem einflussreichen Artikel vertreten Meyer und Rowan die These, dass Organisationen unter bestimmten Umständen dazu tendieren, ihre formalen Strukturen von ihren tatsächlichen Arbeitsabläufen zu *entkoppeln* („Decoupling").[70] Dieser Diagnose liegt die Annahme zugrunde, dass Konformität mit institutionellen Erwartungen oft in erheblichem Widerspruch zu internen Abläufen und Effizienzüberlegungen steht (so kann z.B. die Einführung einer Wirkungsorientierung in öffentlichen Organisationen zu Problemen führen, wenn Wirkungen sich nur schlecht oder gar nicht sinnvoll messen lassen).

Meyer und Rowan erwähnen vier verschiedene Möglichkeiten, wie dieses Dilemma aufgelöst werden kann:[71]

- Organisationen können sich den institutionellen Anforderungen widersetzen. Dies mag der internen Effizienz dienlich sein, schadet jedoch der Legitimität.
- Organisationen können sich ausschließlich auf institutionelle Anforderungen konzentrieren. Dies schadet jedoch der Leistungsfähigkeit und der Fähigkeit, im Netzwerk mit anderen Organisationen effizient zu funktionieren.
- Organisationen können mit Zynismus reagieren, indem sie anerkennen, dass ihre institutionell bedingte formale Struktur den tatsächlichen Arbeitserfordernissen widerspricht. Dies stellt jedoch die Gültigkeit institutioneller Normen infrage und gefährdet deshalb die Legitimität der Organisation.
- Organisationen können die Anpassung an institutionelle Normen für die Zukunft versprechen. Dies kann zwar die konkrete Spannung zwischen Norm und technischen Anforderungen in die Zukunft verschieben, erklärt gleichzeitig aber die aktuelle Struktur der Organisation für veraltet und illegitim.

Die Autoren diskutieren daher, dass Organisationen dieses Problem nur nachhaltig auflösen können, indem sie auf *Entkopplung* setzen, also institutionelle Normen symbolisch akzeptieren, ihr tatsächliches Verhalten aber an anderen Überlegungen orientieren. In einem solchen Fall vollziehen Organisationen folglich – um gleichzeitig Legitimität und Leistungsfähigkeit zu gewährleisten – einen Bruch zwischen ihrer formalen Struktur und ihrem tatsächlichen Verhalten. Dies kann z.B. beinhalten, dass öffentlich ein Bekenntnis zu CSR geleistet wird, dieses aber in der internen Gestaltung und dem tatsächlichen Verhalten der Organisation nicht eingelöst wird. Die Diskrepanz zwischen *Ankündigung* („Talk") und *Umsetzung* („Action") bezeichnet Brunsson als „Organisationale Scheinheiligkeit".[72] Entkopplung bedingt,

---
70 vgl. Meyer/Rowan 1977, S. 356ff.
71 vgl. Meyer/Rowan 1977, S. 356
72 vgl. Brunsson 1989

dass die Organisation ihre tatsächlichen Abläufe weitestgehend von interner und externer Inspektion abschirmt. Dies kann z.B. durch vage Ziele, informelle Strukturen und die Vermeidung effektiver Evaluierung geschehen. Dadurch kann der Eindruck beibehalten werden, dass die formalen Strukturen tatsächlich umgesetzt werden, während die täglichen Aktivitäten losgelöst von ihnen ablaufen. Evaluierung läuft dann ebenfalls primär ritualisiert ab: z.B. durch Rankings und Akkreditierungen, welche sich nicht in erster Linie auf die tatsächlichen Abläufe der Organisation beziehen, sondern stärker die Integration institutionell vorgegebener Elemente prüfen (z.B. Berichterstattung zu sozialer Verantwortung, Schaffung einer CSR-Abteilung, Einführung eines Qualitätsmanagementsystems etc.).

Empirische Studien zur Entkopplung stammen z.B. von Westphal und Zajac im Bereich des Shareholder Managements oder von Walgenbach zur Implementierung von Qualitätsmanagementsystemen nach ISO 9000.[73] Wie Walgenbach und Meyer ausführen, sind die empirischen Ergebnisse eher gemischt. So haben Studien z.B. ergeben, dass Entkopplung nicht immer vollständig geschieht, sondern häufig nur partiell (z.B. in Bezug auf Elemente, die nicht als effizient gesehen werden) stattfindet.[74] Bromley und Powell argumentieren außerdem, dass die Entkopplung von Struktur und Verhalten praktisch von abnehmender Relevanz ist, nicht zuletzt durch immer höhere Standards betreffend Accountability, Evaluierung und Transparenz, welche eine effektive Vermeidung externer Kontrolle zunehmend schwieriger machen. Sie diskutieren hingegen eine zweite Form von Entkopplung, deren Bedeutung wächst: die Entkopplung von *Mittel und Zweck* („Means-Ends Decoupling").[75] In solchen Fällen werden angekündigte Instrumente zwar tatsächlich substantiell eingeführt und verwendet, diese haben jedoch nur einen sehr unklaren Einfluss auf die tatsächlich erwünschten Ergebnisse und Wirkungen (z.B. bleibt oft ungeklärt, ob die Einführung einer komplexen IT-Gesamtlösung jene Kosteneinsparungen bringt, die erwartet werden). Dieser lose Zusammenhang zwischen Mittel und Zweck ist den Akteuren in der Organisation teilweise durchaus bewusst, aufgrund institutioneller Zwänge und dem prüfenden Blick der Umwelt werden die Instrumente und Praktiken aber dennoch in der täglichen Arbeit verankert. Gemäß Bromley und Powell führt diese Form der Entkopplung auf Dauer zu interner Fragmentierung, kontinuierlicher Reform und einem zunehmenden Ressourcenbedarf abseits des Kernzwecks der Organisation.[76]

6.2. Strategische Reaktionen auf institutionelle Erwartungen

In einer weiteren wegweisenden Arbeit präsentiert Oliver eine Typologie an strategischen Optionen, wie Organisationen auf institutionelle Prozesse und Erwartungen

---

73 vgl. Westphal/Zajac 1998; Walgenbach 2001
74 vgl. Walgenbach/Meyer 2008, S. 83
75 vgl. Bromley/Powell 2012, S. 484f.
76 vgl. Bromley/Powell 2012, S. 502ff.

reagieren können;[77] die vorgeschlagenen Handlungsoptionen gehen deutlich über Entkopplungsstrategien hinaus und unterscheiden sich voneinander in erster Linie dadurch, wie reflektiert die Organisation den institutionellen Rahmen wahrnimmt und wie aktiv sie auf diesen einwirkt.

Strategien	Taktiken	Beispiele für die Taktiken
1. Erdulden	a. Gewöhnen	Als gesichert geltende Normen befolgen
	b. Imitieren	Institutionalisierte Modelle nachahmen
	c. Befolgen	Regeln befolgen und Normen akzeptieren
2. Kompromiss	a. Ausgleichen	Erwartungen unterschiedlicher Akteure ausgleichen
	b. Befrieden	Besänftigen, institutionalisierte Elemente anpassen
	c. Verhandeln	Mit den „Stakeholdern" in Verhandlungen treten
3. Vermeiden	a. Verbergen	Nichtkonformität verstecken
	b. Puffern	Anknüpfung zur institutionellen Umwelt lockern
	c. Fliehen	Ziele, Aktivitäten oder Standort ändern
4. Trotzen	a. Zurückweisen	Explizite Normen und Werte ignorieren
	b. Herausfordern	Gegen Regeln und Anforderungen ankämpfen
	c. Angreifen	Quellen institutionalisierter Zwänge angreifen
5. Manipulieren	a. Kooptieren	Einflussreiche Akteure einbinden
	b. Beeinflussen	Werte und Kriterien entwickeln und formen
	c. Steuern	Institutionelle Akteure und Prozesse beherrschen

Tabelle 1: Strategische Reaktionen auf institutionelle Erwartungen[78]

Wenn Organisationen institutionelle Erwartungen und Zwänge *erdulden*, dann verhalten sie sich primär passiv.[79] Normen werden aus Gewohnheit eingehalten, Vorbilder nachgeahmt und explizite Regeln befolgt. Organisationen, die sich aufgrund veränderter Gesetzgebungen spalten (z.B. im Infrastrukturbereich), oder jene, die TQM einführen, weil der Marktführer dies auch tut, sind Beispiele dafür. Insgesamt deckt die Strategie des Erduldens weitestgehend die „klassischen" Wirkungen institutioneller Erwartungen ab, wobei die drei Taktiken sich dahingehend unterscheiden, wie bewusst sich die Organisation dieser Erwartungen ist, wie strategisch das Erdulden gewählt ist und welche Folgen sich die Organisation erwartet.

---
77 vgl. Oliver 1991, S. 151ff.
78 Oliver 1991, S. 152, in der Übersetzung von Walgenbach/Meyer 2008, S. 124
79 vgl. Oliver 1991, S. 152f.

Die schwächste Form von Widerstand gegen institutionelle Zwänge stellt laut Oliver die Strategie des *Kompromisses* dar.[80] Eine Organisation, welche Erwartungen ausgleicht, könnte sich z.B. dafür entscheiden, den Profit zugunsten einer umweltfreundlicheren Produktionsmethode kurzfristig zu senken. Umweltschützer zu befrieden, würde z.B. bedeuten, dass ein/e Umweltbeauftragte/r ernannt wird, welche/r spezifisch auf umweltschonende Prozesse achtet. Verhandeln schließlich könnte beinhalten, dass die Organisation mit der Anspruchsgruppe eine Teilerfüllung vereinbart, mit dem Versprechen, diese laufend zu steigern. Während also institutionelle Erwartungen immer noch größtenteils erfüllt werden, beinhaltet der Kompromiss dennoch eine stärkere Berücksichtigung organisationaler Interessen als das Erdulden.

Versuche von Organisationen, der Notwendigkeit von Konformität auszuweichen, fasst Oliver als Strategie des *Vermeidens* zusammen.[81] Eine Organisation verbirgt Nicht-Konformität z.B. durch Entkopplung.[82] Sie erzeugt einen Puffer, wenn sie die Überprüfung durch externe Anspruchsgruppen verhindert. Schließlich kann die Organisation im Extremfall auch fliehen, d.h., das Marktsegment oder die institutionelle Umwelt verlassen (z.B. Übersiedelung in Staaten mit geringerem Arbeitnehmerschutz oder geringeren Umweltstandards).

Die Strategie des *Trotzens* stellt eine vergleichsweise direkte Form des Widerstandes dar.[83] Hat z.B. ein Unternehmen eine sehr starke wirtschaftliche Position und gilt es selbst als Vorbild für andere, kann es die Implementierung eines TQM-Systems zurückweisen, ohne allzu große Legitimitätseinbußen zu riskieren. Eine andere Strategie wäre es, das eigene Managementsystem direkt als die bessere Variante zu positionieren und institutionelle Praktiken damit in Frage zu stellen. Noch direkter ist der Angriff, z.B. wenn eine Organisation wissenschaftliche Studien in Auftrag gibt, welche die Umweltbelastung durch ihre Produkte verneinen oder gar den Klimawandel an sich infrage stellen. Insgesamt ist die Strategie des Trotzens dann erfolgversprechend, wenn interne und institutionelle Verständnisse stark voneinander abweichen, die erwarteten Kosten von Nicht-Konformität gering sind und sich Organisationen entweder ihrer Überlegenheit gewiss sind oder nichts mehr zu verlieren haben.

Als letzte, aktivste strategische Option nennt Oliver jene der *Manipulation*.[84] Von Kooptieren spricht man z.B., wenn eine Organisation versucht, Umweltschützer auf die eigene Seite zu ziehen und zu instrumentalisieren. Beeinflussen kann entweder positive Präsenz in Medien oder aktives Lobbying relevanter Entscheidungsträger beinhalten. Eine Organisation kann institutionelle Erwartungen dann steuern, wenn sie im Feld eine besonders dominante Position besitzt und Stakeholder direkt beeinflussen kann. Die Strategie der Manipulation ist dann besonders häufig, wenn insti-

---

80 vgl. Oliver 1991, S. 153f.
81 vgl. Oliver 1991, S. 154ff.
82 siehe auch Kapitel 6.1. Entkoppelung, in diesem Beitrag.
83 vgl. Oliver 1991, S. 156f.
84 vgl. Oliver 1991, S. 157ff.

tutionelle Erwartungen erst im Entstehen begriffen sind, geringe Reichweite haben oder auf schwache Grundlagen gestellt sind. In der Literatur werden diese Aktivitäten auch als Corporate Political Activities oder Non-Market Strategies diskutiert.

Olivers Modell zeigt somit nicht nur auf, welche strategischen Varianten denkbar sind; es spezifiziert auch die Bedingungen, unter welchen diese voraussichtlich auftreten. Zusammenfassend hängt das Verhalten von Organisationen von folgenden Faktoren ab:[85]

- Grad der Institutionalisierung einer Regel oder Erwartung;
- Bedeutung einer Regel oder Erwartung für die Legitimität der Organisation;
- Interessen der Organisation;
- Machtposition der Organisation.

Über Oliver hinausgehend hat sich die jüngere Forschung zunehmend mit Möglichkeiten auseinandergesetzt, ob und wie Organisationen auf den institutionellen Rahmen nicht nur reagieren, sondern diesen aktiv verändern und gestalten können.[86] Aus diesem Forschungsgebiet entwickeln sich zwei primäre Ansätze:

- Ein erster Ansatz ist die Idee mächtiger und zentraler Akteure im Feld („Institutional Entrepreneurs"), welche aufgrund ihrer Machtposition (z.B. ungewöhnlich viele Ressourcen, starke Vernetzung) bestehende Institutionen stützen, aber auch auf die Entstehung neuer potenzieller Institutionen Einfluss nehmen können.[87]
- Ein zweiter Ansatz fokussiert stärker auf die Vielzahl von kleinen Handlungen, welche tagtäglich von verschiedenen Akteuren durchgeführt werden und in ihrer Summe einen Einfluss auf den institutionellen Rahmen ausüben („Institutional Work"). So zeigt z.B. eine jüngere Studie, wie eine Mehrzahl von Akteuren durch den Einsatz verschiedener Strategien einen neuen Standard für „Socially Responsible Investment" etablieren konnte.[88] Auch solche kollektiven Handlungen können, in letzter Konsequenz, neue Institutionen schaffen und bestehende Institutionen verteidigen oder aufbrechen. Sie sind aber stärker durch Kompromisse, „Trial-and-Error" und unbeabsichtigte Nebenwirkungen geprägt.[89]

6.3. Umgang mit institutionell komplexen Umwelten

Die Frage, wie Organisationen mit multiplen, potenziell widersprüchlichen Erwartungen aus ihrer institutionellen Umwelt umgehen, stellt ein eher junges Forschungsgebiet dar.[90] Grundsätzlich wird davon ausgegangen, dass Organisationen multiplen Erwartungen auf unterschiedliche Art und Weise ausgesetzt sind. Dies ist

---

85　vgl. Walgenbach/Meyer 2008, S. 123
86　vgl. dazu auch die Schnittstelle zwischen institutionalistischer Theorie und Social-Movement-Literatur; z.B. Schneiberg/Lounsbury 2008
87　vgl. Hardy/Maguire 2008, S. 198
88　vgl. Slager et al. 2012
89　vgl. Lawrence et al. 2011, S. 52f.
90　vgl. Greenwood et al. 2011, S. 320ff.

in erster Linie von der Feldstruktur abhängig und beinhaltet unter anderem folgende Aspekte:[91]

- Wie stark sind Erwartungen im Feld koordiniert oder fragmentiert?
- Wie klar sind Erwartungen formuliert und wie stark sind sie formalisiert?
- Wie ist die Hierarchie von Erwartungen gestaltet? Gibt es einzelne, sehr mächtige Akteure, oder verteilt sich die Macht eher gleichmäßig im Feld?

Organisationen reagieren mitunter recht unterschiedlich auf diese Komplexität, abhängig von ihrer Feldposition und ihrer internen Ausgestaltung. Organisationale Charakteristika beeinflussen maßgeblich, wie institutionelle Logiken (und ihre Manifestationen) von Organisationen evaluiert werden und zu welchen Reaktionen dies im Falle widersprüchlicher Erwartungen führt. Die Beachtung von bestimmten Erwartungen hängt ab:[92] (a) von der Stellung, welche die Organisation im Feld einnimmt, d.h. ob sie eher zentral oder peripher[93] positioniert, mächtig oder schwach ist; (b) von der Organisationsstruktur, insbesondere der Frage, ob verschiedene Teile der Organisation unterschiedliche Erwartungen widerspiegeln und wie stark die Verbindungen und Beziehungen zur institutionellen Umwelt sind; (c) von Eigentümerverhältnissen und Machtpositionen innerhalb der Organisation, vor allem wie stark die jeweilige Logik in der Organisation repräsentiert bzw. verankert ist; und (d) von der Identität der Organisation, d.h. der Frage, welche Erwartungen sich mit dem Selbstverständnis der Organisation decken und welche ihm widersprechen.

Gemäß diesem Ansatz würde beispielsweise die strategische Ausrichtung einer Organisation, welche in ihrem Feld sowohl der Erwartung von Gewinnmaximierung als auch jener des Umweltschutzes ausgesetzt ist, davon abhängig sein, ob die Organisation ein zentraler Spieler im Feld und daher mächtig genug ist, singuläre Erwartungen (z.B. hohe Dividende oder konkrete Umweltschutzmaßnahmen) abzuwehren. Die Entscheidung basiert auch nicht unwesentlich darauf, wie stark der Druck externer Stakeholder wahrgenommen wird, d.h., wie sehr die Legitimität der Organisation von dieser Anspruchsgruppe abhängt; weiters inwieweit stabile Beziehungen von Organisationsmitgliedern zum externen Umfeld bestehen (z.B. wenn CSR-Beauftragte gleichzeitig Mitglieder bei relevanten NGOs sind). Entscheidend ist aber auch, ob die für den Umweltschutz zuständige Abteilung eine Stabstelle ist oder ob sie den strategischen Prozess maßgeblich beeinflussen kann und ob die Organisationsleitung bzw. die Eigentümer beispielsweise hinter den Umweltschutzbemühungen stehen oder diese eher ablehnen. Schließlich ist relevant, inwieweit institutionelle Erwartungen (z.B. Naturschutz und Engagement in der lokalen Community) mit dem Selbstverständnis und der organisationalen Identität (z.B. nachhaltiger Produktionsbetrieb, verantwortungsvolles Mitglied der lokalen Community) korrespondieren.

All diese Faktoren tragen dazu bei, dass die die Komplexität generierenden Logiken (z.B. Profitmaximierung vs. Nachhaltigkeit) in den organisationalen Antwortstrate-

---

91 vgl. Greenwood et al. 2011, S. 334ff.
92 vgl. Greenwood et al. 2011, S. 339ff.; Pache/Santos 2010, S. 458ff.
93 vgl. Höllerer 2013

gien entweder balanciert, integriert, getrennt voneinander adressiert oder gegeneinander ausgespielt werden.

6.4. Schlussfolgerungen

Zusammenfassend lässt sich also festhalten, dass der institutionelle Rahmen einen starken und im Hinblick auf Aspekte des erfolgreichen Managements nicht unwesentlichen Einfluss auf Organisationen und ihre strukturelle und prozessuale Ausgestaltung ausübt. Um Legitimität zu erhalten, dürfen Organisationen und ihre Entscheidungsträger diese Aspekte ihrer Umwelt nicht schlicht ignorieren: Regulative Elemente des institutionellen Rahmens drohen mit Sanktionen, sollten die Vorgaben nicht eingehalten werden; normative Elemente legen fest, was „gut" und „richtig" ist, und machen Abweichungen und Veränderungen zu einer Auseinandersetzung über Moral und richtiges Verhalten; kognitive Elemente, schließlich, begrenzen, was überhaupt vorstellbar ist, und führen dazu, dass tief institutionalisierte Aspekte gesellschaftlichen und organisationalen Zusammenlebens gar nicht infrage gestellt werden.

Organisationen sind jedoch, wie wir versucht haben herauszuarbeiten, den vielfältigen institutionellen Zwängen und Vorgaben keinesfalls hilflos ausgeliefert, sondern können durchaus Anstrengungen unternehmen, diesen zu widerstehen, sie zu verändern oder durch neue Elemente zu ergänzen. Eine solche Mitgestaltung des institutionellen Rahmens ist aber ein äußerst voraussetzungsvolles Unterfangen, das einen langfristigen Zeithorizont verlangt, stark von Umweltbedingungen abhängig ist (so bieten z.B. Krisen wie die globale Finanzkrise immer wieder Möglichkeiten, unhinterfragte Vorstellungen und „Wahrheiten" zu attackieren) und mitunter auch von unerwünschten Nebeneffekten begleitet wird.

> **Zusammenfassung**
>
> In diesem Beitrag haben wir uns der Frage gewidmet, was eigentlich den institutionellen Rahmen von Organisation(en) ausmacht, wie er sich konkret in Organisationspraktiken niederschlägt und welche Möglichkeiten für Organisationen existieren, innerhalb dieses – zugleich begrenzenden und ermöglichenden – Rahmens zu agieren. Anhand von Praxisbeispielen haben wir erörtert, wie der institutionelle Kontext sowohl auf die Gestaltung (z.B. Strukturen und Instrumente) und das Verhalten (z.B. Aktivitätsbereiche und Projekte) der Organisation, aber insbesondere auch auf die spezifischen *Bedeutungen* dieser Elemente (z.B. Bedeutung von Managementinstrumenten, Organisationskultur und Identität) einwirkt.
> Als zentrale Bezugsebene für den Wirkungsbereich des institutionellen Rahmens haben wir das Feld diskutiert. Ein solches Feld umfasst jene Umwelt der Organisation, welche einerseits durch andere relevante Organisationen und andererseits

durch bestimmte Verständnisse und Normen geprägt ist. Diese Verständnisse und Normen führen dazu, dass der Organisation bestimmte institutionelle Erwartungen auferlegt werden. Sie führen aber auch dazu, dass global diffundierende organisationale Ideen und Managementkonzepte diesen lokalen Normen angepasst werden müssen, wenn sie in ein Feld „importiert" werden.

In diesem Zusammenhang betonen wir das Konzept der *Legitimität* als notwendige Bedingung dafür, dass eine Organisation in einem bestimmten Feld ihren Zielsetzungen und ihrem Zweck nachkommen kann. Legitimität wird gesichert, indem institutionellen Erwartungen entsprochen wird – auch wenn diese den technischen Erfordernissen mitunter widersprechen können. Problematisch wird das Aufrechterhalten der Legitimität in jenen Fällen, in denen in einem Feld *institutionelle Komplexität* vorherrscht, d.h. eine Organisation gleichzeitig mehreren widersprüchlichen institutionellen Erwartungen ausgesetzt ist.

Schließlich haben wir reaktive und proaktive Handlungsoptionen von Organisationen innerhalb des institutionell definierten Möglichkeitsraums beschrieben. Dabei haben wir verschiedene Ansätze – von *Konformität* über *Reaktion* auf institutionelle Erwartungen bis hin zur *Mitgestaltung* des institutionellen Rahmens – diskutiert und auf die je spezifischen Herausforderungen hingewiesen.

Reflexionsfragen

1. Versuchen Sie, das Einstiegsbeispiel zur Gründung eines Magazins systematisch nach institutionellen Gesichtspunkten zu durchleuchten. Welche Akteure sind Teil des relevanten Feldes? Welche Ansprüche und institutionellen Logiken finden Sie vor? Vor welche Herausforderungen stellt Sie dies als organisationaler Entscheidungsträger? Wie können Sie angemessen und zielorientiert reagieren?
2. Öffentliche Universitäten im deutschsprachigen Raum sind Organisationen mit besonderen Charakteristika. Überlegen Sie anhand der Diskussion in diesem Beitrag, welche institutionellen Elemente von Universitäten aus Organisations- und Managementsicht als relevant erscheinen! Sind alle (öffentlichen) Universitäten gleich? Und wenn nicht, wodurch unterscheiden sie sich?
3. In den letzten Jahren hat sich im Higher-Education-Sektor ein verstärkter Trend zu Standardisierung und Zertifizierung (z.B. EQUIS, AACSB) und zu Rankings (z.B. Financial Times MBA Ranking) gezeigt. Erörtern Sie, was diese Trends mit institutionellen Überlegungen zu tun haben und welche positiven und negativen Auswirkungen dies aus organisationswissenschaftlicher Perspektive mit sich bringt.

Weiterführende Literatur

WALGENBACH, P./MEYER, R.E. (2008). Neoinstitutionalistische Organisationstheorie.

HASSE, R./KRÜCKEN, G. (2005). Neoinstitutionalismus.

SCOTT, W.R. (2014). Institutions and organizations. Ideas and interests.

SENGE, K./HELLMANN, K.-U. (Hrsg.) (2006). Einführung in den Neo-Institutionalismus.

Autorinnen und Autoren

Ao.Univ.-Prof.[in] **Dr.**[in] **Regine Bendl,** Mitarbeiterin am Institut für Gender und Diversity in Organisationen, WU Wien. Studium der Handelswissenschaft an der WU Wien. Forschungsaufenthalte: Free University of Amsterdam, Oxford University, Auckland University of Technology. Forschungsschwerpunkte: Diversitätsmanagement, Gender und Diversität in Organisationen, Subtext in Organisationstheorien, Queer Theory.

Univ.-Prof. Dr. Giuseppe Delmestri, Leiter des Instituts für Change Management und Management Development, WU Wien. Studium der BWL an der Bocconi und WU, danach Universität Mannheim, Bocconi, Bergamo und JKU Linz. Forschungsschwerpunkte: Markt- und Organisationskategorien, Status, Macht und institutioneller Wandel.

Mag.[a] **Petra Eggenhofer-Rehart,** Universitätsassistentin am Interdisziplinären Institut für Verhaltenswissenschaftlich Orientiertes Management, WU Wien. Studium der Psychologie an der Universität Wien und BWL (1. Studienabschnitt) an der WU Wien. Forschungs- und Arbeitsschwerpunkte: Karriereforschung, Gruppendynamik.

Ao. Univ.-Prof. Dr. Wolfgang Elšik, Leiter des Instituts für Personalmanagement, WU Wien. Studium der BWL an der WU, danach Otto-Friedrich-Universität Bamberg. Arbeitsschwerpunkte: Mikropolitik, strategisches Personalmanagement.

Dr.[in] **Nina Fölhs-Königslehner,** Universitätsassistentin am Institut für Personalmanagement, WU Wien. Diplomstudium Wirtschaft und Recht und Doktoratsstudium der Sozial- und Wirtschaftswissenschaften an der WU Wien. Forschungsschwerpunkte: Gesundheitsmanagement, internationales Personalmanagement.

Dr. Gerhard Furtmüller, Programmverantwortlicher für Personal, Führung, Organisation am Department für Management, WU Wien. Studium der Wirtschaftspädagogik und BWL an der WU, Forschungsschwerpunkte: Anreize als Gestaltungsinstrument der extrinsischen und intrinsischen Motivation, Allgemeine Betriebswirtschaft.

Univ.-Prof. Dr.[in] **Edeltraud Hanappi-Egger,** Leiterin des Instituts für Gender und Diversität in Organisationen an der WU Wien und Jean Monnet Chair für Gendered Inequalities and Classism in Europe. Studium und Habilitation im Bereich Informatik an der TU Wien, seit 2002 Universitätsprofessorin an der WU, Forschungsaufenthalte zuletzt an der LSE und McGill University. Forschungsschwerpunkte: Gender und Diversitätsmanagement, Ungleichbehandlung und Klassismus.

Dr.[in] **Monika Heinrich,** Studium der Wirtschaftspädagogik und Handelswissenschaft an der WU Wien, Senior Lecturer am Department Management, Institut für Change Management und Management Development (WU Wien) sowie Trainerin,

Mediatorin und Lektorin. Arbeits- und Forschungsschwerpunkte: Veränderungen, Konflikte und Kooperation in Organisationen, Didaktik an Hochschulen.

Univ.-Prof. Dr. Markus A. Höllerer, Vorstand des Instituts für Public Management und Governance an der WU Wien und Senior Scholar an der UNSW Australia Business School, Sydney. Forschungsschwerpunkte: Institutionalistische Organisationstheorie; institutionelle und organisatorische Gestaltungsmöglichkeiten der Leistungserbringung im Bereich des öffentlichen Sektors.

Dr. Dennis C. Jancsary, Researcher am Department of Organization an der Copenhagen Business School. Studium der Volkswirtschaftslehre an der Universität St. Gallen (HSG); 2011 Doktorat an der WU Wien. Forschungsschwerpunkte: institutionalistische Organisationstheorie, insbesondere diskursive und rhetorische Ansätze.

Univ.-Prof. Dr. Helmut Kasper, wissenschaftlicher Leiter des Post-Graduate-Management-Universitätslehrganges und des Executive MBA (PGM) der WU Wien. Studium der BWL an der WU, Forschungsschwerpunkte: Cross Cultural & International Management sowie Strategieentwicklung, Strategierealisierung und Change Management; Planung und Durchführung von inner- und überbetrieblichen Executive-Development-Programmen.

Dr. Markus Latzke, Universitätsassistent am Interdisziplinären Institut für Verhaltenswissenschaftlich Orientiertes Management, WU Wien, Studium der BWL an der WU Wien. Forschungsschwerpunkte: Karriere- und Laufbahnforschung, Organisationskultur bzw. organisationaler Wandel in Gesundheitsorganisationen.

Univ.-Prof. Dr. Wolfgang Mayrhofer, Leiter des Interdisziplinären Instituts für Verhaltenswissenschaftlich Orientiertes Management, WU Wien. Studium der BWL an der WU, danach Universität Paderborn, Technische Universität Dresden. Forschungsschwerpunkte: Karriere- und Laufbahnforschung, international vergleichendes Human Resource Management.

Univ.-Prof. Dr. Michael Meyer, Vorstand des Instituts für Nonprofit-Management, WU Wien. Studium der BWL an der WU Wien, danach Musikuniversität Wien und WU Wien. Forschungsschwerpunkte: Nonprofit-Organisationen, Organisationstheorie, Social Entrepreneurship und Zivilgesellschaft.

Univ.-Prof.[in] Dr.[in] Renate E. Meyer, Leiterin des Instituts für Organization Studies an der WU Wien und Permanent Visiting Professor am Department of Organization an der Copenhagen Business School. Forschungsschwerpunkte: institutionalistische Organisationstheorie; Governance-Strukturen.

Ao. Univ.-Prof. Mag. Dr. Jürgen Mühlbacher, Institut für Change Management und Management Development, WU Wien. Modulverantwortlicher für strategisches Management im Rahmen des WU-Masterprogramms Management. Studium der BWL an der WU. Forschungsschwerpunkte: strategisches Management und Change Management.

Autorinnen und Autoren

Univ.-Prof. Michael Müller-Camen, PhD, Institut für Personalmanagement, WU Wien und Visiting Prof. Middlesex University, London. Studium der Wirtschaftswissenschaften an der Nordischen Universität Flensburg, MSc LSE London, PhD University of London, danach Universität Innsbruck, DeMontford University Leicester, International University Germany Bruchsal, Middlesex University London. Forschungsschwerpunkt: nachhaltiges Personalmanagement.

Dr.[in] Katharina Pernkopf, Universitätsassistentin am Interdisziplinären Institut für Verhaltenswissenschaftlich Orientiertes Management, WU Wien. Studium der internationalen BWL und Promotion an der WU, Forschungsaufenthalte an der Stanford University, Simon Fraser University und der University of Alberta. Forschungsschwerpunkte: Organisationstheorie, international vergleichende Personalforschung, Arbeits- und Beschäftigungskonflikte.

Ao. Univ.-Prof.[in] Dr.[in] Angelika Schmidt, Studium der Wirtschaftspädagogik und Volkswirtschaft an der WU Wien, derzeit Vertragsdozentin am Institut für Change Management und Management Development. Forschungsschwerpunkte: Schnittstellen in Organisationen (zB Beruf/Privat, Geschlechterfragen, Generationen), neue Beschäftigungsformen und deren Konsequenzen und organisationale Diskurse.

Ao. Univ.-Prof. Dr. Johannes Steyrer forscht und lehrt an der Wirtschaftsuniversität Wien mit den Forschungsschwerpunkten Personalführung, Karriereentwicklung von ManagerInnen und Auswirkungen der PatientInnensicherheitskultur auf Fehler in Medizin und Pflege. Er leitet an der WU das MBA-Studium Health Care Management sowie das MSc-Studium Health Care Management.

Dr.[in] Diana Zdravkovic, Assistenzprofessorin am Institut für Personalmanagement, WU Wien. BWL-Studium und Promotion im Bereich Personalwirtschaft an der Universität Frankfurt am Main und der Technischen Universität Dresden. Forschungsschwerpunkte: Personalauswahl, organisationale Sozialisation, Evidence-based Management, nachhaltiges Personalmanagement.

Literatur

Theorie der Führung

AGLE, B.R./NAGARAJAN, N.J./SONNENFELD, J.A./SRINIVASAN, D. (2006): Does CEO charisma matter? An empirical analysis of the relationships among organizational performance, environmental uncertainty, and top management team perceptions of CEO charisma, in: Academy of Management Journal, 49, 1, 161–174.

AHEARNE, M./MATHIEU, J./RAPP, A. (2005): To empower or not to empower your sales force? An empirical examination of the influence of leadership empowerment behavior on customer satisfaction and performance, in: Journal of Applied Psychology, 90, 5, 945–955.

AMUNDSEN, S./MARTINSEN, Ø.L. (2014): Empowering leadership: Construct clarification, conceptualization, and validation of a new scale, in: The Leadership Quarterly, 25, 3, 487–511.

AYMAN, R./CHEMERS, M.M./FIEDLER, F. (1995): The Contingency Model of Leadership Effectiveness: Its Levels of Analysis, in: The Leadership Quarterly, 6, 147–167.

BANDIERA, O./GUISO, L./PRAT, A./SADUN, R. (2011): What do CEOs do?, Discussion Paper 8235, Center for Economic Policy Research, London.

BASS, B. (1990): Bass & Stogdill's Handbook of Leadership, in: Theory, Research, & Managerial Applications, New York.

BASS, B.M. (1985): Leadership and Performance Beyond Expectations, New York.

BASS, B.M. (1998): Transformational Leadership: Industrial, Military, and Educational Impact, Mahwah.

BENNIS, W./NANUS, B. (2005): Leaders: Strategies for taking charge, New York.

BLASS, T. (2000): The Milgram paradigm after 35 years: some things we know now about obedience to authority, in: Blass, T. (Hrsg.): Obedience to authority, Mahwah, 35–59.

BLAU, P.M. (1964): Exchange and power in social life, Transaction Publishers.

BLIGH, M.C./KOHLES, J.C./PILLAI, R. (2011): Romancing leadership: Past, present, and future, in: The Leadership Quarterly, 22, 6, 1058–1077.

BORKENAU, P./OSTENDORF, F. (1993): NEO-Fünf-Faktoren Inventar (NEO-FFI) nach Costa und McCrae, Handanweisung, Göttingen.

BRYMAN, A. (1996): Leadership in organizations, in: Clegg, S.R./Hardy, C./Nord, W.R. (Hrsg.): Handbook of Organization Studies, London u. a., 270–292.

BURGER, J. M. (2009): Replicating Milgram: Would people still obey today?, in: American Psychologist, 64, 1, 1–12.

BURNS, J.M. (1978): Leadership, New York.

CARLYLE, T. (1907): On heroes, hero-worship, and the heroic in history, Boston.

CHEN, T.R./ZACCARO, S. (2011): The Personality of Leaders. From Vertical to shared Leadership, in: Christiansen, N./Tett, R. (Hrsg.): Handbook of personality at work, Routledge, 772–795.

CHENG, B.S./CHOU, L.F./WU, T.Y./HUANG, M.P./FARH, J.L. (2004): Paternalistic leadership and subordinate responses: Establishing a leadership model in Chinese organizations, in: Asian Journal of Social Psychology, 7, 1, 89–117.

COHEN, J. (1988): Statistical power analysis for the behavioral sciences, 2. Auflage, Lawrence Erlbaum Associates, Hillsdale.

CONGER, J.A./KANUNGO, R.N. (1987): Towards a Behavioral Theory of Charismatic Leadership in Organizational Settings, in: Academy of Management Review, 12, 637–647.

DAFT, R. L. (1999): Leadership: Theory and practice, Orlando.

DEGROOT, T./SCOTT KIKER, D./CROSS, T.C. (2000): A meta-analysis to review organizational outcomes related to charismatic leadership, in: Canadian Journal of Administrative Sciences, 17, 4, 356–371.

DIENESCH, R.M./LIDEN, R.C. (1986): Leader-member exchange model of leadership: A critique and further development, in: Academy of Management Review, 11, 3, 618–634.

DINH, J.E./LORD, R.G./GARDNER, W.L./MEUSER, J.D./LIDEN, R.C./HU, J. (2014): Leadership theory and research in the new millennium: Current theoretical trends and changing perspectives, in: The Leadership Quarterly, 25, 1, 36–62.

DORFMAN, P./HANGES, P.J./BRODBECK, F.C. (2004): Leadership and Cultural Variation, in: House et. al. (Hrsg.): Culture, Leadership, and Organizations, Thousand Oaks, u. a., 669–719.

DUCHON, D./GREEN, G./TABER, T.D. (1986): Vertical Dyad Linkage: A Longitudinal Assessment of Antecedents, Measures, and Consequences, in: Journal of Applied Psychology, 66, 56–60.

DULEBOHN, J.H./BOMMER, W.H./LIDEN, R.C./BROUER, R.L./FERRIS, G.R. (2012): A meta-analysis of antecedents and consequences of leader-member exchange integrating the past with an eye toward the future, in: Journal of Management, 38, 6, 1715–1759.

FIEDLER, F.E./CHEMERS, M.M./MAHAR, L. (1979): Der Weg zum Führungserfolg, Stuttgart.

FIELD, R./READ, P.C./LOUVIERE, J.J. (1990): The effect of situation attributes on decision method choice in the Vroom-Jago model of participation in decision making, in: The Leadership Quarterly, 1, 3, 165–176.

FITTKAU, G./FITTKAU-GARTHE, H. (1971): Fragebogen zur Vorgesetzten-Verhaltens-Beschreibung (FVVB), Göttingen.

FLEISHMAN, E.A. (1972): Manual for the Supervisory Behavior Description Questionnaire, Washington.

FRENCH, J.R.P./RAVEN, B. (1959): The Cases of Social Power, in: Cartwright, D. (Hrsg.): Studies in Social Power, Ann Arbor, 150–167.

FREUD, S. (1974): Warum Krieg, in: Fragen der Gesellschaft. Ursprünge der Religion, Freud Studienausgabe bei Fischer, Band 9, Frankfurt.

FREY, B.S./OSTERLOH, M. (Hrsg.) (2002): Managing Motivation, Wiesbaden.

FRIEDMAN, H.S./SCHUSTACK, M.W. (2004): Persönlichkeitspsychologie und Differentielle Psychologie, München.

FRIESL, C./HOFER, T./WIESER, R.: Die Österreicher/-innen und die Politik, in: Friesl, Ch./Polak, R./Hamachers-Zuba, U. (Hrsg.): Die Österreicherinnen – Wertewandel 1990–2008, Wien, 207–294.

GEBERT, D./BOERNER, S. (1995): Manager im Dilemma. Abschied von der offenen Gesellschaft?, Frankfurt, New York.

GEBERT, D./BOERNER, S./LAHNWEHR, R. (2001): Innovationsförderliche Öffnungsprozesse: Je mehr desto besser?, in: Die Betriebswirtschaft, 61, 204–222.

GLASS, G.V. (1976): Primary, secondary, and meta-analysis of research. Educational researcher.

GOLDBERG, L.R. (1990): An alternative description of personality: The big-five factor structure, in: Journal of Personality and Social Psychology, 59, 1216–1229.

GRAEN, G.B./UHL-BIEN, M. (1995): Relationship-based approach to leadership: Development of leader-member exchange (LMX) theory of leadership over 25 years: Applying a multi-level multi-domain perspective, in: The Leadership Quarterly, 6, 2, 219–247.

GRÜN, A. (2013): Vom Mut, hinabzusteigen, in: Handelsblatt, 12. Dezember 2013, 16.

HANSEN, M.T./IBARRA, H./PEYER, U. (2010): The best-performing CEOs in the world, in: Harvard Business Review, 88, 1, 104–113.

HARRIS, K.J./KACMAR, K.M./ZIVNUSKA, S. (2007): An investigation of abusive supervision as a predictor of performance and the meaning of work as a moderator of the relationship, in: The Leadership Quarterly, 18, 3, 252–263.

HERSEY, B./BLANCHARD, K.H. (1977): Management of Organizational Behavior, 1. Auflage, Englewood Cliffs.

HOFFMAN, B.J./WOEHR, D.J./MALDAGEN, Y.R./LYONS, B.D. (2011): Great man or great myth? A quantitative review of the relationship between individual differences and leader effectiveness, in: Journal of Occupational and Organizational Psychology, 84, 2, 347–381.

HOFLING, C.K. et al. (1966): An Experimental Study in Nurse-Physician Relationships, in: Journal of Nervous and Mental Disease, 132–148.

HOFSTEDE, G./HOFSTEDE, G.J. (2006): Cultures and organizations, New York u. a.

HOLST, E./BUSCH, A./KRÖGER, L. (2012): Führungskräftemonitor 2012, DWI Berlin.

HOUSE, R.J./ADITYA, R.N. (1997): The social scientific study of leadership: Quo vadis?, in: Journal of Management, 23, 409–473.

HOUSE, R.J./DORFMAN, P.W./JAVIDAN, M./HANGES, P.J./SULLY DE LUQUE (2014): Strategic Leadership Across Cultures, Sage London.

HOUSE, R.J. (1971): A Path-Goal Theory of Leader Effectiveness, in: Administrative Science Quarterly, 16, 321–338.

HOUSE, R.J. (1996): Path-Goal Theory of Leadership: Lessons, Legacy, and a Reformulated Theory, in: The Leadership Quarterly, 7, 323–352.

HOUSE, R.J./SHAMIR, B. (1995): Führungstheorien – Charismatische Führung, in: Kieser, A./Reber, G./Wunderer, R. (Hrsg.): Handwörterbuch der Führung, Stuttgart, Sp. 878–897.

HUEMER, P. (1990): Auschwitz als Idylle. Befehl und Gehorsam im Nationalsozialismus, in: Huemer, P./Schurz, G. (Hrsg.): Unterwerfung. Über den destruktiven Gehorsam, Wien, Darmstadt, 21–38.

HUGHES, R.L./GINNETT, R.C./CURPHY, G.J. (2011): Leadership: Enhancing the Lessons of Experience, 7. Auflage, Boston u.a.

HUNT, J./CONGER, J.A. (1999): From Where We Sit: An Assessment of Transformational and Charismatic Leadership Research, in: The Leadership Quarterly, 10, 335–344.

ILIES, R./NAHRGANG, J.D./MORGESON, F.P. (2007): Leader-member exchange and citizenship behaviors: a meta-analysis, in: Journal of Applied Psychology, 92, 1, 269–277.

ISAACSON, W. (2011): Steve Jobs, München.

JAGO, A.G. (1995): Führungsforschung/Führung in Nordamerika, in: House, R.J. (1971): A Path-Goal Theory of Leader Effectiveness, in: Administrative Science Quarterly, 16, 321–338.

JUDGE, T.A./BONO, J.E./ILIES, R./GERHARDT, M.W. (2002): Personality and Leadership: A qualitative and quantitative review, in: Journal of Applied Psychology, 37, 4, 765–780.

JUDGE, T.A./CABLE, D.M. (2004): The effect of physical height on workplace success and income: preliminary test of a theoretical model, in: Journal of Applied Psychology, 89, 3, 428–441.

JUDGE, T.A./COLBERT, A.E./ILIES, R. (2004): Intelligence and leadership: a quantitative review and test of theoretical propositions, in: Journal of Applied Psychology, 89, 3, 542–555.

JUDGE, T.A./PICCOLO, R.F./ILIES, R. (2004): The forgotten ones? The validity of consideration and initiating structure in leadership research, in: Journal of Applied Psychology, 89, 1, 36–51.

KALSHOVEN, K./DEN HARTOG, D.N./DE HOOGH, A. (2011): HB. Ethical leader behavior and big five factors of personality, in: Journal of Business Ethics, 100, 2, 349–366.

KIM, H.Y./NATHAN, C.P. (2015): Status Is a Four-Letter Word Self Versus Other Differences and Concealment of Status-Striving, in: Social Psychological and Personality Science, 6, 3, 267–275.

KIRKPATRICH, S.A./LOCKE, E.A. (1991): Leadership: Do traits matter?, in: Academy of Management Executive, 5, 48–60.

KOTTER, J. P. (1989): Erfolgsfaktor Führung, Frankfurt am Main u.a.

KOUZES, J.M./POSNER, B.Z. (2003): The leadership challenge, San Francisco.

LAMBERT, L.S./TEPPER, B.J./CARR, J.C./HOLT, D.T./BARELKA, A.J. (2012): Forgotten but not gone: An examination of fit between leader consideration and initiating structure needed and received, in: Journal of Applied Psychology, 97, 5, 913–922.

LEWIN, K./LIPPIT, R./WHITE, R.K. (1939): Patterns of Aggressive Behavior in Experimentally Created Social Climates, in: Journal of Social Psychology, 10, 271–299.

LIDEN, R.C./SPARROWE, R.T./WAYNE, S.J. (1997): Leader-member exchange theory: The past and potential for the future, in: Research in Personnel and Human Resources Management, 15, 827–844.

LIDEN, R./GRAEN, G. (1980): Generalizability of the Vertical Dyad Linkage Model of Leadership, in: Academy of Management Journal, 5, 451–465.

LORD, R.G./MAHER, K.J. (1991): Leadership and Information Processing. Linking Perceptions and Performance, London, Sydney, Wellington.

LUTHANS, F. (1985): Organizational Behavior, Tokio u.a.

MANN, R.D. (1959): A review of the relationships between personality and performance in small groups, in: Psychological Bulletin, 56, 241–270.

MARTINKO, M.J./HARVEY, P./DOUGLAS, S.C. (2007): The role, function, and contribution of attribution theory to leadership: A review, in: The Leadership Quarterly, 18, 6, 561–585.

MCCRAE, R.R./COSTA, P.T. (1985): The NEO Personality Inventory, Odessa.

MILGRAM, S. (1974): Das Milgram-Experiment, Reinbeck bei Hamburg.

MILLER, A.G. (2009): Reflections on "Replicating Milgram", in: American Psychologist, 64, 1, 20–27.

MINTZBERG, H. (1973): The nature of managerial work, New York.

MÜRI, P. (1984): Das Führungsstil-Etikett als Abwehrstrategie, in: Gruppendynamik, 15, 29–37.

NEUBERGER, O. (2002): Führen und führen lassen, 6. Auflage, Stuttgart.

NORTHOUSE, P.G. (2004): Leadership theory and practice, Thousand Oaks.

OBERLÉ, D./BEAUVOIS, J./COURBET, D. (2011): Une transposition du paradigme d'obéissance de Milgram à la télévision: enjeux, in: résultats et perspectives, connexions, 95, 1, 71–88.

OUIMET, G. (2010): Dynamics of narcissistic leadership in organizations: Towards an integrated research model, in: Journal of Managerial Psychology, 25, 7, 713–726.

PADILLA, A./HOGAN, R./KAISER, R.B. (2007): The toxic triangle: Destructive leaders, susceptible followers, and conducive environments, in: The Leadership Quarterly, 18, 3, 176–194.

PARSONS, T. (1964): Die jüngsten Entwicklungen in der strukturell-funktionalen Theorie, in: Kölner Zeitschrift für Soziologie und Sozialpsychologie, 16, 30–49.

PAUSTIAN-UNDERDAHL, S.C./WALKER, L.S./WOEHR, D.J. (2014): Gender and perceptions of leadership effectiveness: A meta-analysis of contextual moderators, in: Journal of Applied Psychology, 99, 6, 1129–1145

PETERS, L.H./HARTKE, D.D./POHLMANN, J.T. (1985): Fiedler's Contingency Theory of Leadership: An Application of the Meta-analysis Procedures of Schmidt and Hunter, in: Psychological Bulletin, 97, 274–285.

PETTIT, N.C./SIVANATHAN, N. (2012): The eyes and ears of status how status colors perceptual judgment, in: Personality and Social Psychology Bulletin, 38, 5, 570–582.

PFEFFER, J. (1992): Power-Management, Wien.

PLATON (1963): Politeia, Reinbeck bei Hamburg.
POPPER, K.R. (1989): Die offene Gesellschaft und ihre Feinde, 6. Auflage, Tübingen.
ROBBINS, S.P. (2001): Organisation der Unternehmung, München.
RULE, N.O./AMBADY, N. (2008): The face of success: Inferences from chief executive officers' appearance predict company profits, in: Psychological Science, 19, 109–111.
SANDER, K./MEYER, R. (2004): Macht, in: Gaugler, E./Oechsler, W./Weber, W. (Hrsg.): Handwörterbuch des Personalwesens, 3. Auflage, Stuttgart, Schäffer Poeschel, 1134–1141.
SCHRIESHEIM, C.A./CASTRO, S.L./ZHOU, X.T./DECHURCH, L.A. (2006): An investigation of path-goal and transformational leadership theory predictions at the individual level of analysis, in: The Leadership Quarterly, 17, 1, 21–38.
SCHRIESHEIM, C.A./COGLISER, C.C./NEIDER, L. (1995): A Multiple-Levels-of-Analysis Reexamination of an Ohio State Leadership Study, with Implications for Future Research, in: The Leadership Quarterly, 6, 111–145.
SCHRIESHEIM, C.A./TEPPER, B.J./TETRAULT, L.A. (1994): Least Preferred -Co-Worker Score, Situational Control, and Leadership Effectiveness: A Meta-Analysis of Contingency Model Performance Predictions, in: Journal of Applied Psychology, 74, 561–573.
SCHUH, S.C./ZHANG, X./TIAN, P. (2013): For the good or the bad? Interactive effects of transformational leadership with moral and authoritarian leadership behaviors, in: Journal of Business Ethics, 116, 3, 629–640.
SCHURZ, G. (1990): Destruktive Gehorsamsbereitschaft im psychologischen Experiment, in: Huemer, P./Schurz, G. (Hrsg.): Unterwerfung. Über den destruktiven Gehorsam, Wien, Darmstadt, 39–64.
SHAMIR, B./HOUSE, R.J./ARTHUR, M.B. (1993): The Motivational Effects of Charismatic Leadership: A Self-Concept Based Theory, in: Organization Science, 4, 577–594.
SISTENICH, F. (1993): Charisma in Organisationen oder vom Regen in die Traufe?! Darstellung, Analyse und Kritik eines Führungskonzeptes, München, Mering.
SMITH, C.A./ORGAN, D.W./NEAR, J.P. (1983): Organizational citizenship behavior: Its nature and antecedents, in: Journal of Applied Psychology, 68, 4, 653.
SPREITZER, G.M. (1995): Psychological empowerment in the workplace: Dimensions, measurement, and validation, in: Academy of Management Journal, 38, 5, 1442–1465.
STAEHLE, W. (1999): Management, 8. Auflage, München.
STEYRER, J. (1991): Transformationale Führung. Ein neuer Approach in der Leadership-Forschung, in: Die Unternehmung, 45, 5, 334–348.
STEYRER, J. (2011): Jörg Haider – charismatischer Führer, narzisstische Persönlichkeit und Rechtspopulist, in: Bliesemann de Guevara, B./Reiber, T. (Hrsg.): Charisma und Herrschaft, Frankfurt am Main, 77–101.
STEYRER, J. (1995): Charisma in Organisationen. Sozial-kognitive und psychodynamisch-interaktive Aspekte von Führung, Frankfurt, New York.

STEYRER, J./SCHIFFINGER, M./LANG, R. (2008): Organizational commitment – a missing link between leadership behavior and organizational performance?, in: Scandinavian Journal of Management, 24, 4, 364–374

STOGDILL, R.M. (1948): Personal factors, associated with leadership: A survey of the literature, in: Journal of Psychology, 25, 35–71.

STOGDILL, R.M./COONS, A.E. (Hrsg.) (1951): Leader Behavior, in: Research Monograph 88, Ohio State University.

THOMPSON, G./VECCHIO, R.P. (2009): Situational leadership theory: A test of three versions, in: The Leadership Quarterly, 20, 5, 837–848.

TICHY, N.M./DEVANNA, M.A. (1995): Der Transformational-Leader, Stuttgart.

TÜRK, K. (1990): Von „Personalführung" zu „Politischer Arena"? Überlegungen angesichts neuer Entwicklungen in der Organisationsforschung, in: Wiendick, G./Wiswede, G. (Hrsg.): Führung im Wandel. Neue Perspektiven für Führungsforschung und Führungspraxis, Stuttgart, 42–78.

WAGNER, D. (2004): Partizipation, in: Schreyögg, G./Werder, A. (Hrsg.): Handwörterbuch Unternehmensführung und Organisation, Stuttgart, Sp. 1117–1122.

WALDMAN, D.A./RAMIREZ, G.G./HOUSE, R.J./PURANAM, P. (2001): Does leadership matter? CEO leadership attributes and profitability under conditions of perceived environmental uncertainty, in: Academy of Management Journal, 44, 134–143.

WEBER, M. (1972): Wirtschaft und Gesellschaft, Tübingen.

WEIBLER, J. (2012): Personalführung, 2. Auflage, München.

WEINERT, A.B. (2004): Organisations- und Personalpsychologie, Weinheim.

WHITE, R.K./LIPPIT, R. (1960): Autocracy and Democracy: An Experimental Inquiry, New York.

WILDEROM, C.PM/VAN DEN BERG, P.T./WIERSMA, U.J. (2012): A longitudinal study of the effects of charismatic leadership and organizational culture on objective and perceived corporate performance, in: The Leadership Quarterly, 23, 5, 835–848.

WUNDERER, R. (2003): Führung und Zusammenarbeit, Darmstadt.

WUNDERER, R./GRUNWALD, W. (1980): Führungslehre. Grundlagen der Führung, Berlin, New York.

YUKL, G. (2010): Leadership in Organizations, 7. Auflage, Upper Saddle River NJ.

YUKL, G.A./VAN FLEET, D.D. (1992): Theory and Research on Leadership in Organizations, in: Dunnette, M.D./Hough, L.M. (Hrsg.): Handbook of Industrial & Organizational Psychology, 151–168.

ZACCARO, S.J./FOTI, R.J./KENNY, D.A. (1991): Self Monitoring and traid based variance in leadership, in: Journal of Applied Psychology, 76, 2, 308–316.

Motivation und Arbeitsverhalten

ADAMS, J.S. (1979): Inequity in Social Exchange, in: Sterrs, R./Porter, L.W. (Hrsg.): Motivation and Work Behavior, Auckland u.a., 107-124.

ATKINSON, J.W. (1981): Motivationale Determinanten des Verhaltens bei Risiko, in: Ackermann, K.F./Reber, G. (Hrsg.): Personalwirtschaft. Motivationale und kognitive Grundlagen, Stuttgart, 261–279.

FESTINGER, L. (1978): Theorie der kognitiven Dissonanz, Bern.
GEBERT, D. (1995): Führung im MbO-Prozeß. Handwörterbuch der Führung, 2. Auflage, 426–436.
HACKMAN, J.R./OLDHAM, G.R. (1980): Work Redesign, Reading, Mass.
HERZBERG, F./MAUSNER, B./SNYERMAN, B.B. (1959): The Motivation to Work, New York u.a.
HERZBERG, F. (1966): Work and the Nature of Man, Cleveland, World Publishing.
HERZBERG, F. (1976): The Managerial Choice: To Be Efficient and To Be Human, Homewood, Ill.
KATZELL, R.A./THOMPSON, D.E. (1990a): An Integrative Model of Work Attitudes, Motivation and Performance, in: Human Performance, 3, 2, 63–85.
KATZELL, R.A./THOMPSON, D.E. (1990b): Work Motivation. Theory and Practice, in: American Psychologist, 45, 2, 144–153.
KIESER, A./EBERS, M. (Hrsg.) (2014): Organisationstheorien, 7. Auflage, Stuttgart, Kohlhammer.
KIESER, A./WALGENBACH, P. (2010): Organisation, 6. Auflage, Stuttgart, Schäffer Poeschel.
KING, N. (1981): Analyse und Beurteilung der Dual-Faktoren-Theorie der Arbeitszufriedenheit, in: Ackermann, K.-F./Reber, G. (Hrsg.): Personalwirtschaft: motivationale und kognitive Grundlagen, Stuttgart, Poeschel, 127–151.
KIRCHLER, E. (2005): Arbeits- und Organisationspsychologie, UTB.
LATHAM, G.P./LOCKE, E.A. (1991): Self-Regulation through Goal Setting. Organizational Behavior and Human Decision Making Processes, 50, 212–247.
LATHAM, G.P. (2004): The motivational benefits of goal-setting, in: The Academy of Management Executive, 18, 4, 126–129.
LOCKE, E.A./LATHAM, G.P. (2002): Building a practically useful theory of goal setting and task motivation: A 35-year odyssey, in: American Psychologist, 57, 9, 705–717.
MARTIN, A. (2001): Personal – Theorie, Politik, Gestaltung, Stuttgart et al., Kohlhammer.
MASLOW, A.H. (1954): Motivation and Personality, New York, Harper & Row.
MASLOW, A.H. (1973): Psychologie des Seins, München, Kindler.
MINER, J.B. (1980): Theories of Organizational Behavior, Hindsdale, Illinois.
NEUBERGER, O. (1974): Theorien der Arbeitszufriedenheit, Stuttgart u.a., Kohlhammer.
NEUBERGER, O. (1977): Motivation und Zufriedenheit, in: Mayer, A. (Hrsg.): Organisationspsychologie, Stuttgart, Poeschel, 201–235.
RHEINBERG, F. (2008): Motivation, 7. Auflage, Stuttgart, Kohlhammer.
ROSENSTIEL, L.v. (1975): Die motivationalen Grundlagen des Verhaltens in Organisationen – Leistung und Zufriedenheit, Berlin, Kohlhammer.
VROOM, V.H. (1964): Work and Motivation, New York, John Wiley and Sons.

Gruppen in Organisationen: im Spannungsfeld von Stabilität und Dynamik

ALLEN, N.J./HECHT, T.D. (2004): The 'romance of teams: Toward an understanding of its psychological underpinnings and implications, in: Journal of Occupational and Organizational Psychology, 77, 4, 439–461.

ALTMANN, G./FIEBIGER, H./MÜLLER, R. (2004): Mediation: Konfliktmanagement für moderne Unternehmen, Weinheim, Beltz.

ARONSON, E./WILSON, T./AKERT, R.M. (2002): Sozialpsychologie, München, Pearson Studium.

ARROW, H. (1997): Stability, bistability, and instability in small group influence patterns, in: Journal of Personality and Social Psychology, 72, 1, 75–85. doi: 10.1037/0022-3514.72.1.75

ARROW, H./POOLE, M.S./HENRY, K.B./WHEELAN, S./MORELAND, R. (2004): Time, Change, and Development: The Temporal Perspective on Groups, in: Small Group Research, 35, 1, 73–105. doi: 10.1177/1046496403259757

ASCH, S.E. (1956): Studies of independence and conformity: I. A minority of one against a unanimous majority, in: Psychological Monographs: General and Applied, 70, 9, 1–70.

BAHRDT, H.P. (1994): Schlüsselbegriffe der Soziologie: Eine Einführung mit Lehrbeispielen, München, Beck.

BEAL, D.J./COHEN, R.R./BURKE, M.J./MC LENDON, C.L. (2003): Cohesion and Performance in Groups: A Meta-Analytic Clarification of Construct Relations, in: Journal of Applied Psychology, 88, 6, 989–1004. doi: 10.1037/0021-9010.88.6.989

BEHFAR, K.J./PETERSON, R.S./MANNIX, E.A./TROCHIM, W.M. (2008): The critical role of conflict resolution in teams: a close look at the links between conflict type, conflict management strategies, and team outcomes, in: Journal of Applied Psychology, 93, 1, 170–188.

BELBIN, R.M. (1981): Management teams: Why they succeed or fail, Oxford, Butterworth-Heinemann.

BELBIN, R.M. (1993): Team roles at work, Oxford, Butterworth-Heinemann.

BELBIN, R.M. (2008): Management teams: Why they succeed or fail, Amsterdam, Elsevier Butterworth-Heinemann.

BELL, B.S./KOZLOWSKI, S.W. (2002): A typology of virtual teams implications for effective leadership, in: Group & Organization Management, 27, 1, 14–49.

BOND, R./SMITH, P.B. (1996): Culture and conformity: A meta-analysis of studies using Asch's (1952b, 1956) line judgment task, in: Psychological Bulletin, 119, 1, 111–137.

CHIOCCHIO, F./ESSIEMBRE, H. (2009): Cohesion and Performance: A Meta-Analytic Review of Disparities Between Project Teams, Production Teams, and Service Teams, in: Small Group Research, 40, 4, 382–420. doi: 10.1177/1046496409335103

COHN, R.C. (2009): Von der Psychoanalyse zur themenzentrierten Interaktion: von der Behandlung einzelner zu einer Pädagogik für alle, Klett-Cotta.

COLLINS, B.E./GUETZKOW, H.S. (1964): A social psychology of group processes for decision-making, Wiley.

DE DREU, C.K./WEST, M.A. (2001): Minority dissent and team innovation: the importance of participation in decision making, in: Journal of Applied Psychology, 86, 6, 1191–1201.

DE WIT, F.R./GREER, L.L./JEHN, K.A. (2012): The paradox of intragroup conflict: A meta-analysis, in: Journal of Applied Psychology, 97, 2, 360–390.

DE WIT, F.R./JEHN, K.A./SCHEEPERS, D. (2013): Task conflict, information processing, and decision-making: The damaging effect of relationship conflict, in: Organizational Behavior and Human Decision Processes, 122, 2, 177–189.

DE CHURCH, L.A./MESMER-MAGNUS, J.R./DOTY, D. (2013): Moving beyond relationship and task conflict: toward a process-state perspective, in: Journal of Applied Psychology, 98, 4, 559–578.

DE SHON, R.P./KOZLOWSKI, S.W./SCHMIDT, A.M./MILNER, K.R./WIECHMANN, D. (2004): A multiple-goal, multilevel model of feedback effects on the regulation of individual and team performance, in: Journal of Applied Psychology, 89, 6, 1035–1056.

DION, K.L./EVANS, C.R. (1992): On cohesiveness: Reply to Keyton and other critics of the construct, in: Small Group Research, 23, 2, 242–250. doi: 10.1177/1046496492232007

DREWES, S./SCHULTZE, T./SCHULZ-HARDT, S. (2011): Leistung in Gruppen. In Frey, D./Bierhoff, H.-W. (Hrsg.): Sozialpsychologie. Interaktion und Gruppe, Göttingen, Hogrefe, 221–244.

EDDING, C./SCHATTENHOFER, K. (2012): Einführung in die Teamarbeit, Heidelberg, Carl-Auer.

EDDING, C./SCHATTENHOFER, K. (Hrsg.) (2009): Handbuch. Alles über Gruppen, Weinheim, Beltz/PVU.

ESSER, J.K./LINDOERFER, J.S. (1989): Groupthink and the space shuttle Challenger accident: Toward a quantitative case analysis, in: Journal of Behavioral Decision Making, 2, 167–177.

EXENBERGER, B./GRABLER, E./HAUSKA, E./PELTZ, H. (2006): Neue Wege der Ergebnisverbesserung: Qualitative Studie zur betriebswirtschaftlichen Erfassung von Konfliktkosten, in: F. U./I. E. WirtschaftsMediatoren (Hrsg.): Management by Wirtschaftsmediation, Wien WKÖ.

FELDMAN, D.C. (1984): The Development and Enforcement of Group Norms, in: Academy of Management Review, 9, 1, 47–53. doi: 10.5465/AMR.1984.4277934

FESTINGER, L. (1950): Informal social communication, in: Psychological Review, 57, 5, 271–282. doi: 10.1037/h0056932

FORSYTH, D.R. (2014): Group Dynamics, Belmont, Calif., Wadsworth Cengage Learning.

FRIEDKIN, N.E. (2004): Social cohesion, in: Annual Review of Sociology, 30, 409–425.

GALTUNG, J. (2007): Konflikte und Konfliktlösungen: die Transcend-Methode und ihre Anwendung, Homilius.

GLASL, F. (2004): Konfliktmanagement. Ein Handbuch für Führungskräfte, Beraterinnen und Berater, 8.Auflage, Bern, Haupt.

GULLY, S.M./DEVINE, D.J./WHITNEY, D.J. (1995): A Meta-Analysis of Cohesion and Performance: Effects of Level of Analysis and Task Interdependence, in: Small Group Research, 26, 4, 497–520. doi: 10.1177 1046496495264003

HACKMAN, J.R./MORRIS, C.G. (1975): Group tasks, group interaction process, and group performance effectiveness: A review and proposed integration, in: Advances in Experimental Social Psychology, 8, 45–99.

HOCH, J.E./KOZLOWSKI, S.W. (2014): Leading virtual teams: Hierarchical leadership, structural supports, and shared team leadership, in: Journal of Applied Psychology, 99, 3, 390–403.

HÖHER, P./HÖHER, F. (2002): Konfiktmanagement. Konfikte kompetent erkennen und lösen, Freiburg/Berlin/München, Rudolf Haufe Verlag.

HUCZYNSKI, A.A./BUCHANAN, D.A. (2013): Organizational Behaviour, 8. Auflage, Harlow, Pearson Education.

HUMPHREY, S.E./AIME, F. (2014): Team microdynamics: Toward an organizing approach to teamwork, in: The Academy of Management Annals, 8, 1, 443–503.

INGHAM, A.G./LEVINGER, G./GRAVES, J./PECKHAM, V. (1974): The Ringelmann effect: Studies of group size and group performance, in: Journal of Experimental Social Psychology, 10, 4, 371–384.

INSAM, A. (2012): Konflikte und ihre Kosten, in: K.A. Wirtschaftsprüfungsgesellschaft (Hrsg.): Best Practice Konfliktmanagement 2012. Der wahre Wert der Mediation, Düsseldorf, 4–10.

JANIS, I.L. (1982): Victims of Groupthink, Boston, Houghton-Mifflin.

JEHN, K.A. (1995): A multimethod examination of the benefits and detriments of intragroup conflict, in: Administrative Science Quarterly, 40, 2, 256–282.

KATZENBACH, J.R./SMITH, D.K. (1993): The discipline of teams, in: Harvard Business Review, 71, 2, 111–120.

KERR, N.L./BRUUN, S.E. (1983): Dispensability of member effort and group motivation losses: Free-rider effects, in: Journal of Personality and Social Psychology, 44, 1, 78–94.

KERR, N.L./MESSÉ, L.A./SEOK, D.-H./SAMBOLEC, E.J./LOUNT, R.B./PARK, E.S. (2007): Psychological mechanisms underlying the Köhler motivation gain, in: Personality and Social Psychology Bulletin, 33, 6, 828–841.

KIM, H./MARKUS, H.R. (1999): Deviance or uniqueness, harmony or conformity? A cultural analysis, in: Journal of Personality and Social Psychology, 77, 4, 785–800.

KLEBER, K./SCHRADER, E./WALTER, G. (1987): KurzModeration, Hamburg.

KLEINGELD, A./VAN MIERLO, H./ARENDS, L. (2011): The effect of goal setting on group performance: a meta-analysis, in: Journal of Applied Psychology, 96, 6, 1289–1304.

KOLODEJ, C. (2008): Mobbingberatung: Fallbeispiele und Lösungen für BeraterInnen und Betroffene, facultas, Wuv maudrich.

KÖNIG, O./SCHATTENHOFER, K. (2007): Einführung in die Gruppendynamik, 2. Auflage, Heidelberg, Carl-Auer.

KPMG AG Wirtschaftsprüfungsgesellschaft (2009): Konfliktkostenstudie. Die Kosten von Reibungsverlusten in Industrieunternehmen, http://seventools.at/wp-content/uploads/2014/12\KPMG_Konfliktkostenstudie.pdf

KRAVITZ, D.A./MARTIN, B. (1986): Ringelmann rediscovered: The original article, in: Journal of Personality and Social Psychology, 50, 5, 936–941.

KUNTZ, F. (2007): Der Weg zum Irak-Krieg. Groupthink und die Entscheidungsprozesse der Bush-Regierung, Wiesbaden, VS Verlag für Sozialwissenschaften.

LANGFRED, C.W. (1998): Is Group Cohesiveness a Double-Edged Sword?: An Investigation of the Effects of Cohesiveness on Performance, in: Small Group Research, 29, 1, 124–143. doi: 10.1177/1046496498291005

LANGMAACK, B./BRAUNE-KRICKAU, M. (2000): Wie die Gruppe laufen lernt, Weinheim, Beltz PVU.

LARSON, J.R. (2010): In search of synergy in small group performance, Psychology Press.

LIDEN, R.C./WAYNE, S.J./JAWORSKI, R.A./BENNETT, N. (2004): Social loafing: A field investigation, in: Journal of Management, 30, 2, 285–304.

LOCKE, E.A./LATHAM, G.P. (2006): New directions in goal-setting theory, in: Current Directions in Psychological Science, 15, 5, 265–268.

LOUNT JR, R. B./WILK, S. L. (2014): Working harder or hardly working? Posting performance eliminates social loafing and promotes social laboring in workgroups, in: Management Science, 60, 5, 1098–1106.

MARTIN, R./HEWSTONE, M. (2008): Majority Versus Minority Influence, Message Processing and Attitude Change: The Source-Context-Elaboration Model, in: Advances in Experimental Social Psychology, 40, 237–326.

MC GRATH, J.E. (1984): Groups: Interaction and performance, Englewood Cliffs, NJ, Prentice Hall.

MINTZBERG, H. (1973): The nature of managerial work, New York, Harper & Row.

MOHAMMED, S./HAMILTON, K./LIM, A. (2009): The incorporation of time in team research: Past, current and future, in: Salas, E./Goodwin, F./Burke, C.S. (Hrsg.): Team effectiveness in complex organizations: Cross disciplinary perspectives and approaches, New York, Routledge.

MOSCOVICI, S. (1980): Toward a theory of conversion behavior, in: Advances in Experimental Social Psychology, 13, 209–239.

MOSCOVICI, S./LAGE, E./NAFFRECHOUX, M. (1969): Influence of a consistent minority on the responses of a majority in a color perception task, in: Sociometry, 32, 4, 365–380.

O'NEILL, T.A./ALLEN, N.J./HASTINGS, S.E. (2013): Examining the Pros and Cons of Team Conflict: A Team-Level Meta-Analysis of Task, Relationship, and Process Conflict, in: Human Performance, 26, 3, 236–260.

PARK, W.-W. (2000): A comprehensive empirical investigation of the relationships among variables of the groupthink model, in: Journal of Organizational Behavior, 21, 8, 873–887. doi: 10.1002/1099-1379

PARKS, C.D. (2004): Group Norms, in: Gothals, G.R./Sorenson, G. (Hrsg.): Encyclopedia of Leadership, Thousends Oaks, Sage, 628–631.

PAZOS, P. (2012): Conflict management and effectiveness in virtual teams, in: Team Performance Management: An International Journal, 18, 7/8, 401–417. doi: 10.1108/13527591211281138

PIRKER, S. (2011): Das Groupthink-Modell und die Loveparade 2010, Bachelorarbeit, WU Wien.

PODSAKOFF, P.M./MAC KENZIE, S.B./AHEARNE, M. (1997): Moderating effects of goal acceptance on the relationship between group cohesiveness and productivity, in: Journal of Applied Psychology, 82, 6, 974–983. doi: 10.1037/0021-9010.82.6.374

PROKSCH, S. (2014): Mediation und andere Methoden für Konflikt- und Kooperationsmanagement am Arbeitsplatz, 2. Auflage, Berlin, Heidelberg, Springer.

PÜHL, H. (2010): Konflikt-Klärung in Teams und Organisationen, Leutner.

REGNET, E. (2001): Konflikte in Organisationen: Formen, Funktionen und Bewältigung, 2. Auflage, Göttingen, Hogrefe.

RINGELMANN, M. (1913): Recerces sur les moteurs animés. Travail de l'homme, in: Annales de l'Institut National Agronomique, 2, 12, 1–40.

ROBBINS, S.P./JUDGE, T.A. (2009): Essentials of organizational behavior, New York, Pearson.

ROBBINS, S.P./JUDGE, T.A. (2009): Organizational Behavior, Upper Saddle River, NJ, Pearson Prentice Hall.

ROSENSTIEL, L.v. (2009): Die Arbeitsgruppe: in: Rosenstiel, L.v. (Hrsg.): Führung von Mitarbeitern, 6. Auflage, Stuttgart, Schäffer-Poeschel, 317–335.

SCHULTZ VON THUN, F. (2008): Miteinander reden: Fragen und Antworten, Reinbek bei Hamburg, Rowohlt.

SCHULZ-HARDT, S./BRODBECK, F.C. (2007): Gruppenleistung und Führung, in: Jonas, K./Stroebe, W./Hewstone, M. (Hrsg.): Sozialpsychologie – Eine Einführung, Berlin, Springer, 443–486.

SCHWARZ, G. (1974): Die Autorität in der Gruppe: in Heintel, P. (Hrsg.): Das ist Gruppendynamik: eine Einführung in Bedeutung, Funktion und Anwendbarkeit, München, Heyne, 117–128.

SCHWARZ, G. (2001): Konfliktmanagement: Konflikte erkennen, analysieren, lösen, Wiesbaden, Gabler.

SHAW, J.D./ZHU, J./DUFFY, M.K./SCOTT, K.L./SHIH, H.-A./SUSANTO, E. (2011): A contingency model of conflict and team effectiveness, in: Journal of Applied Psychology, 96, 2, 391–400.

STAHL, E. (2007): Dynamik in Gruppen, 2. Auflage, Weinheim, Basel, Beltz PVU.

STEINER, I.D. (1972): Group process and productivity, New York.

TITSCHER, S./STAMM, M. (2006): Erfolgreiche Teams. Teams richtig einsetzen, Fördern und Führen, Wien, Linde.

TJOSVOLD (2008): The conflict-positive organization: It depends upon us, in: Journal of Organizational Behavior, 29, 1, 19–28.

TODD, A.R./SEOK, D.-H./KERR, N.L./MESSÉ, L.A. (2006): Social compensation: Fact or social-comparison artifact?, in: Group Processes & Intergroup Relations, 9, 3, 431–442.

TUCKMAN, B.W. (1965): Developmental sequence in small groups, in: Psychological Bulletin, 63, 6, 384–399. doi: 10.1037/h0022100

TUCKMAN, B.W./JENSEN, M.A.C. (1977): Stages of Small-Group Development Revisited, in: Group & Organization Management, 2, 4, 419–427. doi: 10.1177/105960117700200404

WATZLAWICK, P./BEAVIN, H./JACKSON, D. (1969): Menschliche Kommunikation: Formen, Störungen, Paradoxien, Bern, Huber.

WATZLAWICK, P./BEAVIN, H./JACKSON, D. (1990): Menschliche Kommunikation, Bern, Huber.

WEBBER, S.S./DONAHUE, L.M. (2001): Impact of highly and less job-related diversity on work group cohesion and performance: a meta-analysis, in: Journal of Management, 27, 2, 141–162. doi: 10.1177 014920630102700202

WITTCHEN, M./VAN DICK, R./HERTEL, G. (2011): Motivated information processing during intergroup competition. A model of intergroup competition effects on individual effort, in: Organizational Psychology Review, 1, 3, 257–272.

ZHANG, X./CAO, Q./TJOSVOLD (2011): Linking transformational leadership and team performance: A conflict management approach, in: Journal of Management Studies, 48, 7, 1586–1611.

Organisation: Strukturen und klassische Formen

ABBOTT, A. (2007): The system of professions – an essay on the division of expert labor, Chicago, Ill. u.a., University of Chicago Press.

ALDRICH, H. (1979): Organizations and Environments, Englewood Cliffs, Prentice Hall.

AMBURGEY, T./DACIN, T. (1994): As the Left Foot Follows the Right? The Dynamics of Strategic and Structural Change, in: Academy of Management Journal, 37, 1427–1452.

BEA, F./GÖBEL, E. (2010): Organisation. Theorie und Gestaltung, Stuttgart, Lucius & Lucius (UTB).

BEA, F./SCHEURER, S./HESSELMANN, S. (2008): Projektmanagement, Stuttgart, Lucius & Lucius.

BEER, S. (1972): Brain of the firm: The Managerial Cybernetics of Organization, London, Penguin.

BLAU, P./SCHOENHERR, R. (1971): The Structure of Organizations, New York, Basic.

BOURGEOIS, L. (1981): On the Measurement of Organizational Slack, in: The Academy of Management Review, 6, 1, 29–39.

BRUNSSON, N./JACOBSSON, B. (2002): A world of standards, Oxford u.a., Oxford Univ. Press.

BURNS, T./STALKER, G. (1961): The Management of Innovation, London, Tavistock.

BURTON, R./LAURIDSEN, J./BORGE, O. (2002): Return on Asset Loss from Situational and Contingency Misfits, in: Management Science, 48, 11, 1461–1485.

CHILD, J. (1972): Organization Structure and Strategies of Control: A Replication of the Aston Study, in: Administrative Science Quarterly, 17, 163–177.

CHILD, J. (1972): Organizational structure, environment and performance: the role of strategic choice, in: Sociology, 6, 1–22.

COLEMAN, J. (1979): Macht und Gesellschaftsstruktur, Tübingen, Mohr.

COLEMAN, J. (1986): Die asymmetrische Gesellschaft, Weinheim, Basel, Beltz.

CYERT, R./MARCH, J. (1963): A Behavioral Theory of the Firm, Englewood Cliffs, N.J., Prentice Hall.

DECI, E./KOESTNER, R./RYAN, R. (1999): A meta-analytic review of experiments examining the effects of extrinsic rewards, in: Psychological Bulletin, 125, 6, 627–668.

DIMAGGIO, P./POWELL, W. (1991): The New Instutionalism in Organizational Analysis, Chicago, University of Chicago Press.

DRORI, G./MEYER, J./HWANG, K. (2006): Globalization and Organization – World Society and Organizational Change, Oxford u.a., Oxford Univ. Press.

DRUCKER, P. (1967): The Effective Executive, London, Heinemann.

DRUMM, H. (1996): Das Paradigma der Neuen Dezentralisation, in: Die Betriebswirtschaft, 56, 1, 7–20.

DYAS, G./THANHEISER, H. (1976): The Emerging European Enterprise. Strategy and Structure in French and German Industry, London, MacMillan.

EUROPEAN COMMISSION (2014): Employment and Social Developments in Europe 2014. Directorate-General for Employment Directorate A, Social -Affairs and inclusion, Luxemburg, Publications Office of the European Union.

EVETTS, J. (2003): The construction of professionalism in new and existing occupational contexts: Promoting and facilitating occupational change, in: The International Journal of Sociology and Social Policy, 223, 4/5, 22–35.

FOUCAULT, M. (1975): Surveiller et punir. Naissance de la prison, Paris, Gallimard.

FOUCAULT, M. (1976): Überwachen und Strafen: die Geburt des Gefängnisses, Frankfurt, Suhrkamp.

FREIDSON, E. (2001): Professionalism – the third logic, Chicago, University of Chicago Press.

FREY, B./OSTERLOH, M. (2002): Managing Motivation: Wie Sie die neue Motivationsforschung für Ihr Unternehmen nutzen können, Wiesbaden, Gabler.

GLASL, F./LIEVEGOED, B. (1993): Dynamische Unternehmensentwicklung. Wie Pionierbetriebe und Bürokratien zu schlanken Unternehmen werden, Bern, Haupt.

GREENWOOD, R./SUDDABY, R./HININGS, C. (2002): Theorizing change: The role of professional associations in the transformation of institutional fields, in: Academy of Management Journal, 45, 1, 58–80.

GREINER, L. (1972): Evolution and revolution as organizations grow, in: Harvard Business Review, 50, 4, 37–46.

GRÜN, O. (1992): Projektorganisation, in: Frese, E.: Handwörterbuch der Organisation, Stuttgart, Schäffer-Poeschel, Sp. 2102–2116.
GÜTTEL, W./KONLECHNER, S. (2009): Continuously Hanging by a Thread: Managing Contextually Ambidextrous Organizations, in: Schmalenbach Business Review, 7, 2, 150–172.
HAMEL, G./PRAHALAD, C. (1994): Competing for the Future, Boston.
HAMILTON, E. (2007): An Exploration of the Relationsship between Loss of Legitimacy and Sudden Death of Organizations, in: Group & Organization Management, 31, 3, 327–357.
HAMMER, M./CHAMPY, J. (1993): Re-Engineering the Corporation. A Manifesto for Business Revolution, London, Nicholas Brealey.
HARBISON, F./MYERS, C. (1959): Management in the Industrial World, New York, McGraw Hill.
HARE, A. (2003): Roles, Relationships, and Groups in Organizations: some Conclusions and Recommendations, in: Small Group Research, 34, 2, 123–154.
HEITGER, B. (1996): Von der Weiterbildung zum Wissensmanagement, in: Beratergruppe Neuwaldegg: Personalmanagement bye bye?, Wien.
HICKSON, D./PUGH, D./PHESEY, D. (1969): Operations Technology and Structure: An Empirical Reappraisal, in: Administrative Science Quarterly, 14, 378–397.
IRVING, J. (1982): Groupthink, Dallas u.a., Houghton Mifflin Company.
JANSEN, D. (2006): Einführung in die Netzwerkanalyse. Grundlagen, Methoden, Forschungsbeispiele, Wiesbaden, VS Verlag für Sozialwissenschaften.
KASPER, H./HEIMERL, P./MÜHLBACHER, J. (2002): Strukturale und prozessorientierte Organisationsformen, in: Kasper, H./Mayrhofer, W. (Hrsg.): Personalmanagement, Führung, Organisation, Wien, Linde, 19–93.
KASPER, H./MAYRHOFER, W./MEYER, M. (1998): Managerhandeln – nach der systemtheoretisch-konstruktivistischen Wende, in: Die Betriebswirtschaft, 58, 5, 603–621.
KASPER, H./MAYRHOFER, W./MEYER, M. (1999): Management aus systemtheoretischer Perspektive – eine Standortbestimmung, in: Eckardstein, D.v./Kasper, H./Mayrhofer, W.: Management, Stuttgart, Schäffer Poeschel.
KIESER, A. (1996): Moden & Mythen des Organisierens, in: Die Betriebswirtschaft, 56, 1, 21–39.
KIESER, A. (2006): Organisationstheorien, Stuttgart, Kohlhammer.
KIESER, A./WALGENBACH, P. (2010): Organisation, Stuttgart, Schäffer Poeschel.
KOLODNY, H. (1979): Evolution to a Matrix Structure, in: Academy of Management Review, 4, 4, 543–553.
KOSIOL, E. (1972): Die Unternehmung als wirtschaftliches Aktionszentrum, Reinbek, Rowohlt.
KÜPPER, W./ORTMANN, G. (1988): Mikropolitik, Opladen, Westdeutscher Verlag.
LAWLER, E. (1997): Rethinking organization size, in: Organizational Dynamics, 26, 2, 24–35.

LAWRENCHE, P./LORSCH, J. (1967): Organization and Environment, Boston, Harvard University Press.

LEITNER, J./MAIER, F./MEYER, M./MILLNER, R. (2008): Managerialismus in Nonprofit Organisationen: Zur Untersuchung von Wirkungen und unerwünschten Nebenwirkungen., in: Schauer, R./Helmig, B./Purtschert, R./Witt, D.: Steuerung und Kontrolle in Nonprofit-Organisationen, Linz, Trauner, 89–112.

LEUMANN, P. (1979): Die Matrix-Organisation: Unternehmensführung in einer mehrdimensionalen Struktur – theoretische Darstellung und praktische Anwendung, Bern, Haupt.

LIEVEGOED, B. (1974): Organisationen im Wandel, Bern, Haupt.

LIKERT, R. (1961): New Patterns of Management, New York, McGraw-Hill.

LOUNSBURY, M. (2007): A Tale of Two Cities: Competing Logics and Practice Variation in the Professionalizing of Mutual Funds, in: Academy of Management Journal, 50, 2, 289–307.

LOUNSBURY, M. (2008): Institutional rationality and practice variation: New directions in the institutional analysis of practice, in: Accounting, Organizations and Society, 33, 349–361.

LUHMANN, N. (1973): Zweckbegriff und Systemrationalität, Frankfurt, Suhrkamp.

LUHMANN, N. (1984): Soziale Systeme, Frankfurt, Suhrkamp.

LUHMANN, N. (1988): Organisation, in: Küpper, W./Ortmann, G.: Mikropolitik, Opladen, Westdeutscher Verlag, 165–185.

LUHMANN, N. (2000): Organisation und Entscheidung, Opladen/Wiesbaden.

LUTZ, B. (1976): Bildungssystem und Beschäftigungsstruktur in Deutschland und Frankreich, in: Betrieb-Arbeitsmarkt-Qualifikation 1. IFS. Frankfurt, 83–151.

MARCH, J./OLSEN, J. (1976): Ambiguity and Choice in Organizations, Bergen, Universitetsforlaget.

MARR, R./STEINER, K. (2004): Projektmanagement, in: Schreyögg, G./Werder, A.v.: Handwörterbuch Unternehmensführung und Organisation, Stuttgart, Schöffer-Poeschel, Sp. 1196–1208.

MATIASKE, W./WELLER, I. (2003): Extra-Rollenverhalten, in: Martin, A.: Organizational Behaviour – Verhalten in Organisationen, Stuttgart, Kohlhammer, 95–114.

MAYERHOFER, H./MEYER, M. (2007): Projekte und Projektmanagement in NPOs, in: Badelt, C./Meyer, M./Simsa, R.: Handbuch der Nonprofit Organisation, Stuttgart, Schäffer-Poeschel, 1–425.

MEIJAARD, J./BRAND, M./MOSSELMAN, M. (2005): Organizational Structure and Performance in Dutch Small Firms, in: Small Business Economics, 25, 83–96.

MEYER, J. (2006): Weltkultur – wie die westlichen Prinzipien die Welt durchdringen, Frankfurt, Suhrkamp.

MEYER, J./ROWAN, B. (1977): Institutionalized organizations: Formal structure as myth and ceremony, in: American Journal of Sociology, 83, 2, 340–363.

MEYER, M. (2007): Wieviel Wettbewerb vertragen NPO? Befunde zum Nutzen und Schaden von Wettbewerb im Dritten Sektor, in: Helmig, B./Purtschert, R./Schauer, R./Witt, D.: Nonprofit-Organisationen und Märkte, Wiesbaden, Gabler, 59–77.

MILLIGAN, M. (2003): Loss of site: Organizational site moves as organizational deaths, in: The International Journal of Sociology and Social Policy, 23, 115–152.
MINTZBERG, H. (1979): The Structuring of Organizations: A Synthesis of the Research, Englewood Cliffs, NJ, Prentice Hall.
MINTZBERG, H. (1983): Structure in Fives: Designing Effective Organizations, Engelwood Cliffs, N.J., Prentice Hall.
MORGAN, G. (1989): Images of Organization, Thousand Oaks et al., Sage.
MORGAN, G. (1997): Bilder der Organisation, Stuttgart.
MORRISON, E. (1994): Role definitions and organizational citizenship behavior: The importance of the employee's perspective, in: Academy of Management Journal, 37, 6, 1543–1567.
NEUBERGER, O. (1995): Mikropolitik. Der alltägliche Aufbau und Einsatz von Macht in Organisationen, Stuttgart, Enke.
NOHRIA, N./GULATI, R. (1996): Is Slack Good or Bad for Innovation?, in: Academy of Management Journal, 39, 5, 1245–1254.
NOHRIA, N./GULATI, R. (1997): What is the Optimum Amount of Organizational Slack? A Study of the Relationship between Slack and Innovation in Multinational Firms, in: European Management Journal, 15, 6, 603–611.
ÖBB (2014): Unternehmen, http://blog.oebb.at/csr/grundlagen/unternehmen/ [22.06.2015].
ÖBB (2015): Organisation, http://www.oebb.at/infrastruktur/en/The_Company/Organisation/ [23.06.2015].
ORGAN, D. (1988): Organizational Citizenship Behavior: The Good Soldier Syndrome, Lexington.
ORTON, J./WEICK, K. (1990): Loosely Coupled Systems: A Reconceptualization, in: Academy of Management Review, 15, 2, 203–223.
OSTERLOH, M./FROST, J. (1996): Prozessmanagement als Kernkompetenz: Wie Sie Business Reeingineering strategisch nutzen können, Wiesbaden, Gabler.
PFEFFER, J. (1995): Power-Management. Endlich wieder wirkungsvoll führen, Wien, Ueberreuter.
PFEFFER, J./SALANCIK, G. (1978): The External Control of Organizations – A Resource Dependence Perspective, New York, Harper & Row.
PFEFFER, J./SUTTON, R. (2006): Hard facts, dangerous half-truths, and total nonsense, profiting from evidence-based management, Boston, Mass., Harvard Business School Press.
PORTER, M. (1980): Competitive strategy: Techniques for analyzing industries and competitors, New York, Free Press.
POWER, M. (1994): The Audit Explosion, London, Demos.
POWER, M. (1997): The Audit Society: Rituals of Verification, Oxford University Press.
PROBST, G. (1987): Selbst-Organisation. Ordnungsprozesse in sozialen Systemen aus ganzheitlicher Sicht, Berlin, Hamburg, Parey.
PUGH, D. (1985): Organization Theory. Selected Readings, Harmondsworth et al., Penguin.

PUGH, D./HICKSON, D. (1969): The context of organization structures, in: Administrative Science Quarterly, 14, 91–114.

ROUSSEAU, D. (1990): New hire perceptions of their own and their employer's obligations: A study of psychological contracts, in: Journal of Organizational Behavior, 11, 389–400.

ROUSSEAU, D. (1995): Psychological contracts in organizations: understanding written and unwritten agreements, Thousand Oaks, Sage.

RUIGROK, W./PETTIGREW, A./PECK, S./WHITTINGTON, R. (1999): Corporate Restructuring and New Forms of Organizing: Evidence from Europe, in: Management International Review, Special Issue, 2, 41–64.

SÁNCHEZ-BALLESTA, J./GARCIÁ-MECA, E. (2007): A Meta-Analytic Vision of the Effect of Ownership Structure on Firm Performance, in: Corporate Goverance: An International Review, 15, 5, 879–893.

SENGE, P. (1990): The Fifth Discipline, New York: Doubleday/Currency.

SENGE, P. (2004): Das Fieldbook zur fünften Disziplin, Stuttgart, Klett-Cotta.

SINE, W./MITSUHASHI, H./KIRSCH, D. (2006): Revisiting Burns and Stalker: Formal Structure and New Venture Performance in Emerging Economic Sectors, in: Academy of Management Journal, 49, 1, 121–132.

SMITH, C./ORGAN, D./NEAR, J. (1983): Organizational Citizenship Behaviour: Its Nature and Antecedents, in: Journal of Applied Psychology, 68, 4, 653–663.

STAHELE, W. (1991): Redundanz, Slack und lose Kopplung in Organisationen: Eine Verschwendung von Ressourcen?, in: Staehle, W.H./Sydow, J.: Managementforschung 1, Berlin, New York, De Gruyter, 313–345.

SUTTON, R. (1987): The Process of Organizational Death: Disbanding and Reconnecting, in: Administrative Science Quarterly, 32, 4, 542–569.

SY, T./COTE, S. (2004): Emotional Intelligence: A Key Ability to Succeed in a Matrix Organization, in: The Journal of Management Development, 23, 5/6, 437–455.

SYDOW, J. (1992): Strategische Netzwerke. Evolution und Organisation, Wiesbaden, Gabler.

SYDOW, J./WINDELER, A. (2000): Steuerung von und in Netzwerken – Perspektiven, Konzepte, vor allem aber offene Fragen, in: Sydow, J./Windeler, A.: Steuerung von Netzwerken, Opladen, Wiesbaden, Westdeutscher Verlag.

THOMSEN, S./PEDERSEN, T. (2000): Ownership Structure and Economic Performance in the Largest European Companies, in: Strategic Management Journal, 21, 689–705.

TUSHMAN, M./ANDERSON, P. (1997): Managing Strategic Innovation and -Change: A Collection of Readings, New York, Oxford University Press.

WALGENBACH, P./KIESER, A. (1995): Mittlere Manager in Deutschland und Großbritannien, in: Schreyögg, G./Sydow, J.: Managementforschung 5, Berlin, deGruyter, 259–310.

WEBER, M. (1972): Wirtschaft und Gesellschaft. Grundriss der verstehenden Soziologie, Tübingen.

WEICK, K. (1976): Educational organizations as loosely coupled systems, in: Administrative Science Quarterly, 21, 1–19.

WEICK, K. (1985): Der Prozeß des Organisierens, Frankfurt, Suhrkamp.

WEICK, K. (1995): Sensemaking in Organizations, Thousand Oaks, Cal. u.a., Sage.

WHITTINGTON, R./PETTIGREW, A./FENTON, E./CONYON, M. (1998): New Forms of Organization in Europe: Complementarities and Performance, in: Submitted to Organization Science.

WHITTINGTON, R./MAYER, M. (2000): The European Corporation, Oxford UK, Oxford University Press.

ZOLLO, M./WINTER, S. (2002): Deliberate learning and the evolution of dynamic capabilities, in: Organization Science, 13, 3, 339–351.

Organisationsführung und Strategie

BATTILANA, J./DORADO, S. (2010): Organization building amid multiple institutional logics: The case of commercial microfinance organizations, in: Academy of Management Journal, 53, 1419–1440.

BECATTINI, G. (2004): Industrial Districts. A New Approach to Industrial Change, Cheltenham.

BORNSTEIN, D. (1998): Changing the world on a shoestring, in: The Atlantic Monthly, 28, 1, 34–9.

BOURDIEU, P. (1982): Die feinen Unterschiede. Kritik der gesellschaftlichen Urteilskraft, Frankfurt am Main.

BOURDIEU, P. (2001): Contre-feux 2. Pour un mouvement social européen, Paris.

CARROLL, G.R./SWAMINATHAN, A. (2000): Why the microbrewery movement? Organi-zational dynamics of resource partitioning in the US brewing industry, in: American Journal of Sociology, 106, 715–762.

CODA, V. (2012): The Evaluation of the Entrepreneurial Formula, in: European Management Review, 9, 63–74 (La valutazione della formula imprenditoriale, Sviluppo & Organizzazione, 82, 1984)

DAY, G.S. (1994): The Capabilities of Market-Driven Organizations, in: Journal of Marketing, 58, 4, 37–52.

DAY, G.S. (2011): Closing the Marketing Capabilities Gap, in: Journal of Marketing, 75, 7, 183–196.

DELMESTRI, G./GREENWOOD, R. (2015): From a Cinderella into a Queen: Radical status recategorization, Working paper.

DELMESTRI, G./WEZEL, F.C. (2011): Breaking the wave: The contested legitimation of an alien organizational form, in: Journal of International Business Studies, 42, 6, 828–852.

DEWIT, B./MEYER, R. (2014): Strategy. Process, Content, Context. An International Perspective, 5. Auflage, Andover.

DIEVERNICH, F.E.P. (2007): Pfadabhängigkeit im Management, Stuttgart.

FAIRTRADE (2015a): Über FAIRTRADE, http://www.FAIRTRADE.at/ueber-FAIRTRADE/ [10.04.2015].

FAIRTRADE (2015b): FAIRTRADE Österreich, http://www.FAIRTRADE.at/ueber-FAIRTRADE/FAIRTRADE-oesterreich/ [10.04.2015].

FREEMAN, R.E. (1984): Strategic Management: A Stakeholder Approach, Boston.
FRIEDMAN, L.A./MILES, S. (2006): Stakeholders: Theory and Practice, New York.
GRANT, R.M. (2012): Foundations of Strategy, Hoboken, N.H.
GRANT, R.M. (2013): Contemporary Strategy Analysis, Hoboken, N.H.
GREENWOOD, R./RAYNARD, M./KODEIH, F./MICELOTTA, E.R./LOUNSBURY, M. (2011): Institutional complexity and organizational responses, in: The Academy of Management Annals, 5, 317–371.
HENISZ, W.J. (2014): Corporate Diplomacy. Building Reputations and Relationships with External Stakeholders, Sheffield.
HORVÁTH, P./KAUFMANN, L. (1998): Balanced Scorecard – Ein Werkzeug zur Umsetzung von Strategien, in: Harvard Business Manager, 20, 5, 39–48.
HULT, T.M. (2012): Boundary-Spanning Marketing Organization. A Theory and Insights from 31 Organization Theories, Luxemburg/Berlin.
INDITEX (2013): Annual Report 2013, Arteixo.
JENSEN, M. (2010): Legitimizing illegitimacy: How creating market identity legitimizes illegitimate products, in: Hsu, G./Negro, G./Koçak, Ö. (Hrsg.): Categories in Markets: Origins and Evolution, in: Research in the Sociology of Organizations, 31, Bingley, 39–80.
JENSEN, M./KIM, B.K. (2014): Great, Madama Butterfly again! How robust market identity shapes opera repertoires, in: Organization Science, 25, 1, 109–126.
JENSEN, M./KIM, B.K./KIM, H. (2011): The importance of status in markets: A market identity perspective, in: Pearce, J.L. (Hrsg.): Status in Management and Organizations, Cambridge, MA, 87–117.
KAPLAN, R.S./NORTON, D.P. (1992): The Balanced Scorecard – Measures that Drive Performance, in: Harvard Business Review, 70, 1, 71–79.
KAPLAN, R.S./NORTON, D.P. (1996): Using the Balanced Scorecard as a Strategic Management System, in: Harvard Business Review, 74, 1, 75–85.
KHAIRE, M./WADHWANI, D.R. (2010): Changing landscapes: The construction of meaning and value in a new market category – modern Indian art, in: Academy of Management Journal, 53, 6, 1281–1304.
KIM, W.C./MAUBORGNE, R. (1997): Value innovation: The strategic logic of high growth, in: Harvard Business Review, 75, 1, 103–112.
KOCHANISKI, J.T./RUSE, D.H., (1996): Designing a Competency-Based Human Resource Organization, in: Human Resource Management, 35, 1, 19–33.
LENGAUER, E./THEUER, E. (2012): Tierrechte: Irrational, extrem und gefährlich? Säkular-analytische Topographie aktueller Normentheorien, in: Weltethos Österreich (Hrsg.): Ethik in der Mensch-Tier-Beziehung, Münster.
LEONARD-BARTON, D. (1992): Core Capabilities and Core Rigidities: A Paradox in Managing New Product Development, in: Strategic Management Journal, 13 (Summer Special Issue), 111–125.
LEVITT, B./MARCH, J.G. (1988): Organizational Learning, in: Annual Review of Sociology, 14, 1, 319–340.

LOUNSBURY, M./RAO, H. (2004): Sources of durability and change in market classifications: A study of the reconstitution of product categories in the American mutual fund industry, 1944–1985, Social Forces, 82, 969–999.

MALTER, D. (2014): On the causality and cause of returns to organizational status Evidence from the Grands Crus Classés of the Médoc, in: Administrative Science Quarterly, 59, 2, 271–300.

MARQUIS, C./RAYNARD, M. (2015): Institutional Strategies in Emerging Markets, in: Academy of Management Annals, 9, 1, 291–335.

MILES, R.E./SNOW, C.C. (1978): Organizational Strategy, Structure, and Process, New York.

MITCHELL, R.K./AGLE, B.A./WOOD, D.J. (1997): Toward a Theory of stakeholder Identification and Salience: Defining the Principle of Who and What Really Counts, in: Academy of Management Review, 22, 4, 853–886.

MÜLLER-STEWENS, G./LECHNER, C. (2011): Strategisches Management – Wie strategische Initiativen zum Wandel führen, 4. Auflage, Stuttgart.

NAVIS, C./GLYNN, M.A. (2010): How new market categories emerge: Temporal dynamics of legitimacy, identity, and entrepreneurship in satellite radio, 1990–2005, in: Administrative Science Quarterly, 55, 3, 439–471.

PODOLNY, J.M. (1993): A status-based model of market competition, in: American Journal of Sociology, 98, 829–872.

PORTER, M.E. (2008): The Five Competitive Forces That Shape Strategy, in: Porter, M.E. (Hrsg.): On Competition, Harvard, 3–36.

PORTER, M.E., (1980): Competitive Strategy – Techniques for Analyzing Industries and Competitors, New York.

PRAHALAD, C.K./HAMEL, G. (1990): The Core Competence of the Corporation, in: Harvard Business Review, 68, 3, 79–91.

RAO, H. (2008): Market Rebels: How Activists Make or Break Radical Innovations, Princeton University Press.

ROSA, J.A./PORAC, J.F./RUNSER-SPANIOL, J./SAXON, M.S. (1999): Sociocognitive dynamics in a product market, in: Journal of Marketing, 63, Special Issue, 64–77.

SCHERTLER, W. (1998): Unternehmensorganisation, 7. Auflage, München.

STOLL, B. (2003): Balanced Scorecard für soziale Organisationen, Regensburg.

TEECE, D.J./PISANO, G./SHUEN, A. (1997): Dynamic Capabilities and Strategic Management, in: Strategic Management Journal, 18, 7, 509–533.

THEUER, E./LENGAUER, E. (2012): Engagierte Bürgerinnen und Bürger statt Mafiosi? Symbolische Aspekte des § 278a StGB (Kriminelle Organisation) und seiner Anwendung, Juridikum 23, 4, 503–516.

TIMMERS, P. (1998): Business models for electronic markets, Electronic Markets, 8, 2, 3–8.

ZOTT, C./AMIT, R. (2010): Designing your future business model: An activity system perspective, Long Range Planning, 43, 216–226.

ZOTT, C./AMIT, R./MASSA, L. (2011): The Business Model: Recent Developments and Future Research, in: Journal of Management, 37, 4, 1019–1042.

ZUCKERMAN, E.W. (1999): The categorical imperative: Securities analysts and the illegitimacy discount, in: American Journal of Sociology, 104, 1398–1438.

ZUCKERMAN, E.W. (2000): Focusing the Corporate Product: Securities Analysts and DeDiversification, in: Administrative Science Quarterly, 45, 591–619.

Organisationskultur – Ansätze zwischen Gestaltung und Selbstorganisation

ALVESSON, M. (2013): Understanding Organizational Culture, London, Thousand Oaks, New Delhi.

ARGYRIS, C. (1976): Single-Loop and Double-Loop Models in Research on Decision Making, in: Administrative Science Quarterly, 21, 3, 363–375.

ARGYRIS, C./SCHÖN, D.A. (1978): Organizational Learning: A Theory of Action Perspective, Reading.

ASHFORTH, B./ROGERS, K./CORLEY, K. (2010): Identity in Organizations. Exploring coss-level dynamics, in: Organization Science, 22, 5, 1144–1156.

BALMER, J.M.T. (2008): Identity Based Views of the Corporation, in: European Journal of Marketing, 42, 9/10, 879–906.

BALMER, J.M.T./Greyser, S.A. (2002): Managing the Multiple Identities of the Corporation, in: California Management Review, 44, 3, 72–86.

BARDMANN, T.M. (1994): Wenn aus Arbeit Abfall wird, Frankfurt.

BATESON, G. (1983): Ökologie des Geistes, Frankfurt.

BLOCK, P. (1991): The Empowered Manager: Positive Political Skills at Work, San Francisco, CA.

BLUEDORN, A.C. (2000): Time and Organizational Culture, in: Ashkanasy, N.M./Wilderom, C.P.M./Peterson, M.F. (Hrsg.): Handbook of Organizational Culture and Climate, Thousand Oaks, 117–128.

BOLEMAN, L.G./DEAL, T.E. (2003): Reframing Organizations, San Francisco.

CORNELISSEN, J./HASLAM, S.A./BALMER, J.M. (2007): Social Identity, Organizational Identity and Corporate Identity. Towards an Integrated Understanding of Processes, Patterning and Products, in: British Journal of Management, 18, 1–16.

CLEVERLEY, G. (1973): Managers and Magic, Harmondsworth.

CROZIER, M./FRIEDBERG, E. (1979): Macht und Organisation. Die Zwänge kollektiven Handelns, Königstein.

DEAL, T.E./KENNEDY, A.A. (1984): Corporate Culture: The Rites and Rituals of Corporate Life, Reading.

DENISON, D. (1990): Corporate Culture and Organizational Effectiveness, New York.

DENISON, D. (2001): Organizational Culture: Can it be a Key Lever for Driving Organizational Change?, in: Cooper, C.L./Cartwright, S./Early, P.C. (Hrsg.): The Handbook of Organizational Culture and climate, Chichester, New York, Weinheim, Brisbane, Singapore, Toronto, 347–372.

DENISON, D. (2006): Verbindung von Organisationskultur und unternehmerischen Erfolg: Ein kurzer Überblick, Gütersloh.

DENISON, D. (2009): Getting Started with Your Denison Organizational Culture Survey Results, http://www.denisonconsulting.com/docs/CultureGettingStarted/UsersGuideV7.pdf [23.06.2015].

DENISON, D./HAALAND, S./GOELZER, P. (2004a): Corporate Culture and Organizational Effectiveness: Is Asia Different from the Rest of the World?, in: Organizational Dynamics, 1, 33, 98–109

DENISON, D./LIEF, C./WARD, J. (2004b): Culture in Family-Owned Enterprises: Recognizing & Leveraging Unique Strengths, in: Family Business Review, 17, 1, 61–70.

DENISON, D./MISHRA, A. (1995): Toward a Theory of Organizational Culture and Effectiveness, in: Organizational Science, 6, 2, 204–223.

DENISON, D./NEALE W.S. (1999): The Denison Organizational Culture Survey, Ann Arbor, Michigan.

DERSCHKA, P./GOTTSCHALL, D. (1984): Metaplan. Das Geheimnis der Wolke, in: Management Wissen, 12, 17–33.

DIERKES, M./ROSENSTIEL, L.v./STEGER, U. (1993): Unternehmenskultur in Theorie und Praxis: Konzepte aus Ökonomie, Psychologie und Ethnologie, Frankfurt am Main, News York, Campus Verlag.

FELDMANN, S.P. (1990): Stories as Cultural Creativity: On the Relation between Symbolism and Politics in Organizational Change, in: Human Relations, 43, 809–828.

FEY, C./DENISON, D. (2003): Organizational Culture and effectiveness: Can American theory be applied in Russia?, in: Organizational Science, 14, 6, 686–706.

FISCHER, G. (1955): Partnerschaft im Betrieb. Heidelberg.

GEERTZ, C. (1966): Person, Time, and Conduct in Bali: An Essay in Cultural Analysis, in: Culture Series Number, 14, Yale.

GIOIA, D.A./SCHULTZ, M./CORLEY, K.G. (2000): Organizational Identity, Image and Adaptive Instability, in: Academy of Management Review, 25, 1, 63–81.

HATCH, M. J. (1997): Organization Theory, New York.

HAVEL, V. (1991): Anatomie des Gag, in: Havel, V. (1991): Das Gartenfest/Die Benachrichtigung, Reinbeck, 182–200.

HEINEN, E. (Hrsg.) (1987): Unternehmenskultur. Perspektiven für Wissenschaft und Praxis, München, Wien.

JENEWEIN, W./HEIDBRINK, M./HEUSCHELE, F. (2014): Begeisterte Mitarbeiter. Wie Unternehmen ihre Mitarbeiter u Fans machen, Stuttgart.

KASPER, H. (1987): Organisationskultur. Über den Stand der Forschung, Wien.

KASPER, H. (1990): Die Handhabung des Neuen in organisierten Sozialsystemen, Wien, Berlin.

KASPER, H. (1992): Betriebliche Sozialisation, in: Gaugler, E./Weber, W. (Hrsg.): Handwörterbuch des Personalwesens, Stuttgart, 2056–2065.

KASPER, H. (2007): Turn Around und Fusion im Change Management, Reichenauer Führungsforum 2005/2006, in: Turn Around in Wirtschaft und Verwaltung, Wien, 31–42.

KASPER, H./MÜHLBACHER, J. (2002): Von Organisationskulturen zu lernenden Organisationen, in: Kasper, H./Mayrhofer, W. (Hrsg.): Personalmanagement – Führung – Organisation, 3. Auflage, Wien, 95–156.

KASPER, H./LOISCH, U./MÜHLBACHER, J./MÜLLER, B. (2009): Organisationskultur und lernende Organisation, in: Kasper, H./Mayrhofer, W. (Hrsg.): Personalmanagement – Führung – Organisation. 4. Auflage, Wien, 309–361.

KATZENBACH J./SMITH, D. (1993): The Wisdom of Teams: Creating the High Performance Organization, Boston, MA.

KLEIN, S. (1991): Der Einfluss von Werten auf die Gestaltung von Organisationen, Berlin.

KRELL, G. (1991): Organisationskultur – Renaissance der Betriebsgemeinschaft?, in: Dülfer, E. (Hrsg.): Organisationskultur, Stuttgart, 147–161.

KRELL, G. (1994): Vergemeinschaftende Personalpolitik, München.

KUHN, T. (1976): Die Struktur wissenschaftlicher Revolutionen, 2. Auflage, Frankfurt/Main.

LAWLER, E. (1986): High Involvement Management, San Francisco, CA.

LEVINE, R. (1998): Eine Landkarte der Zeit. Wie Kulturen mit Zeit umgehen, München.

LIPP, W. (1979): Kulturtypen, kulturelle Symbole, Handlungswelt. Zur Plurivalenz von Kultur, in: Kölner Zeitschrift für Soziologie und Sozialpsychologie, 31, 3, 450–484.

LOISCH, U.C. (2007): Organisationskultur als Einflussgröße der Exportperformance. Eine empirische Analyse im Kontext von Klein- und Mittelunternehmen, Wiesbaden.

LORSCH, J.W. (1986): Managing Culture: The Invisible Barrier to Stategic Change, in: California Management Journal, 28, 2, 95–109.

LOUIS, M.R. (1985): An Investigator's Guide to Workplace Culture, in: Frost, P./Moore, L./ Louis, M.R./Lundeberg, C./Martin, J. (Hrsg.): Organizational Culture, Beverly Hills, 73–94.

LUHMANN, N. (2011): Organisation und Entscheidung, 3. Auflage, Opladen.

MARTIN, J. (2002): Organizational Culture: Mapping the terrain, Thousand Oaks, London, New Delhi.

MARTIN, J./SIEHL, C. (1983): Organizational Culture and Counter-Culture: An Uneasy Symbiosis, in: Organizational Dynamics, Autumn, 12, 52–64.

MATENAAR, D. (1983): Organisationskultur und organisatorische Gestaltung. Die Gestaltungsrelevanz der Kultur des Organisationssystems der Unternehmung, Berlin.

MAYRHOFER, W./MEYER, M. (2004): Organisationskultur, in: Schreyögg, G./Werder, A. (Hrsg.): Handwörterbuch Unternehmensführung und Organisation, 4. Auflage, Stuttgart, 1025–1033.

MINTZBERG, H./AHLSTRAND, B./LAMPEL, J. (1999): Strategy Safari, Wien.

MOSER, H. (1977): Methoden der Aktionsforschung. Eine Einführung, München.

NEUBERGER, O. (1985): Unternehmenskultur und Führung, Augsburg.

NEUBERGER, O./KOMPA, A., (1986): Mit Zauberformeln die Leistung steigern. Serie Firmenkultur II, in: Psychologie heute, Juli, 58–65.

NEUBERGER, O./KOMPA, A. (1987): Wir, die Firma. Der Kult um die Unternehmenskultur, Basel.

NICKLISCH, H. (1922): Wirtschaftliche Betriebslehre, Stuttgart, Poeschel.

NICKLISCH, H. (1932): Die Betriebswirtschaft, Stuttgart, Poeschel.

OCHSENBAUER, C./KLOFAT, B. (1987): Überlegungen zur paradigmatischen Dimension der aktuellen Unternehmenskulturdiskussion in der Betriebswirtschaftslehre, in: Heinen, E. (Hrsg.): Unternehmenskultur. Perspektiven für Wissenschaft und Praxis, München, Wien, 68–106.

OECHSLER, W.A. (2001): Unternehmenskultur und Human Resource Management, in: Bertelsmann-Stiftung, Hans-Böckler-Stiftung, Stuttgart, 85.

OETTL (2015): https://www.executiveacademy.at/de/ueber-uns/news/Seiten/Hochkaraetiger-Gastredner-Robert-Ottel-eroeffnet-den-Global-Executive-MBA-2015.aspx [13.05.2015].

OUCHI, W.G. (1981): Theory Z. Reading, London.

PAGE, M. (1972): Managen wie die Wilden, Düsseldorf, Wien.

PASCALE, R.T./ATHOS, A.G. (1982): Geheimnis und Kunst des japanischen Managements, München.

PETERS, T.J./WATERMAN, R.H. jun. (1984): Auf der Suche nach Spitzenleistungen. Was man von den bestgeführten US-Unternehmen lernen kann, Landsberg am Lech.

ROSENSTIEL, L.v./MOLT, W./RÜTTINGER, B. (1979): Organisationspsychologie, Stuttgart.

RÜTTINGER, R. (1986): Unternehmenskultur. Erfolge durch Vision und Wandel, Düsseldorf, Wien.

SACKMANN, S. (1983): Organisationskultur: Die unsichtbare Einflußgröße, in: Gruppendynamik, 14, 4, 393–406.

SACKMANN, S. (1990): Möglichkeiten der Gestaltung von Unternehmenskultur. in: Lattmann C. (Hrsg.): Die Unternehmenskultur, Heidelberg, 153–188.

SCHEER, P.J./KASPER, H. (2011): Leadership und soziale Kompetenz, Wien.

SCHEIN, E. (1984a): Coming to a New Awareness of Organizational Culture, in: Sloan Management Review, 25, Winter, 3–16.

SCHEIN, E. (1984b): Soll und kann man eine Organisations-Kultur verändern?, in: gdi impuls, 2, 84, 31–43.

SCHEIN, E. (1985/1992/2004): Organizational Culture and Leadership, San Francisco.

SCHOLL-SCHAAF, M. (1975): Werthaltung und Wertsystem, Bonn.

SCHREYÖGG, G. (1999): Organisation: Grundlagen moderner Organisationsgestaltung, 3. Auflage, Wiesbaden.

SCHULTZ, M. (1995): On Studying Organizational Cultures, Berlin.

SIMON, F. (2007): Einführung in systemische Organisationstheorie, Heidelberg.

SMIRCICH, L. (1983): Concepts of Culture and Organizational Analysis, in: Administrative Science Quarterly, 28, 3, 339–358.

SPREITZER, G. (1995): Psychological Empowerment in the Workplace: Dimensions, Measurement, Validation, in: Academy of Management Journal, 38, 5, 1442–1466.

SPREITZER, G. (1996): Social Structural Characteristics of Psychological Empowerment, in: Academy of Management Journal, 39, 2, 483–504.

STAEHLE, W.H. (1999): Management, 8. Auflage, München.

STIENS, R. (1999): Der Visionär, Wiesbaden.

TRICE, H.M./BEYER, J.M. (1984): Studying Organizational Cultures through Rites and Ceremonials, in: Academy of Management Review, 19, 4, 633–669.

TRICE, H.M./BEYER, J.M. (1993): The Culture of Work Organizations, Englewood Cliffs.

VAN MAANEN, J./BARLEY, S. (1985): Cultural Organization: Fragments of a Theory, in: Frost, P./Moore, L./Louis, M.R./Lundberg, C./Martin, J. (Hrsg.): Organizational Culture, Beverly Hills, 31–54.

WEICK, K.E./SUTCLIFFE, K.M. (2007): Managing the Unexpected: Resilient Performance in an Age of Uncertainty, San Francisco Josey-Bass.

WESTERLUND, G./SJÖSTRAND, S.E. (1981): Organisationsmythen, Stuttgart.

WOLLNIK, M. (1988): Das Verhältnis von Organisationsstruktur und Organisationskultur, in: Dülfer, E. (Hrsg.): Organisationskultur, Phänomen – Philosophie – Technologie, Stuttgart, 49–76.

ZELLMER-BRUHN, M.E./GIBSON, C.B./ALDAG, R. J. (2001): Time Flies Like an Arrow: Tracing Antecedents and Consequences of Temporal Elements of Organizational Culture, in: Cooper, C.L./Cartwright, S./Earley, P.C. (Hrsg.): Organizational Culture and Climate, Chichester, 21–52.

Personalauswahl

ARNULF, J.K./TEGNER, L./LARSSEN, Ø. (2010): Impression making by résumé layout: Its impact on the probability of being shortlisted, in: European Journal of Work and Organizational Psychology, 19, 2, 221–230.

BARRICK, M./FEILD, H.S./GATEWOOD, R.D. (2011): Selection in Human Resource Management, 7. Auflage, Boston, South-Western Cengage Learning.

BARRICK, M.R./SHAFFER, J.A./DEGRASSI, S.W. (2009): What you see may not be what you get: a meta-analysis of the relationship between self-presentation tactics and ratings of interview and job performance, in: Journal of Applied Psychology, 94, 1394–1411.

BARRICK, M.R./ZIMMERMANN, R.D. (2009): Hiring for retention and performance, in: Human Resource Management, 48, 2, 183–206.

BERTHEL, J./BECKER, F.G. (2013): Personal-Management – Grundzüge für Konzeptionen betrieblicher Personalarbeit, 10., überarbeitete und aktualisierte Auflage, Stuttgart, Schäffer-Poeschel.

BORTZ, J./DÖRING, N. (2006): Forschungsmethoden und Evaluation für Human- und Sozialwissenschaftler, Heidelberg, Springer.

BROWN, V./VAUGHN, E. (2011): The writing on the (Facebook) wall: the use of social networking sites in hiring decisions, in: Journal of Business Psychology, 26, 219–225.

CHAPMAN, D.S./ZWEIG, D.I. (2005): Developing a nomological network for interview structure: Antecedents and consequences of the structured selection interview, in: Personnel Psychology, 58, 3, 673–702.

COLLINGS, D.G./SCULLION, H. (2008): Resourcing international assignees, in: Dickmann, M./Sparrow,P./Brewster, C. (Hrsg.): International Human Resource Management, 2. Auflage, Milton Park, UK, Routledge, 87–106.

CONNERLEY, M.L. (2014): Recruiter Effects and Recruitment Outcomes, in: Cable, D./Yu, K.Y.T. (Hrsg.): The Oxford Handbook of Recruitment, New York, Oxford University Press, 21–34.

COSTA, P.T./MC CRAE, R.R. (1985): The NEO Personality Inventory Manual, Odessa FL, Psychological Assessment Resources.

DER SPIEGEL (2007): http://www.spiegel.de/spiegel/print/d-51132249.html, [05.02.2015].

DI MILIA, L./GORODECKI, M. (1997): Some Factors Explaining the Reliability of a Structured Interview System at a Work Site, in: International Journal of Selection and Assessment, 5, 193–199.

DRS, M. (2015): Arbeits- und Sozialrecht, Lernen – Üben – Wissen, 3. Auflage, Wien, Manz.

EWERLIN, D. (2013): The influence of global talent management on employer attractiveness: An experimental study, in: Zeitschrift für Personalforschung, 27, 3, 279–304.

EXPERTO (2015) http://www.experto.de/b2b/muster-vorlagen/geschaeftswelt/stellenbeschreibung-muster.html, [25.06.2015]

FOULKES, F.K./VACHANI, S./ZASLOW, J. (2008): Human resources challenges of global offshoring, in: European Journal of International Management, 2, 3, 287–308.

GAWLITTA, W. (2009): Die Analyse der Bewerbungsunterlagen, in: Heidelberger, M./Kornherr, L. (Hrsg.): Handbuch der Personalberatung, München, Vahlen, 64–71.

HALTMEYER, B./LUEGER, G. (2002): Beschaffung und Auswahl von Mitarbeitern, in: Kasper, H./Mayrhofer, W. (Hrsg.): Personalmanagement, Führung, Organisation, Wien, Linde, 407–445.

HAUSKNECHT, J.P./DAY, D.V./THOMAS, S.C. (2004): Applicant reactions to selection procedures: An updated model and meta-analysis, in: Personnel Psychology, 57, 639–683.

HUESMANN, M. (2008): Arbeitszeugnisse aus personalpolitischer Sicht, Wiesbaden, Dissertation.

JÄGER, A.O./SÜSS, H.-M./BEAUDUCEL, A. (1997): Berliner Intelligenzstruktur–Test, Form 4, Göttingen, Hogrefe.

JUGEND BEWEGT BERLIN (2015): http://www.jugendhilfe-bewegt-berlin.de/startseite/aktuelles-detailansicht/article/nur-die-besten-fuer-den-sozialbereich-von-morgen.html, [05.02.2015].

JUNG, H. (1999): Personalwirtschaft, 3. Auflage, Oldenbourg et al.

KAAS, L./MANGER C. (2012): Ethnic Discrimination in Germany's Labour Market: A Field Experiment, in: German Economic Review, 13, 1, 1–20.

KANNING, U. P./PÖTTKER, J./GELLERI, P. (2007): Assessment Center-Praxis in deutschen Großunternehmen. Ein Vergleich zwischen wissenschaftlichem Anspruch und Realität, in: Zeitschrift für Arbeits- und Organisationspsychologie, 51, 4, 155–167.

KANNING, U. P./SCHULER, H. (2014): Simulationsorientierte Verfahren der Personalauswahl, in: Schuler, H./Kanning U.P. (Hrsg.): Lehrbuch der Personalpsychologie, 3. Auflage, Göttingen et al., Hogrefe, 215–256.

KIETAIBL, C. (2013): Arbeitsrecht I – Gestalter und Gestaltungsmittel, 8. Auflage, Wien, new academic press.

KLIMECKI, R.G./GMÜR, M. (2005): Personalmanagement, 3. Auflage, Stuttgart, Lucius & Lucius.

KLUEMPER, D.H./ROSEN, P.A. (2009): Future employment selection methods: evaluating social networking web sites, in: Journal of Managerial Psychology, 24, 567–580.

KRAUSE, A./RINNE, U./ZIMMERMANN, K.F./BÖSCHEN, I./AL, R. (2012): Pilotprojekt „Anonymisierte Bewerbungsverfahren", Abschlussbericht, Institut für die Zukunft der Arbeit, IZA Research Report Nr. 44.

KREUSCHER, R. (2000): Lebenslaufanalyse, Personalwirtschaft, 27, 10, 64–68.

KROECK, K.G./MAGNUSSEN, K.O. (1997): Employer and Job Candidate Reactions to Videoconference Job Interviewing, in: International Journal of Selection and Assessment, 5, 2, 137–142.

LANGLOIS, J.H./KALAKANIS, L./RUBENSTEIN, A.J./LARSON, A./HALLAM, M./SMOOT, M. (2000): Maxims or Myths of Beauty? A Meta-Analytic and Theoretical Review, in: Psychological Bulletin, 126, 390–423.

MATTHES, S./ULRICH, J.G./FLEMMING, S./GRANATH, R.-O. (2014): Duales System vor großen Herausforderungen: Die Entwicklung des Ausbildungsmarktes im Jahr 2014, Bonn, Bundesinstitut für Berufsbildung (BIBB).

MAURER, S.D./COOK, D.P. (2011): Using company web sites to e-recruit qualified applicants: a job marketing based review of theory-based research, in: Computer in Human Behavior, 27, 1, 106–117.

MAYFIELD, E.C. (1964): The Selection Interview: A Re-Evaluation of Published Research, in: Personnel Psychology, 17, 239–260.

MCNELLY, T./RUGGEBERG, B.J./Hall, C.R. (2011): Web-based management simulations: technology-enhanced assessment for executive-level selection and development, in: Tippins, N.T./Adler, S. (Hrsg.): Technology-Enhanced Assessment of Talent, San Francisco, CA, Jossey-Bass, 253–266.

OECHSLER, W.A. (2011): Personal und Arbeit – Grundlagen des Human Resource Management und der Arbeitgeber-Arbeitnehmer-Beziehungen, 9., aktualisierte und überarbeitete Auflage, München, Oldenbourg.

ORDANINI A./SILVESTRI, G. (2008): Recruitment and selection services: Efficiency and competitive reasons in the outsourcing of HR practices, in: International Journal of Human Resource Management, 19., 2, 372–391.

OSTENDORF, F./ANGLEITNER, A. (2004): NEO-Persönlichkeitsinventar nach Costa und McCrae, revidierte Fassung (NEO-PI-R), Göttingen, Hogrefe.

REILLY, R./CHAO, G. (1982): Validity and fairness of some alternative employee selection procedures, in: Personnel Psychology, 35, 1–62.

REINHARDT, R. (2006): Zur Reliabilität und Validität der Personalvorauswahl, Aachen.

RYAN, A.M./PLOYHART, R.E. (2014): A Century of Selection, in: Annual Review of Psychology, 65, 693–717.

ROSENSTIEL, L.v./NERDINGER, F.W. (2011): Grundlagen der Organisationspsychologie Basiswissen und Anwendungshinweise, 7., überarbeitete Auflage, Stuttgart, Schäffer-Poeschel.

THE ECONOMIST (2006): The battle for brainpower, [05.10.2006].

SANCHEZ, J./LEVINE, E. (2012): The rise and fall of job analysis and the future of work analysis, in: Annual Review of Psychology, 63, 397–425.

SARGES, W. (2000): Interviews, in: Sarges, W. (Hrsg.): Management-Diagnostik, 3. Auflage, Göttingen, Hogrefe, 475–489.

SCHMIDT, F.L./HUNTER, J.E. (1998): The Validity and Utility of Selection Methods in Personnel Psychology: Practical and Theoretical Implications of 85 Years of Research Findings, in: Psychological Bulletin, 124, 2, 262–274.

SCHRÖER, E./HUHN, K. (1998): Zeit- und Telearbeit – Flexible Beschäftigungsformen und ihre Bedeutung für den Mittelstand, Wiesbaden, Springer.

SCHULER, H. (1992): Das Multimodale Einstellungsinterview, Diagnostica, 38, 4, 281–300.

SCHULER, H. (2000): Psychologische Personalauswahl, Göttingen, Verlag für angewandte Psychologie.

SCHULER, H. (2011): Personalauswahl, in: Homburg, R.-S./Wolff, B. (Hrsg.): Handbuch Strategisches Personalmanagement, Wiesbaden, Gabler, 29–61.

SCHULER, H. (2014a): Arbeits- und Anforderungsanalyse, in: Schuler, H./Kanning (Hrsg.): Lehrbuch der Personalpsychologie, 3. Auflage, Göttingen et al., Hogrefe, 61–98.

SCHULER, H. (2014b): Biografieorientierte Verfahren der Personalauswahl, in: Schuler, H./Kanning (Hrsg.): Lehrbuch der Personalpsychologie, 3. Auflage, Göttingen et al., Hogrefe, 257–300.

SCHULER, H./HELL, B./TRAPMANN, S./SCHAAR, H./BORAMIR, I. (2007): Die Nutzung psychologischer Verfahren der externen Personalauswahl in deutschen Unternehmen – Ein Vergleich über 20 Jahre, in: Zeitschrift für Personalpsychologie, 6, 2, 60–70.

SCHULER, H./HÖFT, S./HELL, B. (2014): Eigenschaftsorientierte Verfahren der Personalauswahl, in: Schuler, H./Kanning (Hrsg.): Lehrbuch der Personalpsychologie, 3. Auflage, Göttingen et al., Hogrefe, 149–213.

SCHULER, H./KANNING, U. (Hrsg.) (2014): Lehrbuch der Personalpsychologie, 3. Auflage, Göttingen et al., Hogrefe.

SPITTA (2015): http://www.spitta.de/fileadmin/tt_news/shop/pdf/V004012154/Stellenbeschreibung_ZFA.pdf, [25.06.2015]

STELLENBESCHREIBUNG (2015) https://www.stellenbeschreibungen.com/sekretaerin/, [25.06.2015]

TIPPINS, N.T. (2009): Internet alternatives to traditional proctored testing: Where are we now?, in: Industrial and Organizational Psychology: Perspectives on Science and Practice, 2, 1, 2–10.

VOSS, T. (2007): Netzwerke als soziales Kapital am Arbeitsmarkt, Kölner Zeitschrift für Soziologie und Sozialpsychologie, Sonderheft 47/2007, 321–342.

WELLER, I./HOLTOM, B. C./MATIASKE, W./MELLEWIGT, T. (2009): Level and time effects of recruitment sources on early voluntary turnover, in: Journal of Applied Psychology, 94, 1146–1162.

WEUSTER, A. (2012): Personalauswahl 1 – Internationale Forschungsergebnisse zu Anforderungsprofil, Bewerbersuche, Vorauswahl, Vorstellungsgespräch und Referenzen, 3., aktualisierte und überarbeitete Auflage, Wiesbaden, Springer Gabler.

ZAUGG, R. J. (2009): Nachhaltiges Personalmanagement eine neue Perspektive und empirische Exploration des Human Resource Management, 1. Auflage, Wiesbaden, Gabler.

Personalentwicklung

AGUINIS, H./KRAIGER, K. (2009): Benefits of training and development for individuals and teams, organizations, and society, in: Annual Review of Psychology, 60, 451–474.

ALLEN, N./MEYER, J. (1990): Organizational socialization tactics: A longitudinal analysis of links to newcomers' commitment and role orientation, in: Academy of Management Journal, 33, 847–858.

ARNOLD, P./KILIAN, L./THILLOSEN, A./ZIMMER, G. (2013): Handbuch E-Learning, 3. Auflage, Bielefeld, Bertelsmann Verlag.

BAUER, T./BODNER, T./ERDOGAN, B./TRUXILLO, D./TUCKER, J. (2007): Newcomer adjustment during organizational socialization: A meta-analytic review of antecedents, outcomes, and methods, in: Journal of Applied Psychology, 92, 707–721.

BECKER, M. (2013): Personalentwicklung, 6. Auflage, Stuttgart, Schäffer-Poeschel.

BENDL, R./HANAPPI-EGGER, E./HOFMANN, R. (2012): Diversität und Diversitätsmanagement: Ein vielschichtiges Thema, in: Bendl, R./Hanappi-Egger, E./Hofmann, R. (Hrsg.): Diversität und Diversitätsmanagement, Wien, UTB Fakultas, 11–21.

BERTHEL, J./BECKER, F. (2013): Personalmanagement, 10. Auflage, Stuttgart, Schäffer-Poeschel.

BRÖCKERMANN, R. (2012): Personalwirtschaft, 6. Auflage, Stuttgart, Schäffer-Poeschel.

COHEN, E./TAYLOR, S./MÜLLER-CAMEN, M. (2012): HRM's Role in Corporate Social and Environmental Sustainability, SHRM Foundation's Effective Practice Guidelines Series.

DER STANDARD (2015): MAN-Umbau trifft 300 Steyr-Mitarbeiter, http://derstandard.at/2000017958421/MAN-baut-offenbar-1800-Jobs-ab, [25.06.2015].

DITTLER, U./KREIDL, C. (2015): Was nun – stehen wir an der Schwelle zum „Smart Social eLearning"? Gibt es durch den Einsatz von Smartphones, Tablet-PCs und Apps neue Möglichkeiten im eLearning, die interessante Perspektiven eröffnen?, in: HMD Praxis der Wirtschaftsinformatik, 52, 46–57.

EHNERT, I./PARSA, S./ROPER, I./WAGNER, M./MÜLLER-CAMEN, M. (2015): Reporting on Sustainability and HRM: A Comparative Study of Sustainability Reporting Practices by the World's Largest Companies, in: International Journal of Human Resource Management.

ELLIS, A./BAUER, T./MANSFIELD, L./ERDOGAN, B./TRUXILLO, D./SIMON, L. (2015): Navigating Uncharted Waters Newcomer Socialization Through the Lens of Stress Theory, in: Journal of Management, 41, 1, 203–235.

ERPENBECK, J./ROSENSTIEL, L.v. (2007): Handbuch Kompetenzmessung, 2. Auflage, Stuttgart, Schäffer-Poeschel.

GRANT, A./CHRISTIANSON, M./PRICE, R. (2007): Happiness, Health, or Relationships? Managerial Practices and Employee Well-Being Tradeoffs, in: Academy of Management Perspectives, 21, 51–63.

GUNZ, H./MAYRHOFER, W. (2011): Re-conceptualizing career success: a contextual approach, in: Zeitschrift für ArbeitsmarktForschung, 43, 3, 251–260.

HENNING, P. (2015): eLearning 2015. Stand der Technik und neueste Trends, in: HMD: Praxis der Wirtschaftsinformatik, 52, 132–143.

HÖFT, S. (2014): Erfolgsüberprüfung personalpsychologischer Arbeit, in: Schuler, H./Kanning, U. (Hrsg.): Lehrbuch der Personalpsychologie, 3. Auflage, Göttingen u.a., Hogrefe, 1081–1135.

HOM, P./KINICKI, A. (2001): Toward a greater understanding of how dissatisfaction drives employee turnover, in: Academy of Management Journal, 44, 975–987.

HUNGENBERG, H./WULF, T. (2011): Grundlagen der Unternehmensführung, 4. Auflage, Berlin/Heidelberg, Springer.

KANNING, U. (2014): Prozess und Methoden der Personalentwicklung, in: Schuler, H./Kanning, U. (Hrsg.): Lehrbuch der Personalpsychologie, 3. Auflage, Göttingen u.a., Hogrefe, 501–562.

KIESER, A. (1990): Die Einführung neuer Mitarbeiter in das Unternehmen, Schriften zur Personalwirtschaft, 2. Auflage, Neuwied/Frankfurt, Kommentator Verlag.

KLIMECKI, R./GMÜR, M. (2005): Personalmanagement, Stuttgart, Lucius & Lucius.

KRAM, K. (1985): Mentoring at work: Developmental relationships in organizational life, Glenview, Foresman.

LANG, S. (2004): Das Trainee-Programm als Baustein einer modernen Personalentwicklung, in: HRM-live, 3–11.

MAYRHOFER, W./MEYER, M./STEYRER, J. (2005): Macht? Erfolg? Reich? Glücklich?, Wien, Linde.

MAYRHOFER, W./MEYER, M./STEYRER, J. (2007): Contextual issues in the study of careers, in: Gunz, H./Peiperl, M. (Hrsg.): Handbook of Career Studies, Thousand Oaks, CA, Sage, 215–240.

MELLO, J. (2011): Strategic Management of Human Resources, 3. Auflage, Australien u.a., South-Western Cengage Learning.
MENTZEL, W. (2012): Personalentwicklung, 4. Auflage, München, Deutscher Taschenbuch Verlag.
MERTENS, D. (1974): Schlüsselqualifikationen, in: Thesen zur Schulung einer modernen Gesellschaft, Mitteilungen aus der Arbeitsmarkt- und Berufsforschung, 1, 36–43.
MOSER, K./SOUCEK, R./HASSEL, A. (2014): Berufliche Entwicklung und organisationale Sozialisation, in: Schuler, H./Kanning, U. (Hrsg.): Lehrbuch der Personalpsychologie, 3. Auflage, Göttingen u.a., Hogrefe, 449–500.
MÜLLER-CAMEN M./ELSIK, W. (2015): IHRM's Role in Managing Ethics and CSR Globally, in: Collings, D./Woo, G./Caligiuri, P. (Hrsg.): The Routledge Companion to International Human Resource Management, London u.a., Routledge, 5, 52–561.
NERDINGER, F./BLICKLE, G./SCHAPER, N. (2011): Arbeits- und Organisationspsychologie, 2. Auflage, Berlin/Heidelberg, Springer.
NG, T./EBY, L./SORENSEN, K./FELDMAN, D. (2005): Predictors of objective and subjective career success, A meta-analysis, in: Personnel Psychology, 58, 367–408.
PAWLOWSKY, P./BÄUMER, J. (1996): Betriebliche Weiterbildung, Management von Qualifikationen und Wissen, München, Beck.
PECCEI, R./VAN DE VOORDE, K./VELDHOVEN, M. (2013): Well-Being and Performance: A Theoretical and Empirical Review, in: Paauwe, J./Guest, D./Wright, P. (Hrsg.): HRM and Performance, Chichester, Wiley, 15–46.
SCHEIN, E. (1971): The Individual, the Organization, and the Career: A Conceptual Scheme, in: Journal of Applied Behavioral Science, 7, 401–426.
SCHEIN, E. (1994): Karriereanker, Die verborgenen Muster in ihrer beruflichen Entwicklung, 3 Auflage, Darmstadt, Beratungssozietät Lanzenberger.
SCHULER, H./KANNING, U. (2014): Lehrbuch der Personalpsychologie, 3. Auflage, Göttingen u.a., Hogrefe.
SOLGA, M./RYSCHKA, J./MATTENKLOTT, A. (2011): Personalentwicklung: Gegenstand, Prozessmodell, Erfolgsfaktoren, in: Ryschka, J./Solga, M./Mattenklott, A (Hrsg.): Praxishandbuch Personalentwicklung: Instrumente, Konzepte, Beispiele, 3. Auflage, Wiesbaden, Gabler, 19–34.
STATISTIK AUSTRIA (2013): Betriebliche Weiterbildung, Wien, Statistik Austria.
STIERLE J./VERA, A. (2014): Handbuch Betriebliches Gesundheitsmanagement, Stuttgart, Schäffer-Poeschel.
STOCK-HOMBURG, R. (2013): Personalmanagement, 3. Auflage, Wiesbaden, Springer Gabler.
STUMMER, H./NÖHAMMER, E./BRAUCHLE, G./SCHUSTERSCHITZ, C. (2011): Betriebliche Gesundheitsförderung in Österreich, Prävention und Gesundheitsförderung, 6, 75–80.
STUTTGARTER ZEITUNG (2011): Passende Einstellung ist die Basis, http://www.stuttgarter-zeitung.de/inhalt.personalentwicklung-passende-einstellung-ist-die-basis.d57d3 f0a-2597-497d-9661-563dbcb6d86a.html [29.06.2015].

ULICH, E./WÜLSER, M. (2015): Gesundheitsmanagement im Unternehmen, 5. Auflage, Wiesbaden, Gabler.

VAN MAANEN, J./SCHEIN, E. (1979): Toward a Theory organizational socialization, in: Staw, B. (Hrsg.): Research in Organizational Behavior, Greenwich, JAI, 209–264.

VOGT, M./ ELSIGAN, G. (2011): Betriebliche Gesundheitsförderung in Österreich. Fonds Gesundes Österreich, Wien.

WOODRUFFE, C. (1993): What is meant by a competency?, in: Leadership & Organization Development Journal, 14, 1, 29–36.

Performance Management

ALEWELDT, T./HÖLSCHER, C.: Top-Gehälter: Europa contra Amerika, in: Personalwirtschaft, Sonderheft 9/2000, 18–23.

AGUINIS, H./JOO, H./GOTTFREDSON, R.K. (2011): Why we hate performance management – And why we should love it, in: Business Horizons, 54, 503–507.

AGUINIS, H. (2014): Performance Management, 3. Auflage, Halrow, Pearson.

ARMSTRONG, M. (2015): Armstrong's Handbook of Performance Management, 5. Auflage, London, Kogan Page.

ATWATER, L./BRETT, J./CHARLES, A. (2007): Multiscore feedback: lessons learned and implications for practice, in: Human Resource Management, 46, 2, 285–307.

BECKER, F. (1994): Grundlagen betrieblicher Leistungsbeurteilungen, 2. Auflage, Stuttgart, Schäffer-Poeschel.

BECKER, F.G./KRAMARSCH, M. (1998): Anreizsysteme der Zukunft, in: Personalwirtschaft, 4, 49–51.

BECKER, F.G./KRAMARSCH, M.H. (2006): Leistungs- und erfolgsorientierte Vergütung für Führungskräfte, Göttingen, Hogrefe.

BEHERY, M./PATON, R. (2008): Performance Appraisal-Cultural fit and Organizational Outcomes within the U.A.E., in: Journal of American Academy of Business, 13, 1, 166–176.

BERSIN, J. (2013): Are Performance Appraisals Doomed? https://www.linkedin.com/pulse/20131102214028-131079-are-performance-appraisals-doomed, [29.05.2015].

BERTHEL, J./BECKER, F. (2013): Personal-Management, 10. Auflage, Stuttgart.

BIRON, M./FARNDALE, E./PAAUWE, J. (2011): Performance management effectiveness: lessons from world-leading firms, in: The International Journal of Human Resource Management, 22, 6, 1294–1311.

BÖHRS, H. (1980): Leistungslohngestaltung mit Arbeitsbewertung, Persönlicher Bewertung, Akkordlohn, Prämienlohn, Wiesbaden.

BREISIG, T. (2005): Personalbeurteilung – Mitarbeitergespräche und Zielvereinbarungen regeln und gestalten, 3. Auflage, Frankfurt am Main, Bund-Verlag.

BRONNER, R./SCHWAAB, C./GOLD, N. (2001): Verzerrungen bei der Mitarbeiter-Beurteilung – Konsequenzen für die Personalarbeit, in: Personal, 53, 1, 40–45.

BROWN, M./HEYWOOD, J. (2005): Performance Appraisal Systems: Determinants and Change, in: British Journal of Industrial Relations, 43, 4, 659–679.

CHARTERED INSTITUTE OF PERSONNEL AND DEVELOPMENT (2014): Employee Outlook, Spring.

DOMSCH, M./GERPOTT, T. (2004): Personalbeurteilung, in: Gaugler, E./Oechsler, W.A./Weber, W. (Hrsg.): Handwörterbuch des Personalwesens, 3. Auflage, Stuttgart, Schäffer-Poeschel, 1431–1441.

DERSSLER, M. (2000): Variable Anreizsysteme motivieren, in: Personalwirtschaft, Sonderheft 9/2000, 40–46.

DUNCKEL, H. (1999): Handbuch psychologischer Arbeitsanalyseverfahren, Zürich.

DYCKE, A./SCHULTE, C. (1986): Cafeteria-Systeme. Ziele, Gestaltungsformen, Beispiele und Aspekte der Implementierung, in: Die Betriebswirtschaft, 5, 577–589.

ECKARDSTEIN, D./GREIFE, W./u.a. (1988): Die Qualifikation der Arbeitnehmer in neuen Entlohnungsmodellen, Frankfurt/Main.

ECKARDSTEIN, D./SCHNELLINGER, F. (1978): Betriebliche Personalpolitik, 3. Auflage, München.

ECKARDSTEIN, D. (1986): Entlohnung im Wandel. Zur veränderten Rolle industrieller Entlohnung in personalpolitischen Strategien, in: Zeitschrift für betriebswirtschaftliche Forschung, 4, 247–269.

ECKARDSTEIN, D. (1995): Zur Modernisierung betrieblicher Entlohnungssysteme in industriellen Unternehmen, in: Eckardstein, D./Janes, A. (Hrsg.): Neue Wege der Lohnfindung für die Industrie, Wien, 15–39.

ERTEN-BUCH, C./MAYRHOFER, W./SEEBACHER, U./STRUNK, G. (2006): Personalmanagement und Führungskräfteentwicklung, Wien, Linde.

FALLGATTER, M.J. (1999): Leistungsbeurteilungstheorie und -praxis: Zur „Rationalität" der Ignorierung theoretischer Empfehlungen, in: Zeitschrift für Personalforschung, 13, 1, 82–100.

FILMER, S. (2013): Global Performance Management Trends, http://www.mercer.com/content/dam/mercer/attachments/global/Talent/human-capital-agenda/Anthology%202013/global-performance-management-trends-europe-2013-mercer.pdf, [28.05.2015].

FÖHR, S. (1994): Zur Vorteilhaftigkeit von Cafeteria-Systemen, in: Zeitschrift für Personalforschung, 1, 58–86.

FREY, B.S. (1997): Markt und Motivation. Wie ökonomische Anreize die (Arbeits-)Moral verdrängen, München.

FURNHAM, A. (2004): Performance management systems, in: European Business Journal, 16, 2, 83–94.

GAUGLER, E. (1992): Betriebliche Sozialpolitik, in: Gaugler, E./Weber, W. (Hrsg.): Handwörterbuch des Personalwesens, 2. Auflage, Stuttgart, Sp. 2098–2110.

GEHLE, F. (1950): Internationale Tagung über Arbeitsbewertung in Genf, in: REFA-Nachrichten, 3, 33.

GIDDENS, A. (1992): Die Konstitution der Gesellschaft. Grundzüge einer Theorie der Strukturierung, Frankfurt, Campus.

GOLDBERG, E. (2014): Performance Management Gets Social, in: HRMagazine, 59, 8, 34–38.

GRAWERT, A. (1996): Cafeteria-Systeme, kein kalter Kaffee, in: Personalwirtschaft Special, 25–26.

GROTH, U./KAMMEL, A. (1993): Betriebliches Sozialleistungsmanagement, in: Personalwirtschaft, 9, 35–36.

HAY MANAGEMENT CONSULTANTS (o.J.): Handbuch der Stellenbewertung, Frankfurt/Main.

HENTZE, J. (1995): Personalwirtschaftslehre 2, 6. Auflage, Bern.

JAWAHAR, I.M. (2006): An Investigation of Potential Consequences of Satisfaction with Appraisal Feedback, in: Journal of Leadership and Organizational Studies, 13, 2, 14–28.

JETTER, W. (2004): Performance Management, 2. Auflage, Stuttgart, Schäffer-Poeschel.

JUNG, H.: Personalwirtschaft, München, Wien.

KASCHUBE, J./ROSENSTIEL, L.v. (2000): Motivation von Führungskräften durch leistungsorientierte Bezahlung, in: Zeitschrift Führung und Organisation, 2, 70–76.

KETS DE VRIES, M./VRIGNAUD, P./FLORENT-TREACY, E./KOROTOV, K. (2007): INSEAD Global Leadership Centre – 360-degree Feedback Instruments: An Overview, Faculty & Research Working Paper, Fontainebleau.

KIEFER, B.-U./KNEBEL, H. (2004): Taschenbuch Personalbeurteilung. Feedback in Organisationen, 11. Auflage, Heidelberg, Recht und Wirtschaft.

KOHN, A. (1999): Punished by Rewards, Boston, Houghton Mifflin.

KRAMARSCH, M.H. (1999): Incentive-Systeme mit Erfolgszielen, in: Personalwirtschaft, 10, 64–68.

KRONBERGER, R./RAUNER, A./PAST, H. (2007): Mitarbeiterkapitalbeteiligung aus Sicht der Arbeitgeber, in: Kronberger, R./Leitsmüller, H./Rauner, A. (Hrsg.): Mitarbeiterbeteiligung in Österreich, Wien, Linde, 13–41.

LEITSMÜLLER, H. (2007): Mitarbeiterbeteiligung aus Sicht der Beschäftigten, in: Kronberger, R./Leitsmüller, H./Rauner, A. (Hrsg.): Mitarbeiterbeteiligung in Österreich, Wien, Linde, 42–79.

KUVAAS, B. (2006): Performance appraisal satisfaction and employee outcomes: mediating and moderating roles of work motivation, in: International Journal of Human Resource Management, 17, 3, 504–522.

LAM, S./YIK, M./SCHAUBROECK, J. (2002): Responses to Formal Performance Appraisal Feedback: The Role of Negative Affectivity, in: Journal of Applied Psychology, 87, 1, 192–201.

LANG, K./MEINE, H./OHL, K. (1990): Arbeit – Entgelt – Leistung. Handbuch Tarifarbeit im Betrieb, Köln.

LEVY, P./WILLIAMS, J. (2004): The Social Context of Performance Appraisal: A Review and Framework for the Future, in: Journal of Management, 30, 6, 881–905.

LUEGER, G. (1992): Die Bedeutung der Wahrnehmung bei der Personalbeurteilung. Zur psychischen Konstruktion von Urteilen über Mitarbeiter, München und Mering, Hampp.

LUTHANS, F./FOX, M. L. (1989): Update on Skill-Bases-Pay, in: Personnel, 3, 26–31.

MAIER, W. (1988): Arbeitsanalyse und Lohngestaltung, Stuttgart.

Milkovich, G.T./Newman, J.M./Barry Gerhart (2013): Compensation, 11. Auflage, New York, McGraw-Hill 2013.

MORGAN, A./CANNAN, K./CULLINANE, J. (2005): 360° feedback: a critical enquiry, in: Personnel Review, 34, 6, 663–680.

MOSER, K. (2004): Selbstbeurteilung, in: Schuler, Heinz (Hrsg.): Beurteilung und Förderung beruflicher Leistung, 2. Auflage, Göttingen, Hogrefe, 83–99.

MUCK, P./SCHULER, H. (2004): Beurteilungsgespräch, Zielsetzung und Feedback, in: Schuler, H. (Hrsg.): Beurteilung und Förderung beruflicher Leistung, 2. Auflage, Göttingen, Hogrefe, 255–289.

NACHBAGAUER, A./RIEDL, G. (1999): Leistung, Lohn und Beurteilung als personalpolitische Gestaltungsfelder, in: Elšik, W./Mayhofer, W. (Hrsg.): Strategische Personalpolitik, München, 149–172.

NAGEL, R./OSWALD, M./WIMMER, R. (2002): Das Mitarbeitergespräch als Führungsinstrument, 3. Auflage, Stuttgart, Klett-Cotta.

NEUBERGER, O. (1980): Rituelle (Selbst-)Täuschung. Kritik der irrationalen Praxis der Personalbeurteilung, in: Die Betriebswirtschaft, 40, 1, 27–43.

NEUBERGER, O. (2000): Das 360°-Feedback. Alles fragen? Alles sehen? Alles sagen? München und Mering, Hampp.

OLFERT, K./ STEINBUCH, P. A. (1999): Personalwirtschaft, Ludwigshafen.

PARENT, D./SLOAN, M./TSUCHIDA, A. (2015): Global Human Capital Trends. Leading in the new world of work, Deloitte University Press.

PINK, D. H. (2010): Drive. Was Sie wirklich motiviert, Salzburg, Ecowin.

REFA, Reichsverband für Arbeitsstudien und Betriebsorganisation (Hrsg.) (1991a): Methodenlehre des Arbeitsstudiums, Teil 4: Anforderungsermittlung, München.

REFA, Reichsverband für Arbeitsstudien und Betriebsorganisation (Hrsg.) (1991b): Methodenlehre des Arbeitsstudiums, Teil 5: Entgeltdifferenzierung, München.

REFA, Reichsverband für Arbeitsstudien und Betriebsorganisation (Hrsg.) (1992): Methodenlehre des Arbeitsstudiums, Teil 2: Datenermittlung, München.

ROETHLISBERGER, F.J./DICKSON W.J. (1939): Management and the Worker, Cambridge.

ROHLEDER, N.E. (1999): Personalbetreuung: Maßnahmen und Grenzen von Sozialleistungen, in: Der Betriebswirt, 1, 23–27.

RÜCKLE, H. (1987): Der Dialog mit den Mitarbeitern, in: Personalführung, 20, 11–12, 812–814.

SCHERM, M./SARGES, W. (2002): 360°-Feedback, Göttingen, Hogrefe.

SCHETTGEN, P. (1996): Arbeit, Leistung, Lohn: Analyse- und Bewertungsmethoden aus sozioökonomischer Perspektive, Stuttgart.

SCHETTGEN, P. (1996): Arbeit, Leistung, Lohn: Analyse- und Bewertungsmethoden aus sozioökonomischer Perspektive, Stuttgart, Enke.

SCHNEIDER, H. (1992): Kapitalbeteiligung der Arbeitnehmer, in: Gaugler, E./Weber, W. (Hrsg.): Handwörterbuch des Personalwesens, 2. Auflage, Stuttgart, Sp. 1103–1113.

SCHULER, H. (2004a): Leistungsbeurteilung – Gegenstand, Funktionen und Formen, in: Schuler, H. (Hrsg.): Beurteilung und Förderung beruflicher Leistung, 2. Auflage, Göttingen, Hogrefe, 1–23.

SCHULER, H. (2004b): Drei Ebenen der Leistungsbeurteilung – Day-to-day-Feedback, Regelbeurteilung und Potenzialanalyse, in: Schuler, H. (Hrsg.): Beurteilung und Förderung beruflicher Leistung, 2. Auflage, Göttingen, Hogrefe, 25–31.

SCHULTZ, R. (1992): Erfolgsbeteiligung der Arbeitnehmer, in: Gaugler, E./Weber, W. (Hrsg.): Handwörterbuch des Personalwesens, 2. Auflage, Stuttgart, Sp. 818–828.

SMITHER, J.W. (2015): The Fate of Performance Ratings: Don't Write the Obituary yet, in: Industrial and Organizational Psychology, 8, 1, 77–80.

SPRENGER, R.K. (2012): Radikal führen, Frankfurt, Campus.

STEINMANN, H./MÜLLER, H./KLAUS, H. (1982): Arbeitnehmer-Beteiligungsmodelle, in: Die Betriebswirtschaft, 1, 117–134.

STEINMANN, H./SCHREYÖGG, G./KOCH, J. (2013): Management, Grundlagen der Unternehmensführung, 7. Auflage, Wiesbaden, Springer.

SWOBODA, P./WALLAND, G. (1987): Zur Erfolgsabhängigkeit der Managerentlohnung in Österreich und zur Transparenz des österreichischen Managermarktes, in: Journal für Betriebswirtschaft, 5, 210–226.

WAGNER, D./GRAWERT, A. (1990): Erfahrungen mit Cafeteria-Modellen, in: Personalwirtschaft, 10, 23–29.

WAGNER, D./LANGEMEYER, H. (1993): Cafeteria-Modelle in der Praxis, in: Personalwirtschaft, 3, 53–56.

WHYTE, W.F. (1958): Lohn und Leistung. Eine soziologische Analyse industrieller Akkord- und Prämiensysteme, Darmstadt.

WIBBE, J. (1966): Arbeitsbewertung, München.

WINTER, S. (1997): Möglichkeiten der Gestaltung von Anreizsystemen für Führungskräfte, in: Die Betriebswirtschaft, 5, 615–629.

WU (2015): http://www.wu.ac.at/students/org/services/rankings/ [2015].

ZANDER, E. (1990): Handbuch der Gehaltsfestsetzung, 5. Auflage, München.

Über die Bedeutung von Diversitätsmanagement in Organisationen

ARETZ, H.-J./HANSEN, K. (2002): Diversity und Diversity Management im Unternehmen. Eine Analyse aus systemtheoretischer Sicht, Münster, LIT Verlag.

ASD (2008): Dimensionen von Diversität, Wien, Austrian Society for Diversity.

BECKER, M./SEIDL, A. (Hrsg.) (2006): Diversity Management. Unternehmens- und Personalpolitik der Vielfalt, Stuttgart, Schäffer-Poeschel.

BELINSZKI, E./HANSEN, K. (2003): Diversity Management. Best Practices im internationalen Feld, Hamburg, LIT Verlag.

BENDL, R. (2007): Betriebliches Diversitätsmanagement und neoliberale Wirtschaftspolitik – Verortung eines diskursiven Zusammenhangs, in: Koall, I./Bruchhagen, V.,/Höher, F. (Hrsg.): Diversity Outlooks. Managing Diversity zwischen Ethik, Profit und Antidiskriminierung, Hamburg, LIT Verlag, 10–28.

BENDL, R./BLEIJENBERGH, I./HENTTONEN, E./Mills, A. (2015): Oxford Handbook of Diversity in Organizations, Oxford University Press, Oxford.

BENDL, R./Hanappi-Egger, E./Hofmann, R. (Hrsg.) (2004a): Interdisziplinäres Diversitätsmanagement. Einführung in Theorie und Praxis, Wien, Linde.

BENDL, R./HANAPPI-EGGER, E./HOFMANN, R. (2004b): Spezielle Methoden der Organisationsstudien. Interdisziplinäres Diversitätsmanagement, in: Bendl, R./Hanappi-Egger, E./Hofmann, R. (Hrsg.): Interdisziplinäres Diversitätsmanagement. Einführung in Theorie und Praxis, Wien, Linde, 73–101.

BENDL, R./HANAPPI-EGGER, E./HOFMANN, R. (2010a): Austrian perspectives on diversity management and equal treatment, in: Klarsfeld, A. (Hrsg.): International Handbook on Diversity Management at Work: Country Perspectives on Diversity and Equal Treatment, Cheltenham/Northampton, Edward Elgar Publishing, 27–44.

BENDL, R./HANAPPI-EGGER, E./HOFMANN, R. (2010b): Diversitätsmanagement in Österreich: Bedingungen, Ausformungen und Entwicklungen, in: Diversitas – Zeitschrift für Managing Diversity und Diversity Studies, 1, 1, 17–34.

BENDL, R./EBERHERR, H./MENSI-KLARBACH, H. (2012): Vertiefende Betrachtung zu ausgewählten Diversitätsdimensionen, in: Bendl, R./Hanappi-Egger, E./Hofmann, R. (Hrsg.): Diversität und Diversitätsmanagement, UTB-Facultas, Wien, 79–135.

BENDL, R./HANAPPI-EGGER, E./HOFMANN, R. (Hrsg.) (2012): Diversität und Diversitätsmanagement, UTB-Facultas, Wien.

CAMPBELL, K./MINGUEZ-VERA, A. (2009): Female Board Appointments and Firm Valuation: Short and Long-Term Effects, in: Journal of Management and Governance, 14, 1, 37–59.

CATALYST (2002): Making Change: Creating a Business Case for Diversity, Catalyst.

CATALYST (2004): The Bottom Line: Connecting Performance and Gender Diversity, Catalyst.

CATALYST (2007): The Bottom Line: Corporate Performance and Women's Representation on Boards, in: Joy, L./Carter, N.M./Wagner, H.M./Narayana, S.: Catalyst.

CATALYST (2008): Advancing Women Leaders: The Connection Between Women Board Directors and Women Corporate Officers, in: Joy, L.: Catalyst.

CATALYST (2011): The Bottom Line: Corporate Performance and Women's Representation on Boards 2004–2008, in: Carter, N.M./Wagner, H.M.: Catalyst.

CATALYST (2012): 2012 Catalyst Census: Fortune 500 Women Executive Officers and Top Earner, in: Soares, R./Bonaparte, S./Campbell, S./Margolin, V./Spencer, J.: Catalyst.

COX, T. (1993): Cultural Diversity in Organizations. Theory, Research and Practice, San Franciso, Berrett-Koehler Publishers.

DANOWITZ, M.A./HANAPPI-EGGER, E./MENSI-KLARBACH, H. (2012): Diversity in Organizations. Concepts and Practices, Palgrave Macmillan.

DASS, P./PARKER, B. (1999): Strategies for managing human resource diversity: From resistance to learning, in: Academy of Management Executive, 13, 2, 68–80.

ENGEL, R./HOFMANN, R. (2004): Chancengleichheit – gestern – heute – morgen am Beispiel der Schering AG, in: Bendl, R./Hanappi–Egger, E./Hofmann, R. (Hrsg.): Interdisziplinäres Diversitätsmanagement. Einführung in Theorie und Praxis, Wien, Linde, 247–252.

ENGEL, R. (2007): Die Vielfalt der Diversity Ansätze – Geschichte, praktische Anwendungen in Organisationen und zukünftige Herausforderungen in Europa, in: Koall, I./Bruchhagen, V./Höher, F. (Hrsg.): Diversity Outlooks. Managing Diversity zwischen Ethik, Profit und Antidiskriminierung, Hamburg, LIT Verlag, 97–110.

EUROPEAN COMMISSION (2001): The employment situation of people with disabilities in the European Union – A study prepared by EIM Business and Policy Research, Belgium, European Commission.

EUROPEAN COMMISSION (2003): A Study on Methods and Indicators to Measure the Cost Effectiveness of Diversity Policies in Enterprises, Kent, Centre of Strategy & Evaluation Services.

FABER, L./WALTHER, I./BENDL, R. (2004): Gender- und Diversitätsmanagement in der Bank Austria Creditanstalt – von der Frauenförderung zu Diversitätsmanagement, in: Bendl, R./Hanappi-Egger, E./Hofmann, R. (Hrsg.): Interdisziplinäres Diversitätsmanagement. Einführung in Theorie und Praxis, Wien, Linde, 253–262.

FROHNEN, A. (2005): Diversity in Action, Bielefeld, Transcript Verlag, Bielefeld.

FUCHS, B./HANAPPI-EGGER, E. (2004): Gender- und Diversitätsmanagement bei Microsoft – eine globale Strategie mit lokalspezifischen Ausprägungen am Beispiel der Schweizer Tochtergesellschaft Microsoft Schweiz GmbH (tbd), in: Bendl, R./Hanappi-Egger, E./Hofmann, R. (Hrsg.): Interdisziplinäres Diversitätsmanagement. Einführung in Theorie und Praxis, Wien, Linde, 263–270.

GALBREATH, J. (2011): Are there Gender-Related Influences on Corporate Sustainability? A Study of Women on Boards of Directors, in: Journal of Management & Organization, 17, 1, 17–38.

GARDENSWARTZ, L./ROWE, A. (1994): The Managing Diversity Survival Guide. A complete collection of checklists, activities and tips, New York/Boston/Massachusetts, Mc Graw Hill.

GUTSCHELHOFER, B. (2006): Rechtliche Rahmenbedingungen für Diversitätsmanagement – Erste Erfahrungen mit dem neuen Gleichbehandlungsgesetz in Österreich, in: Bendl, R./Hanappi-Egger, E./Hofmann, R. (Hrsg.): Interdisziplinäres Diversitätsmanagement. Einführung in Theorie und Praxis, Wien, Linde, 44–51.

HANAPPI-EGGER, E./KÖLLEN, T. (2007): Modellierung von Kosten-Nutzen-Effekten von gendersensiblen Maßnahmen auf betrieblicher Ebene, Forschungsbericht FFG, Wien, Femtech.

HANAPPI-EGGER, E./VON DIPPEL, A. (2007): Ageing Society – Altern in der Stadt: Aktuelle Trends und deren Bedeutung für die strategische Stadtentwicklung. 1. Zwischenbericht, Wien, Forschungsinstitut Gender and Diversity in Organizations und Institut für Handel und Marketing.

HOFMANN, R. (2006): Lernen, Wissen und Kompetenz im Gender- und Diversitätsmanagement, in: Bendl, R./Hanappi-Egger, E./Hofmann, R. (Hrsg.): Agenda Diversität: Gender- und Diversitätsmanagement in Wissenschaft und Praxis, München-Mering, Rainer Hampp Verlag, 10–24.

HUBBARD, E.E. (2004): The Diversity Scorecard: Evaluating the Impact of Diversity on Organizational Performance, Amsterdam, Boston, Heidelberg, London, New York, Oxford, Paris, San Francisco.

JOECKS, J./PULL, K./VETTER, K. (2013): Gender Diversity in the Boardroom and Firm Performance: What Exactly Constitutes a "Critical Mass?", in: Journal of Business Ethics, 118, 1, 61–72.

JOHNSTON, W.B./PACKARD, A.H. (1987): Workforce 2000. Work and Workers for the 21st Century, Indianapolis, Hudson Institute.

KOALL, I. (2001): Managing Gender & Diversity. Von der Homogenität zur Heterogenität in der Organisation der Unternehmung, Hamburg.

KOALL, I. (2003): Vortragsunterlagen des Ausbildungslehrgangs „Managing Gender and Diversity" der VHS Ottakring, Dortmund, Universität Dortmund.

KOALL, I./BRUCHHAGEN, V./HÖHER, F. (Hrsg.) (2002): Vielfalt statt Lei(d)tkultur. Mangaging Gender and Diversity, Hamburg, LIT Verlag.

KOALL, I./BRUCHHAGEN, V./HÖHER, F. (Hrsg.)(2007): Diversity Outlooks. Managing Diversity zwischen Ethik, Profit und Antidiskriminierung, LIT Verlag, Hamburg.

KONRAD, A./PUSHKALA, P./PRINGLE, J. (Hrsg.)(2006): Handbook of Workplace Diversity, Sage, Thousand Oaks.

KRELL, G. (1996): Mono- oder multikulturelle Organisationen? Managing Diversity auf dem Prüfstand. Industrielle Beziehungen, in: Zeitschrift für Arbeit, Organisation und Management, 3, 4, 334–350.

KRELL, G./ORTLIEB, R./SIEBEN, B. (Hrsg.) (2011): Chancengleichheit durch Personalpolitik, 6. Auflage, Wiesbaden, Gabler.

KÜHNER, O./KÖNIG, B. (2005): Mehr Wert durch Wissen – Wissensmanagement praxisorientiert, Stuttgart, Kohlhammer.

LEITNER, B. (2008): Menschen mit Beeinträchtigungen. Ergebnis der Mikrozensus-Zusatzfragen im 4. Quartal 2007, in: Statistische Nachrichten, 12/2008, 1132–1141.

MC CALL, L. (2005): Managing the Complexity of Intersectionality, in: Signs, 30, 3, 1771–1800.

MC KINSEY & COMPANY (2007): Women Matter: A Corporate Performance Driver, McKinsey & Company.

NGUYEN, H./FAFF, R. (2006): Impact of Board Size and Board Diversity on Firm Value: Australian Evidence, in: Corporate Ownership & Control, 4, 2, 24–32.

NUTEK (1999): Gender and Profit. European Project on Equal Pay, www.equalpay.nu/docs/en/genderandprofit.pdf., Swedish Business Development Agency.

ÖZBILGIN, M./TATLI, A. (2008): Gobal Diversity Management. An Evidence-Based Approach, Palgrave/MacMillan, Hampshire-New York.

PRENGEL, A. (2006): Pädagogik der Vielfalt. Verschiedenheit und Gleichberechtigung in Interkultureller, Feministischer und Integrativer Pädagogik, Wiesbaden, Opladen.

PROGNOS (2003): Betriebswirtschaftliche Effekte familienfreundlicher Maßnahmen, Bundesministerium für Familie, Senioren, Frauen und Jugend, www.bmfsfj.de.

RIS BKA (2015): Bundes-Verfassungsgesetz, https://www.ris.bka.gv.at/GeltendeFassung.wxe?Abfrage=Bundesnormen&Gesetzesnummer=10000138, [20.02.2015].

SCHEIN, E. (1997): Organizational culture and leadership, San Francisco, Jossey-Bass.

SCHMIDT, S. (2005): Lernen, Wissen, Kompetenz, Kultur. Vorschläge zur Bestimmung von vier Unbekannten, Heidelberg, Carl-Auer Verlag.

SCHREYÖGG, G. (1999): Organisation. Grundlagen moderner Organisationsgestaltung, Wiesbaden, Gabler.

SEPEHRI, P. (2002): Diversity und Managing Diversity in internationalen Organisationen. Wahrnehmungen zum Verständnis und ökonomischer Relevanz, München-Mering, Rainer Hampp Verlag.

STATISTIK AUSTRIA (2003): Bevölkerung Österreichs im 21. Jahrhundert, Wien, Statistik Austria.

STATISTIK AUSTRIA (2014): Arbeitslose (internationale und nationale Definition), Nicht-Erwerbspersonen mit Arbeitswunsch, http://www.statistik.at/web_de/statistiken/arbeitsmarkt/arbeitslose_arbeitssuchende/, [03.04.2015].

STATISTIK AUSTRIA (2015): Bevölkerung in Privathaushalten nach Migrationshintergrund, http://www.statistik.at/web_de/statistiken/bevoelkerung/bevoelkerungsstruktur/bevoelkerung_nach_migrationshintergrund/, [07.04.2015].

STRUPPE, U. (2006): Vielfalt fördern, Zusammenhalt stärken – Diversity Management am Beispiel der MA 17 der Stadt Wien, in: Bendl, R./Hanappi-Egger, E./Hofmann, R. (Hrsg.): Agenda Diversität: Gender- und Diversitätsmanagement in Wissenschaft und Praxis, München-Mering, Rainer Hampp Verlag, 83–94.

STUBER, M. (2004): Diversity. Das Potenzial von Vielfalt nutzen – den Erfolg von Offenheit steigern, Köln, Luchterhand.

TERJESEN, S./SING, V. (2008): Female Presence on Corporate Boards: A Multi-Country Study of Environmental Context, in: Journal of Business Ethics, 83, 55–63.

TRINKFASS, B./ENDERS, M. (2006): Procter & Gamble, in: Bendl, R./Hanappi-Egger, E./Hofmann, R. (Hrsg.): Agenda Diversität: Gender- und Diversitätsmanagement in Wissenschaft und Praxis, München-Mering, Rainer Hampp Verlag, 109–116.

UNITCARGO (2010): http://www.unitcargo.at/79-0-Diversity.html, [03.04.2015].

UNITCARGO (2013): http://www.unitcargo.at/files/unitcargo_diversity-report_en.pdf, [03.04.2015].

WÄCHTER, H. (2003): Personelle Vielfalt in Organisationen, München-Mering, Rainer Hampp Verlag.

WEICK, K.E. (2002): Der Prozeß des Organisierens, Frankfurt/Main, Suhrkamp.

WIENER ZEITUNG (2014): http://www.wienerzeitung.at/nachrichten/oesterreich/politik/621110_Verpartnerung-doch-auch-auf-dem-Standesamt.html, [20.02.2015].

WKO (2015): https://www.wko.at/Content.Node/Charta-der-Vielfalt/charta-der-vielfalt/ueber-die-Charta/Ueber_die_Charta_der_Vielfalt.html, [03.04.2015].
WOLFF, C. (2006): Deutsche Bank, in: Bendl, R./Hanappi-Egger, E./Hofmann, R. (Hrsg.): Agenda Diversität: Gender- und Diversitätsmanagement in Wissenschaft und Praxis, München-Mering, Rainer Hampp Verlag, 52–63.

Der institutionelle Rahmen der Organisation

BATTILANA, J./LEE, M. (2014): Advancing research on hybrid organizing: Insights from the study of social enterprises, in: Academy of Management Annals, 8, 397–441.
BERGER, P.L./LUCKMANN, T. (2000): Die gesellschaftliche Konstruktion der Wirklichkeit, 5. Auflage, Frankfurt/M.
BITEKTINE, A. (2011): Toward a theory of social judgments of organizations: The case of legitimacy, reputation, and status, in: Academy of Management Review, 36, 1, 151–179.
BOXENBAUM, E. (2006): Lost in translation: The making of Danish diversity management, in: American Behavioral Scientist, 49, 7, 939–948.
BROMLEY, P./POWELL, W.W. (2012): From smoke and mirrors to walking the talk: Decoupling in the contemporary world, in: Academy of Management Annals, 6, 483–530.
BRUNSSON, N. (1989): The organization of hypocrisy: Talk, decisions and actions in organizations, New York.
CAMPBELL, J.L. (2004): Institutional change and globalization, Princeton, NJ.
CHRISTIANSEN, L.H./LOUNSBURY, M. (2013): Strange brew: Bridging logics via institutional bricolage and the reconstitution of organizational identity, in: Research in the Sociology of Organizations, 39B, 199–232.
CZARNIAWSKA, B./JOERGES, B. (1996): Travels of ideas, in: Czarniawska, B./Sevon, G. (Hrsg.): Translating organizational change, Berlin, 13–48.
DELMESTRI, G./WALGENBACH, P. (2009): Interference among conflicting institutions and technical-economic conditions: The adoption of the Assessment Center in French, German, Italian, UK, and US multinational firms, in: The International Journal of Human Resource Management, 20, 4, 885–911.
DIMAGGIO, P.J./POWELL, W.W. (1983): The iron cage revisited: Institutional isomorphism and collective rationality in organizational fields, in: American Sociological Review, 48, 2, 147–160.
DRORI, G.S./HÖLLERER, M.A./WALGENBACH, P. (Hrsg.) (2014): Global themes and local variations in organization and management: Perspectives on glocalization, New York.
FREEMAN, R.E. (1984): Strategic management: A stakeholder approach, Boston.
FREIDSON, E. (1986): Professional powers: A study of the institutionalization of formal knowledge, Chicago.
FRIEDLAND, R./ALFORD, R.T. (1991): Bringing society back in: Symbols, practices and institutional contradictions, in: Powell, W.W./DiMaggio, P.J. (Hrsg.): The new institutionalism in organizational analysis, Chicago, 232–263.

GOODRICK, E./REAY, T. (2011): Constellations of institutional logics: Changes in the professional work of pharmacists, in: Work and Occupations, 38, 3, 372–416.

GREENWOOD, R./RAYNARD, M./KODEIH, F./MICELOTTA, E.R./LOUNSBURY, M. (2011): Institutional complexity and organizational responses, in: Academy of Management Annals, 5, 317–371.

HANNAN, M.T./FREEMAN, J. (1977): The population ecology of organizations, in: American Journal of Sociology, 82, 5, 929–964.

HARDY, C./MAGUIRE, S. (2008): Institutional entrepreneurship, in: Greenwood, R./Oliver, C./ Suddaby, R./Sahlin-Andersson, K. (Hrsg.): The SAGE handbook of organizational institutionalism, Thousand Oaks, 198–217.

HASSE, R./KRÜCKEN, G. (2005): Neoinstitutionalismus, 2. Auflage, Bielefeld.

HÖLLERER, M.A. (2013): From taken-for-granted to explicit commitment: The rise of CSR in a corporatist country, in: Journal of Management Studies, 50, 4, 573–606.

HÖLLERER, M.A./JANCSARY, D./MEYER, R.E./VETTORI, O. (2013): Imageries of corporate social responsibility: Visual recontextualization and field-level meaning, in: Research in the Sociology of Organizations, 39B, 139–174.

KOSTOVA, T./ROTH, K./DACIN, M.T. (2008): Institutional theory in the study of multinational corporations: A critique and new directions, in: Academy of Management Review, 3, 4, 994–1006.

KURUCZ, E.C./COLBERT, B.A./WHEELER, D. (2008): The business case for corporate social responsibility, in: Crane, A./McWilliams, A./Matten, D./Moon, J./Siegel, D.S. (Hrsg.): The Oxford Handbook of Corporate Social Responsibility, New York, 83–112.

LAWRENCE, T.B./SUDDABY, R./LECA, B. (2011): Institutional work: Refocusing institutional studies of organization, in: Journal of Management Inquiry, 20, 1, 52–58.

MEYER, J.W./ROWAN, B. (1977): Institutionalized organizations: Formal structure as myth and ceremony, in: American Journal of Sociology, 83, 2, 340–363.

MEYER, J.W./BOLI, J./THOMAS, G.M./RAMIREZ, F. (1997): World society and the nation-state, in: American Journal of Sociology, 103, 1, 144–181.

MEYER, R.E. (2004): Globale Managementkonzepte und lokaler Kontext: Organisationale Wertorientierung im österreichischen öffentlichen Diskurs, Wien.

MEYER, R.E. (2008): New sociology of knowledge: Historical legacy and current strands, in: Greenwood, R./Oliver, C./Suddaby, R./Sahlin-Andersson, K. (Hrsg.): The SAGE Handbook of Organizational Institutionalism, Thousand Oaks, 519–538.

MEYER, R.E. (2014): Re-localization as micro-mobilization of consent and legitimacy, in: Drori, G.S./Höllerer, M.A./Walgenbach, P. (Hrsg.): Global themes and local variations in organization and management: Perspectives on glocalization, New York, 79–89.

MEYER, R.E./HAMMERSCHMID, G. (2006a): Die Mikroperspektive des Neo-Institutionalismus. Konzeption und Rolle des Akteurs, in: Senge, K./Hellmann, K.-U. (Hrsg.): Einführung in den Neo-Institutionalismus, Wiesbaden, 160–171.

MEYER, R.E./HAMMERSCHMID, G. (2006b): Changing institutional logics and executive identities: A managerial challenge to public administration in Austria, in: American Behavioral Scientist, 49, 7, 1000–1014.

MEYER, R.E./HÖLLERER, M.A. (2010): Meaning structures in a contested issue field: A topographic map of shareholder value in Austria, in: Academy of Management Journal, 53, 6, 1241–1262.

OLIVER, C. (1991): Strategic responses to institutional processes, in: Academy of Management Review, 16, 1, 145–179.

PACHE, A.-C./SANTOS, F. (2010): When worlds collide: The internal dynamics of organizational responses to conflicting institutional demands, in: Academy of Management Review, 35, 3, 455–476.

SANTOS, F.M./EISENHARDT, K.M. (2005): Organizational boundaries and theories of organization, in: Organization Science, 16, 5, 491–508.

SAHLIN-ANDERSSON, K. (1996): Imitating by editing success: The construction of organizational fields, in: Czarniawska, B./Sevón, G. (Hrsg.): Translating organizational change, Berlin, 69–92.

SCHNEIBERG, M./LOUNSBURY M. (2008): Social movements and institutional analysis, in: Greenwood, R./Oliver, C./Suddaby, R./Sahlin-Andersson, K. (Hrsg.): The SAGE Handbook of Organizational Institutionalism, Thousand Oaks, 650–672.

SCHREYÖGG, G. (2003): Organisation, 4. Auflage, Wiesbaden.

SCOTT, W.R. (1981): Grundlagen der Organisationstheorie, Frankfurt/M.

SCOTT, W.R. (1992): The organization of environments: Network, cultural, and historical elements, in: Meyer, J.W./Scott, W.R. (Hrsg.): Organizational environments: Ritual and rationality, New York, 155–175.

SCOTT, W.R. (2014): Institutions and organizations: Ideas and interests, 4. Auflage, Thousand Oaks.

SCOTT, W.R./MEYER, J.W. (1991): The organization of societal sectors: Propositions and early evidence, in: Powell, W.W./DiMaggio, P.J. (Hrsg.): The new institutionalism in organizational analysis, Chicago, 108–140.

SENGE, K./HELLMANN, K.-U. (Hrsg.) (2006): Einführung in den Neo-Institutionalismus, Wiesbaden.

SLAGER, R./GOND, J.-P./MOON, J. (2012): Standardization as institutional work: The regulatory power of a responsible investment standard, in: Organization Studies, 33, 5/6, 763–790.

SUCHMAN, M.C. (1995): Managing legitimacy: Strategic and institutional approaches, in: Academy of Management Review, 20, 3, 571–610.

THORNTON, P.H./OCASIO, W./LOUNSBURY, M. (2012): The institutional logics perspective: A new approach to culture, structure, and process, Oxford.

VOGEL, R. (2012): Framing and counter-framing new public management: The case of Germany, in: Public Administration, 90, 2, 370–392.

WALGENBACH, P. (2001): The production of distrust by means of producing trust, in: Organization Studies, 22, 4, 693–714.

WALGENBACH, P./BECK, N. (2000): Von statistischer Qualitätskontrolle über Qualitätssicherungssysteme hin zum Total Quality Management: Die Institutionalisierung eines neuen Managementkonzepts, in: Soziale Welt, 51, 3, 325–353.

WALGENBACH, P./MEYER, R.E. (2008): Neoinstitutionalistische Organisationstheorie, Stuttgart.

WESTPHAL, J.D./ZAJAC, E.J. (1998): The symbolic management of stockholders: Corporate governance reforms and shareholder reactions, in: Administrative Science Quarterly, 4, 1, 127–153.

WOYWODE, M./BECK, N. (2014): Evolutionstheoretische Ansätze in der Organisationslehre: Die Population Ecology-Theorie, in: Kieser, A./Ebers, M. (Hrsg.): Organisationstheorien, 7. Auflage, Stuttgart.

ZUCKERMAN, E.W. (1999): The categorical imperative: Securities analysts and the illegitimacy discount, in: American Journal of Sociology, 104, 5, 1398–1438.

Verzeichnis der Abbildungen und Tabellen

Kapitel Theorie der Führung

Abbildung 1: Gehorsam in Abhängigkeit von Wahrnehmungsintensität
Abbildung 2: Struktur des Beitrags
Abbildung 3: Gewünschte/erfahrene Führung, Zufriedenheit und Commitment
Abbildung 4: Zusammenfassendes Modell charismatischer Führung
Abbildung 5: Situative Reifegrad-Theorie
Abbildung 6: Die Weg-Ziel-Theorie
Abbildung 7: Grundannahmen und Werte der geschlossenen bzw. offenen Organisation

Tabelle 1: Die Manager-/Leaderdivergenz
Tabelle 2: Machtgrundlagen und Folgebereitschaft
Tabelle 3: Erfolgsmodelle der Führung
Tabelle 4: Zusammenhang zwischen Eigenschaften und Führung (emergent/effective)
Tabelle 5: Zusammenhang zwischen Big Five und Führung
Tabelle 6: Ohio-State-Leadership-Quadrant
Tabelle 7: Aufgaben- bzw. Mitarbeiterorientierung und Führungserfolgsindikatoren
Tabelle 8: Zusammenhang zwischen transformationaler/transaktionaler Führung und Erfolgsindikatoren
Tabelle 9: Vorteile und Nachteile der geschlossenen bzw. offenen Organisation

Kapitel Motivation und Arbeitsverhalten

Abbildung 1: Grundmodell: Kernkreislauf der Motivation
Abbildung 2: Erweiterung des Grundmodells der Motivation – Arbeitsumwelt
Abbildung 3: Dimensionen der Arbeitszufriedenheit und Einflussfaktoren
Abbildung 4: Erweiterung des Grundmodells der Motivation – Gerechtigkeit
Abbildung 5: Erweiterung des Grundmodells der Motivation – Erwartungen und Instrumentalität
Abbildung 6: Zielsetzungstheorie
Abbildung 7: High-Performance Cycle
Abbildung 8: Mitarbeitergespräch im Rahmen von MBO
Abbildung 9: Die Job Characteristics Theory
Abbildung 10: Integriertes Modell von Motivation und Leistung

Tabelle 1: Motivatoren und Hygienefaktoren
Tabelle 2: Kombinationen von Motivatoren und Hygienefaktoren
Tabelle 3: Veränderung von Inputs unter verschiedenen Bedingungen von (Un-)Gleichheit
Tabelle 4: Motivationale Imperative und beispielhafte praktische Maßnahmen

Kapitel Gruppen in Organisationen

Abbildung 1: Basismodell zur Gruppenarbeit
Abbildung 2: Kohäsion – Leistungsnorm – Produktivität
Abbildung 3: Das Rad des Lernens

Tabelle 1: Arten von Gruppen nach Charakteristika der Aufgabe
Tabelle 2: Teamrollen nach Belbin
Tabelle 3: Phasen der Gruppenentwicklung
Tabelle 4: Eskalationsniveaus, Klima und Kommunikation
Tabelle 5: Grundformen des Konfliktmanagements
Tabelle 6: Konfliktmaßnahmen bei heißen und kalten Konflikten

Kapitel Organisation: Strukturen und klassische Formen

Abbildung 1: Organisation, betriebliche Funktionen in Organisationen, Märkte und weitere Umwelt
Abbildung 2: Effektivität und Effizienz in Organisationen
Abbildung 3: Stabliniensystem und reines Liniensystem
Abbildung 4: Funktionale Organisationsform eines Landesverbandes des Roten Kreuzes
Abbildung 5: Divisionale Organisationsform
Abbildung 6: Verrichtungs-Objektmatrix
Abbildung 7: Verrichtungs-Verrichtungsmatrix
Abbildung 8: Objekt-Regionalmatrix
Abbildung 9: Reine Projektorganisation
Abbildung 10: Stabsprojektorganisation
Abbildung 11: Matrixprojektorganisation
Abbildung 12: Organigramm der ÖBB-Holding
Abbildung 13: Organigramm der ÖBB-Infrastruktur AG
Abbildung 14: Trends und neue Formen des Organisierens
Abbildung 15: System überlappender Gruppen von Likert
Abbildung 16: Das Grundsystem von Mintzberg's „Fives"
Abbildung 17: Einfachstruktur
Abbildung 18: Maschinenbürokratie
Abbildung 19: Profiorganisation
Abbildung 20: Spartenstruktur
Abbildung 21: Adhokratie
Abbildung 22: Entwicklungsphasen in Organisationen
Abbildung 23: Zusammenhang Situation–Struktur–Erfolg
Abbildung 24: Zusammenhang zwischen verschiedenen Strukturkomponenten

Tabelle 1: Anteil der unselbständig Erwerbstätigen 2013
Tabelle 2: Fünf Merkmale von Aufgaben

Kapitel Organisationsführung und Strategie

Abbildung 1: Vegane Symbole
Abbildung 2: Das Propellermodell der Unternehmens- bzw. Organisationsführung
Abbildung 3: Porters „Five Forces"
Abbildung 4: Kompetenzen als Wurzeln der Wettbewerbsfähigkeit
Abbildung 5: Stakeholdertypologie nach Mitchel/Agle/Wood
Abbildung 6: Stakeholder-Relevanz-Matrix nach Müller-Stewens/Lechner
Abbildung 7: Balanced Scorecard
Abbildung 8: Position der Kategorien in der Klasse der Spirituosen in Italien, vor 1980
Abbildung 9: Position der Kategorien in der Klasse der Spirituosen in Italien, Mitte der 1980er-Jahre

Kapitel Organisationskultur – Ansätze zwischen Gestaltung und Selbstorganisation

Abbildung 1: Kulturebenen und ihr Zusammenhang
Abbildung 2: Eisbergmodell
Abbildung 3: 7-S-Modell
Abbildung 4: Modell der Kulturmerkmale
Abbildung 5: Modell „Circumplex"

Tabelle 1: Medien der symbolischen Vermittlung

Kapitel Personalauswahl

Abbildung 1: Der Rekrutierungsprozess
Abbildung 2: Beispiel einer Stellenbeschreibung
Abbildung 3: Gesprächsanteile beim Interview
Abbildung 4: Beispiele aus dem BIS-Test
Abbildung 5: Beurteilungsskala Rhetorik

Tabelle 1: Vor- und Nachteile der internen versus externen Personalbeschaffung
Tabelle 2: Rechtlich zulässige und unzulässige Fragen beim Interview
Tabelle 3: Struktureller Aufbau eines AC
Tabelle 4: Prognostische Validität bei der Personalauswahl

Kapitel Personalentwicklung

Abbildung 1: Die drei Kernbereiche der Personalentwicklung
Abbildung 2: Der strategische Personalentwicklungsprozess
Abbildung 3: Ziele der Personaleinführung
Abbildung 4: Unternehmen mit betrieblicher Weiterbildung in Europa 2010

Abbildung 5:   Systematisierung von Personalentwicklungsmethoden
Abbildung 6:   Karrierekegel
Abbildung 7:   Laufbahnmodelle

Tabelle 1:   Ziele der Personalentwicklung
Tabelle 2:   Ziele der Personalführung
Tabelle 3:   Einflussfaktoren im Sozialisationsprozess
Tabelle 4:   Beispiel einer Onboarding-Checkliste
Tabelle 5:   Ziele der betrieblichen Weiterbildung
Tabelle 6:   Unterschiede zwischen Qualifikation und Kompetenz
Tabelle 7:   Ausgewählte Methoden der Personalentwicklung
Tabelle 8:   Ziele des betrieblichen Karrieremanagements
Tabelle 9:   Ziele des betrieblichen Gesundheitsmanagements

Kapitel Performance Management

Abbildung 1:   Der Human Resource Cycle
Abbildung 2:   Der Performance-Management-Zyklus
Abbildung 3:   Verfahren der Personalbeurteilung
Abbildung 4:   Likert-Skalen in Einstufungsverfahren
Abbildung 5:   Verhaltensbeobachtungsskalen
Abbildung 6:   Anforderungsarten nach REFA
Abbildung 7:   Lohnformdifferenzierung
Abbildung 8:   Verläufe der Prämienlohnlinie
Abbildung 9:   Schematische Darstellung der Gewinnbeteiligung
Abbildung 10: Gestaltungsmöglichkeiten der Verwendung individueller Erfolgsanteile

Tabelle 1:   Latente Funktionen der Personalbeurteilung
Tabelle 2:   Ansätze der Personalbeurteilung
Tabelle 3:   Kennzeichnungsverfahren mit Eigenschaftswörtern
Tabelle 4:   Kennzeichnungsverfahren mit Verhaltensbeschreibungen
Tabelle 5:   Zwangswahlverfahren
Tabelle 6:   Beurteilungskriterien einmal anders
Tabelle 7:   Verhaltenserwartungsskala
Tabelle 8:   Urteilstendenzen
Tabelle 9:   Verfahren der Arbeitsbewertung
Tabelle 10: Arbeitsbewertung für „Arbeitsschwere"
Tabelle 11: Auszug aus der Bewegungszeittabelle des MTM Grundverfahrens
Tabelle 12: Freiwillige betriebliche Sozialleistungen

Kapitel Über die Bedeutung von Diversitätsmanagement in Organisationen

Abbildung 1: Dimensionen von Unterschieden und Gleichheiten (ASD 2008)

Tabelle 1: Sichtweisen von Vielfalt
Tabelle 2: Detailansicht der Bevölkerungsverteilung auf Glaubensgemeinschaften
Tabelle 3: Bevölkerung mit Migrationshintergrund
Tabelle 4: Diskriminierungsformen mit Bezugskategorie und Normbezügen

Kapitel Der institutionelle Rahmen der Organisation

Tabelle 1: Strategische Reaktionen auf institutionelle Erwartungen

Stichwortverzeichnis

360°-Feedback 369f.

Absolute Lohngerechtigkeit 388
Abwärtsbeurteilung 367
Active Sourcing 316
Adaptierung 463
Additive Aufgaben 119
Adhocratie 187, 190
Adjourning 135
Akkordlohn 397
Akkordreißen 399
Akkordverderber 399
Allianzen
– strategische 183
Analytische Funktionen 124
Anekdoten 260
Anforderungsgerechtigkeit 389
Anforderungsprofil 295f.
– Höchstprofil 296
– Idealprofil 296
– Mindestprofil 296
Angst, Zwang 26
Anonymisierte Bewerbungen 302
Anpassungsfähigkeit 270, 272
Anreiz 77
Ansätze der Personalbeurteilung 372
Anstrengung 77
Antidiskriminierung 442
Antidiskriminierungsrichtlinie 436
Antwortstrategien 475ff.
Applicant Self Services 315
Arbeitsproben 311
Arbeitsteilung 154, 163
Arbeitsumwelt 80
Arbeitszeugnis 303
Arbeitszufriedenheit 80
Architektur und Design 264
Artefakte 253
Assessment-Center 311, 363
Assoziationsphase 193
Aufgaben 161, 163
– additive 119

– disjunktive 119
– kompensatorische 119
– konjunktive 119
Aufgabenbezogene Kohäsion 125
Aufgabenmotivierte Führung 63
Aufgabenverteilung 164
Aufwärtsbeurteilung 368
Ausführungsstellen 161
Austrittsinterview 353
Autoritäre Führungskräfte 41

Balanced Scorecard 232ff.
Basisannahmen 253f.
Basisbedürfnis 79
Bedeutung der Entlohnung 388
Bedeutung, kulturelle 450, 454, 459, 465
Bedingte Verstärkung 47
Bedürfnis 102
Belohnung 77
Bernoulli-Prinzip 91
Best Practice 462f.
Betriebliche Sozialleistungen 405
Betriebliches Gesundheitsmanagement 348
Betriebsgemeinschaft 248
Beurteilungsfehler 383
Beurteilungsgespräch 385
Beurteilungskriterien 372
Beurteilungsverfahren 364, 374
Bewerbungen
– anonymisierte 302
Bewerbungsunterlagen 301
Beziehungskonflikte 138
Beziehungsmotivierte Führung 63
Big-Five-Modell 35, 310
Bildung 324
Biografie-orientierte Verfahren 301
Branche 457
Bricolage 464
Budget 161
Bürokratische Organisation 155

535

Stichwortverzeichnis

Cafeteria-System 406
Center-Konzept 171
Charisma 47, 49
Charismatisches Führungsverhalten 49
Commitment 45, 107
Compliance 133
Consideration (Mitarbeiterorientierung) 42
Consistency 269
Corporate 248
Corporate identity 249
Corporate Social Responsibility (CSR) 353, 450, 462, 465f., 469
Crews 115
Culture-bound thesis 199
Culture-free thesis 199

Day-to-day-Feedback 363
Decoupling 471
Defizitbedürfnis 79
Delegating 56
Delegative Führungsmodelle 62
Demokratische Führungskräfte 41
Design, organisationales 467
Determinismus 64
Dienstleistungsstellen 161
Differenzierungsphase 192
DIPLOM-Modell 230
Direktive Führung 58
Disjunktive Aufgaben 119
Diversitätsdimension 427
Diversitätsdimensionen 416, 418, 420ff., 429, 433f., 439ff.
Diversitätsmanagement 416ff., 424, 429, 432ff., 439, 441ff.
Diversitätsmanagementperspektive 442
Divisionale Organisation 170
Dynamic Capabilities 199

Effective Leaders 34
Effektivität 159
Effektivitäts-Kontinuum 47
Effizienz 159

Eherechtsreform 1970–1978 425
Eierlegendes Wollmilchschwein 364
Eigenschaften 373
Eigenschaftsorientierte Verfahren 308
Eigenschaftstheorien 31
Einbettung, institutionelle 448, 457, 459f.
Einfachstruktur 187f.
Einführung neuer Beschäftigter 323
Einliniensysteme 166
Einstellung 77
Einstufungsverfahren 377
Eisbergmodell 266
E-Learning 341
Emergent Leaders 33
Emotionale Stabilität 36
Empowering Leadership 63
Empowerment 62, 271
Entkopplung 471f.
Entlohnung 362
Entscheidungsdelegation 167
Entscheidungsträger 466, 472, 475
Equity-Theorie 85
E-Rekrutierung 315
Erfolgsbeteiligung 401
Erwartung 91
Erwartungen, institutionelle 456, 459f., 469, 470
Erwartungs-Valenz-Theorie 58, 90
Ethnozentrismus 279
Evolutionstheorie 155
Externe Personalbeschaffung 298
Extraversion 36
Extrinsische Motivation 75

Fachlaufbahn 347
Feedback 364
Feld, institutionelles 459
Feld, organisationales 458ff., 465, 474
Feldstrukturierung 459
Five Forces 215
Fließbandgruppen 115
Förderung 324
Formale Normen 129
Forming 134

Freie Beurteilungen 374
Frühfluktuation 328
Führung 268f., 281
Führungserfolgsmodelle 30
Führungskraft 269, 281
Führungslaufbahn 347
Führungspolitische Ziele 363
Führungspolitische Zielsetzungen 364
Funktionale Organisation 169
Funktionaler Organisationsbegriff 152
Funktionalistisches Paradigma 267
Funktionalistischer Organisationskulturansatz 268

Gehorsam 27
Gehorsamsbereitschaft 28
Gerechtigkeit 85
Geschäftsbereichsorganisation 170f.
Geschäftsmodell 212
Geschichten 261
Geschlecht 38
Geschlossene Gesellschaft 64
Gewissenhaftigkeit 36
Gleichgestelltenbeurteilung 368
Global Leadership and Organizational Effectiveness Program 39
Glocalization 464
Goldbricking 399
Gratifikationen 401
Groupthink 127
Grundannahmen 254
Grundlegende Annahmen 254
Grundlohnbestimmung
– nach Anforderung 390
– nach Qualifikation 394
Gruppe 113
Gruppenaufgaben 118
Gruppenerhaltende Funktionen 124
Gruppengröße 114
Gruppenleistung 118
Gruppennormen 117
Gruppenpotenzial 120
Gruppenziele 118

High-quality leader-member relations 60
Holding 173
Holding-Struktur 180
Homöostaseprinzip 79
Human Resource Cycle 359
Humanistische Psychologie 79
Hybride Organisation 467f.
Hygienefaktor 81

Idealerwartungen gegenüber Führung 39
Identifikation 26
Identität 278
– organisationale 248, 451, 467, 474
Individualistisch 39
Individuelle Wertschätzung 47
Informativer Einfluss 133
Informelle Normen 129
Ingenieur 81
Initiating Structure (Aufgabenorientierung) 42
Inklusion 418f., 424
Inside-out-Perspektive 214
Inspirierende Motivation 47
Instanzen 161
Institution 453f., 459f., 468, 473
Institutional Entrepreneur(ship) 473
Institutional Work 473
Institutionalisierung 453, 473
Institutionelle Strategie 213, 234
Institutioneller Organisationsbegriff 153
Instrumentalität 91
Integrationsphase 193
Intellektuelle Stimulierung 47
Intelligenz 38
Intelligenztest 308
Internalisierung 26
Internationalisierung 199
Interne Personalbeschaffung 297
Interpretative Ansätze 273
Interpretatives Paradigma 275f.
Interpretative Sichtweise 275
Intrinsische Motivation 75, 104
Iowa-Studien 41
Isomorphie 461
Isomorphism 461

Job Characteristics Theory 102
Job Diagnostic Survey 105

Kalkulation 26
Karriere 343
Karrieremanagement 344
Kategoriale Emulation/Nachahmung 238
Kategoriale Sublimierung 238
Kategorialer Abstand 237
Käufermacht 217
Kennzeichnungsverfahren 375
Kernkompetenz 220
Key-Account-Management 180
Kognitionen 247, 249
Kognitive Verzerrung 88
Kohäsion 114, 125
– soziale 125
Köhler-Effekt 121
Kollektivistisch 39
Kommunikation 251
Kompensatorische Aufgaben 119
Kompetenzen 161, 311f., 337
Kompetenzverteilung 167
Komplexität, institutionelle 240, 455, 465, 473f.
Konfiguration 166
Konflikte 136
– heiße 138
– kalte 138
Konflikteskalation 139
Konfliktstrategien 140
Konformität 127
Konjunktive Aufgaben 119
Konsistenzansatz 187
Konsultative Führung 62
Kontingenzansatz 194
Kontinuität 269ff.
Konversion 133
Kooperative Führung 62
Koordination 164
Koordinationsverlust 120
Koppelung 165
Korrelationstendenzen 383
Kritischer psychischer Zustand 102

Kulturdiagnoseprozess 266
Kulturelle Phänomene 251
Kulturelle Landkarten 249
Kulturelle Regeln 247
Kulturen 39, 199
Kultur-Identität-Image-Triade 212
Kundenorientierung 272

Laissez-faire-Führungskräfte 41
Latente Funktionen 367
Latente Orientierungsmuster 257
Latente Funktionen 365
Laufbahn 344
Leader 23
Leader Behavior Description Questionnaire 42
Leader-Member-Exchange-Theorie 60
Lean Management 182
Legitimation 26
Legitimität 455f., 460
Leistung 77
Leistungsergebnisse 372
Leistungsgerechtigkeit 389
Leistungsorientierte Führung 58
Leistungsziele 364
Leitungsspanne 166
Lernende Organisation 183f.
Lieferantenmacht 216
Linienstellen 161
Liniensysteme 166
LMX-Beziehung 61
LMX-Theorie 60
Logik, institutionelle 454, 459, 465
Logiken, Konstellation von institutionellen 465
Lohn 387
Lohngruppenverfahren 391
Low-quality leader-member relation 60

Macht 24
Machtbasen 24
Machtgrundlagen 24
Management by Exception 47

Management by Objectives 100, 381
Managementinstrument 462
Manager 23
Manifeste Funktionen 365
Märkte 157
– organisationsinterne 166
Markteintrittsbarriere 216
Marktgerechtigkeit 389
Marktidentität 235
Marktkategorie 209, 241
Marktkategorien 236
Maschine 154
Maschinenbürokratie 187f.
Matrixorganisation 173
Matrixprojektorganisation 178
Medien der symbolischen Vermittlung 258
Mehrheit 131
Mehrliniensysteme 166
Mehrspartenkonzerne, 170
Mentoring 324, 333, 355
Merkmale des 360°-Feedbacks 369
Metaanalysen 33
Metapher 252
Methode der kritischen Ereignisse 377
Mikroperspektive, institutionelle 468
Milgram-Experiment 28
Minderheit 132
Mintzberg's Fives 186
Mission 270, 272f.
Mitarbeiterbeurteilung 367
Mitarbeitergespräch 100
Mitarbeiterorientierung 42
Mitgliedschaft 153, 156
Mittelwerttendenzen 383
Mitwirkung 269f.
Motivation 74
Motivationspotenzial 105
Motivationstheorien 78
Motivationsverlust 120
Motivator 81
Motivator-Hygiene-Theorie (Zwei-Faktoren- Theorie) 80
Motive 74
Motivieren 74
Multifactor Leadership Questionnaire 46

Multimodales Interview 305
Mythen 259

Nachhaltige Personalentwicklung 353
Netzwerke 183
Normativer Einfluss 133
Normen 107, 114, 247, 253, 256f., 265f., 271, 277, 280f.
– formale 131
Normensetzer 281
Norming 136
Nutzenansätze 91

Offene Aufgaben 114
Offene Gesellschaft 64
Offenheit für Erfahrungen 36
Öffentliche Person 302
Ohio-State-Studien 42
Organigramm 162
Organisation 151
– bürokratische 155
– divisionale 170
– funktionale 169
Organisationale Scheinheiligkeit 469
Organisationales Lernen 184
Organisationsbegriff
– funktionaler 152
– institutioneller 153
Organisationsentwicklung 325
Organisationsinterne Märkte 166
Organisationskategorie 209, 236, 242
Organisationskultur 467
Organisationskulturdiagnose 266
Organisationsriten 262
Organisationsstruktur 456, 461, 463, 467, 469, 474
Organisationsziele 276
Organisiertes Verhalten 247
Organismus 155
Organizational Citizenship Behavior 61
Out-Group 60
Outplacement 353
Outside-in-Perspektive 214

Stichwortverzeichnis

Paradigma 267
Paradox of Embedded Agency 468
Participating 56
Partizipation 62
Partizipative Führung 58
Pate 333
Patensysteme 331, 333
Pensumlohn 401
Performing 134
Personalabbau 352
Personalauswahl 290, 300
Personalberatung 299
Personalbeschaffung 289
– externe 298
– interne 297
Personalbeurteilung 362ff.
Personaleinführung 329
Personalentscheidungen 280
Personalentwicklung 324
Personalfreisetzung 351
Personalleasing 299
Personalmanagement 289, 291
Personalpolitische Zielen 363
Persönliches Wachstum 102
Persönlichkeitstests 310
Pfadabhängigkeit 220
Pionierphase 192
Pluralität, institutionelle 467ff.
Population 457
Positiv bewertete Ergebnisse 102
Potenzialbeurteilung 363
Power Distance 39
Prämienlohn 400
Primärorganisation 166, 176
Produktmanagement 180
Profession 458
Profiorganisation 187, 189
Prognostische Validität 313
Projektgesellschaft 179
Projektgruppen 115
Projektlaufbahn 347
Propellermodell 213
Provisionen 401
Prozessgewinne 120
Prozesskonflikte 138

Prozessorganisation 164, 183
Prozessorientierung 182
Prozessverluste 120
Psychological Empowerment 63
Psychologischer Vertrag 157

Qualifikationen 337
Qualifikationslohn 395
Quellen der Personalbeurteilung 367
Quota restriction 399

Rangfolgeverfahren 391
Rangordnungsverfahren 375
Rangreihenverfahren 393
Referenzen 303
Regelbeurteilung 363
Reine Projektorganisation 177
Re-Kontextualisierung 464
Relative Lohngerechtigkeit 389
Ressourcen 107
Riten 262
Rituale 262
Rivalität 217
Rollen 114
Rollenstandardisierung 166
Rundum-Beurteilung 369

Sachkonflikte 140
Säulen, institutionelle 455
Scientific Management 154
Seitwärtsbeurteilung 368
Sekundärorganisation 166, 176
Selbstbeurteilungen 368
Selbstorganisation 184
Selbstselektion 291
Selling 56
Shareholder Value (SHV) 450, 460, 462, 463
Simulationsorientierte Verfahren 310
Sinnsystem 274
Situative Eigenschaftstheorien 63
Situative Reifegrad-Theorie 55

Situative Theorien 30
Situative Verhaltenstheorien 55
Slogans 260
SMART-Schema der Zielformulierung 100
Social Enterprise 456, 467
Soziale Kohäsion 125
Soziale Kompensation 121
Soziale Konstruktion 275
Soziale Rolle 122
Soziale Strategie 213, 224
Sozialer Einfluss 131
Sozialer Wettbewerb 121
Sozialer Zwang 257
Sozialgerechtigkeit 389
Sozialisation 278
Sozialisationsprozess 330
Spanning Capabilities 222
Spartenegoismus 172
Spartenorganisation 170, 187
Spartenstruktur 190
Spezialisierung 163f.
Sphäre, institutionelle 455, 465f.
Spielregeln 280
Stabliniensysteme 166
Stabsprojektorganisation 178
Stabsstellen 161
Stakeholder 225, 227, 458, 472, 474
Stakeholder-Relevanz-Matrix 228f.
Standardisierte Aufgaben 114
Standardization thesis 200
Standards 257
Statussymbole 264
Stelle 161
Stellenbeschreibung 294f.
Stereotypen 434, 436, 443
Storming 134
Strategie 281
Strategietyp 218
Strategische Allianzen 183
Strategische Geschäftsfelder 221
Strategische Reaktionen 470ff.
Strategische Ziele 273
Streuungstendenzen 383
Strukturen 156

Stufenwertzahlenverfahren 393
Subkulturen 276, 277
Substitutionsgefahr 217
Subsysteme 277
Symbole 251, 257f.
Symbolische Vermittlung 258
Synergie 122

Tabus 263
Taskforces 115
Tätigkeitsmerkmal 102f.
Team 114
Teamentwicklung 144
Teamorientierung 184
Teamrollen 122
Teams
– virtuelle 115
Telling 56
Template 463
Theoretisierung 463
Theorie der kognitiven Dissonanz 86
Total Quality Management (TQM) 463, 471
Traineeprogramme 334
Trainings off the job 342
Trainings on the job 342
Transaktionale 46
Transformationale Führung 46
Translation 463
Treiber 443
Trends 317
Trennung 352
Trennungsgespräch 353
Trittbrettfahren 121
Trotteleffekt 121
Typisierung 453

Übersetzung 460, 463
Umwelt, organisationale 448, 451f.
Universelle Eigenschaftstheorien 32
Universelle Verhaltenstheorien 40
Unsicherheit 453, 461
Untergruppenkonflikte 137
Unternehmensleitbilder 278

Unternehmensperformance 273
Unternehmungsziele 268
Unterstützende Führung 58
Urteilstendenzen 383
Urteilsverzerrungen 383

Verantwortung 161
Verfahren 373
Verhaltensorientierte Beurteilungskriterien 373
Verhaltensorientierte Verfahren 379
Verhaltenstheorien 31
Verhandlungsmacht
– der Käufer 215
– der Lieferanten 215
Vertikale Dyade 60
Verträglichkeit 36
Verzerrungen der Beurteilung 382
Virtuelle Organisation 185
Virtuelle Teams 115
Vision 273
Visionen 278
Voluntarismus 65
Vorbildwirkung 269
Vorgesetztenbeurteilung 368
Vorstellungsgespräch 304
– erlaubte Fragen 307
– Interviewfragen 307
– teilstrukturiertes Interview 305
– unstrukturiertes Interview 304
– verbotene Fragen 307
– vollstrukturiertes Interview 304

Wachstumsbedürfnis 79, 104
Wahrnehmungsmuster 274
Weg-Ziel-Theorie 58
Weisung 165
Weiterbildung 336
Wert 255f.
Werte 247, 253, 255ff., 265f., 269, 271, 276f.
– gelebte 291
Werthaltungen 255f.
Wettbewerbsstrategie 213f.
Wir-Gefühl 114
Wirklichkeit 274f.
Wissensbasis 221
Workteams 115

Zeit 264f.
Zeitlohn 396
Zeremonien 262f.
Ziele 77
– der Beurteilten 364
– der Organisation 364
Zielorientierte Funktionen 124
Zielorientierte Verfahren 381
Zielorientierung 159
Zielsetzungstheorie 96
Zufriedenheit 45
– mit der Beurteilung 365
Zugehörigkeitskonflikte 137
Zwangswahlverfahren 376